63인의 역사학자가 쓴

한국사 인물열전

한영우선생정년기념논총 간행위원회 엮음

2

돌베
개

63인의 역사학자가 쓴 한국사 인물 열전 2

한영우선생정년기념논총 간행위원회 엮음

2003년 12월 1일 초판 1쇄 발행
2008년 3월 25일 초판 2쇄 발행

펴낸이 한철희 | 펴낸곳 돌베개 | 등록 1979년 8월 25일 제406-2003-018호
주소 (413-756) 경기도 파주시 교하읍 문발리 파주출판도시 532-4
전화 (031)955-5020 | 팩스 (031)955-5050
홈페이지 www.dolbegae.com | 전자우편 book@dolbegae.co.kr

책임편집 이경아 | 편집 김수영·박숙희·김현주·김윤정 | 교정 최양순
본문디자인 이은정 | 인쇄·제본 백산

ISBN 89-7199-176-3 04910
        89-7199-178-X 04910(세트)

책값은 뒤표지에 있습니다.

이 도서의 국립중앙도서관 출판시도서목록(CIP)은 e-CIP 홈페이지
(http://www.nl.go.kr/cip.php)에서 이용하실 수 있습니다.(CIP제어번호: CIP2003001589)

63인의 역사학자가 쓴

한국사 인물 열전

2

책머리에

이 책은 한국사에 뚜렷한 행적을 남긴 역사적 인물 63인을 선정하여, 그들의 생애와 활동을 종합 정리한 인물 평전이다.

　역사 연구는 기본적으로 인물에 관한 연구라 할 수 있다. 동양의 전통 역사서인 기전체(紀傳體) 사서에는 당대에 뚜렷한 행적을 남긴 인물들의 열전(列傳)이 있고, 서양에서도 일찍부터 인물사 연구를 시작하여 상당한 성과를 내놓았다. 또한 근래에는 중국사나 일본사 분야에서 역사적 인물에 관한 전문 저작들이 많이 나오고 있다. 그러나 한국사에 있어서는 인물의 생애가 간략하게 정리된 인물사전이나 집중적인 연구가 이루어진 몇몇 인물에 대한 연구서를 제외하면 아직도 인물사 연구가 많이 부족한 형편이다. 이에 필자들은 역사적 인물의 행적에 관한 기록이 기왕의 인물사전보다 자세하고, 관련 자료 및 인물에 대한 평가가 포함된 새로운 형태의 인물 평전을 편찬하기로 하였다.

　필자들이 이러한 책을 구상하게 된 데에는 서울대 국사학과에서 30년 이상을 재직하고 2003년 8월 말로 정년을 맞으신 한영우 선생의 정년을 기념하려는 것이 계기가 되었다. 조선 시대를 중심으로 한국사 전반에 걸쳐 많은 연구 업적을 남기고 훌륭한 후학들을 길러낸 선생님의 학덕에 보답하는 동시에 한국사 연구에 디딤돌이 될 수 있는 책을 만들고자 했던 것이다.

　이 책에 수록된 인물은 한국 고대사에서 현대사에 이르기까지 총 63명에 이르며, 본문의 순서는 각 인물의 생년을 기준으로 하여 시대순으로 배열되어 있다. 각 인물의 평전에는 생애, 활동 및 업적, 역사적 평가, 연구 현황, 문제점, 참고자료를 정리하여 인물의 전체 모습이 드러날 수 있도록 하였고, 평이한 문체를 사용하여 일반인도 쉽게 이해할 수 있도록 하였다.

물론 이 책에 수록된 인물만으로 한국사의 주요 인물이 모두 망라되었다고 할 수는 없을 것이다. 비록 이 책에서 다루어지지는 않았지만 한국사에서 중요한 업적을 남긴 인물들이 많이 남아 있기 때문이다. 그렇지만 이 책은 현재 역사학자들이 크게 관심을 가지고 연구를 진행하고 있는 인물을 대상으로 하였고, 각 인물에 관한 가장 최근까지의 연구 성과를 반영하였으며, 해당 인물을 본격적으로 연구하기 위한 참고자료까지 제시하였다는 것이 가장 큰 장점이다.

책의 편집을 마치고 보니 인물의 선정에서 몇 가지 특징이 나타난다. 대상 인물에 있어 조선 후기와 근현대의 인물이 비슷한 비중을 보이고, 국왕이나 대통령과 같이 국가의 최고 지도자였던 인물이 많이 등장한다. 또한 지금까지 역사 교과서에 전혀 보이지 않았던 인물들이 새롭게 나타나기도 한다. 새로운 인물이 발굴되었다는 것은 연구의 지평을 넓힐 수 있는 터전이 되며, 인물의 개인 행적을 종합적으로 정리하는 것은 연구의 심도를 더하는 밑거름이 될 것이다.

무엇보다도 이 기획에 참여하여 좋은 원고를 보내주신 여러 필자들에게 깊은 감사의 인사를 드린다. 그리고 이를 계기로 새로운 역사적 인물들의 행적이 꾸준히 발굴되고 그들의 행적이 종합적으로 정리됨으로써, 한국사의 폭과 깊이가 더해지기를 기대한다.

2003년 11월
필자를 대표하여 정옥자 씀

韓國史人物列傳

한국사 인물 열전 1

유희춘 柳希春

선조대 성리학 연구와 학술 진흥에 기여한 호남 사림

고영진 광주대학교 관광학부 교수

1. 생애

16세기 호남 사림의 대표적인 인물이었던 유희춘(柳希春, 1513~1577)은 1513년(중종 8) 해남에서 태어나 1577년(선조 10) 서울에서 죽었다. 자는 인중(仁仲), 호는 미암(眉巖), 본관은 선산(善山)이다. 미암이라는 호는 그가 해남 금강산 남쪽 기슭에 살았을 때, 집 뒤에 있던 바위가 미인의 눈썹처럼 생겼다고 해서 붙인 것이다.

그의 집안은 본래 문화 유씨였으나 도첨의찬성사(都僉議贊成事)를 지낸 8대조 유보(柳甫)가 선산을 식읍으로 받음으로써 선산 유씨가 되었다. 감포 만호(甘浦萬戶)를 지낸 고조 유문호(柳文浩) 때 영남에서 순천으로 이주했으며, 부친인 유계린(柳桂鄰)이 최부(崔溥)의 딸과 결혼하면서 다시 처향(妻鄉)인 해남으로 이주했다.

9세 때 부친에게 『자치통감』(資治通鑑)을 배우기 시작한 유희춘은 16세 때 부친이 돌아간 뒤 20세 때 최산두(崔山斗), 이어 김안국(金安國)에게 학문을 배웠으며, 정자화(鄭自和)에게 시를 배웠다. 학문에 정진하기 위해 대둔사, 도갑사 등에서 공부하기도 했던 그는 1537년 생원시에 합격했으며, 이듬해 별시에 합격하여 성균관 학유에 임명되었다.

이후 실록청 겸 춘추관 기사관과 예문관 검열을 거쳐 1542년 세자 시강원 설서에 임명되어 스승인 김안국과 함께 인종을 가르쳤다. 이때 그는 스승에게서 "유희춘과 함께 경연(經筵)에 입시하면 아무 걱정이 없다"는 칭찬을 받을 정도로 이미 경학(經學)에 상당한 조예가 있었다.

이어 홍문관 수찬 등으로 활동하다 1543년 모친을 봉양하기 위해 사직을 청하자, 중종이 특명으로 무장현감에 임명했다. 무장현은 다스리기 어렵다는 평이 있었는데, 유희춘은 교화를 우선하고 각종 폐단을 없애려고 노력했다.

인종이 즉위한 이듬해인 1545년 대사헌 송인수(宋麟壽)가 "신정(新政) 초에는 경연이 가장 중요하다"며 유희춘을 천거하여 다시 홍문관 수찬으로 올라왔으며, 그해에 명종이 즉위하자 동료들과 함께 시무10책을 건의했다.

사간원 정언으로 자리를 옮겼으나 곧이어 을사사화(乙巳士禍)가 일어났다. 당시 수렴청정하던 문정왕후(文定王后)가 윤원형(尹元衡)에게 윤임(尹任), 유관(柳灌), 유인숙(柳仁淑)을 치죄하라는 밀지를 내리자 대사헌 민제인(閔齊仁)과 대사간 김광준(金光準) 등이 윤원형의 지시를 받고 사헌부와 사간원의 관원들을 모아 회의를 하면서 세 사람의 처벌을 주장했다. 그러자 유희춘을 비롯한 백인걸(白仁傑), 송희규(宋希奎), 김난상(金鸞祥) 등 삼사(三司)의 관원들이 밀지의 부당함을 논하다가 결국 화를 당했다.

파직당한 유희춘은 1547년(명종 2) 양재역벽서 사건(良才驛壁書事件)에 연루되어 제주도로 유배되었으나, 고향과 가깝다는 이유로 다시 종성으로 옮겨 18년 동안 유배 생활을 했다. 아무도 찾아오지 않는 북쪽의 먼 귀양지에 친구인 김인후(金麟厚)만이 시를 지어 보내 안부를 물었다. 유희춘은 그곳에서 성리학을 깊이 연구하는 한편, 저술과 교육에 힘썼다. 1558년에는

63인의 역사학자가 쓴 한국사 인물 열전

모친의 별세 소식을 멀리서 듣기만 해야 했다.

1565년 문정왕후가 죽고 윤원형이 축출되면서 을사사화 피해자들의 억울함을 풀어주라는 요구가 계속 제기되자 유희춘의 귀양지를 은진으로 옮겼다. 이때 이항(李恒)의 방문을 받아 학문을 토론했는데, 이항이 "유희춘이 지난날의 그가 아니다"라고 탄복할 정도로 성리학의 대가가 되어 있었다.

1567년 선조가 즉위하자 노수신(盧守愼), 김난상 등과 함께 유배에서 풀려난 뒤, 성균관 직강으로 재출사했다. 이어 경연관(經筵官)으로 이름을 날리면서 홍문관 교리·사헌부 장령·사간원 사간·의정부 사인 등의 관직을 역임하고, 1569년 성균관 대사성에 올라 학풍을 쇄신하는 데 힘썼다. 이듬해 승정원 동부승지 등을 거쳐 홍문관 부제학에 임명되었으며, 병으로 잠시 처향인 담양에 내려가기도 했다.

1571년 전라도 관찰사로 나갔다가 9개월 만에 사헌부 대사헌으로 돌아온 뒤 홍문관 부제학, 예문관 제학, 사간원 대사간, 예조참판, 이조참판 등을 역임했다. 1576년 건강을 이유로 사직하고 향리로 돌아갔으나, 이듬해 다시 홍문관 부제학에 임명되고 정2품의 품계인 자헌대부에 올랐다. 그러나 그해 선조에게 감사드리고 사직을 청하기 위해 서울에 올라와 있던 중 병사했다.

1580년 좌찬성에 추증되었으며, 1630년(인조 8) '문절'(文節)이라는 시호를 받았다. 담양의 의암서원을 비롯하여 무장의 충현사, 종성의 종산서원, 해남의 해촌사, 광산의 무양서원 등에 배향되었다.

김굉필(金宏弼)과 장인 최부의 문인이었던 부친은 경전에 박식했으나 30세 이후에는 두문불출하고, 두 아들을 비롯하여 향촌의 자제를 가르치는 데 전념했다. 『미암집』(眉巖集)에 수록되어 있는 『정훈』(庭訓)은 바로 유희춘이 부친의 언행과 가르침을 정리해놓은 것이라고 할 수 있다.

형인 유성춘(柳成春)은 1514년 문과에 합격하여 이조좌랑 등을 지냈으며, 기묘사화(己卯士禍)에 연루되어 금릉으로 유배되었다가 풀려났으나,

부친이 돌아간 해인 1522년 28세로 요절했다. 최산두, 윤구(尹衢)와 함께 '호남삼걸'(湖南三傑)로 불렸다.

외가인 최부 집안은 본래 본관인 탐진에 살다가 나주를 거쳐 최부가 해남에 상당한 경제적 기반을 지니고 있던 정귀감의 딸과 결혼하면서 해남으로 이주했다. 김굉필과 함께 김종직(金宗直)의 문인이었던 최부는 1482년(성종 13) 문과에 합격하여 성균관 전적 등 관직을 역임하고, 『동국통감』(東國通鑑)·『동국여지승람』(東國輿地勝覽) 등을 편찬하는 데 참여했다. 1487년 제주도에 추쇄경차관으로 갔다가 이듬해 부친상을 당해 돌아오던 중 풍랑을 만나 중국에 표류했다가 반년 만에 귀국하여 『표해록』(漂海錄)을 저술하기도 했다. 무오사화(戊午士禍) 때 스승 김종직의 문집을 가지고 있는 것이 들통나 단천에 유배되었으며, 갑자사화(甲子士禍)가 일어나자 처형되었다. 사위인 유계린을 비롯하여 윤효정(尹孝貞), 임우리(林遇利) 등이 그에게 배웠다.

유희춘은 1536년(중종 31) 송덕봉(宋德峯)과 결혼했는데, 장인인 송준(宋駿)은 1507년(중종 2) 생원시에 합격하고 음사(蔭仕)로 사헌부 감찰, 단성현감 등을 역임했다. 송덕봉은 성품이 명민하고 경서와 역사서를 두루 섭렵하여 여사(女士), 즉 여성 선비로서의 풍모가 있었으며 시와 문장에도 뛰어났다. 친정인 홍주 송씨는 그녀와, 권필(權韠)의 부인이면서 한시에 능한 송씨 등 여류 문인들을 많이 배출했던 집안이다.

남편과 학문적·문학적 친구였던 그녀는 현모양처이기도 해 남편이 귀양가 있을 때 어려운 집안 살림을 손수 꾸려 나갔으며, 부모님과 시어머니를 봉양하고, 특히 시어머니가 돌아가자 예법에 따라 3년상을 지내기도 했다.

송덕봉은 남편이 죽은 지 8개월 뒤인 1578년 세상을 떠났으며, 현재 전남 대덕면 비철리에 남편과 쌍분(雙墳)으로 나란히 묻혀 있다. 슬하에 1남 1녀를 두었는데, 아들인 유경렴(柳景濂)은 김인후의 딸과 결혼했으며, 경양도(景陽道) 찰방을 역임했다. 딸은 선전관 윤관중(尹寬中)에게 시집갔는데, 그는 윤효정의 손자이다. 또한 첩 남원 방(房)씨와의 사이에 4녀를 두었다.

둘 다 김안국과 최산두의 문인이었던 유희춘과 김인후가 사돈이 된 것은 성균관에서의 인연 때문이었다. 김인후가 사마시에 합격하고 성균관에 있을 때 전염병에 걸려 위독해지자 사람들이 감히 접근하지 못했다. 그런데 당시 성균관 관원이었던 유희춘이 자기 집으로 데려가 밤낮으로 돌보아 결국 일어나게 했다. 이런 이유로 김인후는 유희춘이 귀양갈 때 그의 아들을 자신의 사위로 삼겠다고 약속하고, 그 약속을 지켰던 것이다.

유희춘은, 부친 유계린이 최부의 사위가 됨으로써 집안이 어느 정도 경제적 기반을 확보했으나, 부친이 출사하지 못하고 외조부와 형이 사화에 연루되어 화을 당했으며 유희춘 자신도 20년간 유배 생활을 했기 때문에 재산을 확대하지는 못했다. 그러나 유희춘이 귀양에서 풀려나 선조의 신임 속에 고위 관직을 역임하면서 상속과 매매, 개간 등의 방법으로 재산을 늘려 나가 만년에는 해남과 담양 등지에 전(田) 500마지기, 답(畓) 600마지기의 농지와 100여 구의 노비를 소유했다. 전형적인 재지 중소지주라고 할 수 있다.

2. 활동 및 업적

20년간의 귀양 생활은 유희춘을 성리학 및 경학에 해박한 인물로 만들었다. 그는 책에 대한 욕심도 남달라 서울과 담양 집에 소장했던 책이 5천여 권에 달했으며, 틈나는 대로 독서에 몰두했다. 또한 기억력이 뛰어나 경연에서 『성리대전』(性理大全)을 인용하며 책 반장을 전부 외우기도 했다. 때문에 글을 읽다가 의심나는 곳이 있으면 그에게 질문하러 오는 사람이 많았다고 한다.

유희춘은 학문에 대해 남다른 열정과 진지한 자세를 가졌으며, 매우 치밀하게 연구했다. 학문에 대한 자부심도 강해 자신이 옳다고 생각하는 부분에서는 자신의 견해를 굽히지 않았으나, 모르는 부분이 있으면 다른 사람에게 물어보고 잘못된 곳이 있으면 즉시 수정하고 보완하기를 꺼리지 않았다.

그는 유배에서 풀려나 관직에 복귀한 직후인 1567년부터 사직하고 낙향하는 1576년까지 10년 가까이 경연관으로 활약했다. 그는 높은 식견과 해박한 지식으로 선조의 학문을 이끌어 선조가 경연에서 "유희춘은 경전과 전적(典籍)을 널리 보아 학술이 정치(精緻)하고 세밀하니 따르지 않을 수 없다"고 말할 정도였다. 성균관의 학생들은 그를 두고 "묻는 말에 척척 대답하고 의심 난 대목을 아주 정밀하게 풀어 글 귀신이다"라고까지 했다.

선조대 청요직을 두루 거치면서 특히 홍문관 부제학을 제일 오래 역임했던 유희춘은 경전의 언해(諺解)·주석(註釋) 작업을 주도했으며 교서관 제조를 겸하면서 많은 책을 간행했다. 1570년 왕명에 따라 『국조유선록』(國朝儒先錄)을 편찬했으며, 이황(李滉)의 교정본을 참고하고 조헌(趙憲)의 도움을 받아 『주자대전』(朱子大全)과 『주자어류』(朱子語類)를 교정했다.

1574년부터는 역시 선조의 명으로 사서오경의 구결(口訣)과 언해 작업을 시작하여 1576년 『대학석소』(大學釋疏)를 지어 올렸으며, 이어 『논어』에 대한 언해·주석 작업을 계속하다 마치지 못하고 죽었다.

유희춘은 당시 많은 학자들과 교류했다. 이황과는 학문에서 의심 나는 곳이 있으면 서로 물어봤을 뿐만 아니라, 『어록해』(語錄解)를 같이 편찬하고 『속몽구분주』(續蒙求分註)를 보내 교정을 요청하기도 했다. 경연관으로 같이 활동했던 이이(李珥)는 학문을 높이 평가하여 그를 사서오경의 언해·주석 작업에 추천했으며, 기대승(奇大升)은 홍문관에 함께 근무하며 시간 나는 대로 학문을 토론했다.

송인수는 유희춘이 무장현감으로 있을 때 전라도 관찰사로 내려와 남평현감 백인걸 등과 함께 아주 절친하게 지냈으며, 유희춘을 홍문관 수찬에 천거하기도 했다. 또 송순(宋純)은 기회 있을 때마다 찾아가 이야기를 나누고 술자리를 같이할 정도로 가까운 사이였다.

또한 스승 김안국에게 동문 수학한 김인후·정종영(鄭宗榮)과 을사사화 피해자인 노수신·김난상·백인걸을 비롯하여 허엽(許曄)·허준(許浚)·김귀영(金貴榮)·윤두수(尹斗壽)·어숙권(魚叔權) 등과 교유했으며, 호남 출신인 박순(朴淳)·윤의중(尹毅中)·윤복(尹復)·이중호(李仲虎)·유경심(柳景深)·송순·정철(鄭澈)·김천일(金千鎰)·정개청(鄭介淸)·정여립(鄭汝立) 등과도 활발하게 교류했다. 동서분당 초기이기는 하지만 당색을 따지지 않고 폭넓게 교유했음을 알 수 있다.

문인도 적지 않았는데, 주로 귀양지인 종성과 향리인 호남 지방 인물들이었다. 『미암일기』에서 유희춘이 언급한 제자들은 허봉, 허성, 이호민, 최상중, 이선경, 박호원, 김홍조, 이순, 유광진, 박순원, 김추, 허홍세, 강신, 한경두, 윤수민, 이기양, 한삼수, 김진, 이효원, 우복룡, 이삼, 김집, 이효원, 유협, 여곤, 이여우, 양희윤, 성수익 등이다. 허봉(許篈)은 동인의 영수였던 허엽의 아들로 유희춘의 행장(行狀)을 저술했으며, 뒤에 대제학에까지 오른 이호민(李好閔)은 유희춘의 시장(諡狀)을 작성했다.

그는 박학강기(博學强記)라는 명성에 걸맞게 『국조유선록』, 『속몽구분주』, 『어록해』, 『대학석소』, 『주자어류전해』(朱子語類箋解), 『주자대전집람』(朱子大全集覽), 『육서부주』(六書附註), 『시서석의』(詩書釋義), 『헌근록』(獻芹錄), 『양성변』(兩聖辨), 『신증유합』(新增類合), 『역대요록』(歷代要錄), 『강목고이』(綱目考異), 『치당관견주해』(致堂管見註解), 『속휘변』(續諱辨), 『천해록』(川海錄), 『완심도』(玩心圖), 『예원한채』(藝園閑採), 『미암유시』(眉巖遺詩), 『신증여지승람』(新增輿地勝覽), 『풍비사』(風秘史) 등 많은 저술을 남겼다.

그러나 상당수의 저술은 소실되고, 문집인 『미암집』과 『미암일기』(眉巖日記), 『국조유선록』, 『시서석의』, 『속몽구분주』, 『신증유합』, 『역대요록』, 『어록해』, 『미암유시』, 『신증여지승람』 등이 현재 남아 있다.

『미암일기』는 유희춘이 유배지인 은진에 있던 1567년(선조 즉위) 10월 1일부터 1577년 5월 13일 죽기 이틀 전까지 10년 동안 쓴 일기이다. 유희춘은 그 이전부터 일기를 써온 것으로 전해지나, 그 부분은 현재 남아 있지 않다.

보물 260호인 『미암일기』는 중간에 빠진 부분이 종종 있으나 조선 시대 개인의 일기 가운데 가장 방대하여 사료로서의 가치가 매우 크다. 유희춘은 개인의 일상사에서 조정의 국사에 이르기까지 자신이 경험한 것을 일기에 자세하고 정확하게 기록했다.

따라서 이 일기에는 왕실 소식과 정국(政局) 동향, 사신 접대와 경연의 모습, 가계의 수입·지출과 이사, 집수리와 건축, 혼례 풍속과 집안 잔치 등 조정과 집안의 대소사를 비롯하여 부인과 자식들의 생활상, 그들 주변에서 온갖 시중을 들어주는 노비·첩·서녀·의녀·기녀들의 생활 등 개인의 신변 잡기까지 꼼꼼히 기록되어 있다.

이처럼 정치, 경제, 사회, 풍속, 과학, 학문 등 거의 모든 분야에 걸쳐 당시의 사회상을 엿볼 수 있는 내용들이 풍부하게 담겨 있기에 『선조실록』(宣祖實錄)을 편찬할 때 주 사료로 활용되기도 했다. 임진왜란으로 『승정원일기』(承政院日記) 등 조정의 기록들이 거의 소실되었기 때문이다.

『국조유선록』은 홍문관 부제학이었던 유희춘이 선조의 명을 받아 조선에서 성리학이 뿌리내리는 데 크게 기여한 김굉필, 정여창(鄭汝昌), 조광조(趙光祖), 이언적(李彦迪)의 행적과 저술을 모아 주자의 『이락연원록』(伊洛淵源錄)의 체제를 모방하여 편찬한 것이다. 이 책은 선조에게 바치는 동시에 교서관에서 간행, 반포되었다.

『주자어류전해』는 『주자대전』과 『주자어류』가 아직 주석서가 없기 때문에 각자가 자의적으로 해석하여 주자의 본뜻이 애매해지는 것을 우려해 유희춘이 『주자어류』와 관련한 주석을 모두 찾아내어 정리하고 세밀히 분석하여 새로 주석을 붙인 것이다. 『육서부주』는 사서(四書)와 『소학』(小學), 『근사록』(近思錄)이 성학의 요체이고 제왕의 규범이라는 생각에서 이 여섯 책에 대한 여러 사람들의 견해를 참고하여 주석을 단 것이다.

1570년 유희춘이 선조에게 바친 『헌근록』은 사마광(司馬光)의 「계고

록」(稽古錄), 제갈량(諸葛亮)의 「출사표」(出師表), 육지(陸贄)의 주의(奏議)
와 주자의 소차(疏箚: 상소와 차자) 등 역대 명현(名賢)들이 군주에게 나라를
다스리는 도에 대해 간언한 글들을 한데 모은 것이며, 『양성변』은 공자와
주자에 대한 이해를 돕기 위해 지은 것이다.

『속몽구분주』는 이체의 『속몽구』에 주를 달고 우탁(禹倬), 정몽주(鄭夢
周), 길재(吉再) 등 고려 말의 명현들에 관한 내용을 첨가한 것이다. 당나라
의 이한(李瀚)이 지은 『몽구』는 중국 고대부터 남북조 시대까지의 인물들의
전기와 설화를 수록한 아동교육서로 뒤에 많은 속집이 나왔는데, 이체(李
體)의 『속몽구』도 그 가운데 하나였다. 같은 아동교육서인 『신증유합』은 한
자를 한글로 풀이한 것이다.

역년(歷年)을 논한 내편과 치도(治道)를 논한 외편으로 이루어진 『역대
요록』은 역사서가 너무 많아 학자들이 쉽게 참고할 수 없음을 고려하여, 유
희춘이 여러 역사서에서 중요한 것만을 뽑아 편찬한 것이다. 『강목고이』는
주자의 『자치통감강목』(資治通鑑綱目)이 역사가의 규범인데도 주자가 다
보완하지 못하고 뒤에 학자들이 바로잡아보려 했으나 서로 일치하지 않아
읽는 사람이 현혹될 우려가 있으므로, 유희춘이 나름대로 수정한 것이다.
『치당관견주해』도 역대 사론(史論)을 모아 보기 편하도록 표제를 달고 자신
의 독자적인 사관에 따라 주석을 단 것이다.

『주자대전』과 『주자어류』 교정 작업의 부산물인 『속휘변』은 초학자들이
경전을 읽을 때 잘못된 글자보다는 피휘(避諱)로 말미암아 대신 사용한 글
자 때문에 진의를 알지 못하는 경우가 많은 것을 우려하여, 주자가 쓴 『한문
고이』(韓文考異)의 예에 따라 바로잡은 것이다. 이밖에 『천해록』은 옛 사실
들을 널리 수집하여 유형별로 분류한 것이며, 『완심도』와 『예원한채』는 여
가와 예술 활동을 하면서 유념해야 할 점을 기록한 것이다.

유희춘의 저술 가운데 또 하나 주목되는 것이 문집에 있는 『정훈』이다.
부친 유계린이 지은 「거가독행십조」(居家篤行十條)를 정리한 「정훈」 십훈

(十訓)과 집안에서 지켜야 할 유교적 생활 관습을 정리한 「정훈 내편」, 중앙 관료와 지방관으로 나아갈 때 알아야 할 내용들을 적은 「정훈 외편」 등 세 부분으로 이루어졌는데, 호남 사족 가문의 유교적 생활 관습과 실천 윤리를 엿볼 수 있는 내용들이다.

이렇듯 그의 저술은 성리학과 경학은 물론 역사, 교육, 어학, 문학, 예술 등 다방면에 걸쳐 있다. 비록 상당수가 소실되어 그 내용을 정확히 알 수는 없으나 학문의 폭과 깊이가 예사롭지 않음을 짐작하게 한다.

3. 역사적 평가

이긍익(李肯翊)의 『연려실기술』(燃藜室記述)에는 유희춘에 대해 다음과 같은 이야기가 실려 있다.

> 공은 책을 널리 읽고 잘 기억하여 당시 명성이 높았고 성격도 온화했다. ……
> 경전과 전적에 널리 통했고, 한편으로는 제자백가와 역사에도 능하여 책을 들면 곧 줄줄 내리 외웠다. 일찍이 경연에서 글에 대해 말씀을 올릴 적에 『성리대전』을 인용하는 대목이 있어 책 반장을 전부 외워 내려갔는데, 하나도 틀리지 않았다. …… 격물치지(格物致知) 성의정심(誠意正心) 같은 학문에 대한 것이나 정치하는 도리에 관한 말을 꺼내면 그의 투철한 소견과 해박한 지식은 남들이 도저히 생각하지 못한 것을 토로했다. …… 선조는 임금이 되기 전에 공에게 배웠으므로 항상 이르기를, "내가 공부한 것은 희춘에게 힘입은 바가 많았다"고 했다. 오랫동안 경연에 모시면서 정성껏 계도해 드렸으니 선조가 그의 정확하고 해박한 것을 좋아하여 질문을 하면 공은 곧 대답했는데, 반드시 옛날 사실을 인증해가며 설명했으므로 명백하지 않은 것이 없었다.

선조가 유희춘에게 학문을 배운 것은 확실하지 않으나, 어쨌든 그가 당대 뛰어난 학자였으며 선조대 성리학 연구와 학술 진흥에 크게 기여했다는 사실을 알 수 있다.

성균관 유생이나 학자들에게 "서중(書中)의 신명(神名)"이요, "동방의 주자"로 불렸던 유희춘은 주자를 매우 존중했다. 그는 경연에서 경서를 해석할 때 주자의 학설을 근거로 설명했으며 주자가 지은 여러 책에 대해 깊은 신뢰를 보였다.

유희춘은 육구연(陸九淵)이 존덕성(尊德性)만을 주장하고 호인(胡寅)이 도문학(道問學)만을 강조하는 등 한쪽으로 치우쳤던 데 반해 주돈이(周敦頤)·장재(張載)·정호(程顥)·정이(程頤)·주자는 이 두 가지를 모두 갖추었으며, 특히 주자는 여러 학자들의 학문을 모아 대성한 것으로 보았다.

나아가 주자를 대성(大聖)이 아닌 학지이행(學知利行)한 대현(大賢)으로 평가하는 이황에 대해, 세속에서 먼 것을 귀하게 여기고 가까운 것을 천하게 여기는 울타리를 벗어나지 못한 것이니 유감이 아닐 수 없다고 할 정도로 그의 주자 존숭은 철저했다.

그에 비해 이단에 대한 그의 태도는 엄격했다. 존심(存心)과 궁리(窮理)에 동일한 가치를 부여했던 주자와는 달리 존심에 치우쳐 심학적 경향을 보였던 육구연과 왕양명(王陽明)에 대해서는 인신 공격성 비판까지 서슴지 않았으며, 도교와 불교에 대해서는 요괴하고 황당하여 신빙성이 없으므로 믿을 것이 못 된다고 비판했다. 또한 무속에 대해서도 허망한 짓이니 해서는 안 된다는 점을 강조했다.

유희춘은 호남 사림의 학문을 계승, 발전시키는 데도 기여했다. 그는 부친과 최산두, 김안국에게서 수학했다. 그런데 부친 유계린은 김굉필과 장인인 최부에게 학문을 배웠으며, 김굉필과 최부는 함께 김종직 문하에서 수학했다.

잘 알다시피 성종대의 김종직을 비롯한 신진 사류들은 성리학적 명분론에 입각하여 훈척(勳戚)의 비리와 전횡을 비판하고, 당시 사회의 모순을 성리학적 이념과 제도를 실천하는 것으로 극복해 나가려고 했다. 김종직이 호남 지역과 인연을 맺은 것은 사림들이 유향소복립운동(留鄕所復立運動)을 전개하던 시기중인 1487년부터 1488년까지 전라도 관찰사와 전주 부윤을 역임하면서였다. 당시 호남 지방은 음사(淫祀)가 성행했는데, 그가 부임하여 여러 읍을 순행하면서 독서를 권장하고 향음주례(鄕飮酒禮)와 향사례(鄕射禮)를 시행했던 것이다.

광주 무등산에 올라 시를 읊기도 했던 김종직이 호남 사림과 교류한 구체적인 기록은 보이지 않으나, 나주 출신인 최부가 그의 문인록에 올라 있다. 최부는 1498년 무오사화 때 스승인 김종직의 문집을 가지고 있던 사실이 들통나 단천에 유배되었으며, 1504년 갑자사화가 일어나자 처형되었다. 그는 해남에서 유계린, 윤효정, 임우리 등을 가르쳐 김종직의 학문이 호남 지역에 전해지는 데 기여했다.

스스로 '소학동자'(小學童子)라 칭했던 김굉필 또한 무오사화가 일어나자 김종직의 문인이라는 이유로 평안도 희천에 유배되었으며, 이때 조광조가 찾아와 성리학을 배우기도 했다. 1500년 유배지가 순천으로 옮겨졌다가, 갑자사화가 일어나자 최부와 함께 처형당했다. 김굉필이 호남과 인연을 맺은 것은 순천에 귀양와서 죽기까지 4년 동안 지내면서였는데, 이때 최산두와 유계린, 최성춘, 유맹권 등이 그에게서 학문을 배웠다.

최산두는 광양 출신으로 김굉필에게 수학하면서 서울로 올라가 조광조·김정(金淨)·김안국 등과 교유했는데, 당시 사람들이 이들을 '낙중군자회'(洛中君子會)라 일컬었다. 1504년 진사시에 합격하여 성균관에 들어가서 학명(學名)을 떨치자 김인후와 유희춘 등이 찾아와 배웠다. 1513년 문과에 합격한 뒤 계속 관직을 역임하다 기묘사화가 일어나 동복으로 유배된 뒤 14년 만에 풀려났으나, 관직에 나아가지 않았다. 유성춘·윤구와 함께 '호남삼걸'로, 또한 조광조·양팽손(梁彭孫)·기준(奇遵)과 함께 '기묘사학사'(己卯四學士)로 일컬어졌다.

김안국 역시 김굉필에게 학문을 배웠으며, 1503년 문과에 합격하여 사간원 대사간, 경상·전라도 관찰사 등을 역임하면서 조광조 등과 함께 개혁을 추진해 나갔다. 그러나 기묘사화가 일어나자 파직되어 향리로 내려가 이천·여주 등지에서, 1538년 재서용되기까지 20년 동안 향촌 교화와 제자 양성에 힘썼다. 이때 유희춘을 비롯하여 김인후, 허엽, 백인걸, 이여, 정종영 등이 그에게 가서 배웠다.

그러나 현량과(賢良科) 시행과 소격서(昭格署) 폐지 등 중앙에서 급진적인 개혁을 추구했던 조광조와는 달리 김안국은 예속 서적의 보급과 소학실천운동, 향약보급운동 등 성리학적 사회 질서를 확립하고 향촌을 교화하는 점진적인 개혁에 더 관심을 가졌다. 이는 성리학뿐만 아니라 천문 지리, 농업, 의술 등 실용·잡학적인 학문에도 조예가 깊었던 그의 학문 경향에서 비롯되었다고도 볼 수 있는데, 유희춘에게도 영향을 주었을 것으로 여겨진다.

이처럼 김종직의 학문은 김굉필과 최부에게 전해졌으며, 다시 김굉필의 학문은 유계린·최산두·김안국을 거쳐 김인후·유성춘·유희춘 등으로 이어지고, 최부의 학문은 유계린·윤효정·임우리를 거쳐 윤구·윤항·윤행·윤복·유성춘·유희춘 등으로 이어졌다. 유희춘은 바로 김종직에서 비롯되어 김굉필과 최부를 거쳐 유계린·최산두·김안국으로 이어지는 호남 사림의 맥을 학문적으로 충실히 계승·발전시켰던 것이다.

선조대에 왕을 비롯하여 관료와 학자들, 그리고 성균관 유생들에게까지 높은 평가를 받았던 그였지만, 부정적인 평가도 없지는 않았다. 이이는 『석담일기』(石潭日記)에서 다음과 같이 말했다.

부제학 유희춘이 『육경부록』(六經附錄)을 올리니 임금께서 칭찬하셨다. 희춘은 고서(古書)를 많이 읽어 잘 외었으나 실상 참 지식은 없었고, 또 세상일에 대해서도 식견이 없었다. 임금에게 올린 부록도 역시 간절하고 중요한 말은 아니고 다만 참고 자료나 될 뿐이다. …… 단지 고서만 읽었을 뿐 시비를 분간

하는 데 어둡기가 이와 같으니, 정말 한탄할 일이다. …… 유희춘은 박람강기
하여 경서와 사서를 다 외우고 성품이 온화하니 임금이 심히 중하게 여겼다.
그러나 경세제민(經世濟民)할 재주와 곧은 말을 하는 절조(節操)는 부족하여
매양 경연에서 문담(文談)뿐이었고, 시폐(時弊)에는 한마디도 언급하지 못하
니 식자들이 부족하다 생각했다.

현실과 동떨어진 학문을 하고 개혁적이지 못하다는 지적이다. 이러한 비
판이 일리가 없지는 않다.

노수신, 김난상 등과 함께 귀양에서 풀려나 중앙 정계에 화려하게 다시
등장한 유희춘은 선조 초년 청요직을 역임하며 경연에서 선조의 학문을 이
끌었고, 성균관에서 학풍을 쇄신하며 사림정치를 정착시키는 데 기여했다.

그러나 이이를 비롯한 후배 사림이 정국의 주도권을 잡아 나가자 유희춘
을 비롯한 을사 복관인들은 점차 이들에게서 비난받는 처지가 되었다. 실제
로 유희춘은 1575년 명종 비 인순왕후의 상(喪) 때 일어난 전례 논쟁에서
고례(古禮)에 따를 것을 주장하는 후배 사림과는 달리 『국조오례의』(國朝
五禮儀)대로 할 것을 주장하는 구신(舊臣)들의 입장을 따르다가 이들에게
호된 비판을 받기도 했다.

그러나 유희춘에 대한 이이의 평가에는 감정적인 측면도 없지 않다. 『미
암일기』를 보면, 유희춘이 사회 문제에 무관심하지 않았다는 사실을 알 수
있다. 오히려 공·사무역과 방납(防納), 부세(賦稅)제도 등 각종 제도의 폐단
을 비판하고, 그에 대한 개선책을 제시했다. 단지 차이가 있다면 제도 운영
상의 문제점을 보완하고 개혁하자는 온건한 입장을 취했다는 점이다.

또한 그는 성리학 외에 역사·교육·어학·문학·예술 등 다방면에 관심을
가졌으며, 세상을 다스리고 일상생활에서 지켜야 할 도리로 중(中)을 매우
중시했다. 이러한 특징은 학문뿐만 아니라 정치적인 처신이나 교유관계에
도 그대로 나타났다.

동서분당의 와중에서 유희춘은 어느 한쪽에 치우치지 않아 사림들에게서 "유희춘과 이이만이 중립을 지키며 편벽되지 않는다"는 평가를 받았다. 또한 학자들과도 당색을 따지지 않고 폭넓게 교류했다. 그런데 그의 이러한 온건함과 원만함이 이이의 불만을 샀던 것이며, 후세 사람들은 『석담일기』에 실려 있는 이이의 혹평을 그대로 따랐다. 그 결과 유희춘은 그의 학문과 업적에 비해 낮은 평가를 받았다.

4. 연구 현황

유희춘이 그의 학문과 업적을 제대로 평가받아오지 못한 것은 그에 대한 빈약한 연구에서 비롯된 점도 없지 않다. 유희춘의 학문과 사상을 다룬 글은 거의 없으며, 그가 저술한 『미암일기』에 관한 글은 어느 정도 있지만 그것도 유희춘과 직접 관련한 연구보다는 사료로서 간접 이용한 연구가 대부분이라고 할 수 있다.

어쨌든 유희춘에 관한 최초의 글은 1938년 조선총독부 조선사편수회에서 조선사료총간으로 간행한 『미암일기초』(眉巖日記草)의 말미에 붙은 「미암일기초 해설」이다. 『미암일기』의 해제 성격을 지니는 이 글은 유희춘의 생애를 간략하게 소개한 뒤 일기의 내용과 의의에 대해 서술했으며, 이어 유희춘 집안과 처가·외가 등의 세계도(世系圖)를 싣고, 마지막으로 부인인 송덕봉에 관한 내용을 서술했다. 유희춘과 『미암일기』에 관한 기본적인 내용은 거의 담고 있다고 할 수 있다.

이후 한참 동안 공백이 있다가 1967년부터 1969년까지 행한 황패강의 일련의 연구에 의해 『미암일기』가 다시 주목받았다. 「단가 감상은고 ―미암일기초 연구 (1)」(『국문학 논집』 1, 1967)은 『미암일기』에 수록되어 있는 단가(短歌) 감상은가(感上恩歌)를 발굴하여 해석한 것이고, 「몽참고 ―미암일기초 연구 (2)」(『국문학 논집』 2, 1968)는 일기에 나타난 꿈의 내용과 심리를 분석한 것이며, 「입춘나경의 소고 ―미암일기초 연구 (3)」(『국문학 논집』 3, 1969)은 『미암일기초』에 부록으로 실려 있는 「입춘나경의」(立春裸耕議)에서 묘사한 민속놀이를 분석한 글이다.

일기의 저자인 유희춘을 다룬 글로는 1984년에 나온 윤희면의 「미암 유희춘의 생애와 저술」(『금호문화』 5·6월호, 1984)이 있다. 비록 많은 분량은 아니지만 유희춘의 생애와 저술을 검토한 최초의 연구라고 할 수 있다. 그러나 저자도 밝혔듯이, 유희춘의 저술을 소개하는 것이 주목적이었기 때문에 사상이나 정치 활동에 대한 설명은 거의 없어 아쉬운 점이 없지 않다.

이 점을 보완한 것이 정재훈의 「미암 유희춘의 생애와 학문」(『남명학 연구』 3, 1993)이다. 유희춘의 학문을 본격적으로 다룬 최초의 연구이기도 한 이 글에서 저자는 유희춘의 학문이 존주자(尊朱子)적인 성격을 강하게 띠며 선조대 학술 진흥에 기여했지만, 을사 복관인으로서 그의 정치적 입지는 넓지 못했음을 밝혔다. 그러나 역시 깊이 있는 분석까지는 나아가지 못했다.

유희춘의 사상에 대해 철학적으로 접근한 성교진의 「미암 유희춘」(『한국인물유학사』 2, 1996)은 지금까지의 연구 가운데 유희춘의 학문을 그래도 깊이 있게 다룬 글이라고 할 수 있다. 저자는 이 글에서 유희춘의 학문적 특징을 도학사상으로 보고, 그 내용들을 경연에서 한 말과 시문, 그리고 『정훈』 속에서 확인시켜주었다.

이성임의 세 편의 논문, 즉 「16세기 조선 양반 관료의 사환과 그에 따른 수입 ―유희춘의 미암일기를 중심으로」(『역사학보』 145, 1995)와 「조선 중기 어느 양반 가문의 농지 경영과 노비 사환 ―유희춘의 미암일기를 중심으로」(『진단학보』 80, 1995), 「조선 중기 유희춘가의 물품 구매와 그 성격」(『한국학 연구』 9, 1988)은 유희춘에 대한 연구의 수준을 한 단계 높인 글이다.

1990년에 발표된 석사학위 논문이 바탕이 되어 나온 이 논문들은 『미암일기』에 관한 세밀한 분석을 통해 유희춘의 가문 배경과 관료 생활, 농지 소유과 그 경영, 노비 소유와 그 관리, 물품 구매 등의 실상을 살펴보고, 이를 통해 조선 중기 양반 관료들의 관직과 재산 증식과의 상관관계를 밝혀낸 것이다. 그에 따르면, 유희춘이 고위 현직 관료라는 점이 그의 경제 생활 전반에 절대적인 영향을 미쳤으며, 이것이 당시 양반 관료의 보편화된 관행이었다는 것이다.

송재용의 박사학위 논문인 「미암일기 연구」(단국대학교 박사학위 논문, 1996)는 『미암일기』를 일기 문학사적 관점에서 종합적으로 분석한 연구이다. 아마도 『미암일기』의 내용 전체를 분석한 것은 이 글이 유일하지 않나 생각된다. 330여 쪽에 달하는 분량에서도 알 수 있듯이, 저자는 이 논문에서 『미암일기』를 샅샅이 살펴보았다.

먼저, 일기문학론의 개념과 범주, 특성에 대해 서술하고 유희춘의 생애와 문학을 살펴본 뒤, 문헌고증학적 방법을 통해 『미암일기』의 서지적(書誌的) 측면을 검토했다. 이어 일기의 내용을 정사·학문·문학·민속·과학·신변 잡사 등 6개의 항목으로 나누고, 그 안에 또 소항목을 두어 소항목별로 세세히 분석하고, 마지막으로 일기의 문학사적 가치를 덧붙였다.

『미암일기』를 당시의 사회상을 총체적으로 기록하면서 문(文)·사(史)·철(哲)을 유기적으로 결합한, 양과 질 모든 면에서 뛰어난 조선 시대 일기의 백미로 평가한 이 연구는 문학사적 가치를 규명하는 것을 목적으로 하지만 분석 과정에서 얻은 다양한 내용들은 문학 이외의 연구자들에게도 많은 도움을 줄 것으로 보인다.

송재용의 「기행문학으로서의 미암일기」(『한국 기행문학 작품연구』, 국학자료원, 1996)는 『미암일기』에 나오는 여행 관련 기사들에 대한 검토를 통해 이 일기가 기행문학 작품으로서의 가치가 크다는 점을 강조한 글이며, 「여류 문인 송덕봉의 생애와 문학」(『국문학 논집』 15, 1997)은 유희춘의 부인인 송덕봉의 생애와 문학을 살펴보면서 조선 시대의 대표적인 여류 문인으로서의 자리매김을 시도한 글이다.

최근에 출판된 정창권의 『홀로 벼슬하며 그대를 생각하노라』(사계절,

2003)는 같은 문학 전공자에 의해 『미암일기』의 내용을 바탕으로 유희춘을 비롯한 16세기 양반 가정의 일상생활을 복원한 대중 역사서라고 할 수 있다. 요즘 증가하는 대중의 생활사에 대한 관심에 부응한 책이라고 할 수 있다.

다음에 살펴볼 글들은 『미암일기』를 사료로 간접 이용한 연구들이다. 구완회의 「조선 중엽 사족얼자녀의 속량과 혼인 ―미암일기를 통한 사례 검토」(『경북사학』 8, 1985)는 『미암일기』에 나오는 관련 사료의 검토를 통해 사족의 천첩(賤妾) 자녀가 어떻게 속량(贖良)하고 혼인하는가, 그리고 혼인에 수반하는 새로운 유대의식 형성 과정은 어떠한가를 살펴본 것이다.

김연옥의 「고일기에 의한 고기후 연구 ―미암일기를 중심으로」(『한국문화연구원 논총』 58, 1990)는 유희춘이 일기에 기록한 그날의 날씨와 관련 기록을 토대로 10년 동안의 기후일표(氣候日表)와 천후(天候)를 작성하여 분석하고, 아울러 1년마다의 기후 특색을 서술한 글이다.

이호열의 「16세기 말 사대부가 객청 조영 사례 연구 ―유희춘의 미암일기초를 중심으로」(『건축역사연구』 2, 1992)는 『미암일기』에 나오는 객청(客廳) 건축 기사를 발췌하여 소개하고, 그에 대한 분석을 통해 공사 내용과 건축 자재의 조달, 공사 종사자 등을 구체적으로 살펴본 것이다.

1990년 「조선 실록의 서지적 연구」라는 박사학위 논문에서 실록 편찬 과정을 고찰하면서 『미암일기』를 활용한 바 있는 배현숙은 「선조 초 교서관 활동과 서적 유통고 ―유희춘의 미암일기 분석을 중심으로」(『서지학연구』 18, 1999)에서는 이 일기를 이용해 선조 초 교서관의 활동과 중국 서적의 수입, 공·사적으로 수장한 서적들을 살펴보았다.

한대희의 「허준 선생에 관한 새로운 사실 ―미암일기를 중심으로」(『의림』 259, 1999)는 『미암일기』에 나오는 허준과 관련된 사실을 정리한 것이며, 김호의 「16세기 후반 경·향의 의료 환경 ―미암일기를 중심으로」(『대구사학』 64, 2001)는 일기에 나오는 의료 관련 내용을 중심으로 16세기 후반 서울과 향촌의 의료 환경과 유희춘의 양생법(養生法)을 살펴본 것이다.

이종서는 그의 박사학위 논문인 「14~16세기 한국의 친족 용어와 일상 친족체계」(서울대학교 박사학위 논문, 2003)에서 16세기까지의 조선 사회가 부계와 비부계를 구분하지 않고 혈연상의 거리만을 기준으로 했던 동심원적 구조를 지닌 사회였다는 주장의 한 근거로 『미암일기』에 나오는 친족 용어들을 인용했다.

이밖에 외국 학자의 연구도 있는데, 후지모토 사치오(藤本幸夫)의 「李朝の文人と書籍 ― 眉巖日記草を中心として」(『語文叢誌』, 1981)와 「眉巖過眼書錄」(『富山大學 人文學部紀要』 7, 1982)은 『미암일기』에서 언급한 서적에 대해 고찰한 것이다.

5. 문제점

이제까지 보아왔듯이 유희춘은 16세기 호남 사림의 대표적인 인물로, 이황·조식·노수신·기대승·이이·성혼 등과 함께 선조 초 사림정치를 구현하고 학풍을 진작시키는 데 크게 기여했다. 그런데도 그는 학계에서 다른 인물에 비해 별로 주목받지 못했다.

이렇게 된 데는 여러 이유가 있지만, 가장 큰 이유는 유희춘에 대한 연구가 제대로 이루어지지 않았기 때문이다. 지금까지의 연구가 많지는 않지만 그나마 『미암일기』를 대상으로 하거나 그 안에 수록된 내용을 사료로 활용한 연구가 대부분이고, 정작 유희춘을 직접 다룬 글은 손으로 셀 정도이다. 그리고 후자도 본격적으로 다루었다고 보기에는 미진한 경우가 적지 않았다.

따라서 유희춘의 정치 활동과 학문, 사상, 정책 등을 다룬 연구가 우선적으로 늘어날 필요가 있다. 비록 그가 저술한 책들이 많이 소실되어 이러한 목적에 다가가는 데 어려움이 없지는 않으나, 지금 남아 있는 저술들도 『미암일기』를 제외하고는 제대로 분석한 연구가 없다는 사실을 보면 불가능한 것만은 아니다.

다음으로 유희춘을 전체 조선 역사 또는 호남 역사 속에서 거시적으로 바라보는 연구가 필요하다. 지금까지 유희춘의 사상이나 정치 활동을 고찰한 연구가 없지 않았으나, 당시 사상계나 정치계의 전체적인 흐름과 연관지어 설명한 경우는 거의 없어 그의 역사적 위상을 제대로 파악하기가 어려웠다. 그러므로 유희춘을 조선 중기 역사에서 제대로 자리매김하기 위해서는 이러한 작업이 반드시 필요하다.

『미암일기』의 내용을 활용한 연구는 앞으로도 더욱 많은 분야에서 활발하게 이루어질 필요가 있다. 이미 신분·경제·건축·의료·기후 등 몇 분야에서 세밀한 검토가 이루어졌으나, 아직도 『미암일기』는 많은 분야의 연구를 기다리고 있다. 특히 역사학의 생활사·문화사 분야에서의 활발한 이용이 요구된다.

아울러 지금까지 『미암일기』에 대한 평가는 문학사적으로만 이루어진 감이 없지 않은데, 역사적인 관점에서도 이루어질 필요가 있다. 『미암일기』가 가지고 있는 백과사전적인 특징은 당대 하나의 학문적 흐름이기도 했다. 이 일기에 대한 역사적 접근은 유희춘의 학문과 사상을 평가하는 데도 도움이 된다고 할 수 있다.

아직도 유희춘과 그의 저술들은 많은 연구를 기다리고 있다. 그리고 우리는 그에 대한 연구를 통해 16세기 조선 사회의 실상에 더욱 가깝게 다가갈 수 있을 것이다.

참고문헌

• 원자료

『미암일기』(담양 모현관 소장본)

『미암일기초』, 조선총독부 조선사편수회, 1938.

『미암집』(한국문집총간 34), 민족문화추진회.

담양향토문화연구회, 『미암일기』(1~5), 1992~1996.

『덕봉문집병미암집』

• 논저

황패강, 「단가 감상은고 ─미암일기초 연구 (1)」, 『국문학 논집』 1, 단국대학교 국문과, 1967.

_____, 「몽참고 ─미암일기초 연구 (2)」, 『국문학 논집』 21, 1968.

_____, 「입춘나경의 소고 ─미암일기초 연구 (3)」, 『국문학 논집』 3, 1969.

_____, 『한국 고전 문학의 이론과 과제』, 단국대학교 출판부, 1997.

윤희면, 「미암 유희춘의 생애와 저술」, 『금호문화』 5·6월호, 금호문화재단, 1984.

구완회, 「조선 중엽 사족얼자녀의 속량과 혼인 ─미암일기를 통한 사례 검토」, 『경북사학』 8, 경북대학교 사학과, 1985.

김연옥, 「고일기에 의한 고기후 연구 ─미암일기를 중심으로」, 『한국문화연구원 논총』 58, 이화여대 한국문화연구원, 1990 .

배현숙, 「조선 실록의 서지적 연구」, 중앙대학교 박사학위 논문, 1990.

_____, 「선조 초 교서관 활동과 서적 유통고 ─유희춘의 미암일기 분석을 중심으로」, 『서지학 연구』 18, 한국서지학회, 1999.

이성임, 「조선 중엽 양반 관료의 경제 생활에 관한 일 연구 ─유희춘의 미암일기 분석을 중심으로」, 인하대학교 석사학위 논문, 1990.

_____, 「16세기 조선 양반 관료의 사환과 그에 따른 수입 ─유희춘의 미암일기를 중심으로」, 『역사학보』 145, 역사학회, 1995.

_____, 「조선 중기 어느 양반 가문의 농지 경영과 노비 사환 ─유희춘의 미암일기를 중심으로」, 『진단학보』 80, 진단학회, 1995.

_____, 「조선 중기 유희춘가의 물품 구매와 그 성격」, 『한국학 연구』 9, 인하대학교 한국학연구소, 1998.

이해준, 「기묘사화와 16세기 전반의 호남학파」, 『전통과 현실』 2, 고봉학술원, 1991.

김항수, 「선조 초년의 신구 갈등과 정국 동향」, 『국사관 논총』 34, 국사편찬위원회, 1992.

이호열, 「16세기 말 사대부가 객청 조영 사례 연구 ─유희춘의 미암일기초를 중심으로」, 『건축역사연구』 2, 한국건축역사학회, 1992.

고영진, 「16세기 호남 사림의 활동과 학문」, 『남명학 연구』 3, 경상대학교 남명학연구소, 1993.

이이화, 「김인후와 유희춘」, 『이야기 인물한국사』 5, 한길사, 1993.

정재훈, 「미암 유희춘의 생애와 학문」, 『남명학 연구』 3, 경상대학교 남명학연구소, 1993.

조원래, 「사화기 호남 사림의 학맥과 김굉필의 도학사상」, 『동양학』 25, 단국대학교 동양학연구소, 1995.

성교진, 「미암 유희춘」, 『한국 인물유학사』 2, 한길사, 1996.

송재용, 「미암일기 연구」, 단국대학교 박사학위 논문, 1996.

_____, 「미암 유희춘의 생애와 학문」, 『퇴계학 연구』 10, 단국대학교 퇴계학연구소, 1996.

_____, 「기행문학으로서의 미암일기」, 『한국 기행문학 작품연구』, 국학자료원, 1996.

_____, 「여류 문인 송덕봉의 생애와 문학」, 『국문학 논집』 15, 단국대학교 국어국문학과, 1997.

_____, 「미암일기의 서지와 사료적 가치」, 『퇴계학 연구』 12, 단국대학교 퇴계학연구소, 1998.

한대희, 「허준 선생에 관한 새로운 사실 ─미암일기를 중심으로」, 『의림』 259, 의림사, 1999.

김우기, 「16세기 호남 사림의 중앙 정계 진출과 활동」, 『이수건 교수 정년기념 한국중세사논총』, 이수건 교수 정년기념 한국중세사논총 간행위원회, 2000.

김호, 「16세기 후반 경·향의 의료 환경 ─미암일기를 중심으로」, 『대구사학』 64, 대구사학회, 2001.

고영진, 「이황 학맥의 호남 전파와 유학사적 의의」, 『퇴계학과 한국 문화』 31, 경북대학교 퇴계연구소, 2003.

정창권, 『홀로 벼슬하며 그대를 생각하노라』, 사계절, 2003.

이종서, 「14~16세기 한국의 친족 용어와 일상 친족체계」, 서울대학교 박사학위 논문, 2003.

藤本幸夫, 「李朝の文人と書籍 ─眉巖日記草を中心として」, 『語文叢誌』, 大阪大學文學部 信多研究室, 1981.

_____, 「眉巖過眼書錄」, 『富山大學人文學部紀要』 7, 富山大學, 1982.

이지함 李之菡

기인(奇人)인가, 실학의 선구자인가

신병주 서울대학교 규장각 학예연구사

머리말

16세기 중·후반의 조선 사회는 사림파(士林派)와 훈구파(勳舊派)의 대립에서 발생한 사화(士禍)의 여파로 말미암아 정치적·사상적으로 후유증이 큰 시기였다. 이러한 시대 상황에서 출사(出仕)의 뜻을 포기하고 산림에 은거하면서 학문에 전념하는 학자들이 나타났다. 이들은 그 시대에 유일(遺逸)·일사(逸士)·처사(處士) 등으로 불렸으며, 조선 정부의 적극적인 인재 등용책으로 한때 관직에 임명되기도 했지만 대부분의 생애를 산림에 살면서 자신의 학문 이상을 실천하고 문인들을 양성하는 것을 본업으로 삼으며 살았다.

　토정(土亭) 이지함(李之菡, 1517~1578)도 이러한 처사형 사림의 한 부류로 볼 수 있는 인물이다. 이지함은 그 자신의 역사적 위상보다도 그가 쓴 『토정비결』(土亭秘訣)에 관심이 집중되거나, 그의 기인적인 풍모만이 야사(野史)의 주요 소재가 되었다. 또한 『임꺽정』, 『토정비결』 등 소설의 주요 인물로 등장해 대중들에게 친숙한 인물로 묘사되었다. 그러나 이지함에게 갖는 대중적인 친숙함에 비해 그를 체계적으로 연구한 사례는 거의 없었다. 김용덕이 토정의 문집 분석을 중심으로, 그의 사회·경제 사상이 박제가(朴 齊家) 등 후대 북학파(北學派) 학자들의 사상적 원류가 된다는 점을 지적한 것이 가장 선구적인 연구이다.* 이후 필자는 사화라는 시대적 배경이 이지 함의 사상에 큰 영향을 주었음을 지적하고, 그의 학풍과 사회·경제 사상이 갖는 역사적 의미를 살펴보았다.**

이지함에 대한 연구가 부진한 이유는 그의 저술이 상대적으로 적은 탓도 있지만 조선 중기 사상계의 동향을 주자성리학(朱子性理學) 일색으로만 파 악하는 기존의 연구 동향과도 큰 관련이 있다. 그러나 16세기 조선 사회에 서는 지방의 학자들을 중심으로 주자성리학이 정착하는 한편에 다양한 학 문과 사상을 모색하고 있었다는 점을 고려하면, 16세기 사상사를 주자성리 학으로만 파악하는 시각은 재고의 여지가 있다.

요즘 16세기 이후의 사상계를 좀더 폭넓고 다양하게 이해하려는 연구들 이 이루어지고 있는데, 이러한 연구 결과에 따르면 당시의 조선 사회에는 우리가 알고 있는 것보다 훨씬 다양한 학문과 사상이 공존했다는 것을 알 수 있다. 이 글은 16세기 학자들의 다양한 학풍과 사상을 검토해보려는 취 지에서 출발해, 그 대상을 이지함으로 정하고 그를 다루었다. 이지함은 16 세기 중반의 시대 상황에서 다양하고 개방적인 학문 성향을 보여주는 대표 적인 인물이며, 특히 그의 사회·경제 사상은 역사적으로 큰 의미가 있다고 판단했기 때문이다.

1. 가계와 생애

이지함의 자는 형백(馨伯), 호는 토정(土亭), 본관은 한산(韓山)이다. 그는 고려 말의 성리학자 이곡(李穀)과 이색(李穡)을 배출한 명문가의 후손으로,

63인의 역사학자가 쓴 한국사 인물 열전

이색은 이지함의 7대조이다. 이곡과 이색은 고려 말과 조선 초에 걸쳐 문명(文名)을 떨쳤으며, 이색의 아들 종선(種善)은 관직이 좌찬성에 이르렀다. 이후 이지함 가문의 영예는 조금 퇴색하는데, 할아버지 이장윤과 아버지 이치(李穉)는 각각 현감과 현령에 머물렀다. 이지함은 1517년 충청도 보령군 청라에서 태어난 것으로 보인다. 이지함의 출생지에 대해 명확히 언급한 기록은 없으나 묘소가 보령현 서쪽에 있고, 이지함 후손의 증언이나 이지함의 위패를 모신 화암서원의 기록 등을 참고하면 그의 출생지는 보령군 청라면 장산리로 보인다.

이지함의 어머니는 광주(光州) 김씨로 판관 맹권(孟權)의 딸인데, 김맹권은 일찍이 진사가 되고 문명이 높아 집현전 학사로 발탁된 인물로, 세종의 신임을 받아 단종의 보필을 부탁받았으나 1455년 세조가 왕위를 찬탈하자 고향인 보령으로 돌아가 죽을 때까지 과거를 보지 않았다. 아버지 이치는 1504년 갑자사화(甲子士禍)가 일어나자, 이미 사망한 종조부(從祖父) 이파(李坡)가 성종 때 폐비 사건에 연루되었다는 이유로 진도에 유배되었다가 1506년의 중종반정(中宗反正)으로 귀양에서 풀려났다. 이지함은 14세 되던 해 아버지가 죽자 형인 이지번(李之蕃)에게서 학문을 배웠다. 이지번은 인종 때 '백의재상'(白衣宰相)이라고 천거를 받을 정도로 청렴한 학자였으며, 그의 아들 이산해(李山海)는 5세에 아버지의 막내아우인 이지함에게 글을 배웠는데, 이지함이 태극도(太極圖)를 가르쳤다고 한다. 이산해는 뒤에 영의정과 이조판서를 지내면서 북인(北人)의 우두머리가 되었다. 이지함에게는 산두·산휘·산룡의 세 아들이 있었는데, 둘째 산휘는 호랑이에게 물려 죽고, 셋째 산룡은 12세 때 역질로 죽었다. 서자인 이산겸(李山謙)은 임진왜란 때 의병장으로 활약했다.

* 김용덕, 「이지함의 경제사상」, 『한국의 사상』, 열음사, 1984.
** 졸고, 「토정 이지함의 학풍과 사회경제사상」, 『규장각』 19, 서울대학교 규장각, 1996.

이지함의 부인은 종실(宗室)인 모산수(毛山守: 정종의 후손) 이정랑(李呈琅)의 딸이었다. 이지함은 혼인한 뒤에 처가의 연고지인 충주에서 거주한 것으로 보인다. 그러나 이지함은 처가에 화가 미칠 것을 짐작하여 가족들을 이끌고 자신의 고향인 보령으로 돌아왔다. 이정랑은 1549년에 이홍남이 아우 이홍윤(李洪胤)의 역모를 고발한 역모 사건에 연루되어 장형(杖刑)을 받다가 사망했다. 당시 충주는 역적의 소굴로 지목되어 유신현(維新縣)으로 강등되었으며, 충청도라는 이름 또한 청홍도(淸洪道)로 바뀌었다. 장인에게 닥쳤던 이러한 불행은 이지함의 사상이나 정치적 견해에 영향을 주었을 것이다. 그뒤 이지함은 자신이 태어난 보령과 서울의 마포를 주요 근거지로 삼고 전국을 유람하면서 민생의 현실을 눈으로 확인했다.

1573년(선조 6)에 그의 탁행(卓行)이 조정에 알려져 유일(遺逸) 등용책의 일환으로 최영경(崔永慶), 정인홍(鄭仁弘), 김천일(金千鎰), 조목(趙穆) 등과 함께 천거를 받아 1574년 종6품의 포천현감에 임명되었다. 그러나 자신의 건의가 조정에 받아들여지지 않자 사직하고 물러났다. 1578년에 다시 천거를 받아 아산현감에 제수되어 그의 사회·경제 사상을 실천할 기회를 다시 갖는다. 이지함이 부임하기 직전 조정에서는 아산현감 윤춘수가 탐욕에 눈이 어두워 백성들을 구휼하지 않으며, 병을 핑계대고 일부러 관직을 그만두었으니 죄를 주자고 논의한 바 있었다. 그해 5월에 이지함이 아산현감 재임시에 올린 상소문이 있는 것으로 보아, 그가 당시 아산현의 어려움을 구제할 적임자로 판단되어 윤춘수의 후임으로 임명된 듯하다.

이지함은 그곳 현감으로 재임하면서 걸인청(乞人廳)을 만드는 등 노약자와 고통받는 백성들의 구호에 힘을 기울였으며, 자신이 현감으로서 경험한 시무책(時務策)을 담은 상소문을 올렸다. 이 상소문에서 이지함은 백성들의 곤궁한 생활상을 알면서도 백성들을 부당하게 군역에 넣어야 하는 실태를 적나라하게 지적했고, 선조 또한 그 의견이 옳다고 답했다. 그러나 이지함이 곧 사망해 이 상소문에서 제시한 시무책은 빛을 보지 못했다. 당시 승정원에서는 이지함에 대해 말하는 풍모가 사람들의 이목을 끌고, 백성들을 보살피는 데 최선을 다했으며, 시무(時務)에도 능했던 호걸로 표현했는데, 이로 보아 이지함이 백성들에게 인망이 두텁고 시무에 통달한 호방한 인물이었음을 알 수 있다.

이지함에 대해서는 신분에 구애되지 않는 그의 개방적 학풍과 교유관계, 그리고 『토정비결』이 일반 서민을 대상으로 한 것이라는 점 등을 이유로 그의 신분을 낮게 보는 선입견이 있다. 그러나 이지함의 가계(家系)가 이색의 후손으로 조카대에는 영의정을 배출한 명가(名家)였다는 점을 고려하면, 그의 신분적 개방성은 가문을 뛰어넘은 것으로 높이 평가할 만하다.

그의 호 '토정'(土亭)은 '흙으로 만든 정자'라는 뜻으로, 지금의 서울 마포 강가에 허름한 집을 짓고, 밤에는 그 안에서 자고 낮에는 지붕을 정자 삼아 글을 읽었다는 데서 유래한 것이다. 그때도 마포는 서해를 거쳐 서울로 들어오는 물산의 집산지로, 상업과 경제 활동의 중심지였으며, 마포의 토정은 강가에 바로 붙어 있는 곳이었다. 이지함의 주된 근거지 또한 충청도 해안 지역이었다는 점을 고려하면, 그는 일찍부터 상업과 어업, 그리고 유통 경제에 대한 안목이 있었으며, 이러한 지역적 기반은 그의 학풍과 사상 형성에도 큰 영향을 미쳤을 것이다.

오늘날까지 남아 있는 토정로라는 이름에서 이지함의 행적을 찾아볼 수 있다. 그가 지은 것으로 알려진 『토정비결』에 대해서는 아직까지 이지함이 썼다는 설과 그의 이름을 가탁(假託)한 것이라는 주장이 함께 제기되고 있는데, 『토정비결』이 이지함이 죽은 뒤에 곧바로 유행하지 않고 19세기 후반에야 널리 퍼진 점을 볼 때, 후자가 설득력 있어 보인다.

그러나 『토정비결』이 담고 있는 뜻과 이지함의 사상은 상통하는 측면이 많다. 즉, 『토정비결』에는 『주역』(周易)을 바탕으로 한 상수학(象數學)의 사고가 많이 반영되어 있는데, 이지함이 서경덕(徐敬德)에게서 상수학을 배운 것은 이지함과 이 책의 연관성을 말해준다. 서경덕 등 당시 『주역』이나 상수학에 관심이 깊었던 학자들이 '기'(氣)에 관심을 가지면서 당시의 사회 상황을 안정되었다고 생각하기보다는 변화가 필요한 시기로 파악한 점과, 이지함이 서경덕에게 『주역』을 배웠다는 점을 고려하면, 주역사상에 담긴 새로운 변혁 의지가 『토정비결』에도 반영되어, 변화를 갈망하는 민간의 의식에 깊은 영향을 미쳤다고 할 수 있다. 이덕형(李德泂)이 이지함을 염두에 두고 "세상에서 풍수를 숭상하고 믿게 된 것은 이씨의 집안에서 시작된 것이다"라고 한 것도 이러한 분위기와 맥을 같이한다.

이지함이 민간에 친숙한 인물이었다는 점은 야사류의 책에 그에 관한 기록이 풍부한 데서도 발견된다. 『대동기문』(大東奇聞)에는 이지함이 스스로 상업 행위를 한 일과 거지 아이에게 옷을 벗어준 일화 등이 소개되어 있으며, 『동패락송』(東稗洛誦)에는 이지함이 괴상한 행동을 하다가 노인의 놀림을 받았다는 이야기와 계집종의 유혹을 물리친 일화, 간질병에 걸린 사람을 치료한 이야기, 음률(音律)을 아는 이인(異人)과 장도령을 만난 이야기, 서기(徐起)·성제원(成悌元)과 함께 한라산에 올라가 남극노인성(南極老人星)을 구경한 일화 등이 기록되어 있다.

이러한 일화는 이지함이 민간에서 격의 없이 많은 사람을 만나 자신의 도움이 필요할 때 응한 내용이 대부분이다. 그는 스스로에게는 엄격했으나 일반 사람들에게는 매우 온화했다고 하는데, 이러한 기질 또한 민중들을 쉽게 만날 수 있는 한 요인이 되었을 것이다.

16~17세기 전반기에 김시습(金時習)·이지함·서경덕·정렴(鄭磏)·박지화(朴枝華)·서기·남사고(南師古) 등 흔히 방외인(方外人) 기질이 있다고 지칭되는 인물은 이인(異人) 설화를 통해서도 널리 입에 오르내리는데, 이들 가운데서도 서경덕·이지함·정렴 등은 이인 설화에서 가장 인기 있는 인물로 등장했다. 이지함의 이인적인 면모에 대해서는 17세기 문헌인 『어우야담』(於于野譚)·『지봉유설』(芝峰類說)·『죽창한화』(竹窓閑話) 등에 전하며, 이지함과 서경덕·정렴 등의 친밀한 교유는 여러 기록에서 찾아볼 수

있다.

그런데 이지함의 학풍은 당색(黨色)으로 볼 때 북인의 성향과 매우 가깝다. 정파(政派)로서 북인의 학문적 근원은 대개 자유로운 처사의 삶을 지향한 서경덕과 조식(曺植)에게 두고 있으며, 학파로서의 결집성이 다른 당색에 비해 떨어진다는 지적을 받는다. 북인이 학파로서의 결집성이 약한 것은 그 주축 인물들이 그 시대의 다른 학자들에 비해 개방적이고 자유분방한 학풍과 기질을 가졌다는 점도 하나의 원인일 것이다. 이지함의 조카로 북인의 우두머리가 된 이산해가 이지함에게서 학문을 배우고, 사회·경제책에서도 이지함과 비슷한 측면이 있다는 데서 북인 학자들의 학문 형성에 이지함의 영향력이 컸음을 알 수 있다.

2. 지역적 배경과 교유관계

(1) 지역적 배경

이지함의 주요 활동 지역은 출생지인 충청도 보령에서 서울의 마포를 연결하는 곳이었다. 특히 고향인 보령은 친가와 외가를 아울러 그의 일족들이 크게 이름을 떨친 곳이었다. 이지함은 아산과 포천에서 잠시 현감을 지내기도 했으나 주로 충청도와 서울의 마포 일대에서 활동했다. 워낙 유랑하기를 좋아해 배를 타고 제주도에 세 번씩이나 들어가기도 했으나, 주된 지역 기반은 충청도와 서울로 볼 수 있다. 그가 거처했던 마포의 토정은 서해와 통하여 팔도의 배가 모이는 곳이었으며, 특히 이지함은 배를 타는 데 익숙해 해상을 두루 돌아다녔다. 그가 상업과 유통 경제를 중시한 것도 해상을 주된 생활권으로 한 지역적 기반과 관계가 있을 것이다.

이지함의 지역적 배경에서 관심을 끄는 것은 바다와 관련된 용어이다. 이것은 그의 주된 근거지인 보령이 해안과 가까웠기 때문일 것이다. 이지함은 스스로를 "해상에 사는 광민(狂民)"으로 표현했고, 조헌(趙憲)은 '해우'

(海隅)에 은거한 이지함을 찾아가 학문을 배웠다고 했으며, 또한 상소문에서는 이지함이 "안명세(安名世, 1518~1548)의 처형을 보고* 해도(海島)를 주유(週遊)하면서 미치광이로 세상을 피했다"라고 했다. 이지함이 어렸을 때 어머니의 장지(葬地)가 해안에서 가까워 바닷물이 밀려올 것을 걱정하여 옮겼다는 기록이나, 성품이 배타기를 좋아하고 항해중에 바닷물의 흐름을 알아 위험을 만나지 않은 것, 어염(漁塩) 등 해상의 경제 활동에 대한 대책을 제시한 것 등은 그의 이러한 해안적 기반과 관계가 깊다. 이이(李珥)가 이지함의 제문을 쓰면서 '수선'(水仙)이라 표현한 것도 이러한 맥락에서 이해할 수 있다.

이지함과 교분을 가졌던 조식이 해안가인 김해에서 생활하고, 서경덕이 임진강을 통해 해안과 교통이 편한 개성에 거처를 두고 있었다는 점에서 이들과 해안 지역과의 관계를 알 수 있다. 이들의 학문과 사상이 농촌 중심의 경제 질서에만 한정되지 않고 상업이나 유통 경제에 많은 관심을 두는 것은 이러한 생활 배경과 일정한 관련이 있다.

(2) 교유관계

전국을 두루 다니는 이지함의 방랑벽과 신분에 구애 없이 민중에게 다가서는 친숙한 이미지는 폭넓은 교유관계를 형성하는 중요한 원인이 되었다. 이지함은 학도(學徒)들과 함께 다닐 때마다 경서와 역사에 대해 질문했다고 한다. 실록에서도 "평소 욕심을 내지 않고 고통을 견디며, 짚신에 죽립(竹笠) 차림으로 걸어서 사방을 돌아다니며 도학(道學)과 명절(名節)이 있는 선비들과 교유했다"라고 기록하고 있어, 그가 단순한 유랑자가 아니었으며, 그 교유 범위도 넓었음을 암시하고 있다.

이지함의 교유관계에서 주목되는 인물들은 정파로 나누어볼 때, 크게 북인계 학자와 서인계 학자로 분류된다. 『토정유고』(土亭遺稿)의 서문에서는 이지함의 교유관계에 대해 박순(朴淳)·고경명(高敬命)·이이·성혼(成渾)·

윤두수(尹斗壽)·정철(鄭澈) 등 주로 서인계 인물과 교유가 있었던 것처럼 기록하고 있지만, 이것은 서문을 쓴 정호(鄭澔)의 당색이 반영된 결과로 보인다. 이지함이 이이, 성혼, 송익필 등 서인계 인물과 교분이 두터웠던 것은 그가 주로 충청도와 서울에서 살았기 때문이라고 생각한다. 이지함의 졸기(卒記)에는 이지함이 이이와 가장 친했다고 기록되어 있으며, 이지함의 문인인 조헌도 이이·성혼·송익필과 이지함의 교분을 언급했다. 이지함은 지역적 기반으로 말미암아 서인계 인물과도 폭넓게 교유했지만 그의 학풍과 행적은 오히려 북인계 학자와 비슷한 측면이 많다. 이지함은 북인 학통의 원류인 조식·서경덕과 교분이 깊었을 뿐 아니라, 이발(李潑)·최영경(崔永慶) 등 후대에 북인으로 활동하는 문인들과도 교유가 깊었다.

조식과 서경덕의 문인들은 후대에 북인의 중심 세력이 되고, 사상적으로도 다른 당색에 비해 주자성리학에 덜 구속받고 다양했다는 평을 듣는데, 이지함의 학풍에서도 이들과 유사성이 나타나는 점은 주목된다. 특히 이지함이 서경덕을 직접 찾아가 학문을 배운 것이나, 지역을 뛰어넘어 조식과 교유한 것에서 이들 사이에는 사상적으로 상통하는 측면이 많았음을 알 수 있다. 이지함은 조식과 기질이 비슷했다. 타협을 모르고 직선적 성격인 조식의 기질에 대해서는 '벽립천인'(壁立千仞), '추상열일'(秋霜烈日) 등으로 표현했는데, 이산해가 이지함의 제문을 쓰면서 '천인벽립'이라 한 것에서** 두 사람의 기질이 비슷했음을 발견할 수 있다. 이지함과 조식은 과거를 피하고, 저술을 즐기지 않은 공통점도 있다.

이지함과 조식이 서로 교유하면서 남긴 일화는 『토정유고』「유사」(遺事)를 비롯한 여러 기록에 나타난다. 이지함은 남방을 유람할 때 은거중이던

* 안명세는 1545년 을사사화가 일어나자 사관으로 있으면서 이기, 정순붕 등 을사사화 주모자들을 비판한 시정기를 작성했다. 그러나 1548년 이기 등이 자신들의 행동을 정당화하기 위해 『武定寶鑑』을 편찬할 때 그와 함께 사관으로 있던 한지원이 안명세의 시정기를 이기 등에게 밀고함으로써 결국 체포되어 사형당했다. 국문을 당하면서도 사관으로서의 소신을 굽히지 않아 후대에 사관의 모범으로 인정받았다.
** 『토정유고』 부록, 「묘갈명」. "接人則陽春 然處己則千仞壁立."

조식을 찾았으며, 특히 조식이 멀리서 온 이지함을 극진히 대접하고 "자네의 풍골(風骨)을 어찌 모르겠는가?"라고 한 표현에서 서로 존숭하는 사이였음을 짐작할 수 있다. 이지함은 관상자(觀象者)가 찾아왔을 때 조식의 죽음을 예언했다고 하는데, 토정이 점술에도 일가견이 있었음을 짐작할 수 있다. 『토정비결』이 이지함의 이름을 가탁한 것은 관상이나 점술에 대한 이지함의 명망이 크게 작용했다고 보인다. 이지함은 천문, 지리, 의학, 관상, 신방(神方) 비결에 이르기까지 두루 능통했다는 평가를 받았다.

이지함은 1573년(선조 6) 정인홍·최영경 등 조식의 문인들과 함께 천거를 받았는데, 이러한 점도 조식과의 친분을 강화하는 데 도움이 되었다. 그는 뒤에 북인의 우두머리가 된 이발과도 교유했는데, 최영경과 이발은 동인(東人)이 남인과 북인으로 나뉘는 결정적인 계기였던 기축옥사(己丑獄事)의 핵심 인물로 연루되어 처형을 당한 인물이다. 최영경은 조식의 문인으로, 『연려실기술』(燃藜室記述)에서는 그의 기상을 '벽립천인'이라 표현하면서 조식의 기질을 그대로 닮았다고 평가하고 있는데, 이지함과도 기질상 잘 통했을 것으로 추측된다. 이발은 서경덕의 문인인 김근공(金謹恭), 민순(閔純)에게 학문을 배운 북인계 학자로 대사간 등의 벼슬을 지냈다. 이발은 이조전랑직에 있을 때 자파 인물을 등용해 반대 세력의 원망을 많이 샀으며, 정철의 처벌 문제에서 강경론을 주도해 북인의 핵심 세력이 된 인물이다. 이지함은 제주도에서 돌아올 때 해남에 있는 이발의 집을 찾았으며, 이발은 이지함이 전국을 유랑하여 매우 곤궁한 것을 알고 극진히 대접했다.

1589년(선조 22)에 일어난 기축옥사는 동인 내부에서 북인과 남인으로 나뉘는 중요한 계기가 되었다. 흔히 정여립(鄭汝立) 모반 사건으로 불리는 이 사건에는 정여립을 비롯해 최영경, 조종도(趙宗道), 정개청(鄭介淸), 이발 등 조식이나 서경덕의 문인들이 많이 연루되었다. 이지함은 이 사건 전에 이미 사망했지만 이발, 최영경 등 그와 교분이 있던 인사들은 큰 피해를 입었다. 또한 제자인 서기는, '미반(未反)의 여립'으로 불릴 정도로 정여립과 친분이 두터웠던 정개청과 교분이 깊었다. 정개청이 기축옥사에 연루된 사실을 알고 이득윤(李得胤)이 서기의 신변을 걱정했다는 기록과 서기가 정개청의 시에 화답한 것에서 서기와 정개청의 교유 정도를 알 수 있다.

『연려실기술』에서는 "기축역옥에 북인이 많이 죽은 것은 대개 여립이 북인 계열이었기 때문이다"라고 하여, 기축옥사로 말미암아 서경덕과 조식의 학통을 계승한 북인들이 많이 희생되었음을 기록하고 있다.

이밖에 이지함이 이항복(李恒福), 한준겸(韓浚謙) 등과 교유한 기록이 있다. 1576년 겨울에 이항복과 한준겸은 함께 사마시(司馬試)에 합격한 뒤에 복시(覆試)를 준비할 때, 마포에 사는 이지함을 찾아와 아침저녁으로 이야기를 들었다고 하는데, 그만큼 이지함의 명성이 높았음을 의미한다.

이처럼 이지함은 뒷날 북인이나 서인의 영수로 활동하는 인물들과 가까웠으나 그는 정치적인 당색과는 큰 관련이 없어 보인다. 그가 활동하던 때는 동인과 서인의 대립이 그만큼 치열했던 시기도 아니며, 그의 자유로운 유랑자적 기질이 폭넓은 교유관계를 형성했다고 볼 수 있기 때문이다. 이이·성혼 등 뒤에 서인의 핵심 인물이 되는 인사들과는 사는 곳이 가까워 교유가 잦았던 것으로 여겨지며, 조식·서경덕 등 북인의 원류가 되는 학자들과는 학풍과 사상이 비슷한 것이 교유의 주된 요인으로 작용했을 것이다.

3. 학풍과 현실관

(1) 학풍의 특징

이지함의 학풍에서 특히 눈길을 끄는 것은 학문의 다양성이다. 「유사」에 따르면 그는 천문·지리·의약·복서(卜筮)·법률·산수·관상·비기(秘記)에 이르기까지 통하지 않는 것이 없었다고 한다. 이는 당대의 학자들인 조식이나 정렴 등의 학풍에서도 공통적으로 드러나는 점이다.

이처럼 그 시대의 주류인 주자성리학만을 고집하지 않은 그의 학문적 다양성과 개방성에 대한 평가보다 그의 기인적인 풍모에만 관심을 가진 것이 이제까지 그에 대한 일반적인 시각이었다. 어지러운 정치 상황에 회의를 느끼고 스스로 처사의 길을 선택한 학자들 대부분이 상대적으로 자유로운 분위기 속에서 다양한 학문을 접한 점을 고려하면, 이지함의 학풍을 특이한 것으로만 취급할 수는 없을 것이다.

16세기에 사화의 여파로 각 지역에서 학문과 실력을 겸비했으나 출사를 단념한 처사형 사림의 대표적인 인물로는 조식과 서경덕, 이지함 등을 꼽을 수 있다. 이들은 공통적으로 주자성리학 외에 노장사상이나, 불교, 무예 등 생활에 필요한 다양한 학문과 사상에 관심을 가졌다. 이들의 학문 경향과 처세는 인근의 학자들에게 큰 영향을 주었다. 서경덕의 학풍은 개성과 인근 서울의 침류대(枕流臺)* 학자들의 박학풍(博學風)**에 영향을 주었고, 경의(敬義)를 강조한 조식이 활동한 경상우도에서는 무(武)를 중시하는 경향이 강했다. 이곳에서 임진왜란 때 최고의 의병장이 배출된 것도 이 때문이라 할 수 있다.

'호걸'의 풍모가 있다고 평가받았던 이지함도 무(武)를 중시했던 것으로 보인다. 그가 포천현감으로 있을 때 문무를 겸비한 인재를 양성할 것을 주장한 일이나, 그의 대표적인 문인(門人)인 조헌과 서자인 이산겸이 의병장으로 크게 활약한 사실에서 이지함과 '무'의 연결 고리를 짐작할 수 있다. 특히 이산겸이 충청도 한산에서 왜적을 토벌할 때 "이 지역이 이지함의 고향이라서 따르는 자가 많았다"라는 사관의 평가는 이 지역에서 이지함의 영향력이 얼마나 컸던가를 암시한다.

16세기 조선 사회는 성리학이 지방에서까지 서서히 자리를 잡아가는 시기였지만, 학문적인 분위기는 성리학 일색으로 경직된 시기는 아니었다. 오히려 처사형 사림을 중심으로 다양한 사상을 모색하는 시기이기도 했다. 16세기에 성리학의 윤리·도덕 규범을 실천하고 그 보급에 힘썼던 김안국(金安國)이 성리학뿐 아니라 천문·지리·음양서 등에까지 폭넓게 관심을 보인

63인의 역사학자가 쓴 한국사 인물 열전

것이나, 조식이 성리학을 중심으로 하면서도 노장서를 두루 본 것, 남언경
(南彦經)과 이요(李瑤) 등이 양명학(陽明學)에 상당히 경도되어 있었던 모
습은 이러한 시대상을 대변하는 것이다. 조식이 이지함에게 선(仙)을 공부
하는 것이 어떻겠냐고 지적한 것과, 홍만종(洪萬宗)이 도가(道家)의 인물을
정리한 『해동이적』(海東異蹟)에 이지함의 행적을 기록한 것도 이러한 분위
기를 보여준다.

  결국 이지함은 명문가의 후손임에도 불구하고 신분이 미천한 사람들을
문인으로 삼고 민중들과 거리낌없이 접촉하는 개방적 학풍을 견지했으며,
당대의 여러 학문과 사상을 흡수하는 다양한 학풍을 보였다. 그의 이러한
면모는 남명(南冥)이나 화담(花潭)의 처세와 학풍과도 매우 비슷하다. 이관
명(李觀命)이 이지함의 시장(諡狀)을 쓰면서 "선생의 뜻은 화담의 조예고명
(造詣高明)과 남명의 입지뇌확(立志牢礭)과 가히 백중이라 할 만하다"라고
평한 것은 이러한 흐름을 적절히 표현했다고 볼 수 있다.

  이지함의 인물됨에 대해서 중국 북송대의 성리학자인 소옹(邵雍)과 비교
한 대목이 있어 주목된다. 정호는 『토정유고』서문에서 소옹의 기인적인 측
면을 이지함과 대비시켰다. 소옹은 이전까지 시대를 풍미했던 도교사상의
요소를 자신의 학문에 적극 흡수했으며, 역학이나 상수학에 능통한 학자였
다. 서경덕의 역학이나 상수학도 소옹의 영향을 받은 측면이 많았다. 주돈
이, 장횡거, 소옹 같은 북송대 성리학자들은 사상이나 행적에 도가적 측면
이 많다는 평가를 받는다. 16세기의 성리학자 중에서도 서경덕·조식·이지
함 등은 이러한 학자들의 학문 경향과 비슷한 측면이 많다. 결국 조선 시대

---

* 침류대는 원래 창덕궁 서쪽 담장 뒤쪽의 계곡 근처에 천민 출신의 학자 유희경이 조그마한 대를 만들어
생활한 것에서 유래한다. 유희경은 천민이었지만 신흠·이수광·박순·이지함 등 당대의 유학자들과 교유
했으며, 침류대는 17세기 학자들이 공부하고 정보를 교유하는 대표적인 문화 공간이었다. 후에 창덕궁의
영역이 넓어지면서 침류대는 창덕궁 내에 들어가버렸다.
** 고영진, 「16세기 후반~17세기 전반 서울 침류대학사의 활동과 그 의의」, 『서울학연구』 3, 서울학연구
소, 1994.

사상계도 주자성리학이 정착되는 과정에서 북송대 성리학에 주목했는데, 서경덕·조식·이지함 등은 이러한 분위기를 대표하는 학자로 평가할 수 있다. 이지함처럼 이단에 대해 포용력이 크고 처사의 삶을 지키면서 민생을 걱정했던 학자에게 소옹은 상당히 매력적인 인물로 다가섰음을 알 수 있다.

그러나 북송대 성리학에 대한 관심은 당시 사상계의 다양성을 보여주는 지표인 반면, 아직까지 주자성리학이 조선 사회에 완전히 정착하지 못했음을 보여준다. 결국 이황(李滉)이나 이이의 등장은 성리학에 대한 연구가 깊어지고 이해가 심화되면서 조선 사회에서 북송대 성리학이 비판받고 극복되어 사상계가 주자성리학 중심으로 정리되는 과정으로 이해할 수 있다.

이처럼 이지함 학풍의 특징은 다양성과 개방성으로 요약할 수 있으며, 중국 북송대의 성리학자 소옹의 학풍과 비슷하며, 조식·서경덕 등 당대의 처사형 학자들과도 학풍과 처세면에서 비슷한 점이 발견된다고 할 수 있다. 그의 이러한 학풍과 현실관 형성에는 사화라는 정치적 상황이 주요한 요인이 되었으며, 처사의 위치에서 당대의 사회 문제와 모순을 극복해보고자 하는 노력이 이러한 학풍의 완성으로 이어졌다고 볼 수 있다.

(2) 현실관

앞에서 살펴본 것처럼 이지함의 학풍 형성에는 사화라는 시대 배경이 중요한 요인으로 작용했으며, 역모 사건에 연루된 장인의 참혹한 죽음도 그의 현실관에 큰 영향을 주었을 것이다. 명종대 후반 이후 정국은 사림파 학자들이 점진적으로 정치에 참여할 수 있는 기반을 가져다주었다. 그런데 16세기 이후 사화라는 정치 현실에 회의를 느끼고 은거했던 학자들은 정치 참여 시기를 맞으면서 크게 정치 참여파와 처사의 길을 걷는 두 가지 흐름으로 나뉘었다. 즉, 문정왕후의 수렴청정이 끝나고 윤원형(尹元衡) 일파가 제거되는 명종대 후반 이후의 정국을 낙관적으로 이해해 현실 정치에 참여하는 부류가 생겨나는 반면, 여전히 모순과 비리에 가득 찬 것으로 판단해 계속 은거를 고집하는 부류가 생겨난다. 선조 때에 사림정치가 어느 정도 정착되자 당시의 정치 현실을 낙관적으로 보고 자신은 물론 자신의 문인들도 대거 정계에 진출시킨 이황과, 당시의 정치 현실을 여전히 부정적으로 인식하고 "구급"(救急)이라는 표현으로 당시 사회의 문제점을 지적한 조식은 서로 다른 정치적 입장을 보인 대표적인 사례로 볼 수 있다.

이지함의 경우도 조식과 비슷한 길을 걸었다. 즉, 당대를 난세로 인식하고, 출사보다는 잘못된 정치 현실을 비판하는 처사의 길을 찾은 것이다. 그리고 상소문 등을 통해 무엇보다 백성들의 생활 안정을 위한 구체적인 대책을 세울 것을 강조했다. 이지함은 선조 때에 이이를 찾아갔다가 여러 학자들과 모여 담소하는 자리에서 "지금의 세도(世道)는 원기(元氣)가 이미 없어져서 손을 쓰거나 약으로 구제할 길이 없다"라고 하며 당시가 매우 위급한 시기임을 지적하기도 했다. 이지함이 적극적인 사회·경제책의 수립과 실천을 적극 주장한 것도 당대를 위기의 시기로 파악한 그의 현실 인식이 자리잡고 있었기 때문으로 볼 수 있다.

4. 사회·경제 사상

(1) 말업(末業)의 중시

이지함은 자신의 정치 이상을 실현할 여러 가지 방책을 가지고 있었다. 그는 항상 "백리가 되는 고을을 얻어서 정치를 하면 가난한 백성을 부자로 만들고, 야박한 풍속을 돈독하게 만들고, 어지러운 정치를 다스려 나라의 보장(保障)을 만들 수 있다"라고 말하면서, 자신의 이상이 정치에서 실현되기를 희망했다. 이지함의 경제사상에서 가장 중요한 것은 자급(自給)과 국부(國富)의 증대로 요약할 수 있다. 백성들 누구나가 생산 활동에 전념해 재화와 부를 창출하자는 것이었다. 『연려실기술』의 "공(公)은 유민(流民)들이 해진 옷으로 걸식하는 것을 불쌍히 여겨 큰 집을 지어 수용하고, 수공업을 가르치며 간절하게 타이르고 지도하여 각자 그 의식(衣食)을 자급하게 하였다"라는 기록에서 백성들에게 자급을 강조한 이지함의 의지를 읽을 수 있다.

이지함의 이러한 사상은 사방을 유람하다가 만난 백성들이 자신의 도움을 필요로 할 때 적극적으로 응한 경험이 바탕이 된 것으로, 그의 일상생활을 통해 체득한 것이어서 더욱 의미가 깊다.

이지함은 1573년에 포천현감에, 1578년에 아산현감에 부임해 자신의 정치 이상을 실현할 기회를 잡았다. 특히 포천현감으로 있으면서 올린 상소문인 「이포천현감시상소」(莅抱川縣監時上疏)에 그가 지향한 사회·경제 사상이 집약되어 있다. 이지함은 당시 포천현의 실상을 보고하기를, "포천현의 형편은 이를테면 어미 없는 고아 비렁뱅이가 오장(五臟)이 병들어서 온몸이 초췌하고 고혈(膏血)이 다했으며 피부가 말랐으니, 죽는 것은 아침 아니면 저녁입니다"라고 하여 당시 포천현이 경제적으로 매우 곤궁한 처지였음을 지적했다.

이어서 이러한 현실의 문제점을 해결할 수 있는 방책으로 크게 세 가지를 제시했다. 먼저 제왕의 창고는 세 가지가 있음을 전제하고, 도덕을 간직하는 창고인 인심을 바르게 하는 것이 상책(上策)이고, 인재를 뽑는 창고인 이조와 병조의 관리를 적절히 하는 것이 중책(中策)이며, 백 가지 사물을 간직한 창고인 육지와 해양을 적극적으로 개발하는 것을 하책(下策)으로 정의했다. 그러나 이지함이 중점을 둔 것은 하책이었다. 즉, 상책과 중책은 기대하기 어려운 실정이므로 하책을 적극적으로 실시할 것을 강조했다. 그것은 결국 적극적인 자원의 개발과 연결되며, 당시로서는 혁신적인 말업관과도 연결된다. 아래 글에 나타난 땅과 바다에 대한 이지함의 인식은 그의 사회·경제 사상의 단면을 보여준다.

땅과 바다는 백 가지 재용(財用)의 창고입니다. 이것은 형이하(形而下)의 것으로 이것에 의존하지 않고서 능히 국가를 다스린 사람은 없습니다. 진실로 이것을 개발한즉 그 이익이 백성들에게 돌아갈 것이니 어찌 그 끝이 있겠습니까? 씨 뿌리고 나무 심는 일은 진실로 백성을 살리는 근본입니다. 따라서 은(銀)은 가히 주조할 것이며, 옥(玉)은 채굴할 것이며, 고기는 잡을 것이며, 소금은 굽는 데 이를 것입니다. 사적인 경영으로 이익을 좋아하고 남는 것을 탐하며 후한 것에 인색함은 비록 소인(小人)들이 유혹하는 바이고 군자가 가까이하지 않는 것이지만, 마땅히 취할 것은 취해 백성들을 구제하는 것 또한 성인이 권도(權道)로 할 일입니다.

백성들의 이익을 위해서라면 성인도 임시적인 방법을 취할 수 있다는 이지함의 사회·경제 사상은 당시 사회에서는 매우 진보적인 것으로 보인다. 전통적으로 농업을 중시하고 상업이나 수공업을 천시한 당시 사회에서 백성들의 생활 향상을 위한 방안으로 이지함만큼 적극적으로 말업의 가치를 인정한 학자는 흔치 않았다.

이지함의 경제사상은 결국 국부의 전체적인 증대책을 강구한 것이라고 요약할 수 있다. 이지함이 자신이 다스리는 포천의 기민 대책을 강구할 때 몇몇 사람들은 서울의 쌀이나 부읍(富邑)의 곡식을 풀어 이들을 구호하자고 했으나, 이지함은 이런 방안은 근본적인 치유책이 되지 못하며, 국가의 수입보다 백성들의 지출이 많은 문제점이 남아 있어 결국에는 서울과 부읍민들도 병통을 얻는 위험이 있음을 우려했다.

즉, 이지함은 새로운 국부 증대 방안 없이 미봉책을 쓰는 것은 근본적인 해결책이 아니며, 결국 나라 전체를 곤궁에 빠뜨릴 위험이 있음을 지적했다. 그는 이러한 문제점을 극복하는 방안으로 어업이나 상업, 수공업, 광업 등에도 관심을 기울여 육지든 해양이든 간에 전 국토에서 산출된 자원을 적극 개발하여 이를 통해 국부를 증대하는 방안을 구상한 것이다.

이지함은 단지 구상에만 그치지 않고 그것을 직접 실천할 수 있는 방안을 제시했다. 전라도 만경현(萬頃縣)의 양초(洋草)라는 곳을 임시로 포천현에 소속시켜, 이곳에서 고기를 잡아 곡식과 바꿀 수 있게 해줄 것을 청했으며, 황해도 풍천부(豊川府) 초도(椒島)의 염전을 임시로 포천현에 소속시켜, 이곳에서 소금을 만들어 곡식과 바꿀 수 있게 해줄 것을 요청했다. 즉, 이지함은 어업과 염업의 이익을 활용해 백성들을 구휼하겠다는 방안을 제시했으며, 나아가 포천이 부유해지면 이곳을 다른 읍에 이속시켜 널리 백성들에게 혜택을 주는 계획까지 세웠다. 즉, 이지함은 이러한 방법으로 백성들 모두가 부유해질 수 있다고 믿었다.

(2) 사회·경제 사상의 의의

이지함이 적극적인 말업관을 제시한 이면에는 의(義)와 이(利)를 정통 성리학 관점에서 해석하지 않고 백성의 생활에 유용한가를 기준으로 놓고 보는 견해가 바탕이 되는 것이 주목된다. 즉, 이지함의 의리론(義利論)은 의와 이익을 철저히 대립적인 것으로 보는 정통 주자성리학의 입장과는 일정한 차이가 있다. 이지함은 또한 "군자는 의(義)를 말할 뿐 이(利)를 말하지 않으니, 어찌 재리(財利)로써 임금에게 아뢸 수 있는가"라고 말하지만, 이것이 여건에 따라 달라질 수 있음을 비유로써 설명했다. 즉, 손님이 잔치에 의관을 갖추지 않고 참석해서 무례를 하는 것과 어린아이를 구하러 가는 사람이 의관을 갖추지 않는 것을 대비해 당시는 '이익'도 필요한 시기임을 강조했다. 즉, 백성을 구휼하는 데서 의와 이익은 따질 것이 못 되며, 특히 사람을 기준으로 판단해야 한다는 것을 강조한 점이 돋보인다. 올바르게만 활용된다면 재리와 덕의(德義)는 하나가 될 수 있다고 생각했으며, 자사(子思)가 '이'(利)를 먼저 말하고 주자(朱子)가 경제에 힘쓴 사례를 소개하며 의와 이익이 병행될 수 있음을 피력했다.

백성들에게 도움이 된다면 '재리'도 적극 도입해야 한다는 사상은 말업을 농업과 동등하게 중시하는 것과도 연결된다. 이지함은 덕과 재물을 본말에 비유하면서, "대부분 덕이 본(本)이고 재물이 말(末)입니다. 그러나 본말은 어느 한쪽으로 치우치거나 폐지되어서는 안 됩니다. 본업으로써 말업을 제어하고 말업으로써 본업을 제어한 뒤에야 사람의 도리가 궁해지지 않습니다"라고 하여 본업과 말업의 상호 보완을 강조했다.

이지함은 이러한 논거를 토대로 농사가 근본이고 염철은 말업이지만 근본과 말업이 서로 견제하고 보충해 조화를 이루어야 재용이 부족하지 않음을 강조한 것이다. 결국 백성들의 삶에 도움이 된다면 어떠한 경제 행위도 할 수 있다는 입장은 당시 말업이라고 천시하던 은의 채굴이나 어염의 이익을 적극적으로 획득해야 한다는 주장으로 표출되었다고 볼 수 있다.

그러나 이지함의 이러한 건의는 국정에 반영되지는 않았다. 실록의 다음 기록은 당시 조정의 분위기를 보여준다.

> 포천현감 이지함이 벼슬을 버리고 고향으로 돌아갔다. 지함은 현에 있으면서 검소하게 처신하고 백성 보기를 자식같이 했다. 현에 곡식이 부족하자 조정에 건의해 해읍의 어량을 절수하여 곡식과 교환해줄 것을 요청했으나 조정에서 따르지 않았다. 이지함은 본래 고을 수령으로 오래 머물 계획이 없었기 때문에 곧 병을 핑계로 사직하고 돌아갔다.

이지함은 자신이 구상한 방책이 받아들여지지 않자 결국 사직하고 만다. 그러나 이지함의 이러한 경제사상은 단선적으로 제기되고 소멸된 것이 아니었다. 이덕형, 유몽인(柳夢寅) 등 선조·광해군 대의 일부 학자들도 전통적인 농본(農本) 관념에 그치지 않고 상업, 무역 등 말업을 적극적으로 활용해 국가 경제와 민생을 다 같이 유족하게 해야 한다는 주장을 제기했다. 그 대표적인 인물은 이산해, 박홍구(朴弘耉), 유몽인, 이덕형, 김신국(金藎國) 등으로 이들은 선조와 광해군 대에 활약한 북인계 관료 학자들이다. 이들이 북인계라는 점에서 이지함의 학풍이 주로 북인들에게 영향을 주었다고 추론할 수 있다. 이산해는 이지함의 조카이며, 이덕형은 이산해의 사위로 가계로도 연결된다. 유몽인 또한 이지함·이산해로 이어지는 한산 이씨 집안과 세교(世交)를 맺고 있었음을 고려할 때, 이지함의 경세론이 이산해·유몽인·이덕형 등에게 일정한 영향을 미쳤음을 짐작할 수 있다.

어린 시절 이지함에게 학문을 배운 이산해는 당시 사회의 문제점을 제시하고 그 극복 방안으로 둔전(屯田)과 자염(煮鹽)을 활용할 것을 강조했다. 우리 나라의 해안 주변은 모두 염장(鹽場)인데, 그 이익을 활용하지 못한 현실을 지적한 것이다.

당시 이들의 상업관은 상당히 선진적인 것으로 전란 직후의 민생 피폐와 재정의 궁핍을 타개하기 위해 소금과 해산물의 무역·은광의 개발·수레와 선박의 이용·화폐의 사용·목축의 강조·점포의 설치 등 유통 경제의 활성화에 깊은 관심을 표명했는데, 이는 마치 뒷시기의 북학론을 연상시킨다. 특히 박제가는 그의 저술 『북학의』(北學議)의 「선」(船)이나 「통강남절강상박의」(通江南折江商舶議) 등의 글에서 이지함을 높이 평가했다.

이지함은 처사로 살면서도 끊임없이 현실 정치에 관심을 가졌다. 그리고 마침내 자신의 학문과 사상을 정치에 구현할 수 있는 기회를 맞았으나, 결국은 현실 정치의 높은 벽을 느끼고 사직했다. 그러나 그의 사회·경제 사상은 그가 목격한 민간의 실상을 바탕으로 했다는 점에서 큰 의미가 있으며, 이러한 시도는 박제가나 북학자로 불리는 후대 학자들의 이념과 합치되는 부분이 많다. 박제가는 당시에 벌써 해외통상론까지 주장한 이지함의 탁견에 탄복했다고 한다.

이지함은 생애의 대부분을 처사로 살면서 전국 각지를 돌아다녔다. 그리고 이러한 유랑 생활을 통해 생활고에 시달리는 백성들을 많이 만날 수 있었다. 그의 사회·경제 사상의 핵심이 민생 문제 해결이었던 점도 이러한 경험이 바탕이 되어서 나온 것이었다. 특히 신분이 미천한 사람이라도 능력이 있으면 문인으로 받아들인 그의 개방성은 신분이 미천하고 한미한 사람들과 격의 없이 접할 수 있는 계기가 되었을 것이다. 『토정비결』이 오늘날까지 일반 대중들에게 친숙한 것도 토정의 이러한 처세가 중요한 바탕이 되었으리라고 본다.

토정은 민생 문제에 관심을 가지고 그가 돌아다니던 곳의 주민들에게 장사하는 방법과 생산 기술을 가르쳐 무엇보다 자급자족할 능력을 기를 것을 강조했다. 또한 가난한 주민들에게는 자신이 소유한 재물을 고르게 분배해 주었으며, 무인도에 들어가 박을 심어 수만 개의 바가지를 만들어 곡물 수천 석과 교환해 빈민을 구제하기도 했다. 『토정유고』나 『연려실기술』 등에 나오는 이런 기록들은 아주 단편적인 것이지만, 당시의 상황을 고려할 때 토정의 이러한 행위는 적극적인 계획과 실천, 그리고 백성들의 광범위한 참여 없이는 이루기 힘든 일이었을 것이다. 특히 명문가의 후손인데도 피지배층의 이익을 대변하는 위치에 서서 직접 수공업이나 상업, 수산업에 종사한 점은 높이 평가할 만하다. 이지함의 이러한 학풍은 이수광을 비롯한 당대의 일부 학자들에게서도 나타났다. 또한 김신국, 유몽인, 이산해 등 북인계 관료들은 이지함이 제시한 사회·경제 사상과 비슷한 입장을 갖고 있었다. 결국 이러한 학풍과 사회·경제 사상은 농업 중심의 자급자족 사회에서 상업과 과학에 기초한 개방의 시대로 바뀌는 사회 변화와도 관련이 있다고 보인다. 즉, 당시에도 일부 학자들은 국부를 증대하기 위해서라면 유용한 학문과 사상을 적극 도입하자고 적극적으로 주장했던 점을 주목해야 할 것이다.

맺음말

이지함은 사화기라는 당시의 정치 현실을 부정적으로 인식하고 출사를 단념한 채 향촌에 은거하면서 학문을 닦다가 선조대에 잠시 등용되어 자신의 이상을 직접 정치 현실에 실천하기도 했다.

이지함의 학풍과 사상의 특징은 개방성과 다양성에 있다. 그가 당시에 적극적으로 말업의 중요성을 주장한 것도 이런 그의 학풍과 무관하지 않다.

　이지함이 개인적으로 불교나 노장 사상에 경도된 모습을 보인 것을 그의 기인적인 측면으로만 돌릴 수는 없다. 당시에 성리학·불교·도교의 삼교(三敎)에 두루 관심을 가진 학자들이 다양하게 나타나기 때문이다. 이러한 성향은 다른 측면에서 보면 성리학에 대한 이해가 심화되면서 불교나 도교에 대해서도 이해해야 할 필요가 있어 나타나는 현상으로 이해된다. 성리학은 그 형성 과정에서 어느 정도 선(禪)의 영향을 받은 만큼 성리학을 이해하려면 선을 알아야 하는 건 불가피했다. 16세기에 들어서 이학적(理學的)인 경향이 강화되자, 한편으로 선이나 불(佛)에 대한 관심이 더 커진 것으로 보인다. 그리고 이러한 이해 단계에서 한 걸음 더 나아가 주역에 대한 관심이 고조되면서 도교에 대한 이해도 높아진 것으로 보인다. 결과적으로 재야 사림들은 불과 선을 폭넓게 이해했다고 보이는데, 이는 성리학에 대한 이해가 심화되는 과정에서 자연스럽게 이루어진 것이었고, 또한 사화와 붕당의 와중에서 피해를 입으면서 처사의 삶을 살았던 것과도 깊이 연관된다.

　이지함의 이러한 사상적 다양성과 개방성은 그가 전통적인 농본 중심의 경제사상에만 집착하지 않고 적극적인 말업관을 제시할 수 있는 주요한 사상적 기반이 되었다. 민생에 도움이 되고 실용에 필요한 것이라면 적극적으로 도입하자는 이지함의 사상은 당대의 학자인 이수광·유몽인 등에게서도 나타났으며, 후대에 유형원 등의 남인 실학자나 박제가 등 북학파 학자들에게도 일부 계승되었다. 이런 관점에서 볼 때 국부의 증대를 위해서라면 의(義)와 이(利)를 대립적인 것으로 이해하지 않고 적극적인 자원 개발을 도모한 이지함의 사회·경제 사상은 매우 진보적이고 유용한 것이었다고 평가할 수 있다. 특히 이러한 사회·경제 사상이 명문가의 후손이라는 신분에 구애됨이 없이 민중들과 끊임없이 접촉하고 그 애로 사항을 해결하기 위한 방책으로 제시되었다는 점에서 그 의미는 더욱 깊다. 이지함의 사회·경제 사상은 정책으로 실현되지 못하고 당시의 사회 문제 해결의 방책을 제시하는

데 그치고 말았지만, 상공업과 유통 경제를 바탕으로 국부의 증대를 꾀한 후대의 학자들에게 주목받으면서 농업 중심의 사회 모순을 극복할 수 있는 대안으로 자리잡아 나갔다. 그의 사상은 또한 변화와 풍요를 갈망하는 민중들 속으로 깊이 파고들었다. 민간의 비결이 그의 이름을 따서 『토정비결』로 정착한 것도 그가 그만큼 민중 지향적인 학자였음을 확인시켜주는 것이다.

당시의 사회에서 민중들의 경제적 고민을 해결하고 민중들에게 항상 위안의 벽이 되어준 이지함의 학풍과 사상을 통해 우리가 추론할 수 있는 것은 16세기 조선 사회가 결코 보수적이기만 한 사회가 아니며, 다양한 학문적 모색과 사상적 고민이 제기되면서 민생 안정과 사회 발전을 도모하는 학자들의 끊임없는 노력이 뒤따랐던 시대라는 것이다. 이러한 점에서 이지함이 제기했던 민중 본위의 사회사상과 적극적인 국부의 증대책은 현재에도 시사하는 바가 적지 않다.

이제까지 이지함은 『토정비결』의 저자라는 점과 신분에 구애 없이 백성들을 만나고 방랑했던 이미지 때문에 기인으로 이해하려는 경향이 강했다. 그러나 그가 제시했던 국부증대책과 민생안정책은 후대 실학자들이 주장한 부분과도 상당 부분 합치되는 것으로, 실학의 선구자 반열에 이지함의 이름을 올려놓아도 별다른 무리가 없을 것으로 판단된다.

참고문헌

· 원자료

『明宗實錄』 『宣祖實錄』 『宣祖修正實錄』

『土亭遺稿』 『花潭集』 『南冥集』

『孤青遺稿』 『燃藜室記述』 『大東野乘』

『於于野談』 『大東奇聞』 『東儒師友錄』

『海東異蹟』 『北學議』

· 논저

고영진, 「16세기 후반~17세기 전반 서울 침류대학사의 활동과 그 의의」, 『서울학연구』, 서울
　　　학연구소, 1994.

김용덕, 「이지함의 경제사상」, 『한국의 사상』, 열음사, 1984.

신병주, 「토정 이지함의 학풍과 사회·경제 사상」, 『규장각』 19, 서울대학교 규장각, 1996.

_____, 『남명학파와 화담학파 연구』, 일지사, 2000.

윤태현, 「토정의 사회개혁사상 연구」, 동국대학교 석사학위 논문, 1992.

한명기, 「유몽인의 경세론 연구」, 『한국학보』 67, 일지사, 1992.

한영우, 「이수광의 학문과 사상」, 『한국문화』 13, 1992.

이이 李珥

율곡 이이의 구체제 혁신론

김항수 동덕여자대학교 인문학부 교수

머리말

율곡(栗谷) 이이(李珥, 1536~1584)는 성리학을 조선화(朝鮮化)해 조선성리학의 사상 체계를 성립시킨 인물이다.

　이이는 멀리는 고려 말 사대부, 가까이는 초기 사림 이후의 성리학 이해 과정을 일단락지었다. 이이는『소학』차원의 학문을『격몽요결』(擊蒙要訣, 1577년)과『소학집주』(小學集註, 1579년)로 정리하고,『대학』차원의 학문은『성학집요』(聖學輯要, 1575년)로 집대성했다.『격몽요결』과『소학집주』는 김굉필 등 초기 사림 이후의『소학』연구를 일단 매듭지은 것이며,『성학집요』는 조광조 등 기묘사림 이후의 성리학적 경세론이 결실을 맺은 것이었다. 그리고 그는 최초로 성리학의 기본 경서인 사서를 언해했다. 사서삼경에 대한 언해는 동료 사림에 의하여 1588년에 완성되었다. 이런 이이의 학문적 성과는 주자성리학에 대한 오랜 이해의 과정이 완결되었음을 의미하는 것이었다.

또한 그는 주자성리학에 대한 완벽한 해석을 바탕으로 조선성리학의 사상체계를 성립시켰다. 퇴계(退溪) 이황(李滉)이 이룬 학문적 성과를 토대로 서경덕(徐敬德), 기대승(奇大升) 등 선배 학자들의 학설을 수용하고 화엄철학의 원리까지도 원용해 이통기국(理通氣局)의 독자적 사상체계를 성립시켰다. 이런 이이의 학문은 성리학의 조선적인 전개로서 주자의 성리학에서 한 단계 나아간 것이며 그의 사상체계는 경세 이념으로 발전해 사회 개혁론의 이념적 바탕이 되었다.

한편 이이는 학문에서 일가를 이루었을 뿐 아니라 현실 문제에도 일가견을 가진 개혁가 겸 경세가였다. 이이는 조광조의 개혁사상을 계승하고 그 위에 조선성리학의 사상체계를 바탕으로 한 성리학적 경세론을 제시하는 한편, 구체제의 철저한 청산과 제도 개혁을 통한 사회 혁신을 주장했다.

이이는 구체제의 철저한 청산을 통해 사회 혁신을 이루어야 한다고 생각했다. 가장 먼저 청산해야 할 구체제는 을사사화로 말미암아 성립된 권신(權臣)체제였다. 을사사화로 구축된 권신체제를 근본적으로 부정해야 혁신의 전제를 확보할 수 있으며, 을사사화로 화를 당한 사류(士類)를 신원(伸冤: 억울하게 뒤집어쓴 죄를 씻음)함으로써 사류의 명분적 정당성을 천명하고, 을사의 공훈을 삭제함으로써 기득권을 누리며 혁신에 반대하는 구세력을 위축시키는 현실적인 우위도 점할 수 있었다. 그래서 이이는 을사삭훈(乙巳削勳)을 통해 구체제를 완전히 청산하고 사회 혁신을 향한 계기를 삼고자 했다.

본고에서는 이이가 주장한 구체제 청산의 의미와 혁신의 논리를 을사삭훈 논의 과정을 통해 검토하고자 한다. 을사삭훈 논의 과정에서 이이가 사류를 이끌어가는 주도적 위치를 확보해가는 모습에 접근할 수 있고, 을사삭훈 논변에서 구체제 청산과 사회 혁신에 대한 이이의 통찰력을 추론할 수 있을 것이다.

1. 사류의 동향과 이이

16세기 후반에 중앙 정계에 진출한 사류는 권신체제를 부정하고 구체제에 대한 과감한 혁신을 주장했다. 명종 말년부터 중앙 정계에 진출한 신진 사류는 선조 즉위 후 권신체제를 청산하고 새로운 혁신을 위한 구체적인 작업에 착수했다.

율곡 이이는 1564년(명종 19) 생원 진사시를 거쳐 문과에 장원 급제함으로써 관료 생활을 시작했다. 문정왕후(文定王后)가 승하한 1565년에는 예조좌랑으로서 보우(普雨)와 윤원형(尹元衡)을 논하는 상소를 올려 권신체제의 청산을 주장했고(『율곡전서』권3, 「論妖僧普雨疏」·「論尹元衡疏」), 11월에는 사간원 정언으로서 인사 청탁의 근절 등 권신체제의 인습을 타파하고자 했다. 또한 1566년에는 시무삼사(時務三事)로 정심이립근본(正心以立根本: 마음을 바르게 함으로써 다스림의 근본을 세울 것), 용현이청조정(用賢以淸朝廷: 현명한 이를 등용함으로써 조정을 밝게 할 것), 안민이고방본(安民以固邦本: 백성을 편안케 함으로써 나라의 근본을 굳건히 할 것)의 경세론을 설파해 혁신의 근간을 제시함으로써 온 조정의 주목을 받았다(『명종실록』권32, 명종 21년 5월 임인조). 1567년 선조 즉위 무렵에는 이조좌랑으로 청탁에 의한 인사 관행을 근절하며 관료 사회에 새로운 기풍을 조성하려 했다.

이 무렵 이이는 비록 낭관급에 있었지만 학문의 탁월함과 논리의 명쾌함으로 모든 사류의 촉망을 받고 있었다. 동료와 후배 사류의 신망을 받는 것은 물론 요직에 포진하고 있는 선배 관료와도 돈독한 관계를 유지하고 있었다.

조광조의 유일한 제자이자 당시 사류계의 최고 원로인 백인걸(白仁傑)은 이이를 매우 아껴서 이준경 등 재상들에게 이이를 적극 천거했으며, 당상관으로 있으면서 사류의 신망을 받던 박순(朴淳), 김계휘(金繼輝)는 항상 이이와 뜻을 같이하면서 혁신을 추구했다. 동년의 송강(松江) 정철(鄭澈)은 강직한 성품으로 청명(淸名)을 날리면서 시종일관 이이와 함께 강력한 혁신을 추진했다. 산림에 은거하여 학문에 심취했던 우계(牛溪) 성혼(成渾)은 10대에 도의지교(道義之交)를 맺어 평생을 함께하는 사이였고, 출신상의 문제로 사류와 어울리기 어려웠던 구봉(龜峯) 송익필(宋翼弼)도 학문적으로 도움을 주고받는 사이였다. 은일지사(隱逸之士)인 토정(土亭) 이지함(李芝菡)도 이이의 식견을 높이 평가하고 여러 의견을 교환했다. 명종비 인순왕후(仁順王后)의 동생으로 정치적 영향력을 행사하던 심의겸(沈義謙)과도 먼 인척이면서 가까운 사이로 이이에게 직·간접적인 도움을 주었다. 또한 훗날 정치적 입장을 달리했던 허엽(許曄), 이산해(李山海) 등도 멀지 않은 사이였고, 선조 즉위 후에 중앙 정계에 진출한 김우옹(金宇顒), 유성룡(柳成龍), 김성일(金誠一), 정인홍(鄭仁弘) 등 영남의 사류도 이이의 개혁적 성향과 경세 능력에 상당한 기대를 하고 있었다.

선조 즉위 후 이이 등 신진 사류는 사류의 종장인 퇴계 이황을 정신적 지주로 해 혁신을 이루고자 했다. 당시 이이는 이황에게 조정에 머물며 사류의 구심점이 되어줄 것을 권유했으며,* 사류는 새 재상에 이황이 기용될 것을 기대하고 있었다. 그러나 이황은 재상에 기용되지 않았을 뿐 아니라, 혁신이 쉽지 않음을 짐작한 그가 선조 2년 3월에 사직 귀향함으로써 사류는 구심점을 잃게 되었다.

또한 고봉 기대승은 사류의 영수(領首)로서 혁신을 바라는 사류를 대변했으나, 구체제 혁신에 미온적인 영의정 이준경 등 대신과 뜻이 맞지 않아 선조 3년 2월 스스로 낙향했다. 더불어 구체제 혁신의 꿈에 부풀어 있던 사류는 위축되어가고 있었다.

이렇듯 선조 즉위 후 사류의 혁신에 대한 기대는 높았으나 뚜렷한 구심점을 갖지 못했던 상황에서, 이이는 선조 3년 을사사화의 신원과 삭훈을 이론적으로 주도하며 신진 사류의 구심 역할을 해가기 시작했다. 이이는 이미 명종 말년부터 선배, 동료, 후배들의 촉망을 받고 있었지만, 을사삭훈 논의에서부터 전면에 나서 사류의 공론을 주도하며 혁신의 방향을 제시해갔다. 그런 점에서 을사삭훈 논의 과정과 이이의 삭훈 논변은 이이가 사류의 구심 역할을 해가는 과정과 이이가 주장한 구체제 혁신의 의미를 잘 보여주고 있다.

2. 을사삭훈의 논의 과정

1545년(명종 즉위년) 을사사화로 구축된 권신체제는 1565년(명종 20) 문정왕후가 승하하고 윤원형(尹元衡)이 제거된 후 을사(乙巳)·정미(丁未)·기유(己酉) 사화(士禍)에서 화를 당한 사류(士類)에 대한 부분적인 조치가 있었지만 사화 때 화를 당한 사류에 대한 본격적인 석방(釋放)과 복관(復官)은 선조 즉위 후에 이루어졌다. 그리하여 을사·정미·기유 사화 때 화를 당한 사류가 복관되고 몰수됐던 재산과 연좌도 회복하는 등 여러 조처가 있었지만 사류의 기대에는 미치지 못했다.

1568년 선조가 즉위한 후 사류는 을사사화로 구축된 권신체제를 완전히 청산하고 성리학 이념에 입각한 혁신을 도모하고 있었다. 명종 말년 이래 대표적인 권신은 제거되었지만 권신체제의 제도와 관행은 여전했고, 그동안 기득권을 누려온 사람들도 정치·사회적 영향력을 여전히 행사하고 있었다. 사류가 구체제의 혁신을 도모하려 할 때 권신체제의 청산은 반드시 필요한 것이었고 을사사화의 무효화를 통한 명분 회복과 구세력의 억제는 시급하고도 근본적인 문제가 아닐 수 없었다.

사류들은 일찍부터 을사사화의 신원과 삭훈에 계속 뜻을 두고 있었다. 선조 원년 9월에는 영의정 이준경 등이 기묘사화를 일으킨 남곤(南袞)의 삭탈관작을 청하면서 "근세지간"(近世之姦)이라 하여 윤원형과 이기(李芑)를 암시했으며, 10월에도 삼공(三公)은 을사피죄인(乙巳被罪人: 을사사화로 죄

---

* 『경연일기』 1. "先生在朝 假使無所有爲 而上心倚重 人情悅賴 此亦利及於人也."

를 입은 사람들)의 복작(復爵)을 청했다.* 선조 원년 말경에 사류 역시 삭훈을 청하려 했으나 미처 겨를이 없었다고 했다.**

그러다가 1569년(선조 2)부터 을사사화의 신원과 위훈 삭제가 본격적으로 논의되기 시작했고, 그해 6월에 있었던 김개(金鎧) 사건을 계기로 대신들의 영향력이 감소하고 점차 사류의 발언권이 증대되었다. 또한 명종의 삼년상을 마치고 종묘에 모심으로써 을사사화에 대한 명종의 조처를 거론할 수 있는 분위기가 무르익게 되었다.

이때 율곡 이이는 사류의 선두에 서서 을사 신원과 삭훈을 본격적으로 거론하기 시작했다. 당시 홍문관 교리로 있던 이이는 사가독서를 마치고 선조 2년 7월에 올린 『동호문답』(東湖問答)에서,

> 지금 충성스런 신하는 반역을 했다고 배척되고 간특한 괴수는 공신으로 녹공되었으니 명분의 잘못됨이 이보다 심한 것은 없다. 지금의 계책은 다섯 간흉(鄭順朋, 尹元衡, 李芑, 林百齡, 許磁)의 죄를 폭로하여 그 관작을 삭탈하며 위사 공신을 모두 삭제하고 죄 없는 사람들 모두 풀어주어, 이로써 종묘 사직에 고하고 중외에 교를 반포해 모든 나라가 새로 시작해야 한다.***

라고 하며 을사 피화인(被禍人)을 신설(伸雪: 伸冤雪恥)하고 을사 공훈을 삭제해 명분을 바로잡는 것이 가장 시급한 일임을 천명했다. 또한 선조 2년 10월에 올린 「이재지책」(弭災之策)에서도 을사 위훈의 삭제를 주장했고, 선조 3년 「의진시폐소」(擬陳時弊疏)에서도 을사삭훈을 거듭 주장했다.****

이이의 『동호문답』이 올려진 후부터 홍문관 등을 중심으로 을사삭훈이 논의되고 경연에서도 거론되기 시작했다. 1569년(선조 2) 9월 1일에 교리 이이는 부제학 유희춘을 방문해 『동호문답』 중 을사삭훈을 거론한 '논정명위치도지본'(論正名爲治道之本)을 논의했다(『미암일기』 책3, 선조 3년 9월 1일조). 이와 같이 율곡의 『동호문답』을 계기로 을사 신원과 삭훈에 대한 논

63인의 역사학자가 쓴 한국사 인물 열전

의가 시작되고 공론을 모아가게 되었다.

또한 경연에서도 을사사화에 대한 문제가 거론되기 시작했다. 이이 등의
사류는 을사사화 자체를 부정하고 삭훈을 주장한 것에 비해, 대신들의 대체
적인 견해는 그렇지 않았다. 이준경 등 대신들은 국가에서 정한 을사년의
조처를 변경하는 것은 가벼이 거론할 수 없다는 견해를 가지고 있었다.

이이는 대신들의 이런 태도를 공개적으로 비판하기 시작했고 선조 2년 9
월 경연에서 을사사화에 대한 이준경의 견해를 정면으로 비판했다. 이준경
이 "위사(衛社) 때에 선한 사류도 혹 연좌되어 죽었다"(衛社之時 善士或有
坐死者)고 하자 이이는 "위사는 바로 위훈이니 죄를 받은 사람은 모두 선한
사류이다"(衛社是僞勳也 其得罪者皆善士也)라며 을사사화에 대한 이준경
의 인식이 잘못되었음을 반박하고, "선조의 일은 갑자기 고칠 수 없다"(先
祖之事 不可猝改)는 태도에도 "비록 선조의 일이라도 어찌 고칠 수 없겠는
가"(雖曰先祖之事 豈可不改乎)라고 비판했다(『경연일기』1, 선조 2년 9월조).

이를 계기로 대신들의 대표격이었던 이준경은 이이에 대해 불만을 털어
놓았다. 그러나 을사사화의 피해자이며 사류계의 최고 원로인 백인걸 등은
이이를 적극 지지했고, 이이의 학문적 역량과 명쾌한 논리는 사류의 공감를
얻기에 충분했다.

사실 처음에는 이준경 등 대신뿐 아니라 홍문관과 대간에서도 을사삭훈
은 쉽게 이룰 수 없다는 견해가 일반적이었다. 을사삭훈이 거론되기 전에
대사간 김취문(金就文)이 부제학 유희춘에게 이이의 삭훈 주장이 쉽지 않

---

* 『미암일기』책2, 선조 원년 9월 23일조.; 『미암일기』책2, 선조 원년 10월 9일조. "領左二相之議 皆擧近
日之姦李 尹元衡等事 公論將次第而發矣."
** 『선조수정실록』권2, 선조 원년 12월조. "奇大升曰…… 大事時未擧 而思報微勞 則先後失序矣…… 時
朝廷欲擧伸冤削勳事 而非遑 故大升云然."
*** 『율곡전서』권15,「동호문답」, 論正名爲治道之本. "當今第一義莫大於正名…… 今者忠讜之臣 斥爲叛
逆 姦慝之魁 錄爲功臣 名之不正 莫甚於此 爲今之計 莫若暴揚五姦之罪 奪其官爵 盡削衛社之勳 恕宥無罪
之人 以此告于宗廟社稷 領敎中外 與一國更始……."
**** 『율곡전서』권3,「陳弛災五策箚」권4,「擬陳時弊疏」.

다고 말했었고,* 실제로 이이가 합세하기 전까지는 홍문관과 대간에서도 차마 을사삭훈 문제는 제기하지 못했다.

이이가 『동호문답』을 올려 을사삭훈을 주장한 후, 다음해 4월 백인걸이 을사, 기유사화의 억울함을 밝혀내고 치욕을 씻어줄 것을 청하는 상소를 올리면서 을사삭훈 논의는 조정에서 공식적으로 거론되기 시작했다.** 조광조에게 직접 배운 유일한 생존자로 사류계 최고 원로이자 을사사화의 피해 당사자인 백인걸의 상소는 홍문관 부제학 유희춘과 상의한 후 이루어진 것이어서 상당한 정치적 비중을 갖는 것이었다.

결국 백인걸의 상소에 대해 의정부에서도 논의를 하게 됐고, 이준경 등 삼공은 을사의 일은 가벼이 거론할 수 없다 하여 을사는 제외하고 정미, 기유만을 신원할 것을 청했다.***

그러다가 5월 12일 삼공이 을사, 정미, 기유를 신설(伸雪)하는 문제를 회의한 후, 14일 영의정 이준경 등은 정미·기유 죄인을 신원하고 이기, 정언각 등의 관작을 삭탈할 것을 청했다. 동시에 5월 14일 홍문관에서 모두 합의하여 신원과 삭관를 해야 한다는 차자를 올렸다. 이를 시작으로 양사(兩司: 사헌부와 사간원)에서 계를 올리고 예문관에서도 차자(箚子: 간단한 서식의 상소문)를 올려 신원과 삭관을 청했다. 그렇지만 선조는, 이미 수십 년 전의 일이고 "모반에 체결한 적신(賊臣)을 석방할 수 있겠는가, 정난위사공신(靖難衛社功臣)을 죄줄 수 있겠는가"라며 완강히 거절했다(『미암일기』 책4, 선조 3년 5월 22일조).

그러나 대간이 5월 23일부터 매일 3계씩 올리고 사인과 육조의 낭관들도 상소를 하는 등 을사에 관한 논의가 확산되자, 선조는 5월 25일에 자세한 사실을 알고 싶다는 전지를 내리기에 이르렀다.

바로 그때 이이가 홍문관 교리가 됨으로써 을사사화의 신원과 삭훈 논의는 새로운 전기가 마련되었다. 이이가 교리로 임명된 것은 을사삭훈 논의를 활성화하기 위한 조처였다. 다시 말해 『동호문답』에서 을사삭훈을 거론하고 경연에서 영의정 이준경과 을사사화에 대한 논쟁을 벌인 이이를 홍문관 교리로 임명해 삭훈 논의를 활성화하고자 했던 것이다.****

이 무렵 홍문관은 부제학 유희춘(柳希春)을 중심으로 이산해(李山海), 윤근수(尹根壽), 이해수(李海壽), 송응개(宋應漑), 이이(李珥), 윤탁연(尹卓然), 유성룡(柳成龍), 이중호(李仲虎) 등 명성을 날리던 사류로 구성되어 있었는데, 그 중에서도 이이는 전후 마흔한 차례의 차자(箚子)를 지으면서 삭훈 논의를 주도했다.***** 이이가 을사삭훈 논의를 주도한 사실은 당시 홍문관 부제학으로 있던 유희춘의 『미암일기』를 통해 확인된다. 유희춘은 당시의 삭훈 논의를 날짜별로 자세히 기록하였는데, 이이가 지은 차자에 대하여 칭찬을 거듭하고 있다.******

하지만 영의정 이준경 등 대신들은 그때까지도 을사사화는 가벼이 거론할 수 없다 하여 정미, 기유만을 거론했고, 양사 홍문관 등에서도 을사를 거론하긴 했지만 위훈 삭제는 청하지 못하고 있었다.

이이는 홍문관에 들어온 후 5월 27일 첫번째로 지은 차자에서, 이제까지의 재상과 양사, 홍문관 등의 논의가 근본적인 핵심을 거론하지 않은 점을 지적하고 삭훈의 문제를 처음 제기했다. 이이는 "대신은 논의를 끌어냈지만

---

* 『미암일기』 책3, 선조 3년 9월 24일조. "大司諫金公就文來訪 因言李珥改正謬動之計難遂云."
** 『선조실록』 권4, 선조 3년 4월 갑자조. "白仁傑曰 今日之冤 孰有大於乙巳己酉罪籍 而今日之政 孰有急於昭雪誣枉 慰悅衆心乎."
*** 『미암일기』 책4, 선조 3년 5월 9일조. "三公議…… 乙巳己酉之事實多有可議之端 然在今日似不敢輕議也 至於己酉之獄 則最爲冤枉之極 當時所犯之人 非鄕村無知之人 則年少童稚之輩 爲要功生事者所誣枉…… 傳曰知道."
**** 『미암일기』 책4, 선조 3년 5월 25일조. "李珥爲校理(首望受點) 珥曾於讀書堂朔計 著東湖問答 正名篇極陳朋順等五姦殺人僞功當誅改正之理 又以校理入侍 於領相李公(浚慶) 略言乙巳忠賢被殺之端 極言而力爭之 以爲當改正僞功 至是上擢置經幄 蓋嘉其骨硬而欲施其言也."
***** 『선조수정실록』 권4, 선조 3년 4월조. "是時 李珥在弘文館 首發削動之論 主張甚力 前後四十一箚 皆其所筆定也 勳貴人等多不悅."
****** 『미암일기』 책4, 선조 3년 6월 13일조. "叔獻(李珥)之作 最爲詳備 可以感發."
　같은 책 책4, 선조 3년 6월 23일조. "李君(李珥)每作 必發越條暢 信乎 救時之才也 館中咸伏."

을사삭훈을 말하지 않았고, 양사는 말하기는 했지만 분명하지 못했다"*며 대신과 양사가 삭훈의 핵심을 거론하지 않았다고 비판하고, 을사 공훈은 위훈이므로 삭제할 것, 을사사화 이래 무고한 사람은 모두 관작을 복관시키고 몰수했던 재산을 환원할 것, 을사사화를 일으킨 간흉한 무리들은 모두 관작을 삭탈할 것 등을 주장했다.

이이의 상차는 을사삭훈의 핵심을 처음으로 명확하게 거론한 것이었고 사류의 공론을 불러일으키는 계기가 되었다. 그래서 이이의 상차로 인해 대사간 박계현(朴啓賢) 등 11인은 을사사화의 삭훈을 거론하지 못했다고 해 5월 28일에 책임을 지고 사의를 표명하였다.

이이에 의해 제기된 삭훈 주장은 당초 정미, 기유의 신원만을 청했던 재상들의 논의를 정면으로 비판한 것이었고, 문제의 핵심인 을사삭훈을 거론하지 못하던 홍문관 대간의 논의를 크게 진전시키는 것이었다. 이이의 상차를 계기로 공론은 이기, 정언각의 삭관뿐 아니라 위훈 자체를 삭제해야 한다는 수준으로 발전되어갔다.** 그리하여 홍문관에서 삭훈 논의를 낸 후 대간에서도 삭훈을 주장하는 차자를 올리게 되었다.

을사사화를 근본적으로 부정하는 이이의 삭훈 주장은 을사사화를 계기로 성립된 명종대의 권신체제를 처음부터 부정하는 의미를 가지는 것이었다. 그렇기 때문에 권신체제에서 관료 생활을 해온 대신들은 을사삭훈에 미온적인 태도를 보일 수밖에 없었다. 그들은 을사삭훈 논의가 과격하다며 삭훈 주장에 선뜻 동조하지 못했던 것이다.

또한 을사삭훈은 을사사화를 승인하고 위사공신을 내린 명종의 명분도 약화시키는 것이었다. 그래서 대간과 홍문관에서는 삭훈을 명분상 당연하다고 생각하면서도 차마 공개적으로 거론하지는 못하고 있었다.

그렇지만 이이의 주장은 애초부터 을사사화를 근본적으로 부정하고 삭훈까지 이루어야 한다는 것이었고, 이이의 상차를 계기로 을사삭훈의 공론은 확산되어갔다. 이이가 지은 홍문관의 삭훈 상차가 된 날인 5월 27일에

63인의 역사학자가 쓴 한국사 인물 열전

성균관 유생들도 상소를 올려, 정미·기유 사화의 근원은 을사사화라고 지적하면서 대신과 대간이 근본적인 문제를 제쳐두고 모호하게 말한다고 비판했다.***

이이의 차자를 계기로 을사삭훈 논의는 새로운 국면을 맞게 되었다. 5월 28일부터는 홍문관에서 매일 두 개의 차자를 올렸으며, 이날부터 육조 당상관도 매일 재계를 올리고 사인(士人)과 낭관(郎官)도 매일 상소를 올렸다. 또한 육시 칠감(六寺 七監)의 첨정 이상(李翔)도 상소를 올렸다. 사인과 육조낭관이 올린 상소에서는 "관을 꺼내어 시신에 매질을 가해야 한다"(剖其 棺 鞭其尸)는 극단적인 표현까지 있었다.

결국 6월 1일 선조는 "을사년의 치죄(治罪)는 선왕(명종)이 친정할 때의 일이 아니었다"고 답하고, 6월 2일 마침내 정미·기유년의 피화인을 신원하고 이기, 정언각의 관작을 삭탈할 것을 윤허했다. 그러나 이런 선조의 명령은 재상들의 청을 수용한 수준으로, 삭훈을 주장하는 사류의 공론에는 크게 미치지 못하는 것이었다.****

따라서 홍문관 양사를 비롯한 온 조정에서는 을사 공훈의 삭제와 임백령, 정순붕의 삭탈 관작을 계속 청했다. 6월 2일 선조의 명령 직후 홍문관에서는 "죽인 자는 이기와 정언각이지만, 지시한 자는 임백령과 정순붕"이라며 임백령과 정순붕의 관작도 삭탈할 것을 청했다. 6월 4일에는 홍문관 차

* 『율곡전서』 권4, 玉堂論乙巳僞勳箚. "玉堂上箚曰…… 削勳二字 人不敢出諸其口 豈非積威所劫 心膽墜地而然哉 大臣引而不發 兩司言而未獲…… 上答曰 決不可從 然上因此詳知情實."
** 『미암일기』 책4, 선조 3년 5월 28일조. "不但數元兇之罪 而泛請削奪官爵 至於辨削僞功 公論於是畢發矣."
*** 『미암일기』 책4, 선조 3년 5월 28일조. "(昨日)館學儒生等 上疏曰…… 臣等猶以爲含糊朦朧 而竊有譏責焉 何者 源有亦水也 流亦水也 不可分源流爲兩物 則乙巳卽丁未之源 丁未卽乙巳之流 亦果岐而爲兩事乎 今者 大臣岐乙巳丁未爲兩事 而就流棄源 言輕捨重 疑畏前劫 議論不明 至謂丁未之人 少不干涉於乙巳亂逆之迹 此臣等之所謂含糊也."
**** 『미암일기』 책4, 선조 3년 6월 2일조. "上答三司曰 乙巳之事 固不可論也 廷議如此 李洪胤外丁未己酉兩年之人伸理 及李芑鄭彥慤削奪官爵事 依大臣所啓勉從 群臣諸生咸大悅 然尙未盡天討耳."

자에서도 "부관참시"라는 극단적 표현이 사용되었고, 6월 5일에 올린 예문 관 상소에서도 "윤원형, 정순붕은 수간(首姦)이고, 임백령은 거간(巨姦)"이 라고 지적했다.

그리하여 6월 5일에는 덕양군(德陽君) 이하 종친이 재계를 올리고 육사 칠감(六司 七監)의 정(正) 이상과 유생이 상소를 올렸으며, 6월 13일에는 충 훈부 낭청의 상소, 6월 15일에는 서반 당상의 상소, 6월 21일에는 사인과 육 조 정 이하 주부까지와 사관(四館) 무록관의 상소, 6월 24일에는 삼관(三館) 상소와 각시(各寺) 7품 이하의 상소, 7월 7일에는 개성 유수 김덕룡(金德龍) 의 상소가 이어졌다. 이처럼 을사에 관한 상소가 상하 관료 등 온 조정으로 확산되는 가운데, 7월 9일에는 종실 종성령(鍾城令)이 상소했고, 8월 4일에 는 종친 수백 명이 예궐해 을사신토(乙巳伸討)를 청했다. 8월 29일부터는 매일 삼공이 백관을 거느리고 계청했다. 8월 28일에는 영남 유생이 상소하 고, 11월 28일에는 호남 유생도 상소하려 했다. 이렇듯 을사 신원과 삭관 논 의는 온 조정에서 주장되고 종실에서 지방의 유생까지 확산되어갔다.

이 시기에 이이는 홍문관 교리로 있으면서 을사사화가 역모 사건이 아니 라 윤원형, 이기 등의 권신에 의해 날조된 것임을 설파하며 을사삭훈 논의 를 주도해갔다. 이이는 열두 가지의 이유를 들어 을사사화가 사실이 아니라 조작된 것임을 낱낱이 증명했고,* 윤원형 일파가 을사사화를 합리화하기 위 해 만든 『무정보감』(武定寶鑑)의 거짓을 일일이 지적하며 비판했다.**

이런 이이를 중심으로 한 홍문관과 대간 등의 변론과, 온 조정·종실의 계속된 주장으로 선조는 8월 28일 임백령, 정순붕의 관작을 삭탈할 것을 허 락했고, 9월 2일에는 "유관(柳灌), 유인숙(柳仁淑)도 매우 억울하고, 훈맹 (勳盟)도 매우 거짓되었다"(兩柳亦甚寃枉 勳盟亦甚虛僞)는 답을 내리기에 이르렀다.

그렇지만 대신과 홍문관, 대간 등은 계속해 유관과 유인숙의 신설과 을 사삭훈을 청했고, 마침내 10월 24일 유관과 유인숙을 신설할 것을 명했다.

63인의 역사학자가 쓴 한국사 인물 열전

이후에도 11월 25일 대간에서 정계(停啓)할 때까지 계속 온 조정이 삭훈과 유관·유인숙의 복관을 청했으나, 유관·유인숙의 복관과 을사삭훈은 이루어지지 않았다. 을사사화 자체를 부정해 구체제를 모두 없애려는 을사삭훈의 주장은 1570년(선조 3) 5월부터 11월 말까지 무려 7개월을 계속했지만 끝내 이루지 못했던 것이다. 온 조정의 관료와 종실이 7개월에 걸쳐 삭훈을 주장했지만, 선조로서는 을사사화 자체를 부정하는 삭훈 주장을 받아들이기 어려운 것이었다.

이이 등의 변론으로 을사사화가 윤원형 일파에 의해 날조되었다는 사실을 인정하지 않을 수 없었지만 이를 인정하면 국왕의 권위가 손상되기 때문이었다. 선조가 "군약신강"(君弱臣强)이란 표현을 써서 삭훈 주장을 거절하는 것도 삭훈했을 때의 왕권의 손상을 우려한 것이었다. 그렇기 때문에 선조는 "결코 따를 수 없다"(決不可從, 5월 27일), "다만 세월만 허비할 뿐이다"(徒費日月而已, 6월 17일), "절대로 윤허하지 않으니 번거롭기만 할 뿐이다"(萬無允兪 徒煩而已, 7월 13일), "비록 해를 넘겨 계(啓)를 올려도 따르지 않을 것이다"(雖經年啓之 不從, 7월 19일) 등의 표현으로 끝내 을사삭훈을 윤허하지 않았던 것이다.

선조 3년의 을사삭훈 논의 이후, 1577년(선조 10) 6월 인종비 인성왕후(仁聖王后)가 위독해지자 유관·유인숙을 복관하고, 12월 인성왕후가 승하함에 이르러 윤임(尹任)과 계림군(桂林君) 유(瑠)의 복관과 을사삭훈이 이루어졌다(『선조실록』 권11, 선조 10년 6월 임오조, 12월 무자조). 이로써 을사사화가 일어난 지 33년 만에 을사피죄인의 신원과 삭훈이 완전히 이루어져 을사사화는 전면적으로 무효화하고 권신에 의한 구체제는 명분적으로 완전히 부정되기에 이르렀다.

---

* 『율곡전서』 권4, 七箚. "臣等請枚擧當時之事 明其誣罔之實……."
** 『율곡전서』 권4, 十六箚. "臣等不援他說 請以武定寶鑑所在 明其虛僞……."

이상에서 살핀 것처럼 율곡 이이는 을사삭훈 논의를 주도하며 권신체제를 근본적으로 부정했다. 선조 3년에 을사삭훈을 완전히 이루지는 못했지만 이이는 을사삭훈 논의를 거치며 신진 사류를 이끌어가는 주도적 위치를 확실히 했고, 이후 사류의 핵심에서 성리학적 개혁을 추진해갈 수 있었던 것이다.

3. 이이의 을사삭훈 논변

이이는 『경연일기』에서 선조 3년에 을사삭훈이 이루어지지 않은 이유로 네 가지를 들었다(『경연일기』 1, 선조 3년 10월조). 첫째 대신들의 모호하고 미온적인 태도, 둘째 윤임이 반역했다고 생각하는 대신들의 인식, 셋째 양사와 홍문관에서 곧바로 삭훈을 논하지 않고 우회해서 청한 점, 넷째 원종공신의 친속들이 명종 비 인순왕후(仁順王后)를 통해 삭훈을 방해한 점들 때문에 을사삭훈이 이루어지지 못했다는 것이다.

이이는 을사삭훈이 이루어지지 않은 이유로 먼저 대신들의 모호하고 미온적인 태도와 처음부터 삭훈 논의를 내지 못하고 우회적으로 발의한 데에 있었다고 했다. 앞에서 살핀 것처럼 을사삭훈 논의 과정을 보면, 백인걸에 의해 문제가 제기된 후 이준경 등 대신들은 처음에는 정미, 기유의 신설만을 청하는 논의를 내었다. 홍문관과 대간에서도 을사 신원까지는 청했지만 삭훈은 차마 거론하지 못하고 있었다.

홍문관에서는 이이가 교리로 들어온 후 비로소 삭훈 논의를 내었고, 이를 따라 대간에서도 삭훈을 주장했으며 그후에야 대신들도 삭훈 주장에 동조했다.

이처럼 논의가 번복되는 데 대해 선조는, 사헌부 사간원이 처음에는 삭훈을 청하지 않다가 홍문관의 상차 후에 삭훈을 청한 것을 질책하기도 했으며,* 대신들이 뒤늦게 을사를 거론하는 데에 대해서도 논의가 일관되지 않고, 홍문관 역시 처음에는 삭훈 주장이 없다가 나중에 삭훈을 주장했다는 점을 지적했다.** 이런 대신과 삼사의 일관되지 않은 주장으로 을사삭훈의 설득력이 약화되었다는 점을 이이는 정확히 지적하고 있었던 것이다.

다음으로 대신들과 일부에서는 을사사화 때 윤임과 유관, 유인숙 등이 반역했다는 생각을 가지고 있었다. 앞의 이준경과 이이의 언쟁에서 보듯 을사사화에 대한 대신들의 인식은 애당초부터 사류와 동일하지 않았다. 따라서 이이가 이준경의 이런 인식을 일찍이 선조의 면전에서 비판한 적이 있었지만 대신들 중 상당수도 을사사화에서 윤임 등이 반역했다는 생각을 가지고 있었다고 한다.

이에 이이는 윤임과 계림군 유 등이 반역하지 않았고 을사사화는 이기, 정순붕 등이 날조한 것임을 일일이 설파했다(『율곡전서』 권4, 玉堂論乙巳僞勳 箚). 즉 을사년에 이기가 충순당(忠順堂)에서 진언할 때 윤임과 유관, 유인숙의 죄를 분명히 얘기하지 못하고 "불안한 마음을 가지고 있다", "형적(形迹)이 있다"는 등으로 모호하게 얘기한 사실, 충순당에서 처음 죄를 말한 후 6일이 지난 뒤에야 정순붕이 윤임의 죄를 상소한 사실 등을 들어 윤임·유관·유인숙 등의 죄는 날조된 것이라 했고, 계림군 유는 인종보다 14살 연상인데 어떻게 인종의 후사가 될 수 있겠느냐며 반역 혐의가 없음을 주장했다.

선조의 질책에 대해 대신들은 삭훈이 너무 과격하기 때문에 삭훈 논의를 내지 않았다고 변명했다(『선조수정실록』 권4, 선조 3년 8월조). 그러나 대신들이 애당초 을사사화를 거론할 의사가 없었는데, 이이를 비롯한 사류의 여론에 밀려서 삭훈 논의를 냈다는 혐의가 없을 수 없었다.*** 이이는 이런 대신

---

* 『미암일기』 책4, 선조 3년 7월 13일조. "答兩司曰 初無削勳之請 而敢發於玉堂後日之論者 抑何心也 萬無尤爺 徒煩而已."

** 『미암일기』 책4, 선조 3년 9월 16일조. "昨日上答左右相之啓曰 當初大臣所啓 以爲乙巳之事 不可論也 後復追論 玉堂當初無削勳之說 後乃發之 此皆飜覆不一云云."

*** 『경연일기』 1, 선조 3년 10월조. "大臣初迫於衆情 不出於己誠 故終未回天 浚慶等猶曰 擧事當以漸進 削勳之議 太遽 故未能得請耳."

들의 불철저한 인식과 모호한 태도를 철저히 비판했던 것이다.

한편 퇴계 이황과 허엽(許曄)도 윤임과 계림군 유는 신원되기 어렵고 삭훈이 쉽지 않다는 인식을 가지고 있었다는 점으로 당시의 사류는 을사삭훈에 대한 다양한 의견과 태도를 가지고 있었다는 것을 짐작할 수 있다.*

한편 이이 등의 주장으로 을사사화를 일으킨 주도자들의 을사 공훈은 삭탈되었으나, 그밖에 을사 공훈을 받은 사람들은 여전히 많은 혜택을 누리고 있었다. 특히 원종공신(原從功臣)의 많은 수는 궁인(宮人) 내인(內人)들로 궁실과 체결되어 있었다. 1천여 명의 원종공신 중 상당수가 궁인 내인과 연결되어 명종 비인 인순왕후를 통해 을사삭훈에 반대했다는 것이다.

이이를 비롯한 당시의 사류는 궁궐과 체결된 무리들이 삭훈을 방해한다는 사실은 분명히 인지하고 있었다. 이이가 환관 궁첩이 삭훈 논의를 방해하고 있음을 지적하기도 했고,** 유성룡도 경연에서 각사(各司)의 노비로서 충찬위(忠贊衛)에 오른 자들이 궁궐과 체결된 사실을 언급하기도 했다(『미암일기』 책4, 선조 3년 6월 3일조). 재상 대신들도 명종 비 인순왕후 때문에 삭훈이 이루어지지 않았다 해 인순왕후가 창경궁으로 거처를 옮기려는 일까지 일어났다.***

을사삭훈이 난항에 부딪히자, 사류 중에는 인순왕후의 동생인 심의겸을 통해 삭훈을 관철하자는 의견도 있었으나 심의겸은 "원종공신은 1천여 명인데 많은 사람들이 궁실과 체결되어 있다. 이 사람들이 반드시 죽음을 무릅쓰고 저지할 것인데 공론이 만약 거사해 성공하지 못하면 도리어 해를 입을 것이니 그만두는 것만 못하다"고 하며 제의를 거절했다.**** 선조 10년 인성왕후가 승하하게 되어 을사삭훈이 이루어질 때도, 궁인들이 삭훈을 방해하려고 인성왕후의 병환을 거짓으로 선조에게 알렸다고 한다(『경연일기』 3, 선조 10년 11월 경진조).

이처럼 이이는 선조의 완강한 반대와 대신들의 모호한 태도, 논의 과정의 혼선, 원종공신들의 집요한 반대 등 삭훈 논의의 문제점을 정확히 통찰

하고 있었다. 이이는 구체제의 본질에 대한 명확한 인식을 바탕으로 을사삭
훈을 주장했고, 따라서 구체제를 근본적으로 부정하고 혁신의 방향을 제시
할 수 있었던 것이다. 그러나 다른 한편으로는 그가 을사삭훈을 주도하며
구체제를 근본적으로 부정함으로써 매서운 공박을 받거나 삭훈으로 기득
권을 박탈당한 자들의 불만을 사게 되었다.

맺음말

지금까지 율곡 이이가 을사삭훈 논의를 주도하는 과정과 을사삭훈에 대한
논변을 검토해 구체제 혁신의 의미를 검토했다.

　을사삭훈 논의는 구체제의 혁신을 추진하는 데 매우 중요한 의미를 갖는
사건이었다. 명종 말년 권신체제는 붕괴되었지만 권신 중심 구체제의 제도
와 관행은 여전하였고 구체제에서 기득권을 누려온 사람들도 여전히 행세
하고 있었다. 사류가 구체제의 혁신을 도모하려 할 때 권신체제의 청산은
반드시 필요한 것이었고 을사사화의 무효화를 통한 명분의 천명과 구세력
의 억제는 시급하고도 근본적인 문제였던 것이다.

* 『선조실록』 권11, 선조 10년 12월 병술조. "李滉嘗言任瑠 不得不死 且以削勳爲重難 許篈爲掌令時 其父
曄 言之曰 若至於任瑠伸雪 則汝不可參也 篈以此辭遞云 未知滉與曄 何所見而云 然李浚慶亦言其不可輕改
也." 한편, 『退溪言行錄』 권5 「考終記」에는 이황이 임종하기 5일 전인 선조 3년 12월 5일 을사삭훈의 여
부를 물었다고 한다.
** 『율곡전서』 권4, 四十一箚. "今者戚里之越法妄訴 則殿下不問曲直而從其請 內奴之犯科希恩 則殿下不
問可否而復其役 乃於宗社之大計留時 逆衆則是殿下之顧念國家不如愛護戚里內奴也."; 『미암일기』 책4,
선조 3년 6월 9일조. "玉堂以李校理珥所製上箚子進入 其中 宦官宮妾 或脅於威 或誘於利 不明是非者 有
之 無乃殿下請其言而遲疑不斷乎."
*** 『미암일기』 책4, 선조 3년 6월 21일조. "領左相東西壁啓曰…… 其或慈殿尙滯前念 殿下猶當反覆開陳
喩之以道義 期於回靁 可也…… 答曰…… 今又敢擧慈聖 不知其可也."; 『미암일기』 책4, 선조 3년 7월 3일
조. "慈殿備望記曰…… 頃日大臣之啓曰 慈殿方御 故有不遽改革之語 予意極爲未安."
**** 『경연일기』 1, 선조 3년 10월조. "義謙於人 曰吏胥與按庭人 參原從者千餘人 互相締結 此人等必冒死
圖治 公論約擧而未成 則反有害焉 不如且已 其後聞按庭人等泣訴慈殿 以公論爲負善王 慈殿不能無動 自上
難於擅斷 故卒不從."

을사삭훈 논의 과정에는 홍문관과 양사를 중심으로 온 조정의 관료들이 참여했지만 실질적으로는 이이가 주도하였다. 이이는 을사삭훈 논의에서 권신체제를 근본적으로 부정해 사회 혁신의 전제를 마련하려 했고 을사삭훈을 이루어 선왕(先王)의 결정이라도 변경할 수 있다는 혁신의 계기도 마련하고자 했다.

삭훈 논의가 전개되는 과정에서 이이는 『동호문답』에서 을사 신원과 삭훈의 정당성을 제기해 을사삭훈의 공론이 발하는 계기를 마련했을 뿐 아니라, "삭훈"이라는 근본적 문제를 처음으로 거론함으로써 논의의 방향을 명확히 제시했다. 또한 을사삭훈에 관한 마흔한 차례의 차자를 작성해 을사사화가 조작되었다는 사실을 낱낱이 증명하고 삭훈의 정당성을 천명했다.

이이는 구체제의 본질에 대한 명확한 인식을 바탕으로 을사삭훈을 주장했다. 그리하여 을사삭훈 논의를 거치며 사류계를 주도하는 실세로서의 위치를 확고히 했고, 당대 최고 경세가로서의 면모를 여실히 드러내기 시작했다.

반면에 이이가 을사삭훈에서 구체제를 근본적으로 부정함으로써 삭훈으로 기득권을 박탈당한 구세력의 표적이 된 것은 훗날 혁신과 제도 개혁을 주도하는 이이의 혁신적 행로에 암울한 복선으로 작용하게 된다.

참고문헌

『경연일기』 『명종실록』 『미암일기』
『선조수정실록』 『선조실록』 『율곡전서』

63인의 역사학자가 쓴 한국사 인물 열전

허준 許浚

조선 의학의 완성

김호 서울대학교 규장각 책임연구원

1. 소설과 역사

조선 시대를 대표하는 명의로 사람들은 주저없이 『동의보감』(東醫寶鑑)의 저자 허준(許浚, 1539~1615)을 든다. 방송국을 통해 여러 번 드라마가 제작되었을 만큼 허준의 이야기는 '신분을 극복한 드라마틱한 인생'의 신화를 만들어냈다. 그러나 아이러니하게도 우리에게 알려진 허준의 역사적 실체는 사실과 달리 잘못된 것들이 많다. 그렇다면 그토록 유명한 허준의 진짜 생애는 어떠했을까? 또한 『동의보감』은 도대체 어떤 지성사적 의의를 지니는가?

일부 사람들에게 '역사'란 재미있는 옛날이야기로 가볍게 다가가겠지만, 어떤 사람들에게는 엄중하고도 날카로운 진실의 심판처럼 무겁게 느껴지기도 할 것이다. 과연 역사의 진실이 있기는 한 것일까? 그리고 역사학자들이 말하는 것이 모두 다 역사적 사실일까? 역사학의 오래된 인식론적 논쟁을 다시 언급할 필요는 없겠지만, 외국의 한 급진적인 역사학자는 역사가의 사실(史實) 탐구가 소설가의 창작 과정과 비슷하다는 논리를 편 후 급기야 '역사=소설'이라는 결론에 이르렀다가 자신이 몸담았던 역사학과에서 내쫓긴 적이 있다고 한다.

물론 그가 비판한 것은 기존 역사학계의 구태의연한 패러다임이었다. 그렇지만 역사학자의 작업이 과연 소설가의 창작 활동에 불과할까? 그 이상의 무엇은 아닐까? 여기서 소설 창작의 어려움이나 그 결실의 가치를 과소평가할 생각은 전혀 없다. 다만 역사학의 임무 가운데 하나인 과거의 사실을 밝히는 노력은 아무리 '사실이란 무엇인가' 하는 역사학의 인식론적 논쟁을 재연한다고 해도 그만둘 수 없는 소중한 것이기 때문이다.

현재 '허준'에 대한 상식들, 특히 드라마를 통해 더욱 확대되었던 지식의 대부분은 『소설 동의보감』이라는 소설에서 비롯된다. 필자뿐 아니라 많은 사람들이 이 소설을 통해 인간미 넘치는 의료인 허준을 만난 경험이 있다. 독자(시청자)들은 소설(드라마)을 보고 역사 인물의 위대함에 다시 한번 고개를 끄덕였을 것이다.

과연 소설 속에 그린 허준의 실체가 사실일까? 그리고 이를 드라마로 재생한 방송극은 허준의 진실을 얼마나 전해줄까? 지금 당장 소설과 드라마의 문제점을 비판하거나, 또 역사적 사실을 도외시했다고 책임을 추궁하거나, 진위 여부를 두고 시비를 벌이고 싶은 생각은 추호도 없다. 소설과 드라마가 갖는 역할이 있으며, 역사학이 지닌 임무가 따로 있기 때문이다. 다만 역사가로서 허준의 실체를 찾아나선 뒤 수년간의 고생 끝에 그 컴컴하고 어두운 사료의 터널을 빠져 나와 희미하게나마 그 실체를 알게 된 기쁨, 그리고 그 경로에 대한 기억을 더듬으며 '역사의 진실'에 대해 이야기하려 한다.

이따금 강의 시간에 학생들에게 역사의 진실과 허구에 대한 이야기를 할 경우가 있다. 이때 『소설 동의보감』은 단골 소재일 만큼 그 영향력이 대단하다. 그러나 학생들에게 『소설 동의보감』 가운데 역사적 사실은 단 몇 가지뿐이라고 과장하면서, 그것은 첫째 허준이 의사라는 사실, 둘째 허준이 선조에서 광해군 때 활동한 사람이라는 사실, 셋째는 허준이 『동의보감』을 썼다는 사실뿐이라고 말하는 순간, 많은 학생들이 어리둥절해하곤 했다. 그럼, 도대체 허준의 스승 유의태(柳義泰)는 누구며, 허준의 의학적 라이벌인 양예수(楊禮壽)는 또 어떤 사람인가, 그리고 허준의 부모와 형제, 그의 신분은 무엇인가 등등의 질문이 끝없이 이어졌다.

그동안 소설과 드라마 등을 통해 허준의 진실을 전달하면서 정확하지 못한 역사 고증으로 허준에 대한 오해가 계속 부풀려진 결과였다. 따라서 소설 또는 드라마라고 해서 정확한 역사 고증을 하지 않아도 된다는 생각은 좀더 고려해야 한다. 역사가의 논문에 비해 한 편의 소설과 드라마가 가진 영향력은 엄청나기 때문이다.

2. 허준의 사실(史實)

1990년대 초 허준에 관한 논문을 준비하면서 그의 생애를 찾아나섰던 필자는 이처럼 유명한 조선 시대의 의사에 관한 자료가 이렇게까지 없을 수 있는지, 정말 풀리지 않는 의문을 가졌다. 그만큼 허준의 실체를 알기는 어려웠다.

한국사 자료가 상당히 많다지만, 그 많은 자료의 기록 대상은 그야말로 양반과 왕실을 중심으로 한 역사의 상층부에 국한되어 있었다. 중인 이하의 신분을 가진 사람들은 자신들의 이야기를 글로 남기지 못했던 것이다. 설사 있다손 치더라도 양반들의 개인 문집에 비하면 너무 보잘것없어 이런 것들을 가지고 그들의 역사를 복원하기란 참으로 어려웠다. 아무튼 한국인이라면 모르는 사람이 없는 명의 허준이 문집은커녕 그가 어디 출신이지, 어디서 누구에게 배웠는지조차 밝혀줄 사료가 없다니, 참으로 난감한 일이었다.

허준의 실체를 찾아 16세기 중·후반 사료를 정말 닥치는 대로 읽으며 고생을 한 필자는 모래밭에서 동전 찾는 일을 했던 셈이다. 수년 동안 허준에 관한 기사를 단 한 건도 찾지 못한 적도 많았다.

점점 힘이 빠지자 1994년 즈음에는 허준의 생애를 추적하는 일을 포기하려고 마음먹었다. 허준에 관한 자료 찾는 일을 그만두어야 할 것 같았기 때문이다. 그러던 중 우연히 보게 된 16세기의 관인이자 유학자였던 미암(眉巖) 유희춘(柳希春, 1513~1577)의 일기, 그리고 거기서 얻은 허준에 관한 몇 가지 정보는 어둠 속을 헤매던 필자의 앞길을 비춰주는 한 줄기 빛과도 같았다.

『미암일기』(眉巖日記)의 저자 유희춘은 전라남도 출신의 유명한 학자로, 선조 때는 정치가로도 활동했던 인물이다. 이런 유희춘의 일기 속에 허준에 대해 언급한 내용이 있는 게 아닌가! 너무도 기뻤다. 한문으로 쓴 많은 양의 일기책을 지루한 줄도 모르고 읽었던 기억이 엊그제 같다. 그러나 『미암일기』를 독해하기란 그리 만만한 일이 아니었다. 일기체의 간단한 생략과 축약, 그리고 낯선 인명과 지명 등 어려움이 한두 가지가 아니었다. 그러던 중 전남 담양에서 『미암일기』를 번역했다는 사실을 알게 되었다. 즉시 연락을 취해 번역과 출간을 담당하셨던 원로 한학자에게 책을 부탁했다. 선생께서는 친절하게도 책을 보내주셨고, 덕분에 좀더 손쉽게 『미암일기』를 독파할 수 있었다. 여기에 수록된 수많은 허준에 관한 정보들, 특히 필자에게 허준의 생모(生母)를 추적할 수 있도록 허락한 일기 안의 한 구절, 그것은 정말 보물을 찾아나선 탐험가에게 보물의 위치를 표시해둔 암호 지도와도 같은 것이었다.

유희춘은 『미암일기』에서 자신을 방문한 김시흡(金時洽)이라는 사람에 대해 다음과 같은 각주를 달아두었다. "봉사(奉事) 김시흡은 효자 부정(副正) 김유성(金有誠)의 손(孫)이며 허준의 적삼촌(嫡三寸) 숙부(叔父)"이다. 이 한 구절은 유희춘에게는 그리 중요치 않았을지 모른다. 그러나 이 한 토막으로 허준의 가계를 새로 밝힐 수 있었던 필자에게는 더할 나위 없이 귀중한 자료였다. 바로 허준의 생모가 김씨 집안의 서녀(庶女)였다는 사실을 밝혀주었기 때문이다.

63인의 역사학자가 쓴 한국사 인물 열전

유희춘은 자신의 군관(軍官) 김시흡을 통해 허준을 이해하고, 다시 허준을 통해 김시흡의 신상 정보를 정리·기억했던 것이다. 이 사실을 바탕으로 중단했던 필자의 추적이 계속되었다. 사실 김시흡은 전라남도 광주에 살았는데, 종8품직인 훈련원(訓練院) 봉사와 군사 요충지를 지키는 만호(萬戶)를 역임한 무관이었다. 뒷날 유희춘은 전라감사 시절에 김시흡을 군관으로 임명할 정도였다. 허준의 친가, 즉 양천 허씨 집안은 잘 알려진 대로 대대로 무관을 역임한 무인 집안이었다. 그런데 허준의 외가 또한 무관의 피가 흐르는 집안이라는 사실을 알게 된 것이다. 더 나아가 허준의 성장 과정과 전라남도가 매우 밀접한 관계라는 점을 발견했다. 허준이 내의원에 진출한 것 역시 담양 출신의 유희춘이 천거했기 때문이라는 사실과 허준의 양생론이 호남의 거유(巨儒)였던 노수신(盧守愼)의 영향을 받은 것임을 무시할 수 없다는 사실 등이 그러했다. 아무튼 이런 사실들을 알아내기 위해 보낸 날들은 다시 이야기할 수 없을 만큼 길었다.

특히 허준의 생모를 알았을 때의 기쁨이 가장 컸다. 그동안 허준의 어머니는 『양천허씨세보』에 근거하여 손(孫)씨 부인으로 알려져왔다. 심지어 드라마에서는 허준의 어머니를 퇴기(退妓) 정도로 치부했던 것이 사실이다. 그러나 필자가 조사한 바에 따르면, 지방 무관인 영광 김씨 김욱짐의 서녀였던 허준의 생모는 허준의 아버지인 허론(許碖)에게 첩으로 시집와 서자 허준을 낳았던 것이다.

그런데 허준의 생모가 영광 김씨라는 사실은 필자를 다시 한번 놀라게 했다. 필자 또한 영광 김씨이기 때문이다. 김씨의 본관은 수없이 많지만, 필자가 초등학교에 입학해서 대학에 다닐 때까지 영광 김씨를 한 번도 만나보지 못했을 만큼 희귀한 본관인지라 허준의 생모가 영광 김씨라는 사실을 알게 된 순간 필자에게 들었던 그 운명적인 느낌은 지금도 잊을 수 없다.

어쨌든 이렇게 하나하나 허준에 관한 진실을 추적하면서 꿈속에서까지 허준을 만나 이야기를 나누던 그때의 경험들을 생각하면, 허준의 실체를 밝혀 나갔던 과정이 간단하고 쉬운 일은 아니었다고 자신 있게 말할 수 있다.

그리고 또 한번 필자에게 행운이 찾아왔다. "지성이면 감천"이라는 말을 굳게 믿게 된 기회였다. 1999년 역사를 주제로 프로그램을 만들던 모 방송국에서 허준을 기획한다며 도움을 청해왔다. 조선 시대 의학사를 전공한 사람의 조언이 필요했기 때문이라는 것이다. 사실 필자의 전공은 조선 시대 의료사지 허준 개인에 대한 연구는 아니었으며, 앞서 말한 것처럼 노력은 많이 들였어도 허준의 생애에 대해 알아낸 소득이 별로 없던 터라 선뜻 무엇을 도와줄 수 있는 입장이 아니었기에 약간 주저했다. 그러나 우연하게 인연이 되어 제작팀을 도와주던 필자는 오히려 뜻밖의 도움을 받았다. 방송 제작팀이 진주의 얼음골을 찾아나섰다가 진주박물관에서 허준의 생년(生年)을 알 수 있는 〈계회도〉(契會圖)를 발견했던 것이다.

당시 역사학자의 게으름을 언론의 발빠름으로 보완했다고나 할까. 박물관에서 우연히 얻은 도록에는 1604년 허준을 포함한 임진왜란 당시 피난길에 선조를 수행했던 공신들의 잔치 모임을 그린 〈태평회맹도병풍〉(太平會盟圖屛風) 사진 한 장이 수록되어 있었다. 그리고 이 병풍 사진은 허준의 생년을 정확히 알려주었다. 그동안 허준의 출생 연도는 『양천허씨세보』의 내용을 근거로 한 1546년 또는 1547년 설을 주장해왔다. 그러나 이들 자료가 모두 허준이 죽은 뒤 수백 년이 지난 자료에 근거했다는 점에서 1604년, 허준이 살아 있을 때의 자료인 이 그림의 기록이 갖는 사료적 가치에는 미치지 못한다. 그런데 이 병풍도는 허준의 생년을 정확히 1539년이라고 말해주었으므로, 허준의 출생 연도를 확인할 수 있었다. 사실 필자가 허준의 생년이 밝혀졌다고 말하는 것은 조금 쑥스러운 일이다. 허준의 출생 연도를 밝혀낸 것은 방송 제작팀이기 때문이다.

그뒤 한 고서 수집가에 의해 간이(簡易) 최립(崔岦, 1539~1612)과 허준이 동갑내기라는 사실이 밝혀졌다. 선조가 승하한 책임을 물어 의주에 귀양갔던 허준의 귀경을 축하하며 최립은 "나의 동갑 친구 허준" 운운하는 시를 남겼던 것이다. 최립의 출생 연도가 1539년이었음은 물론이었다.

이렇듯 오랫동안 허준의 생애에 관한 사료를 수집하고 또 연구했지만, 노력한 결과는 그렇게 대단한 것은 아니다. 또 자세하지도 않다. 그저 다음에 적은 몇 가지 사실과 추론이 고작이다. 이것들을 알기 위해 허비한 시간과 노력을 생각하면, 정말 왜 그랬는지 알 수가 없다. 아무튼 필자의 중간 보고는 다음 몇 자에 불과하니 실망하시지 말라.

허준

생몰년 1539~1615년.

출생지 아직 논란중(경기도 파주 설, 전라남도 설, 서울 가양동 설 등).

아버지 허론(許碖) — 무과 출신으로 함경도, 전라도 등지의 군수 및 부사 등을 역임.

어머니 영광 김씨 — 전라남도 거주 김욱짐의 서녀로 뒷날 허론의 소실이 됨. 영광 김씨 가문 또한 무인 집안일 가능성이 높음.

형제 형 허옥, 누님 두 분, 그리고 동생 허징.

성장지 전라남도의 담양과 해남 일대를 중심으로 하는 지역으로 생각됨.

스승 미상(이른바 유의태는 숙종 때의 의사 유이태를 오해한 것으로 생각됨). 당시 어의 가운데 한 명이었던 양예수로 추정됨.

업적 조선 시대 최고의 의서인 『동의보감』을 지었을 뿐 아니라, 민중들을 위한 언해본 의서를 다수 저술함.

그럼, 그동안 허준의 스승으로 알려지면서 유명해진 유의태는 누구인가? 소설과 드라마 등에서 허준의 스승으로 그린 유의태, 현재 경상도 산청에는 유의태 유적지라 하여 유의태가 물을 길어 환자의 탕약을 달여 먹였다는 우물이 복원되고, 또 진주에서도 유의태가 허준에게 자신의 시신을 해부하도록 허락한 얼음 동굴을 찾았다며 관광지로 개발했다.

이처럼 자신의 흔적을 경상도 산청과 진주 일대에 남기고 사라진 유의태에 대해 처음 언급한 사람은 어느 한의학자였다. 그는 지금부터 수십 년 전에 쓴 글에서 허준의 약전(略傳)을 써 달라는 부탁을 받았으나 자료가 많지 않아 고전하던 중, 경상도 산청에 살던 한의사 친구에게서 산청의 명의 유의태에 관한 이야기를 전해 들은 후 유의태에 관해 살펴보았다고 술회했다.

그는 경상도 일대에 명성이 자자한 유의태 정도라면 허준의 스승이 될 가능성도 없지 않다고 생각하고 곧장 경상도 산청을 답사하여 여러 구전(口傳)을 들어본 뒤 유의태를 허준의 스승으로 믿었던 것이다. 그러나 유의태가 허준의 스승이라는 특별한 증거가 없었던 터라 유의태를 곧바로 허준의 스승으로 단정하기는 어려웠다. 그러던 중 허준의 친할머니가 진주 유씨라는 점이 매우 큰 자극이 되었던 것 같다. 그는 곧 허준의 친할머니가 진주 유씨인 점과 산청에서 진주 유씨가 대성(大姓)인 점, 그리고 허준의 친할아버지가 오랫동안 경상도 우수사였다는 사실 등을 근거로, 유의태는 진주 유씨 가문의 한 사람으로 허준의 스승이 될 만한 사람이라고 추론했다. 그 결과 유의태와 허준이 인연을 맺었고, 허준의 성장지 또한 조부모과 관련된 산청으로 비정(比定)된 것이다. 그리고 뒷날 이런 연구 결과를 그대로 이어받은 『소설 동의보감』의 작가는 유의태를 허준의 스승으로 그리는 데 머물지 않고 스승의 몸을 해부하도록 하는 소설적 상상력까지 보탬으로써 조선 최고의 의성(醫聖) 허준의 역사를 새롭게 만들어냈던 것이다. 그리고 이는 많은 사람들의 상식을 지배하는 지식이 되었다. 한마디로 이것은 비역사적인 상상들에 불과한 것이었다. 실제 산청 지방에서 명의로 유명했던 사람은 허준이 죽은 지 100여 년 후인 숙종 때의 유의(儒醫) 유이태(劉以泰)이기 때문이다.

유이태는 17세기 중반 경남 거창에서 태어나 줄곧 경상남도 산청 일대에서 활동했던 인물이다. 그의 선조가 의병장을 지낸데다가 외증조부 또한 병조판서와 경상도 좌수사를 지낸 경력으로 그의 집안은 산청과 의령, 거창 등지에서 향반(鄕班)의 지위를 누렸던 것으로 보인다. 따라서 그가 처음부터 의사가 되려고 마음먹었던 것은 아니었다. 어려서는 당연히 유학을 공부했으나 집안의 고질병과 그때 성행하던 역병(疫病)을 치료하기 위해 마진(麻疹: 홍역) 치료 기술을 습득해 당시 여러 홍역 환자들을 치료하자 많은 사람들의 입에 명의로 회자되었던 것이다. 그리고 급기야 숙종의 부름을 받고 왕실의 홍역 환자를 치료하기 위해 입궐했으며, 그 공로로 뒷날 경기도 안산군수에 제수되기도 했다. 특히 그가 펴낸 『마진편』(麻疹篇)은 조선 후기 홍역과 천연두 치료 의학의 발달과 밀접한 연관이 있는 의서로, 정약용(丁若鏞)의 『마과회통』(麻科會通)보다 앞서 발간된 우리 나라 최초의 마진 치료서라는 점에서 의의가 높다.

3. 『동의보감』의 구성과 의의

어떤 사람은 허준의 생몰 연도를 알아내는 일이 뭐 그리 대단하고 또 역사적으로 중요한 일이냐고 반문할지 모른다. 또 역사학자가 어떻게 의서인 『동의보감』을 이해하느냐고 묻는다. 사실 역사가들의 연구가 과거 인물 개인의 생애를 추적하거나 호고적(好古的)인 관심사에 그치는 것은 아니다. 물론 한의학자와는 다른 방법으로 『동의보감』을 독해한다.

역사학자는 역사의 구조와 변동이라는 큰 흐름을 중시한다. 그리고 그 안에서 인간의 다양한 삶과 사고 유형들에 관심을 갖는다. 허준을 둘러싼 16세기 중·후반 조선 지식인들의 사상적 동향, 그리고 허준 및 『동의보감』과의 관계 등을 밝혀내려고 노력하는 것은 바로 그 때문이다.

『동의보감』의 전체 구성은 모두 다섯 편으로 이루어졌다. 내경편(內景篇), 외형편(外形篇), 잡병편(雜病篇), 탕액편(湯液篇), 침구편(鍼灸篇)이 그것이다.

먼저, 내경편은 『동의보감』 전편의 의학론을 정리하는 부분으로 허준의 의학론과 철학을 한눈에 살펴볼 수 있다. 『동의보감』 편술(編述)의 원칙이 수록되었기 때문이다. 이 원칙은 기존 의학서들이 겨루지 못하는 『동의보감』의 장점이었는데, 이른바 '양생론'으로 통칭되는 수양방법이다. 이밖에 내경편에는 주로 오늘날의 내과 질환에 해당하는 병증(病症)들을 수록했다.

외형편 4권은 몸 외부에 생기는 질병과 이비인후과·안과의 질병, 피부과, 비뇨기과 등의 질환을 기술했다.

또한 잡병편 11권은 진찰법, 병의 원인, 내경편과 외형편에서 언급하지 않은 여러 내과적 질병들의 병론(病論)과 그 병증에 대한 처방들을 수록했다. 이른바 병리·진단학에서부터 구급, 부인, 소아과, 그리고 전염병 등에 대해 광범위하게 기록했다. 잡병편에 별도로 기술된 구급, 부인, 소아의 질병 부분으로 말미암아 후일 『동의보감』은 전체적으로 볼 때 편차의 혼란과 중복이 있다는 비판을 받기도 했으나, 허준의 인간에 대한 이해(장부, 부인, 소아)가 가장 잘 드러나 '사회적 의학'(social body)의 한 측면을 잘 보여준다.

한편, 탕액편 3권은 당시 우리 나라에서 흔히 쓰던 약물 1천여 종에 대한 효능, 적용 증세, 채취법, 가공방법, 산지 등을 밝히고, 가능하면 약물 이름 밑에 민간에서 부르는 향명(鄕名)을 한글로 덧붙여 써 편의를 제공했다. 조선 전기 향약론으로 총칭되는 임상 약물학 또는 본초학의 집대성이라고 할 만한 탕액편은 내경편과 함께 『동의보감』의 가치가 잘 드러나는 부분이다.

마지막으로 침구편 1권은 침과 뜸을 놓는 방법과 장소, 즉 혈(穴)의 위치와 적용 증상 등에 대해 기술했다.

(1) 내경편(內景篇) ─ 부록 수양(修養)·양로(養老)

　　권1: 신형(身形)·정(精)·기(氣)·신(神)

　　권2: 혈몽(血夢)·성(聲)·언어(言語)·진액(津液)·담음(痰飮)

　　권3: 오장육부(五臟六腑)·간장(肝臟)·심장(心臟)·비장(脾臟)·폐장(肺臟)·

　　　　신장(腎臟)·담부(膽腑)·위부(胃腑)·소장부(小腸腑)·대장부(大腸腑)·삼

금수부(禽獸部)

권2: 어부(魚部)·충부(蟲部)·과부(果部)·채부(菜部)·초부상(草部上)

권3: 초부하(草部下)·목부(木部)·옥부(玉部)·석부(石部)·금부(金部)

(5) 침구편(鍼灸篇)

『동의보감』이 완성되자 허준은 조선의 의학이 중국에서 독립했다는 자신감을 드러냈다. 『동의보감』의 권1 「집례」(執禮)에서 허준은 중국과 조선을 포함한 동북아시아의 의학권을 동원(東垣)*의 북의(北醫)와 단계(丹溪)**의 남의(南醫), 그리고 자신의 동의(東醫)로 구분했다. 허준 당대의 조선 의학이 중국의 그것에 버금가는 하나의 로컬리티(지역성)를 구축했다는 자부심이었다. 이미 여말 선초에 신유학과 함께 수입되기 시작했던 금원(金元) 사대가와 명(明)나라 초기의 의학이 양예수의 『의림촬요』(醫林撮要) 등을 통해 허준에게 전해졌으며, 그 바탕에서 허준은 최신 의학들을 나름대로의 기준으로 분류·정리할 수 있었다. 특히 16세기 중·후반 조선에 새롭게 도입되었던 명대(明代)의 의학은 누군가가 정리할 필요가 있었으며, 이 일이 이루어진다면 조선 전기의 『의방류취』(醫方類聚)나 『향약집성방』(鄕藥集成方) 이후 가장 큰 업적임은 당연했다. 실제로 『동의보감』에 인용된 의서들을 살펴보면, 금원 시대 및 명초의 의서가 대부분이다. 선진(先秦) 및 진한(秦漢) 시대의 의서가 13종, 양진(兩晉) 및 남북조(南北朝) 시대의 의서가 9종, 수당(隋唐) 시대의 의서가 10종, 송대(宋代)의 의서가 15종, 금원 시대의 의서가 16종, 명대(明代)의 의서가 20종, 그리고 국내 의서가 3종으로 금원 시대와 명초의 의서가 가장 많이 활용되었다.

그렇다면 이런 독자적인 정리와 편집을 가능하게 하고, 나아가 자부심까지 가질 수 있게 했던 요인은 어디에 있었을까?

허준은 가장 먼저 조선의 의학 전통을 들었다. 중국과 함께 조선의 경우

63인의 역사학자가 쓴 한국사 인물 열전

도 예부터 사승관계를 통해 의학과 의술을 전수해왔다는 사실을 강조했다. 이는 바로 고려 말 이래 지속된 향약을 사용하는 전통과 계승이었다. 향약 사용을 중심으로 하는 경험방(經驗方)들의 수집과 전수는 조선 의학의 독자성을 담보하는 재료들이었다. 이는 실증의 자연학이었다. 『동의보감』 탕액편에 보이는 수많은 '속방'(俗方) 기사들은 바로 전통적인 약물학 지식으로, 이는 조선에 분포하는 동·식물에 대한 자연과학적 이해가 어느 정도 축적되었는지를 단적으로 보여주는 사례들이다. 이와 같을진대 조선이라고 "동의를 정립하고 계승시킬 수 없겠는가" 하는 것이다. 동시에 정리된 의서의 내용이 만물의 변화를 밝혀내는 것이라면, 이를 중국에서 '보감' 이라고 하니 조선에서도 또한 보감이라고 할 수 있다는 주장이었다. 자신이 편찬한 의서가 '동의의 보감' 이라는 것이다.

허준은 실증의 자연학에 머물지 않고 『동의보감』을 자연과 인간을 분류하고 이론화하는 철학으로 승화시켰다. 바로 동양의 전통적인 자연관, 즉 하늘과 땅과 인간의 우주론을 인간의 몸 속에 상징화한 것이다. 이상적인 인간의 형상을 말로 다 설명하기 어려웠던 허준은 이례적으로 『동의보감』의 서두를 그림으로 시작했다. 신형장부도(身形臟腑圖)가 바로 그것이다. 백 마디의 말보다는 한 번 보는 것이 더 확실하게 자신의 뜻을 보여줄 수 있다고 생각한 것이다. 인체의 내부 장기 및 특징을 그림으로 표현한 것이 뭐 그리 대단할까 생각하겠지만, 사실 허준이 거질(巨帙)의 『동의보감』에서 서술하려 했던 인간의 정수가 바로 이 도형에 있다고 해도 지나친 말이 아니다. 하늘을 상징하는 머리와 땅을 나타내는 몸, 그리고 이 둘을 인체의 척추가 연결하여 하늘과 땅의 선천 기운과 인체의 후천 기운을 소통·순환시킨

---

* 李杲(1180~1251). 금나라의 의사로 금원사대가 중 한 사람이다. 자는 明之, 호는 동원이다. 眞定(현 河北省 正定) 출신이다. 張元素의 제자로 비위의 보양을 중시해서 후일 保土派로 불렸다.

** 중국 원나라의 의학자 朱震亨(1281~1358)이다. 자는 彦修, 호는 丹溪. 금원 의학의 대표자로, 저서에 『格致餘論』, 『局方發揮』, 『外科精要』, 『丹溪心法』 등이 있다.

다. 특히 정기(精氣: 생명력의 정수)의 집적 장소인 신(腎)과 머리의 연결은 바로 정기 가득한 남자의 신체를 가장 이상적인 형태로 드러내준다.

그는 이 같은 인간론에 입각하여 남자의 신체를 중심으로 다룬 내경편을 시작으로 외형편, 그리고 산부인과와 소아들의 질병을 다루는 잡병편, 끝으로 약물학의 기초가 되는 탕액편과 침구편을 두는 새로운 형태의 의서를 제시할 수 있었다. 우리는 이를 통해 단순한 기술자로서의 의관이 아닌 철학자로서의 허준의 모습을 상상할 수 있다. 그는 한국인의 심성, 즉 하늘과 땅과 인간을 조화롭게 하는 자연철학의 정신을 의서에서 구현했다. 이런 자연관은 한국의 동종(銅鐘)에서도 잘 나타난다. 종은 머리에 용 모양의 음관을 얹어놓아 하늘을 상징하며, 바닥에 울림 장치(땅을 둥글게 팜)를 두어 땅을 형상화했다. 여기에 사람이 참여해 종을 울림으로써 천(天)·지(地)·인(人) 삼재(三才)가 조화를 이루는 형상이다. 이는 오직 유학이나 불교 또는 무속에 치우치지 않는 삼교(三敎) 회통(回通)의 자연철학 속에서 더욱 강하게 나타났다. 바로 16세기 중·후반 서울과 한강 이북의 경기도 일대에서는 유·불·선을 혼용하려는 삼교 회통의 철학자들이 활동했고, 허준은 이들과 교류하면서 자신의 자연철학의 기초를 마련할 수 있었다. 특히 허준의 스승인 양예수, 그리고 『동의보감』 편찬의 기초를 설계했던 유의 정작(鄭碏) 등에게서 나타나는 유학과 도가 및 불교를 넘나드는 회통의 사상, 특히 선가적(仙家的) 분위기는 매우 중요한 의미를 지녔다.

중국을 처음으로 하는 동양 의학은 시작에서부터 양생(養生) 등과 같은 도가적 원칙론에 근거했다. 중국 최고의 의서인 『내경』 첫머리에 양생의 도를 설명한 후, 전통적으로 의학과 도교의 양생설은 밀접한 관계를 유지할 수밖에 없었다. 물론 『동의보감』의 경우도 이런 도교적 원칙론을 뼈대로 그간의 조선 의학 전통을 정리했다. 『동의보감』의 서문 격인 「집례」를 보면 "도(道)는 정(精)을 얻고 의(醫)는 조(粗)를 얻는다"고 되어 있다. 도가의 '도'를 강조하는 듯하지만 궁극적으로는 유학의 체계 안에서 도·불을 절충하는 삼교 회통의 철학이며, 16세기 중·후반 조선 사상계의 특징을 반영하는 것이었다. 이처럼 허준은 당시 동북아시아라는 '세계'의 의학 지식을 모두 수집·정리하는 한편, 이를 전통적인 자연철학 위에 올려놓음으로써 가장 체계적인 조선 의학의 전통과 철학을 만들었으며, 또한 이를 후세에 물려줄 수 있었다.

사람은 우주에서 가장 영귀(榮貴)한 존재이다. 머리가 둥근 것은 하늘을 본뜬 것이고, 발이 네모진 것은 땅을 본받은 것이다. 하늘에 사시(四時)가 있으니 사람에게는 사지(四肢)가 있다. 하늘에는 오행(五行)이 있으며 사람에게는 오장(五臟)이 있다. 하늘에는 육극(六極)이 있으니 사람에게는 육부(六腑)가 있다. 하늘에 팔풍(八風)이 있으며 사람에게는 팔절(八節)이 있다. 하늘에 구성(九星)이 있으니 사람에게는 구규(九竅)가 있다. 하늘에는 십이사가 있으며 사람에게는 십이경맥이 있다. 하늘에는 이십사기가 있으며 사람에게는 이십사유(二十四兪)가 있다. 하늘에게는 사백육십오 도가 있으며 사람에게는 삼백육십오 골절이 있다. 하늘에는 일월이 있으며 사람에게는 안목이 있다. 하늘에는 주야가 있으며 사람에게는 오매(寤寐)가 있다. 하늘에는 뇌전(雷電)이 있으며 사람에게는 희로(喜怒)가 있고, 하늘에는 우로(雨露)가 있으며 사람에게는 눈물이 있다. 하늘에 음양이 있으며 사람에게는 한열(寒熱)이 있고, 땅에 천수(泉水)가 있으니 사람에게는 혈맥이 있으며, 땅에는 초목과 금석이 있으며 사람에게는 모발과 치아가 있으니, 이러한 것은 모두 사대(四大), 오상(五常)이 묘하고 아름답게 조화를 이루어 성립된 것이다.
일반적으로 사람의 형체는 긴 편이 짧은 편만 못하며 큰 편이 작은 편만 못하고, 살찐 편이 여윈 편만 못하며 흰 편이 검은 편만 못하고, 눈(嫩)한 편이 창(蒼)한 편만 못하며 엷은 편이 두터운 편만 못하다. 더욱이 살이 찌면 습이 많고 여위면 화가 많으며, 희면 폐기가 허하고 검으면 신기가 족하므로, 사람에 따라 형색이 다르고 장부도 같지 않으니 외증은 비록 같을지라도 치법은 사람에 따라 판이하다. (『동의보감』, 「신형장부론」)

4. 『동의보감』 이후의 조선 의학

허준의 『동의보감』은 양예수의 『의림촬요』를 이어받아, 이른바 조선 초부터 전해오는 조선의 독자적인 향약론(鄕藥論) 전통에 양예수의 스승인 장한웅(張漢雄)과 정작 등에게서 전해지던 도(道)·불(佛) 의학 및 자신의 삼교 회통 정신을 결합하고, 나아가 금원 사대가 의학을 충실히 정리한 명대(明代)의 새로운 의학 지식을 흡수 종합한 16세기 후반 조선 의학의 일대 결정판이었다. 비록 『동의보감』이 권수가 많고 목숨과 관련된 내용으로 다른 서적들보다 교정 및 간행이 더디게 진행되었지만, 그럼에도 17, 8세기를 통해 전국으로 확산되었다.

급기야 18세기 후반에 이르면 지식인이 갖추어야 할 4대 필수 서적, 즉 『상례비요』(喪禮備要), 『동의보감』, 『삼운성휘』(三韻聲彙), 『경국대전』(經國大典) 가운데 하나가 되었다. 그리고 조선 후기의 수많은 사설 약국과 의원들, 이밖에 일반 사대부들 대부분이 『동의보감』에 기초하여 처방했음은 물론이다. 특히 18세기 후반에는 조선의 의약 시장이 매우 활성화되어 대부분의 사람들이 조선 전기 국가 의료기관의 의료 혜택에서 벗어나 민간 의약업자들에게서 진료와 의약품을 공급받을 수 있었다. 약령시(藥令市)가 성장함으로써 풍부한 약재를 쉽게 구할 수 있는 조건을 마련했고, 이에 따라 『동의보감』의 처방 가운데 자주 쓰는 것들을 요약한 『동의보감』 축약형 의서들이 발간되거나 종합적인 성격 대신 구급, 소아 또는 산부인과 등 한 분야를 전문화시킨 의서들이 많이 나왔다. 이처럼 조선 후기의 의학은 『동의보감』을 구체적으로 어떻게 활용할 것인가에 초점을 맞추고 있었다.

『동의보감』의 활용도를 높이는 방향으로 지은 대표적인 의서는 정조 때 간행된 『제중신편』(濟衆新編)이다. 정조는 조선 후기 상업의 발달과 함께 크게 성장한 의약업, 특히 약국의 폭발적인 증가를 눈여겨보았다. 처방전만 있다면 약국에서 손쉽게 약을 지어 먹을 수 있는 환경이 조성되자, 조선 정부는 활용도가 높은 처방전을 한 권의 책으로 출간하려는 계획을 세운 것이다. 18세기 후반 이미 국가 의료기관들이 뚜렷하게 쇠퇴하면서 그 공백을 성장하던 민간 의약업계가 메워갔기 때문이다. 이러한 사정을 꿰뚫어본 정조는 당시 어의였던 강명길(康命吉)에게 시의 적절한 '시의'(時醫)를 요구했다. 그 결과 탄생한 것이 『제중신편』이다.

강명길은 『제중신편』 서문에서, 이 책은 『동의보감』을 저본(低本)으로 하면서 그간의 새로운 처방전을 추가하되 실용성을 높이는 방향으로 편집되었다고 밝혔다. 정조의 의도가 그대로 투영되는 대목이다.

한편, 전문 의서 가운데 가장 주목할 만한 것은 두(痘)·진(疹), 즉 두창(천연두)과 마진(홍역) 치료서들이다. 앞서 언급한 유이태 또한 홍역 치료서를 쓴 점에서, 『동의보감』 이후 의학 발달의 한 측면을 잘 보여주는 인물이다. 그러나 뭐니뭐니 해도 조선 후기 전문 의서 발달의 백미는 역시 정조의 명을 받아 편찬한 정약용의 『마과회통』이었다.

정조는 18세기 후반 서울을 강타한 두진의 치열함을 경험한 뒤 두진 치료 서적이 필요하다는 사실을 절감했다. 정약용 또한 어려서 두창을 앓은 경험이 있었다. 그는 두 살 때 홍역을 앓고 일곱 살 때 두창을 앓았는데, 다행히 두창을 순하게 앓아 큰 흉터는 남지 않았다. 하지만 오른쪽 눈썹 위에 작은 흉터가 남아 마치 눈썹이 세 개처럼 보였다. 이 때문에 뒷날 정약용은 자신의 호를 삼미자(三眉子)라고 짓기도 했다.

그런데 두진과의 악연은 여기서 그치지 않았다. 정약용은 자식들의 대부분을 두진으로 잃었다. 6남 3녀를 낳아 4남 2녀를 잃었는데, 그 중 첫째 딸은 부인이 학질을 앓을 때 낳아 태어난 지 나흘 만에 죽었다지만, 나머지 다섯은 모두 두진으로 잃었다. 그것도 둘째 딸과 함께 3남부터 6남까지 내리 아들 넷을 늦은 나이에 얻어 모두 네 살 전에 잃고 말았다.

이러한 개인적인 경험과 국왕의 주문 등으로 정약용은 당대 두진에 관한 최고의 선진 의학이라고 할 수 있는 청나라의 두진 의학을 수입, 이를 조선의 실정에 맞는 의서로 탈바꿈시켰다. 마과(麻科)에 관한 한 모든 지식을 통합했다는 의미에서 책의 제목을 『마과회통』이라 했으니 정약용의 회한과 자신감이 교차하는 제목이었던 셈이다.

어쨌든 18세기 후반 정조 때 집필된 『제중신편』과 『마과회통』은 『동의보감』 이후에 이룩한 최고의 의학 성과였다. 특히 『동의보감』을 당시의 시대적 특성에 맞도록 재편집한 『제중신편』의 간행은 매우 중요했다. 조선 의학의 대표작인 『동의보감』이 수백 년이 지난 오늘까지도 그 명성을 잃지 않은 것이 『제중신편』 덕이라고 감히 말할 수 있기 때문이다.

물론 『동의보감』 이후에 간행된 수많은 조선 의서들 모두가 『동의보감』의 자양분을 근거로 했다는 것은 당연한 일이다. 도리어 『동의보감』 의존도가 점점 커지자 18세기 이후에는 『동의보감』을 편찬할 때 활용했던 다양한 중국본 의서들이 대부분 없어지는 결과마저 초래했을 정도니 말이다. 『동의보감』을 응용한 국내 의서들의 활용도가 높아진 결과, 현실적으로 『동의보감』 이외의 의서가 별로 필요 없었기 때문이다.

문제는 이들 실용적인 처방전의 활용도가 높아지면서 처방전과 약물을 손쉽게 구할 수 있게 되자 의약물 남용이 사회 문제로 나타났다는 사실이다. 특히 강하고 효과가 빠른 약물을 좋아하는 『동의보감』의 전통으로 말미암아 18세기 이후 조선의 의학은 문자 그대로 '강하고 효과 빠른' 약물들만 좋아하는 형태로 발전했다. 인삼·황련·부자 등과 같은 강한 성질을 지닌 약물 수요가 폭발적으로 증가했고, 가난한 사람들까지 아무리 비싸도 효과가 빠른 인삼을 넣지 않으면 약으로 여기지 않을 정도였다.

요컨대, 『동의보감』은 조선의 의학 수준과 의료 환경을 한 차원 높은 단계로 끌어올린 반면, 도리어 뒷날 의학이 발전하지 못하게 한 아이러니한 위치에 있었다. 조선 전기에는 『향약집성방』 같은 전통 의학을 바탕으로 하고 거기에 명나라의 새로운 의학을 도입함으로써 조선 의학의 자립과 발전을 가져온 반면, 그후에는 『동의보감』의 비중과 의존도가 점점 커지면서 오히려 다른 의학 이론과 의서가 발달하는 데 장애가 되었기 때문이다. 그러나 『동의보감』이 없었다면 이를 모태로 조선 후기에 다양하게 간행되었던 수많은 의서들 또한 없었을 것이며, 여기에 따른 의학의 발달과 의료 혜택의 확산 또한 기대하기 어려웠을 것이다. 한마디로 『동의보감』은 조선 의학 사상 어머니 같은 존재였다고 말할 수 있을 것이다.

5. 해외로 수출된 『동의보감』

『동의보감』이 중국에서도 간행되었다는 것은 이미 널리 알려진 사실이다. 18세기 후반 홍대용(洪大容)은 북경(北京)에 다녀오면서 북경 의사들이 『동의보감』을 매우 진귀하게 여긴다는 사실에 흐뭇했다. 당시 중국에서는 『동의보감』을 간행해 서점에서 팔 정도였다.

이는 홍대용만이 아니었다. 18세기 후반 꽤 많은 조선의 지식인들 또한 조선의 책이 중국이라는 대국에까지 전해졌다는 데 자부심을 느꼈다. 그만큼 『동의보감』은 조선 지식인들의 자존심을 세워준 대표적인 저술이었다. 이는 중국에서 간행된 『동의보감』에서도 그 진가를 칭송했기 때문이다. 1766년, 중국 광동성에서 『동의보감』이 간행되었다.

『동의보감』이 완성되자 조선에서는 이를 중국 조정에 바쳐 비각(秘閣)에 감추어 소중하게 간직했으므로 세상에서 얻어보기가 쉽지 않았는데, 전 차사(艖使) 산좌(山左) 왕건(王建)이 이를 안타깝게 여기고 사람을 시켜 도성(都城)에 가서 책을 초록(抄錄)하도록 했다. 그러나 아직 인쇄하여 반포하지 못한 것을 광동성 명경(明經)의 좌한문(左翰文)이라는 사람이 이를 개연(蓋然)히 여기고 널리 인쇄하여 보급하기로 하고는 사비(私備) 300민(緡)을 들여 1766년에 발간하니, 그 마음씀이 인색하지 않았다. 사람을 구하고 사물을 이롭게 하려는 마음으로 천하의 보배를 천하 사람들과 함께 공유하려는 것으로, 이제 인쇄가 완성되자 좌한문은 총각 시절부터 친구였던 능어(凌魚)에게 서문을 부탁했다.

『동의보감』은 명나라 시절 조선의 양평군 허준이 지은 것이다. 조선은 본래 문자를 사랑하며 허(許)씨 또한 세족(世族)으로 만력 연간(1573~1619)에는 허봉·허성·허균 형제 3인이 문장으로 이름을 날렸고, 여동생 또한 문재(文才)가 있었다. (중략) 그럼 동의(東醫)란 무엇인가? 나라가 동쪽에 있으므로 '동'(東)이라 한 것이다. 옛날에 이동원(李東垣)이 십서(十書)*를 지어 북의(北醫)로서 강소(江蘇) 등 남쪽에서 행해졌고, 주단계(朱丹溪)가 심법(心法)을 지어 남의(南醫)로서 관중(關中)**의 북쪽 지방에서 두각을 나타냈으며, 지금 양평군 허준이 궁벽한 외번(外藩: 국경 밖에 있는 자기 나라의 속지)에서 저술하여 능히 중국〔華夏〕에서 행해졌으니, 족히 전할 만한 것이라면 지역의 한계를 두지 않는 법이다. 보감(寶鑑)은 또 무엇을 말하는가? 일광(日光)이 구멍을 비추어 어두운 그늘이 사라지고 살결을 분별할 수 있을 정도가 되는 것이니, 사람으로 하여금 책을 한번 열어보면 일목요연하여 광명(光名)과 같으므로 보감이라 할 만한 것이다. 예전에도 『위생보감』(衛生寶鑑)과 『고금의감』(古今醫鑑) 등의 서명이 있었으니, 『동의보감』이라 한다고 과장되거나 혐의할 만한 일은 아니다. (능어 서문)

일본에 수출되었던 『동의보감』의 영향력은 중국보다 더욱 컸다. 모든 선진 문물을 조선에 의존했던 일본으로서는 의학의 경우도 예외가 아니었다.

일본 사신들이 조선에 와서 가장 구하려고 노력하던 정보가 바로 의서들이었기 때문이다. 임진왜란 이후 일본과의 무역이 다시 시작되고 사신들의 왕래가 빈번해지자 일본 사신들은 『동의보감』 이전에 간행된 『의림촬요』 등을 주로 수입해갔다. 일본의 『동의보감』을 구하려는 열망은 『동의보감』

63인의 역사학자가 쓴 한국사 인물 열전

연 도	내 역
1661년(현종 3) 3월 16일	『의림촬요』, 『동의보감』
1672년(현종 14) 정월 3일	『동의보감』
1675년(숙종 2) 2월 15일	『동의보감』, 『의림촬요』
	『의학정전』(醫學正傳), 『화제국방』(和劑局方)
1676년(숙종 3) 정월 4일	『동의보감』 (2질)
1679년(숙종 6) 6월 14일	『동의보감』 (3질)
1680년(숙종 7) 12월 19일	『동의보감』 (5질)
1689년(숙종 16) 12월 4일	『동의보감』 (3질), 찬도 (纂圖) (2질)
1691년(숙종 18) 3월 4일	『동의보감』 (2질)
1691년(숙종 18) 10월 7일	『동의보감』 (2질)
1707년(숙종 34) 6월 24일	『동의보감』

전거: 『왜인구청등록』(倭人求請謄錄)

이 간행된 지 수십 년이 지난 1661년(현종 3) 2월 25일 비로소 이루어졌다. 이후 한 번에 여러 질씩 『동의보감』을 무역했다.

『동의보감』이 일본에서 확산됨으로써, 일본 안에서는 조선 약재에 대한 광범위한 조사가 시행되었다. 『동의보감』에 사용된 약물을 일본에서 사용하기 위해, 이른바 일본판 향약(鄕藥)을 확인하고 일본에서 재배하는 것과 연관지었다. 특히 인삼을 일본에서 재배하려는 노력은 매우 시급한 일이었다.

1722년 일본에서는 조선의 약재에 대한 조사를 시작하더니 1차 임무가 순조롭게 끝나면서 조선 각지에서 43종의 다양한 초목과 금수의 도판, 그리고 현물을 수집했다. 이러한 성과를 기반으로 1724년 미나모토노 모토토루(源元通)의 『정정동의보감』(訂正東醫寶鑑)이 간행되었고, 1726년에는 막

---

* 十書는 『東垣十書』를 말한다.

** 중국 북부의 陝西省 渭水 강 분지 일대를 이르는 말. 사방으로 函谷關, 武關, 散關, 蕭關의 네 관 안에 있다는 데서 유래한 이름이다. 여기서는 북쪽 지역이라는 뜻이다.

부의 본초학자 니와 세이하쿠(丹羽正伯) 등에 의해 『동의보감탕액류화명』
(東醫寶鑑湯液類和名)이 간행되었다.

　흥미 있는 사실은 이 시기부터 『왜인구청등록』에서 조선 정부에 『동의보
감』을 요구하는 기사가 뜸해진다는 사실이다. 조선으로부터 의서 및 약물
을 독립할 수 있었던 결과로 보인다.

　한편, 1748년 조선 통신사 일행이 낭화(浪華)에 도달했을 때, 일행중 한
사람이 병이 생겨 일본 의사의 치료를 받는 일이 생겼다. 이때 일본인 의사
통구형수(樋口淳叟: 자 道與, 호 生寧)는 조선의 손님(韓客)을 잘 치료해 정사
(正使)에게서 고맙다는 인사를 받았다. 그러나 처음부터 일본인 의사를 믿
었던 것은 아닌 모양으로, 통신사 일행은 처음에는 일본 의학을 의심했다.
그러자 통구형수는 자신의 의술이 조선의 『동의보감』을 기준으로 삼았는데
무슨 의심을 하느냐고 반문할 정도였다.

참고문헌

『對譯 東醫寶鑑』, 법인문화사, 1999.
김호, 『허준의 동의보감 연구』, 일지사, 2000.
신동원 외, 『(한권으로 읽는) 동의보감』, 들녘, 1999.
이진수, 『한국 양생사상 연구』, 한양대학교 출판부, 1999.

63인의 역사학자가 쓴 한국사 인물 열전

김효원 金孝元

동서 분당의 발단이 된 신진 사림의 영수

김돈 서울산업대학교 교양학부 교수

1. 생애

김효원(金孝元)은 1542년(중종 37)에 태어나 1590년(선조 23)에 죽은 조선 시대의 문신이다. 김효원에 대해서는 그동안 무엇보다 출생 연도가 잘못 알려져왔다. 『국조방목』(國朝榜目)에는 임진년(1532, 중종 27), 『사마방목』(司馬榜目)과 『연려실기술』(燃藜室記述)에는 임인년(1542, 중종 37)으로 각각 다르게 기록됨에 따라 출생 연도에 혼란이 초래되었다. 대개의 인물사전은 『국조방목』의 내용에 따라 1532년(중종 27)을 출생 연도로 기재했다. 이렇게 되면 통상적으로 전배사류(前輩士類)의 영수로 알려진 심의겸(沈義謙)의 출생 연도인 1535년(중종 30)보다 앞서 출생한 것으로 되어 사실과 부합되지 않는다. 이를테면 그동안 생몰 연대의 기초적인 사실조차 제대로 규명되지 않고 조선 시대 정치사가 연구되어온 것이다.

김효원의 문집인 『성암유고』(省菴遺稿) 부록의 '언행록'(言行錄)을 보면, 23세에 사마시(司馬試)에 합격, 24세에 알성문과(謁聖文科)에 장원, 그리고 경인년(1590, 선조 23)에 49세로 죽었다는 기록으로 보아, 이를 역산해보면 출생 연도는 임인년이 분명하다고 판단된다. 따라서 현재 『한국인물대사전』, 『국사대사전』, 『한국민족문화대백과사전』, 『두산동아대백과사전』 등에 1532년으로 되어 있는 김효원의 출생 연도는 모두 정정되어야 할 것이다.

김효원은 1542년(중종 37)에 현령 김홍우(金弘遇)의 장남으로 선산(善山)에서 출생했다. 본관은 선산, 자는 인백(仁伯), 호는 성암(省菴)이다. 출생한 이후 한성 남부 건천동(乾川洞: 지금의 동대문시장 근처인 인현동)에서 주로 성장했다. 뒤에 김효원의 집이 심의겸의 집인 정릉방(貞陵坊: 지금의 정릉)에 비해 동쪽인 건천동에 있다고 해서, 그 일파를 동인(東人)이라 칭했다.

김효원의 가족관계는 『만성대동보』, 『선산김씨족보』, 『양천허씨족보』 등을 살펴볼 때, 다음과 같은 가계도를 작성할 수 있다.

김효원의 가계도

이 가계도에 나타난 가족관계 가운데 무엇보다 두 가지 사항이 주목된다. 그것은 김효원의 처가인 초계(草溪) 정(鄭)씨 가문과 양천(陽川) 허(許)씨 가문의 관계이다.

먼저 김효원의 처계(妻系)인 초계 정씨 가문과의 관계를 살펴보자. 김효원의 가계를 살펴보면 그의 장인은 초계 정씨의 어느 인물, 즉 청계군(淸溪君) 정윤겸(鄭允謙)의 조카로 알려져 있다. 그런데 정윤겸은 윤원형(尹元

63인의 역사학자가 쓴 한국사 인물 열전

衡)의 첩, 즉 정난정(鄭蘭貞)의 아버지였다. 바로 이 정윤겸의 조카가 '정승계'(鄭承季)인지 또는 '정승이'(鄭承李)인지는 분명하지 않다. 『만성대동보』(萬姓大同譜)에는 끝 글자가 계(季)·효(孝)·이(李) 가운데 어느 글자인지 명확하지 않으나 효에 가깝다. 『국조방목』(國朝榜目)에는 김효원의 처부(妻父)가 '정승이'로 되어 있다. 사람의 이름에 '이'를 사용하는 경우가 드물기 때문에 '계'의 오기일 수도 있다. 그리고 『선산김씨족보』(善山金氏族譜)를 보면 김효원의 처부가 맹산현감(孟山縣監)을 지낸 '정승계'(鄭承季)로 기록되어 있다. 또한 『초계정씨족보』(草溪鄭氏族譜)를 보면 정윤겸의 넷째 동생으로 선전관(宣傳官)을 지낸 정윤심(鄭允諶)이 나오는데, 그의 차남으로 현감을 지낸 '정승이'란 인물이 기록되어 있다. 요컨대 김효원의 장인은 '정승계 또는 정승이'로 기록되어왔는데, 현재로서는 막내의 의미를 지닌 맹산현감 '정승계'가 사실에 가깝다고 판단된다.

이와 같이 기록 자체가 분명치 않지만 현재까지 위의 자료를 통해 파악할 수 있는 것은 정난정의 부 정윤겸과 김효원의 처부가 숙질(叔姪)관계였고, 따라서 김효원의 장인과 정난정은 사촌이라는 사실이다. 그러므로 김효원이 윤원형의 첩인 정난정의 집에 머물며 그 사위인 이조민 또는 안덕대와 교유했던 것은 기본적으로 이러한 인척관계를 바탕으로 이루어졌다고 할 수 있다. 그후 결국 이 문제는 서인들로부터 "김효원의 교유가 삼가지 못했다"(交游不謹)고 비난받는 주요 요인으로 작용했다.

다음으로 김효원과 양천 허씨 가문과의 관계이다. 앞의 가계도에서 보듯, 김효원 가문과 허균 가문은 중혼(重婚)을 하고 있다. 장남인 극건은 허봉의 딸과, 그리고 김효원의 딸은 허균과 각각 혼인했다. 김효원의 딸은 허균의 첫째 부인이 1592년(선조 25)에 죽은 뒤, 허균이 문과 중시에 장원급제한 1597년(선조 30)에 이루어진 재취였다. 주지하듯 허봉과 허균은 허난설헌(許蘭雪軒)과 더불어 청백리로 알려진 허엽(許曄)의 후처 소생이었다. 허봉은 누구보다도 허균에게 영향을 많이 끼친 인물이었다. 또한 그는

1583년(선조 16, 계미년)에 동인인 송응개(宋應漑)·박근원(朴謹元)과 함께 군정(軍政)을 소홀히 했다는 혐의를 내세워 병조판서 이이(李珥)를 탄핵했고, 이로 인해 유배되기도 했다. 이것이 동·서인의 갈등을 더욱 증폭시킨 이른바 '계미삼찬'(癸未三竄)으로 통칭되는 사건이다. 이와 같이 허균 집안은 당파로는 동인이었고, 동인이 남인·북인으로 나뉜 뒤에는 한때 허균이 북인이긴 했으나, 대체적으로 남인의 성향을 나타냈다. 따라서 김효원 가문과 허균 가문의 중혼은 이러한 동일한 당파적 성향을 바탕으로 한 것이었다고 생각된다.

2. 활동 및 업적

김효원은 조식(曺植)·이황(李滉)의 문인으로 1583년(명종 19, 23세)에 사마시(司馬試)에 합격하고, 1565년(명종 20, 24세) 3월에 알성문과 갑과(甲科)에서 장원급제했다. 급제한 해에 성균관 전적(典籍)·형조좌랑·호조좌랑이 되었고, 경차관(敬差官)으로 영남을 다녀왔다. 1566년에 예조좌랑 겸 감찰, 1567에 호조좌랑·병조좌랑, 1568년(선조 1, 27세)에 정언, 1572년(선조 5, 31세)에 지평을 각각 역임했고, 1573년(선조 6)에 사가독서(賜暇讀書)를 했다. 그리고 1574년(선조 7, 33세)에 다시 지평을 맡았고, 이해에 비로소 이조전랑직인 이조좌랑과 이조정랑을 역임했다.

　김효원의 출사 과정과 동·서인의 갈등 및 분당의 주된 요인과 관련해 통상적으로 거론되는 문제 가운데 하나는 1572년(선조 5)에 오건(吳健)이 김효원을 이조전랑으로 추천했으나 척신 윤원형의 문객이었다는 이유를 들어 심의겸이 반대함으로써 결국 1574년(선조 7)에 조정기(趙廷機)의 추천으로 이조전랑이 된 점을 들 수 있다. 또 하나는 이렇게 이조전랑이 된 김효원은 심의겸의 동생 심충겸(沈忠謙)이 1575년(선조 8)에 이조전랑으로 추천되자, 이조전랑직이 척신의 사유물이 될 수 없다는 이유를 내세워 반대하고, 그 대신 이발(李潑)을 추천했다는 점이다. 이를 계기로 심의겸과의 반목이 심해졌고, 그것이 결국 사림이 동인·서인으로 분당한 요인이 되었다고 인식되어왔다. 이 문제는 당쟁 관련 문헌의 서술에서 반드시 등장하는 내용인데, 뒤에 김효원과 심의겸의 갈등 요인을 분석하면서 살펴보도록 하겠다.

1575년(선조 8)에 김효원은 부교리·헌납·장령 등을 역임했다. 그러나 이해에 심의겸과 김효원 사이에, 그리고 이들을 중심으로 전배사류와 후배사류(後輩士類) 사이의 분파가 생겨나는 등 붕당설(朋黨說)이 계속 증폭되자, 부제학 이이와 우의정 노수신(盧守愼) 등은 심의겸과 김효원을 중심으로 전개되던 조정 안의 갈등과 사류들 간의 대립을 진정시키기 위해 이들 둘을 외직으로 내보낼 것을 선조에게 건의했다. 그리하여 1575년 10월, 김효원은 삼척부사(三陟府使)로, 심의겸은 개성유수(開城留守)로 각각 임명되었다. 처음에는 김효원을 경흥부사(慶興府使)로 임명했으나 그를 지지하는 후배사류들이 심의겸에 비하여 차별해 축출한 것이라며 반발하자, 부령부사(富寧府使)로 다시 임명했다. 그러나 부령부사 역시 변방이라고 반발하여 결국 삼척부사로 임명한 것이다.

당시 이이가 중심이 되어 추진한 이러한 조정에 대해 전배사류들은 김효원을 공박하지 않는다고 이이를 나무라면서 점점 이이의 말을 듣지 않고, 후배사류들은 김효원을 중용하지 않는다고 이이를 나무라는 정황으로 전개되면서, 결국 조정은 실패로 끝나고 말았다. 또한 이들 양자 간에 빚어진 갈등과 대립의 계기였던 이조전랑의 천망규식(薦望規式: 그 직무에 적합한 후보자를 추천하는 규칙)을 1583년(선조 16)에 폐지하고, 이어 인조대에서도 동일한 조치가 반복되지만 1789년(정조 13)에 이르러서야 완전히 폐지되었다.

그후 김효원은 1578년(선조 11) 여름에 부친상을 당해 삼척부사를 사임했다. 삼척부의 읍인들은 그동안의 선정을 기려 김효원의 송덕비를 세웠다. 1581년 5월, 김효원은 사간(司諫)에 의망(擬望)되었으나 동서 붕당의 폐해를 일으킨 당사자라는 이유로 선조가 허락하지 않았다. 1582년(선조 15)에는 어사로 임명되어 호서(湖西) 지역을 순안(巡按)했고, 이해 가을 승문원 판교가 됨으로써 비로소 내직에 들어왔다. 1583년(선조 16)에 군기시 정 겸 비변사 낭청·상의원 정·통례원 우통례·사복시 정 등의 한직을 역임했으나 동서의 갈등이 더욱 심해지자 자청해서 외직인 안악군수(安岳郡守)로 나갔다. 1585년(선조 18) 4월, 황해도 암행어사 홍종록(洪宗祿)이 김효원의 선정을 보고하자, 선조는 품계를 올려 서용(敍用)토록 하고 표리(表裏)를 하사하였다. 1588년(선조 21) 통례원 우통례로 내직으로 돌아왔고, 1년 뒤에 전한(典翰)에 주의(注擬)되었으나 곧바로 영흥부사(永興府使)로 승진, 외직으로 나갔다. 1590년(선조 23) 6월, 영흥부사로 재직 중에 임지에서 49세로 죽었다.

김효원은 저작으로 『성암유고』(省菴遺稿)(고려대학교 중앙도서관, D1~A276)와 『성암선생유고』(省菴先生遺稿)(국립중앙도서관, 한46~가269)가 있다. 후자는 일명 『성암집』(省菴集)으로 지칭된다. 두 책 모두 2권 1책으로 동일한 내용으로 구성되어 있다. 『한국문집총간』(민족문화추진회, 41집, 1990)에 수록된 저본은 전자다. 본 문집은 모두 2권과 부록으로 구성되어 있다.

권1은 시문(詩文)을 수록하고 있다. 5언절구 25수, 7언절구 75수, 5언율시 23수, 7언율시 41수, 5언배율 2수, 7언배율 5수, 5언고시 16수, 7언고시 5수 등으로 대부분 일상과 관련된 내용이다. 권2에는 부(賦), 표(表), 전(箋), 책(策), 묘지(墓誌), 묘갈(墓碣), 서(序), 기(記), 서(書), 발(跋), 송(頌), 제문(祭文), 가요(歌謠), 유산록(遊山錄)이 수록되어 있다. 「의주대보석청물수여오표」(擬周大保奭請勿受旅夔表)와 육경(六卿)의 직분에 대해 답한 대책(對策)은 김효원이 알성문과에서 장원한 과문(科文)이다. 부록에는 이준(李埈)이 지은 『일선지』(一善志)에서 발췌한 「언행록」(言行錄)과 「경행사기」(景行祠記), 그리고 허균이 지은 본 문집의 서문인 「성암선생문집서」(省菴先生

63인의 역사학자가 쓴 한국사 인물 열전

文集序)가 각각 수록되어 있다.

3. 심의겸과의 갈등관계

김효원에 대한 역사적 평가와 정치사적 의미는 주지하듯 심의겸과의 갈등 관계를 통해 동·서인의 분당을 초래했다는 점과 관련이 있다. 심의겸과 김 효원의 갈등 요인으로 통상 다음 세 가지 사항이 거론되어왔다. 심의겸이 김효원의 이조전랑 진출을 막았다는 점, 김효원이 심의겸의 동생인 심충겸 의 이조전랑 진출을 방해했다는 점, 그리고 김효원이 윤원형 집에 기숙했던 사실을 심의겸이 발설했다는 점 등이 그것이다.

첫째, 심의겸이 김효원의 이조전랑 진출을 막았다는 점을 살펴보자. 심 의겸이 이조에 재직했던 기록은 대략 세 차례 정도 등장한다. 심의겸은 1567년(명종 22) 1월과 1569년(선조 2) 9월, 그리고 1573년(선조 6년) 3월 의 세 차례에 걸쳐 이조참의로 제수되었다. 또한 이와 관련해 통상적으로 거론되어온 것은 이조정랑 오건이 김효원을 이조의 낭관으로 추천하자, 이 조참의로 있던 심의겸이 김효원의 처신이 단정하지 못하다는 이유로 반대 했다는 사실이다. 그리고 이 때문에 김효원은 낭료(郎僚)가 된 지 6~7년 만에야 이조의 낭관이 되었다는 것이다. 실제로 김효원은 1574년(선조 7) 7 월에 이조좌랑, 그리고 1개월 뒤에 이조정랑에 임명되었다.

이 문제는 우선 심의겸과 오건이 각각 이조참의와 이조전랑으로 재직했 던 시기가 일치하는가, 그리고 오건이 김효원을 적극 추천했다면 두 사람은 어떤 관계였는가 하는 점 등을 검토할 필요가 있다. 또한 이와 같은 문제는 오건의 경우 이조전랑에서 물러난 기록은 있으나 언제 그 직에 임명되었는 가 하는 점은 분명하지 않기 때문에 생기는 것이기도 하다.

먼저 김효원은 1567년에 호조좌랑으로 처음 제수된 이후 그야말로 낭료 가 된 지 6~7년이 지나 1574년에 이조좌랑이 된 것은 사실과 대체로 부합한다(『栗谷全書』권29, 「경연일기」 2, 선조 8년 7월). 그런데 다음 기록을 보면 오건이 조정에 들어와 조식의 부탁으로 맨 먼저 김효원을 지평으로 삼았으며, 당시 대사헌 박응남(朴應男)도 대간들의 탄핵을 무릅쓰고 이를 지지했다는 내용이 수록되어 있다.

> 김효원을 정언(正言)으로 삼았다. 효원은 갑자년 문과에 장원한 사람으로 그의 문명(文名)이 이미 나타나 있었으나 승진은 순조롭지 않았다. 일찍이 형조 좌랑으로서 영남(嶺南)에 황장목 경차관(黃腸木敬差官)이 되어 갈 것을 자원하여 조식과 이황 및 그 문하의 명사(名士)들을 두루 찾아 학문을 강론하고 사귐을 맺으니 사람들의 칭찬이 자자했다. 오건이 전랑으로 서울에 올라올 때 조식이 김효원을 그에게 부탁했는데, 오건이 조정에 들어와서는 맨 먼저 청망(淸望)을 열어 그를 지평으로 삼았다. 그때 대간이 그를 탄핵하려 하자 대사헌 박응남이 만류하면서 이르기를, "그는 좋은 선비인데 지금 대간에 들어온 것도 오히려 늦은 감이 있다"라고 했다. 김효원이 대간으로 들어와서는 자못 풍격과 명성이 있었고 오래지 않아 이조좌랑이 되었다. (『선조수정실록』권2, 선조 1년 1월 신해)

김효원이 지평에 제수된 시기는 1572년 9월과 1574년 5월 두 차례였다. 그리고 박응남은, 1571년 11월에 잠시 부제학으로 제수된 것을 제외하고는 선조 즉위년인 1567년 10월부터 1572년 9월까지 대사헌으로 재직했다. 따라서 김효원이 지평에 제수된 시기는 위의 내용과 일치하지 않는다.

오건이 이조의 전랑직에 있게 된 시기는 분명하지 않다. 다만 물러난 것은 "이조정랑 오건이 벼슬을 그만두고 귀향했다. 오건은 어릴 적부터 학문을 좋아해서 조식을 따라 배우다가 늦게 과거로 발신(發身)했는데, 문벌이 낮아 벼슬이 높이 오르지 못했다"(『선조수정실록』권6, 선조 5년 윤2월 정해)에서 보듯, 1572년(선조 5) 윤2월이었다. 또한 오건은 1571년 4월에 편찬된

『명종실록』(明宗實錄) 편수자 명단에 '행이조좌랑지제교(行吏曹佐郎知製敎) 오건(吳健)'으로 기록되고, 1571년 7월의 자료에 "오건은 이조낭관이 되자 사로(仕路)를 깨끗이 하여 쌓인 폐단을 바로잡을 목적으로 흑백을 철저히 가려 원망과 비방을 피하지 않았기 때문에, 군소배들이 더욱 꺼리고 미워하였다"라는 내용으로 미루어볼 때, 1571년 4월에서 1572년 윤2월까지 이조의 좌랑과 정랑으로 재직했다.

따라서 1572년 윤2월에 이조의 전랑직에서 물러난 오건이 김효원을 지평(1572년 9월과 1574년 5월의 두 차례 재직)으로 삼았다는 사실은 현재로서는 불확실하다. 또한 오건이 이조의 전랑으로 있었던 확실한 시기(1571년 4월~1572년 윤2월)에 심의겸은 이조참의(1567년 1월과 1569년 9월, 그리고 1573년 3월의 세 차례 재직)로 재직하지 않았다. 현재로서 이렇게 파악할 수밖에 없는 것은 임진왜란으로 인한 선조 전반기 공사 전적(公私典籍)의 소실과 당색으로 인한 후대 기록의 편파성 등 원천적으로 선조 전반기의 사료가 영성한 데서 오는 한계이기도 하다. 따라서 위의 자료를 통해 파악되는 점은 오건은 조식의 문인이었고, 김효원 또한 조식 및 이황, 그리고 그 문인들과 밀접한 교류를 맺고 있었다는 점이다.

한편 1567년 6월, 오건과 김효원은 병조좌랑에 제수된 이래 계속 긴밀한 관계를 유지한 것으로 보인다. 이때의 병조좌랑은 김효원이 1565년의 알성문과에 장원으로 급제한 뒤 처음 부여받은 관직이었다. 따라서 두 사람은 조식과의 관계 등을 고려할 때 긴밀했던 것은 의심할 여지가 없고, 따라서 오건은 계기만 주어지면 김효원을 이조전랑에 천거했을 것이다. 그리고 심의겸은 오건이 이조전랑으로 재직하던 시기(1571년 4월~1572년 윤2월)에 이조참의는 아니지만 대사간(1570년 12월과 1572년 7월)에 재임했다.

따라서 심의겸이 이조참의가 아니더라도 서경(署經) 방식으로 김효원의 이조전랑직 진출을 막았을 가능성은 있다. 그러나 이를 직접적으로 막기 위해서는 아무래도 심의겸이 이조참의에 재직해야 더 확실할 터인데, 앞에서 검토한 내용만으로 단정할 수는 없다. 다만 김효원이 낭료가 된 지 6~7년이 지나 이조전랑이 된 데는, 통상적으로 장원급제한 뒤 2~3년이면 될 수 있는 것에 비하면 분명 여러 가지 이유가 있을 수밖에 없다. 그런데 심의겸이 지금까지의 통설처럼 여기에 분명하게 작용하기 위해서는 1569년 9월에 이조참의로 제수되었을 때가 대략 부합되는데, 이 시기에는 오건이 이조전랑으로 재직하지 않았다.

이와 같이 심의겸이 김효원의 이조전랑 진출을 막았다는 분명한 증거는 찾아볼 수 없다. 다만 오건이 김효원의 이조전랑 진출을 적극적으로 후원했던 사실은 분명하고, 또한 실제로 김효원이 이조전랑에 제수된 시기가 지체되었음을 감안한다면, 결과적으로 김효원을 비롯한 동인 쪽에서는 '다른 어떤 세력'이 방해해서 그렇게 되었다고 생각할 수 있는 정치 상황이었던 것이다. 여기서 '다른 어떤 세력'이란 결과적으로 서인을 가리키는 것이고, 심의겸이 김효원의 이조전랑 진출 방해 여부와 상관없이 그 직접적인 당사자로 여겨질 수밖에 없었던 것이다.

둘째는 김효원이 심의겸의 동생인 심충겸의 이조전랑 진출을 막았다는 점에 관해서다. 심충겸은 1572년(선조 5)의 친시문과(親試文科)에 장원으로 급제하고, 정언·예조좌랑 등을 거쳐 이조좌랑으로 추천될 무렵에는 다시 정언으로 재직하고 있었다. 그리고 1590년(선조 23)에 대사간으로 제수될 때까지, "충겸은 형의 잘못에 연루되어 무인년(선조 11) 이후로 청망(淸望)에 통하지 못했다"(『선조수정실록』 권24, 선조 23년 1월 갑진)라는 당시 사관의 사론에서 보듯, 특별한 관력(官歷)이 등장하지 않는다. '형의 잘못에 연루되어'와 같이, 심충겸은, 전랑의 관직은 척신의 사유물이 될 수 없다는 이유로 김효원이 이를 반대했다는 사실과 관련되고, 그리고 이 때문에 동서붕당(東西朋黨)의 갈등이 더욱 첨예해졌다고 하여 관심을 끌고 있다.

직접적으로 분당(分黨)과 관련된 내용은 다음과 같이 기록되어 있다.

63인의 역사학자가 쓴 한국사 인물 열전

김효원이 전랑이 되자, 인재를 뽑아 천거하는 데 정직하게 시행해 동요되지 않았으므로 소원했던 선비들이 많이 발탁되었는데, 영남 지방이 더욱 많았다. 이리하여 후배사류들이 흡족하게 여겨 칭찬했고, 명성과 위세가 갑자기 성대해져 친하게 따라붙는 자가 날로 많아졌다. 효원이 의겸을 흠잡아 말하기를, "심(沈)은 성질이 거칠고 마음이 어리석어 중하게 쓸 수 없다"라고 했다. 그러다가 심충겸이 급제하여 전랑에 천망(薦望)되자 효원이 저지하면서 말하기를, "외척을 진출시키는 데 있어서 이처럼 급급하게 하는 것은 마땅치 않다"라고 했다. 이에 의겸을 두둔하는 자들은 "충겸은 하자가 없어 전랑에 합당치 못한 사람이 아닌데도, 효원이 틈을 타서 원수를 갚는 것은 그르다" 하고, 효원을 두둔하는 자들도 말하기를, "효원은 앞일을 징계해서 뒷일을 삼가는 것으로 국가를 위함이지 다른 뜻이 있는 것은 아니다" 하였다. 이로부터 사림의 전배와 후배가 서로 화합하지 못해 분당의 조짐이 있었다. (『선조수정실록』권9, 선조 8년 7월 정유)

이조전랑을 둘러싼 두 사람의 갈등은 이와 같은 두 번의 과정을 거치면서 '우의겸자'(右義謙者)와 '우효원자'(右孝元者)로 나뉘고, 결국에는 전배사림과 후배사림을 중심으로 분당의 조짐에까지 이르게 되는 사건이었던 것이다.

그런데 심의겸과 김효원이 언급했다는 말까지 인용하면서 『선조수정실록』에 이와 같이 기록되어 있지만, 여기서 제기된 문제들 또한 엄밀하게 따져보아야 할 것이다. 왜냐하면 『선조실록』이나 「경연일기」에는 이와 관련된 기록은 기재되어 있지 않기 때문이다.

김효원이 이조전랑에 재직했던 시기는 1574년(선조 7) 7월에서 12월까지다. 김효원이 심충겸의 이조전랑 천망을 막기 위해서는 김효원 자신이 이조의 전랑으로 재직해야 할 것이고, 이 시기에 심충겸의 이조전랑 제수를 외척이라는 이유로 막을 수 있었을 것이다. 또한 이러한 사실이 더 분명히 확인되기 위해서는 심충겸 대신에 천거했다는 이발(李潑)의 이조전랑 제수 여부도 확인되어야 할 것이다.

이발은 1573년(선조 6) 9월에 알성문과에 장원으로 급제한 뒤 예조좌랑을 거쳐 이조낭청의 홍문록(弘文錄)에 간택되고, 1574년 7월에 이조좌랑에 임명되었다. 김효원이 이조 좌랑·정랑으로 제수된 것과 같은 시기에 이발이 이조전랑이 되었다. 그리고 1576년 8월, 부교리·헌납 등에 제수되었다는 기록이 등장하기까지, 이발이 언제 이조전랑에서 체직(遞職)되었는가 하는 점은 분명하지 않다.

그런데 다음 내용을 보면 이발의 이조전랑 제수와 관련해 몇 가지 사실이 중복되어 있음을 알 수 있다. 즉 1576년(선조 9) 2월, "김효원이 외직(外職)으로 나가자 조정의 의논이 곧 격화되어 그 당여(黨與)에게 미치니, 이이는 힘써 저지했다. 그리고 이발을 전랑으로 삼아 효원의 당여를 안정시키려 했다. 그런데 얼마 안 되어 이발은 피혐(避嫌)하여 체직되고, 윤두수(尹斗壽)의 조카 윤현(尹晛)이 전랑이 되었는데 인물을 멋대로 기용하고, 또 조원(趙瑗)을 전랑으로 삼으려 했다"(『선조수정실록』 권10, 선조 9년 2월 을축)는 자료를 보면, 심의겸과 김효원이 외직으로 나간 1575년 10월부터 윤현·조원이 이조전랑으로 재직하던 1576년 2월까지 정국의 동향에 이발이 등장한다. 당파로 볼 때 이발은 동인, 윤두수·윤현은 서인으로 간주된 인물들이다.

따라서 이러한 일련의 과정을 추론해보면 김효원이 심충겸 대신에 이발을 이조전랑으로 천망했을 가능성은 있으나 현재의 이와 같은 자료만으로 단정할 수는 없다. 오히려 당시 동서 분당의 갈등을 조정하기 위해 진력했던 부제학 이이가 1574년 7월이 아니라 1575년 10월 이후에 이발을 전랑으로 삼으려 했음을 알 수 있다.

요컨대 말 만들기 좋아하는 사람들이 "어찌하여 외척 집안의 물건인가? 심씨 문중에서 반드시 차지해야 하는가?", "외척을 진출시키는 데 이처럼 급급하게 하는 것은 마땅치 않다", "외척은 쓸 수 없다" 등등의 말을 지어냈음을 배제할 수 없다. 이 과정에서 김효원을 비롯한 동인들이 의도했던 것은 외척적 요소의 척결이었다. 심충겸은 1572년, 그리고 이발은 1573년에 각각 장원급제한 인물인데, 이들은 언제라도 청요직(淸要職)에 출사할 수 있는 자격 요건을 갖추고 있었다. 심충겸은 그의 형인 심의겸이 출사 과정에서 초탁(超擢)을 거듭했던 것에 비해 1588년 이후에는 이렇다 할 관력이 기록되지 않을 정도로 오히려 차별을 당했다.

따라서 심충겸의 이조전랑 천망을 김효원이 척신이라는 이유로 막았을 가능성은 김효원과 이발의 이조전랑 재직 시기가 일치한다는 점과 이 때문에 속설로 회자되는 김효원이 심충겸 대신 이발을 이조전랑으로 청망했을 가능성이 높다는 점 등을 고려할 때, 충분히 그럴듯하다.

그러나 이러한 점만으로 그렇다고 단정할 수는 없다. 오히려 이러한 논란에서 주목되는 것은, 외척이기 때문에 심의겸은 관력에서 지나치게 초탁의 과정을 거쳤던 반면, 심충겸은 오히려 차별을 당했다고 할 수 있다는 점이다. 이 문제도 심충겸으로서는 김효원 때문에 이조전랑 진출이 불가능하게 되었다고 생각할 수 있을 만큼 여러 가지 정황이 들어맞았던 것이다. 그러나 결과적으로 이 문제도 김효원이 심충겸의 이조전랑 진출을 막은 사실 여부와 상관없이, 심의겸을 비롯한 서인으로서는 김효원을 당사자로 지목한 것이다. 그리고 입장을 달리하면서 전개된 차별이나 방해 여부를 둘러싼 두 사람의 갈등은 이제 이러한 두번째 단계를 거치면서 더욱 증폭되었던 것이다.

셋째, 김효원이 윤원형의 집에 기숙했으며, 아울러 이 내용을 심의겸이 발설했다는 사실에 관해서다. 두 사람의 갈등관계를 말할 때 항상 첫머리에 등장하는 내용이 이것이다. 『선조수정실록』에 수록된 다음과 같은 기록을 살펴보도록 하자. 『연려실기술』과 『경연일기』에 수록된 내용도 이와 대동소이하다.

심의겸이 사인(舍人)이 되어 공적인 일로 영상(領相) 윤원형의 집에 갔는데, 원형의 첩 사위인 이조민은 의겸과 서로 아는 사이였다. 서실(書室)로 인도하여 들어갔는데 방 가운데에 침구(寢具)가 많이 있는 것을 보고 의겸이 누가 자는 곳이냐고 낱낱이 물었더니, 그 중 하나는 김효원의 침구였다. 효원은 이때 급제하지 못했으나 이미 문명(文名)이 있었는데, 의겸은 속으로 추하게 여겼다. 얼마 지나지 않아서 효원이 장원으로 급제하니 의겸이 마침 공석(公席)에 있다가 곁의 사람에게 말하기를 "이는 윤정승(尹政丞) 집에서 훈도(訓導)하던 사람이다" 했는데, 그 말이 사우(士友)들 사이에 전파되었다. 효원이 이 때문에 2~3년간 실세(失勢)하여 곧장 청현직(淸顯職)에 통하지 못했는데, 사람들은 의겸의 말이 빌미가 된 것을 알았다. 그러나 효원은 몸단속을 깨끗하게 하고 벼슬살이에 충실하니, 조사(朝士)들이 추천해 마침내 현직(顯職)에 등용되었다. 의겸도 효원이 이조민과 본시 친구로서 서로 우의가 두터워 우연히 과거 공부를 익히기 위해 방에서 자게 되었던 것이고, 자신의 뜻을 굽히지 않았다는 것을 들었기 때문에 매우 후회했고, 도리어 그 말을 숨겨 효원의 등용에 대해 배척하거나 저지하지 않았다. 그러나 두 사람 사이에 불화가 생긴 단서는 여기에서 시작되었다. (『선조수정실록』 권9, 선조 8년 7월 정유)

심의겸이 사인으로 재직했던 시기는 1564년(명종 19) 1월부터 1565년 2월까지였다. 이 시기는 윤원형이 영의정으로 재직했던 시기(1563년 1월~1565년 8월)와 일치한다. 따라서 위의 내용이 터무니없이 꾸며낸 이야기가 아닌 것은 분명하다. 또한 『연려실기술』에는 "김효원의 침구였다"는 부분에서 "효원이 젊어서 이름이 났는데, 원형의 사위 안모(安某)와 사귀었다. 일찍이 안모를 찾아 원형의 집으로 가 놀다가 의겸과 만났다"라고 하여, 세주(細註)로 덧붙이고 있다.

여기서 안모는 유성룡(柳成龍)이 지은 「운암잡록」(雲巖雜錄)의 (『大東野乘』 권55, 「운암잡록」 심의겸) "김효원은 더 늦게 출사했으나 연소기예(年少

氣銳)하여 의론(議論)이 피하는 바가 없어서, 의겸은 외척이므로 등용할 수 없다 하고, 의겸도 또한 효원이 어렸을 때에 일찍이 윤원형의 사위인 안덕대(安德大)와 교유하며 원형의 집에 기식(寄食)했다고 하여 서로 헐뜯었다"라는 내용으로 볼 때, 안덕대이다. 그리고 김효원이 한때 윤원형의 집에서 머물렀던 것도 사실이라고 판단된다.

그렇다면 김효원이 안덕대와의 교유관계만으로 윤원형의 집에 침구를 들여놓고 상당기간 머물렀던 것일까? 김효원의 가계를 살펴보면 그의 장인은 초계 정씨의 어느 인물로 알려져 있다. 즉 김효원의 장인이 정윤겸의 조카라는 것이다. 정윤겸은 윤원형의 첩인 정난정의 아버지였다. 따라서 김효원이 윤원형의 첩인 정난정의 집에 머물며 그 사위인 이조민 또는 안덕대와 교유했던 것은 이러한 인척관계가 바탕이 되었다고 할 수 있다.

5. 역사적 평가

심의겸과 김효원 양자간에 불화의 싹이 되었던 단서는 이와 같은 관계가 얽히면서 증폭되어갔다. 김효원이 윤원형의 집에서 기숙했던 사실은, 심의겸의 발설 여부와 상관없이, 김효원 처계(妻系)와 윤원형 처계의 관계를 고려할 때 충분히 가능한 것이었다. 또한 심의겸이 이러한 사실을 목격했던 점도 구체성이 있다고 할 수 있다. 결국 이러한 점들은 동인과 서인의 갈등관계를 이해하는 과정에서 다음과 같이 정리되어 갔다.

먼저 1632년(인조 10), 이이의 상소문과 서찰 간행을 논의하는 과정에서 동서 분당의 요인을 다음과 같이 설명하고 있다.

동인과 서인의 틈이 심의겸과 김효원에게서 비롯되었습니다. 심의겸이 김효원을 배척함에 있어서는 "교유가 삼가지 못했다" 하였는데 이것이 참으로 실상이고, 김효원이 심의겸을 배척함에 있어서는 "외척이 정치에 간여한다" 하였으니 이것 역시 실상입니다. 처음에는 방향을 헤매다가 뒤에 비로소 절행 (節行)을 힘쓰면 진실로 옛사람이 허여(許與)한 바가 되고, 자취는 비록 척리 (戚里)이지만 공로가 사류에게 있으면 역시 군자(君子)가 거절하는 바가 아닙니다. 그런데 전배들은 심의겸을 편들어 김효원을 가리켜 안으로 사사로운 감정을 품었다고 하고, 후배들은 김효원을 편들어 심의겸을 가리켜 궁금(宮禁)에 의탁했다고 합니다. 이러한 일이 진실로 모두 다 있었다고 할 수 없으므로 이이의 양시양비론(兩是兩非論)이 나온 것입니다. (『인조실록』 권27, 인조 10년 9월 무신)

이 내용은 두 사람 간에 빚어진 논란이 어느 정도 정리된 뒤, 그리고 어떻게 보면 두 사람의 입장을 객관적으로 조명할 수 있는 시기에, 두 사람의 대립과 갈등의 요인을 적시한 것이다. '심지척김'(沈之斥金)='전배우심'(前輩右沈)의 입장을 내세운 서인(西人)은 김효원의 교유가 삼가지 못했다(交游不謹)고 주장하였고, 반면에 '김지척심'(金之斥沈)='후배우김'(後輩右金)의 입장을 내세운 동인(東人)은 심의겸을 비롯한 외척이 정치에 간여한다(外戚干政)고 주장하였다. 요컨대 두 사람의 불화·대립·갈등의 근본 요인은 '교유불근'과 '외척간정'에 있었던 것이다. 여기서도 밝히고 있듯, 갈등의 근본 요인은 여기에 있지만 이를 둘러싸고 상대방이 어떠어떠하다고 비난한 두 사람의 주장 가운데 김효원이 윤원형 집에 기숙했다는 세번째의 논란을 제외하고 앞의 두 가지 논란은 전후 사정으로 미루어볼 때 추정은 할 수 있어도 사실상 근거가 없는 것이었다.

또한 숙종대에 이르러 동서 분당의 요인 등과 관련된 사실 관계는 다음과 같이 정리·기록되고 있다.

심충겸이 장원급제하여 전랑으로 천거하려 하니 김효원이, "외척은 쓸 수 없다" 하며 막으니 심의겸이, "외척이 원흉(元兇)의 문객(門客)보다는 오히려 낫

63인의 역사학자가 쓴 한국사 인물 열전

지 않은가" 하였다. 이때 김효원의 편을 드는 사람들은, "효원의 말은 공론에
서 나온 것인데 심의겸이 사사로운 혐의로 좋은 선비를 배척하니 매우 옳지
못하다" 하였다. 의겸의 편을 드는 사람들은, "의겸은 지어낸 말이 아닌 그 실
상을 말한 것인데, 효원이 원한을 품고 겉으로는 외척이므로 전랑을 반대한다
하고 실제로는 중상하려는 계책이 있는 것이다" 하였다. 양편을 따르는 사람
들이 각기 다른 주장을 내세우며 서로 배척해서 여기서 동인과 서인이라는 말
이 비롯되었다. 대개 효원의 집은 동쪽 건천동에 있고, 의겸의 집은 정릉동에
있었기 때문이다. 동인들 가운데는 나이 젊고 총명·민첩하며 학행이 있고 명
예와 절개로 스스로를 면려(勉勵)하는 사람들이 많았으며, 서인들 중에는 비
록 어진 사대부도 있었지만 이익을 탐내는 무리들이 섞여 있었다. …… 그런
데 동인들의 생각은 멀지 않은 전날 있었던 일로 보아서 결코 척리를 등용할
수 없다는 것이었고, 서인 편에서는 의겸이 공로가 많을 뿐만 아니라 선비인
데 어찌 앞길을 막을 수 있겠느냐는 것이었다. (『연려실기술』 권13, 선조조고
사본말 동서당론지론)

그 주장의 당위 여부와 상관없이, 김효원의 편을 드는 사람들인 '주효원
자' (主孝元者)와 심의겸의 편을 드는 사람들인 '주의겸자' (主義謙者)의 대립
을 초래했다. 그리고 각각 동인과 서인의 당파로 분립했다. '주효원자' =동
인의 입장은 심의겸이 사사로운 불만에 빠져 좋은 선비를 배척하니 옳지 못
하며, 아울러 외척은 등용할 수 없다는 것이었다. '주의겸자' =서인의 입장
은 김효원이 외척의 문객이었던 사실은 심의겸이 지어낸 것이 아니며, 심의
겸이 외척이긴 하지만 사류를 구원하는 데 커다란 공로가 있다는 것이었다.
이러한 대립과 논란의 과정에서 김효원의 이조전랑 진출에 대한 심의겸
의 방해 여부, 심충겸의 이조전랑 진출에 대한 김효원의 방해 여부, 그리고
김효원의 윤원형 집 기숙 여부 등은 실제 이상으로 과장되고 확정적인 사실
로 간주되면서 두 사람의 갈등을 증폭시켰다고 할 수 있다. 물론 두 사람의

대립과 갈등이 심화되는 과정에서 심의겸이 김효원의 이조전랑 진출을 막았다거나 김효원이 심충겸의 이조전랑 진출을 막았다는 문제는, 상대방에게 그렇게 인식할 수 있는 여지를 제공한 것도 사실이다. 그러나 이러한 과정에서 전해지는 상세할 정도로 구체적인 설왕설래의 내용은 사실상 확인할 수 없는 것들이었다.

다시 말해 양쪽의 불화와 갈등이 증폭되어갔던 주된 요인은 사실을 근거로 하지 않고 자신의 입장에서만 끝없이 상대방을 비판하고, 상대방이 지닌 긍정적 측면을 조금도 용인하지 않는 맹목적 반대가 계속된 대립 상황에서 찾을 수 있다. 외척적 요인을 기반으로 했지만 오히려 이러한 측면을 이용해서 사림의 화(禍)를 진정시키는 데에 공이 있었다든가, 어렸을 때의 행실이 삼가지 못한 바가 있긴 했으나 학행(學行)과 명절(名節)이 뛰어났을 뿐만 아니라 이조전랑으로 있으면서 소원했던 선비들을 많이 발탁한 점을 인정하지 않는 일방의 주장만이 계속되면서, 결국 당론(黨論)이 되어갔던 것이다.

그 당론으로 김효원의 「졸기」(卒記)에 나타난 '사론'(史論)에서 하나의 주요한 단서를 찾을 수 있다. 즉, "당론이 일어난 것은 전조(銓曹)의 천망에서 시작되어 대신들이 추감(推勘)한 데서 터진 것으로 야박스런 습속이 떠들어대며 서로 선동한 것이지, 이 두 사람이 각자 당파를 만들어 불화를 일으킨 데서 이루어진 것은 아니다"(『선조수정실록』 권24, 선조 23년 4월 임신)라고 언급한 점을 주목할 필요가 있다. 결국 당론이었기 때문에 본질적으로 선동과 과장의 특성을 지녔고, 부박(浮薄)한 선동이 계속될수록 당파의 입장을 반영하여 상대방을 불신하고 용납할 수 없었다. 이 때문에 그후 학파(學派)에 토대를 두고 정파(政派)를 근거로 한 붕당정치가 전개되어갔지만, 외형상으로 각 학파의 종장(宗長)이 이룩해놓은 학문의 깊이와 시대적 고민을 인식하지 못하고 그 자취만으로 헐뜯으며 여러 대에 걸쳐 대립과 갈등이 더욱 증폭되었던 것이다. 이와 같이 1575년(선조 8) 7월 동·서의 분당을 초래한 갈등의 기저에는 김효원과 심의겸을 중심으로 한 세 가지 정도의 논란이 자리 잡고 있다. 논란은 세 가지였지만 사실 여부와 상관없이 이미 양자의 갈등은 '교유불근'과 '외척간정'을 근거로 하고 있었고, 결국 이것이 동·서인의 분당을 초래한 요인이 되었던 것이다.

김효원은 조선 정치사에서 1575년에 이루어진 동인과 서인의 분당을 거론할 때 항상 서두에 언급되는 인물이다. 동서의 분당을 초래한 주역으로서 김효원은 심의겸과 이조전랑직을 둘러싼 갈등을 야기한 인물로 항상 거론되어왔다. 또한 당쟁의 원인과 붕당 형성의 요인을 설명할 때 이와 같은 두 사람의 반목관계가 빠짐없이 거론되며, 결국 심의겸은 구세력(선배사류·기성관료), 김효원은 신세력(후배사류·신진관료)을 각각 대변한다고 통칭해왔다.

이와 같이 김효원은 심의겸과 더불어 조선 시대 붕당정치의 양대 갈등관계에서 하나의 중심축을 형성한 인물로 간주되어왔다. 그리고 이 두 사람을 둘러싸고 벌어진 정치적 의미는 붕당의 출현과 붕당정치의 전개와 관련해 '척신정치 잔재의 청산 문제', '권신체제 청산과 구체제의 혁신을 둘러싼 갈등', '사림정치의 구현 방식과 정국 운영에 대한 사림 사이의 의견 차이 및 이해관계에 따른 사림 내부의 분열' 등으로 규정되었던 것이다.

김효원의 정치사적 의미을 논할 때 상대 인물로 반드시 등장하는 심의겸은 '외척 또는 척신적' 요소를 지니고 있다. 그러면서도 심의겸은 윤원형이나 이량(李樑)처럼 이러한 '외척 또는 척신적' 요소를 기반으로 '권신'(權臣)과 같은 모습을 보이지 않았고, 오히려 명종조 말기에는 사림을 보호하는 역할을 했다. 반면에 김효원은 심의겸과 거의 같은 시기에 출사하여 사림의 중심에 서 있던 인물이다. 그러나 이들 두 사람은 당시 사림의 대립과 분당을 초래한 당사자로 지목되면서 외직으로 좌천되었는데, 이로부터 동·서인의 중심 역할을 계속하지 못했다. 그러면서도 김효원과 심의겸의 생애, 활동, 업적 등은 제대로 밝혀지지 않은 채 당쟁사의 서두에는 항상 이들의 인간적 갈등관계가 언급되었던 것이다. 따라서 김효원에 대한 인물 연구는 이제 비로소 시작되었다고 할 수 있다.

참고문헌

· 원자료
『國朝榜目』 『黨議通略』 『대동야승』
『萬姓大同譜』 『명종실록』 『司馬榜目』
『善山金氏族譜』 『선조수정실록』 『선조실록』
『省菴遺稿』 『陽川許氏族譜』 『연려실기술』
『栗谷全書』 『인조실록』 『草溪鄭氏族譜』

· 논저
강주진, 『이조 당쟁사 연구』, 서울대학교 출판부, 1971.
김 돈, 「선조대 심의겸·김효원의 갈등 요인 검토」, 『역사교육』 79, 역사교육연구회, 2001.
김우기, 『조선 중기 척신정치 연구』, 집문당, 2001.
김탁환, 『허균, 최후의 19일』(1·2), 푸른숲, 1999.
김항수, 「선조 초년의 신구 갈등과 정국 동향」, 『국사관논총』 34, 국사편찬위원회, 1992.
서정문, 「성암유고 해제」, 『한국문집총간』(해제 2), 민족문화추진위원회, 1998.
이이화, 『허균』, 한길사, 1997.
이태진, 「사화와 붕당정치」, 『한국사 특강』, 서울대학교 출판부, 1990.
정만조, 「붕당의 출현」, 『한국사』 30, 국사편찬위원회, 1998.
허경진, 『허균 평전』, 돌베개, 2002.

63인의 역사학자가 쓴 한국사 인물 열전

선조 宣祖

목릉성세(穆陵盛世)의 중흥군주

정재훈 서울대학교 규장각 책임연구원

머리말

선조(宣祖, 1552~1608)는 조선의 14대 국왕으로 조선의 역대 국왕 가운데 시기적으로나 왕의 위차(位次: 자리나 계급 등의 차례)로 보나 중간에 위치한 왕이다. 선조는 조선으로는 처음 겪는 국난인 임진왜란(壬辰倭亂)을 겪으면서 몸소 전란(戰亂)을 극복하는 데 앞장섰으나, 대체로 그에 대한 평가는 부정적인 면이 적지 않다. 더군다나 조선 후기의 정치·사회적 병폐로 일컬어지는 '당쟁'이 선조 때 발단되었던 점을 들어, 이 시기를 정쟁(政爭)이 시작된 혼란한 시기로 이해하기도 한다.

하지만 이제까지 조선 후기를 부정적으로 인식했던 식민사관의 틀을 조금씩 극복하는 연구를 통해 '당쟁'을 붕당정치의 연속선상에서 하나의 계기로 파악하고, 임진왜란에 대해서도 우리의 주체적인 대응을 정당하게 평가할 수 있게 되었다. 또한 임진왜란과 함께 '양란'(兩亂)으로 불리는 병자호란 이후의 조선 후기를 '무너져가는' 시기로 해석하는 식민사관보다는 선조대를 포함한 조선 중기에 사림(士林)들이 새로운 주체 세력으로 등장해 사회를 이끌어간 것에 주목하는 흐름이 최근의 연구 경향이다.

이와 같은 연구 경향에서 선조도 새롭게 주목해 재평가할 이유가 충분하다고 할 수 있다. 과거 동서 분당(東西分黨)이 일어났던 시기에 이를 통제하지 못했던 암군(暗君)이며, 임진왜란이라는 국난을 당해 피난만 다녔던 유약(柔弱)하고 나약한 국왕이라는 인식에 대해 다시 한번 살펴볼 때가 되었다.

조선 후기 선조대를 일컫는 용어 가운데 대표적인 것이 '목릉성세'(穆陵盛世)이다. 이 용어는 선조대의 문화가 그만큼 융성했다는 사실을 단적으로 보여주는 것으로, 조선 후기에 조선 시대인의 눈으로 본 것을 반영한 용어라는 점에서 당대성을 확보했다고 할 수 있다. 이수광(李睟光)이 다음과 같이 지적한 것도 한 예이다.

> 아조(我朝)의 인재는 선조대왕(宣祖大王) 때 이르러서야 융성해졌다고 할 수 있다. 간이(簡易) 최립(崔岦)의 문장과 석봉(石峯) 한호(韓濩)의 글씨, 취면(醉眠) 김시(金禔)의 그림은 모두 일세(一世)의 재주이다. 훌륭한 장수로는 이순신(李舜臣)이나 곽재우(郭再祐)가 있고, 절개를 지켜 죽은 이로는 조헌(趙憲)·김천일(金千鎰)·송상현(宋象賢)이 있는데, 이들 또한 모두 옛사람에 비해 부끄럽지 않았다. 어찌 200년 동안 배양한 유택(遺澤)이 아니겠는가. (이수광, 『芝峯類說』 권15, 「人物部 人才」)

이런 시각으로 볼 때, 선조대에 많은 인물이 출현했고 문화가 융성했다는 사실은 우리가 전통적으로 선조대를 국난 때문에 나라가 위태로웠던 시기로 이해해온 것과는 다르다.

선조는 붕당정치와 연관해서 사림의 지지를 받아 왕위에 올랐고, 사림의 정치적 입장을 어느 정도 알고 있었으며, 이를 조정하려고 했다. 또한 임진왜란을 치르는 과정에서 국왕이 할 수 있는 최선의 대처 방안을 찾으려고 노력했고, 비록 형식적인 면이 없지 않지만 신하들에 의해 국난을 극복한 통치력을 인정받아 '계통광헌응도융조'(系統光憲凝道隆祚)라는 존호를 받기도 했다. 따라서 이 시점에서 선조를 새로운 관점으로 평가해보는 것도 의미 있는 일이라고 판단된다.

1. 붕당정치와 선조

선조는 중종(中宗)의 손자이며, 아버지는 덕흥대원군(德興大院君) 이초(李昭, 1530~1559)이고 어머니는 증 영의정 정세호(鄭世虎, 1486~1563)의 딸인 하동부대부인(河東府大夫人) 하동 정씨(1522~1567)로, 덕흥의 셋째 아들로 태어났다. 태어난 시기는 1552년(명종 7) 11월 11일이며, 난 곳은 덕흥대원군의 사제(私第: 私邸)가 있던 인달방(仁達坊: 현재의 사직동)이었다. 선조의 초휘(初諱)는 균(鈞)이었고, 왕이 된 다음의 어휘(御諱)는 연(昖)으로 고쳤다. 비(妃)는 의인왕후(懿仁王后)와 계비(繼妃) 인목왕후(仁穆王后), 그리고 8명의 후궁을 합쳐 10명이었고, 자녀는 영창대군과 광해군을 비롯해 14남 11녀를 낳아 모두 25명의 자녀를 두었다.

선조는 처음에 하성군(河城君)에 봉해졌는데, 어려서부터 남다른 재질이 있었다. 다음의 일화는 그 좋은 예이다. 명종(明宗)이 선조와 그의 두 형을 함께 불러들여 자신이 쓰고 있던 관(冠)을 벗어서 차례로 쓰게 하여 자질을 시험한 적이 있었다. 그런데 선조의 차례가 되자, 자신은 군왕(君王)이 쓰던 관을 신자(臣子)로서 감히 쓸 수 없다고 사양했다. 명종은 이에 감탄하여 관을 주면서 다시 임금과 아버지 중에 누가 더 중하냐고 묻자, 선조는 "임금과 아버지는 똑같은 것이 아니지만 충(忠)과 효(孝)는 본래 하나입니다"(「宣祖行狀」)라고 대답하니 명종이 매우 기특하게 여겼다고 한다.

이와 같은 일화는 선조의 자질을 상징적으로 보여준다. 마침 순회세자(順懷世子, 1551~1563)를 잃고 후사(後嗣)가 없던 명종이 이들을 시험한 것은, 곧 후사와 직결된 일이었다. 명종은 순회세자의 상을 치르면서 재위 20년(1565)이 되는 해 9월에 생명을 잃을 만큼 심한 병에 시달렸다. 이때 명종의 환후(患候)가 심상치 않자 영의정 이준경(李浚慶) 등이 세자(世子: 國本)를 세울 것을 청하였다. 이에 명종 비 인순왕후(仁順王后)는 선조를 들여 시약(侍藥)하도록 했다.

병이 차도를 보이자 명종은 자신이 미령(靡寧)했을 때 인순왕후가 후사를 결정한 것에 대한 부담 때문에 새 왕자의 탄생을 기다려야 한다며 이를 다시 번복하고자 했다.

이에 대해 민기(閔箕)와 이준경 등은 『대학연의』(大學衍義)의 「정국본」(定國本) 장을 예로 들어 세자가 정해지지 않으면 나라가 어지러워질 염려가 있다고 상언(上言)했다. 이 사건을 계기로 선조는 정식 왕자가 탄생하지 않을 경우 후왕으로 등극할 가능성이 누구보다도 높았음을 알 수 있다.

다음해인 1566년(명종 21) 8월 왕손들의 교육을 위해 사부가 될 만한 학자를 뽑아 풍산도정(豊山都正) 이종린(李宗麟, 1536～1611)과 선조의 형이었던 하원군(河原君) 이정(李鋥)·하릉군(河陵君) 이인(李鏻), 그리고 하성군(河城君) 이균(李鈞: 宣祖)을 가르치게 한 것은, 곧 선조의 왕자 교육을 염두에 둔 조치였다. 이에 따라 이틀 뒤에 한윤명(韓胤明)을 왕손(王孫) 사부(師傅)로 삼았고, 윤희렴(尹希廉)과 정지연(鄭芝衍)이 서로 이어서 하게 했다. 한윤명은 사림의 두터운 신망을 받았던 사람이고 선조도 잠저(潛邸)에 있을 때 그에게서 『소학』(小學)을 배웠기에 먼저 임명했는데, 얼마 되지 않아 죽었으므로 윤희렴과 정광필(鄭光弼, 1462～1538)의 증손인 정지연에게 이어서 가르치게 했다. 사림의 신망을 받던 한윤명과 기묘사화(己卯士禍) 때 조광조(趙光祖)를 구하려고 했던 정광필의 증손 정지연에게 교육을 받음으로써 선조는 사림들의 지지와 훈도(薰陶: 교화와 훈육) 속에 왕자로서의 성학(聖學)을 닦아 나갔다.

조선은 개창(開倉) 이래 성종대 이후에 사림 세력이 점차 기존의 훈구 세력에 대항하면서 새로운 사회를 만들려는 개혁 세력으로 등장한다. 하지만 성종대 이후 사림이 진출하는 데는 역풍(逆風)도 적지 않아 여러 차례 사화(士禍)을 겪었다. 이때마다 사림들은 계속 공박당하는 처지에서 벗어나지 못해 성종·중종·인종·명종 등 각 시기마다 새로운 사림들이 등장했지만, 그들의 정치적 진출은 가로막히기도 했다.

특히 기묘사화 이후에 훈구와 척신(戚臣) 세력이 주도하던 정국(政局)에서 인종(仁宗)은 사림들의 지지를 받으며 왕위에 올라, 기묘사화로 폐지된 현량과(賢良科)를 부활하고 조광조 등의 기묘명현(己卯名賢: 기묘사화로 화를 입은 신하들)을 신원(伸冤)해주는 등 사림을 지지했으나, 8개월의 짧은 재위 기간으로 말미암아 큰 소용이 없었다. 그러나 인종의 즉위와 함께 유관(柳灌)·이언적(李彦迪) 등 사림의 명사들이 인종의 신임을 받아 중용(重用)되었고, 또 이조판서 유인숙(柳仁淑)에 의해 그 파의 사류(士類)가 많이 등용되어, 기묘사화 이후 은퇴한 사림들이 다시 정권에 참여했다. 또한 정권에 참여하지 못한 일부 사림들은 소윤(小尹)인 윤원형(尹元衡) 일파에 가담함으로써, 사림이 대윤(大尹)과 소윤의 두 세력으로 갈라졌다.

하지만 인종이 갑작스럽게 죽어 이복 동생인 어린 경원대군이 명종으로 즉위하자 문정왕후(文定王后)가 수렴청정을 했으므로, 정국의 형세는 한순간에 역전되어 조정의 실권이 대윤에서 명종의 외척인 소윤으로 넘어갔다. 이어 윤원형 일파의 소윤 세력은 을사사화(乙巳士禍)를 일으켜 윤임(尹任) 일파의 대윤 세력을 몰아내면서 사림의 명사들도 거의 축출되어 유배되었다.

이러한 상황은 1565년(명종 20) 문정왕후가 죽은 뒤에 조금씩 변하기 전까지 지속되었다. 따라서 이때는 사림으로서는 이제 막 척신 세력이 좌우하던 정국에서 벗어나려던 차에 새 국왕의 지지를 얻을 수 있는 절체절명의 기회를 맞은 시기였다. 선조의 교육에 참여했던 사림으로서는 새 군주를 통해 훈신(勳臣)과 척신 정치를 청산하고 사림정치를 실현할 수 있는 기회로 삼으려 했다.

선조는 비록 왕자 출신이기는 하나 이미 덕흥군 때부터 서(庶) 계열로 어느 정도 한계를 지니고 있었다. 따라서 선조는 자신이 왕위를 계승하는 데 부족한 정통성을 사림들의 지지를 통해 해소하려는 의도를 가졌다고 할 수 있다. 이전에도 성종이나 중종 때 사림들이 진출하던 경향을 살펴보면, 군주로서의 정통성이나 정치적 기반이 약할 경우 사림들이 이를 뒷받침하기도 했는데, 선조의 경우도 비슷했다. 오히려 선조의 경우는 사림들의 기반이 전보다 더욱 확대되었다는 유리한 배경이 있었다.

명종이 1567년(재위 22) 34세로 후사 없이 죽음을 맞았을 때, 선조는 16세로 그보다 한 달 전인 5월 18일에 돌아가신 어머니 하동부대부인 정씨의 상을 치르는 중이었다. 그런데 이미 2년 전에 정해둔 대로 왕비가 받든 유명교서(遺命教書: 임종할 때 내리는 교서)에 따라 선조를 모셔오게 했다. 상중이던 선조는 눈물을 흘리면서 사양했으나 신하들의 옹대(擁戴)로 왕위를 이어받아, 7월 3일 경복궁 근정전에서 즉위했다. 이때 선조는 이미 성동(成童: 열다섯 살 된 사내아이)의 나이가 지났지만, 이준경의 요청으로 명종 비 인순왕후가 다음해 2월까지 수렴청정을 했다.

사림들의 교육과 지지를 받으며 등극한 선조는 왕위를 이어받은 다음 학문에 정진하여 날마다 경연(經筵)에 나아가 경사(經史)를 토론했다. 명종 때 여러 차례 징소(徵召: 임금이 특별히 부름)를 받았는데도 나오지 않던 당시의 명유(名儒) 이황(李滉)에게 선조는 정성과 예폐(禮幣: 경의를 표하기 위해 보내는 물건)를 극진히 하여 나오도록 권유했다. 이에 이황은 정치에 관련된 여섯 조항(戊辰六條疏)을 진달(進達: 편지나 공문 따위를 올림)하고, 또 『성학십도』(聖學十圖)·『서명고증』(西銘考證)을 찬술했으며, 정자(程子)의 『사물잠』(四勿箴)을 손수 써서 올렸다. 선조는 이를 선사(善寫)하여 병풍을 만들어 좌우에 두게 해서 아침저녁으로 볼 수 있도록 했다.

또한 문묘(文廟)에 배향될 만큼 존경받을 만한 인물인 김굉필(金宏弼)·정여창(鄭汝昌)·조광조·이언적 등에게 학문에 공이 있다고 하여 제사를 지내주거나 무덤을 지키게 했으며, 관직과 시호(諡號)를 추증(追贈: 죽은 뒤에 벼슬을 높여주는 것)하고 자손들을 녹용(錄用)하도록 했다. 한편, 유신(儒臣)인 유희춘(柳希春)에게 명하여 이들의 행적을 모아 『유선록』(儒先錄)을 만들게 했다. 이러한 선조의 관심은 결국 1610년(광해군 2) 문묘에 이들을 포함하여 문묘오현종사(文廟五賢從祀)를 실현할 수 있는 기반이 되었다. 문묘에 이들을 종사(從祀: 배향)해야 한다는 운동은 사실 선조대 전반에 걸쳐 진행되었고, 선조도 이를 추인(追認)한 것은 단지 사상적인 상징성만을 내포한 것은 아니었다. 이들로 대표되는 사림의 지향을 인정하는 것은 결국 사림정치의 실현을 추인하는 것이었다.

사림정치는 사림들이 적극적으로 정치의 주체가 되면서 성리학적 정치를 실현하겠다는 주장이었다. 특히 선조에게는 이황이 『성학십도』의 형태로 먼저 제시했는데, 그뒤 이이(李珥)는 군주의 성학(聖學: 성인이 가르치는 학문. 특히 유학)을 자세하게 논한 『성학집요』(聖學輯要)를 완성했다. 이에 따르면 국왕은 성리학의 논리, 특히 『대학』(大學)에서 제시한 논리인 '격물치지'(格物致知)에서 '평천하'(平天下)까지를 일관되게 공부하여 이를 따라야 한다는 것이었다. 특히 국왕에게 제시한 성학에서는 국왕이 공부하고 수양해야 하는 이유를 '입지(立志) → 구현(求賢) → 위임(委任)'의 논리로 파악하여 현명한 재상을 구해 그에게 정치를 맡길 것을 제시했다. 결국 국왕이 모든 것을 할 수 없는 바에야 현명한 신하를 잘 살펴볼 수 있는 눈을 키우는 것을 최우선으로 하고, 이를 위해 끊임없이 공부해야 함을 강조했다.

이에 따라 선조는 초년에 경연에서 이러한 성학을 착실하게 배울 수 있었고, 실제 새로운 인재를 계속 등용했다. 징사(徵士: 재야에서 불러들이는 선비)로 성혼(成渾)·조식(曺植)·성운(成運) 등을 등용함으로써, 이때 재야에서 성리학을 충실히 공부한 학자를 산림학자로 등용하는 전례를 만들어 조선 후기 내내 전통으로 이어갔다.

한편, 선조 초의 시급한 정치적 과제는 을사사화로 말미암아 화를 입은 사림들을 석방하고 복관(復官)하는 문제였다. 명종 말년에도 부분적인 조치가 있었지만, 을사사화로 화를 입은 사림들에 대한 본격적인 석방과 복관 조치는 선조대에 이르러 적극적으로 추진되었다. 유희춘·노수신(盧守愼) 등을 풀어주어 경연관으로 삼았고, 권벌(權橃)이나 이언적 등의 직첩(職牒: 벼슬아치의 임명 사령서)을 환급했다. 이러한 조치는 나아가 을사사화로 말미암아 제정된 위훈(僞勳)을 삭탈하려는 움직임으로 발전했다. 이 과정에서 사림들 사이에는 과거의 잘못을 개혁하는 데 의견이 서로 다른 두 흐름이 나타났다. 흔히 전배(前輩)와 후배(後輩)의 대립이라고 설명하는 동서분당이 나타났던 것이다.

동서분당이 이루어진 것은 붕당정치의 시작을 알리는 것으로, 우리 역사에서 왕권이 더 이상 절대적이지 않다는 것을 의미한다. 원래 중국에서도 송나라 때 붕당정치가 발생한 이유는 사대부의 정치 참여가 활발해지면서 당나라까지 이어진 절대 권력으로서의 황권(皇權)에 사대부가 참여하는 군신공치(君臣共治)가 실현되는 데서 나타났던 것이다. 따라서 사림 세력이 송나라 사대부 정치의 원형을 실현하면서 붕당정치를 내세운 것은 정치 권력에 대한 참여 폭을 넓힌 것이었다고 평가할 수 있다. 이는 결국 사림정치를 이해했던 선조에 의해 시작되었다.

하지만 사림들의 지지를 받은 선조에게도 한계가 없었던 것은 아니다. 선조는 왕위 계승에서 명종의 지목을 확고하게 받지 못하고, 일단 명종 비(妃)와 명종대의 대신들에 의해 선영(禪迎)의 형식으로 즉위한 한계가 있다. 또한 선조는 선왕인 명종의 직계가 아니고 조선 왕조에서 서자로는 처음으로 왕위에 오르면서 왕권 쪽의 입장에서 제약 요소가 있었다. 그러한 요소들은 곧 선조에게 이전 시대의 구신(舊臣)들을 척결하는 데 일정한 한계로 작용하여 구체제를 혁신하는 데 걸림돌이 되었다.

사림들은 각종 상소나 경연 등을 통해 개혁을 진언했으나 선조에게서 적극적인 개혁성을 확보하기는 쉽지 않았다. 선조가 즉위한 지 얼마 되지 않아서부터 '회천'(回天: 임금의 마음을 돌림)하려는 노력이 끊이지 않았던 것은 미온적인 태도로 일관한 선조 개인의 문제라기보다는 척신정치의 결과를 신속하게 처리할 수 없는 구조적인 한계가 있었기 때문이다.

2. 임진왜란과 선조

선조가 사림의 지지를 받으면서도 한편으로는 전위(轉位) 과정의 한계로 말미암아 구시대의 폐정(弊政)을 신속하게 개혁하지 못했던 문제는 곧 임진왜란이 일어나자 결과로 나타났다.

임진왜란은 기존의 이해와는 달리 일방적으로 패배한 전쟁은 아니었다. 7년에 걸친 전쟁 동안 왜군이 승세를 유지했던 기간은 1592년(선조 25) 4월에 난이 일어나서부터 다음해 2월 우리측이 평양을 탈환할 때까지 약 열 달밖에 안 되었다. 왜군은 전쟁 초반 한 달 열흘 만에 서울을 장악하고, 이어 평양까지 진출해서 일부는 함경도까지 진격하는 승세를 잡았지만, 일진일퇴를 거듭하면서 왜군의 의도대로 되지는 않았다.

길게 뻗은 왜군의 보급로는 해상에서 이순신의 활약과 지상에서 의병(義兵)들의 활동에 힘입어 지속적으로 위협을 받았다. 또 곡창 지대로 의병들의 배후 기지 역할을 했던 전라도를 장악하기 위해 벌인 진주(晉州)·거창(巨昌)·금산(錦山) 등의 전투에서 모두 패함으로써 더 이상 진격할 수가 없었다. 결국 평양에서 패퇴한 왜군은 퇴각을 거듭하다 동남 해안 지역의 한 부분만을 거점으로 확보하여 버티면서 강화(講和)를 탐색하는 처지가 되었다. 1597년(선조 30)에 다시 정유재란(丁酉再亂)을 일으켜 반전을 시도하기는 했지만, 이마저도 실패로 돌아갔다.

임진왜란을 이와 같이 보면 가장 큰 문제는, 초기에 왜군의 기습에 관군(官軍)이 너무 쉽게 무너져 대응에 실패했다는 점이다. 관군을 대표하는 조선의 국방에서 선조에게 일차적 책임이 없다고 할 수는 없지만, 근원적인 문제는 이미 이전 시대인 척신정치 시기에 잠재되어온 구조적 병폐가 더욱 심각하다는 점이었다. 조선 초 본래의 군사제도인 병농일치(兵農一致)의 개병제(皆兵制) 대신 16세기에 들어서는 각 급의 지휘관들이 군사의 입번(入番: 입직)을 면제해주고 대가를 받는 풍조가 생겼으며, 그뒤에는 공공연히 군사를 강제로 방면(放免)하는 정도까지 부패함으로써 군사제도는 완전히 붕괴 일보 직전이었다. 척신정치의 결과인 이런 상황은 선조가 즉위한 뒤에도 구신과 구체제를 완전히 극복하지 못한 선조의 미온적인 태도 때문에 개선되지 않았다.

하지만 선조도 나름대로 왜란에 대처하지 않았던 것은 아니다. 왜군이 파죽지세로 진격해오자 선조는 4월 29일, 먼저 비어 있던 동궁(東宮)에 광해군(光海君)을 세자로 삼아서 인심을 안정시켰다. 왕비인 박씨(朴氏)에게 아들이 없어 세자궁을 오랫동안 비워두었기 때문이다. 이에 임진왜란이 일어나자 신하들은 세자 책봉과 관련된 상소를 계속 올렸으므로, 선조로서도 국가의 위기 상황에 대처하기 위한 조치였다고 할 수 있다.

사림들이 각처에서 의병을 일으켜 왜군에 맞설 때, 선조는 명(明)나라에 구원병을 요청해 근본적으로 국가를 구제할 방도를 마련했다. 서울에서 평양, 의주로 이어지는 파천(播遷) 길에서 선조는 일단 외교로 국가를 유지할 방도를 구했다. 평양까지 함락됨에 따라 선조는 의주로 파천하여 8월에 정곤수(鄭崑壽) 등을 명나라에 보내 원군을 청했다. 명나라 군대는 12월에 들어오면서 반격의 전기를 마련했다. 이런 과정에서 다음해인 1593년(선조 26) 권율(權慄) 장군의 행주대첩이 있었고, 선조는 정주(定州)에서 숙천부(肅川府)를 거쳐 영유현(永柔縣: 현재의 평안남도 평원군)으로 옮겼다. 이때 세자와 중궁(中宮)은 정주에 그대로 두어 종묘사직을 지키게 했다. 세자인 광해군은 부친인 선조의 뜻을 받들어 황해도와 강원도, 그리고 호서(湖西) 등지에서 무군(撫軍: 군을 위로함) 활동에 전념하여 많은 성과를 거두었다.

한편, 선조는 신하들을 강원도 쪽으로 보내 의병을 일으키게 하고, 호남과 기전(畿甸: 경기)에서 일부 왜군을 격파한 분위기를 이어가게 했다. 선조의 외교 노력으로 말미암아 구원병으로 온 명군의 활약과 각지 의병들의 활동 때문에 조선은 수세(守勢)에서 벗어나 4월에 서울을 수복했다. 더구나 퇴각하던 왜군은 진주성을 함락하기는 했으나 막대한 피해를 입어 경상남도 일대로 완전히 물러났다.

이에 따라 선조는 영유의 행궁에서 서울로 환궁하기 위해 평양(平壤)과 강서(江西), 재령(載寧), 해주(海州), 연안(延安) 등을 거쳐 정릉동에 있는 행궁(현재의 덕수궁)으로 돌아왔다. 그 사이 선조는 지나는 곳마다 해당 지방의 부로(父老)나 백성을 모아서 위로하고, 때로는 경성 및 산천에 제사를 지낼 것을 명하기도 하여 전쟁을 수습하기 위해 노력했다. 경복궁이 불타서 없어졌으므로 본래 월산대군(月山大君)의 사저(私邸)였던 정릉동 행궁을 임시 궁궐로 사용했으며, 근처에 있던 계림군(桂林君)과 심의겸(沈義謙)의 집도 궁에 포함시키고, 선조는 여기에서 계속 거처했다. 이때 경복궁에 초가를 짓고 옮기려고도 했으나 실행하지는 못했던 것으로 보인다. 새 궁궐을 지으라는 중국 장수의 권유에도 불구하고 정릉동 행궁을 그대로 유지했다.

명군과 왜군 사이의 화의(和議)로 소강 상태였던 전쟁은, 화의가 결렬되고 임진왜란이 일어난 지 5년 만에 다시 정유재란이 일어남으로써 새로운 국면에 접어들었다. 선조는 이전의 경험을 참조해 더 체계적으로 왕실의 가족과 종사(宗社)를 피난하도록 지시했고, 명군과 의논하여 전쟁에 대처했다.

임진왜란 때 명군과의 관계는 반드시 평화적인 선린으로 협조적이기만 했던 것은 아니다. 명군이 참전한 것은 조선을 돕겠다는 뜻이 없었던 것은 아니지만, 더 근본적으로는 자국을 지키기 위해 전쟁 지역을 우선 조선에 한정하려는 의도도 있었다. 조선의 처지에서는 구원군으로 온 명군이 외교적으로 상국(上國)이었으므로 더욱 불리한 관계에 놓이기가 쉬웠다. 일부 장군이나 사신은 이를 악용해 선조에게 무례한 요구를 하거나 선조의 무능을 지적하여 왕위 교체를 거론하는가 하면, 나중에는 명나라 관료들이 직할 통치론을 거론하기도 했다. 따라서 선조는 이러한 명나라측의 부정적인 평가를 이겨내고 조선을 이끌어가야 하는 힘겨운 처지에서 나름대로 지도력을 발휘했다.

임진왜란에 대한 그동안의 평가에서는 명군의 참전이 갖는 그림자를 지적하는 의견도 있다. 명군이 와서 조선 사람을 괴롭힌 것을 빗대어 '명군은 참빗, 왜군은 얼레빗'이라는 속요가 유행할 정도로 피해가 있었으며, 선조도 왜군보다 명군이 서울에 가득하여 시내에 소요가 있고 침욕당하는 폐단이 있기 때문에 옹주(翁主) 등을 강화로 피난 보내기까지 했다. 하지만 이런 문제는 국가의 운명이 좌우되던 시기에 불가피하게 감수할 수밖에 없던 문제였다. 따라서 명군이 참전한 의미를 이로 말미암아 폄하할 수만은 없다.

한편, 선조도 명군의 참전을 강조했는데, 이를 선조와 재조(在朝) 관료들이 전쟁의 공로를 의병장들에게 빼앗기지 않고 자신들의 권위를 만회할 기회로 삼으려는 의도 때문이라고 해석하는 연구도 있다. 이것의 연장선에서 참여한 명군의 은혜로 말미암아 조선이 다시 세워졌다는 사실을 강조하는 '재조지은'(再造之恩)이라는 관념이 형성되었다고 보기도 한다.

선조는 임진왜란이 끝난 뒤 전쟁을 마무리하는 과정에서, 먼저 공신(功臣)을 호성(扈聖: 선조를 의주까지 호종하는 데 공을 세운 사람들에게 내린 훈호)·선무(宣武: 전쟁에서 큰 공을 세운 무신들에게 내린 훈호)·청난(淸難: 1596년 이몽학의 난을 평정하는 데 공을 세운 사람들에게 내린 훈호)으로 나누어 녹훈(錄勳: 훈공을 장부에 기록함)했다. 또 전쟁 때문에 흩어진 민심을 재정비하는 과정에서 『소학』, 『근사록』(近思錄), 『심경』(心經) 같은 서적을 간행하여 이를 익히게 했고, 『삼강행실도』(三綱行實圖)나 『이륜행실도』(二倫行實圖) 등도 적극 활용하게 했다.

선조는 임진왜란을 겪은 이후 격무와 피로가 쌓여 병이 생겼기에 임란 다음해인 1593년부터 세자에게 자리를 물려주려는 전위(傳位) 의사를 여러 번 밝혔다. 그러나 선조의 전위 표명은 세자와 여러 신하들에 의해 받아들여지지 않았다. 여기에 명나라가 세자인 광해군을 공식적으로 인정하지 않았던 것도 이유였다. 조선에서는 광해군을 세자로 결정한 1592년부터 1604년까지 13년 동안 모두 다섯 차례나 세자의 책봉 주청사(奏請使: 동지사 외에 중국에 주청할 일이 있을 때 보내던 사신)를 보냈으나 모두 거부당했다.

이런 과정에서 선조와 세자 광해군 사이에 미묘한 긴장관계가 있었다. 선조는 임란을 겪는 과정에서 광해군을 세자로 삼았는데, 계비인 인목대비에게서 영창대군이 태어남에 따라 방계(傍系)이며 더구나 둘째 아들이었던 광해군이 부담을 안았던 것이다. 여기에 광해군의 분조(分朝: 임진왜란 때 임시로 두었던 조정) 활동이 임란에서 나름의 역할을 하여 명나라의 인정을 받았지만, 동시에 세자 책봉은 미루는 복잡한 상황이었다.

이런 상황에서 선조는 즉위한 지 40년이 되는 1607년부터 병세가 위독해 자리에 누웠고, 다음해 2월에 세상을 뜨고 말았다. 선조의 묘호(廟號: 임금의 시호)에 대해서는 처음부터 묘호에 조(祖)와 종(宗) 가운데 어느 용어를 사용할지에 관한 논의가 있었다. 대신들의 건의에 의해 나라를 빛내고 난을 이겨내 중흥시킨 공로를 인정받아 '조'로 하자는 의견도 있었으나, 결국 '선종'(宣宗)으로 결정했다. 이후 1616년(광해군 8) 8월에 종계(宗系)를 올바르게 밝히고, 임진왜란에서 나라를 중흥한 공로로 존호를 추가해 올렸으며, 묘호도 선조(宣祖)로 바꾸었다. 이러한 평가는 곧 선조에 대한 당시 사람들의 평가를 보여준다는 점에서 의미가 있다.

선조의 다른 업적으로 평가받은 종계변무(宗系辨誣)는 약 200년 동안 명나라에 잘못 기록되어 있던 태조 이성계(李成桂)의 세계(世系)를 시정한 사건이다. 명나라의 『태조실록』과 『대명회전』(大明會典)에 이성계가 고려의 권신(權臣)이었던 이인임(李仁任)의 후손이라고 기록된 것을 시정하려고 조선에서 여러 차례 주청사를 보냈지만 고쳐지지 않다가, 대사간 이이의 주장에 따라 선조는 김계휘(金繼輝)와 황정욱(黃廷彧)을 두 차례 보내 결국 『대명회전』의 기록을 수정했다. 이는 조선의 왕통(王統)과 관련된 일로 외교적인 문제뿐 아니라 국가의 근본에 관한 중대한 문제였으므로, 선조는 수정된 『대명회전』을 종묘(宗廟), 사직(社稷), 문묘에 친히 고했다.

3. '목릉성세'의 문화

후대에 '목릉성세'로 칭송된 선조대에 선조 자신의 학문적 수준이나 성격, 문예 취향은 당대의 문화적인 분위기에 많은 영향을 미쳤을 것이다. 먼저, 선조의 학문 성향은 일단 그의 성장 과정이나 수련 과정을 볼 때 사림들의 지도를 받았던 만큼 성리학 중심의 학습이었다고 할 수 있다. 그러므로 당시 성리학을 새롭게 해석하고 이에 맞추어 국가를 운영하려던 사림의 일반적인 틀에서 크게 벗어나지는 않았다고 볼 수 있다.

전쟁을 겪으면서 명나라 장수들이 양명학(陽明學)을 소개하자 선조도 관심을 보이지만, 그는 곧 이를 정도에서 벗어난 것으로 인식했다. 그리고 명군의 지휘관이었던 경략(經略) 송응창(宋應昌)이 자신에게 신료들을 보내 경학을 배우라고 한 것에 대해 이단(異端)의 학문은 배울 수 없다고 할 정도였다. 한때 임진왜란중에 경연에서 평소에 읽지 않던 『주역』(周易)에 관심을 보이기도 했지만, 이러한 관심은 변란에 대처하기 위한 것으로 성리학 중심의 큰 틀에서 벗어난 것은 아니었다.

선조의 예술 취향을 보면, 그의 글씨 솜씨는 보통이 아니었다. 조선 초기에는 원나라에서 들여온 성리학의 영향으로 조맹부(趙孟頫)의 송설체(松雪體)가 유행했는데, 조선 중기에 사림이 등장하면서는 이들의 취향을 반영하여 서체에서도 왕희지체(王羲之體)의 영향을 받았다. 특히 선조 연간에 사림들이 중앙 정계에 확고한 기반을 마련하면서 사자관(寫字官)이던 한호(韓濩)는 왕희지체를 자기 식으로 소화하면서 석봉체(石峯體)를 새롭게 창조하여 조선의 미감을 반영하는 서체를 완성했다.

그러나 역대 왕들의 글씨는 대체로 조선 초부터 전래되어온 송설체의 영향을 깊이 받아 송설의 기운이 완연한 서체를 구사했다. 선조의 경우도 예외는 아니어서, 남아 있는 그의 진적(眞蹟: 친필)을 보면 송설체를 기본으로 하면서 석봉체의 영향을 받은 서체가 많다. 특히 초서에 일가견을 지녔던 선조는 법주사에 소장된 어필(御筆) 초서 병풍에서 보여주듯이, 당대 최고 수준의 초서를 구사하는 필력을 소유했다. 선조는 글씨뿐만 아니라 그림도 잘 그려 김정희(金正喜, 1786~1856)에 의해 "우리 나라에서 난초를 제대로 그릴 수 있는 이"로 꼽힐 정도였다. 실제로 선조는 산수화나 말 그림 등 여러 종류의 그림을 남겼다고 한다.

이런 선조의 탁월한 예술 취향은 널리 알려져 왜란 때 구원병으로 왔던 이여송(李如松)도 선조의 필법(筆法)이 정묘(精妙)하다는 소문을 듣고 이를 간절히 요구하기도 했다. 그러나 선조는 끝까지 사양하여 결국 써주지 않았는데, 이는 사림들이 글씨 쓰는 것을 경계한 일과 연관이 있다. 곧 사림들은 글씨 쓰는 것이 선비들의 일상사인데도 이에 치우쳐 마음을 빼앗기므로 이것을 경계했는데, 특히 제왕의 경우에는 더욱 철저히 조심할 것을 경연을 통해 종종 진언했기에 선조로서도 글씨를 잘 쓰는 것을 내세울 수가 없었다.

하지만 선조에 대해서는 글씨 쓰기를 좋아하고 난초를 잘 그렸던 그의 성향을 반영하는 기록이 곳곳에서 발견된다. 선조는 묵죽화(墨竹畵)를 직접 그려 서산대사(西山大師)에게 하사하기도 했고, 병환중에도 대나무 그림을 그려 신하들에게 자신의 솜씨에 대해 묻기도 했다. 중년에는 난초를 주로 그리다가 만년에는 대나무를 즐겨 그렸다는 기록은, 이미 선조 자신이 묵란(墨蘭)과 묵죽(墨竹)에 심취해 있었음을 전해준다. 심지어 선조는 연경(燕京: 현재의 북경)에서 비싼 값을 치르고 구해온 난죽보(蘭竹譜)를 모방하기까지 했다.

이와 같은 사실로 미루어볼 때, 선조의 예술적 취향은 어느 국왕보다도 탁월했음을 짐작할 수 있다. 선조 연간의 문인화(文人畵) 삼절(三絶)로 일컬어지는 황집중(黃執中)·이정(李霆)·어몽룡(魚夢龍) 등은 각각 묵포도와 묵죽, 묵매(墨梅)에서 우리 고유의 미감을 드러내는 독자적인 양식을 창조해 중국의 묵죽화와 구분되는 독특한 조선 묵죽화의 전형을 만들었다. 조선 왕조의 문화 현상에서 두드러지는 사실주의 기풍의 '진경 양식'(眞景樣式)이 조선 후기인 영·정조 시대에 가서야 본격화되었던 것과 비교해보면, 이러한 기풍의 조짐은 이미 선조 때부터 나타나기 시작했다고 볼 수 있다.

흔히 '목릉'(穆陵)이라고 일컬어지는 선조대의 문단에서는 이전까지 송풍(宋風)을 띠었던 시풍(詩風)이 점차 당풍(唐風)으로 변모하는 변화가 나타났다. 이미 당대인들조차 소동파(蘇東坡)나 황정견을 숭상하던 조선 전기의 경향과는 달리 당시(唐詩)에 대한 관심이 높아졌던 것을 주목하는 기록이 적지 않았다. 이는 의례적으로 사변적이고 도학적인 송시(宋詩)보다는 사람들이 변화하는 시대에 맞추어 새로운 문학적 요구를 표현하면서 당시(唐詩)에 주목하는 경향으로 나타났다.

이른바 '삼당시인'(三唐詩人)으로 불렸던 이달(李達)·백광훈(白光勳)·최경창(崔慶昌) 등이 당시의 유행을 대변했는데, 이들은 모두 박순(朴淳)에게서 배웠다. 이들 외에도 '관각삼걸'(館閣三傑)이나 '한문사대가'(漢文四大家) 또는 '팔문장'(八文章) 등의 이름이 유행한 것은 선조 시대에 새로운 경향의 문사(文士)가 적지 않았다는 사실을 보여주는 사례이다. 또 고문(古文)에 대한 관심도 왜란 이후 명나라의 경향이 전해져 송(宋)의 문장보다는 양한(兩漢: 전한과 후한) 이전 시기의 문장을 높이 평가하는 유행도 일었다. '문필진한(文必秦漢), 시필성당(詩必盛唐)'이라는 표현은 시문(詩文)의 지향을 당과 진한에 둔 경향을 보여준다.

시문에서 송풍(宋風)보다는 당풍(唐風)의 시(詩)나 양한 이전의 문장이 유행한 데는 몇 가지 배경이 있다. 먼저, 가깝게는 명나라에서 유행했던 시풍의 영향을 받은 면도 있어 전후칠자(前後七子)의 영향이 그에 해당한다. 하지만 외부의 영향보다 더욱 중요했던 것은 사림파들이 새로운 시 세계를 추구한 경향이다. 조선 전기의 훈구 관료들은 사장(詞章)에 치우쳐 기교나 수식을 중시하는 경향을 띠었던 데 비해 새로이 인간의 내면을 중시하는 성향이 있었고, 이러한 분위기에서 정서에 더욱 치중하는 당시풍이 유행했던 것이다.

흔히 사림파들은 지나치게 내면적인 도덕률에만 얽매였다고 이해하는 것이 일반적인 경향이나, 명종·선조 연간에 점차 중앙 정계를 장악했던 사림들은 이미 중국 성리학이었던 심학(心學) 또는 양명학의 영향을 받으면서 이를 자기 식으로 소화해 새로운 성리학을 추구했기에 시문에서도 송풍을 반복한 것이 아니라 새로운 경향을 추구했던 것이다.

선조의 경우 국왕으로서 이러한 새로운 경향에 민감하게 반응했던 것은 아니다. 하지만 경연에서 시문의 변화에 대해 자신의 의견을 피력하며 고문(古文)의 중요성을 지적하기도 했고, 시속의 문체를 바로잡기 위해 과거시험에서 고관(考官)의 역할을 강조하기도 했다. 그러나 이 당시의 전반적인 흐름은 새로운 경향이 시문에서 일어났고, 심지어 동시(東詩)를 전업으로 삼을 정도로 조선풍을 강조하는 경향이 나타나기도 했다. 선조는 이러한 경향을 추인하지 않을 수 없었다.

맺음말

이상에서 조선의 14대 국왕 선조에 대해 기존에 있던 연구 성과를 중심으로 살펴보았다. 선조는 흔히 임진왜란 때문에 유약한 군주 또는 심약한 군주로 인식되어왔으나, 실제로는 명종의 후사가 없었기에 여러 왕자들 가운데 가장 탁월한 자질을 지녀서 선택되었던 왕이다. 더구나 이때는 조선 전기의 질서가 해체되어 혼란이 극에 이른 상황이었으므로 이를 극복하고자 새로 진출한 사림들이 개혁의 주체 세력이 되어 정치의 최일선에 있던 시기로, 선조는 이들에게 교육을 받음으로써 새로운 시대의 서막을 여는 역할을 했다.

비록 임진왜란이 일어나 국가가 위기에 빠지기도 했지만, 선조는 나름대로 대처하여 비어 있던 동궁(東宮)에 광해군을 세자로 들여 인심을 안정시켰고, 명나라에 구원병을 요청해 위기를 근본적으로 벗어날 방법을 찾았다. 각처에서 사림이 주도하는 가운데 의병이 일어났고, 이순신을 중심으로 수군이 활약함과 동시에 명나라의 구원병은 전세를 역전시키는 결정적인 역할을 했고, 선조도 그 중심에 있었다.

선조 시기는 후대에 알려진 바와 같이 전란에도 불구하고 뛰어난 인재가 구름이 일고 비가 쏟아지듯 많이 배출된 시기였다. 이는 당시 중국 명나라의 문화가 유입되어 이에 대응하는 과정에서 나타난 현상이지만, 근본적으로는 사림들이 전 시대의 구폐를 극복하면서 새로운 문화, 새로운 질서를 세워가는 과정에서 만들어진 것으로, 전과는 달리 조선 고유의 특색을 지녔다.

비록 성리학적 수양론에 의해 제한을 받기도 했지만, 선조는 그의 뛰어난 문예 취향의 재주로 이를 이끌어 '목릉성세' 라는 조선 문화의 중흥을 이루어냈다. 한호의 석봉체, 이달·백광훈·최경창 등 이른바 '삼당시인'의 출현, 황집중·이정·어몽룡 등 문인화 삼절(三絶)의 출현, 최립의 문장, 김시의 그림 등은 모두 후대에 높이 평가받은 조선 중기의 대표적인 문화이다. 따라서 선조 시기는 혼돈만이 가득한 암흑기가 아니라 조선 후기 문화의 진원지로서 조선 문화의 남상(濫觴: 기원)으로 자리매김될 수 있으며, 이를 이끌었던 국왕이 선조였음은 부정할 수 없는 역사적 사실이다.

〈부표〉 선조의 비빈과 자녀

비빈		비빈의 부	자녀	자녀 배우자	배우자 부
비	의인왕후 (懿仁王后)	박응순(朴應順: 潘南 朴氏)	없음		
	인목왕후 (仁穆王后)	김제남(金悌男: 延安 金氏)	영창대군(永昌大君)	없음	
			정명공주(貞明公主)	홍주원(洪柱元)	
빈	공빈(恭嬪) 김씨	사포(司圃) 김희철 (金希哲: 沃川 金氏)	임해군(臨海君)	양천(陽川) 허(許)씨	허명(許銘)
			광해군(光海君)	문성군 부인(文城郡夫人)	
	인빈(仁嬪) 김씨	사헌부 감찰 김한우(金漢佑: 水原 金氏)	의안군(義安君)	없음	
			신성군(信城君)	평산(平山) 신(申)씨	신립(申砬)
			정원군(定遠君)	능성(綾城) 구(具)씨	구사맹(具思孟)
			의창군(義昌君)	양천 허씨	허성(許筬)
			정신옹주(貞愼翁主)	서경주(徐景霌: 達城 徐氏)	서성(徐渻)
			정혜옹주(貞惠翁主)	윤신지(尹新之: 海平 尹氏)	윤방(尹昉)
			정숙옹주(貞淑翁主)	신익성(申翊聖: 平山 申氏)	신흠(申欽)
			정안옹주(貞安翁主)	박미(朴瀰: 潘南 朴氏)	박동량(朴東亮)
			정휘옹주(貞徽翁主)	유정량(柳廷亮: 全州 柳氏)	유영경(柳永慶: 祖)
	순빈(順嬪) 김씨		순화군(順和君)	장수(長水) 황(黃)씨	황혁(黃赫)
	정빈(靜嬪) 민(閔)씨	민사준(閔士俊)	인성군(仁城君)	해평(海平) 윤(尹)씨	윤승길(尹承吉)
			인흥군(仁興君)	여산(礪山) 송(宋)씨	송희업(宋熙業)
			정인옹주(貞仁翁主)	홍우경(洪友敬: 南陽 洪氏)	홍식(洪湜)
			정선옹주(貞善翁主)	권대임(權大任: 安東 權氏)	권신중(權信中)
			정근옹주(貞謹翁主)	김극빈(金克鑌: 善山 金氏)	김이원(金履元)
	정빈(貞嬪) 홍(洪)씨	승훈랑(承訓郎) 홍여겸(洪汝謙)	경창군(慶昌君)	창녕(昌寧) 조(曺)씨	조명욱(曺明勗)
			정정옹주(貞正翁主)	유적(柳頔)	
	온빈(溫嬪) 한(韓)씨	한사형(韓士亨)	흥안군(興安君)	청주(淸州) 한(韓)씨	한인급(韓仁及)
			경평군(慶平君)	삭녕(朔寧) 최(崔)씨	최윤조(崔胤祖)
			영성군(寧城君)	창원(昌原) 황(黃)씨	황이중(黃履中)
			정화옹주(貞和翁主)	권대항(權大恒: 安東 權氏)	권희(權憘)
기 타	귀인(貴人) 정(鄭)씨	정황(鄭滉)	없음		
	숙의(淑儀) 정(鄭)씨	정순희(鄭純禧)	없음		

선조 137

참고문헌

· 원자료
『宣祖實錄』
『宣祖修正實錄』
『燃藜室記述』
『朝鮮王朝御筆』(한국서예사 특별전 22, 예술의 전당·서울서예박물관)
『조선의 왕 —어필로 보는 조선 500년』(한솔종이박물관)

· 논저
金恒洙,「宣祖 初年의 新舊 葛藤과 政局 動向」,『國史館 論叢』34, 국사편찬위원회, 1992.
白仁山,「宣祖 年間 文人畵 三絶 —黃執中, 李霆, 魚夢龍」,『澗松文華』65, 한국민족미술연구
　　소, 2003.
李泰鎭,「壬辰倭亂에 대한 理解의 몇 가지 문제」,『朝鮮儒敎社會史論』;「壬辰倭亂 극복의 사
　　회적 動力」, 같은 책, 지식산업사, 1989.
鄭在薰,「明宗·宣祖 연간의 經筵」,『朝鮮時代史學報』10, 朝鮮時代史學會, 1999.
지두환,『명종대왕과 친인척』, 역사문화, 2002.
_____,『선조대왕과 친인척』, 역사문화, 2002.
한명기,『임진왜란과 한중관계』, 역사비평사, 1999.
_____,『광해군』, 역사비평사, 2000.
한영우,『다시 찾는 우리 역사』, 경세원, 1997.

한교 韓嶠

조선의 병학을 정립한 성리학자

노영구 서울대학교 한국문화연구소 책임연구원

1. 서론

한국의 전통 병학(兵學)은 아직도 그 실체가 완전히 규명되지 않은 분야이
다. 이런 상황에서 조선 중기의 병학자(兵學者) 한교(韓嶠, 1556~1627)는
대단히 이색적이며 소중한 인물이다. 임진왜란 이전까지 다양한 병서(兵
書)가 간행되어 군사 훈련과 전법 운용에 활용됐지만 대부분 국가 주도로
편찬되었고 편찬자도 병학을 전문적으로 연구한 사람은 드물었다. 한교는
비록 율곡 이이(李珥)와 우계 성혼(成渾) 문하의 성리학자였지만, 임진왜란
을 계기로 훈련도감에 들어가 여러 종류의 새로운 병서를 편찬한 전문 병학
자로서 뚜렷한 발자취를 남긴 인물이다.

　임진왜란은 16세기 후반 동북아시아 주요 세 나라의 병법과 무기체계의
장단점이 극명하게 드러난 국제 전쟁이었다. 검술을 이용한 단병(短兵) 전
술에 신식 화승총인 조총(鳥銃)을 이용한 장병(長兵) 전술을 배합한 일본군
의 전법에 비해, 전통 궁시(弓矢)를 중시한 장병 중심의 전법으로 대응한 조

선군은 임진왜란 초기 육상 전투에서 참패를 면하지 못했다. 일본군은 임진 왜란 직전까지 약 100년간의 전국 시대(戰國時代)를 거치면서 숙련된 기존 전투 기술에다 조총을 도입해 만든 새로운 전법을 채택했고, 조선은 여진족 기병 부대를 주된 적으로 가정해 만든 기존의 기병 중심 전법을 고수했기 때문에 상대적으로 무력할 수밖에 없었다. 충주의 탄금대 전투에서 신립 (申砬)이 이끈 조선군이 참패할 수밖에 없었던 것은 바로 이러한 전법의 차 이 때문이었다.

기존의 전법이 일본군을 막는 데 역부족이었던 조선에 있어 일본군을 효 과적으로 제압할 수 있는 새로운 전법이 절실히 요구되었다. 이러한 상황에 서 이듬해 정월 평양성 전투에서 일본군을 효과적으로 공격했던 명나라 남 방인 절강(浙江) 지역 군대, 일명 남병(南兵)이 보여준 새로운 전법은 큰 주 목을 받았다. 일명 절강병법(浙江兵法)으로 불린 이 전법은 조총·불랑기 (佛狼機)·호준포(虎蹲砲)·화전(火箭) 등 다량의 화기(火器)를 갖추어 일본 군의 조총에 대항하고, 동시에 기본 전투 단위인 대(隊)에는 당파(鎲鈀)·낭 선(狼筅)·등패(등牌) 등 새로운 근접전 무기로 무장한 12명의 보병으로 편 성해 일본군과 대등하게 근접전을 벌였던 새로운 형태의 전술체계였다. 따 라서 조선 정부는 이 병법에 관심을 갖고 이 병법을 수록한 『기효신서』(紀 效新書)를 입수해 한교에게 그 내용을 정리하게 하였다. 『기효신서』의 내용 을 정리하고 이를 바탕으로 여러 종류의 병서가 한교의 주도로 편찬되었는 데 이 과정에서 그는 성리학자라기보다 한국사의 대표적인 병학자로 자리 잡게 된다.

그러나 조선의 병학에 끼친 뚜렷한 업적에도 불구하고 한교의 존재가 그 동안 우리에게 널리 알려지지 않은 것은, 근대 이후 전통 병학의 단절과 깊 은 관련이 있다. 19세기 이후 근대적 군사 기술과 신형 무기로 무장한 서양 세력의 침입에 조선의 군사력이 적절히 대처하지 못하고 결국 일본의 식민 지로 전락하게 되자, 전통 병학의 효용성에 대해 깊은 회의를 갖게 되었다.

63인의 역사학자가 쓴 한국사 인물 열전

따라서 전통 병학을 새롭게 이해·계승하고자 하는 노력은 무의미한 것으로 간주되었고, 심지어 병학의 주요 부분인 각종 무예(武藝)의 경우에는 근접 전투에서의 역할이 배제된 채 민속학 또는 체육학의 부문으로만 인식되기에 이르렀다. 이런 이유로 우리 역사의 저명한 병학자였던 한교의 존재마저 잊혀지게 되었던 것이다.

전통 병학에 대한 연구가 아직 충분하지 않은 상태에서 한교에 대한 단독 연구도 아직 이루어지지 못한 것이 사실이다. 그에 대한 연구는 병학사 연구에서는 임진왜란 이후 조선 병학의 발달과 다양한 병서 편찬을 소개하면서 그의 생애를 부분적으로 소개하였을 따름이고, 조선 시대 유학사(儒學史) 연구에서는 이이와 성혼 문하의 한 성리학자로 언급하고 있다. 그 외 체육사 분야 등에서 한국 무예 형성과 관련해 한교의 업적이 간략히 언급될 뿐 그의 생애에 대한 전면적인 분석과 그의 병학사적인 위치에 대해서는 아직 연구가 없는 실정이다. 그의 생애 전반에 대한 분석이 거의 이루어지지 못한 것은 기본적으로 그의 문집이었던 『동담집』(東潭集)이 이름만 남아 있고 현재 전해지지 않는다는 사실과도 상당한 관련이 있다.

이 글은 최명길(崔鳴吉)이 한교의 생애를 간략히 정리한 묘갈명(墓碣銘)의 내용을 중심으로 여러 책에서 언급하고 있는 그의 생애를 정리하고, 임진왜란 이후 그가 편찬한 여러 병서의 내용을 분석해 한국 병학사에서 한교가 차지하는 위치를 살피는 데 기초를 마련하고자 한다.

2. 생애

명나라의 새로운 전법을 수록한 병서인 『기효신서』를 처음 해석하고 여러 병서를 간행해 조선 후기 병학의 기초를 닦는 데 공헌을 했던 한교의 자는 사앙(士昻)이고 호는 동담(東潭)으로 본관은 청주(淸州)이다. 조선 초기 세조~성종대 유명한 인물인 상당부원군 한명회(韓明澮)의 5대손으로 아버지 직장(直長) 수운(秀雲)과 어머니 우봉(牛峯) 이(李)씨 사이에서 1556년 (명종 11) 11월 30일 출생했다. 아버지가 서얼 출신이어서 한교의 삶에 한 질곡이 되지만, 동시에 다른 성리학자보다 유연하게 성리학 이외의 여러 분야 학문을 거부감 없이 접할 수 있었던 원인이 되기도 했다.

그는 어려서부터 뛰어난 자질로 일찍부터 두각을 나타냈고 나이가 들어서는 율곡 이이와 우계 성혼에게 성리학을 배웠다. 초기에는 이이의 문하에 있었지만, 이이와 성혼이 1572년부터 6년 동안 벌인 사단칠정(四端七情)에 대한 논쟁 과정에서 성혼을 지지하며 조헌(趙憲), 황신(黃愼), 이귀(李貴), 정엽(鄭曄) 등과 함께 성혼의 문하로 들어가게 된다. 이에 따라 기존의 성혼의 문인이었던 오윤겸(吳允謙), 최기남(崔起南), 안방준(安邦俊), 강항(姜沆) 등과 성혼학파의 일원이 되었다. 그러나 성혼학파는 다른 학파에 비해 세력이 크지 않아 학파로서의 독자성이 약했고, 두 학파 간의 친연성이 높았으므로 서로 상당한 교류를 계속하게 된다. 특히 율곡의 수제자였던 사계(沙溪) 김장생(金長生)과는 오행(五行)과 사단칠정 등에 대해 여러 차례 편지를 통해 논쟁하기도 했다(『沙溪先生遺稿』 권5, 「四端七情辨示韓士仰」·「韓士仰五行說辨」).

한교는 성리학 외에 여러 분야의 책을 널리 섭렵하여 천문·지리·복서(卜筮)·병학 등의 학문을 두루 통달했고 예학(禮學)에도 매우 능통했다. 그가 활동하던 16세기 중반에는 성리학에 대한 이해가 깊어지면서 생활 의례로서 『주자가례』(朱子家禮)의 내용을 시행하고 이를 학문적으로 연구하기 시작해 다양한 주석서가 저술되었다. 이에 따라 예학이 성립하게 되었는데 이런 분위기 속에서 한교도 자연스럽게 예학에 대한 이해를 높이게 된 것으로 보인다. 지금 전해지지는 않지만 『가례보주』(家禮補註)를 저술한 점이 이를 반영한다. 그밖에도 그는 『홍범연의』(洪範衍義), 『사칠도설변의』(四七圖說辨義), 『소학속편』(小學續編), 『심의고』(深衣考) 등을 남겼지만 불행히도 현재 모두 전해지지 않고 있다. 특히 임진왜란이 일어나기 직전인

1591년(선조 24) 겨울 편찬하였던 『소학속편』은 『소학』에서 누락된 주자의 언행(言行)을 모아 정리한 것으로 이후 김장생이 증정(證訂)하기도 했다 (『承政院日記』 제333책, 숙종 15년 2월 1일 己亥).

이렇듯 임진왜란 직전까지 한교는 성리학자로서 매우 뚜렷한 업적을 남긴 인물이었다. 그러나 안타깝게도 그의 성리학 관련 저술과 문집이 현존하지 않아 그의 사상을 고찰하기는 상당히 어렵다. 그러나 이이의 충실한 계승자인 김장생과 여러 차례 논쟁을 벌였고 그것을 토대로 살펴볼 때 그는 성혼의 성리학설을 충실히 계승한 것으로 판단된다.

성리학자로서 이름이 알려졌던 한교는 1592년(선조 25)에 임진왜란이 일어나자 향병(鄕兵)을 모아 일본군에 대항해 여러 차례 전공을 세우고 조정에 그 이름을 알리게 된다. 그의 의병 활동에 대한 구체적인 기록은 없지만 그의 오랜 벗이었던 이귀가 의병을 모집해 황정욱(黃廷彧)의 진중으로 가서 군사를 맡기고 다시 군사를 모집해 이천(伊川)의 광해군 분조(分朝: 국가 비상 사태를 맞아 임시로 조정을 분리하는 것)로 가서 세자인 광해군을 도와 전공을 세운 사실(『遲川集』 권18, 「延平府院君李貴行狀」)이 있는 것을 볼 때 이귀와 함께 의병 활동을 했을 가능성이 상당히 높다. 의병 활동으로 한교는 사재감 참봉(司宰監參奉)에 제수되었고 이어서 봉사(奉事), 직장(直長)을 역임했다.

이듬해 일본군이 한성에서 물러나자 예빈시 주부(禮賓寺主簿)로 있던 한교는 당시의 정승으로 전란 수습을 책임지고 있던 유성룡(柳成龍)에게 발탁되어 신설된 군영(軍營)인 훈련도감의 낭청(郎廳)에 임명되었다. 당시 조선은 평양성 전투에서 명나라의 남병(南兵)이 일본군을 효과적으로 물리쳤을 때 선보인 새로운 전법, 절강병법(浙江兵法)에 대해 매우 관심이 높았다. 특히 이 전법이 명나라 척계광(戚繼光)의 『기효신서』에 수록되어 있다는 사실을 확인한 후 명나라 군진(軍陣) 등을 통해 이 책을 입수했고 선조의 명에 따라 유성룡이 이를 강해(講解)하는 것을 책임지고 있었다. 또 이에 앞서 명나라 참장(參將)으로 조선에 왔던 낙상지(駱尙志)가 유성룡에게 조선의 군사들에게 창검과 낭선 등 명나라의 새로운 근접전 무기 사용법을 익히도록 권해 낙상지의 군사 10명을 교사(敎師)로 삼아 70여 명의 조선군에게 이를 훈련시키게 했다. 이런 노력을 바탕으로 그해 10월 훈련도감을 설치하고 유성룡을 도제조에 임명한 후 『기효신서』에 입각해 군사를 편성하고 조총 사격과 각종 창검 훈련을 담당하도록 했다. 그러나 이 책의 내용은 조선이 접하지 못했던 신형 무기와 새로운 전법 등이 많이 수록되어 그 내용을 바로 이해하고 활용하기에는 어려움이 많았다.

이에 유성룡은 종사관이었던 이시발(李時發) 등과 상의해 천문, 지리, 병학 등에 능통한 한교를 발탁해 낭청에 임명하고 『기효신서』의 내용 해석과 번역을 담당하도록 했다. 한교는 이 책의 내용 중에서 의문 나는 것은 명나라 장사(將士)들에게 물어가며 해득하였고, 훈련도감 군사들을 편성해 훈련시켰다. 이러한 여러 노력을 바탕으로 훈련도감은 얼마 지나지 않은 선조 27년 4월경에는 조총병인 포수(砲手) 5초와 근접전 전문 군사인 살수(殺手) 4초로 구성된 정예 군영으로 성장할 수 있었다. 후일 최명길은 한교의 이런 노력에 대해 훈련도감이 조선의 최정예 부대가 된 것은 전적으로 그 덕분이라고 했다. 한교는 또 지방에도 창수와 검수 훈련에 필요한 교관을 파견해 군사를 훈련시키도록 하였고 이러한 공로를 인정받아 군자감 판관(軍資監 判官)으로 승진했다.

훈련도감이 본 궤도에 오른 지 얼마 되지 않은 그해 5월, 한교는 연이어 부모상을 당했다. 그러나 새로운 전법에 따라 병사들을 훈련시켜야만 했던 시급한 당시의 상황에서 병서의 해독에 능통했던 그를 3년간 복상(服喪)하게 할 수 없어 선조는 훈련도감의 계청(啓請)으로 그를 기복(起復)시켜 병서 번역과 편찬 사업을 그대로 진행하게 했다. 이런 과정을 거쳐 편찬된 『기효신서절요』(紀效新書節要), 『무예제보』(武藝諸譜), 『조련도식』(操鍊圖式)은 그의 병서 연구의 결정판이었다.

『기효신서절요』는『기효신서』에서 병법의 원론적인 내용을 요약한 촬요서(撮要書)로서 내용은 속오(束伍), 비교(比校), 조련(操鍊), 행영(行營), 실전(實戰), 수성(守城), 주사(舟師), 군례(軍禮) 등 모두 14장으로 구성되었다. 이 책은 현재 서울대학교 규장각(奎章閣)에 소장되어 있다(奎1408, 1409).『조련도식』은 전해지지 않아 정확한 내용을 알 수 없으나 군사들의 훈련 절차를 그림과 함께 제시한 것으로 보아 조선 후기 가장 기본적인 군사 교련서인『병학지남』(兵學指南)의 초고본적인 병서였을 것이다. 특히『무예제보』는 우리 나라 최초의 무예 관련 서적으로 절강병법을 익히는 데에 필요한 곤(棍), 등패(藤牌), 낭선, 장창(長鎗), 당파, 검(劍) 등 여섯 가지의 단병 무기와 무예를 정리한 책으로, 한교는 명나라 유격장군 허국위(許國威)에게 의문 나는 내용을 물어가며 1598년(선조 31)에 완성했다.『무예제보』는 이후 정조(正祖) 시대에 편찬된『무예도보통지』(武藝圖譜通志)의 원형을 이룬다는 점에서 매우 주목된다.

　이 세 병서가 완성되자 한교는 곧바로 경기도 광주 퇴촌(退村)으로 물러나 부모의 복상을 마쳤다. 그러나 전란이라는 당시의 시급한 정세로 인해 부모의 상을 제때에 이행하지 못한 것이 이후 서얼의 자식이라는 그의 출신 문제와 함께 성리학자로서 그에 대한 비판의 주요 근거로 활용되기도 했다. 선조 33년 복상을 마친 한교는 다시 북부 주부(北部主簿)에 제수된다. 그런데 그해 6월, 중전 박씨(懿仁王后)가 46세의 나이로 사망하자 선조가 입어야 할 상복(喪服)을 놓고 대신들 간에 논쟁이 벌어졌다. 이에 예학에 정통했던 그가 선조가 1년 동안 상복을 입는 장기(杖朞)가 적당하다고 주장했고 이것을 영의정 이항복(李恒福)이 채택했다. 그해 가을에는 군자감 판관에 제수되었으나 대간(臺諫)에 의해 임명되진 못했다. 뒤에 훈련도감 교훈관(敎訓官), 도체부 조련관(都體府操鍊官) 등에 임명되어 약 10년 동안 여진족의 침입이 우려되던 변경 지역인 서북 지방을 출입했다.

　임진왜란이 끝난 직후인 선조 후반에는 당시 새로이 대두하고 있던 여진족의 동향이 심상치 않았다. 이에 한교는 이들을 효과적으로 제압하기 위해서는 새로운 병법의 도입과 개발이 시급하다고 주장하여 척계광이 저술한 또 다른 병서인 『연병실기』(鍊兵實紀)에 제시된 전차(戰車)를 이용한 전법에 주목했다. 이 전법은 불랑기 등의 소형 화포를 장착한 전차를 정사각형의 진형인 방진(方陣) 외곽에 배치하고 그 속에 기병과 보병을 대기시켰다가 화포 사격으로 적의 기병이 약해지면 기병과 보병을 돌격시켜 적을 공격하는 것으로 그는 이 전법을 조선군에 적용하자고 적극 주장했다. 실제로 그는 이항복의 후원으로 전차를 제작해 평안도, 함경도에서 시험하기도 했다. 당시 도체찰사부 서북교련관(西北敎鍊官)으로 있던 한교는 이 전법을 채택하고 훈련시키기 위해 광해군 4년 함경도 함흥에서 『연병지남』(鍊兵指南)을 편찬하기도 했다. 그러나 산악이 많은 조선에 전차를 운용하기 적합하지 않다는 반대 의견에 부딪혀 이 전법은 결국 채택되지 못했다.

그런가 하면 1613년(광해군 5) 대북파(大北派)가 영창대군(永昌大君)과 반대파인 서인 세력을 제거하기 위해 일으킨 이른바 계축옥사(癸丑獄事) 때는 서인이었던 점과 과거시험에서 아버지의 이름을 허위로 기재했다는 죄명으로 옥에 갇혔다가 순천(順天)으로 귀양을 가서 2년여를 보내게 된다. 그러나 아버지의 이름을 허위로 기재한 죄명은 표면적인 이유였고 그보다는 그가 병법에 매우 능한 서인으로 대북 세력에 위험한 인물이었기 때문에 사전에 조처한 것이었다. 한교는 그 2년 후인 광해군 7년에 사면되어 도체부 조련관, 도원수 참모관 등에 제수되었다. 이후 곡산부사에서 제수되었다가 물러나 아차산(峨嵯山) 아래 광나루에 은거하며 지냈고 이 기간 동안 이귀와 함께 이이첨(李爾瞻) 등이 주도한 인목대비 폐모 모의를 좌절시키는 데 일조하기도 했다.

1623년 3월에는 인조반정에 이귀, 최명길 등과 함께 주도적으로 참여해 장악원 첨정(掌樂院僉正)에 제수되고 이어서 4월 곡산군수에 임명되었다. 그해 겨울인 10월에는 인조반정의 공로로 정사공신(靖社功臣) 3등 서원군

(西原君)에 봉해지고 통정대부로 품계가 오르게 된다. 이듬해 정월에 일어난 이괄(李适)의 난에는 어영사(御營使) 이귀의 부장(副將)으로 출전해 임진강 방어를 담당했으나 실패하고 백의종군하게 되었다. 그러나 곧이어 반란군이 국왕으로 옹립됐던 흥안군(興安君) 제(瑅)를 잡은 공로를 인정받아 복직되었다.

그는 또 1625년(인조 3) 11월에 고성 군수에 제수되었으나 이듬해 파직되었고, 이후 광나루 근처에 집을 짓고 두문불출하면서 병을 핑계로 관직에 나가지 않았다. 얼마 후 병이 깊어졌음에도 불구하고 후금의 침입에 미리 대비할 것을 건의하는 상소를 올렸으나 채택되지 않았다. 결국 그는 뜻을 관철시키지 못하고 인조 5년 정월 12일 향년 72세로 생을 마감했고 사후 자헌대부 호조판서 겸 지의금부사 청성군(淸城君)으로 추증되었다. 그리고 그가 사망한 지 얼마 지나지 않아 정묘호란이 일어나자 사람들은 그의 선견지명에 탄복했다. 한교의 장례는 호란으로 인해 제대로 치르지 못하다가 인조가 강도(江都)에서 돌아온 그해 5월 8일에 관리를 보내고 예를 갖추어 여주 천령현(川寧縣)에서 장사를 지냈다.

그는 세 번 결혼을 했는데 첫번째 부인 민씨는 민영(閔英)의 딸로 그 사이에서 1녀를 두었고, 두번째 부인 송씨는 송흥록(宋興祿)의 딸로 슬하에 1남(宣吉)을 두었다. 세번째 부인 이씨는 종실인 아릉군(阿陵君) 이린(李轔)의 딸로 슬하에 3녀를 두었다.

한편, 그가 죽은 후 저술 중 병서를 제외하고는 모두 산실되었는데, 이는 그가 서얼의 자식이라는 하자와 함께 성리학자이면서도 여러 학문 분야를 배척하지 않고 포용했던 학문 태도 때문이었다. 따라서 성리학에 관한 그의 저서는 모두 다른 학자들에게 배척을 당하게 되었고 그런 이유로 현존할 수 없었다. 그의 문집인 『동담집』(東潭集)도 사후에 간행되어, 조선 말기에 편찬된 『증보문헌비고』(增補文獻備考) 권249, 「예문고」(藝文考) 8에 그 책 이름이 기록되어 있는 것으로 보아 20세기 초반까지 상당히 남아 있었던 것으로 보인다. 그러나 현재 주요 대학의 도서관 등에 『동담집』의 소장 여부가 확인되지 않아 병학 이외에 성리학 등 그의 생애와 사상의 진면목을 온전히 파악하기 어려워 안타까울 따름이다.

3. 병서 편찬과 새로운 전법체계의 완성

(1) 『무예제보』와 절강 병법의 도입

임진왜란 이전까지 조선의 기본적인 전투 교범 성격의 병서는 세조대 간행된 『진법』(陣法)이었다. 이 책은 먼저 국가의 전 병력을 동원하는 대규모 부대 운용과 국지적인 분쟁에 대비한 소부대 운용을 동시에 고려한 융통성이 있는 전법 체계를 담고 있다. 즉 대장(大將) 아래 다섯 위(衛)가 있고, 위에는 각기 다섯 부(部)가 있으며, 부마다 네 통(統)이 있는 형태의 편제 방식이었다. 그리고 하위 편제는 5인이 오(伍), 25인이 대(隊)가 되며 125인이 여(旅)가 되는 방식이었는데, 각 통의 인원 편성 규모를 상황에 따라 오, 대, 여로 선택해 작전 부대 규모를 적절히 결정할 수 있었다. 또 다른 특징은 기병(騎兵)과 보병(步兵)을 동일한 비중으로 편성하고 있다는 점이다. 즉, 각 부에 반드시 기병 2통과 보병 2통을 두되, 기병을 절반 이상으로 편성하도록 했다. 이는 기병을 주요 전투력으로 삼았던 조선 초기의 상황을 보여준다.

『진법』에 바탕을 둔 조선의 전술체계는 궁시(弓矢)로 무장한 북방의 여진 경기병에 효과적으로 대응하기 위한 것이었다. 조선군의 전투 방식은 화차(火車) 사격과 기병이 말을 달리며 활을 쏘는 기사(騎射) 공격이 주요한 공격 방식이었고, 이 공격으로 인해 흩어져 퇴각하는 여진 기병을 조선 기병이 추격해 15척(尺) 길이의 긴 창을 이용해 공격하는 것이 일반적이었다. 기본적으로 궁시와 화포 등의 원거리 무기와 기병의 충격력을 중시했던 조선 전기의 전법은 여진족뿐만 아니라, 화포를 갖추지 못하고 주로 검술에 의한 근접 백병전을 중시하던 왜구를 제압하는 데도 매우 효과적이었다.

그러나 16세기 중반 일본이 포르투갈 인에게 입수한 신형 화승총인 조총으로 무장하면서 궁시 등을 중시한 조선의 장병(長兵) 전법의 전술상의 우위는 상쇄되었다. 게다가 전통적인 장기인 검술을 기본으로 한 단병(短兵) 전법을 배합한 일본군의 전법은 조선군을 훨씬 압도하고 있었다. 한교의 다음 언급은 당시 조선군의 전술상의 취약점을 여실히 보여준다.

> 오직 우리 나라는 해외(海外)에 치우쳐 있어 예부터 전해오는 것이 다만 궁시한 기예만 있고 칼과 창은 단지 그 기계(器械)만 있고 익혀 쓰는 방법은 없다. 말 위에서 창을 쓰는 것은 비록 무과 시험장에서는 쓰이지만 그 방도를 상세히 갖추지 못해 칼과 창이 버려진 무기가 된 지 오래되었다. 그러므로 왜군과 대진할 때 왜군이 죽기를 각오하고 갑자기 돌진하면 우리 군사는 비록 창을 잡고 칼을 차고 있더라도 칼은 칼집에서 뽑을 겨를이 없고 창은 겨루어보지도 못하고 속수무책인 채로 적의 칼날에 꺾여버리니, 이는 모두 칼과 창을 익히는 방법이 전해지지 않았기 때문이다. (『武藝圖譜通志』 卷首, 「技藝質疑」)

한교의 이 언급을 통해 임진왜란 당시 조선은 궁시의 기예가 뛰어났음에도 불구하고 칼과 창을 이용한 단병 전술이 제대로 확립되지 않아 일본군에 패배했음을 알 수 있다. 조총과 검술을 배합한 일본군의 전법에 충격을 받은 조선은 여기에 대응하기 위해 새로운 전법의 도입을 강구했다. 특히 이듬해 정월 평양성 전투에서 명나라의 절강 지역 군사인 남병(南兵)이 구사한 새로운 전법이 일본군을 제압하는 데 대단히 효과적이었음을 목격하게 된다.

당시 명나라 남병은 중국 남방의 왜구에 대처하기 위해 척계광의 주도로 새로이 편성된 부대였다. 이들은 등패와 낭선, 장창과 당파와 같은 새로운 형태의 근접전 무기를 채택했고 부대 편성 방식도 조선에 상당히 생소한 것이었다. 전투 방식에서도 먼저 화포를 발사하고 뒤이어 일종의 로켓 무기인

화전(火箭)을 대량으로 발사해 일본군의 기선을 제압했다. 이어서 장창과 당파를 사용하는 병사를 동원해 각기 운용 방식에 따라 사용하되 만일 적군이 먼저 돌진해오면 낭선 부대를 집중시켜 대응하고 만일 적이 움직이지 않으면 방패수들이 전진해 공격했다(『兵學指南演義』, 「序文」). 즉, 각종 화포와 화전을 이용해 일본군의 조총을 제압하고 각종 단병기를 소지한 군사들이 소규모 단위로 일본군을 상대로 한 근접전을 효율적으로 수행하는 전투 방식이었다.

이런 명나라 남병의 새로운 전법이 일본군에 효과적으로 대응할 수 있음을 확인한 조선은 이를 도입하려 했고, 이것이 『기효신서』에 수록되어 있음을 확인한 후 『기효신서』의 도입과 해석에 노력했다. 한교의 『기효신서』 번역 작업과 새로운 병서의 간행은 이런 상황의 구체적인 반영이었다. 특히 『병학지남』의 기초가 되는 『조련도식』과 새로운 무예서 『무예제보』의 편찬은 대표적인 사례다. 그러나 한교가 편찬한 이들 병서가 단순히 『기효신서』의 내용을 요약하거나 풀이한 것이라고 하기에는 내용면에서 특징적인 요소가 매우 많다.

절강 전법은 중국의 기존 전법과 무기체계, 군사 편제 등 여러 가지 면에서 차이를 보일 뿐 아니라 조선의 기존 진법과는 관련 용어와 군사 편제, 운용 방식에서 완전히 다른 체제였다. 먼저 기본 편제인 대(隊)의 경우 지휘자인 대장(隊長)과 취사병인 화병(火兵) 그리고 전투병인 등패수 2명, 낭선수 2명, 장창수 4명, 당파수 2명 등 모두 12명으로 편성되어 있으며 3대가 1기(旗), 3기가 1초(哨), 5초가 1사(司), 5사가 1영(營)을 형성하였다. 대신 한 사의 다섯 초 중에서 한 초는 조총병만으로 구성하도록 했다. 또 각 대는 기본적으로 2열 종대의 형태로 행군하고 적을 공격하도록 했는데 공격하는 형상이 마치 원앙새의 암수가 나란히 함께 노니는 것과 비슷하다고 해 그 진형을 '원앙진'(鴛鴦陣)이라고 했다.

이처럼 절강 병법은 각종 용어와 군사 편제·및 운용 면에서 조선의 기존 전법 체계와는 완전히 달랐다. 또한 척계광이 『기효신서』를 편찬할 때 군사의 조련을 위해 일반 군사들이 이해하기 쉽도록 절강 지역의 방언(方言)과 구어(口語)를 사용했으므로 조선에서 그 내용을 온전히 이해하기는 더욱 어려웠다. 뿐만 아니라 무예 관련 내용의 경우에는 각 동작 하나하나의 그림〔圖〕만 그려져 있을 뿐 연속 동작을 제시한 보(譜)가 없었고, 진법의 내용도 대단히 난해하고 각 전투 상황별로 설명되어 있어 새로운 전법을 전혀 모르는 장수와 군사들을 일련의 훈련 절차에 입각하여 새롭게 훈련시키는 데 어려움이 많았다. 결정적으로는, 『기효신서』의 분량이 18권에 이르러 야전에서 손쉽게 이용하기 어려웠다. 새로운 전법인 절강 병법을 조선에 도입하기 위해서는 『기효신서』를 바탕으로 새로운 훈련용 병서가 절실히 필요했다. 한교의 『조련도식』 편찬은 이런 상황에서 나온 것이었다.

현재 『조련도식』은 전하지 않아 내용을 알 수 없으나 대체로 군사 조련과 진법에 대해 그림을 붙여 간행한 것으로서(『선조실록』 권64, 선조 28년 6월 갑인), 『병학지남』의 초고본적인 성격을 지닌 것으로 생각된다.* 이 책의 내용은 대체로 『기효신서』의 내용에 바탕을 두고 있지만 군사 편제와 무기, 각종 깃발과 악기 그리고 장조(場操), 야영(夜營), 분련(分練), 수성(守城), 수조(水操) 등 상황에 따른 훈련 방식을 통일해 정리하고 그 훈련 내용을 그림으로 상세히 묘사하였을 것으로 생각된다. 이에 따라 새로운 전법을 좀더 통일적으로 손쉽게 익힐 수 있게 되었다. 한교의 『조련도식』 편찬은 책의 편찬에 그치는 것이 아니라 조선 후기 군사 훈련 체계를 확립했다는 점에서 의미가 크다. 따라서 정조대 『병학통』(兵學通)의 간행으로 『병학지남』을 대체할 때

---

* 최근 발견된 병서 자료 중 1607년(선조 40) 평안도 감영의 敎練廳에서 찬집한 『韋藝正彀』라는 책은 이 문제와 관련해 상당히 주목된다. 단권으로 편찬된 이 책은 旗鼓集, 營陣集의 두 부분으로 나뉘어 있는데, 營陣集은 '旗鼓總訣' · '營陣習法'로 이루어져 있고, 營陣習法은 場操 · 夜營 · 練伏 · 分練 · 練隊 · 比較 · 野操行營 · 練守城으로 구성되어 있으며, 내용이 군사 조련과 진법에 대한 것임을 알 수 있다. 그리고 그 순서가 현존하는 『兵學指南』과 매우 비슷하다. 즉, 『조련도식』에 바탕을 두고 『병학지남』, 『군예정구』 등의 군사 조련서가 선조대 간행되었음을 짐작할 수 있다.

까지 한교가 확립한 조선의 군사 훈련 체계는 그대로 계승되었다. 이와 함께 모든 군사 훈련이 그림으로 재현되었으므로 오늘날에도 당시의 세부적인 군사 훈련을 복원할 수 있는 바탕을 제공하고 있다. 이는 한교의 진법 연구와 『조련도식』 편찬이, 『기효신서』를 완전히 이해하고 그것을 바탕으로 새로운 진법을 구체적이고 체계적으로 분석해 나온 것임을 확인할 수 있다.

그러나 절강 병법이라는 새로운 전법의 도입은 『조련도식』과 같은 군사 조련과 진법서의 간행만으로 완성되기 어려운 것이었다. 앞서 보았듯이 가장 기본 편제 단위인 대(隊)의 경우 등패수, 낭선수, 장창수, 당파수 등 새로운 단병기를 사용하는 군사들로 편성되었다. 따라서 절강 병법의 완성을 위해서는 반드시 새로운 단병 무예를 보급하는 것이 절대적으로 필요했다. 임진왜란 이전까지 조선은 기본적으로 궁시를 위주로 한 장병 전법에 바탕을 두었으므로 근접전에 필요한 단병 무예는 거의 익히지 않았다. 비록 명나라 군을 통해 절강 병법이 도입되었지만 초기에 이 전법을 온전히 운용하기에는 근접전 전문 군사인 살수(殺手)가 충분히 확보되지 못했다.* 이와 함께 조선에 도입된 단병 무예는 비록 『기효신서』를 바탕으로 하였지만 기본적으로 원병으로 출정하였던 명나라의 여러 군진(軍陣)을 통해 그 실기를 익혔기 때문에 동일한 무예라도 각 세부 자세에는 차이가 적지 않았다. 이에 따라 통일적인 단병 무예를 확립하고 이를 보급할 필요가 있었다.

체계적인 단병 무예의 확립을 위해 선조 27년 봄부터 살수에 대한 여러 보(譜)를 언해하는 작업을 훈련도감에서 착수하였다. 그러나 훈련도감 낭청이었던 한교가 주도한 이 작업은 순조롭게 진행되지 못했다. 앞서 보았듯이 『기효신서』에는 여러 무예의 각 자세에 대한 그림은 있으나 설명이 매우 간략할 뿐만 아니라 여러 자세를 연속으로 익히는 보(譜)가 수록되지 않았기 때문에 어려움이 많았다. 따라서 살수를 선발해 명나라 장사(將士)들에게 의문점에 대해 일일이 물어보고 정리해야 하는 어려움이 있었다(『武藝諸譜』, 「武藝交戰法」). 그리고 『기효신서』의 내용과 명나라 군진이 전해준 각

자세에도 차이가 적지 않아 이를 통일할 필요가 있었다. 선조 31년 5월, 몇 해에 걸친 작업의 마지막 단계로 한교는 무예에 뛰어났던 명나라 유격(遊擊) 허국위(許國威)를 통해 최종적으로 의문점을 확인하고 세부적인 내용을 확정지었다. 그해 7월에 한교는 훈련도감 살수 12명을 선발해 허국위의 군중에 가서 무예를 수정·보완하도록 했다.

이와 같은 과정을 통해 선조 31년 10월에 마침내 우리 나라 최초의 단병 무예서인 『무예제보』가 완성되었다. 『무예제보』에는 절강 병법을 구사하는 데 당장 시급한 곤·장창·당파·낭선·등패·장도(長刀) 등 6종의 단병 무예가 그림·보와 함께 수록되었다. 그리고 각 보의 뒤에는 총도(總圖)를 수록해 각 무예의 연속 동작을 일목요연하게 익힐 수 있게 했다. 이 책이 간행됨으로써 절강 병법을 구사하는 데 필요한 살수를 체계적으로 양성할 수 있게 되었다. 그리고 절강 병법에 따른 단위 부대의 훈련도 가능해져 임진왜란 이후 조선군의 편성과 훈련 방법은 조선 전기 전법체제에서 완전히 새롭게 탈바꿈하였다. 또한 한교가 정리한 단병 무예는 당시 명나라 여러 군진의 무예를 종합적으로 분석하여 이를 정리하였으므로 중국의 원형보다 실용적인 면모를 띠었다는 점에서 무예사적으로 의미가 크다.**

(2) 전차(戰車) 운용 전법의 도입과 『연병지남』의 편찬

16세기 후반 들어 여진족은 점차 조선과 명나라에 위협적인 세력으로 등장하게 된다. 특히 건주여진(建州女眞)의 누르하치(奴兒哈赤)는 임진왜란중 만주 지역에 대한 명나라의 영향력이 약화된 틈을 타서 이 지역의 여러 여

---

* 『기효신서』에 따르면 전체 군사에서 살수와 총수(銃手=砲手)의 비중은 4 대 1로 살수의 비중이 매우 높았다. 三手兵체제를 지향하던 훈련도감의 경우 선조 27년 11월 당시 전체 13개 哨 가운데 砲手 7초, 殺手 4초, 射手 2초로 구성되어 포수의 비중이 절반을 넘었다.

** 『武藝諸譜』는 한동안 그 소재가 확인되지 않았으나 1993년 국립중앙도서관 비도서자료실에서 프랑스 東洋語學校 소장본의 마이크로 필름이 보관되어 있는 것을 체육사학자 박기동이 발견해 학계에 널리 알려졌다.

진 부족을 통합하며 지배력을 강화했다. 그리고 임진왜란 초기 함경도가 일본군에 점령되면서 조선에 복속하고 있던 여진족인 이른바 번호(藩胡)들이 대거 이탈하면서 여진족에 대한 조선의 통제력이 상실되었다. 여진족에 대한 통제력이 상실되면서 국경 지대에서 여진족의 공격은 점차 빈발해졌다. 그러나 조선에서 고려하고 있던 방어책은 여진 기병의 공격에 대비해 성곽을 수축하고 각종 화기(火器)를 사용해 저지한다는 단순한 것이었다. 이런 수세적인 전법을 채택한 것은 임진왜란중 조선이 일본군의 방어에 중점을 둔 보병 위주의 절강 병법을 채택했으므로 야전에서 여진 기병에 대응하기 어려운 상황과 깊은 관련이 있다. 뿐만 아니라 여진족은 갑주(甲胄)로 온몸을 가리고 있었으므로 먼 거리에서는 궁시로 사격할 경우 관통하기 어려웠으므로 관통력이 좋은 조총 같은 화기 공격이 필요했다. 그러나 당시의 화기 성능은 발사 속도가 느리고 비가 올 때는 사격이 곤란한 결정적인 한계가 있었으므로 야전에서 조선 보병이 여진 기병의 돌격을 효율적으로 저지하기 어려웠다. 따라서 새로운 기병 전법이 시급한 상황이었다. 이때 척계광의 또 다른 병서인『연병실기』(練兵實紀)에 수록된 전차를 중심으로 기병과 보병을 동시에 운용하는 전법을 주목하였다.

살수 위주로 편성한『기효신서』와 달리『연병실기』에 수록된 전법은 먼저 보병 한 대(隊)에 화전을 발사하는 당파수 2명 외에 조총수(鳥銃手) 2명과 장병쾌창수(長柄快鎗手) 2명을 두어 화력을 상당히 보강하고 있다. 이와 함께 기병의 경우에도 한 대에 조총수와 장병쾌창수 2명씩을 두고 있다. 특히『연병실기』에는 전차를 다루는 거병(車兵)이라는 병종을 두고 있는 점에 특징이다. 이 전차는 불랑기(佛狼機)라는, 서양에서 도입된 소형 후장식(後裝式) 화포 2문을 장치한 것이었다.『연병실기』의 전차 이용 전법의 내용은 한 영(營)에 128량의 전차를 보유해 이동하다가 적 기병의 공격을 받으면 사방으로 전차를 둘러싸고 그 안에 기병과 보병을 두고서 불랑기, 화전, 조총 등으로 사격하고 이에 따라 적의 대형이 흐트러지면 내부의 기병과 보병을 돌격시키는 전법이었다(『연병실기』 권1, 編伍法 「보병」·「기병」·「選車兵」).

임진왜란중 명나라 군의 여러 군영을 드나들며 새로운 전법을 이해하려 했던 한교에게 『연병실기』의 전차 전법도 자연스럽게 소개되었을 것이다. 특히 선조 36년 이후 여진족의 위협이 본격적으로 대두되자 훈련도감을 중심으로 『연병실기』에 의한 군사 편성과 전법 도입을 적극적으로 고려했다. 특히 선조 37년 12월부터 북방의 네 도인 강원·황해·평안·함경도 등에서 『연병실기』에 따른 군사 편성과 훈련을 시작했다. 이 조처와 함께 한교는 『연병실기』를 바탕으로 조선의 사정에 맞는 전차·기병·보병을 통합해 조련하는 통일된 훈련 절차와 전법 편찬에 착수했다.

선조대 후반 『연병실기』에 따른 군사 편성이 이루어지고 전차를 활용한 전법이 소개되었지만 곧바로 채택되지는 못했다. 당시 산악이 많은 조선의 지리적인 상황에서 전차를 운용하기 어렵다는 문제 제기와 함께 만성적인 전마(戰馬)의 부족 현상도 이 전법 채택을 어렵게 했다. 그러나 한교는 광해군 대 초기 이항복, 유형(柳珩), 최기남(崔起南) 등의 후원에 힘입어 평안도와 함경도 지방에서 실제 전차 제작과 전차 전법 채택에 노력했다. 특히 그는 광해군 3년 3월 국왕에게 올린 상소에서 『연병실기』에 입각해 조선의 군사 편성과 조련을 일원적으로 통일할 것을 주장했다. 그는 포차(砲車)와 전차(戰車)를 군데군데 도열시킨 후 포수와 살수를 그 좌우에 두고 기병을 날개로 삼아, 멀리 있는 작은 수레에 달린 대소 화기를 번갈아 발사해 공격하고 가까이 있는 작은 전차 좌우의 장창수, 당파수 등의 군사로 저지하면서 살수와 기병을 함께 운용하는 방안을 제시했다. 그에 따르면 이 전법은 여진족과 일본군에 모두 효과적이므로 조선군을 이 전법에 입각해 일원적으로 편제할 수 있다는 것이었다(『光海君日記』 권39, 광해군 3년 3월 己巳).

한교는 『연병실기』의 전차 운용 전법을 효과적으로 보급하기 위해 새로운 병서 편찬에도 박차를 가했다. 앞서 보았듯이 그는 선조 37년부터 전차·기병·보병을 통합해 조련하는 훈련 규칙을 작성하여 이를 바탕으로 평안도 등지에서 전차 제조를 시도했다. 이런 노력으로 광해군 4년 7월 함흥에서 『연병지남』을 완성했다. 『연병지남』은 『연병실기』를 바탕으로 했으나 여러 면에서 차이를 보였다.

먼저 총수(銃手)와 함께 살수·궁수(弓手)별로 대(隊)를 편성한 것을 들 수 있다. 특히 궁수대는 『연병실기』에는 없는 독특한 편제로 조선의 전통적인 장기인 궁시를 함께 운용한 것이다. 다음으로 전차를 운용하는 거병(車兵)을 따로 편성하지 않고 총수대 내에 2명의 타공(舵工)을 두어 전차를 운용하도록 했다. 마지막으로 살수대에 길이 3~4척의 칼날을 7척 자루에 꽂은 협도곤(夾刀棍)을 사용하는 도곤수(刀棍手)를 두었다. 협도곤은 주로 보병이 적의 기병과 대적할 때 적이 타고 있던 말의 다리를 먼저 찔러 공격하고 떨어진 기병을 베는 무기였는데 이 도곤수의 존재를 통해 『연병지남』이 기본적으로 북방의 기병에 대항하기 위한 병서임을 확인할 수 있다.* 이처럼 『연병지남』은 세부적인 전법 운용 방식에서 『연병실기』와 상당한 차이를 보이는 매우 특징적인 전법을 수록하고 있다. 이 책의 편찬으로 선조대 후반 이후 『연병실기』 전법의 구체적인 채택을 둘러싼 논의는 일단락될 수 있었다.

그러나 『연병지남』이 편찬된 후 이 전법은 채택되지 못했다. 이는 광해군 4년 이후 기본적으로 여진 기병을 저지하기 위해 야전(野戰)을 포기하고 화기를 이용한 수성(守城)을 주요 전법으로 고려한 것과 깊은 관련이 있다. 이는 내치(內治)를 중시하고 당시의 국제 정세에 대해 더욱 유연하게 대응하고자 했던 광해군의 정책으로 인해 이전보다 다소 수세적인 방어책을 채택하게 된 것과 관련이 있다. 그리고 계축옥사를 계기로 서인 세력이 대거 실각하고 대북파가 정권을 장악하면서 한교도 귀양을 가게 돼 『연병지남』의 전차 운용 전법도 더 이상 논의되기 어려웠다. 그러나 인조반정으로 여진족에 적극 대응을 주장하던 서인 세력이 집권하자 전차 운용 전법은 다시 논의되기 시작했다. 이후에 전차 운용 전법은 기병에 대한 적극적인 전법의 하나로 주요하게 고려되었다. 숙종대 북벌의 일환으로 윤휴에 의해 이루어진 병거(兵車) 제작도 이것의 한 예이다.

4. 병학사상에서 한교의 위치

한교가 편찬한 여러 병서는 비록 임진왜란중 명나라의 새로운 전법을 도입하기 위한 것이었지만 각 병서에 담긴 구체적인 내용은 매우 독자적이었다. 그것은 성리학 외에 병학, 천문 등 여러 분야에 대한 해박한 식견과 함께 새로운 전법을 온전히 도입하기 위해 부모의 상에도 불구하고 각종 병서를 번역하고 명나라 군진을 수시로 찾아다니며 의문점을 확인했던 한교의 열정에 따른 것이었다. 이로 말미암아 뛰어난 성리학자로서 많은 저술을 남겼던 그는 많은 비난을 받기도 했지만, 이 점은 오히려 시급한 현실 문제에 대해 결코 수수방관하지 않으려 했던 그의 현실적 학문 성향을 잘 나타내준다.

한교가 정립한 조선의 전법체계는 이후 『병학지남』을 기본으로 했지만 그의 또 다른 전법 체계인 전차 운용 전법도 계속 논의되었다. 그리고 이 전법을 운용하기 위한 각종 무예도 『무예제보』를 중심으로 하여 내용이 계속 보완되었다. 한교가 정립한 기본적인 병학체계에 따라 조선 후기의 병학은 그 토대 위에서 시대적인 상황에 따라 논의가 다양하게 진행될 수 있었다.

약 200년이 지난 정조대 들어 간행된 주요 병서인 『병학통』(兵學通)과 『무예도보통지』는 한교가 정립한 병학체계를 바탕으로 그동안의 다양한 전쟁 경험과 여러 쟁점을 보완하여 조선 병학체계를 새로이 정리한 것이라는

---

* 협도곤과 이를 이용한 단병 무예는 광해군 2년 간행된 『武藝諸譜飜譯續集』에 수록되어 있는데, 최기남이 쓴 이 책의 발문에 따르면 훈련도감 제조 盧稷이 『무예제보』에 누락된 무예를 추가할 것을 건의해 편찬이 이루어졌다. 이 책의 정확한 편찬자는 나타나 있지 않으나 그 발문에 "이전에 무예의 譜를 편찬한 사람에게 누락된 것을 기록하게 했다"라는 기록이 있는 것으로 보아 『무예제보번역속집』의 실제 편찬자도 한교임을 짐작할 수 있다. 특히 발문을 쓴 사람이 한교의 친한 벗인 최기남인 것을 보면 그 가능성은 상당히 높다.

점을 고려한다면, 조선 병학에 한교의 그늘이 얼마나 깊었는지를 짐작할 수 있다. 그는 임진왜란중 명나라에서 소개된 새로운 전법을 완전히 소화하고 체계적으로 정리해 한국의 전통 병학의 수준을 더 풍부하게 했음은 물론이고 한 단계 끌어올린 병학자로 기억해야 할 것이다. 덧붙여 유능한 성리학자인 그가 조선의 병학을 정립하였다는 사실은 조선의 문치주의(文治主義)가 단순한 문약(文弱)을 의미하는 것이 아니었으며, 당시의 성리학이 여러 사회 문제에 매우 적극적으로 대응하였던 지도 이념이었다는 사실을 웅변적으로 말해주는 사례라고 할 수 있을 것이다.

참고문헌

· 원사료

『彙藝正彀』 『紀效新書』 『紀效新書節要』

『大東野乘』 『東儒師友錄』 『武藝圖譜通志』

『武藝諸譜』 『武藝諸譜飜譯續集』 『兵學指南』

『兵學通』 『沙溪先生遺稿』 『沙溪全書』

『練兵指南』 『練兵實紀』 『遲川集』

· 논저

강성문, 「조선의 병서와 병학사상」, 『韓民族의 軍事的 傳統』, 鳳鳴, 2000.

고영진, 「성리학의 연구와 보급」, 『한국사』 28, 국사편찬위원회, 1996.

_____, 「가례의 연구와 집성」, 『한국사』 31, 국사편찬위원회, 1998.

김종수, 『朝鮮 後期 中央軍制 研究 ―訓鍊都監의 설립과 사회 변동』, 혜안, 2003.

나영일, 「武藝圖譜通志의 武藝」, 『震檀學報』 91, 진단학회, 2001.

노영구, 「18세기 戰車 제작 논의와 운용 戰法의 모색」, 『기술과역사』 3, 산업기술사학회, 2001.

63인의 역사학자가 쓴 한국사 인물 열전

_____, 「韓嶠의 練兵指南과 戰車 활용 전법」, 『문헌과해석』 14, 문헌과해석사, 2001.

_____, 「조선 후기 短兵 戰術의 추이와 武藝圖譜通誌의 성격」, 『震檀學報』 91, 진단학회, 2001.

_____, 「임진왜란 이후 戰法의 추이와 武藝書의 간행」, 『韓國文化』 27, 서울대학교 한국문화연구소, 2001.

_____, 「朝鮮 後期 兵書와 戰法의 연구」, 서울대학교 박사학위 논문, 2002.

박기동, 「武藝諸譜의 발견과 그 사료적 가치」, 『체육과학연구소 논문집』 18, 강원대학교 체육과학연구소, 1994.

_____, 「朝鮮 後期 武藝史 研究 ―무예도보통지의 형성 과정을 중심으로」, 성균관대학교 박사학위 논문, 1994.

심승구, 「朝鮮 時代의 武藝史 研究 ―毛毬를 중심으로」, 『軍史』 38, 국방군사연구소, 1999.

_____, 「韓國 武藝의 歷史와 特性 ―徒手武藝를 중심으로」, 『軍史』 43, 전사편찬연구소, 2001.

정하명, 『古兵書解題』, 육군본부, 1979.

하차대, 「朝鮮 初期 軍事政策과 兵法書의 發展」, 『軍史』 19, 전사편찬위원회, 1989.

허선도, 「武藝圖譜通志」, 『韓國의 名著』, 현암사, 1969.

강홍립 姜弘立

명청 교체의 격랑 속에서 고투한 경계인

한명기 명지대학교 사학과 조교수

1. '강로'(姜虜)가 된 강홍립

1619년(광해군 11) 3월 2일, 도원수(都元帥) 강홍립(姜弘立, 1560~1627)이 이끄는 조선군은 압록강을 건너 긴 행군 끝에 만주의 심하(深河)라는 곳에 도착했다. 명나라 조정의 강요에 밀려 후금(後金)의 수도인 흥경로성(興京老城)을 공격하기 위해 만주 땅을 밟았던 것이다. 거의 협박에 가까운 명의 강요 때문에 '마지못해' 출병했던 조선군은 압록강을 건넌 뒤에는 명나라 장수 유정(劉綎)의 휘하에 배속되었다. 강홍립은 강을 건너자마자 독자적인 지휘권과 작전권을 유정에게 빼앗겼던 셈이다.

명군(明軍)의 최고 사령관 양호(楊鎬)는 조선군이 누르하치(奴兒哈赤)와의 싸움에서 전력을 다하지 않고 관망할 것이라고 단정했다. 임진왜란 당시 조선에 참전했던 그는 조선의 사정을 누구보다 잘 알았거니와, 끝까지 원병(援兵)을 파견하지 않으려고 했던 광해군(光海君)의 속내도 간파했다. 그는 조선군의 전진을 독촉하고, 누르하치와의 결전(決戰)을 독려하기 위해 유격장군(遊擊將軍) 교일기(喬一琦)를 강홍립의 진영에 파견했다. 감독관이 자 '고문관'인 셈이었던 그는 강홍립에게 빨리 전진해야 한다고 닦달했고, 그의 부하인 우승은(于承恩)이라는 자는 걸핏하면 칼을 빼들고 "군법에 따라 처단"을 운운하면서 협박했다.

강홍립은 이역(異域)에서 장거리 행군을 해 병사들이 지쳤으니 전진을 늦추자고 했지만, 명군 지휘부는 허락하지 않았다. 지휘권이 명군 지휘부에 넘어가 있는 이상 강홍립은 어쩔 수가 없었다. 이미 지쳤던 조선군 병사들은 다시 무리한 행군을 거듭해야만 했고, 그 와중에서 결국 부작용이 나타나고 말았다. 조선군 보병들은 창성(昌城)을 출발할 때 1인당 열흘분씩의 군량(軍糧)을 등에 지고 있었다. 군량만이 아니었다. 조총과 침구 말고도 무거운 거마작(拒馬柞)까지 진 병사들이 있었다. 거마작은 '질풍처럼 돌격해와서 순식간에 짓밟아버린다'는 후금군의 기마대, 즉 철기(鐵騎)의 돌격을 차단하기 위해 준비한 장애물이었다. 이렇게 무거운 군장(軍裝)을 짊어진 조선군 보병들이 대부분이 기병인 명군을 따라가려면 다른 도리가 없었다. 병사들은 무게가 나가는 군량을 몰래 땅에 파묻었다. 조금이라도 군장의 무게를 줄이려는 고육책이었다. 뿐만 아니라 군량과 군수 물자를 싣고 전투병의 뒤를 따라가야 했던 보급 부대도 뒤로 처지고 말았다.

1619년 2월 28일, 우모채(牛毛寨)라는 곳에 도착했을 무렵 조선군 가운데 일부 진영은 이미 군량이 바닥나버렸다. 강홍립은 할 수 없이 병사들에게 주변 여진족들의 민가를 뒤져 그들이 숨겨놓은 양식을 약탈해서 문제를 해결하도록 했다. 얼마 되지 않는 양식을 빻아 죽을 끓여 끼니를 때울 수밖에 없었다. 군량이 떨어진 군대는 사기도 떨어지게 마련이다.

이틀 뒤 굶주림 속에서 부차(富車)라는 곳에 도착했을 때, 조선군은 후금군의 기습을 받았다. 느닷없이 대포 소리가 들리고 회오리바람이 이는 가운데, 조선군은 허겁지겁 진영을 나누었다. 좌영(左營)은 행군하던 길 맞은편 산봉우리에, 중영(中營)은 오른편 언덕에, 우영(右營)은 뒤쪽 변두리에 진을 쳤다. 먼저 도착한 명군이 인근 부락에 불을 질러 앞을 가늠할 수 없을 만큼 연기가 산야를 뒤덮었다. 그런데 이때 교일기 등 명군 지휘관들이 조선군 진영으로 달려와 강홍립에게 명군이 거의 전멸했다는 소식을 전했다. 유정이 거느리던 명군은 인근 부락을 약탈하던 중 전투 대형을 채 갖추기도 전에 귀영가(貴盈哥)가 이끄는 후금군 3만 명의 기습을 받아 무너졌던 것이다.

이윽고 후금군의 철기가 조선군을 덮쳤다. 선천(宣川)부사 김응하(金應河)가 들판에 설치한 거마작도 별 소용이 없었다. 조선군은 돌격해오는 기마대를 향해 일제히 화포와 조총을 쏘았다. 적 기마병 가운데 탄환을 맞고 쓰러지는 자가 매우 많았다. 하지만 갑자기 서북풍이 불어닥치면서 조선군의 시야는 가로막혔고, 화포에 제대로 불을 붙일 수조차 없었다. 날씨도 철저히 후금군 편이었다. 그 틈을 타서 후금군은 조선군의 좌우 양 진영을 유린해버렸다. 명군 지휘부의 채근에 떠밀려 굶으면서까지 무리한 행군을 거듭했던 조선군은 후금군의 상대가 될 수 없었다. 선천부수 김응하, 운산(雲山)군수 이계종(李繼宗), 영유(永柔)현령 이유길(李有吉) 등 지휘관을 비롯한 수천 명의 병사들이 전사하는 참혹한 상황을 빚고 말았다.

중영을 이끌고 언덕에 있던 강홍립이 전투 태세를 갖추려고 할 무렵, 후금군 지휘부는 역관(譯官) 하서국(河瑞國)을 불러 강화(講和)를 종용했다. 상황이 이렇게 되자 강홍립은 부원수(副元帥) 김경서(金景瑞)에게 "이 지경에 이르렀으니, 한 번 죽을 수밖에 없소. 만에 하나라도 화약(和約)을 맺어 퇴각한다면 3~4천의 목숨은 구할 수 있고, 국경에서 충돌할 걱정도 조금은 줄일 수 있소"라고 말했다. 김경서는 후금군 진영으로 나아가 말 위에서 귀영가에게 말하기를, "우리는 너희들과 원한이 없었다. 오늘의 출병은 부득이한 일이었다. 만일 병력을 거두어 화호(和好)한다면 무궁한 이익이 될 것이다. 만일 화호가 이루어지지 않는다면, 우리 또한 일전(一戰)을 겨루고 죽을 수밖에 없다. 너희가 우리의 본심을 모를 것 같아 내가 홀로 왔다"고 했다.

그러자 귀영가는 "두 나라 사이에는 일찍이 원한이 없었다. 지금 화호를 맺으면 병력을 거두고 하늘에 맹세할 것이다. 너희 대장을 만나고 싶다"고 화답했다. 그날 밤 화호하기 위한 징표로 김경서는 귀영가와 한방에서 잤다. 그리고 이튿날 강홍립과 김경서는 후금군 진영으로 나아가 투항했다.

그것은 수천의 생명을 살리기 위한 어쩌면 피치 못할 항복이었다. 하지만 강홍립이 투항했다는 소식이 조선 조정에 전해진 뒤부터 강홍립은 '역적'으로 매도되었다. 비변사(備邊司), 대간(臺諫), 승정원(承政院) 등의 신하들은 강홍립의 가족들을 잡아다 구금하라고 아우성을 쳤다. 그들은 강홍립이 "애초부터 항복을 작정했고" 나아가 "고의적으로 항복했다"고 규정했고, 그 같은 사실을 명나라에서 알면 문제가 심각해질 것이라고 경고했다. 또 시간이 지나면서 명군이 누르하치에게 패한 것도 '강홍립 때문'이라는 비난이 점점 늘었다. 항복한 뒤 후금에 억류되어 돌아오지 못했던 강홍립은, 심지어 '요동(遼東) 상실의 원흉'으로까지 매도되었다. 더욱이 1623년 인조반정(仁祖反正)으로 광해군이 쫓겨나면서부터 강홍립의 행적(行跡)에 대한 이와 같은 평가가 굳어졌다. 그는 이제 "중화(中華)를 배신하고 오랑캐를 좇아 적에게 사기(師期)를 누설하여 군대를 복몰(覆沒)시키고, 끝내는 명나라로 하여금 가만히 앉아서 요동 전체를 상실하게끔 만든" '원흉'이 되고 말았다. 이윽고 송시열(宋時烈) 등은 그를 '강로'(姜虜: 강 오랑캐)라고 불렀다.

2. 강홍립이라는 인물

'강로'라는 오명을 씻지 못한 채 역사 속에 묻혀버린 강홍립은 과연 어떤 인물인가. 그가 후금군에게 투항한데다 인조반정 이후 '역적'으로 매도되었기 때문인지 몰라도, 그에 관한 기록은 남아 있는 것이 별로 없다. 따라서 『선조실록』(宣祖實錄), 『광해군일기』(光海君日記), 『인조실록』(仁祖實錄) 등에 단편적으로 실려 있는 기록의 편린을 통해서만 그의 생애와 행적을 개괄적으로 재구성할 수 있을 뿐이다.

강홍립의 자는 군신(君信), 호는 내촌(耐村)이며, 본관은 진주(晉州)이다. 그의 부친은 참찬(參贊)을 지낸 신(紳)이고, 조부는 우의정을 지낸 사상(士尙)이었다. 부친과 조부가 지낸 벼슬을 보아도 알 수 있듯이, 강홍립 집안은 문관 가문이었다. 그는 1589년(선조 22) 진사시에 합격하고, 1597년(선조 30) 문과에 급제하여 벼슬에 나아갔다.

강홍립이 문과에 급제하여 벼슬에 나아가던 무렵은 임진왜란이 거의 막바지에 이르렀던 격동기였다. 그는 급제한 후 시강원(侍講院) 설서(說書)·사서(司書), 예문관 검열(檢閱) 등의 관직에 제수되었다. 1599년(선조 32)에는 함경도 도사(都事)가 되었다. 시강원은 왕세자의 교육을 담당하는 관서였거니와, 강홍립이 시강원에 재직했던 것은 그가 당시 왕세자였던 광해군과 인연을 맺는 계기가 되었던 것으로 여겨진다.

임진왜란이 끝난 이후 1606년(선조 39)까지 강홍립은 공조정랑, 예조좌랑, 사헌부 지평(持平)·장령(掌令)·수찬(修撰), 성균관 전적(典籍), 홍문관 교리(校理)·부수찬, 성균관 사예(司藝) 등 다양한 관직을 역임했다. 이때 강홍립이 역임했던 관직들은 대부분이 문반(文班)의 청요직(淸要職)이라고 할 수 있거니와, 그것은 당시 강홍립의 문재(文才)와 조정에서의 명망이 만만치 않았음을 반증한다.

강홍립은 1599년 함경도 도사, 1607년(선조 40) 함경도 순검어사(巡檢御史), 1609년(광해군 1) 10월 함경남도 병마절도사(兵馬節度使), 1611년(광해군 3) 수원부사(水原府使) 겸 방어사, 1614년(광해군 6) 함경도 순검사(巡檢使) 등 요해처(要害處: 요충지)의 방어 직책을 직접 맡거나 그 지역의 방어 태세를 점검하는 직책도 역임했다. 특히 1599년 12월 함경도 도사로 있을 때는 당시 북방에서 문제가 되었던 여진족 노토(老土) 부락을 공략하는 계획을 자세히 입안(立案)하여 조정에 제시했다. 당시 건주(建州)의 누르하치가 성장하여 조선과 인접했던 여진 부락들에게 영향력을 미치면서 그들이 동요했는데, 강홍립은 그들을 미리 응징하여 후환을 막자는 계획을 제시했던 것이다. 1607년 함경도 순검어사로 있을 때는 북변(北邊)을 방어하기 위한 계책으로, 남방에서 부방군(赴防軍)을 모집하지 말고 그들에게 소요되는 비용을 북변 육진(六鎭)의 토병(土兵: 그 땅에 붙박이로 사는 사람 가운데 뽑은 군사)들에게 지급할 것을 제시했다. 그렇게 함으로써 멀리 부방(赴防)하는 원망과 부방군이 지나는 여러 고을에서 영송(迎送)의 폐단을 없애며, 지역 사정을 잘 아는 토병을 육성하여 방어 역량을 증진시키자는 방안이었다. 요컨대, 강홍립이 본래 문관이면서도 함경도 등지의 방어를 맡는 관직을 역임했던 것은, 훗날 그가 만주 원정군의 사령관이 되는 데 중요한 배경으로 작용했을 것으로 여겨진다.

강홍립의 관력(官歷)에서 또한 주목되는 것은 1608년(광해군 즉위년) 6월, 진주사(進奏使: 중국에 주청할 일이 있을 때 보내던 사신. 주청사)의 서장관(書狀官: 사신 일행의 실무를 총괄하는 직책)에 임명되어 명나라로 파견되었던 사실이다. 당시 진주사 일행의 정사(正使)는 이덕형(李德馨), 부사(副使)는 황신(黃愼)이었다. 이덕형이나 황신은 모두 선조대 이후 조정의 중신(重臣)들이었거니와 이들 '중량급' 인사들을 진주사로 임명한 것은 당시 사행(使行)의 임무가 그만큼 중요했기 때문이다. 무엇보다도 당시 진주사 일행은 명나라 조정에서 광해군 즉위의 정당성을 인정받아야 하는 중요한 과제를 안고 있었다. 실제로 명나라 조정은 광해군이 왕세자로 지명된 1592년 이후부터 선조가 승하할 때까지 그를 왕세자로 인정하려 들지 않았다. 그가 적장자(嫡長子)가 아니라 후궁의 몸에서 난 둘째 아들이라는 이유 때문이었다. 더욱이 1608년 2월, 선조가 승하한 직후 고부청시청승습사(告訃請諡請承襲使)로 북경(北京)에 갔던 이호민(李好閔) 일행에게, 명나라 예부(禮部)의 신료들은 광해군이 그의 형 임해군(臨海君)을 제치고 왕위를 계승한 이유가 무엇이냐고 힐문(詰問)한 바 있었다. 예기치 않은 '추궁'에 당황한 나머지 이호민 등은 "임해군이 중풍 때문에 왕위를 계승할 수 없어 광해군에게 양보했다"고 실언을 하고 말았다. 명나라 조정은 '사실 여부'를 직접 확인한다는 명목으로 조선에 사문관(査問官)을 파견했다. 선조가 승하한 뒤 광해군이 이미 즉위해 있던 상황에서 광해군의 '국왕 자격'을 심사할 셈이었거니와, 그 때문에 두 나라 사이에는 외교적 긴장감이 조성되었다. 따라서 당시 이덕형 일행의 활약 여부는 광해군에 대한 명나라의 승인을 얻어내고, 나아가 그의 왕권을 안정시키는 문제와 깊이 연결되었다.

그렇다면 강홍립이 당시 진주사 일행의 서장관에 임명되었던 것은 어떤 배경에서 나온 일일까? 서장관은 사행의 전체 실무를 총괄하는 중요한 직책이다. 따라서 서장관은 문재는 물론 행정 능력이 탁월한 인물을 임명하는 것이 보통이다. 그런데 강홍립이 서장관에 발탁된 일과 관련하여 주목되는 것은, 그가 중국어에 능통한 인물이었다는 점이다. 1606년(선조 39)의 『선조실록』 기록을 보면, 강홍립이 '어전통사'(御前通事)라고 적혀 있다. '어전통사'란 중국 사신이 왔을 때 국왕과 매우 가까운 거리에서 통역을 담당하던 직책이거니와, 강홍립은 1609년(광해군 1)에도 이민성(李民宬)과 함께 명사(明使)를 맞이했다는 기록이 보인다. 당시 명사는 광해군을 조선 국왕으로 책봉하는 의식을 주관하기 위해 왔던 책봉사(册封使)였거니와, 그처럼 중요한 자리에서 어전통사로 활약했다는 것은 강홍립의 중국어 실력이 대단했을 뿐 아니라 광해군의 신임 또한 각별했음을 반증한다. 나아가 1618년(광해군 10) 명나라의 강요에 밀려 어쩔 수 없이 파견했던 조선 원정군 사령관에 '문관' 강홍립이 발탁된 것 또한 그의 탁월한 중국어 실력이 참작되었을 개연성이 높다. 즉, 함경도 등지의 방어사를 역임했던 경험, 어전통사로 활약할 만큼 광해군의 신임이 높았던 것과 함께 중국어 실력은 그가 도원수로 임명되는 결정적인 배경이었던 것으로 보인다. 어차피 마지못해 출전했던 조선군의 운명이 명군 지휘관들과의 '정치적 접촉'에 의해 결정될 것이었다면, 명군 지휘관들과 직접 중국어로 대화를 나눌 수 있었던 강홍립이야말로 최적의 선택이라고 할 수 있겠다.

그렇다면 강홍립의 정치적 색채는 무엇이었을까. 그와 관련된 기록이 단편적이기 때문에 명확하게 단언할 수는 없다. 다만 1602년(선조 35) 2월 사헌부 장령으로 재직할 때, 왜란 당시 '선조의 대가(大駕)가 지나가는데도 그를 호종(扈從)하지 않았던' 서인(西人) 성혼(成渾)을 가리켜 "간흉(姦凶)에 편당(偏黨)하는 자"라고 비판하는 글을 올렸던 것을 보면, 강홍립은 대체로 북인의 범주에 드는 인물이라고 볼 수 있을 것이다. 하지만 실록에 나타난 여러 기록이나 그의 행적으로 볼 때, 그는 이이첨(李爾瞻) 등 대북(大北) 계열처럼 정치적 색채가 분명한 강경파는 아니었던 것으로 보인다. 그것은 그가 후금군에게 항복했다는 소식이 알려진 직후, 이이첨이나 그 측근들이 포진해 있던 비변사나 삼사(三司)로부터 '역적'으로 매도되었던 사실에서도 엿볼 수 있다. 오히려 그는 뚜렷한 정치적 색채을 지녔던 당인(黨人)이라기보다는 외교나 국방 등의 방면에서 실무적인 역량을 갖춘 '광해군의 측근 관료'라고 보는 것이 더 타당하다고 하겠다.

3. 내키지 않는 전쟁에 휘말린 배경

강홍립의 운명을 뒤바꿔놓은 1619년의 '심하 전투'는 어떤 배경에서 일어났을까? 그것은 16세기 중반부터 뚜렷해지기 시작한 동아시아의 '화이변태'(華夷變態) 상황과 밀접하게 연결되어 있었다. 당시 '화이변태'를 주도한 주역은 일본과 후금이었다. 15세기 후반 이후 포르투갈과 에스파냐가 주도했던 서세동점(西勢東漸)의 와중에서 1543년 타네가시마(種子島)에 표착(漂着)했던 포르투갈인들은 일본인들에게 조총(鳥銃: 일명 鐵砲)을 전해주었다. 이렇게 전해진 조총은 '전투와 전쟁으로 날을 지새웠던' 당시 일본의 전국 시대(戰國時代)와 맞물려 급속히 개량되고 대량으로 생산되어 궁극에는 일본 전체의 군사력을 크게 강화시켰다. 철포대(鐵砲隊)를 효율적으로 활용했던 오다 노부나가(織田信長)가 전국 시대를 종식시키고 패권을 거의 장악하는 단계에까지 이르렀던 것은 결코 우연이 아니었다.

포르투갈과 에스파냐 상인들은 더 나아가 일본에서 풍부하게 생산되는 은(銀)을 기반으로 일본과 중국, 동남아시아, 남미 지역을 연결하는 중계 무역을 벌였다. 그 같은 국제 무역은 포르투갈 상인들뿐 아니라 일본의 여러 다이묘(大名: 봉건 영주)들에게 막대한 이익을 안겨주었다. 바로 이런 상황에서 오다 노부나가의 뒤를 이어 전국 시대를 평정했던 도요토미 히데요시(豊臣秀吉)는 스스로 장악한 막강한 군사력과 부(富)를 바탕으로 '동아시아의 패자(霸者)'를 꿈꾸었고, 그 과정에서 '가도입명'(假道入明)을 표방하며 조선을 침략해왔다. 그것이 바로 임진왜란이었다.

50년 가까이 '갈고 다듬은' 조총이 상징하듯이, 왜란 초반의 일본군은 한마디로 '준비된 군대'였다. 그에 비해 조선은 '전쟁을 몰랐던 나라'였다. 그 결과는 뻔했다. 전쟁 초반에 조선 육군은 연전연패했고, 국왕 선조는 의주(義州)까지 내몰렸다. '가도입명'이 실현될 위기를 맞아 명군이 조선에 들어왔다. 1593년 '평양 전투'에서 승리한 후 전세는 역전되었다가 다시 소강 상태를 맞았다. 하지만 '지푸라기라도 잡아야 할' 처지에 있던 선조에게 명군의 참전은 '나라를 다시 세워준 은혜'(再造之恩) 그 자체였다. 물론 의병(義兵)이나 이순신(李舜臣)의 활약이 왜란을 극복하는 데 상당한 역할을 했던 것은 분명하지만, 궁벽진 의주에 있던 선조나 조선 지배층에게 둘의 존재는 너무 '멀었다'. 지척에서 본 명군만큼 '절실한 은인'으로 다가올 수는 없었다. 이제 조선 지배층을 중심으로 그 '은혜'를 갚아야 한다는 의식이 퍼져갔다. 요컨대, 임진왜란을 거치면서 조선은 명나라에 대해 과거보다 더욱 '저자세'로 움츠릴 수밖에 없었다.

히데요시가 한번 어질러놓은 자국이 낭자한 와중에 16세기 중반 만주에서 누르하치가 뜨기 시작했다. 그는 1588년 건주여진(建州女眞)을 평정하고 만주의 동서남북으로 세력을 뻗치기 시작하더니, 1618년에는 만주의 전략 요충인 무순(撫順)을 점령하여 명나라에게 선전포고를 했다. 무순성의 성주 이영방(李永芳)은 싸워보지도 않은 채 성문을 열고 항복했다. 명나라로서는 한마디로 '어이없는' 사태가 빚어진 것이다. 이처럼 누르하치가 '태풍의 눈'으로 떠오른 것은 누르하치의 군사적 역량이 탁월했기 때문이기도 하지만, 상당 부분은 16세기 말엽부터 심화된 명나라 내부의 사회·경제적 폐단과 그에 맞물린 정치적 난맥상에서 비롯되었다. 이미 부패한 가운데 쇠망의 기미를 보였던 명나라는 누르하치를 통제하는 데 실패했다. 요컨대, 누르하치를 '키워준' 것은 명나라였던 셈이다.

'오랑캐' 누르하치의 준동(蠢動)을 맞아 명나라는 또 다른 '오랑캐'를 끌어들여 그를 치려고 했다. 다름 아닌 조선이었다. 명나라는 조선을, 임진왜란 당시 자기들에게 은혜를 입었던 '고분고분한 오랑캐'(順夷)라고 여겼다. 따라서 이제 "왜란 때 베푼 은혜를 갚아라"라는 명분을 내세워서 '순이'를 끌어들여 누르하치를 공격하려 했다. 전형적인 이이제이(以夷制夷) 정책이었다. 그런데 '예상과는 달리' 광해군은 명나라의 요구에 고분고분하지 않았다. 광해군은 1618년 명나라의 요동 도사(都事)가 원병을 보내라고 요청한 직후부터 원병을 보낸 것이 아니라 '외교적 해결책'을 모색했다. 명나라 황제에게 갖은 명목으로 사신을 보내 '조선의 사정'을 알렸다. 그는 이미 왜란으로 피폐해진 조선에서 병력을 징발하는 것은 '황제의 본심'이 아니라고 보았다.

광해군의 태도에 명나라 조정은 발끈했고, 일부에서는 "조선을 먼저 손봐야 한다"는 주장까지 나왔다. 임진왜란 당시 조선 경략(經略: 최고 사령관)이었던 양호는 요양(遼陽)에 머물면서 광해군이 보낸 사신들의 북경행을 가로막았다. 그뿐만이 아니었다. 조선 조정에서도 '재조지은에 보답하기 위해' 원병을 보내야 한다고 주장하는 신료들이 적지 않았다. 조정 바깥의 재야에서도 그러했다. 이미 광해군에게 '염증을 느꼈던' 그들은, 원병을 보내지 않는 것을 '부모(明을 가리킴)가 베푼 은혜를 저버리는 패륜' 차원의 행동으로 매도했다. 광해군은 그들을 설득하려 했고, 때로는 논쟁을 벌이기도 했지만 여의치 않았다. 결국 광해군은 명나라의 압력과 조선 조야(朝野: 조정과 민간)의 채근에 밀려 원병을 보내기에 이르렀다.

광해군은 원병을 파견하기로 결정한 뒤에도 누르하치 집단과 원한을 맺는 상황을 피하려고 노력했다. 뿐만 아니라 임진왜란 이후부터 공들여 양성한 조선군의 병력 손실을 최소한도로 줄이려 했다. 나아가 누르하치의 떠오르는 기세가 무섭다는 것과 명나라 내부의 쇠망 조짐이 결코 만만치 않다는 사실을 간파하고는 원정군 사령관의 인선에서부터 신중을 기했다. 원정군의 '총사령관' 격인 도원수에 본래 무관 출신이 아닌 강홍립을 임명한 것 자체가 그러했다. 이미 언급했듯이 그의 중국어 실력과 행정 경험을 높이 샀던 것이다. 먼저, 명군 지휘관들과 '말이 통해야만' 그들에게 일방적으로 '휘둘리는' 상황을 피할 수 있다고 생각했다.

'심하 전투'와 관련하여 광해군은 강홍립이 출전하기 전에 이미 그에게 밀지(密旨)를 내려 상황을 보아 항복하라는 지침을 주었다는 설이 있다. 일본인 연구자 다카와 코조(田川孝三)의 주장이 그것으로, 이후 '밀지설'은 정설(定說)처럼 통용되어왔다. 하지만 또 다른 일본인 연구자 이나바 이와키치(稲葉岩吉)는 다카와 코조의 주장을 반박하고, '항복'은 강홍립이 독자적으로 결정한 것이라고 주장했다. 이 둘의 주장 가운데 어느 것이 정확하다고 밝힐 만한 명확한 증거는 없다. 다만 분명한 것은 조선군의 '손실'을 최소한으로 줄이기 위해 광해군이 강홍립에게 상당한 재량권과 함께 일정한 지침을 주었다는 사실이다.

조선군 선발대가 압록강을 처음 건넌 것은 1619년 2월 1일이고, 강홍립이 이끄는 본진(本陣) 1만 1백여 명이 만주로 들어간 것은 2월 23일이었다. 전군이 압록강을 건너기 전, 광해군은 강홍립에게 다음과 같은 지침을 주었다.

원정군 가운데 1만은 조선의 정예병만을 선발하여 훈련했다. 이제 장수와 병사들이 서로 숙달되었노라. 그러니 그대는 명군 장수들의 명령을 그대로 따르지만 말고 신중하게 처신하여 오직 패하지 않는 전투가 되도록 힘쓰라.

강홍립은 강을 건너기 직전, 양호의 명령에 따라 조선군 포수(砲手) 5천 명을 미리 만주로 들여보냈거니와, 광해군은 강홍립의 경솔함을 책망하고 앞에 보이듯이 "명나라 장수들의 명령만 따르지 말고 패하지 않도록 하라"고 지시했다.

그런데 설사 광해군이 강홍립에게 "상황을 보아 항복하라"는 밀지를 내린 것이 사실이라고 하더라도, '상황'은 그렇게 간단하지 않다. 처음부터 후금군과 싸울 의사가 없었더라도 그들에게서 갑작스런 기습을 받을 경우, 자위(自衛) 차원에서 응전하지 않을 수 없는 것이 병사(兵事)의 일반적인 양상이다. 따라서 막상 조선군이 만주 땅에 들어선 이후의 상황은 어떤 방향으로 전개될지 예측할 수 없다고 보는 편이 타당할 것이다.

4. '심하 전투', 그리고 투항의 실상

신중하게 처신하라는 광해군의 지침도 있었지만, 처음 밟아보는 만주 땅에서 조선군의 행군은 신중할 수밖에 없었다. 더욱이 출발지인 평안도 창성에서부터 공격 목표인 홍경로성까지의 행군로는 만만치 않았다. 강을 건넌 후 노천에서 숙영(宿營)하면서 지나야 했던 앵아구(鶯兒溝: 2월 24일), 양마전(亮馬佃: 2월 25일), 배동갈령(拜東葛嶺: 2월 27일), 우모채(2월 28일), 마가채(馬家寨: 3월 1일), 심하(3월 2일과 3일), 부차(3월 4일)로 이어지는 지역에는 험준한 산악과 강이 널려 있었다. 때로는 하늘을 가릴 만큼 나무가 울창한 밀림을 헤쳐 나가야 했다. 2월 27일 배동갈령에 도착했을 때는 말의 배 부분까지 물이 차오르는 강을 네 번이나 건너기도 했다.

행군할 때 날씨마저 좋지 않았다. 계절적으로 워낙 추위가 심한 겨울이었거니와, 2월 25일과 26일에는 눈보라가 몰아쳐 병사들의 옷과 군장이 모두 젖었다. 갈수록 병사들의 체력 소모는 심해지는데, 군량은 제대로 공급되지 않았다. "빨리 전진하라"고 닦달했던 명군 지휘부의 독촉 때문에 군량보급선을 제대로 챙기지도 못한 채 전진했던 것이다. 더욱이 원정군의 군량수송을 맡았던 평안감사 박엽(朴燁)과 분호조(分戶曹: 국가적인 큰 일이 있을 때 호조의 일을 나누어 맡아보던 임시 관청) 당상 윤수겸(尹守謙) 등은 '운반선 부족' 등을 이유로 제때에 군량을 실어나르지 못하는 형편이었다.

'배가 고픈' 상태에서 행군하던 조선군은 1619년 3월 2일 심하에서 후금군과 조우(遭遇)했다. 강홍립의 종사관(從事官)으로 출전했던 이민환(李民寏)의 『책중일록』(柵中日錄)에 따르면, 당시 조선군과 마주친 후금군은 기마병 600여 명이었는데, 이 전투에서 조선군은 조총수들이 분전함으로써 적을 패주시켰다. 이처럼 예상치 않은 조우전(遭遇戰)이 벌어졌던 상황을 보더라도, 조선군이 처음부터 끝까지 의도적으로 후금군과의 전투를 회피할 수는 없었다.

가벼운 승리에 도취될 겨를도 없이 명군을 따라 전진했던 조선군은, 3월 4일 부차에 도착했을 때 후금군 3만 명에게 기습을 받았다. 조심스레 나아가던 조선군이 전방에서 울리는 대포 소리를 들었을 때, 유정 휘하의 명군은 이미 후금군의 기습에 휘말린 뒤였다.

서북 방면에서 명군을 이끌고 홍경로성을 향해 진격했던 두송(杜松) 휘하의 병력이 살리호(薩爾滸)라는 곳에서 후금군에게 전멸당한 것이 화근이었다. 원래 4영으로 편제(編制)되었던 명군의 각 진영은 3월 1일 동시에 출발하기로 했다. 그런데도 두송은 '먼저 공을 세우겠다'는 공명심 때문에 약속을 어기고 하루 일찍 출발했고, 무리한 행군 끝에 복병을 만나 전멸하고 말았다. 두송을 궤멸시킨 후금군은 밤새 길을 달려 다시 유정을 치러 왔던 것이다. 후금군은 '철기'(鐵騎)라는 명성대로 엄청난 기동력을 발휘했다. 누르하치의 큰아들인 귀영가에게 기습을 받기 직전 유정이 이끌던 명군은 부차 주변의 여진 부락들을 약탈하느라 미처 대오를 갖추지도 못한 상태였다.

'군사 고문관'이던 교일기와 우승은이 강홍립의 진영으로 와서 명군이 전멸했다는 소식을 알린 뒤 조선군이 철기와 맞서다가 패했던 사실은 맨 앞 절에서 이미 언급한 바 있다. 그런데 강홍립이 거느리던 조선군의 중영이 후금군에게 항복하는 장면에 대한 서술은 사료에 따라 차이가 있다. 먼저, 『광해군일기』의 기록은 다음과 같다.

> 적의 기마대가 돌격해오자 중영의 조선군 장졸들은 어차피 죽을 것으로 알고 결전을 준비했다. 바로 그 순간 적이 역관 하서국을 불러 강화를 맺자고 청했다. 부원수 김경서는 강홍립과 상의한 뒤 적진으로 가서 화약을 맺기로 약속했다. 항복하기로 결정한 뒤 호남 출신의 병사가 이민환에게 대의(大義)로써 질책하고 결사항전하자고 했으나, 이민환은 그를 묵살했다…….

조선군은 어차피 싸우려고 했으나 후금군이 먼저 화약을 맺자고 제의했다는 것이다. 이민환은 『책중일록』에 다음과 같이 적었다.

> 적에게 거의 몰살당했던 좌영 소속의 군졸 한 사람이 강홍립에게 달려왔다. 그는 "적이 좌영에 와서 계속 역관을 찾았는데, 진영에 역관이 없어서 대답을 못했습니다"라고 보고했다. 강홍립이 역관 황연해(黃連海)를 보내 만나게 하자, 적이 "우리는 명과 원한이 있다. 그러나 너희 나라와는 그렇지 않다. 그런데 왜 우리를 치러 왔느냐?" 하고 힐문했다. 황연해가 "두 나라 사이에는 원한이 없었다. 이번 출병은 부득이한 것이다"라고 응답했다. 황연해가 두세 차례 왕복한 뒤 적이 다시 사람을 보내와 화약을 맺자고 청했다

『광해군일기』의 기록과는 조금 다르지만 후금군이 먼저 역관을 찾았으며 강화를 맺자고 요청했다고 한 점은 비슷하다. 이에 비해 『광해군일기』의 다른 기록과 사평(史評)에서는 강홍립이 하서국을 시켜 후금군 지휘부에

"결전하지 않겠다"는 의사를 통보하고, 광해군도 미리 회령(會寧)의 장사꾼을 시켜 누르하치에게 출병 사실을 통보했다고 적혀 있다. 또 이긍익(李肯翊)의 『연려실기술』(燃藜室記述)에는 다음과 같이 적혀 있다.

> 적이 좌·우영을 함락시키고 중영으로 닥쳐올 준비를 하자, 강홍립이 군중(軍中)에 영을 내려 준비를 명하였다. 애초에 번호(藩胡)에게 보냈던 역관 하서국을 따라온 번호 한 사람이 연이어 역관을 불렀다. 강홍립은 황연해를 보내 그에게, "우리는 너희와 원수진 것이 없다. 지금의 일은 부득이한 것이다"라고 했다.

『광해군일기』에는 하서국이 강홍립 진영에 있었던 것으로 기록되었지만, 여기서는 강홍립이 하서국을 미리 번호에게 보낸 것으로 적혀 있다. 번호란 조선과 일찍부터 관계를 맺었던, 누르하치 집단과는 계통이 다른 여진족들을 말한다. 『연려실기술』의 내용은 조선군이 먼저 화의를 제의했다는 뉘앙스를 진하게 풍긴다.

그러나 당시 조선군이 이미 전투를 치를 수 없는 상황에 처했던 것만은 분명해보인다. 이민환의 기록에 따르면, 3월 4일 밤 항복 논의가 오가는 와중에 조선군 진영에서는 적의 포위망을 뚫어보자는 의견이 나왔다고 한다. 하지만 이미 굶주리고 지친 조선군 병사들 가운데 아무도 응하는 사람이 없었다는 것이다. 또 이민환은, 예상 밖으로 귀영가 등 후금군 지휘부가 조선 장수들에게 '인간적'으로 대해주고 적대하지 않겠다고 하늘에 맹세하는 것을 보고 항복 결심을 굳혔다고 적었다.

그런데 광해군과 강홍립이 이미 출전하기 전부터 후금군과의 전투를 피하고 항복하기로 결심했다는 '밀지설'의 진실 여부와 관련해서 주목되는 것은, 바로 조선군 전사자가 너무 많다는 사실이다. 1619년 5월 기유(己酉)조의 『광해군일기』에 따르면, 당시 비변사에서 파악했던 조선군 전사자는 무려 8~9천 명에 달했다. 조선이 파견한 전투 병력 가운데 80% 이상이 몰살당한 것이다. 만일 강홍립 등이 사전에 항복을 결심했고, 그 사실을 후금에 통보했다면 과연 이렇게 많은 전사자를 낼 수 있었을까. 더욱이 당시 후금의 지휘부가 확대되어가던 영토를 경작지로 바꾸기 위해 노동력을 확보하는 데 골몰하던 상황을 고려하면, 그들은 자신들에 비해 상대적으로 농경 기술이 뛰어났던 조선군 포로가 절실한 형편이었다. 따라서 이러한 측면들을 생각할 때, '강홍립의 항복'은 미리 예정된 것이었다기보다는 '심하 전투' 당시 '전멸될지도 모르는' 절박한 상황에서 강홍립이 독자적으로 판단해서 단행한 것이었다고 여겨진다.

5. 투항 이후 강홍립의 행적

강홍립과 김경서는 투항한 직후인 3월 5일, 후금군의 호위를 받으며 홍경로성으로 들어가 누르하치를 만났다. 이윽고 후금군은 조선군 포로들을 분류했다. 손바닥에서 윤기가 나는 사람과 신체가 건장한 사람들을 따로 뽑아두고, 나머지는 각처의 부락으로 분산시켜 보냈다. 신체 건장한 자들은 그들의 팔기(八旗: 행정 조직이자 군사 조직인 청나라의 백성 편제 방식)에 집어넣어 병(兵)으로 충원하고, 나머지는 농사를 짓게 할 요량이었다. 명나라와의 본격적인 대결을 앞두고 경제 기반을 충실히 다질 필요가 있던 그들에게 조선군 포로는 참으로 소중한 노동력이 아닐 수 없었다. 얼마 전 모 방송의 역사 프로그램에서 당시 후금에 억류되었던 조선군 포로의 후예들이 지금도 만주의 신빈(新賓) 지역에 살고 있는 장면을 방영한 바 있다.

강홍립은 투항한 후 한참 동안 조선으로 돌아오지 못했다. 이민환 같은 인물은 중간에 풀려났지만, 최고 지휘관이었던 강홍립은 끝내 후금 진영에 억류되었다. 그렇게 억류되어 있는 동안 요동 지휘사(指揮使) 출신의 한족(漢族) 동기공(董奇功)의 딸을 맞아 혼례까지 올렸다. 일설에 따르면, 강홍립이 투항한 후 끝까지 머리 깎기를 거부했기 때문에 누르하치가 여진족 여인 대신 한족 여인을 아내로 주었다고도 한다.

강홍립이 투항한 후 조선 조야에서는 그의 가족을 잡아다 처벌해야 한다는 논의가 빗발쳤다. 뿐만 아니라 명나라에서도 그의 항복이 '고의적인' 일은 아닌지 의심의 눈길을 보냈다. '심하 전투'에서 겨우 살아 돌아왔던 명나라의 우승은, 심지어 조선 조정이 강홍립의 가족을 억류했는지 여부를 탐문할 정도였다. 하지만 내외의 압력 속에서도 광해군은 그의 가족을 끝까지 보호해주었다. 가족들이 그에게 물품을 보내고 편지를 주고받는 것도 허용했다. 강홍립은 억류된 와중에도 종이로 꼰 노끈 등을 이용해 후금 내부의 정보를 적어 광해군에게 보고했다. 그가 그렇게 보낸 정보는 '심하 전투' 이후 광해군이 명나라와 후금에 대한 정책을 세우는 데 중요한 자료로 활용되었다.

강홍립이 조선으로 돌아온 것은 정묘호란(丁卯胡亂)이 일어난 1627년의 일이었다. 그는 당시 '후금군의 향도(嚮導)' 역할을 했다. 그를 돌보아주던 광해군은 1623년에 일어난 인조반정을 통해 이미 쫓겨난 뒤였다.

당시 조선은 반정 이후의 혼란한 현실을 추스를 겨를도 없었다. 인조는 1624년 '이괄(李适)의 난'을 맞아 왕위를 빼앗길 뻔했거니와, 겨우 위기를 넘겼는가 싶더니 정묘호란이 일어났던 것이다. 조선군은 제대로 저항하지도 못한 채 방어선은 계속 남쪽으로 밀렸다. 인조는 급기야 강화도로 피난했고, 반정공신(反正功臣)들이 장악했던 비변사는 후금군과의 화친을 도모했다. 황해도까지 내려왔던 후금군도 더 이상의 전진을 멈추고 강화 협상을 제의했다. 강화를 통해 조선에서 경제 지원을 얻어내는 일이 시급했기 때문이다. 어쩌면 원활한 강화 협상을 하기 위해 강홍립을 보낸 것일 수도 있었다.

강홍립은 강화도로 들어가 인조를 알현했다. 일부에서는 강홍립이 강화도로 오기 전, 그의 가족들을 잡아다 억류해야 한다고 했다. 또 삼사에서는 그의 목을 쳐야 한다고 강조했다. 하지만 인조와 비변사는 반대했다. 비변사 신료들은 오히려 "강홍립이 억류된 지 10년 동안 신하의 절개를 잃지 않고 화친을 주선한다"며, 그의 아들 편에 정중한 상을 내리자고 했다.

인조를 알현했을 때, 강홍립이 했던 첫마디는 다음과 같았다.

> 패전한 뒤에 모진 목숨 죽지 못하고 오랑캐에게 함몰된 지가 이미 9년이 되었는데, 다시 전하를 뵈니 드릴 말씀이 없습니다.

인조는 의외로 그를 감싸주면서 후금군의 정세를 물었다. 이윽고 강홍립은 조선 조정과 후금군 지휘부 사이에서 강화를 주선하는 데 중요한 역할을 했다. 비변사는 강화가 성립된 후 철수하는 후금군이 자행하는 약탈을 막기 위해 강홍립에게 '역할'을 당부했다. 실제로 당시 조선군 지휘관 정충신(鄭忠信)은 강홍립에게 편지를 보냈다.

> 황해도의 바닷가 지역에 들어간 후금군이 마구잡이로 살육을 자행하고 있소. 이미 백마(白馬)를 잡아 강화하기로 하늘에 맹세한 판국에 그럴 수는 없는 것이오. 그대는 화의(和議)를 담당하여 혀끝으로 수만의 후금군을 물러나게 했으니, 조선 백성 가운데 그 누가 그대의 덕에 감사하지 않으리오.

정충신의 부탁은 그에게 후금군을 단속하여 살육을 막아 달라는 것이었다. 조정이 강화도로 피난간 와중에 한강 이북의 조선 백성들은 '도마 위의 고기'가 되고 말았다. 후금군 가운데서도 몽골 출신 병사들의 살육과 약탈이 극심했다. 강홍립은 후금군 지휘부를 움직여 그 역할을 수행했거니와, 강화 협상을 주선하여 후금군을 철수시키는 데도 중요한 역할을 했다.

더 나아가 강홍립은 이미 성립된 강화가 조선의 강경파에 의해 깨지는 것도 막으려고 노력했다. 당시 조선군 가운데는 강화가 성립되었다는 '맹서문'을 가지고 후금으로 돌아가는 사자(使者)를 죽이려 한 자도 있거니와,

강홍립은 그러한 사태도 막으려고 노력했다.

인조는 강홍립의 이러한 역할을 높이 평가했다. 그는 강홍립이 후금 진영에 잡혀 있으면서도 끝까지 머리를 깎지 않은 것을 칭찬하고, 관작(官爵)을 회복시켜주려고 했다. 하지만 삼사 신료들이 격렬하게 반대했다. 심지어 일부 신료들은 강홍립이 후금에 억류되었을 때 거느리던 한족 출신의 종자(從者)들을 데리고 나온 것을 문제 삼았다. "중국 조정의 적자(赤子)를 감히 강홍립의 종으로 삼아서는 안 된다"는 명분이었다. 당시 가도(椵島)에 머물던 명나라 장수 모문룡(毛文龍)까지 "오랑캐에게 항복한 장수를 왜 살려두느냐?"고 문제 삼는 가운데 조정은 강홍립의 한인(漢人) 부인을 모문룡 진영으로 보내려고 했다. 그러자 강홍립의 부인은, 자신이 조선에 머물 수 없다면 차라리 죽겠다고 했다. 하지만 결국 조정의 강요를 거부하지는 못했다.

자신의 거취를 둘러싼 논란의 소용돌이 때문에 충격을 받았던 때문일까. 강홍립은 1627년 7월 27일 병으로 세상을 떠나고 말았다. 후금군을 이끌고 들어온 지 불과 몇 개월 만의 일이었다. 인조는 그의 관작을 회복시켜주고, 상례(喪禮)에 필요한 물품을 내려주라고 했다. 하지만 신료들은 오랑캐에게 항복하고 적을 이끌고 침범한 그에게 그럴 수는 없다고 반대했다. '광해군 시대에 대한 부정'을 내세우며 들어선 인조 정권의 신료들에게는 아직 '매국노' 강홍립의 죽음을 측은하게 여길 만한 '여유'가 없었다.

6. 패전의 진실과 '경계인' 강홍립

인조반정 이후 일부 신료들이 강홍립의 패전과 '고의적 항복' 때문에 명군도 패했고, 궁극에는 요동 전체를 앉아서 잃었다고 주장했다는 것은 이미 말한 바 있다. 하지만 과연 그것이 진실일까? 여기서 우리는 '심하 전투' 때 조선군을 전장(戰場)으로 끌어들였던 명군의 실상에 대해 살펴볼 필요가 있다.

'심하 전투' 당시 후금을 치는 데 중심이 되는 힘은 엄연히 명군이었다. 조선군은 어디까지나 마지못해 불려나온 '객병'이었다. 물론 "왜란 때 명이 베풀었던 '재조지은'에 보답하려면 명에 협조해야 한다"는 명분에서 출병했으므로, 조선군은 열심히 싸웠어야 했다고 주장할 수도 있다. 하지만 객병인 조선군이 후금군과 결전을 벌여야 한다고 목소리를 높이는 것은 무리일 듯싶다. 더욱이 조선군은 독자적인 작전권도 상실했고, 군량도 제대로 보급되지 않는 상황에서 '배고픔을 참으며' 악전고투했다.

　'심하 전투'를 포함해 1619년에 일어난 명청 사이의 결전을 보통 '살리호 전투'라고도 부른다. 그런데 '명청 교체'의 대세를 결정지은 이 전투에서 명군의 패배는 이미 예견된 일이었다. 명군은 병사들의 숫자, 병사들의 자질, 무기와 장비, 지휘관의 작전 능력, 군기(軍紀: 軍書) 등 승패를 가늠하는 모든 조건에서 후금군의 상대가 되지 못했다.

　명군은 조선에 원병을 요청하면서 자신들의 병력이 47만이라고 선전했다. 하지만 실제로는 10만 미만이었고, 그나마 조선군 등을 빼면 기껏해야 7만 안팎이었다. 후금군의 병력은 대략 5~6만 정도였다. 승패를 가르는 다른 요인들을 고려하지 않을 때, 보통 공격하는 측의 병력이 수비하는 측의 병력보다 3배 정도는 되어야 한다는 것이 병가(兵家)의 정설이다. 이미 명군은 '원정군'으로는 병력이 너무 적다는 약점을 지니고 있었다.

　병졸들의 자질 또한 열악했다. 후금의 팔기병(八旗兵)들은 오랜 공동체 생활을 통해 단련된 정예병이었다. 더욱이 그들의 기마병은 '철기'라고 불렸다. '철기'란 '강철 같은 기마대'라는 뜻이다. 이에 비해 명군 기마병들은 그냥 '말탄 보병'으로 불렸다. '철기'와 '말탄 보병'과의 대결! 승부는 뻔했다. 명군은 원정(遠征)을 가기 위해 각지에서 어중이떠중이들을 끌어모았고, 그것은 그대로 패배로 이어지고 말았다.

　명군 지휘부가 조선 조총수들을 서로 끌어가려 했던 것에서 알 수 있듯이, 그들은 화력도 변변치 못했다. 1619년 2월, 강홍립의 장계(狀啓)를 보면 유정이 거느리는 명군은 화포도 없었다. 심지어 "명군은 조선군만 믿는다"라는 내용의 보고가 올라와 광해군을 경악시키기도 했다. 약속을 어기고 먼저 출전했다가 전사했던 지휘관 두송의 머리에 무수한 화살이 박혔고, 또 다른 지휘관 반종안(潘宗顔)의 등에도 화살이 박혔다. 지휘관의 갑옷과 투구조차 형편없는 상황이었다.

명군은 지휘관들 사이의 인화(人和)도 이루어지지 않았다. 두송이 공명심 때문에 약속 날짜를 어기고 먼저 출동했다가 패한 것은 그 단적인 증거였다. 그가 일단 패하자 나머지 장수들도 후금군에게 각개격파(各個擊破)되고 말았다. 강홍립의 '상관'이었던 유정은 홍경로성을 향해 출동하기 전에 강홍립에게 답답한 마음을 털어놓았다.

> 총사령관 양호와 사이가 좋지 않아 나서고 싶지 않았다. 하지만 죽기를 작정하고 어쩔 수 없이 출전했다. 천시(天時)도 지리(地利)도 모두 불리하지만, 어쩌겠는가. 내게 병권(兵權)이 없는 것을…….

유정의 고백대로라면 명군 지휘부는 싸움이 시작되기 전부터 이미 자포자기했던 셈이다. 중국인 사학자 황인우(黃仁宇)는 환관(宦官)의 발호(跋扈)와 관료들의 무능함에서 비롯된 명의 쇠퇴 조짐이 결과적으로 명의 총체적인 전쟁 수행 능력을 약화시켰고, 그것이 그대로 '살리호 전투'의 패전으로 연결되었다고 진단했다. 요컨대, '심하 전투'때 명군의 상황을 헤아려 보면, 그들의 패전은 이미 예고된 일이었다. 그래서 그들은 필사적으로 조선을 끌어들이려고 했던 것이다. 그리고 그것은 분명 '주객이 전도'된 것이었다. 오히려 명군 지휘부의 무모한 전진과 안이한 태도가 조선군의 패배와 수많은 희생을 초래했다고 할 수 있다.

강홍립은 명청 교체라는 17세기 초 동아시아의 격변 속에서 희생된 인물이다. 내키지 않는 전쟁에 떠밀려 출전했던 그의 앞에 놓인 상황은 참으로

63인의 역사학자가 쓴 한국사 인물 열전

열악했다. 명군 지휘부는 그에게서 독자적인 지휘권을 박탈했고, 무조건 전진할 것을 독려했다. 그렇다고 당시 강홍립과 조선군을 사지(死地)로 내몰았던 명군이 누르하치를 이길 수 있는 능력을 지녔던 것은 결코 아니었다. 병사들의 숫자, 병사의 자질, 무기와 장비의 성능, 지휘관들의 인화와 전략 전술 등 전쟁의 승패를 가늠할 결정적인 조건 가운데 어느 것 하나 후금군에 비해 나은 것이 없었다. 그런 조건에서 '객병(客兵)의 지휘관'이었던 강홍립은 나름대로 최선을 다했고, 수천의 생명을 살리기 위한 그의 투항은 어쩔 수 없는 일이었다. 조선에서는 투항한 그의 가족을 처단하라고 아우성을 쳤지만, 그는 억류중인 상황에서도 후금의 내부 정보를 광해군에게 알렸다. 뿐만 아니라 1627년 정묘호란 때도 조선측의 피해를 줄이기 위한 '화의 조정'에 적극적으로 나섰다. 인조나 비변사 신료들이 '후금군의 향도'가 되어 돌아온 그를, '죽이라는 삼사의 아우성 속에서도' 끝까지 옹호한 것은, 그의 역할과 노력을 인정했기 때문이다.

　요컨대, 강홍립은 단순히 '매국노' 또는 '강로'로 매도할 수 있는 인물이 아니다. 그는 오히려 임진왜란부터 명청 교체까지 이어지는 16세기 말~17세기 초 동아시아의 격변기를 맞아 역사의 격류에 휘말려 고투를 벌였던 '경계인'이라고 보아야 하지 않을까.

참고문헌

• 원자료

『朝鮮王朝實錄』

李民寏, 『紫巖集』

安鍾和, 『國朝人物志』

• 논저

陸戰史硏究普及會, 『明と淸の決戰』, 東京: 原書房, 1967.

姜熙英, 『都元帥 姜弘立』, 成志社, 1985.

岸本美緒, 「東アジア・東南アジア傳統社會の形成」, 『岩波講座世界歷史』 13 수록, 1988.

한명기, 『임진왜란과 한중관계』, 역사비평사, 1999.

_____, 『광해군』, 역사비평사, 2000.

63인의 역사학자가 쓴 한국사 인물 열전

김육 金堉

고집과 끈기로 백성을 편안하게 한 경세가

정연식 서울여자대학교 역사학과 교수

조선 시대의 양반 관료들은 대부분 정치가이며 학자였다. 그러므로 그 시대의 인물들을 하나의 잣대로 평가하기는 어렵다. 문학가로는 뛰어났지만 정치가나 관료로는 매우 무능했던 사람도 많으며, 학자로는 그 명성이 혁혁하지만 정치가로는 처신에 문제가 있었던 사람들도 있다. 반면에 뛰어난 관료였지만 학문은 별로 신통치 않았던 사람들도 있다. 그러나 조선 시대의 인물을 평가하는 데 가장 높은 비중을 두는 것은 아마도 학문일 것이다. 이기(理氣)와 심성(心性)에 관한 뛰어난 이론을 창출하고, 인간이 지켜야 할 도리를 설득력 있게 이야기하며, 사회 개혁에 관한 명백한 논리를 제시한 인물들, 또 이를 방대한 양의 저술로 남겨놓은 인물들은 대부분 높은 평가를 받았다.

그런데 조선 시대 대부분의 학자 또는 정치가들은 명분을 중시하는 뿌리 깊은 사고방식을 가지고 있었다. 의(義)에 어긋나는 행동은 부정적으로 평가하고, 때로는 모든 사람들에게 도덕적으로 완전 무결한 무한책임을 요구하기도 했다. 이런 흐름은 지금까지도 부분적으로 남아 있어 역사 인물을 평가할 때도 많은 영향을 미친다.

의에 대한 강박관념은 이(利)를 추구하는 것을 비천한 행위로 취급했다. 실용적이고 편리한 것을 추구해서 민(民)의 삶을 풍족하게 하기보다는 옛 성현이 설파한 인간의 도리를 굳건히 지켜 현체제를 고수하는 것을 더 높이 평가했다. 또한 실용적인 것을 새롭게 받아들이기보다는 오히려 자연의 원리에 순응하는 것이 더 옳다고 여기는 일도 적지 않았다.

이런 사조에서 뛰어난 정책을 펴 백성의 살림살이를 풍족하게 한 관료를 꼽으라면 바로 떠오르는 인물이 그다지 많지는 않다. 실제로 그 내면을 살펴보면, 그런 사람이 많지 않다기보다는 사람이 있었어도 그런 행정 관료에 대한 평가가 매우 인색했기 때문이라고 하는 편이 옳을 것이다.

그런 면에서 볼 때 잠곡(潛谷) 김육(金堉, 1580~1658)은 이런 인색한 평가 가운데서 그나마 좋은 평판을 받았지만, 그렇다고 그의 업적에 합당한 평판을 얻은 것은 아니다. 그는 서인들 사이에서 산당(山黨)과 한당(漢黨)이 대립할 때 한당의 영수로 대동법을 실행에 옮겼으며, 동전을 널리 사용해야 한다고 주장한 관료로 알려진 정도였다. 따라서 그는 실학자나 산림 정치가, 또는 외세의 침입을 물리친 장수보다 훨씬 덜 주목받는다.

그러나 그는 백성을 위한 일념을 지니고 있었으며, 또한 그것을 끈질기게 주장하여 결국 정책을 실행에 옮김으로써 그 시대 민중의 삶을 한층 풍요롭게 하는 데 크게 기여했다. 그러므로 공정하게 평가받는다면 그는 퇴계(退溪) 이황(李滉)이나 성호(星湖) 이익(李瀷) 못지않은 인물이다. 다만 당대와 후세의 평가가 지나치게 관념적이고 형이상학적으로 흘렀기 때문에 제대로 평가받지 못하는 것이다.

다시 말하지만 김육은 관념적인 의(義)보다는 실용적인 이(利)를 추구한 사람이다. 굳이 적합한 용어를 빌려 표현하면, 그는 17세기 조선의 공리주의자였다.

1. 가계

김육은 자는 백후(伯厚)이고, 호는 처음에는 회정당(晦靜堂)이었으나 뒤에
잠곡(潛谷)으로 고쳤으며, 본관은 청풍(淸風)이다. 그의 고조부는 중종조 기
묘사화 때 참화를 당한 이름난 선비로서 기묘명현(己卯名賢) 가운데 한 사
람인 김식(金湜)이고, 조부는 군자감 판관을 지낸 김비(金棐)이다. 그는 아
버지 김흥우(金興宇)와 어머니 한양 조(趙)씨 사이에서 큰아들로 태어났다.

김육은 25세 때 윤급(尹汲)의 딸 윤씨와 혼인하여 2남 4녀를 두었다. 큰
아들 김좌명(金佐明)은 병조판서를 지냈고, 그의 아들 청성부원군(淸城府
院君) 김석주(金錫胄)는 우의정까지 올랐다. 둘째 아들 김우명(金佑明)은
그의 딸이 현종 비가 됨으로써 청풍부원군(淸風府院君)에 봉해졌다. 그러
므로 현종의 비이며 숙종의 어머니인 명성왕후(明聖王后)는 김육에게는 손
녀뻘인 셈이다. 김육의 가계도는 다음과 같다.

김육의 가계도

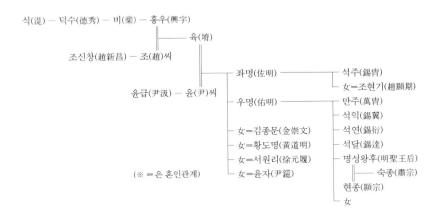

청풍 김씨는 이처럼 17~18세기에 고위 관료와 학자를 여럿 배출한 명
문가이다. 그러나 그의 집안이 원래 명문이었던 것은 아니다. 기묘사화 때

고조부 김식이 조광조(趙光祖, 1482~1519)와 함께 화를 입으면서 가문이 몰락해 오랫동안 쇠락한 처지였다. 그러다가 선조가 즉위하면서 김식이 기묘팔현(己卯八賢: 기묘명현 가운데 8명을 가리킴) 가운데 한 사람이 되어 시호를 받으면서 조금씩 가문이 일어서기 시작했다. 그러나 여전히 한미한 가문이었다. 그런 가문이 효종 때 점차 기반을 잡고, 현종과 숙종조에 이르러 명문으로 크게 성장한다. 그렇게 되기까지는 김육의 힘이 가장 컸다. 청풍 김씨 가문은 바로 김육에 의해 명문으로 성장한 것이다. 임진왜란 때 피난살이를 하던 중 부친이 어린 김육에게 "네가 우리 집안을 일으키면 지하에서라도 기쁘겠다"라는 유언을 남겼다는데, 결국 부친의 꿈을 실현한 셈이다.

2. 일생

김육은 1580년(선조 13) 7월, 재랑(齋郎)을 지낸 아버지 김흥우와 어머니 조씨의 큰아들로 한성부 서부 마포리(麻浦里) 외가에서 태어났다. 그는 5세 때부터 천자문을 배우면서 유달리 총명함을 드러냈다고 한다. 그런데 겨우 13세가 되었을 때 임진왜란이 일어남으로써 김육의 소년기와 청년기는 결코 순탄치 못했다. 그는 전쟁이 오래 계속되면서 황해도와 평안도 일대를 거의 10년 동안 떠돌아다녀야 했다. 그 사이 15세 때 황해도 해주에서 아버지가 사망했고, 22세 때는 연안에서 어머니를 잃었으며, 함께 피난 생활을 하던 조모와 숙부도 모두 피난중에 사망했다. 결국 김육은 아우 정(埥)과 두 누이를 데리고 이리저리 떠돌다가 전란이 끝난 뒤에는 서울 고모 집에 몸을 의탁해야 했다. 그러다가 25세 때 윤씨와 혼례를 올렸다. 그의 혼인이 늦은 것은 전란과 빈한한 환경 탓이었던 것으로 생각된다.

김육은 혼인한 그 이듬해인 1605년(선조 38)에 26세로 겨우 소과(小科)에 합격해 성균관 유생이 되었다. 성균관 유생 시절 선조가 죽고 광해군이 즉위했는데, 1610년(광해군 2)인 31세 때 성균관 유생을 대표하는 소두(疏

頭)가 되어 김굉필(金宏弼)·정여창(鄭汝昌)·조광조·이언적(李彦迪)·이황 등 5현(五賢)을 문묘(文廟)에 향사(享祀: 제사)할 것을 요구하는 소(疏)를 올렸다. 5현을 문묘에 향사하자는 상소는 선조 초부터 수십 년간 되풀이된 일로 크게 문제가 될 것은 없었다. 그러나 광해군 초에는 약간 사정이 달랐다. 북인이 집권하던 광해군 시절 북인들의 스승이었던 남명(南冥) 조식(曺植)을 제외하고, 회재(晦齋) 이언적과 퇴계 이황을 배향(配享)하라는 것은 집권 세력에 대한 도전으로 비칠 수 있었다.

그러나 태학생들의 주장을 받아들여 그해에 문묘에 5현을 배향했다. 그리고 그 이듬해인 1611년(광해군 3), 이른바 회퇴변척(晦退辨斥) 사건이 일어났다. 당시 집권 세력인 대북파의 정신적 지주는 내암 정인홍(鄭仁弘)이었는데, 그는 남명 조식의 제자로 예전에 이황이 조식의 학문을 비판한 데 대한 반론을 펴면서 회재 이언적과 퇴계 이황의 학문을 비판하고 나선 것이다.

그러자 김육을 비롯한 성균관 유생들은 정인홍을 성균관의 학적부인 '청금록'(靑衿錄)에서 삭제하며 맞섰다. 이에 노한 광해군은 대과(大科)에 응시할 수 없도록 유생들에게 금고(禁錮)의 처벌을 내렸다. 이처럼 집권 세력과 갈등이 깊어지면서 김육은 어려운 처지에 놓였다. 그의 행동은 명분의 옳고 그름을 떠나 사실상 당파적 행동이 아닐 수 없었다. 대신들의 수습으로 그는 금고는 면했으나, 커다란 반전이 없는 한 관계에 진출하는 일은 기대할 수 없었다.

결국 김육은 1613년(광해군 5) 34세 되던 해에 관료의 꿈을 접고 서울을 떠나 경기도 가평 잠곡(潛谷)의 청덕동에서 은거 생활을 시작했다. '잠곡'이라는 호는 이때 붙여진 것이다. 든든한 생활 기반도 없던 터에 낙향을 하자, 그의 생활은 궁핍해질 수밖에 없었다. 평소 그저 유생으로 관직에 몸담은 일도 없이 집권 세력의 배척을 받는 처지고 보니, 어느 누구도 그를 지원해줄 리가 없었다.

처음 가평에 자리잡을 때는 토굴을 파고 그 위에 나무를 얽어 지은 움집에서 처자와 함께 살았다고 한다. 그러나 그곳에서도 학문은 게을리 하지 않아 낮에는 나무를 하고 밤에는 송진으로 불을 밝혀놓고 책을 읽었다고 한다. 나중에 어느 정도 자리를 잡고는 조그만 초가를 지어 회정당(晦靜堂)이라 이름 짓고 지냈는데, 잠곡이라는 호를 쓰기 전의 초기 호 회정당은 이때 붙여진 것이다. 그는 그곳에서 품팔이와 김매기도 하고 숯을 만들어 팔기도 하면서 아주 어려운 생활을 했는데, 그것은 일반 백성의 삶과 다름없었다. 얼마나 형편이 궁했는지, 심지어 부인이 큰아들 김좌명을 낳았을 때는 밥 지을 양식조차 없었다고 한다.

그는 가평 칩거 생활을 10년 동안 계속했다. 그러다가 1623년(광해군 15)인 44세 때 인조반정(仁祖反正)이 일어났다. 이때 북인이 밀려나고 서인이 다시 정권을 잡았다. 인조반정으로 말미암아 그의 인생은 다시 반전되어 중앙의 부름을 받고 의금부 도사에 임명되었다. 인생이 반이나 지난 뒤 늦게서야 관로(官路)에 들어섰는데, 1년 만에 다시 파직되었다. 우연인지 모르지만 그의 삶의 전환점은 항상 전란과 반란의 소용돌이 속에 있었다. 의금부 도사에서 파직된 뒤 이괄(李适)의 난(1624년)이 일어나 인조가 남쪽으로 피난길에 올랐을 때, 김육은 행재소(行在所: 임금이 거둥할 때 잠시 머물던 곳)에 달려와 왕을 알현함으로써 충성심을 인정받아 충청도 음성현감에 특배(特拜)되었다.

그러던 중 그해 9월에는 증광별시에 응시해 장원급제를 했다. 대과 급제를 계기로 그의 본격적인 관료 생활이 시작되었다. 그해 12월, 성균관 전적(典籍)이 되어 중앙 관서로 자리를 옮긴 뒤 병조좌랑, 사헌부 지평, 사간원 정언, 세자 시강원 사서, 병조정랑, 성균관 직강, 홍문관 수찬, 사간원 헌납, 홍문관 교리, 이조좌랑, 이조정랑을 지냈다. 늦게 관계에 발을 들여놓았지만 그의 앞길은 매우 순탄해서, 이조와 병조의 요직과 삼사(三司)의 청직을 두루 거쳤다. 그러나 1629년(인조 7)에는 이조정랑으로 있으면서 후임 전랑의 추천을 부당하게 배척했다는 죄로 관작(官爵: 관직과 작위)을 삭탈당하고 문외출송(門外黜送: 관작을 빼앗고 한양 밖으로 쫓아내는 형벌) 처분을 받았다가 1년 반 만에 풀려난 일도 있었다.

그뒤 김육은 홍문관 부수찬으로 복직되어 부응교를 거쳐 다시 의정부의 검상과 사인을 지냈으며, 이어서 세자 시강원 보덕, 사간원 사간 등의 관직을 거쳤다. 53세 때는 정3품 당상관 통정대부에 올라 용양위 부호군에 임명되었다. 당상관 반열에 올라선 그는 그뒤 병조참지, 승정원 동부승지를 거쳐 잠시 안변도호부사로 있었으며, 57세 때인 1636년(인조 14)에는 동지사(冬至使)로 명나라에 가게 되었다. 당시 요동 일대는 새로 일어난 청나라 세력권에 들어 있었으므로 사신 일행은 평양에서 해로를 통해 명나라에 가지 않으면 안 되었다. 그는 3월에 동지사로 임명되어 6월에 출발해서 이듬해 6월에 돌아왔는데, 바로 그 사이 12월에 병자호란이 일어났다. 당시 김육은 중국 땅에서 조선이 침략을 당했다는 소식을 듣고는 밤낮으로 울음을 그치지 않아 명나라 사람들에게서 의로운 사람이라는 칭송을 들었다고 한다.

그는 이듬해 6월에 돌아와 다시 병조참의, 예조참의, 승정원 우부승지 등을 거친 뒤 59세 때 충청도 관찰사에 임명되었다. 이때부터 그는 경세가(經世家: 세상을 다스리는 사람)로서 본격적인 활동을 시작했다. 충청도 관찰사로 임명되자마자 곧바로 대동법 시행을 주장했지만, 이때 대동법이 시행되지는 않았다. 그러나 그는 대동법을 확산해야 한다는 주장을 죽는 날까지 굽히지 않았다.

이후 성균관 대사성, 홍문관 부제학, 사간원 대사간, 한성부 우윤 등을 역임했다. 1643년(인조 21)에는 승정원 도승지를 겸해 원손 보양관이 됨으로써 그해 12월 64세로 원손을 모시고 심양(瀋陽)으로 떠났다가 이듬해 귀국했다.

심양에서 돌아온 뒤로는 성균관 대사성, 이조참관, 선혜청 제조를 거쳐 형조판서에 제수되고, 이어서 의정부 우참찬, 사헌부 대사헌, 예조판서 등을 지냈다. 66세 때는 두번째로 사신에 임명되어 사은부사(謝恩副使)로 연경(燕京: 북경)에 다녀왔다. 그뒤 대호군, 도총부 도총관을 거쳐 인조 말년에는 개성유수를 역임했다.

인조가 죽고 효종이 즉위하자 예조판서와 대사헌을 거쳐, 효종이 즉위한 해 9월에는 70세로 우의정에 올랐다. 그는 우의정이 된 지 얼마 지나지 않아 다시 전라도와 충청도에서 대동법을 시행할 것을 건의했으나 김집(金集, 1574~1656)을 비롯한 유신(儒臣)들의 거센 반발에 부딪쳤고, 그와 대립하던 이조판서 김집은 이듬해인 1650년(효종 1) 정월에 고향 연산으로 낙향했다. 그때 김육도 우의정의 자리에서 물러나 영중추부사가 되었으나 거센 비난에 못 이겨 조상의 성묘를 구실로 양주로 낙향해 올라오지 않았다. 그뒤 낙향한 상황에서 영의정으로 임명되었으나 계속 서울로 올라오지 않다가, 청나라 사신을 접대하는 일로 상경해 영의정의 집무를 시작했다.

김육은 그해에 진향사(進香使)로 임명되어 네번째로 중국에 다녀왔다. 그뒤 좌의정에 임명되었다가 75세에 다시 영의정이 되었다. 김육은 나이가 워낙 많고 병이 있다는 이유로 여러 차례 사직소를 올렸지만 번번이 거부당했다. 하지만 결국 76세 때 영의정에서 물러나 영돈녕부사로 있다가 1658년(효종 9) 9월 한성부 남부 회현방(會賢坊) 자택에서 79세로 사망했다.

그의 묘지는 경기도 양주 금촌리에 있으며, 신주(神主)는 양근 미원서원(迷源書院)과 청풍 봉강서원(鳳岡書院), 강동 계몽서원(啓蒙書院), 개성 숭양서원(崧陽書院) 등에 배향되었다. 1704년에는 경기도 가평에 잠곡서원(潛谷書院)이 건립됨으로써 그곳에 홀로 배향되었다. 1659년(현종 1)에 문정(文貞)이라는 시호를 받았다.

그의 시문, 소차(疏箚: 상소와 차자), 기타 글들은 『잠곡 선생 유고』(潛谷先生遺稿)로 전해지는데, 아들 김좌명이 무신자(戊申字)로 처음 간행했으며, 재간본은 손자 김석주가 14권으로 늘려 한구자(韓構字)로 간행했다.

63인의 역사학자가 쓴 한국사 인물 열전

3. 업적

(1) 호서 대동법의 시행 및 확산

김육은 같은 시대의 일반 학자나 관료와는 약간 다른 생각을 품었고, 그것을 우직스럽게 반드시 실천에 옮기려 애썼다. 그의 업적 가운데 가장 빛나는 것은 대동법을 본격적으로 확산시켰다는 점이다.

그 가운데서도 그의 독특한 생각과 행동은 언제나 민생 안정을 정책의 최우선 목표로 삼았다. 그는 백성을 이롭게 하는 것이 아니면 부국강병도, 유교의 대의명분도 설자리를 잃을 것이라고 생각하는 인물이었다. 그러나 안민(安民)은 오직 백성의 생계를 위협하는 새로운 제도의 창시(創始)를 반대하는 것만으로 구현될 수 없었다. 더욱 적극적으로 현제도를 개혁해서 그 혜택이 백성에게 고루 돌아가도록 만들어야 한다고 생각했다.

그는 그 중에서도 대동법을 가장 중요한 방편으로 생각했다. 그래서 온갖 반대를 무릅쓰고 반대 정파의 빗발치는 공격을 받으면서도 굽히지 않고 대동법을 실행에 옮겼다. 그리고 마침내 공물(貢物)과 진상(進上)을 대동미로 대체하는 데 성공함으로써 조선 후기의 부세(賦稅)제도 개혁 가운데 가장 주목받는 대동법을 확산하여 본 궤도에 올려놓는 데 성공했다.

대동법은 광해군이 즉위하던 1608년에 경기도에서 처음 실시했고, 16년 뒤 강원도에서 시행되었다. 그러나 그뒤로는 오랫동안 진척이 없었다. 방납(防納: 공물을 대신 바치고 더 많은 액수를 받아내는 일)을 행하던 중앙 고위 관료, 서리, 거상, 지방의 토호 등은 대동법을 시행하면 그동안 누려온 엄청난 이득을 빼앗기므로 거세게 반발했고, 중앙의 보수적인 관료들은 새로운 개혁을 탐탁해 하지 않았기 때문이다. 대동법이 경기도에서 처음 시작되어 황해도에서 상정법(詳定法: 변형된 대동법)으로 완결되기까지 꼬박 100년이 걸렸다는 것은 개혁에 대한 반발이 결코 만만치 않았다는 사실을 명백하게 보여준다.

본래 공물과 진상은 지방에서 생산되는 현물로 납부하는 부세였다. 그런데 공물과 진상은 토지가 아니라 호(戶)에 부과되는 것으로 납세자의 경제사정을 크게 생각하지 않은 채 부과되었고, 그것도 대부분 양인호(良人戶)와 공천호(公賤戶)에 집중적으로 부과되어 과세의 형평성 문제가 적지 않았다. 그런데 더 큰 문제는 이를 거두어들이는 과정에서 온갖 폐단이 일어났다는 점이다. 아무리 좋은 물건이라도 관리들이 품질을 트집잡고 받지 않으면 납품할 수가 없었다. 이 과정에서 방납이 성행했다. 중간 모리배들이 공물과 진상을 대신 납부해주고 고을 백성들에게 몇 배의 값을 요구했다.

김육은 1638년 6월에 충청도 관찰사로 임명되었으며, 임명된 지 3개월 만에 대동법 시행을 건의했다. 그가 건의한 내용은 결(結)당 무명 1필과 쌀 2말을 거두는 것이었다. 비변사에서는 이를 지지한다고 회답했고 이에 대동법이 시행되는 듯했다. 그러나 곧이어 거센 반발에 부딪쳤다. 결국 대동법을 시행하겠다는 그의 제안은 인조 때는 채택되지 못했다.

1649년 인조가 죽고 효종이 즉위하자, 김육은 그해 9월 70세로 우의정에 올랐다. 이처럼 대신(大臣)의 반열에 올라섬으로써 국정 전체에 대한 그의 영향력은 예전과는 비교할 수 없을 정도로 커졌다.

김육은 인조의 졸곡제(卒哭祭: 칠우제 뒤에 지내는 제사)가 끝나자마자 대동법 시행을 주장하려 했지만 청나라 사신이 입국해 있었으므로 참고 기다렸다가 사신이 귀국길에 오르자 곧바로 건의했다. 이때 김육은 그때까지의 주장에서 한 걸음 더 나아가 충청도뿐 아니라 전라도에서도 동시에 시행하자고 건의했다. 효종도 대동법은 대호(大戶)는 꺼리고 소호(小戶)는 환영하는 법이라면서 찬성하는 편이었다. 그러나 현실적으로는 반발이 많았다. 비변사에서는 시험 삼아 먼저 충청도에서만 시행해보자고 했다.

그러나 조정 내부의 반발은 거셌다. 특히 유신들의 반발이 적지 않았다. 김상헌(金尙憲)과 김집이 반대하고, 이경석(李景奭)과 조석윤(趙錫胤)도 실행하기 어렵다고 했다. 더구나 이조판서 김집은 대동법을 적극적으로 반대

하고 나섰다. 두 사람의 견해 차이는 감정 싸움으로까지 번져 김육은 우의
정에서 물러나겠다는 뜻을 밝혔고, 그러는 사이 김집이 먼저 고향 연산으로
내려가버렸다.

김집이 낙향하자 김육에 대한 비난은 한층 더 격해졌다. 김상헌, 송준길,
송시열, 김경여 등이 한꺼번에 김육을 집요하게 공격했다. 이들은 대동법을
실시해야 한다고 주장하는 김육을 신법(新法)을 제창해서 송나라를 분열로
이끈 왕안석(王安石)에까지 비유했다. 결국 대동법 시행은 무산되고 말았다.

유신들의 집중 공격을 받은 김육은 사직소를 올려 결국 우의정에서 면직
되었다. 그리고 영중추부사가 되었지만 선조의 묘를 성묘하는 일로 양주로
내려가서는 올라오지 않았다. 이듬해인 1651년(효종 2) 정월 71세로 영의
정에 임명되어 서울로 올라오라는 왕의 명을 받았으나, 그는 계속 양주에
머물며 나오지 않았다. 그러나 얼마 후 청나라 사신이 입국하자 영의정이
사신을 맞이해야 한다는 왕의 요청이 있어 서울로 올라왔다가, 사신이 돌아
간 뒤에 다시 사직을 청했다. 하지만 사직 요청이 받아들여지지 않아 그는
그대로 조정에 머물게 되었다.

김육은 이 같은 파란을 겪은 뒤에도 대동법을 확산해야 한다는 주장을
굽히지 않았다. 그리고 마침내 그해 8월 충청도에서 대동법을 시행하는 데
성공했다. 그는 이렇게 끈질겼다. 이처럼 대동법 시행이 확정되자 온갖 비
난이 빗발쳤다. 모리배들과 토호들, 권세가들의 비난이 거세게 들끓었고,
호서 대동법 제정에 직접 참여했던 허적, 이시방, 원두표조차 거센 반발 때
문에 난처해 했다. 그러나 김집은 특유의 고집과 끈기로 이를 물리쳐 호서
대동법이 뿌리를 내리게 했다.

그는 어렵게 호서 대동법을 궤도 위에 올려놓았다. 그간의 온갖 비난과
정치적인 위험을 무릅쓰고 끝내 자신의 의지를 관철시켰다. 그는 머뭇거리
는 효종을 설득하기 위해 충청도에서 대동법을 시행하면 더 이상 시행을 확
산하지 않겠다고 약속까지 했다. 그러나 그는 국왕과 한 약속을 지키지 않

왔다. 호서 대동법이 어느 정도 정착되고 긍정적인 평가가 나오자, 호남에도 대동법을 시행해야 한다고 주장했다. 그뒤 호남 대동법은 1658년(효종 9) 6월 정태화(鄭太和)의 건의로 전라도 산군(山郡)을 제외한 연읍(沿邑) 27개 군현에서 시행하기로 결정되었다. 또한 김육은 죽는 순간에도 효종에게 소(疏)를 올려 호남 전 지역에서 시행할 것을 고집했다.

김육이 죽은 뒤 아버지의 유업을 잇고자 했던 아들 김좌명은 자신을 전라도 관찰사로 보내 달라고 간청했다. 결국 호남의 대동법은 김육이 죽은 지 4년이 지나서 시행되었다. 1662년(현종 3) 예조판서 김좌명의 건의에 따라 산군 26개 고을을 포함한 전라도 전 지역에서 대동법을 시행하기로 결정했고, 김좌명과 전라감사 서필원(徐必遠)이 「호남대동사목」(湖南大同事目)을 마련했다. 조선 후기 부세 개혁의 최대 성공작이라고 하는 대동법은 이처럼 김육의 아들 김좌명에 의해 확고하게 기반을 다져갔다.

그러나 앞서도 밝혔듯이 김육은 대동법으로 말미암아 정치적으로 많은 어려움을 겪었다. 이건창(李建昌)의 『당의통략』(黨議通略)에서는 대동법 시행을 두고 일어난 산림(山林: 재야에서의 학문적 권위와 세력을 바탕으로 정계에 진출한 인물)과 대신(大臣)의 대립을 산당(山黨)과 한당(漢黨)의 대립이라고 한다. 산당은 김집을 우두머리로 송준길·송시열 등이 뜻을 같이했는데, 이들이 모두 연산과 회덕의 산림(山林)이라 하여 산당이라고 했다. 한편, 한당은 김육을 우두머리로 신면 등이 뜻을 같이했는데, 김육이 한강변에 살아 한당이라 했다고 한다. 대동법을 실행에 옮기기까지는 당론을 일으킬 정도로 거센 논쟁이 있었다.

김육과 산림들의 불편한 관계는 그가 죽은 뒤에도 계속되었다. 김육이 죽고 묘를 조성할 때, 묘를 사치스럽게 만들었다는 이유로 두 아들이 간관 민유중(閔維重)에게 탄핵을 받은 일이 있었다. 그때 김좌명과 김우명은 그 의논이 실은 송시열과 송준길에게서 나온 것이라고 믿었다. 또한 김육의 두 아들 김좌명과 김우명이 높은 관직에 오른 뒤에도 명성왕후의 백부와 아버지니 척리(戚里: 임금의 외척과 내척)라는 이유로 계속 사류(士類)들의 배척을 받았는데, 이런 상황이 빚어진 데는 김육과 유신들 사이의 불편한 관계가 연장된 것일 가능성이 농후하다.

(2) 시헌력의 채택

김육의 업적 가운데 빼놓을 수 없는 것은 시헌력(時憲曆)이라는 새로운 서양 역법(曆法)을 도입한 일이다. 조선에서 쓰는 명(明)나라의 대통력(大統曆)은 원(元)나라의 수시력(授時曆)을 부분적으로 수정한 것이었다. 수시력은 비록 정교한 역법이지만 완성된 지 이미 수백 년이 지났으므로 초기의 작은 오차들이 누적되어 여러 오류가 드러나기 시작했고, 이미 서양 역법으로 바꾼 중국과도 윤달 설정과 절기에 차이가 생겨 바꿔야 할 실질적인 이유도 있었다.

그러므로 김육은 역법을 정교한 것으로 바꿀 필요가 있다고 생각했다. 그러던 중 관상감 제조에 임명되자 1645년(인조 23) 주청사 한흥일(韓興一)이 연경에서 가져온 아담 샬(湯若望)의 역서(曆書) 『신력효식』(新曆曉式)에 따라 새로운 서양 역법을 채택해야 한다고 주장했다. 당시 중국은 서양 역법의 우수성을 인정하여 1629년부터 이미 서양식 계산법을 채택한 숭정력(崇禎曆)을 사용했다. 2년 뒤인 1631년(인조 9)에는 조선에도 정두원(鄭斗源) 등을 통해 연경에서 서양 역법에 관한 서적이 들어왔다. 그러나 그 운용 원리를 이해하기가 쉽지 않았다. 그러자 김육은 사신을 따라간 일관(日官: 천문을 맡은 벼슬아치, 天官) 김상범(金尙范)을 통해 흠천감(欽天監) 관리에게 뇌물까지 주면서 그 운용 원리를 알아내려고 애썼고, 마침내 그 원리를 터득하기에 이르렀다. 그런데 한흥일이 연경에 갔던 그해에 중국은 숭정력을 수정한 시헌력을 사용하기 시작했다. 결국 김육은 중국과 동시에 시헌력 사용을 주장한 것이다. 이 같은 우여곡절 끝에 1653년(효종 4) 마침내 시헌력이 채택되었다. 이로써 하루를 100각(刻)으로 하는 시간 단위도 96

각으로 바뀌었고, 일주도 365.25도에서 360도로 바뀌었으며, 그밖에 여러 측정 방법과 단위가 바뀌었다.

그가 처음 역법 개정을 주장했을 때는 중국도 역법을 완전히 서양력으로 바꾼 지 10년도 안 된 시점이었다. 그는 선진 문물을 받아들이는 데 이처럼 적극적이었다. 근대에 조선이 다른 나라에 뒤처진 이유가 서양의 신문물 도입이 늦었기 때문임을 생각한다면, 김육은 새 시대를 열 만한 능력과 정신을 갖춘 귀한 선구자였다.

(3) 활자 제조

조선은 임진왜란으로 많은 활자를 잃어버렸다. 그후 광해군 때 다시 금속활자인 무오자(戊午字)를 만들었지만, 곧이어 일어난 인조반정과 이괄의 난으로 활자 제조 시설이 모두 파괴되었다. 그뒤로도 정묘호란과 병자호란이 이어져 금속활자를 만들 겨를이 없었다. 활자 기술의 선진국이었던 조선은 결국 임진왜란 후 수십 년이 지나는 동안 금속활자를 만들지 못했다.

당시 김육은 학문과 기술이 발달하는 데 활자가 중요한 구실을 한다는 사실에 주목했다. 그는 여건만 갖추어지면 필요하고 편리한 것은 무엇이든 서슴지 않고 추진했다. 그러나 당시의 형편은 금속활자를 주조(鑄造)할 만한 여유가 없었다. 따라서 김육은 임시로 목활자를 만들어 썼다. 김육의 활자 제조는 비록 금속활자를 주조하는 데는 이르지 못했지만, 먼저 활자를 제조해 책을 찍어냄으로써 교서관(校書館)의 업무가 본궤도에 오르게 하는 토대를 마련했다.

그가 교서관에 근무할 때 만든 활자는 행서체(行書體) 목활자(木活字)로 1643년(인조 21)에는 침술 관련 서적인 『신인신응경』(新印神應經)을 찍었으며, 13년 뒤에는 심신을 보양하는 의서인 『증보만병회춘』(增補萬病回春)을 간행했다. 김육이 세상을 떠나기 얼마 전에는 대신을 예우하는 차원에서 그가 편찬한 『삼대가시전집』(三大家詩全集) 10책을 이 활자로 인쇄하기도 했다.

그의 활자 제조에 대한 노력은 자손들에게도 이어져 큰아들 김좌명은 수어청에서 갑인자체의 글자를 놋쇠로 다시 주조하여 총 11만여 자에 이르는 무신자(戊申字)를 만들었다. 이는 임진왜란 이후 최초이면서 최대 규모의 활자 주조로, 그후 거의 100년간 사용되었다. 김좌명은 부친 김육의 『잠곡 선생 유고』와 『잠곡 선생 연보』를 그 활자로 찍었다.

　한편, 김육의 손자 김석주는 1679년 개인의 힘으로 한구자(韓構字)를 만들어 그것으로 군사 훈련 교범인 『행군수지』(行軍須知) 등을 찍어냈으며, 그 활자는 뒤에 교서관에서 사들여 정부의 활자가 되었다.

　김육 일가가 활자 주조에 정성을 기울이고 사사로이 활자를 만들었던 것은, 김육 때부터 주전 사업을 주장하면서 금속의 합금에 관한 지식을 꽤 많이 쌓아놓았기 때문이라는 견해도 제기된다.

4. 이루고자 했던 일들

김육의 대외관은 일반 사대부들과 크게 다르지 않았다. 그도 청나라를 오랑캐의 나라로 생각했고, 명나라를 높이 평가했다. 그것은 명나라 역사를 간략하게 정리해 『황명기략』(皇明紀略)을 저술한 점으로도 증명된다. 그러나 그는 헛된 명리에 얽매이지 않았다. 김육이 살아 있을 때만 해도 병자호란을 겪은 지 얼마 안 되어 청나라 것은 모두 오랑캐 것으로 멸시하는 풍조가 팽배했다. 하지만 김육은 편하고 이익이 되면 무엇이든 받아들여야 한다고 생각했다. 그는 현실 문제를 해결하는 방안으로 타당성과 실현 가능성만을 염두에 두었지, 그것의 유래에 대해서는 별로 신경쓰지 않았다. 좋은 문물이면 청나라 오랑캐의 것이어도 상관없고 서양 것이라도 상관없었다. 그래서 시헌력을 놀랄 만큼 빠르게 도입할 수 있었다.

　그가 이런 생각을 한 것은 중국의 문물을 직접 보고 들을 기회가 많았기 때문이다. 그는 일생 동안 네 차례나 중국에 다녀왔다. 57세 때는 동지사로,

64세 때는 원손 보양관으로, 66세 때는 사은부사로, 71세 때는 진향사로 중국을 방문했다.

그가 명나라가 망하고 청나라가 건국된 뒤 처음으로 중국을 방문한 것은 원손 보양관 자격으로 간 64세 때였다. 그는 심양에서 청나라의 문물제도를 직접 보고는 임무를 마치고 돌아온 1644년(인조 22) 장문의 소를 올려 화폐를 통용할 것, 점포를 설치할 것, 수레를 사용할 것 등을 건의했다. 청나라 문물제도를 따르자고 주장하며 상업의 진흥을 역설했던 실학자들을 북학파(北學派)라고 부르는데, 그 북학파의 원조가 김육이라고 해도 지나친 말이 아니다.

김육은 먼저 수레를 만들어 쓸 것을 주장했다. 수레는 그 자체로도 편리하고, 또한 수레를 쓰면 역마(驛馬)를 동원해 백성이 겪는 고초를 줄일 수 있었기 때문이다. 그는 우리 나라 지형이 수레에 적합하지 않다고는 하지만, 실제로 중국에서는 언덕에서도 수레를 잘 쓴다고 주장했다. 그는 사신 행차가 잦은 평안도와 함경도에서 먼저 시험 삼아 수레를 사용해보자고 했다. 이 같은 주장으로 말미암아 중국에서 수레를 사들여 이를 본떠 수레를 만들기로 했다. 그리고 몸소 수레를 타고 연행길에 오르기도 했다. 그러나 기본적으로 산과 골짜기가 많은 우리 나라 지형상 수레를 쓰는 것이 쉽지 않아 반론이 많았고, 또한 기술과 정책 의지가 뒷받침되지 않아 수레 사용은 결국 뿌리를 내릴 수 없었다.

김육은 당시로는 보기 드물게 상업 진흥에 주목한 인물이다. 수레를 쓰자는 주장도 상업진흥책과 관계 없지 않지만, 특히 그는 화폐를 만들어 통용시키자고 주장했다. 그 당시 개성과 같이 상업 활동이 활발한 지역에서는 이미 동전을 쓰고 있었다. 그러나 대부분의 지역에서는 역시 쌀과 베, 무명 등의 현물을 화폐로 썼고, 많은 금액을 결제할 때는 은을 썼으며, 때로는 어음을 쓰기도 했다. 그는 화폐를 유통시키는 것도 또한 백성을 편안하게 하는 방편이라고 여겼다. 전국적으로 시행하기 어려우면 먼저 평양과 의주에서 시험 삼아 동전을 유통해보자고 주장해 왕의 허락을 얻었다. 그러나 동전 유통도 대동법 못지않게 많은 반대에 부딪쳤다. 화폐 유통이 필요하다는 사실과 그 편의성에 대한 인식이 부족하고, 동전의 원료인 구리를 거의 수입해야 했으므로 원료를 확보하기가 쉽지 않았기 때문이다.

그는 먼저 시험 삼아 사람의 통행이 잦은 평안도와 황해도 지역에서 화폐를 써보자고 제안했다. 먼 거리를 다니는 사람들이 숙식에 필요한 물품을 직접 싸가지고 다니기보다는 화폐를 가지고 다니면 훨씬 편했기 때문이다. 그러나 김육은 끝내 동전 유통은 실현할 수가 없었다. 반대론이 거세지면서 참여했던 사람들마저 돌아서자, 결국 동전 유통은 접어둘 수밖에 없었다. 실제로 동전이 전국적으로 유통된 것은 약 30년 뒤인 1682년(숙종 8) 상평통보가 발행되면서부터였다.

또한 그는 동전이 활발하게 유통되도록 하기 위해서는 각 관아에서 점포를 설치해 동전을 쓰게 만들어야 한다고 주장했다. 그래서 사신 외에 의원, 역관, 금군 등 왕래하는 관원들도 점포에서 밥을 먹게 하고, 관에서 돈을 주어 점포 주인에게 갚도록 하면 점포가 활성화될 것이라고 했다. 또 세금을 돈으로 대신 바치게 한다면 백성들이 점포에서 물건을 파니 관원뿐만 아니라 민간에서도 돈을 쓸 것이라고 주장했다.

그는 이밖에 수차(水車) 제조와 보급에도 힘썼다. 아마 꽤 오래 전부터 수차를 만들어 적극적으로 관개(灌漑)를 해서 농업 생산력을 높여야 한다고 생각했던 듯하다. 그러다 1638년(인조 16) 충청도 관찰사로 임명되자 곧바로 충청도 지역에 수차를 만들어 널리 쓰게 해야 한다고 주장했다. 사실 냇물을 관개수로 활용하기 위해 수차를 만들자는 의견은 이미 오래 전부터 제기되었고, 이후 효종은 수차에 대한 교서(敎書)까지 내릴 정도로 큰 관심을 보였다. 그러나 수차 제조와 보급은 그의 뜻대로 되지 않았다. 제조 기술이 미약하고 제작 비용이 적잖이 들기 때문에 일반 농가에서는 사용할 수가 없었다.

5. 저술

그는 학자보다는 정치가와 관료로 이름을 남겼다. 그러나 어지간한 학자 못지않게 많은 저술을 했다. 직접 지은 것, 엮은 것, 또 단순히 다른 사람의 저술을 간행한 것을 모두 합하면 그 양이 매우 많다. 또한 그의 저술은 여러 방면에 걸쳐 있다는 특징을 지닌다. 그는 그만큼 부지런한 관료였다.

그의 저술 가운데『종덕신편』(種德新編)은 평소 틈틈이 써 모은 글을 두 번째 사신 행차 때 여러 차례 손보아 1644년 심양에서 완성한 것이다. 이 책은 어릴 때 아버지에게서 받은『소학』(小學)을 읽고 스스로 터득한 윤리관을 수록한 것으로, 그의 안민사상을 살펴볼 수 있는 소중한 책이다. 1760년 (영조 36)에 왕명으로 번역되어 널리 읽게 했다. 한편,『황명기략』은 청나라 지배 아래 들어간 명나라의 역사를 간략하게 기술한 것이다.

김육의 업적으로 특히 언급할 만한 저서는 1642년 저술에 착수해서 1년 만에 완성한『유원총보』(類苑叢寶)이다. 『유원총보』는 천도문·지도문·제왕문·관직문·인사문·초목문·금수문·관복문 등 사물을 여러 항목으로 분류하고, 각 항목에 들어 있는 여러 사물을 설명한 것으로, 당대 백과전서의 면모를 거의 빠짐없이 갖추었다. 송나라 때 축목(祝穆)이 편찬한『사문유취』(事文類聚)를 본떠서 짓되, 그 글에서 번잡한 것은 빼고 요지만을 초록(抄錄)했다. 여기에 중국의『예문유취』(藝文類聚),『당류함』(唐類函),『천중기』(天中記),『산당사고』(山堂肆考),『운부군옥』(韻府群玉) 등의 서적을 두루 참고해 항목에 따라 누락을 보충하고 문장을 가다듬어 46편으로 엮어낸 책이다. 『유원총보』는 뒷날 전라도`관찰사 남선(南銑)에 의해 전주 감영에서 처음 간행되었고, 그 책판을 경기도 광주의 남한산성으로 운반해 도성 안에 있는 양반들에게 찍어내도록 함으로써 책이 완성된 지 3년 만에 서울에서 널리 읽혔다.

한편, 신라 말부터 병자호란 때까지 이름난 신하들 301명의 언행과 사적을 기록한 『해동명신록』(海東名臣錄)을 9책으로 엮었다. 이밖에도 『고사증산』(攷事增刪) 등이 있으나 전해지지 않아 내용을 알 수 없는데, 아마도 양반·서리·문사들의 거가(居家) 필용서인 『고사촬요』(攷事撮要)와 비슷한 것이 아닌가 여겨진다. 또 동지사 사신 행차 때의 일들을 기록한 『조천일기』(朝天日記)도 있다. 또한 김육은 저술 취미도 다양해서 틈 나는 대로 당시 세태와 인물, 신기하고 재미있는 사물에 대해 보고 들은 것을 그때 그때 빠뜨리지 않고 정성스럽게 써두어, 그가 세상을 떠난 뒤에 이를 정리한 필사본이 『잠곡필담』(潛谷筆譚)이라는 제목으로 전해진다.

또 직접 저술한 것은 아니지만 여러 유용한 책을 엮어 펴낸 일도 많았다. 개성유수로 2년간 재직할 때는 조신준(曺臣俊)의 『송도잡기』(松都雜記)와 『동국여지승람』 등을 두루 참조해 『송도지』(松都志)를 편찬했다. 이밖에도 당대의 이백(李白), 두보(杜甫), 한유(韓愈)의 시 가운데 뛰어난 것들을 뽑아 편차(編次: 차례를 따라 편찬하는 일)하고 서문을 붙여 『삼대가시전집』을 펴냈으며, 이춘영(李春英)의 시문 가운데 빼어난 것들을 모아 『체소집』(體素集)으로 펴낸 바 있다.

또한 김육은 사대부는 물론 일반 백성들에게도 필요한 요긴한 책들을 적잖이 간행했다. 그 가운데 주목되는 것은 『구황촬요』(救荒撮要)와 『벽온방』(辟瘟方)이다. 『구황촬요』는 세종 때 편찬한 『구황벽곡방』과 중종 때 편찬한 『구황절요』에서 긴요한 것을 뽑아 한글로 번역한 것으로, 1545년(명종 9)에 처음 간행된 것을 김육이 다시 찍어냈으며, 『벽온방』은 전염병 예방법과 치료법을 다룬 책이다.

또 『효경』에 『충경』을 합해 『신간효충전경』(新刊孝忠全經)이라는 이름의 책을 간행했고, 『논어』의 정문을 간추려서 『노론정문』(魯論正文)이라는 책을 펴냈으며, 어린이들의 학습서로 『동몽선습』(童蒙先習)과 『사략』(史略)도 간행했다.

그가 편찬하고 찍어낸 책 가운데는 자신의 가문과 관련된 것들도 몇 가지 있다. 『청풍세고』(淸風世稿)는 청풍 김씨 가문의 문집으로, 기묘사화와 임진왜란 때 흩어진 글들을 친족들에게서 구해 중국에 사신으로 갔을 때 깨끗이 필사해서 만든 것이다. 『기묘팔현전』(己卯八賢傳)은 김육이 충청도 관찰사로 있던 1639년에 완성한 것으로, 기묘사화 때 참화를 당한 조광조와 고조부 김식을 비롯해 정광필·안당·이장곤·김정·기준·신명인 등의 8현과 이와 함께 화를 입거나 삭탈 관직된 170여 명의 전기이다. 또 『기묘천과방목』(己卯薦科榜目)도 충청도 관찰사 시절에 간행했는데, 고조부 김식이 장원으로 발탁된 현량과의 방목으로 병자호란 때 잃어버린 것을 필사본을 입수해 1639년에 간행했다.

6. 생각과 사람됨

실학이라는 말은 예전이나 지금이나 사람에 따라 다양하게 쓰이며, 그 개념을 놓고 논쟁도 있었다. 그러나 간단히 줄여서 '실용적인 것을 추구하는 학문'이라고 하는 데는 그다지 이의가 없는 듯하다. 그런 의미라면 김육은 분명 진정한 실학자였다. 그러나 그는 한창 실학 연구 붐이 일 때도 그다지 주목을 받지 못했다. 그는 다른 실학자들에게 결코 뒤지지 않는 많은 저술을 남겼지만, 그 저술들에서 자신의 개혁 방안을 논리적으로 체계화하는 데 힘을 쏟은 것은 아니기 때문이다. 즉, 그는 기본적으로 학자이기보다는 행정가였다.

그러나 그는 일반적으로 알려진 실학자들보다 뛰어난 점이 있었다. 실학자들의 개혁안은 논리적으로나 도덕적으로는 정당하지만 현실적으로 실현할 수 없는 관념적인 방안이 많았다. 예컨대, 균전론(均田論)이나 여전론(閭田論) 같은 것이 그랬다. 그러한 방안들은 실제로 실행될 수도 없었고, 또그의 생전에 외부로 알려지지도 않아 사회에 아무런 영향을 미치지 못했다. 그러나 김육은 논리적으로 타당한 것보다는 당장의 현실 문제를 해결할 수 있는 최선의 방안을 찾아나섰다. 그래서 그의 업적이 빛나는 것이다.

또한 그에게는 현실적인 모순을 바로잡는 가장 기본적인 방법이 안민(安民)이었다. 모든 사회적인 모순은 백성이 편치 않기 때문에 일어나고, 따라서 그 모순을 해결하려면 가장 먼저 백성을 편안하게 해야 한다는 것이다. 예컨대, 다음과 같은 일들이 그런 면모를 엿보게 한다.

효종이 즉위한 뒤 흉년이 자주 들었다. 그런데 효종은 청나라 오랑캐에게 당한 치욕을 씻어야 한다는 집념만을 불태우며 여러 사정은 고려하지 않은 채 무리하게 군비를 확장했다. 김육은 그때마다 효종의 이런 정책에 제동을 걸었다. 그는 효종이 시행하려던 군비 확장을 비롯해 재정 확충 정책들, 예를 들면 지방군인 속오군에게 보인(保人)을 지급하려 한다든지, 영장제를 새로 시행하려 한다든지, 도망간 노비를 찾아내어 본고장으로 돌려보내려 한다든지, 훈련도감의 군사를 늘리려 할 때마다 사사건건 반대하고 나섰다. 나라를 부강하게 하려면 먼저 백성의 생활을 안정시키고 민심을 확고하게 잡아두어야 한다고 생각했다. 민심이 떠난 곳에는 아무리 성을 잘 쌓아도 침략을 막을 수 없다고 했다. 그는 어떤 일을 하든지 백성을 안정시키고 그들의 마음을 얻은 뒤에 해야 한다는 원칙을 굽히지 않았다.

또한 나라와 백성이 이(利)를 다투는 것을 경계해야 한다면서, 만일 나라와 백성의 이해가 서로 어긋나면 나라가 백성을 위해 양보해야 한다고 했다. 백성의 이익은 국가에 득이 되지만, 그렇지 않을 경우에도 백성의 이익이 먼저라는 것이다. 예컨대, 도성 안에서 논밭을 경작하는 일은 국초부터 금지했는데, 그것이 문란해져 인조 때 도성 안에서 경작하는 것을 다시 금했을 때도 당시 대사간이던 그는 반대하고 나섰다. 어려운 시기에 토지를 이용하고 백성을 풍족케 하는 것을 금해서는 안 된다고 주장했다. 결국 백성에게 이롭다면 국법도 뒤로 제쳐놓으려 했던 것이다.

그는 죽는 순간에도 왕에게 글을 올려 군보(軍保)를 군호(軍戶)로 승격시키는 승호(陞戶) 문제를 재고해야 한다고 주장할 만큼 안민 문제에 대해서는 고집스럽고 끈질겼다. 그가 이런 성향을 띠는 것은 자의반 타의반으로 중앙 정계에서 밀려난 뒤, 젊은 시절 경기도 가평에서 고난을 겪은 일과 관련될 것으로 생각한다. 그도 유생 시절에는 정치적인 사건에 뛰어들어 당파적 성향을 드러내고 명분과 의리에 집착했다. 그러나 가평의 잠곡에 머문 뒤로는 그런 일을 스스로 벌이지도 않았고, 남에 의해 그런 일에 휘말린 적도 거의 없었다. 그는 주로 현실적인 문제, 백성의 문제를 해결할 수 있는 정책에만 관심을 두었다. 가평에서 빈한하게 10년을 지내는 동안 스스로 농사를 지어 먹고살아야 했던 그는, 백성들의 괴로움이 무엇인지를 제대로 깨달았다. 쓸데없이 관념적인 말과 논리를 좋아하지 않고 실용적인 것을 중시하는 사고방식은 아마도 이때부터 형성된 듯하다. 그가 청년기에 순탄한 길을 걸었더라면 그는 실용적인 사고방식을 갖지 못했을 것이다. 그런데 백성들이 살아가면서 겪는 불편함과 괴로움을 직접 겪으면서 그 시대의 시급한 일이 무엇인가를 몸으로 체험했다.

그러므로 그의 애민사상은 단순히 관념적인 것이 아니라 체험에서 우러난 것이다. 그의 이러한 생각은 구시대적인 신분제도를 부분적으로나마 부정하기에까지 이르렀다. 김육이 좌의정으로 있을 때 효종은 훈련도감의 군사를 5천 명에서 1만 명으로 늘리려고 했다. 관료들은 그 재정을 확보할 방안을 여러 가지로 제안했는데, 김육은 매우 독특하고 파격적인 방법을 제시했다. 양반들에게 포를 징수하자는 유포론(儒布論)을 주장한 것이다. 20세 이상의 양반 가운데 직역(職役)이 없는 자들에게서 해마다 베 1필을 거두고, 한편으로는 둔전(屯田)을 설치해 산골짜기에 흩어져 사는 유민(流民)들이 영구히 갈아먹을 수 있게 하면서 그 세를 거두어 비용을 충당하자는 것이었다. 오직 양반이라는 이유만으로 나라에 아무것도 기여하지 않고 놀고 먹는 것은 불합리하다는 주장이었다. 인조 초에 최명길(崔鳴吉)이 이 같은 주장을 한 적도 있지만, 김육의 주장은 당시로는 엄청나게 파격적이었다.

물론 그는 신분제 폐지를 주장하지는 않았다. 그러나 신분제를 모든 일에 우선해서 지켜야 할 명제로 생각하지도 않았다. 그가 가장 중요한 명제로 생각한 것은 안민이었다. 그는 나라가 백성과 이익을 다투지 말고 백성을 편안하게 해야 하며, 그것만이 백성과 나라 모두 이익이 되는 최선의 길이라고 생각했다. 그는 두려운 것이 세 가지 있으니, 그것은 하늘과 적(賊)과 백성인데, 그 중에서도 백성이 제일 두려운 존재라고 했다.

그는 관계에 들어서면서 자신의 안민책이 실현될 날을 손꼽아 기다렸던 듯하다. 인조 연간에는 충청도 관찰사에 임명되어 상당한 발언권이 생겼고, 도의 정책을 직접 집행할 수 있게 되자 곧바로 충청도에 대동법을 시행할 것을 건의했다. 또한 농사에 큰 도움이 될 수차를 만들어 전국적으로 사용할 것을 제안했다. 그리고는 기근이 닥치고 질병에 걸렸을 때 살아갈 방책을 널리 알리기 위해『구황촬요』와『벽온방』언해본을 간행했다.

그의 안민책은 매우 집요했으며, 그는 결국 그것을 실천에 옮겼다. 이규상(李圭象)의『병세재언록』(幷世才彦錄)에는 김육이 대동법의 계책을 마련하느라 얼마나 노심초사했는지가 잘 나타나 있다. 그는 근교에서 서울에 들어올 때면 장작 파는 소를 타고 들어와 늘 어느 약국에 머물렀는데, 그때마다 짐 꾸러미에서 관솔을 꺼내 불을 켜고는 밤늦도록 잠도 자지 않고 대동법의 계책을 짜내느라 애를 썼다고 한다. 조선 후기의 가장 성공적인 세제 개혁안인 대동법은 이렇게 탄생했다.

그는 대책 없는 안일한 공리공론을 혐오했다. 학문을 말하는 인사들이 뜻을 정성스럽게 하고 마음을 바로잡으면 세상일이 저절로 해결된다는 식으로 말하는 것을 비판하기도 했다. 그는 원론보다는 각론을 좋아했고, 논리적인 것보다는 실질적인 것을 좋아했으며, 관념적인 것보다는 구체적인 것을 좋아했다.

또한 그는 새로운 것에 관심이 많았다. 1631년 정두원이 진주사(進奏使)로 명나라에 갔다가 서양 사람 육약한(陸若漢, Johannes Rodriquez)에게서 자명종을 선물로 받아왔는데, 김육은 이것이 신기해서 그 구조를 캐보고 싶었다. 그러다가 5년 뒤인 1636년 명나라에 가서 자명종을 보고는 열심히 연구해 그 구조를 알아보았다는 내용이 『잠곡필담』에 실려 있다. 그러한 그의 정신이 시헌력 채택과 수레, 수차의 사용에까지 확산된 것이다.

김육은 매우 고집이 셌다고 한다. 효종도 김육의 고집은 죽어야 고칠 것이라고 했다고 한다. 그는 자신이 믿는 바는 누구의 말에도 아랑곳하지 않고 밀어붙이는 과단성이 있었다. 때로는 그 고집과 과단성이 도를 넘어 다른 인물들과 불화를 일으키기도 했다. 홍명하(洪命夏)의 회고담에 따르면, 자신은 대동법을 반대하다가 훗날 찬성했는데, 처음에 대동법을 반대하고 나서자 김육이 화를 내며 자신을 미워했다고 했다. 이러한 면이 김집과의 불화를 더욱 크게 했을 것이다.

현재 관복 차림의 초상화 한 점이 남아 있는데, 치켜 올라간 눈썹에 눈을 크게 뜬 채 입을 꾹 다문 모습이어서 매우 옹골찬 인물이었음을 짐작케 한다. 그러나 그의 고집은 그 당시의 조선을 위해서는 다행한 일이었다. 그의 일생을 단 몇 줄로 간략하게 적은 『조선왕조실록』의 졸기(卒記)에는 평생 경세제민(經世濟民)하는 일을 스스로 떠맡은 인물이라고 하면서, 일에 임해서는 거리낌없이 자기가 할 말을 다했다고 기록되어 있다. 그의 고집이 없었더라면 대동법은 훨씬 늦게 정착되었을 것이다. 김육이 죽은 뒤 효종은 나랏일을 맡아 흔들림 없이 처리하는 사람으로는 김육만한 사람이 없었다고 탄식했다고 한다.

63인의 역사학자가 쓴 한국사 인물 열전

참고문헌

김근수, 「잠곡의 인간과 저서」, 『한국학』 21, 영신아카데미 한국학연구소, 1979.

김세봉, 「김육의 사회경제 정책 연구」, 『사학지』 21, 단국사학회, 1987.

김윤곤, 「대동법의 시행을 둘러싼 찬반 양론과 그 배경」, 『대동문화연구』 8, 성균관대학교 대동문화연구원, 1971.

김준석, 「김육의 안민경제론과 대동법」, 『민족문화』 24, 민족문화추진회, 2001.

김호일, 「경륜가로서의 잠곡」, 『한국학』 21, 영신아카데미 한국학연구소, 1979.

배우성, 「17세기 정책 논의 구조와 김육의 사회경제정책관」, 『민족문화』 24, 2001.

원유한, 「잠곡 김육의 화폐경제사상」, 『홍대논총』 VI, 홍익대학교, 1980.

이남복, 「김육의 사상과 그 역사적 위치」, 『사학지』 14, 단국사학회, 1980.

천혜봉, 「잠곡 김육의 편·저서와 활자 인쇄」, 『민족문화』 24, 2001.

송시열 宋時烈

이상사회를 실현한 개혁자

지두환 국민대학교 국사학과 교수

1. 시대 배경

우암(尤庵) 송시열(宋時烈, 1607~1689)이 살던 시기는, 비록 조선 왕조는 바뀌지 않고 계속되었지만 사림들이 광해군을 몰아내고 인조반정(仁祖反正)을 한 뒤 조선 성리학 이념을 바탕으로 새로운 나라를 건설하는 등 개혁을 진행하는 시기였다. 게다가 대외적으로는 명나라가 망하고 여진족인 청나라가 등장하여 동양 세계를 주도해 나갔다.

이 같은 개혁을 위해 대내적으로는 먼저 우리 풍토에 맞는 시비법(施肥法)을 기반으로 한 농학(農學)을 발달시켜, 전 국토를 퇴비 공장으로 만들어 식량을 자급자족할 수 있게 했다. 또한 면화 재배를 전국으로 확대하여 면화 왕국으로 만듦으로써 의복을 자급자족할 수 있게 했으며, 통영 갓·안성 유기·한산 모시 등 명산지를 발달시켜 내적인 경제 기반을 다지면서 국가 경제를 튼튼하게 했다.

한편, 대외적으로는 청나라에서 비단을 사다 거의 두 배를 받고 일본에 다시 팔아 막대한 무역 흑자를 올림으로써 일본에서 들어오는 은이 넘쳐나는 부자 나라를 만들어갔다. 이러한 재력을 바탕으로 북벌론(北伐論)을 주장하며 부국강병한 자주적이고 주체적인 문화 국가로 기반을 확립하던 시기였다. 또한 이 같은 경제력을 바탕으로 노약자가 편안하게 사는 이상 사회를 만들기 위해 효도와 장유유서(長幼有序)를 근본으로 하는 삼강오륜을 가르쳐 미풍양속을 일반화시켜갔다.

때마침 중원(中原)에는 중화(中華)인 명나라가 멸망하고 오랑캐인 청나라가 들어섰으므로 천하에 중화인 나라는 조선밖에 남지 않았다. 당시 중화는 세계 문화의 중심지이자 가장 우수한 문화로 인식되었기 때문에 조선은 마지막 남은 세계 제일의 문화국가, 즉 선진국이 되었고, 우리 민족은 세계 최고의 문화민족이 되었다. 따라서 우리 나라의 한글과 음악, 그림, 글씨, 도자기, 의복, 음식, 판소리, 탈춤 등 모든 것이 마지막 남은 진짜 중화 문화의 진수라는 의식이 팽배했다. 그래서 우리의 전통을 아끼고 사랑하며 발전시켜 고유색 짙은 민족 문화를 이루어나갔으니, 이러한 시기를 영정조 문예부흥기라고 한다.

본래 중화라는 것은 무조건 중국을 가리키기보다는 중국에서도 가장 기준이 되는 이상 사회를 가리킨다. 이렇게 상정된 것이 패도(霸道)를 행했던 한나라, 당나라보다는 왕도(王道)를 행했던 요순 사회처럼 가장 이상적인 사회, 즉 대동사회(大同社會)·무릉도원을 표현하는 것이었다. 따라서 조선 중화주의는 중국 사대주의라기보다는 조선이 지금 세계에서 가장 이상적인 사회라고 생각하고, 이를 실현하려고 했던 조선 제일주의였다.

이와 같이 조선 제일주의에 입각한 이상 사회를 이루기 위해 개혁을 진행해 나갔으니, 이러한 개혁이 바로 정전제(井田制)의 이상을 조선 후기 현실에 맞게 실현하려는 대동법(大同法)과 환곡정책(還穀政策)이었고, 양반 호포론(戶布論)을 주장하며 군역(軍役)을 균일하게 하려는 균역법(均役法)이었으며, 어머니가 양인이면 아버지가 노비라도 자식은 양인(良人)이 되는 노비종모종량법(奴婢從母從良法)이었다.

이러한 개혁을 왕실과 결탁한 보수 세력과 부딪치면서 효종·현종·숙종 연간에 시행해간 세력이 율곡학파였고, 이의 중심이 바로 우암 송시열이었다.

2. 우암의 가계와 학풍

송시열의 학문은 전적으로 주자(朱子)의 학설을 계승한 것으로 자부했으나, 조광조(趙光祖, 1482~1519)·이이(李珥, 1536~1584)·김장생(金長生, 1548~1631)으로 이어진 조선 기호학파(畿湖學派)의 학통을 충실히 계승 발전시킨 것이기도 했다. 여기에는 율곡 이이가 집대성한 조선 성리학이 사계(沙溪) 김장생의 예학(禮學)을 거쳐 전수되었다. 이러한 조선 성리학은 심학(心學)에 입각한 성리학으로 조선 후기의 지배적인 철학·정치·사회·경제 사상이 되었다.

송시열은 1607년(선조 40)에 태어나 1689년(숙종 15)까지 광해군·인조·효종·현종·숙종 대 붕당정치기를 살았던 인물이다. 본관은 은진(恩津), 아명은 성뢰(聖賚), 자는 영보(英甫), 호는 우암(尤庵) 또는 우재(尤齋), 화양동주(華陽洞主)이다.

할아버지는 송응기(宋應期)이며, 할머니는 이윤경(李潤慶)의 딸 광주(廣州) 이씨이다. 아버지는 사옹원(司饔院) 봉사(奉事) 송갑조(宋甲祚)이고, 어머니는 봉사 곽자방(郭自防)의 딸인 선산(善山) 곽씨이다.

수옹(睡翁) 송갑조는 선조에서 인조 때의 문신(文臣)으로, 자는 원유(元裕)이고 시호는 경헌(景獻)이며, 최립(崔岦)의 문인이었다.

맏형 송시희(宋時熹)는 정묘호란 때 오랑캐에게 죽임을 당했다. 둘째 형은 현감 송시묵(宋時默)이고, 동생은 현감 송시도(宋時燾)와 감역(監役) 송시걸(宋時杰)이다. 큰누이는 군수 윤섬(尹爛)에게 시집갔고, 둘째 누이는 감역 이경(李憬)에게 시집갔다.

부인은 이덕사(李德泗)의 딸인 한산(韓山) 이씨이다.

이덕사는 이색(李穡, 1328~1396)의 9대손이다.

송시열은 슬하에 1남 2녀를 두었는데, 1남 순(舜)은 어려서 죽었다. 두 딸은 권유(權惟), 윤박(尹搏)에게 시집을 갔고, 우암은 아들이 없어 아버지 송갑조의 종형(從兄) 전첨(典籤) 송희조(宋熙祚)의 손자 송기태(宋基泰)를

한산 이씨 이덕사를 중심으로

출전:『한산이씨인재공파세보』(韓山李氏麟齋公派世譜) 권3, 한산이씨인재공파보소
　　　(韓山李氏麟齋公派譜所), 회상사(回想社), 1994.
　　　『한산이씨양경공파세보』(韓山李氏良景公派世譜), 한산이씨양경공파보소(韓山
　　　李氏良景公派譜所), 회상사, 1982.

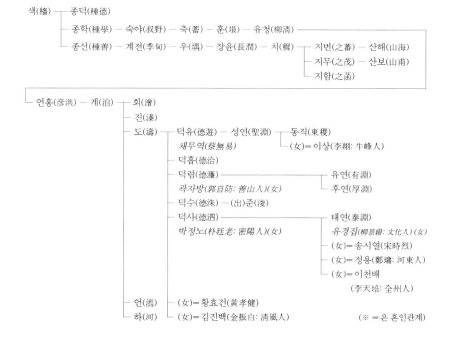

색(穡) ─ 종덕(種德)
　　　├ 종학(種學) ─ 숙야(叔野) ─ 축(蓄) ─ 훈(塤) ─ 유청(柳淸) ──────
　　　└ 종선(種善) ─ 계전(季甸) ─ 우(堣) ─ 장윤(長潤) ─ 치(穉) ─┬ 지번(之蕃) ─ 산해(山海)
　　　　　　　　　　　　　　　　　　　　　　　　　　　　　　　　├ 지무(之茂) ─ 산보(山甫)
　　　　　　　　　　　　　　　　　　　　　　　　　　　　　　　　└ 지함(之菡)

─ 언홍(彦洪) ─ 계(洎) ─┬ 회(澮)
　　　　　　　　　　　　├ 진(溱)
　　　　　　　　　　　　├ 도(濤) ─┬ 덕유(德遊) ─ 성연(聖淵) ─┬ 동직(東稷)
　　　　　　　　　　　　　　　　　 채무역(蔡無易)　　　　　　　└ (女)=이상(李翔: 牛峰人)
　　　　　　　　　　　　　　　　　├ 덕흡(德洽)
　　　　　　　　　　　　　　　　　├ 덕렴(德濂) ───────────┬ 유연(有淵)
　　　　　　　　　　　　　　　　　 곽자방(郭自防: 善山人)(女)　└ 후연(厚淵)
　　　　　　　　　　　　　　　　　├ 덕수(德洙) ─ (出)준(浚)
　　　　　　　　　　　　　　　　　└ 덕사(德泗) ──────────┬ 태연(泰淵)
　　　　　　　　　　　　　　　　　 박정노(朴廷老: 密陽人)(女)　├ 유경집(柳景緝: 文化人)(女)
　　　　　　　　　　　　　　　　　　　　　　　　　　　　　　├ (女)=송시열(宋時烈)
　　　　　　　　　　　　　　　　　　　　　　　　　　　　　　├ (女)=정용(鄭墉: 河東人)
　　　　　　　　　　　　　　　　　　　　　　　　　　　　　　└ (女)=이천배
　　　　　　　　　　　　　　　　　　　　　　　　　　　　　　　　(李天培: 全州人)
　　　　　　　　　　　　├ 언(漹) ─ (女)=황효건(黃孝健)
　　　　　　　　　　　　└ 하(河) ─ (女)=김진백(金振白: 淸風人)

(※ =은 혼인관계)

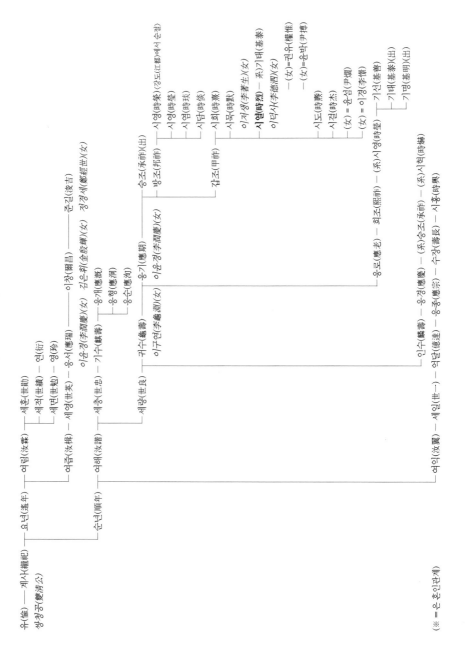

양자로 삼았다.

송시열은 1607년 11월 12일 술시(戌時)에 충청도 옥천군(沃川郡) 구룡촌(九龍村)의 외가에서 태어났다. 8세인 1614년(광해군 6)부터 친척인 송준길(宋浚吉)의 집에서 함께 공부하여, 훗날 양송(兩宋)으로 불리는 특별한 교분을 맺었다.

정좌공(靜坐公)은 이름이 이창(爾昌)이니, 수옹공(睡翁公)과 다 같이 쌍청공(雙淸公)의 자손이며, 또한 모두 정헌공(正獻公) 이윤경의 외손이다. 그의 아들은 곧 동춘 선생(同春先生)으로, 휘(諱)는 준길(浚吉)이며 선생보다 한 살 위였다. 정좌공이 선생의 덕성과 기국(器局: 재능과 도량)을 알아보고 함께 있기를 청하므로 수옹공이 드디어 허락했는데, 두 선생의 도의(道義)의 교분이 실은 여기에서 비롯되었다.

11세인 1617년(광해군 9)에는 아버지 수옹공이 새 진사(進士)로 혼자서 서궁(西宮: 인목대비)을 배알했다는 이유로 금고(禁錮)되어, 고향으로 돌아와 두문불출하며 서안(書案)을 정돈하고 글 읽기와 아들 교육을 일삼았다.

수옹공은 기절(氣節)과 행의(行誼: 품행과 도의)가 일찍부터 한 세상을 복종시켰는데, 광해군 정사년에 어머니를 원수로 여기는 의론이 바야흐로 급격해졌을 때 새 진사로서 의리를 들어 항쟁하여 좌절시키고 홀로 서궁에 나아가 사은숙배(謝恩肅拜)하니, 흉도(凶徒)들이 분한 마음을 가져 유적(儒籍)에서 삭제했다. 인조가 반정하매, 문원공(文元公) 김장생(金長生)의 추천으로 벼슬에 제배(除拜: 구관직을 없애고 신관직을 내리던 일)되었는데, 정묘(丁卯)의 난에 조정이 오랑캐에게 화약(和約)을 청하자, 다시 더 벼슬하기를 부끄럽게 여기고 집에 물러와 있다 돌아갔다.

이때 이르러 동춘(同春)이 경연(經筵)에서 선(善)을 표창하고 악을 징계하는 도리를 진달(進達)하고, 이어 공의 이름을 언급하자, 상(上: 임금)이 묻기를, "송 모(某)는 어떠한 사람인가?" 하매, 아뢰기를, "송 모는 정사년의 신방(新榜) 진사로, 대비(大妃)를 서궁에 유폐(幽閉)했을 때 조정의 의식(儀式)이 이미 폐지되었는데도 홀로 나아가 거적을 깔고 사은숙배했고, 그때 방수(榜首) 이영구(李榮久)가 동방(同榜) 사람들을 위협해서 이끌고 장차 폐모(廢母)에 관한 상소를 하려는데 송 모가 따르지 않자, 이영구 등이 사람을 시켜 그가 누구냐고 물으매 붓을 달라 하여 크게 성명을 써주었습니다. 반정한 뒤에 벼슬이 봉사에 이르렀는데, 얼마 되지 않아 죽었습니다"라고 했다.

12세인 1618년(광해군 10)에는 아버지에게서 『격몽요결』(擊蒙要訣), 『기묘록』(己卯錄) 등을 배우며 주자, 이이, 조광조 등을 흠모하도록 가르침을 받았다.

수옹공이, 선생이 태어날 때 아름다운 징험(徵驗)이 있어 특이한 자질을 타고 났고 도량과 재주가 탁월하여 남보다 뛰어나므로, 언제나 성현(聖賢)이 되는 일로써 책임지게 하며 격려하기를, "주자는 후세의 공자(孔子)고 율곡은 후세의 주자니, 공자를 배우려면 마땅히 율곡에게서 시작해야 한다" 하고, 드디어 율곡선생의 『격몽요결』을 가르쳤는데, 선생이 이미 다 배우고 말하기를, "이 글처럼 하지 않으면 사람이 될 수 없다" 하며, 근심하고 두려워하면서 스스로 분발하는 뜻이 있었다.

19세인 1625년(인조 3) 도사 이덕사의 딸 한산 이씨와 혼인했다. 이씨는 문정공(文靖公) 목은(牧隱) 이색의 후손이다.

21세인 1627년에 금나라 오랑캐들이 침입하자, 3월에 큰형 송시희가 오랑캐와 맞서 싸우다 죽었다.

24세인 1630년(인조 8)에는 복을 벗고 연산(連山)의 사계 김장생에게 나

63인의 역사학자가 쓴 한국사 인물 열전

아가 성리학과 예학을 배웠으며, 25세인 1631년 8월 3일 사계 김장생이 졸하자 그 아들 신독재(愼獨齋) 김집(金集)에게 종유(從遊: 학식이나 덕행이 높은 사람을 좇아 더불어 노는 것)하여 학문을 배웠다.

이처럼 학풍은 어려서부터 율곡, 사계로 이어지는 서인(西人)의 조선 성리학풍을 전수받았고, 집안에서는 아버지 수옹공 송갑조의 절의(節義)를 전수받았다. 그리하여 의리명분론을 바탕으로 한 정통론을 천명하고 북벌론을 주도하는 기반을 닦아 나갔다.

3. 우암의 정치 활동과 업적

(1) 병자호란과 북벌론

27세인 1633년(인조 11) 9월 생원시(生員試)에서 「일음일양지위도」(一陰一陽之謂道)를 논술하여 장원으로 합격한 뒤 최명길(崔鳴吉)의 천거로 경릉참봉(敬陵參奉)이 되었으나 곧 사직했다.

29세인 1635년 11월에는 봉림대군(鳳林大君: 뒷날의 효종)의 사부로 임명되었으나, 이때 인열왕후(仁烈王后: 인조비)가 훙서(薨逝: 임금, 왕족의 죽음을 높여 이르는 말)하여 대군이 강학(講學)을 폐했으므로, 단지 예를 갖추어 문안만 했다.

30세인 1636년에는 왕비의 졸곡(卒哭)을 지낸 뒤, 비로소 대군과 상면하고 학문을 강론했다. 약 1년간의 사부 생활은 효종과 깊은 유대를 맺는 계기가 되었다. 또 그해 12월에 북쪽 오랑캐가 갑자기 밀려오자, 임금의 수레를 모시고 남한산성으로 들어갔다. 이때 봉림대군은 먼저 강도(江都: 강화)로 들어가버렸으므로 미처 수행하지 못했다.

31세인 1637년(인조 15) 1월 조정이 청과 화의(和議)를 맺어 왕이 치욕을 당하고, 소현세자(昭顯世子)와 봉림대군이 인질로 북으로 잡혀가자, 송시열은 통곡을 하고 도성에서 나와 속리산으로 들어가서 곽부인을 뵙고, 드디어 보은(報恩) 노곡(老谷)에 있는 중형의 우소(寓所: 임시로 사는 곳)로 모시고 돌아갔다. 송시열은 이때부터 낙향하여 10여 년간 모든 벼슬을 사양하고 전야(田野)에 묻혀 학문에만 몰두했다.

39세인 1645년(인조 23) 5월 21일에는 문정공(文正公) 청음(淸陰) 김상헌(金尙憲)을 양주(楊州) 도산(陶山) 석실촌(石室村)으로 찾아가 뵈었다.

> 선생이, 문정공을 대의(大義)의 종주(宗主)라 하여 드디어 주자가 황단명(黃端明)을 찾아뵌 사례를 모방해 먼저 글로써 뵙기를 청했는데, 문정공이 함께 『근사록』(近思錄)의 의의(疑義: 글의 뜻 가운데 의심이 나는 곳)를 논했다.

43세인 1649년(인조 27)에는 효종이 즉위하여 척화파 및 재야 학자들을 대거 기용하면서, 그에게도 세자 시강원(侍講院) 진선(進善), 사헌부 장령 등의 관직을 주어 불렀으므로, 그는 비로소 벼슬길에 나섰다. 이때 송시열이 올린 「기축봉사」(己丑封事)는 그의 정치적 소신을 장문으로 진술한 것인데, 그 가운데 특히 존주대의(尊周大義)와 복수 설치(雪恥: 설욕)를 역설한 것이 효종의 북벌 의지와 맞아떨어져 장차 북벌계획의 핵심 인물로 발탁되는 계기가 되었다. 그러나 당시 집권당인 서인의 청서파(淸西派)에 속했던 그는, 공서파(功西派)의 김자점(金自點)이 영의정이 되자 사직하고 다시 낙향했다.

44세인 1650년(효종 1) 1월 21일 주강(晝講: 경연 특진관 이하가 午時에 임금을 모시고 행하던 法講의 한가지)에 입시했다가, 2월 6일 다시 고향으로 돌아왔다.

> 이때 이미 김자점이 귀양가자, 그의 무리가 서로들 의심하고 두려워하여 사류(士流)들을 제거하려 했는데, 김자점의 아들 식(鉽)이 부제학 신면(申冕)과 모의하여 북쪽 오랑캐에게 죄를 꾸며 고해 바치기를, "주상께서 신진 인물들을

등용하여 장차 큰 일을 거행하려 한다"고 했다.

그러자 오랑캐들이 군사로 국경을 제압하고 여섯 사신을 보내 캐물어 장차 사세(事勢: 조정과 민간)가 진동하고 한때의 사류들이 물러나 변을 기다렸는데, 상이 "차라리 내가 몸으로 당할지언정 진실로 차마 두서너 신하를 죽게 하지는 못하겠다" 하며 임기응변으로 잘 대처했고, 또한 원평 부원군(原平府院君) 원두표(元斗杓) 등 여러 사람이 사리에 따라 답변하고 한편으로는 적극 주선하는 데 힘입어, 드디어 일이 끝났다. 그러나 이로부터 선생은 다시는 벼슬길에 봉사할 생각을 하지 않았고, 상께서도 감히 불러 쓰지 않았으나 은총과 예우는 변함이 없었다.

45세인 1651년(효종 2) 김자점이 파직된 뒤 다시 진선에 임명되었으나, 그가 찬술한 『장릉지문』(長陵誌文)에 청나라 연호를 쓰지 않았다고 김자점이 청나라에 밀고함으로써 청의 압력을 받아 사직하고, 또 다시 낙향했다.

47세인 1653년 3월 21일 충주목사에 제수되었으나 다시 상소하여 6월에 체직(遞職) 윤허를 받고, 48세인 1654년 2월 28일 사헌부 집의(執義)에 제수되었다가 3월에 체직하고 부호군이 되었으며, 그해 4월 3일에는 특지(特旨)로 동부승지에 승진 제배되었으나 거듭 상소하여 체직된 뒤 후진을 양성하는 데만 힘썼다.

51세인 1657년(효종 8) 5월 20일에는 세자 시강원 찬선(贊善)에 제수되었으나 사양하고, 대신 「정유봉사」(丁酉封事)를 올려 시무책을 건의했다.

52세인 1658년 1월 16일 임금이 특별히 아버지 수옹공을 증직(贈職)하여 표창하도록 하니, 상소하여 사은(謝恩)했다. 또한 5월 19일에는 사헌부 집의로 증직되었기 때문에 수옹공의 사당에서 분황례(焚黃禮)를 거행했다.

그해 7월 효종의 간곡한 부탁으로 다시 찬선에 임명되어 관직에 나갔으며, 9월 19일에는 이조판서에 임명되어 53세인 1659년(효종 10) 5월까지 왕의 절대 신임 속에 북벌계획의 중심 인물로 활약했다.

1659년 3월 11일에는 희정당에서 효종과 독대(獨對)했는데, 이때의 이야기가 악대 설화(幄對說話)*로 남아 있다.

또 3월 27일에는 강빈옥사(姜嬪獄事)**를 직간(直諫)하다 역적으로 몰려 장살(杖殺)당한 김홍욱(金弘郁)의 신원(伸寃)을 청하자 효종이 특별히 그대로 따랐다.

이처럼 병자호란 이후 인조 때는 재야에서, 효종 때는 효종의 절대 신임을 받으며 오랑캐에게 당한 수치를 설욕하고 자주성을 회복하면서 민생을 위해 대동법 등 개혁을 추진해가는 시기였다.

(2) 예송(禮訟)과 정통 논의

1659년 5월 4일 효종이 갑자기 세상을 떠난 뒤, 자의대비(慈懿大妃: 趙大妃)의 복상 문제(服喪問題)가 제기되자 종법(宗法)에 따라 기년설(朞年說: 만 1년)을 주장하니, 이를 틈타 정권을 장악하려는 남인(南人)들이 3년설을 주장하며 그를 모함함으로써 단순한 복제(服制) 문제가 성리학 이념 대립으로 비화되었다.

54세인 1660년(현종 1) 우찬성에 올랐을 때는, 앞서 효종의 장지(葬地)를 잘못 옮겼다는 규탄을 받았고, 국구(國舅) 김우명(金佑明) 일가와 알력이 깊어진데다 국왕 현종에 대한 실망 때문에, 그해 12월 벼슬을 버리고 낙향했다. 이후 현종이 다스리던 15년 동안 조정에서 융숭하게 예우하며 끊임없이 초빙했으나, 그는 관직을 거의 단념했다.

이듬해 2월 26일에는 상소하여 효종을 종묘에 부묘하면서 조천(祧遷: 종묘 본전 안에 있는 위패를 영녕전으로 옮겨 모시는 일)해야 하는 인종·명종에 대해, 인종·명종을 부자 관계로 하는 정통론에 입각한 조묘(祧廟)의 예를 주장했다.

60세인 1666년(현종 7) 8월 11일에는 화양동(華陽洞)으로 거주를 옮겼다.

62세인 1668년 1월 24일 우의정이 되었으나 좌의정 허적(許積)과 불화

63인의 역사학자가 쓴 한국사 인물 열전

가 심해 사직했다. 이듬해 1월 4일에는 소대(召對)에 입시(入侍)하여 태조의 계비 신덕왕후 강씨의 능인 정릉(貞陵)을 복구해야 한다고 청했다. 이어 보오법(保伍法: 환란을 서로 구원해주는 제도), 향약(鄉約), 동성불혼을 시행해야 한다고 주장했으며, 율곡이 시행하려던 노비종모종량법을 시행해야 한다고 주장하여 법제화했다. 또한 재상 심지원(沈之源)이 양자를 파하고 자신의 소생으로 종통을 잇게 한 것을 비판하면서, 대대로 번창한 문벌이 좋은 집안부터 종법을 철저히 준수할 것을 주장했다.

65세인 1671년(현종 12) 5월 13일 다시 우의정이 되었으며, 7월에 『삼학사전』(三學士傳)을 지었다. 그 다음해에는 좌의정이 되었다.

68세인 1674년(현종 15) 2월 28일 효종비 인선왕후(仁宣王后)의 별세로 다시 자의대비(조대비)의 복상 문제가 제기되어 대공설(大功說: 9개월)을 주장했으나, 김석주(金錫胄)의 사주로 남인 쪽이 내세운 기년설이 채택됨으로써 실각했고, 1차 복상 문제 때 기년설을 택하게 한 죄로 69세인 1675년(숙종 1) 1월 12일 원찬(遠竄: 먼 곳으로 귀양 보냄)의 명이 있었다. 또 7월에는 종묘에 고하고 절도(絶島)에 귀양 보내자는 논의가 있다가 곧 중지되었다는 말을 들었다.

71세인 1677년(숙종 3) 3월 22일 부인 이씨의 부음(訃音)을 들었으며, 6월에는 종묘에 고하자는 논의가 다시 나왔다는 말을 들었다. 72세인 1678년 8월 29일에는 권씨 집에 출가한 큰딸의 부음을 들었으며, 73세인 1679년 4월 10일에는 거제(巨濟)에 이배(移配)되었다.

---

* 악대 설화는 효종과 송시열이 독대하여 흉금을 터놓고 국정(國政)을 논한 글이다. 幄對라는 말은 "송나라 효종이 장준과 장식에게 국정을 위임하고서, 장식을 불러 토론할 때 밖에 한 사람도 없이 帷幄에서 대화하였다"는 고사를 인용하여 명명한 것이다. 악대 설화의 내용은 대외적으로는 청나라에 대한 복수설치와 그에 따른 준비와 마음가짐, 대내적으로는 율곡 이이 등의 문묘종사, 강빈옥사와 김홍욱 처분 문제 등 당시 첨예하게 대두된 국정 전반에 대해 토론한 것이다.
** 강빈옥사는 1646년(인조 24) 1월 3일 인조의 음식인 전복구이에 독을 넣은 혐의로 강빈의 궁인 貞烈 등이 내사옥에 하옥되고, 강빈은 후원 별당에 갇혔다가 3월 15일 사사된 사건이다.

74세인 1680년(숙종 6) 경신대출척(庚申大黜陟)으로 남인이 실각하자, 그해 10월 3일 영중추부사(領中樞府事)에 제배(除拜: 제수)하고 별유(別諭: 특별히 내리는 임금의 지시)로 불렀다.

75세인 1681년 9월 3일에는 공정대왕(恭靖大王: 정종) 존호의(尊號議)를 올렸다. 또 9월 12일에는 『심경석의』(心經釋疑)의 교정본(校正本)을 올렸으며, 12월 6일에는 상소하여 문묘(文廟) 종사(從祀: 배향)에 대해 논했다.

77세인 1683년(숙종 9) 2월 21일에 상소하여 효종대왕의 묘(廟)를 높여서 세실(世室)*로 삼기를 청했으며, 2월 29일에는 인조를 세실로 삼는 일을 종묘에 고하는 것에 대한 의론을 올렸다. 그리고는 벼슬에서 물러나 봉조하(奉朝賀)가 되었다. 이 무렵(1682년) 김석주, 김익훈(金益勳) 등 훈척들이 역모를 조작해 남인들을 일망타진하고자 한 임신삼고변(壬申三告變) 사건에서, 그는 김장생의 손자였던 김익훈을 두둔했으므로 젊은 서인층에게 비난을 받았다. 또 제자 윤증(尹拯)과 불화함으로써, 서인은 윤증 등 소장파를 중심으로 한 소론(少論)과 그를 영수로 한 노장파의 노론(老論)으로 다시 분열되었다. 마침내 노소 분당이 일어났던 것이다. 그뒤 정계에서 은퇴하고 청주 화양동에서 은거 생활을 했다.

80세인 1686년(숙종 12) 10월 13일 흥농(興農)에 있는 서재(書齋)로 옮겨 우거(寓居)했다.

> 흥농은 선생이 초년에 강도(講道)하던 곳인데, 학자들이 서당을 지어 능인암(能仁庵)이라 이름했다. 또 선생이 수석(水石) 사이에 작은 서재를 지었는데, 이때 남간정사(南澗精舍)라는 현판을 걸고 주자의 남간시(南澗詩)도 한 구절 써서 문 위에 걸었다.

83세인 1689년(숙종 15) 1월, 숙의 장씨가 아들(뒷날의 경종)을 낳자 원자(元子)에게 호칭을 부여하는 문제로 기사환국(己巳換局)이 일어나, 서인이 축출되고 남인이 다시 집권했다. 1월 29일 왕세자가 책봉되자 이를 시기 상조라며 반대하는 상소를 올렸고, 이어 송원소(訟冤疏)를 올렸다가 엄한 꾸지람을 듣고 제주로 귀양갔으며, 이어 국문(鞫問)을 받기 위해 서울로 압송되었다. 그뒤 5월 26일 배로 출발하여, 6월 7일 정읍(井邑)에 도착했다. 그리고 다음날 진시(辰時)에 관(館)에서 후명(後命: 귀양간 죄인에게 사약을 내리는 일)을 받았다.

이처럼 우암은 예송에서부터 정릉 문제, 정종 묘호(廟號) 문제, 세자 책봉 문제까지 정통(正統)을 중시하는 논의를 주장해 나갔다. 이러한 논리는 당시 종법을 운영 원리인 천리로 하는 농업공동체를 이루어 이상 사회를 만들어가기 위해 꼭 필요한 사회구성 논리였다. 송시열은 조선의 성리학을 바탕으로 이와 같은 이념을 심화하고 실천하다가, 정읍에서 사약을 받고 졸하였다.

(3) 업적과 저작

송시열의 업적은 1787년(정조 11)에 간행된 『송자대전』(宋子大全)으로 집대성되었다. 그러나 이외에도 1671년(현종 1) 삼학사(三學士)인 홍익한(洪翼漢), 윤집(尹集), 오달제(吳達濟)의 전기를 담은 『삼학사전』(三學士傳)을 편찬했다. 이는 『송자대전』에 수록되었다.

또한 1681년(숙종 7)에 정민정(程敏政)의 『심경부주』(心經附註)에 주석을 붙인 『심경석의』(心經釋疑)를 지어 조선 성리학의 심학(心學)을 정리했다. 이는 『논어』, 『맹자』의 중요한 장구(章句)를 놓고 주자를 비롯해 10여 명이 논의했던 내용을 수집하여 엮은 것으로, 송시열이 82세에 시작해 83

---

* 周나라 문왕의 세실인 文世室과 무왕의 세실인 武世室을 일컫는 말. 『禮記』 明堂位 편에 보면, "魯公(周公의 아들 伯禽)의 廟는 문세실이고 武公(백금의 현손)의 묘는 무세실이다" 하였는데, 그 註에는, "이 두 묘는 주나라 문왕과 무왕의 묘가 있는 것을 본뜬 것이다. 그리고 세실이라는 것은 대대로 破毁하지 않음을 이름한 것이다"라고 하였다.

세인 1689년(숙종 15)에 완성했다. 세상을 떠나기 석 달 전이었다. 또 송시열의 서문과 수암(遂菴) 권상하(權尙夏)의 발문으로 완성하여 1720년(숙종 46)에 간행한『논맹혹문정의통고』(論孟或問精義通攷)가 있다.

송시열이『주자대전』(朱子大全)에서 중요한 글들을 뽑아 편집하고 약간의 주석을 붙인『절작통편』(節酌通編)이 있는데, 이는 1683년(숙종 9) 김수흥(金壽興)의 건의를 받아들인 숙종의 명에 따라『주자대전』을 주석한 것이다. 얼마 뒤 조정에서 물러나자 작업이 잠시 중단되었으나, 고향에서 문인 제자들과 더불어 이황(李滉)의『주자서절요』(朱子書節要)와 정경세(鄭經世)의『주문작해』(朱文酌海)를 취하고, 그 책들에는 빠진 주자의 글 가운데 더 선정함으로써 한 질을 이루어 주해(註解)를 했다. 이를 1686년(숙종 12) 김수흥의 건의에 따라 숙종이 교서관(校書館)에서 교정하고, 전라도와 경상도의 감영에서 간행하도록 했다. 그리고 후에『절작통편』을 보충한『절작통편보유』(節酌通編補遺)도 간행했다.

또 명도(明道) 정호(程顥), 이천(伊川) 정이(程頤)의 유집(遺集)인『이정전서』(二程全書)를 분류해서 재편집한『이정서분류』(二程書分類)가 있다.

다음으로는『주자대전』가운데 이해하기 어려운 구절을 뽑아 주석을 붙인『주자대전차의』가 있는데, 이 책은 손자 주석(疇錫)의 도움과 김수항(金壽恒)의 자문을 받아 편성했다. 책이 완성된 뒤에도 혹시나 미진한 부분이 있을까 염려하여 계속 정정하던 중, 그가 83세로 세상을 떠나던 해 2월에 서문을 써 권상하에게 주면서 김창협(金昌協)과 함께 마무리지어달라고 당부했던 것으로 기록되어 있다. 이런 점으로 미루어본다면, 이 책은 송시열이 죽은 뒤에 그의 제자인 권상하가 김수항의 아들 창협 등과 마지막으로 수정·보완해 정유자(丁酉字)로 간행한 것으로 여겨진다. 권두에 1689년(숙종 15)에 송시열이 쓴 자서(自敍)가 있고, 권말에 발문은 따로 실려 있지 않다.

또한 1689년에 착수해 문인 권상하를 거쳐 한원진(韓元震)에 이르러

1741년(영조 17)에 완성된 『주자언론동이고』(朱子言論同異考)가 있다. 주자의 언론 가운데 『주자대전』과 『주자어류』에서 서로 차이가 나는 것을 해석, 변정(辨正: 옳고 그름을 따져 바로잡음)한 책이다.

이외에도 『주자어류소분』(朱子語類小分), 『주문초선』(朱文抄選), 『경례의의』(經禮疑義), 『찬정소학언해』(纂定小學諺解), 『계녀서』(戒女書) 등이 있다.

4. 역사적 평가

(1) 조선 후기

1694년(숙종 20) 갑술옥사(甲戌獄事)로 인현왕후 민비가 복위하고 서인이 집권하자, 4월 10일 신원(伸寃) 복관(復官)되었다. 이후 양주의 도봉서원, 회덕의 숭현서원, 제주의 귤림서원 등에 배향(配享)하고, 송시열의 서재가 있던 화양동에 특별히 화양동서원을 세워 배향했다.

1695년(숙종 21) 11월 20일 도덕(道德)이 있고 널리 들어서 아는 것을 '문' (文)이라 하고, 바른 도리(道理)로써 복행(服行)함을 '정' (正)이라고 하는 시법(諡法)에 따라 '문정' (文正)이라는 시호를 받았다. 1704년(숙종 30)에는 송시열의 유명(遺命)에 따라 명(明)나라 신종황제(神宗皇帝)·의종황제(毅宗皇帝)의 사당을 화양동에 세워 만동묘(萬東廟)라 했다.

이처럼 숙종대에는 우암 송시열의 존주대의론이 확립되어가며 사림의 종장(宗匠)으로 추숭되었다. 그러나 회니시비가 일어나면서 노소 갈등이 심화되니 추숭 논의는 주춤하다가, 회니시비가 끝나는 1717년(숙종 43) 숙종의 명에 따라 『우암집』(尤庵集)이 간행되었고, 숙종 43년 11월 19일 정민하 등이 문묘 종사를 청하기 시작했다. 그러나 경종대에는 신임사화(辛壬士禍)가, 영조대에는 이인좌(李麟佐)의 난이 일어나 노소가 갈등하는 가운데 지연되다가, 소론이 완전히 밀려나는 1756년(영조 32) 2월 15일에 문묘에 종사되었고, 2월 23일에는 영의정에 추증(追贈)되었다.

　　1776년(정조 즉위년)에 효종 묘정에 배향하기로 결정하고, 1778년(정조 2) 5월 2일에 배향했다. 1785년(정조 9) 9월 5일에는 여주 영릉이 바라다 보이는 곳에 대로사(大老祠)를 세우고 송시열을 배향했다. 1787년(정조 11) 10월에 정조가 친히 대로사 비문을 짓고 '대로사' 라는 큰 글자를 손수 써서 내려보냈다. 또 그해 9월에는 평안 감영에서 『송자대전』을 간행했다. 정조 대에는 명실공히 공자, 주자를 잇는 송자(宋子)로서 추숭되기에 이른다.

(2) 근현대

우암 송시열에 대한 역사적 평가는, 조선이 망하고 일제가 들어서자 망국의 책임을 뒤집어쓰면서 일제식민지 사가들에 의해 당쟁의 원흉으로, 사대주의자의 수장(首長)으로 인식되었다. 그리고 이러한 인식은 광복 후에도 조선 후기와 성리학을 부정적으로 평가하는 실학 연구자들에 의해 계속되었다. 그러나 1980년대 조선 후기와 성리학을 긍정적으로 평가하는 학자들이 등장하면서, 우암 송시열에 대한 평가도 정반대로 바뀌기 시작했다. 송시열을 대동법·양반 호포론·노비종모종량법 등을 주장하여 조선 후기 사회를 요순 삼대의 이상 사회로 만들어가는 자주적인 개혁가였다고 평가하기 시작했다.

5. 연구 현황과 방향

한국 사상사에서 가장 중요한 인물을 들라면 불교에서는 원효(元曉)와 의상(義湘)을 들고, 유교에서는 퇴계 이황과 율곡 이이를 들 수 있다. 원효와 의상이 중요한 이유는 불교사상을 집대성한 화엄(華嚴)사상을 이해하여 우리 나라를 이끌어가는 사상으로 정착시켰기 때문이고, 퇴계와 율곡이 중요한 이유는 유교사상을 집대성한 성리학을 이해하여 조선 성리학으로 발전시켜 우리 나라를 이끌어가는 사상으로 정착시켰기 때문이다. 이처럼 의상의 화엄사상과 율곡의 조선 성리학은 우리 나라를 이끌어간 두 줄기의 큰 사상이었다.

우암 송시열은 율곡 이이를 정통으로 이어받아 조선 성리학을 심화시키고 현실에 적용하여, 조선 후기 영·정조대의 문예부흥을 이루는 근간을 만든 한 사상가였다.

그렇다면 한국 사상사에서 이렇게 뚜렷하게 중요한 우암 송시열에 대한 연구가 부진했던 이유는 무엇일까. 이는 일제 시대에 식민지 사관에 의해, 조선 후기는 공리공담(空理空談)인 주자학을 고수하여 민생은 돌보지 않고 당쟁이나 하다 일제에게 망한 나라로 인식되도록 연구를 했고, 이것의 주역이 송시열로 연구되었기 때문이었다.

이러한 인식은 광복을 맞아 식민지 사관을 극복하고 민족 사관을 확립하자고 주장하면서도 계속되었다. 1960년대와 1970년대에 식민지 사관을 극복하자고 주장하고 나온 사회경제 사관은, 조선 후기는 임진왜란과 병자호란을 거치면서 피폐해졌는데도 지배층은 민생은 돌보지 않고 주자학을 고수하며 당쟁을 일삼다 망해갔고, 이것의 주역이 우암 송시열이었다는 식민지 사관의 논리는 그대로 받아들이면서, 다만 이러한 지배층을 타도하고 사회를 개혁하려던 민중들이 민란을 일으키며 개혁을 해보려다 좌절하고, 이러한 민중들을 대변하여 실학자들이 나와 실학사상을 가지고 개혁을 해보려다 좌절되었다고 해서, 민중과 개혁 세력을 찾아내는 것으로 식민지 사관을 극복하는 민족 사관을 확립하려고 했던 것이다. 이러한 1960년대 1970년대 인식은 조선 후기 부정론과 성리학 부정론을 전제로 했다.

그러나 이와 같은 인식은 1980년대와 1990년대에 조선 후기 긍정론과 성리학 긍정론을 근간으로 하는 새로운 민족 사관에 의해 정면으로 비판되면서 수정되어갔다. 1980년대에는 조선 후기 당쟁론을 비판하는 붕당정치론이 제기되면서 조선 후기 긍정론이 시작되었고, 1990년대에는 실학사상의 애매성을 비판하면서 조선 성리학에 대한 연구가 진행되니 조선 후기 긍정론이 본격화되었다. 이러한 조선 후기 긍정론은 문화사에서 영·정조 시대가 고유 문화를 창출해내는 진경 시대라는 진경 시대론이 제기되면서 더욱 심화되었다.

이렇게 조선 후기 긍정론과 성리학 긍정론이 자리잡아가면서 당연히 바로 잡아야 할 문제가 바로 우암 송시열에 대한 인식 전환이었다. 조선 후기를 망하게 만드는 가장 보수적인 사상가에서, 조선 후기를 자랑스럽게 만든 가장 개혁적인 사상가로 재조명되어야 하겠다.

참고문헌

· 원자료
『宋子大全』
『朱子大全箚疑』
『朱子語類小分』
『二程書分類』
『論孟或問精義通攷』
『經禮疑義』
『纂定小學諺解』
『朱文抄選』
『戒女書』
『心經釋疑』
『兩賢傳心錄』
『尤庵先生言行錄』
『尤庵先生事實記』
『宋子大全隨箚』

『華陽誌』

『華陽淵源錄』

『宋書百選』

『南澗祠誌』

『仁祖實錄』

『孝宗實錄』

『顯宗實錄』

『肅宗實錄』

『英祖實錄』

『正祖實錄』

『燃藜室記述』

• 논저

閔成基, 『朝鮮 農業史 硏究』, 일조각, 1988.

裵相賢, 「尤庵 宋時烈의 禮學攷」, 『우암 사상 연구논총』, 사문학회, 1992.

李泰鎭, 「朝鮮 中後期 政治史 理解의 方向」, 『朝鮮 後期 政治와 軍營制 變遷』(한국연구총서 53), 한국연구원, 1985.

李泰鎭 編, 『朝鮮 時代 政治史의 再照明』, 汎潮社, 1985.

鄭玉子, 『조선 후기 중화사상 연구』, 일지사, 1998.

池斗煥, 「조선 후기 실학 연구의 문제점과 방향」, 『泰東古典硏究』 3, 한림대학교 부설 태동고 전연구소, 1987.

_____, 「朝鮮 後期 英祖代 經筵 科目의 變遷 ―조선 성리학 확립과 관련하여」, 『震檀學報』 81, 진단학회, 1996.

_____, 「朝鮮 後期 禮訟 硏究」, 『釜大史學』 11, 부산대학교 사학회, 1987.

_____, 「우암 송시열의 사회경제사상」, 『한국학론총』 21, 국민대학교 한국학연구소, 1999.

_____, 「우암 송시열의 정치사상 ―효종대를 중심으로」, 『한국학론총』 23, 국민대학교 한국 학연구소, 2001.

崔完秀, 「金秋史의 金石學」, 『澗松文華』 3, 한국민족미술연구소, 1972.

崔完秀 외, 『우리 문화의 황금기 진경 시대』 1, 돌베개, 1998.

강후진 康侯晉

민초가 대변한 우리 역사의 성찰

허흥식 한국정신문화연구원 한국학대학원 교수

머리말

역사는 시간과 공간, 그리고 인간이 구성한 초가삼간의 구조물과 같다. 인물은 정사(正史)에도 열전(列傳)으로 실었을 정도로 인간의 꽃이고 중요한 연구 대상이다. 이들은 국가나 사회에 중대한 영향을 끼쳤으며, 화려한 관직이나 명예를 누리고 기록을 남겼다. 그렇지 못한 인간은 대상으로 삼기조차 버겁다. 한국사에서 널리 알려진 인물을 현재의 관심에 연결시키면서 새롭게 평가하거나, 새로운 자료를 보충하고 현실성을 암시하면서 접근해야 쓰기가 간편하고 독자의 관심을 끌기도 쉽다.

강후진(康侯晉, 1685~1756)은 어느 사서(史書)나 인명 사전에도 실리지 않았다. 그는 평생을 야인(野人)으로 살았으며 학문의 연원이나 이름난 계승자도 없으므로 화려한 인간이 아니었다. 그는 정여립(鄭汝立)이 처형된 다음 인물의 불모지와 같았던 전라도 무장(茂長)에서 태어나 조선 영조 초기까지 활동했다. 최근에 그의 기행문을 포함한 『와유록』(臥遊錄)의 전문(全文)이 향토사에 실렸으나, 저자와 서명도 미상이거나 다르게 소개되었다.* 필자는 이 책의 저자를 강후진으로 밝히고, 그가 남긴 다른 저술을 찾아 그의 생애와 사관(史觀)에 접근했다.**

고려 시대를 전공하는 필자가 조선 시대에 살았던 강후진에게 굳이 관심을 기울이고 몇 편의 논문을 발표했으므로, 아직껏 이에 대한 학계의 관심은 없었다. 그가 남긴 시문집이나 주변의 기록도 발견되지 않았다. 그는 상고(上古)부터 그가 살던 당시까지를 포함한 분류사와 지지(地誌)와 기행문을 남겼으며, 동아시아의 민족지도 썼다. 이 가운데 적지 않은 저술을 찾아서 소개했으나 아직도 이름만 전하는 저술도 있다.

강후진이 남긴 저술을 종합하여 인재 등용을 거부당했던 지역에서 무명초처럼 살았던 지식인의 발자취를 살피고자 한다. 쟁쟁한 인간을 다룬 귀중한 논문집에 강후진의 삶과 저술은 초라하고, 논문도 수준 미달은 아닐까 염려된다. 화려하지 않은 인간이지만 호기심이 많은 필자는 그의 저술을 소개하고 사관을 살펴서 새로운 인물로 부각시키고자 한다.

1. 생애

강후진은 18세기 전반기에 활동했으며, 무장 출신이다. 그는 한국의 상고사(上古史)를 비롯하여 우리 나라 역사에 관해 특이한 관심과 식견을 지녔으며, 문헌을 널리 읽고 유적을 답사하여 확인하고 기록한 보기 드문 저술가이다. 그러나 그에 대해서는 사서나 인명 사전에 한 줄도 실리지 않았다.

---

* 李在崑,「西京摠錄 解題」,『鄕土史硏究』12, 韓國鄕土史硏究全國協議會, 2000.
** 拙稿,「康侯晉의 생애와 저술」,『書誌學報』24, 書誌學會, 2000.
____,「藏書閣本 鑑影錄의 史料 價値」,『藏書閣』4, 한국정신문화연구원, 2001.
____,「東濱文庫本 鑑影錄의 批判과 價値」,『韓國 中世史의 諸問題』, 2001.
이 글은 위의 논문을 요약하고 잘못된 부분을 고쳐서 썼다. 좀더 자세한 내용은 위의 논문을 참조하기 바라며, 이 글과 차이가 있는 부분은 이번 글에서 부분적으로 바로잡았음을 밝힌다.

강후진은 스스로를 태평산인(太平散人)이라 불렀고, 『감영록』(鑑影錄)을 비롯하여 많은 저술을 남겼다. 『감영록』이나 태평산인도 전혀 주목받지 못했다. 그의 저술인 『와유록』(臥遊錄)이 최근 향토사를 수록한 학술지에 실렸으나* 책 이름도 『서경총람』(西京總覽)이라 했고, 해제에 따르면 저자는 미상이고 실제와 다른 후대에 생존했다고 소개했다.

『와유록』의 본문 가운데 "태평산인 강후진 감영록 평양기"(太平散人 康侯晉 鑑影錄 平壤記)라는 기록을 근거로 『감영록』과 다른 저술을 찾아서 내용을 검토한 결과, 그는 1720년대에 활동했다. 강씨(康氏)의 대표적 본관인 신천(信川)을 주목하여 『세보』(世譜)를 열람해보니 그는 시조부터 28대 자손으로 무장에서 세거(世居)했다. 『감영록』과 그밖에 『역대회령』(歷代會靈), 『화이잡록』(華夷雜錄), 『송사록』(松沙錄) 등이 기록되어 있으므로 이를 찾아 저자의 생애와 저술, 그리고 그의 식견과 사관을 살피고자 한다. 이 가운데 『화이잡록』과 『와유록』이 친필본이고 나머지는 전사본(轉寫本)이나 일부분이 망실된 영본(零本)이므로 앞으로 모든 저술을 찾아내어 학계에 도움이 되기를 기대한다.

신천 강씨 종회에 문의한 결과 그의 생애와 후손의 세거지(世居地), 그리고 구전되는 새로운 사실도 보충할 수 있었다. 『와유록』을 소개한 글과 이를 논문으로 작성하는 과정에서 여러 선학의 도움을 받았다. 그동안 『화이잡록』을 소장하고 제공해주신 전북 고창의 강윤환(康尹煥) 선생과 신천 강씨 종회 강신주(康信柱) 총무께 깊이 감사한다.

『신천강씨세보』(信川康氏世譜)**에서 강후진은 무장 갈마곡파(渴馬谷派)에 속했다. 무장은 고창의 서남부에 있고, 다기(多岐)한 금남정맥(錦南正脈) 끝자락이 완만한 구릉으로 이어져 서해를 바라보면서 곳곳에 넓은 논밭이 펼쳐진 곳이다. 고창은 북으로 부안(扶安)과 남으로 영광(靈光)에 접해 기후는 온화하고 농수산물이 풍성하며, 기름진 풍토를 다듬고 지켜온 이곳 주민의 땀과 피가 얼룩진 문화유산이 풍부한 고장이다.

이곳의 교통은 해운이 매우 발달하여 우리 나라 서남부 해안과 경기는 물론 관서(關西)까지 교류가 활발했다. 평화시에는 물산이 집산(集散)되는 물류기지였고, 전란시에는 명사가 낙향한 은거지로 학문과 예악(禮樂)이 뛰어난 고장이었다. 19세손인 유(旒)가 계유정난(癸酉靖難)에 벼슬을 받지 않고 영광에 숨어서 스스로 둔암(遯庵)이라는 호를 사용했다고 전한다. 시조의 24세손이고 둔암의 고손인 덕민(德民)이 정유재란(丁酉再亂) 때 치명(致命)했다. 강후진은 덕민의 증손인 유태(有泰)의 셋째 아들이었다.***

『신천강씨세보』는 생년과 몰년은 물론 날짜까지 기록된 경우가 많을 정도로 충실한 가승(家乘: 직계 조상을 중심으로 간단한 가계를 기록한 책)을 토대로 작성되었다는 느낌이 든다. 가문에 학문이 높았던 인물이 있고, 어느 정도 가세를 유지해야 가승도 충실하게 마련이다. 후진에 관한 생애와 저술, 그리고 생몰 시기와 처계, 묘소 등을 수록했다.****

그는 자가 자순보(子順甫)*****이고 호는 태평산인이며, 1685년(숙종 11)

---

* 李在崑의 解題에서는 저자는 미상이고 李鍾徽(1731~1786)보다 후대의 인물이 지었다고 했으며, 이보다 앞선 다음 논문을 인용하지 않았다. 이 책에 대해서는 이강오의 논문에서 『臥遊錄』으로 소개했고, 자료의 일부도 사진으로 소개했다. 저자와 책 이름을 강후진과 『와유록』으로, 소장자와 馬韓史의 자료로서 가치를 밝혔으나, 저자의 생존 연대는 실제보다 후대로 추정했다.
李康五, 「金馬 報德城의 位置에 대한 考察 ―太平散人 康候晋의 '遊金馬城記' 發見을 계기로」, 『考古美術』 138·139(蕉雨 黃壽永 博士 華甲紀念 論文集), 한국민술사학회, 1978.
홍윤식, 『한국의 가람』, 민족사, 1997, 68쪽(각주 5)에서도 같은 부분을 인용했으나, 앞선 논문을 밝히지 않았다.
** 『信川康氏世譜』 권4, 1918, 청구번호 古 58-46.
*** (19世) 旒→應辰→諒→彌→*
　　(24世)*德民→貴生→智水→有泰→以亨
　　　　　　　　　　侯範
　　　　　　　　　　侯晋→淵孝
　　　　　　　　　　侯寓(庶弟)→胄信
**** 字子順, 號太平散人 博識經史, 多有著書 鑑影錄 華夷雜錄 歷代會靈 松牧?誌諸篇 行于世, 周遊八域 求覽同宗譜系古跡 以成草譜三卷, 乙丑生 丙子五月二日卒, 墓托谷面 江南村 靑龍嵒 亥坐, 配海州吳氏 壽海女 墓同原 同坐.
***** 世譜에는 자순이라 했으나 '甫'가 빠졌다고 생각된다. 이에 대해서는 뒤에서 다시 언급하겠다.

에 태어나 1756년(영조 32) 5월 2일 별세했다. 경학과 사서에 밝았고, 많은 저술을 남겼다. 『감영록』과 『화이잡록』, 『역대회령』과 『송사지』(松沙誌)* 등을 남겼다. 그는 전국을 두루 유람하면서 자신의 성씨 족보와 유적을 살펴 초보(草譜) 3권도 만들었다고 한다. 『와유록』은 족보에 책 이름조차 실리지 않았다.

그의 묘는 무장군(茂長郡) 탁곡면(托谷面) 강남촌(江南村) 청룡등(青龍嶝)에 있고, 계좌였다. 배위(配位: 부부가 다 죽었을 때, 그 아내를 높여 이르는 말)는 해주(海州) 오씨(吳氏)로 수해(壽海)의 딸이었고, 같은 영역의 묘소에 묻혔다. 그는 평안도 순안(順安)의 오종노(吳宗老)와 함께 유람하거나 그의 서재인 청유재(青柳齋)에서 쉬면서 이곳을 거점으로 그와 함께 묘향산과 평양의 유적을 답사했다.

1918년의 세보에 따르면, 후진에게는 아들 연효(淵孝)가 있었으나 손자가 없고 손녀만 있었으므로, 계승자가 끊어졌다. 후진의 큰형이었던 이형(以亨)도 당대에 후손이 없었다. 1979년 족보를 수단하여 간행하는 과정에서 그의 후손이라고 자처하는 인물이 나타나 8대의 가계를 보충했다.** 그러나 그 후손은 조상인 후진의 저술을 포함한 유물을 보존하지 않았고, 묘소 이장과 『화이잡록』 보존도 후진의 둘째 형인 후범(侯範)의 후손 강윤환이 관장하여 유지했다고 한다.

부친 유태는 부유했다고 전해지며, 후진이 서자였다는 구전도 있었다.*** 세보에 따르면 유태의 배위로 나주(羅州) 정씨(鄭氏)만 나타나고, 후진은 정씨가 별세하고 2년 뒤에 태어났다.**** 이때 유태는 52세였다. 이로 보면 후진은 서자가 아니더라도 정씨가 아닌 계실(繼室: 후처)의 소생임이 확실하다.*****

강후진의 스승이나 학문적 계승을 살필 자료는 없다. 『감영록』에 따르면 그는 많은 제자를 두었고, 친지가 곳곳에 있었던 느낌을 준다. 그의 고조부는 정유재란 때 순절했고, 중조부도 일찍 세상을 떠났으나 조부는 75세, 부친은 78세로 장수했다. 조부는 효성이 뛰어났으며, 사호(沙湖) 오창익(吳昌益)과 사예(司藝) 이담(李譚)을 사사(師事)하여 문장과 덕망이 높았다고 한다. 부친은 통정대부(通政大夫)라는 관계(官階: 벼슬의 등급)를 가졌지만 직위가 없었으므로 모속(募贖)한 산관(散官: 일정한 직무가 없는 벼슬)으로 짐작된다. 부친은 인품보다는 재산을 늘리거나, 처첩을 두고 60세 가까운 나이까지 많은 자식을 생산했다고 하겠다.

후진은 늦둥이[晩得]에 가까우나 자(字)에서 보이듯이 온순한 성품이었을 것으로 짐작된다. 글재주가 뛰어난 것은 조부를 닮았고, 호방한 여행과 교우를 좋아한 것은 부친을 닮아 조부와 부친의 장점을 겸비했으나, 자식을 많이 두지 못한 점에서는 조부를 닮았다. 그는 50대에 관서와 호남을 두루 답사했다. 몸집은 뚱뚱하고 풍습(風濕: 습한 땅기운으로 뼈마디가 저리가 아픈 병)이 있어서 평양에 가까운 영유현(永柔縣)에서 침을 맞으며 병을 다스렸다고 『와유록』에 실려 있다.

2. 저술

강후진의 저술 가운데 『와유록』이 유일하게 세상에 알려졌고, 그 책에 『감

---

* 『歷代會靈』은 1979년에 간행한 세보에는 '歷代會英'으로 실렸다. 필자는 후자보다 먼저 나온 세보의 기록이 정확하다고 추측한다. 다만 『松沙誌』란 茂長이 茂松과 長沙를 합쳐 만든 고을 이름이므로 '茂長誌'의 다른 이름이라고 하겠다.
** 『信川康氏世譜』, 農耕出版社, 1979.
*** 신천 강씨 대종회 총무의 귀띔에 의함.
**** 유태는 79세(1634~1712)로 장수했다. 유태의 배위는 羅州 鄭氏이고, 두 살 많았으며, 52세(1632~1683)까지 생존했다.
***** 세보에는 유태의 서자로 侯寓이 수록되었고, 그는 후진보다 5년 뒤에 태어났다. 부모와 형제의 생몰을 정리하면 다음과 같다.
부친 유태(1634~1712), 모친 정씨(1632~1683), 형 이형(1661~1708), 형 후범(1669~1727), 본인 후진(1685~1756), 서동생 후준(1690~미상).
이상과 같이 후진은 바로 앞의 형과는 16세 터울이고, 서동생인 후준과는 5세 터울이다.

영록』이 인용되었다. 그가 죽은 해에 서문을 쓴 『화엄잡록』이 현존하므로 『감영록』, 『와유록』, 『화이잡록』의 순서로 저술되었다고 하겠다. 나머지 저술은 아직 찾지 못했으므로 이 논문을 계기로 세상에 출현하기를 기대한다. 이 글에서는 순서를 바꾸어 세상에 알려진 순서대로 『와유록』, 『감영록』, 『화이잡록』에 대해 소개하고, 아직 나타나지 않은 다른 저술에 대해서 간단히 살피도록 하겠다.

(1) 『와유록』

『와유록』은 늙어서 여행하기 어려워진 시기에 누워서 유람하는 자료라는 뜻을 지닌 책이다. 중국 문인의 기록을 답습한 보통명사로 널리 쓰였으나, 책이름으로 사용된 고유명사도 있다. 『와유록』은 이를 처음으로 사용한 중국에도 산수유기(山水遊記)와 더불어 적지 않게 현존한다. 국내에도 이미 장서각본과 규장각본의 2종이 알려졌다.* 이번에 소개하는 강후진의 『와유록』과 지금까지 소개된 『와유록』과는 전혀 다른 이본(異本) 하나가 추가되므로 모두 4종이 확인되었다.** 이 글에서는 강후진의 『와유록』만 언급하겠다.

이번 『와유록』은 전문이 소개되었으며, 이 책의 저자에 대해 깊이 있게 논의할 필요가 있다. 이 책에서는 강후진의 『감영록』을 인용했다고 밝혔고, 일부만 현존하는 『감영록』에서 확인된다. 이 책을 처음 이용하여 마한의 유적을 소개한 글에서 책 이름을 『와유록』으로 저자를 강후진으로 의심하지 않고 사용했으나, 다음에 전문을 소개한 해제에서는 책 이름을 『서경총람』으로 저자를 미상으로 처리했다.

먼저, 사본(寫本)에서 자주 나타나는 생략체의 글자에서 강후진의 친필본인 『화이잡록』과 상통하고, 그가 『와유록』의 첫 부분에 실은 『서경총람』에는 『감영록』에서 인용했다는 사실을 명시했으며, 현존하는 『감영록』에서 확인된다. 일반적으로 『와유록』은 자신보다 다른 이의 작품을 모은 편저가 대부분이지만, 강후진은 자신이 직접 답사하거나 지지(地誌) 자료를 모아

63인의 역사학자가 쓴 한국사 인물 열전

저술한 『서경총람』과 송경(松京: 總覽)을 처음과 끝에 각각 수록하여 답사기를 뒷받침했고, 표지에 '와유록'이라고 썼다.

저술이란 자신이 지은 작품을 실은 서책이고, 편저란 다른 이의 작품만을 모으거나 자신의 서술을 소량만 추가한 경우를 말한다. 강후진은 자신이 지은 기행문과 기존의 서책에서 발췌하여 답사하기 위한 대상의 지지를 합쳐 『와유록』을 만들었다. 이 『와유록』은 현존하는 『감영록』의 제3권에서 일부가 확인되고, 자신이 지은 기행문 5편을 묶었다. 『와유록』의 내용을 분석하기 전에 먼저 항목을 정리하고 내용을 간략하게 소개하면 다음과 같다.

『와유록』의 항목과 분량 및 내용 요약

항목	분량	답사 시기(답사 기간)	내용 요약
서경총람(西京總覽)	(51쪽)		고조선과 고구려의 수도 평양의 지지(地誌)와 안설(案說)
평양기(平壤記)	(29쪽)	1730.8.23~9.8(16일간)	평양의 단군과 기자 유적 답사기
유묘향산기(遊妙香山記)	(39쪽)	1729.3.27~4.15(19일간)	묘향산의 사찰과 단군대(檀君臺) 답사기
유금마성기(遊金馬城記)	(11쪽)	1738	익산(益山), 마한(馬韓) 유적 답사기
유동명도기(遊東明都記)	(18쪽)	1729.3.3	성천(成川)의 고구려 유적 답사기
유두류동기(遊頭流洞記)	(13쪽)	1734.8	곡산(谷山) 무두악(無頭嶽) 유맹민촌(流氓民村) 답사기
송경(松京)	(12쪽)		고려 수도 개경의 지지와 안설

이상과 같이 큰 제목은 7항목이고, 항목마다 10쪽 이상의 장문(長文)으로 구성되었다. 이 가운데 '기'(記)라는 기행문이 5항목이고, 첫머리에 실린 『서경총람』은 평양이 고조선과 고구려의 수도였을 당시의 유적과 제영

---

* 李鍾默, 「遊山의 풍속과 遊記類의 전통」, 『古典文學硏究』 12, 1997.
** 필자는 또 다른 사본의 『臥遊錄』을 확인했다. 이에 대해서는 다음 기회에 소개하겠다.

을 수록하고, 자신의 의견〔案說〕을 붙인 지지(地誌)의 범위를 크게 벗어나지 않는다.

이 『와유록』에는 약자와 속자가 자주 쓰였으며, 수정한 표시도 곳곳에 있다. 이로 보면 저자의 친필 초고라고 감정된다. 이를 보충하고 서문(序文)과 발문(跋文)을 붙인 완성된 『와유록』이 현존하리라는 희망을 갖고 여러 이본을 찾았으나 확인하지 못했다. 족보에 『와유록』을 그의 저술로 수록하지 않은 까닭도, 완성된 저술로 취급되지 못한 미완성이나 자신만이 활용하는 편람으로 취급했을 가능성도 있다. 아직 강후진의 저술에 대한 조사와 정리는 시작 단계이므로 다양한 착상으로 탐색할 필요가 있다.

『와유록』에 실린 『서경총람』이나 『송경』(총람)보다 기행문에서 저자의 번득이는 관찰력과 성실한 답사 자세를 읽을 수 있다. 그는 경사(經史)에 밝았다는 세보의 표현에서 짐작되지만, 해박한 학문의 바탕과 실제 답사를 바탕으로 사실적이고 특색 있는 문장을 남겨 이 방면에 문외한인 필자의 어설픈 감식력으로도 찬탄을 금하기 어려웠다.

강후진이 오늘날 전북 무장에서 생존했으므로 전북에서 현존할 가능성이 크다고 짐작했으며, 전북 지역의 전적(典籍)을 조사한 목록에서 『서경총록』을 찾을 수 있었다. 이 책의 서지 사항은 다음과 같다.

高敞郡 黃秉寬 西京擥覽 1冊 46張 圖無界 22.3×17.8 線裝 表題 臥遊錄
楮紙 西京(平壤)地理志 箕山之印*

이 책이 『서경총람』으로 불리는 건 도서목록에서 비롯되었으며, 처음에 수록된 항목을 서명으로 인식했을 가능성이 있다. 『유금마성기』(遊金馬城記)가 공통으로 포함된 같은 책이다. 필자는 2001년 가을 그동안 황윤석(黃胤錫)의 이재난고(頤齋難藁)를 정리해 출간한 한국정신문화연구원 국학자료 조사사업으로 수집한 이 책을 이용할 수 있었다.** 이재 후손의 집안에서

63인의 역사학자가 쓴 한국사 인물 열전

수집한 자료 가운데 이 책이 들어 있고, 지금까지 소개한 『와유록』과 모든 사항이 일치했다.

이 책은 항목에서 보이듯이 『서경총람』에 이어 『평양기』를 붙였으며, 이는 서로 상관성이 있다고 짐작되었다. 『서경총람』이 고조선과 고구려의 수도였을 당시를 알아보기 위해 만든 지지라고 한다면, 『평양기』(平壤記)는 저자가 확인한 답사 일지였다. 마지막의 『송경』도 『송경총람』이고 이에 대한 후속 답사로 『개성기』(開城記)가 있을 듯싶으나, 이를 갖추지 못한 미완성 작품집이므로 서문이나 발문을 쓰지 않았을 가능성이 크다고 추측되었다.

『평양기』와 『유묘향산기』는 간단한 총설을 쓰고 일지로 기록했으나, 나머지는 일지로 기록하지 못했다. 『평양기』를 제외한 모든 기행문에도 『서경총람』 형식으로 답사 자료를 모으고 싶었으나 실현하지 못했으므로 이를 수록하지 않았을 가능성이 있다. 이 책은 첫머리에 실린 항목을 서명으로 쓰기보다 본래 표지에 실린 『와유록』이 서명으로서 포괄성이 있다고 하겠다.

(2) 『감영록』

『감영록』이란 사서를 거울삼아 이를 유적에서 그림자를 찾아 기록한다는 뜻으로 짐작된다. 『감영록』은 장서각에 2권 2책이 현존한다. 본래 장서각은 조선 왕조의 왕실 도서관이었으나, 한국정신문화연구원 개원과 더불어 이를 문화재관리국 장서각에서 옮겨왔고, 이후에 모은 도서를 합쳐 오늘날 이곳 도서관인 장서각을 이루었다.

본래 장서각의 도서가 아니고 후에 모은 고도서에는 『찬집감영록』(纂輯鑑影錄) 제3권과 제4권을 각 책으로 묶은 2책을 소장했다. 책의 표지는 『감영록』이고, 권3과 권4의 첫머리에는 각각 '찬집감영록'이라는 서명이 쓰였

* 『韓國典籍綜合目錄』 4, 全羅北道, 1990, 664쪽.
** 이 책은 慕齋의 다른 전적과 함께 한국정신문화연구원에 복사되었으며, 필자는 정구복 교수와 김학수 연구원의 소개로 원본을 열람하고, 2001년 10월 21일 전문을 복사할 수 있었다. 감사한다.

으며, 특히 제4권에는 "찬집감영록권지사 태평산인 신천 강후진 자순보 편집"(纂輯鑑影錄卷之四 太平散人 信川 康侯晉 子順甫 編輯)이라고 저자의 호와 본관과 자를 밝혔다. 그의 자는 자순보로, 다음에 소개할 『화이잡록』 첫머리와 일치한다.

이 책은 사본이고 저자의 친필이 아닌 것은 확실하다. 제3권은 적어도 세 사람이 다른 글씨체로 필사했고, 제4권은 같은 필치로 달필이다. 제3권 끝에는 다음과 같이 전사한 근거가 실려 있다.

감영록은 우리 나라 고금 사적의 편람이다. 교리공께서 무송의 원이셨을 때 전사하여 오랫동안 보존했으니 잘라내거나 훼손하지 말지어다. 병인년 9월 (鑑影錄 乃我東古今事蹟之要覽也 校理公莅在茂松時謄出 至于壽傳于家藏 勿 剪勿毀 丙寅秋九月).

이 같은 내용으로 보아 교리 직위에 있던 어느 인물이 무송(茂松)에 머물던 지방관 시절 전사해 사용하면서 보관했고, 후손에게 전수했을 것이다. 후손의 이름이나 장소는 끝에 기록했다고 생각되지만 고의로 훼손한 느낌이 든다. 책이 부당한 방법으로 다른 집에 옮겨지거나 수집상에게 들어가면 이를 제거하여 추적을 따돌리기 위한 방편으로 썼기 때문이다. 이 책에는 '윤석창인'(尹錫昌印)이라는 소장자의 인장이 찍혀 있다.*

권3과 권4에 실린 항목은 대부분 각 책의 표지에 실려 있고 좀더 세분되어 항목으로 실린 부분도 있으나 판독하기 어려울 정도로 산화하고 퇴색했다. 본문에서 항목을 찾아 정리하면 다음과 같다.

『감영록』은 전체의 분량이나 목차를 짐작하기 어렵다. 다만 전체가 우리 나라를 중심으로 서술한 분류사로 짐작된다. 현존하는 일부의 느낌은 상고 사와 구전에 충실하며, 신이(神異)와 전고(典故: 전례와 고사)가 다양하다. 특히 음식과 예악(禮樂)과 병혁(兵革)에는 지금까지 다른 저술에서 읽지 못

63인의 역사학자가 쓴 한국사 인물 열전

장서각 소장 『찬집감영록』의 항목과 내용 요약

현존 부분	항목	내용 요약
권3(제3책)	교원(校院: 儒品)	문묘(文廟)와 석존(釋奠), 학교, 서원, 향교, 사직(社稷), 이사(里社) 등
	예악(禮樂, 雜技)	각 시대의 음악과 음악의 종류, 음악가 등
	건치(建置)	지방 편제, 성곽, 궁실 등
	제도(制度, 兵革)	관제(官制), 병제(兵制), 병기(兵器), 전란(戰亂) 등
	팔도(八道)	8도 지리지의 초록
권4(제4책)	문학(文學, 科擧)	각 시대의 교화와 인재 선발제도 등
	제사(祭祀)	제례와 위패, 지역별 차이와 구전 설화 등
	이인(異人)	신화(神話)와 신승(神僧)과 예언자, 장수자(長壽者) 등
	농상(農桑)	농업 기술과 농업 풍습, 지역별 차이 등
	음식(飮食)	식생활과 음식의 제조와 지역별 차이 등

한 새로운 내용이 많다. 임진왜란과 두 차례의 호란(胡亂)을 극복한 무용담과 피해, 그리고 이를 극복하려던 백성의 노력이 곳곳에 잘 나타나 있으며, 관찬(官撰)에서 얻기 어려운 지역 사회의 절규가 담겨 있다.

필자는 『감영록』을 찾기 위해 후손에게 문의하고, 호남 지역의 장서가가 소장했던 도서목록을 조사한 결과 한 가지 자료를 추가했다. 동빈문고(東濱文庫: 故 金庠基 선생 소장)에서 또 다른 『감영록』을 찾았다.** 동빈문고본은 『감영록』의 제3권부터 제6권까지 있으므로 연구원본의 갑절 분량이지만, 이도 또한 완질은 아니다.*** 제4권에만 저자 표시가 실린 까닭은 본래 제1권부터 제3권까지를 1책으로, 다시 제4권부터 제6권까지를 1책으로 묶은 다음, 각각의 책머리에만 저자를 표시했기 때문이라고 하겠다.

동빈문고본의 글씨체는 연구원본의 전사자보다 숙달된 흘림체로 끝까

* 국민대학교에서 근무했던 본원의 李珖鎬 교수에게 문의한 결과, 윤석창 선생은 교수로 재직하지 않았고 강사였으며, 석사학위를 국민대학교에서 획득했다고 한다.
** 이를 복사하여 필자에게 전한 김창호, 金皓東 두 분께 감사한다.
*** 동빈문고본은 乾坤 2책으로 각각 상하책이며 완질처럼 보이도록 제책했지만, 본래 권3~6을 덧칠해 구입자를 속인 악덕 상인의 손질을 거쳤음이 확실했다.

지 같은 필치로 완성한 선본이다. 약자와 서체를 살핀 결과 친필본인 『와유록』이나 다음에 소개할 『화이잡록』보다 정자(正字)가 많이 쓰였고, 서체가 약간 차이가 있으며, 오자가 적을 정도로 식견이 높은 전사자가 원본에 가깝게 남긴 사본이라고 추정되지만, 강후진의 친필이 아님은 확실하다. 연구 원본은 또박또박 해서로 썼으나 서체가 일정하지 못할 정도로 숙달되지 못했으며, 몇 사람이 전사했다고 의심 될 정도로 필치가 다른 부분도 약간 있었다. 동빈문고본의 전반부와 연구원본은 글씨의 서체와 크기는 다르지만 내용은 완전하게 일치했다.

『감영록』은 전체가 몇 권이었다고 단정하기는 어려우나 적어도 6권이었음은 틀림없다. 동빈본의 끝에도 발문은 없으나 제5권 끝에 신사(神祠: 鬼神)와 제6권의 금수(禽獸)에 이어 기유(記遺)로 끝나므로, 이 부분이 곧 끝부분일 가능성이 있다. 필자는 『감영록』이 본래 6권 2책이었고, 현재 첫째 권과 둘째 권이 발견되지 않은 영본으로 보고자 한다.

『감영록』의 제1～2권에는 역대 국가와 수도, 그리고 통치자에 대한 기록이 포함되었을 것으로 짐작된다. 『감영록』의 나머지 부분과 강후진이 답사한 기행문과의 관계, 그리고 그의 문집이나 저술이 더욱 밝혀지는 날이 오리라고 기대한다. 동빈문고본의 중요성은 장서각본과 내용이 같은 전반부와 아직 다른 곳에서 찾지 못한 제5권과 제6권이 확인되었다는 사실이다. 이 부분에는 일반 사서에서 보기 어려운 특수한 분야가 수록되었다. 이를 항목만 정리하면 다음과 같다.

동빈문고본의 가장 큰 가치를 찾는 항목은 승니(僧尼)와 신사(神祠), 그리고 금수이다. 이들 세 항목은 일반사에서 다루기 어려운 특수사에 속한다. 승니는 제목과는 달리 고승전이라기 보다는 일반 불교사에 속할 정도로 내용이 다양하고 분량도 적지 않지만, 고대와 고려의 불교사는 대부분 확인되는 내용이 많다. 다만 고려 말부터 조선 중기까지의 불교사에서 특히 구전을 수록한 부분은 가치가 크다.

추가된 부분	항목	내용 요약
찬집감영록 제5권	승니(僧尼)	승(僧)과 니(尼)의 고승전이라기보다 불교사 전체의 개설서
	언어	사방의 언어에 대한 차이점을 쓰려고 했으나 극히 소략함
	신사(神祠, 鬼神)	민속 종교지라 불릴 정도로 무속과 응보(應報), 그리고 괴기담이 풍부함
찬집감영록 제6권	금수	동물에 대한 괴담을 수록했으며, 내용이 풍부하므로 매우 중요함
	기유(記遺)	앞에 쓴 내용에서 빠뜨리거나 추가하고 싶은 내용을 수록했으므로 책의 끝 부분에 해당한다고 추정됨

태조가 우군도통사(右軍都統使)로 목이 떨어진 꿈을 꾸고 무학(無學) 대사를 불러 액막이를 했다는 구전은 다른 자료로 확인되지 않는다. 조선의 건국과 무학의 역할에 대해 첨가할 사실이다. 또한 조선 초의 천태종 승려였던 행호(行乎)가 자석(磁石)을 이용하여 불상을 상하로 움직여 세상을 속였다는 사실도 새롭다. 자석을 이적(異跡)으로 이용한 사례로 주목된다.

이적을 나타낸 승려로 지리산의 천연(天然)과 묘향산의 유정(惟政: 사명대사)의 기록은 구전이지만 돋보인다. 천연은 기대승(奇大升)이나 박순(朴淳)과 사상 논쟁을 벌일 정도로 고승이었지만, 정여립(鄭汝立)에게 포섭되기를 거절하고 자취를 감추었다고 한다. 유정은 소설 『임진록』에 실린 내용과 상통할 정도로 사신으로서 일본에서 보인 이적이 실려 있으므로,* 앞으로 이는 임란을 반영한 민심의 동향을 이해하기 위한 자료로 이용할 가치가 있다.

신사(神祠)는 귀신을 부록한 민간신앙에 대한 다양한 자료이다. 고대부터 저자가 살았던 시대까지를 대상으로 삼았으나, 편년을 제대로 배열하지 못한 아쉬움이 있다. 각지의 신령과 신사에 대한 기원을 사서와 구전을 수

---

* 필자는 일제 때 간행한 딱지본 『사명당전』을 읽어본 결과 사실과 너무나 다르고, 사명 대사에 대한 구역질나는 모독이었다. 이는 사명당의 위업을 무산시키려는 음모가 숨어 있음에 틀림없다. 이에 대한 정확한 국문학계의 비판이 아쉽다.

집하여 수록했다. 이 가운데는 정사에는 신당(神堂)의 장소만 수록된 곳이 있으나, 신령의 기원에 대해서 보충할 사실이 실려 있다. 또한 『동국여지승람』의 사묘에 실리지 않은 새로운 자료도 보충된다.

신사와 함께 수록된 귀신에는 민간의 잡귀라고 불릴 여러 대상이 수록되었다. 이는 야사에 수록된 잡귀도 포함된 것이 많으리라 짐작되므로, 이를 분류하고 정리하는 작업도 필요하리라 여겨진다. 잡귀야말로 민간에 퍼져 있는 신앙의 원초 형태이고, 당시 지식으로 극복하기 어려운 불가사의한 이적을 정리하여 각 시대의 공포심 발생이나 원한 해소 방법 등을 살필 수 있다.

이 책의 끝 부분 가까이 실린 금수에는 상상의 동물이나 가시적인 동물에 대한 희귀한 사례를 수록했다. 예를 들면 용이나 범, 그리고 꿈에 징조로 나타난 동물이 현실에 반영된 사례도 밝혔다. 또한 동물 학대와 보호에 따른 인과응보 사례가 제시되었으므로, 불교의 잔재가 남은 동물 숭배를 반영한 구전이 다수 수록된 것이다.

심지어 동물이 다쳤을 경우 스스로 자신을 치료하는 의료방법이 수록되었으므로 수의(獸醫)에서 참조할 내용이다. 예를 들면 범은 독화살을 맞으면 이끼를 먹어 독을 풀고, 산돼지는 고사리를 먹으며, 꿩이 솔개에게 다치면 지황(地黃)잎으로 싸매거나 송진을 바른다는 처방이다. 쥐는 식중독에 수채 앙금을 먹고, 거미가 벌에 쏘이면 연즙(蓮汁)을 붙이며, 쥐가 뱀에게 불리면 콩잎을 씹어 붙이고, 물고기는 다치면 송진을 붙이고 살아난다고 했다.

금수 부분에는 각종 희귀한 주의사항이 많다. 예를 들면 음식 가운데 함께 먹으면 즉사하거나 피해가 있는 사례도 정리했다. 또한 여러 독충과 당시에 두려워했던 야생동물에 대한 이야기가 실려 있다. 범이나 말의 속성, 주인을 위해 목숨을 바친 의로운 가축의 사례도 실려 있다.

『감영록』에는 희귀한 민담이나 구전이 많으므로 이를 이용하여 당시의 생활사나 민초들의 애환과 지혜를 정리할 자료가 많다. 때로는 황당하거나 미신에 가까운, 의문이 풀리지 않는 사례도 많으나 임상 실험을 통해 사실을 밝히고 단순한 민담인가를 밝혀야 할 과제도 많다. 또한 당시 상상의 동물이나 공포심을 일으킨 야생동물, 그리고 가축과의 자연 친화적 삶이 핍진(逼眞)하게 정리되었으므로 가치가 있다.

『감영록』은 몇 가지 극복된 다음에 사용할 단점도 있다. 무엇보다 전거를 밝히지 않았고, 서술체계가 조금 산만한 잡사(雜史)라는 한계도 있다. 그러나 민초들의 진솔한 삶을 전했으므로 일반 사서와는 다른 흥미로움과 진지함이 담겨 있다. 이를 정리하여 야사에 실린 민담과 비교하는 과제도 남아 있다.

이러한 민간의 사서는 대부분 저자가 살던 시대와 지역에 집중되었으므로 한계가 있으나, 필자가 전공하는 고려 시대에 대한 새로운 사실도 적지 않게 정리되었다.

앞으로 『감영록』의 남은 부분을 찾고, 전체를 교감하여 간행할 필요가 있다. 또한 사서나 야사, 또는 후대의 설화에서 발견되는 비슷한 사례를 종합하여 비교할 필요도 있다. 『감영록』이야말로 역사학의 새로운 분야를 개척하는 다양한 소재를 충분하게 담고 있다고 하겠다.

필자가 확보한 자료만으로 전체를 짐작하기는 어렵다. 현존하는 3권과 4권에 제도와 산업이 실린 점으로 미루어 1권과 2권에는 역대 국가의 발상지와 시조의 건국 신화, 수도, 그리고 역대 국왕이 실렸고, 현존할 가능성이 크다고 추측된다.

(3)『화이잡록』
『화이잡록』은 고창에 세거한 강윤환씨가 보존한 상하 2권이며 단책(單冊)으로 필사본이다. 저자의 친필 사본이지만 어미와 광곽과 행선을 인쇄한 바탕에 썼으므로 품위와 격식을 갖추었다. 책 이름과 저자에 대해 "類撰華夷

雜錄 卷之下 太平散人 信川 康侯晉 子順甫"라 했다.*

집편(集編)이고, 표지에는 "華夷雜錄 上下合 太平散人著"라고 하여 약간의 차이가 있을 뿐이다. 중국지도와 황성(皇城)지도, 그리고 변방을 포함한 천하 지도가 수록되었다. 서문에 따르면 저자가 72세였던 1756년 10월 상순(柔兆困敦之 壽星之月上澣)에 썼으며,** "만년(晚年)까지 공백을 채우지 못한 우리 나라의 성씨가 있으나 이미 늙었으므로 그대로 과제로 남겨둔다"고 서문에서 밝힌 부분이 확인된다. 책의 곳곳에는 부분을 오려내고 새로 글씨를 써서 보충했을 정도로 저자는 만년까지 꼼꼼하게 꾸준히 수정하고 보완했다고 생각된다.

지도 3장은 중국을 중심으로 그린 중국총도(中國總圖), 북경의 군사 지도인 황성관방지도(皇城關防之圖), 세계 지도인 팔황총도(八荒總圖)이다. 팔황총도는 글자가 희미할 정도로 낡았으며, 저자의 손때가 묻었음을 느낄 수 있다. 이 책은 천하를 화이(華夷)로 구분하여 인식했던 전통 시대의 공간관과 세계관을 반영한다고 하겠다.

이 책에 쓰인 서체는 『와유록』보다 약자와 속자는 적으나 몇 가지 특이한 속자가 상통한다. 필자는 공개된 『와유록』이 저자의 친필본이고 『화이잡록』보다 먼저 쓰였다고 생각한다. 저자는 『화이잡록』을 통해 자신이 남긴 저술을 만년까지 다듬고 보충했으므로 서문이 들어 있는 다른 저술도 나타나리라 기대한다.

『화이잡록』은 시간과 공간에 대한 당시의 견해와 중국과 그 주변의 여러 민족에 대한 세계관을 서술했다. 또한 그가 알 수 있는 고금의 여러 나라 이름과 민족의 위치와 풍속을 간단히 들고, 중국의 성씨를 열거하여 시조와 기원지를 약술했으며, 부록으로 우리 나라의 성씨에 대해 수록했다. 항목을 순서대로 열거하고 내용을 요약하면 다음과 같다.

『화이잡록』은 현존하는 그의 다른 저술보다 전거를 밝힌 부분이 많아 그가 인용한 전거를 알 수 있으므로 매우 중요하다. 그가 인용한 서적은 『史

부분	항목	내용 요약
자서(自序)		문학은 발달했으나 천지의 조화와 해외의 풍속과 문물에 대해서는 부족하므로 5음(音)으로 분류하여, 늙은 다음 잠이 부족할 때 읽을거리로 삼고자 함
권상(卷之上)	천지(天地)	시간〔宇宙觀〕과 공간〔天下觀〕에 대한 여러 관점 소개
	중국(中國)	중국의 지도와 형세, 2장의 지도가 포함됨
	팔황(八荒)	해외 여러 나라의 지도와 나라 이름과 풍속. 1장의 지도가 포함됨
권하(卷之下)	성씨(姓氏)	중국 여러 성씨의 기원지와 시조(始祖)
	부동방성씨(附東方姓氏)	우리 나라 역대 성씨의 기원지와 시조 및 분관(分貫)

記』(史記), 『천문』(天文, 天文志), 『역회통서』(曆會通書), 『황극경』(皇極經, 皇極經世書), 『회남자』(淮南子), 『강목』(綱目), 『박물지』(博物志), 『주서』(周書), 『내경』(內經) 등 알 만한 서적도 있으나 『조화론』(造化論), 『의서』(醫書, 醫經), 『외기』(外紀), 『만국도』(萬國圖) 등 아리송한 서명도 자주 보인다. 국내의 학자가 쓴 책으로는 『지봉집』(芝峯集)이 유일하다.

『화이잡록』의 가치는 시간과 공간에 대한 전통적인 지식을 망라했다는 점이다. 시간과 공간은 우주관이나 세계관과 직결되고, 성씨를 중심으로 인간관으로 관점을 확장했다. 우주나 세계에 대한 이해는 어느 시대고 풀기 어려운 주제이며, 이에 대해 그가 정리한 관점은 앞으로 깊이 있는 검토가 요구된다.

그는 '팔황'에서 역대 국명을 나열했으며, 단지 국명만 수록한 예도 있지만 풍속과 특산물 등 특성이나 전거를 수록한 내용도 포함되었다. 33장 65쪽에 걸친 국명은 당시로서는 가장 방대한 화이의 기록이라 하겠다. 1천

---

* 卷之上은 卷之下와 모두 같으나 '子順甫'가 아닌 '字順甫'로 쓰였다. 『감영록』에도 '子順甫'로 쓰였고, 면밀하게 관찰한 결과 갓머리는 加筆로 확인되었다. 이를 字로 본다면 號도 썼어야 하므로 오히려 부자연스럽다. 족보에 字子順은 '甫'가 인쇄중에 빠졌다고 짐작된다.

** 세보에는 그가 "같은 해 5월 2일에 卒하였다"고 했으므로 어느 쪽에 착오가 있다고 짐작되니, 앞으로 밝힐 문제이다.

이 넘은 국가 이름은 사서는 물론 『산해경』(山海經)이나 당시의 서양 지식까지 포함한 모든 나라 이름이 수록되었기 때문이고, 동시에 존재한 나라 이름을 수록한 내용은 아니다.

'성씨'에는 중국의 백가(百家) 성를 필두로 화이의 여러 씽씨를 수록했다. 특히 4이(四夷)의 성씨를 자세하게 수록하여 성씨를 통한 동아시아 민족지의 성격이 강하다.

우리 나라에서 성씨에 대한 관심은 어느 시대이고 학계는 물론 일반에서도 못지않게 높은 편이지만, 『화이잡록』처럼 동아시아 민족지에 접근한 방대한 분량의 기록은 국내 저자로는 처음이라 하겠다. 비록 나라 이름처럼 당시의 견문을 모두 수록한 잡박하고 전거가 부족한 아쉬움은 있으나 36장 72쪽의 방대한 분량이며, 성씨가 기원한 땅과 혈연에 대한 민족지로 접근이 돋보이며, 500성에 가깝다.

'부동방성씨'는 우리 나라 모든 성씨의 기원과 관과 시조 설화를 실었다. 중국 황하 유역에서 기원한 성씨는 물론 고구려와 발해 등 우리 역사에 등장한 여러 나라의 성씨를 실었다. 또한 몽골인, 여진인을 포함하여 그밖의 여러 나라 귀화인이나 특히 서남 지역 성씨의 기원에 대해 자세하게 적은 부분이 많다. 그는 우리 나라의 성씨를 서술하면서 단군을 환씨(桓氏)로 시작하여 기자(箕子)를 자씨(子氏)로, 위만에서 피난한 서아성(徐阿城)에서 서씨(徐氏)의 기원을 찾고, 박혁거세의 박씨로 서술 순서를 지켰다. 이씨에 대해서는 경주(慶州) 이씨를 맨 처음으로 마지막에 완산(完山) 이씨를 들고 신라 사공한(司空翰)의 후예라고 밝히고, '국계금불감서'(國系今不敢書)라고 표현하여 왕실의 계보에 대해 마지막으로 서술하면서 쓰기 어렵다고 발뺌하는 재야 사가로서의 묘한 여운을 남겼다. 이는 『증보문헌비고』(增補文獻備考)를 편찬할 때 나타난 계보의 서술과는 다른 특징이 있다.

그는 『지봉집』을 자주 인용하여, 그의 학문적 관심은 나라 말기에 그곳에 왔던 많은 외국 사신을 통해 외국 문물에 밝았던 이수광(李睟光)과 연결되었다. 이 책은 중국의 천문과 지리의 고전과 명나라 말기의 서양 지식을 소개함으로써, 고전과 동양에 소개된 초기 서양 학문이 접목되어 고금이 섞이는 잡박한 한계가 있으나 한국인으로서 처음으로 정리한 방대한 동아시아 민족지라는 뚜렷한 가치를 가졌다고 하겠다.

(4) 『역대회령』과 기타 저술

국내의 중요 도서관에는 『사요취선』(史要聚選)이나 『증보력대회령』(增補歷代會靈)으로 불리는 같은 내용의 서적이 다수 보관되어 있다. 이 책에는 삼황오제(三皇五帝)를 비롯하여 중국의 전설이나 문학작품에 등장하는 많은 인명에 대한 중요한 사실이 요약되어 실려 있다. 이 책은 강후진이 태어나기 전인 1648년과 1679에 간행된 목판본이 있다. 이는 모두 9권 4책이고, 이를 방각본(坊刻本)이라 불리는 1856년 경성(京城) 유동본(由洞本, 9권 2책)과 1917년의 한남서림(翰南書林) 간행본에 이르기까지 여러 차례 간행되었다.

필자는 같은 서명을 가졌으나 다른 내용을 담은 강후진의 저술이 있을 가능성을 염두에 두었으나, 이를 찾지 못했다. 다만 서울대학교 도서관에는 방각본 형태의 간본이 영본(零本)으로 보관되어 있고, 서문이 없으나 목판본 고도서로 보관된 이 책의 첫째 장에 "歷代會靈目錄 進士康昺信補集"이라고 씌어 있다.

강주신은 『신천강씨세보』에 따르면 강후진의 서제(庶弟)인 후준(侯寯)의 독자(獨子)였다. 그는 1732년에 태어나 1762년에 성균진사(成均進士) 을과에 합격했고, 3년이 지나 성균관에서 졸하였다.* 그가 진사시에 합격한 사실은 사마방목에도 올라 있으나 그의 부친은 후준이 아닌 일번(佚蕃)이고, 자

---

* 字景三 號進堂 壬辰生壬午中成均進士乙科 英宗乙酉十二月十日卒于成均館 墓漢赤洞明峴壬坐 配海州吳氏 泰選女丁酉生 考墓下同坐.

도 경삼(景三)이 아닌 복초(複初)라고 했으며 순창(淳昌)에 거주했으므로 석 연치 않다.* 앞으로 좀더 뚜렷한 자료를 토대로 뒷받침할 필요가 있다.

강주신의 『역대회령』은 『증보역대회령』으로 불리는 이보다 앞서 간행된 『사요취선』과 내용이 크게 다르지 않다. 1679년에 간행된 『증보역대회령』 은 "崇禎後己未年 權以生書草于詩山客齋 丙辰季冬由洞新刊"이라 했다. 한 남서림본에는 "權以生編 田以采朴致維梓木版"으로 권이생(權以生)을 편자 (編者)로 수록한 점에서 두 간본은 상통한다.

권이생의 생애는 확실하지 않으나 그가 이 책을 간행한 동기와 전거는 1648년에 간행된 『사요취선』의 서문에 나타나 있다. 이를 요약하고 의역하 면 다음과 같다.

> 『사요취선』은 거의가 무성(武城)의 집록(輯錄)에서 나왔고, 체계는 『회령』을 따랐지만 사실은 『회령』보다 충실하다. 이는 모든 분야에서 요긴하고 시를 짓 는 이들도 필요하지만, 판각한 세월이 오래되어 뭉개지거나 알 수 없는 글자가 많으므로 몇몇 동지들과 고전〔經籍〕을 널리 살펴서 바로 잡아 다시 간행하니, 시인의 눈이 되고 문장의 거울이 되어 과거의 제술에도 없어서는 안 되리라.

이 책은 결국 과거시험에서 시문을 짓기 위한 참고서를 목표로 삼았고, 실제로 방각본으로도 여러 차례 간행될 정도로 매상고도 올랐다. 이 책은 저술이라기보다 오늘날의 고시나 입시에 대비하여 미국이나 일본의 책에 서 뽑아 엮은 참고서처럼 중국의 책에서 뽑아 만든 과거시험 도구였다고 하 겠다. 오늘날에도 입시 참고서가 학문의 궁극적인 목표는 못 되지만 돈벌이 로는 창조적인 학술 서적을 능가하는 현상과도 상통한다.

『역대회령』이나 『사요취선』은 과문(科文)을 위해 비밀리에 유통된 참고 서였다고 하겠다. 마치 쪽집개 과외 문제집과 같았던 셈이다. 강후진이 이 를 만들었고, 조카인 강주신이 이를 다시 손질했다면, 지금과 다름없이 학자라고 보기에는 안타까운 면이 엿보인다. 강후진이 『감영록』에서 보여준 탁월한 문장력과 답사 정신에도 불구하고 지금까지 학계에서 그를 주목하지 못한 까닭도 이 때문이라고 추정해 보았다.

그는 우리 나라의 신화와 상고사는 물론 그가 살던 국조에 이르기까지 일반에게 알려지지 않은 많은 사실과 인물을 『감영록』에 수록했다. 필자는 『감영록』을 다시 읽으면서 『사요취선』과 다름없는 『역대회령』을 그가 자신의 저술이라고 자처하지는 않았으리라 변호하고 싶었다. 『세보』에 그의 행적을 수록하면서 후손이 그의 저술로 착오를 저질렀거나, 아니면 그가 우리 나라의 신화와 상고의 인물들에 대해서 정리한 『동국력대회령』(東國歷代會靈)을 남겼으리라 추정하고 다방면으로 찾았다.

『감영록』을 소장했던 윤석창과 동빈문고의 김상기는 강후진이 살던 지역 출신의 학자이거나 장서가였다. 연고지의 고서가 많이 수집되었으리라 짐작되므로 같은 지역의 문고에 깊은 관심을 가지고 서적을 열람한 결과 동빈문고에 『동방회령』(東方會靈)이 있었다. 이 책은 서문이나 발문이 없으나 고전을 비롯하여 우리 나라 역대 왕조의 건국자와 그 신화를 수록했다.

현존하는 이 책은 사본이고 필체와 약자가 강후진의 친필이 아니며, '아조선'(我朝鮮)은 순조(純祖)까지 수록되었으므로 강후진의 저술 그대로는 아니다. 첫머리에 조선의 추존한 4대 왕을 먼저 수록한 다음 단군부터 건국자의 신화를 수록했으나 조선의 역대 왕은 『동국문헌』과 같은 왕의 이름과 왕비의 출신, 능과 즉위 시기와 재위 연대를 정리한 참고 도서에 불과하다.

『동방회령』의 단군조선과 삼한에 이르는 신화와 건국자는 『감영록』의 '신사'나 『와유록』, 그리고 『화이잡록』에 실린 '동국성씨'와 내용이 상통한

* 이밖에도 후준의 출생 연도는 실려 있으나 졸년이 빠졌고, 주신의 配位 吳氏는 16세 연상이다. 후준이 48세 때 주신이 태어났으며, 주신은 司馬榜目에 嚴侍下라고 했으므로 79세 이상을 살았던 셈이다. 또한 적손도 진사를 배출하지 못했으나 서손이 이를 이루었다는 사실도 신분제사회 지방의 幼學 出身의 가계에서 자연스럽지 못하다.

다. 이 책의 내용은 강후진의『동국역대회령』에서 뽑고 조선 왕조의 역대 국왕에 대한 참조 자료와 정치사의 붕당에 관한 기록을 정리한 참고서로 개작했다고 짐작되며, 앞으로 원형 친필본『역대회령』이 나타나기를 기대한다.

『송사록』은 무송과 장사의 사찬(私撰) 지리지라고 짐작된다. 그는 자신이 살던 지역의 역사와 지리에 깊은 관심을 갖고 이를 사찬 지지로 남겼다고 하겠다. 사찬 지지는 영조대에 완성된 여지도서로 결집되었지만 임란과 호란을 극복하고 자신이 사는 공간에 대한 애착과 수호를 다진 문화유산으로도 가치가 있다고 하겠다. 지방자치가 중앙에서 통치권을 이양받는 데 주력하는 경향에서 벗어나, 지역 단위의 공간에 대한 애정과 유산과 정서를 보존하는 데 힘쓸 필요가 있다.『송사록』이야말로 무장의 자존심을 찾고 참 얼굴을 살리기 위해서 확인할 중요한 사찬 읍지의 하나라고 하겠다.

강후진이 공간적으로 자신이 속한 좁은 공간을『송사록』에 담았다면, 자신이 속한 혈연은 초보에 수록했다고 하겠다. 그는 전국에 흩어진 강씨의 집성촌과 그들이 보유한 가승과 족보를 수집하여 3권의 신천 강씨 초보를 만들었다고 한다. 현존하는 강씨의 오래된 족보 가운데 강후진이 완성한 초보에 어느 정도 접근했는가를 확인하는 작업은 그 가문에 맡기지 않을 수 없다.

강후진은 자신이 속한 국가와 사회를 상고부터 자신이 살던 현재에 이르는 분류사로『감영록』을 지었고, 이를 정리하는 과정에서 확보한 답사 일지와 지지 자료를 모아『와유록』으로 정리했다. 그가 확대한 인류의 시간과 공간, 우주와 세계를『화이잡록』에 담았다고 하겠다.

그는 벼슬하기 위한 사교나 과거시험과는 관계가 없던 인물이다. 그가 과문에 소요되는 어휘를 모아『사요취선』의 다른 이름인『역대회령』을 지었다고 보기는 어렵다. 그의『역대회령』이란 우리 나라의 역대 신령을 모은『동방역대회령』일 가능성이 있다. 그의『감영록』은 우리 나라의 분류사지만『송사록』이나『역대회령』과도 깊은 관련이 있는 대표 저술이라고 보고 싶다.

250

3. 연구방법과 사관

저자의 저술로 『감영록』과 『와유록』, 그리고 『화이잡록』만 현존하는 상황에서 저자의 사관을 종합적으로 서술하기는 어렵다. 『감영록』도 전체 6권 가운데 첫머리의 제1~2권이 나타나지 않았으므로 더욱 어려움이 있다. 다만 찾아내지 못한 저술의 서명과 알려진 저술에서 나타나는 상관성을 찾을 수 있고, 확인되지 않은 다른 저술에 실렸을 내용으로 짐작되는 부분도 없지 않다.

그의 가장 방대한 저술이고 대표작은 『감영록』이었다. 그는 『감영록』에서 국가와 시조, 그리고 수도와 제도에 대해 1~4권을 할애했다면, 5~6권에서 민간신앙과 사물을 수록했다. 이 책에는 그가 상고부터 자신이 살던 시대에 이르는 분류사에 가졌던 관심을 독서로 정리하고 발로 답사하여 얻은 지식을 수록했다면 『와유록』은 『감영록』를 저술하는 준비 과정에서 경험한 것을 수록한 지지와 기행문이고 답사 일지에 가깝다.

『와유록』이 『감영록』을 이용했으므로 후에 편집되었음에 틀림없으나 두 저술은 상관성이 크다고 짐작된다. 『와유록』에 실린 기행문은 고조선과 삼한을 포함한 상고 시대와 삼국과 고려에 이르는 각 시대의 수도에 남은 유적과 관련되므로 『감영록』의 전반부와 상관성이 크다고 여겨진다. 『감영록』과 『와유록』은 그가 기존의 사서나 지지에서 얻은 지식에 만족하지 않고 실제로 답사하여 지형과 유적과 출토 유물을 살피고 주민의 삶을 관찰하여 찾아내려는 체험 정신이 투철하게 반영되었다.

기존의 사서가 새로 도입되는 사상을 강조하기 위해 저술했던 태도와는 다르다. 그는 상고와 고대의 유적과 유물, 그리고 풍속을 답사로 체험하여 있는 그대로 마련한 지식에서 전통의 핵심을 재구성하려는 노력을 기울였다. 그는 자신의 역사를 성리학의 경우는 중국에서, 불교의 경우 인도에서 완성한 외래 문화의 도입으로 서술하던 기존의 관점에서 벗어나 상고부터 유래한 원형을 찾으려는 끈기 있는 노력을 보였다.

그가 지닌 역대 신령에 대한 관심은 『감영록』 곳곳에 실린 신당과 음사(淫祀)에 대한 관심에서도 보인다. 그는 신당이나 귀신에 대한 민담과 동물에 관한 구전을 서슴없이 수록했다. 이러한 기록이 오늘날의 임상실험에서 확증된다고 단언하기는 어렵다. 또한 그가 어느 정도 과학적인 현실성이 있다고 입증하기도 어렵다. 다만 민초들의 관심과 호기심에 깊은 관찰력을 기울인 노력만으로도 높이 평가하고 싶다. 그리고 앞으로 이를 규명하여 이용하는 소재로는 충분한 가치가 있다고 인정하고 싶다.

『와유록』은 서문이나 발문이 없고 내용상 미완성 작품집으로 짐작된다. 이 책은 그가 직접 답사한 기록이므로 이를 분석하면 그의 생애를 규명할 요소도 적지 않다. 그는 시문을 모은 문집을 남겼다는 확증이 없으며, 그가 글재주가 적어서가 아니라 개인의 창조성을 강조한 시문에 만족하기에는 시간이 아까웠던 현실적이고 실학에 가까운 태도에서 비롯되었다고 하겠다. 시문이 없는 상황에서 그가 남긴 기행문은 그의 면모와 생애를 살피는 데 가장 가까운 자료이다.

그는 만년에 우주관과 세계관에 관심을 기울이고 『화이잡록』을 지었다. 『화이잡록』은 그의 천하관이고, 시간과 공간에 대한 견해였다. 천하를 화이관으로 파악한 견해는 그의 독창적인 관점은 아니고, 중국에서 형성되고 조선에서 답습한 세계관이었다. 명나라에서 청나라로 왕조가 바뀌고 서양 문물이 서학(西學)으로 조선에까지 영향을 주었던 당시에 재야 지식인이었던 강후진에게 연결되었음에 틀림없다. 그는 국내외에 대한 저술에서 지봉(芝峯) 이수광을 자주 언급했다. 앞으로 『지봉유설』(芝峯類說)을 비롯한 당시의 첨단사상이 그의 저술과 이후에 거의 같은 지역에서 활동한 이재(頤齋) 황윤석(黃胤錫)에게 미친 영향을 깊이 있게 규명할 필요가 있다.

그는 『화이잡록』 서문에서 "우리 나라의 식자들이 시문이나 백가의 설화에는 밝지만 천지의 조화나 화이나 극히 멀리 있는 나라에 대해서는 아주

무지하다. 그동안 틈틈이 적어놓은 글을 72세에 이르러 늙은이가 심심풀이로 삼도록 정서하겠다"고 밝혔다. 이로 보면 시문에 힘쓰고 유학을 비롯한 백가의 사상을 조술하는 일반 지식인의 관심과는 거리가 있는 지식의 탐구자였다.

『역대회령』은 각지에 있는 신당(神堂)의 내력과 신령의 기원을 서술했다고 짐작되므로 『감영록』의 신사를 확대하여 정리한 저술이라 하겠다. 신사는 불교보다 앞선 신화 종교의 잔재이므로 이를 종합하면 고대사의 상당 부분을 복원할 가능성이 있다. 『송사록』은 그가 살았던 고장에 대한 사찬 지리서로 가치가 있다고 하겠다.

그가 관심을 가진 대상은 고조선과 기자조선, 그리고 마한과 고구려와 고려였다. 그의 화이관은 전통적인 중원(中原)에서 확립되어 확산된 공간관에서 벗어나지 못했지만, 우리 나라의 기원은 지리와 신령에 담겨 있으며, 그는 상고사로 고조선에 뿌리를 두고 기자조선을 거쳐 마한과 삼국으로 이어진다는 정통론을 확립했다고 하겠다. 그는 재야 지식으로서 자신의 기원과 자신이 속한 지역적인 공간을 세계와 우주로 확대하여 안목을 넓혀 나가면서 수많은 의문과 성실한 정리를 바탕으로 당시로써 가장 방대한 한국의 분류사인 『감영록』과 동아시아 민족지인 『화이잡록』을 완성했다고 평가된다.

그는 고려에 대해서는 관심으로 끝났지만, 조선은 탐구 대상이라기보다는 현실 상황으로 파악했다. 그가 답사했던 지역, 관찰하려는 목표는 현재에 남아 있는 과거의 잔영이 밀집되었다. 현재를 합리화하거나 미화하려는 목적이 아니라, 과거의 잔재를 찾아 복원하려는 상고에 대한 성실성이 반영되었다.

그는 가문의 가보(家譜)와 가승을 모아 초보 3권을 썼다고 한다. 그의 사학에 대한 관심은 궁극적으로 자신의 기원에 대해 충실하게 이해하기 위한 통로였다고 하겠다. 신천 강씨의 기원은 중국에 두었으며, 고려 태조의 선대와 관련된 보육(寶育)으로 이어진다. 고려 건국 과정에서도 외척으로 등장할 정도로 송악의 왕건 세계와 밀접한 관련이 있었으며, 강조(康兆)와 조선 초의 왕자의 난에 이르는 정변의 소용돌이에 신천 강씨가 포함된 사례가 많았다.

그는 『화이잡록』에서 중국에 기원을 둔 한국의 여러 성씨에 대해 자세한 기록을 남겼다. 이 가운데는 주(周)나라 왕족이나 다른 한족(漢族)에 기원한 성씨도 있지만 거란이나 발해의 변방에 있던 여러 민족이 포함된 경우도 많으므로, 나름으로 가치가 있다. 신천 강씨는 주나라 왕족인 강숙(康叔)의 후예라는 가계의 기원에 대한 자부심이 있었다.

그의 관심 대상은 자신의 가계와 상관성을 찾으려는 범위를 벗어나지 않았으며, 관찬 사서나 사관들이 현실에 초점을 두고 왕조의 정통성을 높이거나 현재의 국왕을 미화하려는 태도를 가졌던 것과는 상관이 적었다. 그는 관인도 아닌 초야의 지식인이었으므로 그의 사관은 가계의 혈연적 기원에 관심을 갖고 출발했다는 한계에 부딪치지만, 보기 드물게 광범위한 동아시아의 민족에 대해 취급했다. 또한 세계 각국으로 관심을 넓혀 당시로서는 가장 방대한 분량의 여러 국가와 만족에 대한 기록을 정리한 특성이 있다. 사관이란 어떠한 경우에도 한계는 있게 마련이고, 재야 지식인이라는 불리한 여건과 한계도 불구하고 이를 극복하면서 현재의 공간에 대한 관심을 충실하게 연결시켰다는 사실을 높이 평가할 필요가 있겠다.

강후진은 상고사에 대한 체계를 점검하려고 기록을 모았을 뿐 아니라, 이를 직접 답사하여 확인하는 수고로움을 당연하게 받아들였다. 우리 나라에서 상고사와 고대사 관련 문헌을 정리하려는 노력은 있었지만, 이를 답사하여 확인하면서 복원하려는 시도와 성과는 극히 적었다. 전통 시대의 사가는 정사를 정립하거나 감계(鑑戒)의 자료로 을람(乙覽: 임금이 늦은 밤까지 글을 봄)에 제공한다는 명리(名利)와 관념적인 문헌을 답습에서 벗어나기 어려웠다. 이와 달리 강후진은 자발적인 호기심에서 성실하게 상고로 소급한 시간관에 충실한 사찬이라는 특성이 있으며, 이는 관찬 사서에서 얻기 어려운 가치가 있다고 하겠다.

맺음말

강후진은 지금까지 학계에서 거의 주목받지 못한 무장 출신의 지식인으로서 많은 저술과 답사기를 남겼다. 그는 분류사에 가까운 『감영록』과 민간신앙의 기록을 모은 『역대회령』, 그리고 동아시아의 공간과 민족과 국가에 관한 기록을 광범위하게 수집한 『화이잡록』을 남겼다. 또한 현존하지는 않지만 자신이 살았던 지역의 지방지인 『송사록』과 동종을 정리한 초보(草譜) 3권을 남겼다.

『감영록』은 이재곤 선생이 『서경총람』으로 소개한 『와유록』에 인용되었다. 한국정신문화연구원에서 소장한 3권과 4권이 있고 동빈문고본에서 5권과 6권이 추가로 확인되었다. 내용은 상고사부터 구전으로 전해진 야사도 수록했다. 제1권과 제2권에는 상고의 국가와 건국 신화를 비롯하여 도읍이 실렸을 가능성이 크며, 『와유록』은 이 부분에 대한 답사와 상관성이 크다고 추측된다.

『역대회령』은 신화와 열전에 등장하는 인물의 분류사로, 『사요취선』이라 불리는 보편적인 『역대회령』이 중국의 신화와 사서에 등장하는 인명 사전이라면, 강후진의 『역대회령』은 이에 해당하는 우리 나라의 인명 사전이었거나, 『사요취선』을 후손이 그의 편저로 잘못 실었을 가능성도 있으므로 앞으로 좀더 규명할 과제로 남겨둔다. 이 책은 신화와 전설을 토대로 우리 나라의 상고사를 복원하기 위해 편집했을 가능성이 있다.

『화이잡록』은 중국의 한족과 변방의 소수민족이 등장하는 신화와 전설을 토대로 정리한 당시의 민족지(民族誌)에 해당한다. 그는 시간과 공간에 대한 기원과 이를 세계사와 민족사로 이 책에 반영했으며, 화이관은 당시

한족을 중심으로 형성된 틀을 토대를 했으나, 주변의 여러 민족과 우리 나라에 귀화했거나 여러 민족에서 기원했다는 전설을 가진 다양한 성씨를 정리했다. 이는 우리 나라에서 정리한 동아시아 민족지의 자료로도 참고할 가치가 있다.

그는 고조선과 기자조선, 그리고 마한과 고려의 고도〔開京〕에 관한 문헌을 정리하고 이를 답사하여 확인한 자료집과 기행문을 좀더 남겼을 가능성이 크다. 또한 자신의 기원인 신천 강씨의 조상을 우리 나라 상고사에서 확인하기 위해 노력을 기울였다. 그가 고대사 가운데 신라사에 다른 부분보다 적은 지면을 할애한 까닭도 강씨의 조상이 신라와는 관련이 적고 집단 세거지가 고신라 지역에는 적었기 때문으로 짐작된다.

그의 사관은 가계를 확인하는 데서 지역공동체로, 다시 국가와 민족 그리고 세계와 우주로, 공간과 시간으로 확장되었다. 그의 관점의 토대가 한족 중심의 화이관이나 기존의 고전에 전거를 두었던 한계는 있으나, 17세기 전반 서양에 대한 새로운 지식을 이용하여 전통적인 동아시아의 관점에서 확대하려는 노력을 기울였다고 하겠다. 다만 사서로 이용하기 어려운 족보에 실린 상고의 계보를 비판 없이 인용한 한계도 있지만, 광범위한 문헌을 성실하게 섭렵한 기초를 가지고 몸소 답사하여 확인한 식견은 놀랄 만하다. 전통사회의 문물에 대한 해박한 지식은 예의와 도학의 두꺼운 장벽을 허물고, 현대의 관심에 질박하게 접근했다고 평가된다. 그러나 사상적으로 성리학적 화이관을 벗어나지 못했으므로 혁신적인 사관을 가졌다고 보기에는 한계가 있다.

그는 신화와 전설을 상고사를 복원하는 데 이용했고, 실제로 답사하면서 고분의 형태와 매장된 유물의 출현에 깊은 관심을 기울였다. 음악과 음운, 식생활과 농업과 습속에도 깊은 통찰력을 보이면서 광범위한 지역을 답사하여 차이점을 지적했으므로, 일반 사서에서는 보기 어려운 사회사와 생활사에 관한 높은 식견이 수록되었다. 필자는 250여 년 전에 현재의 관심에 접근한 그의 관점이 놀랍다.

중국 최초의 정사인 『사기』가 성공한 까닭도 자발적인 사찬에서 비롯되었다는 특징이 있으며, 이후의 정사와 달랐다. 『사기』는 편찬 막바지에 국왕의 관심을 받아 저자 생전에 정사로서 지위를 얻었다. 그러나 강후진이 세상을 떠난 뒤에는 어느 누구도 그에 관심을 기울이지 않았다. 좁은 나라에 많은 문헌이 있는데도 이를 제대로 인식하지 못하는 후인의 안목이 아쉽다고 하겠다.

그보다 앞서 부안에서 만년을 보낸 백광홍(白光弘)이나 태인(泰仁)의 이항(李恒)과 기대승, 순창의 김인후(金麟厚)는 이 지역 출신이면서 시가(詩歌)와 성이학으로 전국을 주름잡던 명사였다.* 정여립의 사건으로 임진왜란 후부터** 이곳이 소외되었지만 이 지역에 은거한 유형원(柳馨遠)이나, 그와 같은 고창에서 황윤석이 뒤를 이었다. 좀더 후에는 가사문학을 정리하고 이를 공연예술로 완성시킨 신재효(申在孝)도 이곳으로 옮겨온 인물이었다.

강후진은 이 지역에 은거했거나 학문에 힘썼던 명사와 달리 과거 급제나 벼슬과는 거리가 먼 철저한 야인이었다. 하지만 상고사에 관한 저술에서는 단연 탁월했으나 전혀 주목받지 못했다. 시가와 역사학을 비롯하여 음운학 등 이들의 학문 분야에는 강후진의 관심과 상통하는 부분도 많으며, 그의 저술 가운데 하나인 『와유록』이 황윤석 후손의 장서에 현존하므로 학문상 연관성이 있으리라 짐작되며, 앞으로 깊이 규명할 과제라 하겠다.

그는 이수광을 흠모하여 공간의 시야를 세계로 넓혔고, 상고사를 직접 답사하여 체험하면서 시간관을 확대했다. 또한 『감영록』에서 보이듯이 국가와 사회공동체는 물론 음사로 취급했던 신사와 민초의 관심 대상인 동물에 이르기까지 신령으로 파악하여 수록했다. 그의 관심은 시간과 공간의 폭

---

* 李相寶, 『韓國 古典詩歌 研究 續』, 太學社, 1984, 218~229쪽.
** 金龍德, 「鄭汝立 研究」, 『朝鮮 後期 思想史 研究』, 乙酉文化社, 1977.

에서 당시의 주도적인 지식인과 달랐고, 신화나 동식물에 이르기까지 민초의 영혼이 깃들인 소재로 부각시켰다.

그는 을람에 제공하거나 자신이 속한 정치 세력의 당위성을 부여하려던 기존의 사서와는 다른 사관을 보였다. 그의 『감영록』이나 『화이잡록』은 자신이 속한 지역과 국가와 민족, 그리고 세계로 초점을 넓히고 우주의 기원인 공간과 시간에 대한 근본적인 관심을 제시했다. 그는 시간과 공간에 관한 보편적이고 거시적인 사관의 특색을 보였다. 벼슬에서 몰락한 비판적 지식인이 아닌 철저한 야인이면서도 당시의 학자들보다 관심의 폭이 넓었으며, 현대의 지식인에 접근했다고 하겠다.

강후진이 남긴 저술은 그가 만년까지 보완했으므로 초고본과 완성본이 다르거나 이후에 전사본이 전하는 사례도 있으므로 이를 모아 철저히 대조하고 자료로 간행할 필요가 있다. 저술은 없어도 시문을 중심으로 문집을 남긴 문인은 많다. 많은 저술을 남긴 학자가 문집을 남기지 못한 사례는 극히 적으므로, 그도 문집이 있을 가능성이 있다. 그러나 유구한 시간과 방대한 공간을 대상으로 거시적으로 파악하려는 보편적인 관심에 충실함으로써, 『화이잡록』의 서문에서 보였듯이 일반적인 지식인이 힘썼던 부화한 시문을 의도적으로 기피했는지 깊이 있게 탐구할 필요가 있다. 그의 생애와 사상을 좀더 철저하게 규명하기 위해 남은 그의 저술을 찾아서 깊이 있게 연구할 과제가 남았다고 하겠다.

63인의 역사학자가 쓴 한국사 인물 열전

이중환 李重煥

굴곡 있는 삶, 시대를 앞선 사유

배우성 서울시립대학교 국사학과 교수

1. 왜 이중환인가

이 글은 18세기의 대표적 실학자인 이중환과 그가 쓴 실학적 인문지리서에 관한 이야기이다. 조선 후기 실학의 저작물 가운데 『택리지』(擇里志)만큼 널리 읽히면서도, 또 다양한 방식으로 읽힌 책은 없다. '택리지 다르게 읽기'는 당대에도, 그리고 최남선(崔南善)을 거쳐 오늘날에 이르기까지 계속된다.

이중환(李重煥, 1690~1756)의 생애가 잘 알려지지 않은 상황에서 그의 삶을 복원해보는 것은, 그의 저술 의도를 이해하는 데 매우 중요한 일이다. 필자는 이 글에서 베일에 가려 있는 이중환의 생애를 가능한 한 자세히 복원하고, 『택리지』에 의미를 부여해왔던 논리적 맥락을 반성적으로 검토해보려 한다.

2. 서울의 남인 명문가에서 태어나, 아버지를 따라 수원에서 살다

『문과방목』(文科榜目)에는 이중환의 기본적인 인적 사항이 소개되어 있다. 이 기록에 따르면, 이중환은 1690년(숙종 16)에 여주 이씨 이진휴(李震休, 1657~1709)의 아들로 태어났다. 할아버지는 이영(李泳), 외할아버지는 오상주(吳相冑), 장인은 남인 명문가인 사천 목씨 가문의 목림일(睦林一)이다. 남인 실학의 대가인 이익(李瀷, 1681~1763)은 이중환에게 할아버지뻘 되는데, 이중환보다는 아홉 살이 많다.

이익이 쓴 글에 따르면, 이중환의 가문은 그의 10대조인 이계손(李繼孫, 1423~1484) 때부터 크게 번창했다고 한다. 이계손의 선대인 이의인(李依仁: 이중환의 11대조), 이유(李猷: 12대조), 이진(李珍: 13대조) 등은 『사마방목』(司馬榜目)이나 『문과방목』에서 그 이름이 확인되지 않는다. 이계손은 1447년(세종 29) 생원시와 문과에 잇따라 합격함으로써 이중환의 직계 가운데 조선 왕조 최초의 과거 합격자가 되었다. 이중환도 『택리지』의 함경도 항목에서 이계손이 함경감사 시절 지역의 문풍(文風)을 진작시켰던 사실을 기록했다. 이계손은 뒤에 병조판서까지 역임했다.

이계손이 처음 과거에 합격했을 때만 해도 그는 경기도 광주(廣州)에 살았다. 그러나 관료 생활을 시작한 뒤에는 자연스럽게 서울에 기반을 잡았던 것 같다. 『사마방목』과 『문과방목』에 따르면 이사필(李士弼, 1504~1556: 이중환의 7대조)이 1525년(중종 20) 초시에, 1538년(중종 33) 문과에 급제했을 때 그의 거주지는 서울이었다. 이지시(李之時: 이중환의 9대조), 이공려(李公礪: 8대조)가 초시에마저 들지 못한 상황에서 이사필이 서울에 살았던 것은 그의 증조인 이계손 때 닦은 기반이 있었기 때문이다.

6대조인 이우인(李友仁), 5대조인 이상의(李尙毅, 1540~1654), 고조 이지정(李志定, 1588~?) 등이 초시 또는 문과에 합격했을 때, 그들은 예외 없이 서울에 살고 있었다. 1682년(숙종 8) 이진휴가 사마시(司馬試)와 문과에 연이어 합격했을 때도, 1713년(숙종 39) 이중환이 문과에 합격했을 때도 그들은 변함 없이 서울에 근거지를 두고 있었다.

특히 5대조 이상의는 인조반정(仁祖反正)으로 정치적으로 좌절을 맛보았지만, 그의 자손들 가운데 초시 및 문과에서 많은 합격자가 나오면서 가문은 크게 번창했다. 여주 이씨는 과거 합격자 수에서도, 부자가 동시에 벼슬한 규모에서도 유래가 없는 집안이었다. 이익의 회고에 따르면, 이상의는 정릉동(지금의 중구 정동)에 터를 잡아 살았는데, 이곳은 여주 이씨 가문의 본거지 역할을 했다고 한다.

『문과방목』은 이중환이 1713년(숙종 39) 과거에 합격했을 때 서울에 살고 있다고 적었다. 그러나 이중환이 정동에서 태어났는지, 또 그곳에서 과거에 합격하고 벼슬살이를 시작했는지는 확실하지 않다. 분명한 사실은 이중환의 집, 좀더 정확히 말하면 그 아버지 이진휴의 집은 수원에 있었다는 것이다. 『승정원일기』는 1706년(숙종 32) 벼슬에서 잠시 물러났던 이진휴가 낙향해 수원에 머물렀던 사실을 기록해두었다. 1725년(영조 원년) 목호룡(睦虎龍) 사건과 관련하여 이중환이 체포된 곳도 수원에 있던 자신의 집이었다. 이중환의 집안은 적어도 1706년(숙종 32)부터 1725년(영조 원년)까지는 수원에 터를 잡고 살았다.

3. 아버지의 임지를 따라 곳곳을 여행하다

이중환이 젊은 시절을 보냈던 1690~1700년대(숙종 20~30년대)는 여러 의미에서 앞선 시기와는 질적으로 달랐다. 17세기 초에 왕성했던 박학적인 학문 풍조는 숙종대에 들어서서 송시열(宋時烈, 1607~1689)이 주자(朱子)의 경전에서, 허목(許穆, 1595~1682)이 원시 유학에서 대안을 추구하면서 찾아보기 힘들어졌다. 더구나 학문적 정체성은 더 이상 정치 세력의 이념적인 기반 구실을 하지 못했다. 빈번한 권력 이동 속에서 정치 세력들은 생존을 위해 왕위 계승 문제에 직·간접으로 끼여들기 시작했다.

물론 이중환 또한 그 시대에서 자유로울 수는 없었다. 『택리지』곳곳에서 묻어나는 조선 중화주의자의 면모는 이중환이 그 시대의 논리를 충실히 따랐음을 보여준다. 그러나 이익은 어린 시절의 이중환을 명석한 두뇌의 소유자, 글씨와 시문에 능한 박학다식한 소년으로 기억했다. 소년 이중환이 가진 박학다식함은 시대적 영향을 받은 것이라기보다는 지극히 개인적인 취향이었다.

소년 이중환에게 아버지 이진휴는 여러 면에서 중요한 영향을 미쳤던 것 같다. 이진휴는 26세 때인 1682년(숙종 8) 과거에 급제한 뒤 승정원 가주서, 성균관 전적, 병조좌랑 등을 거치면서 평탄하게 관료 생활을 시작했다.

이진휴는 1686년(숙종 12) 9월 처음으로 외직인 전라도사(全羅都事)에 임명되었다. 그러나 그는 도저히 외직을 수행할 수 없는 상태였다. 부모가 이미 세상을 떠난데다가 자신마저 집을 떠나고 나면 팔순이 넘은 조모를 봉양할 사람이 없었던 것이다. 더구나 조모의 병세는 더욱 악화되어가던 참이었다. 이진휴의 딱한 처지를 전해 들은 숙종은 전라도사 임명을 취소해주었다.

이때만 하더라도 이진휴는 조모를 모시고 서울에 살았던 것 같다. 과거에 합격한 뒤로 병조좌랑을 역임할 때까지 그는 거의 재직 상태에 있었다. 물러나 시골에 낙향할 만한 여유는 없었던 것이다. 특히 그가 병조좌랑에 임명된 것은 1686년(숙종 12) 8월이었다. 전라도사에 임명되기 불과 보름 전이었지만, 이진휴는 이때만 하더라도 조모의 병세를 이유로 사직을 청하지는 않았다. 그것은 그가 과거에 합격한 이후 서울에서 조모를 모시고 살았음을 뜻한다.

전라도사 임명이 취소된 지 한 달 뒤, 이진휴는 정언(正言)에 임명되었다. 모처럼 현직에서 떠나 있던 이진휴는 이때 황해도 금천(金川)에 머물렀다. 이곳은 여주 이씨 가문의 선영이 있던 곳이다. 조모의 병세가 전혀 호전될 기미를 보이지 않는 상황에서 오랜만에 얻은 한 달간의 시간을 금천 선영을 방문하는 데 써야 했던 중요한 이유라도 있었을까.

1697년(숙종 23) 광주부윤 정제태(鄭齊泰)가 부모의 묘소를 이장(移葬)하기 위해 휴가를 요청하는 청원서를 올렸다. 이때 이진휴가 광주부윤으로 있으면서 이장을 하기 위해 휴가를 요청했던 사실이 거론되었다. 이진휴가 광주부윤으로 있던 것은 1692년(숙종 18) 5월부터 1693년(숙종 19) 2월 사이였다. 이진휴가 어떤 목적을 가지고 금천 선영을 방문했다면, 그것은 그가 6년 뒤에 부모의 묘소를 이장하려 했던 일과 관련 있는 것은 아닐까.

이진휴는 1692년(숙종 18)까지 서울에서 벼슬살이를 계속했으며, 그 사이(1690년)에 이중환을 얻었다. 이진휴는 그뒤 광주부윤과 무주부사 직책을 맡았다. 그러나 지방관 생활이 늘 순탄했던 것만은 아니다. 무주부사로 있을 때는 금산(錦山)의 유학(幼學: 벼슬하지 않은 유생) 박문최(朴文最)에게서 자질이 부족하다는 비난을 받은 일도 있었다.

얼마간 현직을 떠나 있던 이진휴는 1697년(숙종 23) 승지 직책에 임명되면서부터 다시 관계에 발을 들여놓았다. 승지에 임명되었다는 사실을 통보받은 이진휴는 병을 이유로 사직을 청하는 상소를 올렸다. 그가 낙향해 있던 곳, 사직 상소를 올린 곳은 수원이었다. 사직 상소는 경기감사를 통해 숙종에게 올려졌다. 아마도 무주부사직을 마치고 서울로 돌아온 이진휴는 얼마 지나지 않아 자신의 생활 근거지를 수원으로 옮겼던 것 같다. 이중환을 기준으로 본다면 늦어도 8세 전에 수원 생활이 시작되었다.

이진휴는 이때부터 큰 정치적인 위기 없이 안팎의 주요 관직을 두루 거쳤다. 지방직만 하더라도 광주부윤, 무주부사, 여주목사, 충청감사, 강릉부사, 함경감사, 안동부사 등 여러 지방의 책임자를 지냈다. 이 기간 동안 이중환을 포함한 그의 가족들이 그의 임지를 따라 이동했는지는 알 수 없다. 다만 이중환은 14세 때의 강릉 여행, 19세 때의 안동 여행을 기억했다.

4. 정치적 격랑에 휩싸이다

『문과방목』에 따르면 이중환은 1713년(숙종 39) 증광시에서 병과로 합격했으며, 정7품 직인 주서, 정5품 직인 병조정랑을 역임했다고 한다. 이밖에도 이중환이 정자, 금천찰방, 성균관 전적, 병조좌랑 직을 거친 사실이 확인되고 있다.

이중환이 최초로 받은 관직은 승정원(承政院)의 하급 직인 가주서였다. 그가 가주서에 임명된 것은 과거시험에 합격한 그해 가을이었다. 그러나 그가 실제로 그 직책을 수행했던 것은 아니다. 임명된 지 사흘 만에 병을 이유로 가주서 직책에서 물러났기 때문이다. 24세의 젊은이가 처음 맡은 관직을 수행할 수 없을 정도로 중병을 앓았다고 보기는 어렵지 않을까. 그렇다면 다른 무슨 사정이 있었던 것일까.

문과 응시자가 시험에 합격하면 성적에 따라 6~9품에 이르는 품계를 받았다. 또 관직에 임용되기 전에 성균관, 승문원, 교서관(校書館)에 배속되어 실무를 익히는 수습 기간을 거치는 것이 보통이었다. 수습 기간중인 예비 관료들은 보통 임시직을 뜻하는 '권지'(權知)라는 칭호를 관직 이름 앞에 달았는데, 이것이 이른바 분관(分館)이라는 제도이다.

이중환이 가주서로 임명되기 전에 앞서서 분관되었음을 보여주는 흔적은 없다. 그는 1716년(숙종 42)에 이르러서야 다른 동료 급제자들과 함께 승문원의 권지부정자(權知副正字)로서 분관되었다. 과거에 급제한 후 3년이 지난 뒤의 일이었다.

결국 이중환이 1713년(숙종 39) 가주서에 임명된 것은 분관 절차를 거치지 않은 상태에서 이루어진 일이었다. 이중환이 분관 없이 현직에 기용되어도 좋다고 인정받았는지, 또는 그를 지원하는 정치 세력이 있었는지는 알 수 없는 일이다. 결국 이중환을 둘러싼 혼선은 그가 병을 이유로 물러서면서 그렇게 막을 내렸다. 3일간의 혼선은 하나의 해프닝이었지만, 그 해프닝이 그의 미래가 순탄치만은 않을 것임을 예고하는 일이었다고 말하면 지나친 비약일까.

1718년(숙종 44) 이중환은 수습 기간을 마치고 본격적인 관직 생활을 시작했다. 처음 임용된 관직은 탈 많은 그 가주서였다. 같은 해 윤8월에 금천 찰방으로 나간 이중환은 이듬해인 1719년(숙종 45) 다시 승정원의 주서 직에 임명되었다. 이중환은 곧 다시 병이 들었다고 둘러대고 직무를 관장하지 않았다.

대리청정중이던 세자(뒷날의 경종)는 가볍게 견책(譴責)한 뒤 이중환을 다시 불러들이려 했지만, 그는 사직 상소까지 올려가며 한사코 주서 직을 피하려 했다. 세자는 일단 면직을 허락하고는, 얼마 안 있어 그를 다시 주서 직에 불러들였다. 결국 이중환은 숙종 말까지 승정원의 주서 직을 수행했다.

숙종 때 이중환의 관직 생활에서 특기할 만한 일은 헌납으로 있던 홍우전(洪禹傳: 영조 때 노론 벽파의 핵심 인물이 되는 홍계희의 아버지)과의 갈등이었다. 노론계의 언관(言官)인 홍우전은 상소를 올려 이지성(李知聖)이라는 인물이 주서 직에 적합하지 않다고 주장했다. 주서 직의 선임자였던 이중환이 이 소식을 듣고 홍우전을 비판했다. 벌열 가문(閥閱家門) 출신의 언관이 분명하고 합리적인 이유 없이 특정인을 배척한다는 것이었다. 홍우전은 부당한 혐의를 받으면서까지 관료 생활을 계속할 수는 없다면서 사직을 청했다. 물론 이중환에 대한 반박을 빠뜨리지 않았다. 이중환이야말로 당파를 비호하는 데 급급하여 공적인 의견을 비난하는 인물이라는 것이었다.

세자는 홍우전의 사직을 만류하며 여론의 추이를 기다려보자고 제안했다. 세자의 결정은 둘 사이의 시비를 가리지 않는 것이었다. 그러나 경종이 이중환을 배려하지 않고는 서슬 퍼런 헌납과 미관 말직 주서의 갈등을 그렇게 마무리하기는 어려웠다.

이중환은 홍우전과 갈등을 겪으면서 정치의 현실, 당쟁의 폭발력과 위험성을 처음으로 알았다. 이제 막 시작한 관료 생활을 풍파 없이 원만하게 계속해 나갈 수 있을까. 노론 벌열가의 언관과 갈등관계에 놓인다는 것은 무엇을 의미하는가. 이중환은 합리적이고 또 필요한 의사 표현이라고 생각했지만, 그것조차 당파 행위로 매도되는 현실을 처음 보았다. 당쟁에 대한 이중환의 혐오감은 이미 이 시기부터 형성되었다.

그러나 엄밀한 의미에서 이중환 역시 남인 명문가의 자손이었다. 이미 당쟁에 대한 거부감을 가졌지만, 그렇다고 정쟁(政爭)에서 초연할 수도 없는 입장이었다. 신축·임인 옥사를 비롯해 정치 세력간의 대립이 격화되는 시기에 들어서면서 그는 분명한 선택을 강요받았다. 관직 생활을 포기하고 초야에 묻힐 것인가, 정쟁의 와중에 정치적인 색깔을 분명히 하면서 정치적 생존을 모색할 것인가. 관료 생활에 대한 꿈을 포기하기에 30세의 나이는 너무 젊었다. 그는 남인으로서 정치적인 색채를 분명히 하는 쪽을 택했다.

1721년(경종 1) 노론이 왕세제의 대리청정을 요구했다. 남인들은 집단으로 노론을 탄핵했는데, 남인들이 연명(連名)해서 올린 상소 안에는 이중환의 이름도 들어 있었다. 이중환은 얼마간 큰 문제 없이 관료 생활을 계속할 수 있었다.

『비변사등록』(備邊司謄錄: 조선 시대 문·무 합의기구인 비변사에서 논의·결정한 사항을 날마다 기록한 책)에는 1723년(경종 3) 1월 21일자 좌목에 이중환이 비변사의 낭청으로 차출된 사실이 기록되었는데, 그의 직책명은 전 좌랑으로 되어 있다. 그는 다음달 2월 좌목에는 전 좌랑으로, 3월과 4월 좌목에는 부사과라는 직함을 가지고 비변사의 낭청으로 활동했다. 같은 해 5월에도 비변사 낭청의 자격을 유지했는데, 좌목에는 이때의 직책이 병조정랑으로 바뀌어 있다. 전 좌랑으로서 비변사 낭청이 되었던 이중환은 석 달 만에 병조정랑이라는 현직으로 비변사에 참여했던 것이다.

정치적 몰락은 전혀 예상치 않은 상황에서 비롯되었다. 1723년(경종 3) 소론 오명항(吳命恒, 1673~1728)이 그를 탄핵했던 것이다. 오명항은 이중환이 금천찰방으로 있을 때의 행적을 문제 삼았다. 이중환이 목호룡에게 관용 말을 빌려주었다가 잃어버린 뒤 이천기(李天紀)의 집에서 찾은 것에 의심할 단서가 있다는 것이었다. 이천기는 경종을 살해하려 했다는 의심을 받고 처형된 인물이었기 때문이다.

이중환을 포함한 남인들이 대체로 노론을 비판하고 소론에 온정적이었던 것을 생각하면, 오명항의 탄핵은 너무나 갑작스런 일이었다. 더구나 이중환의 입장에서 보면 오명항이 오래 전의 혐의를 뒤늦게 다시 거론하는 이유도 쉽게 이해하기 어려운 것이었다. 이중환은 이천기와 무관하다는 사실을 증명해보여야 했지만, 4년 전의 사소한 일에 대해 해명하는 것은 거의 불가능한 일이었다.

이때 경종 살해 음모가 있다면서 신임옥사를 일으켰던 목호룡이 이중환을 적극 변호하고 나섰다. 목호룡은 자신이 경종 살해 음모를 터뜨린 것〔辛壬獄事〕은 이중환이 이잠(李潛)을 높게 평가한 것에 고무되었기 때문이라고 말했다. 이잠은 숙종 때 경종을 보호해야 한다고 주장하다가 화를 입은 인물이었다.

목호룡은 왜 이중환을 적극적으로 감쌌을까. 오명항이 겨눈 칼 끝이 자신의 목을 향하고 있다고 느꼈기 때문일까. 이중환과의 개인적인 친분 때문이었을까. 분명한 것은 목호룡이 이 문제에 끼여들면서 사태가 점점 복잡하고 미묘한 방향으로 흘러가기 시작했다는 점이다. 목호룡은 신임옥사를 일으킨 장본인이며, 신임옥사의 정당성 문제는 노론과 소론이 첨예하게 대립하는 핵심 사안이었기 때문이다.

이중환은 목호룡과 무관하다는 사실을 입증하는 것이 중요하다고 직감했다. 그것은 겉으로 보기에는 의외의 선택이었다. 이중환으로서는 목호룡의 주장을 인정하기만 하면 이천기와 무관하다는 것을 자연스럽게 입증할 수 있었기 때문이다. 그러나 의금부에서 조사받던 이중환은 목호룡의 주장은 전혀 근거가 없는 것이라고 말했다. 사안의 폭발성을 감지했기 때문일까. 아마도 이중환은 목호룡 문제에 관한 한 한 걸음 뒤로 물러서고 싶었던 듯하다.

그러나 사태는 이중환의 바람과는 전혀 다른 방향으로 흘러갔다. 영조가
즉위하면서 목호룡이 처형당하는 사태가 벌어진 것이다. 목호룡에게 신임
옥사를 일으키면서 당시의 왕세제(뒷날의 영조)까지 모함하려 했다는 혐의
가 적용되었다. 얼마 후 이중환은 다시 목호룡과의 관계에 대해 조사받지
않을 수 없었다. 목호룡이 경종 살해 음모라면서 터뜨린 사건에 이중환이
사전 공모하지 않았느냐는 것이었다.

물론 이중환은 목호룡과의 정치적 관계를 다시 한번 강하게 부인했다.
그러나 정치적인 혐의를 벗기 위해 목호룡과 가졌던 인간관계마저 부인할
수는 없는 노릇이었다. 목호룡은 사천 목씨 가문의 서자(庶子)로 지관(地
官)을 업으로 살아가던 인물이었다. 이중환이 목호룡을 알게 된 것은 그의
처가가 사천 목씨 가문이었던 것과 관계가 있을 것이다. 두 사람의 관계가
기록에서 처음으로 확인되는 것은, 1717년(숙종 43) 이중환 집안이 상을 당
해 장지를 물색하던 때이다.

목호룡의 형 목시룡(睦時龍)의 증언에 따르면, 두 사람은 장지를 물색한
다는 이유로 황해도와 충청도 일대를 돌아다녔는데, 어떤 때는 6~7개월씩,
어떤 때는 4~5개월씩을 함께 다녔다고 한다. 경기도 장단이나 황해도 금
천·평산·연안 등지까지 돌아다니기도 했다. 이듬해인 1718년(숙종 44) 5
월 두 사람이 경기도 지평(砥平)에서 장지를 물색한다는 명분으로 함께 여
행중인 모습이 또다시 목격되었다.

1721년(경종 1년) 12월, 전염병으로 둘째 아들을 잃고 큰아들마저 잃을
위기에 처한 이중환은 다시 목호룡을 찾았다. 목호룡은 자식을 잃은 이중환
을 위로하고, 괴질이 잦아질 때까지 머물 수 있도록 미장동(美墻洞: 지금의
명동 부근)에 임시 거처를 알아봐주었다. 이중환은 그곳에서 석 달 가량을
머문 뒤 집으로 돌아왔다.

이중환은 목호룡과의 관계에 대해 순전히 장지를 찾기 위한 것이었다고

63인의 역사학자가 쓴 한국사 인물 열전

주장했다. 그러나 4년 여에 걸친 인간관계의 흔적이 드러난 상황에서 이중환의 해명은 큰 설득력을 갖지 못했다. 이중환은 10여 차례의 국문을 받은 끝에 1726년(영조 2) 외딴섬에 유배되는 신세가 되고 말았다. 이듬해 일시적으로 유배에서 풀렸지만, 곧바로 이수익(李壽益)의 요청에 따라 다시 귀양길에 올랐다.

5. 전국을 떠돌아다니면서 살 만한 곳을 찾다

이중환은 43세인 1732년(영조 8) 6월까지도 유배지를 떠나지 못했다. 영조가 탕평책을 표방하면서 여러 당파의 인재들을 안배해서 등용하는 상황에서도 이중환에게는 기회가 오지 않았다. 1753년(영조 29)이 되어서야 통정대부라는 당상관 품계를 받으면서 명예를 회복했지만, 그것은 이미 그의 삶에서 아무런 의미도 없는 일이 되고 말았다. 언젠가부터 이중환은 더 이상 정치에 미련을 갖지 않았던 것 같다. 그는 사대부로서 살 만한 곳을 찾아 전국을 떠돌아다니는 삶을 택했다. 『택리지』에 따르면, 그는 전라도와 평안도를 제외한 나머지 지역을 '여러 차례' 다녀보았다고 했다. 그런 의미에서 『택리지』는 실제 답사에서 얻은 많은 지식들을 현장감 있게 서술한 지리서이다. 하지만 그가 그렇듯 여러 곳을 다닌 계기를 생각하면서 『택리지』를 읽으면, 의외로 많은 곳에서 그의 실존적인 고민을 읽을 수도 있다.

6. 『택리지』는 어떤 책인가

유배 이후에는 이중환의 행적이 구체적으로 드러나지 않기 때문에 『택리지』를 저술한 시점에 대해서도 연구자들 사이에 논란이 있다. 1749년(영조 25)에서 1751년(영조 27) 사이에 쓴 것으로 보는 견해가 있는가 하면, 1751년에서 1753년(영조 29) 사이에 썼다고 추정하는 견해도 있다.

광문회본(光文會本) 『택리지』는 크게 서론에 해당하는 '사민총론' (四民總論), 본론에 해당하는 '팔도총론' (八道總論)과 '복거총론' (卜居總論), 결론에 해당하는 '총론' (總論)으로 구성되어 있다. 필사본에 따라 이익·정언유(鄭彦儒)의 서문이 있는가 하면, 이중환·목성관(睦聖觀)·이봉환(李鳳煥)·목회경(睦會敬)·정약용(丁若鏞) 등의 발문이 붙은 경우도 있다.

이중환과 이익의 관계는 각별했던 것으로 알려지고 있다. 이중환은 경제 분야를 서술할 때 이익의 『성호사설』(星湖僿說)에서 많은 암시를 받은 것 같다. 일부 필사본 가운데는 말미에 『성호사설』의 내용 일부가 부록 형식으로 편집되기도 했다. 또한 이익은 이중환이 처음 『택리지』를 썼을 때, 원고를 읽고 오류를 바로잡아주기도 했다고 한다.

목성관과 목회경은 남인 명문가인 사천 목씨 사람들이다. 목성관은 목천현(睦天顯)의 다섯 아들 가운데 첫째인데, 목천현은 바로 이중환의 처남이다. 또 목천현의 동생 목천임(睦天任)은 이중환과는 의형제라고 할 정도로 가까운 사이였다. 목성관은 24년 동안 유배 생활을 할 정도로 불운한 인물이었다. 그리고 목회경은 목성관과는 8촌뻘인데, 실제로는 좀더 막역한 사이였던 것으로 보인다. 목회경은 목성관의 삼촌인 목천임이 죄를 짓고 죽자 그의 일대기를 지을 정도였다. 정언유의 가문인 동래 정씨는 이중환의 가문(여주 이씨)과 혼인관계를 유지했으며, 이봉환은 이중환과 같은 가문 출신이다. 정약용 또한 잘 알려진 대로 남인 실학파의 대가였으니, 『택리지』에 서문이나 발문을 실은 사람들은 예외 없이 남인에 속하거나 그들과 가까운 사람들이었음을 알 수 있다.

이중환은 '사민총론'에서 사대부 신분이 농공상과 구별된 역사적인 유래를 설명하고, 그것은 다만 직업상의 구분일 뿐이라고 말했다. 이중환은 이 글에서 순임금은 요임금 때 사대부였지만, 농공상의 일을 하고도 부끄럽게 여기지 않았다는 사실을 예로 들었다.

'팔도총론'에는 곤륜산·백두산·팔도로 이어지는 산줄기의 흐름, 조선

63인의 역사학자가 쓴 한국사 인물 열전

의 지리적 형세 등과 함께 팔도의 도별 지지가 붙어 있다. 팔도는 서울 경기부터가 아니라 평안도에서 시작된다. 이중환은 산줄기와 물줄기의 흐름을 도별로 소개하면서, 그곳과 관계 있는 사건과 인물에 대해 소개하는 방식으로 이 항목의 체제를 잡았다.

'복거총론'은 사대부가 살 만한 이상적인 취락의 입지를 결정하는 데 핵심적인 요소를 거론한 항목이다. 이중환은 지리, 생리, 인심, 산수 등 네 요소를 강조했다. 지리가 좋은 곳은 풍수지리적으로 좋은 곳을 의미하며, 생리가 편한 곳이란 재화를 쉽게 얻을 수 있는 곳을 말한다. 생리에 유리한 곳은 크게 두 가지 경우가 있는데, 땅이 기름진 곳이 가장 중요하며, 배와 수레를 이용해 물자를 유통할 수 있는 곳이 그 다음이라고 했다. 또한 토지 문제에 대해서는 비옥한 토지와 경작 조건, 목면(木綿)의 산지와 재배 조건을 검토했을 뿐만 아니라, 특용 작물 재배로 부를 축적하는 세태에 대해서도 놓치지 않고 기록했다. 이어서 해상과 수상을 통한 물자 유통의 실태, 물길의 상황과 그 주변 지역을 자세히 소개했다.

인심이 좋은 곳은 당쟁에 오염되지 않은 곳을 말한다. 이중환 자신이 당쟁의 피해자였으므로, 당쟁에 대한 혐오감은 클 수밖에 없었다. 그는 인심 항목에서 사색 당파가 분열한 과정을 자세히 기록했다. 이중환에 따르면, 전랑(銓郎) 직제 및 그 운영 원리로서의 자천(自薦)제도는 조선 정치제도의 핵심이라고 했다. 그런데 이 전랑제를 바라보는 이중환의 시선이 흥미롭다. 전랑제도로 말미암아 당쟁이 일어났지만, 영조가 이 제도를 폐지함으로써 당쟁은 더욱 걷잡을 수 없는 상태로 치달았다는 것이다. 이중환이 보기에 전랑제도 자체에 문제가 있는 것은 아니었다. 전랑제를 둘러싼 혼선 속에서 사대부의 도덕성이 극도로 훼손된 것이 사태의 본질이라는 것이다.

말미의 산수 항목에서는 명산과 은둔처, 연해 도서 지역의 산들, 영동지방의 경치 좋은 곳, 강변의 주거지, 계곡의 주거지, 바닷가 주거지 등을 주제별로 논의했다.

'총론'은 광문회본 『택리지』의 결론에 해당한다. 이중환은 씨족이 어떻게 발생하고 계급이 어떻게 나누어졌는가를 담담하게 살핀 뒤, 당쟁이 심화되는 세상에서 사대부로서 가야 할 길은 무엇인가를 스스로에게 되묻고 있다.

7. 『택리지』는 어떻게 읽혀왔는가

『택리지』는 몰락한 사대부가 살 만한 곳을 찾아 헤맨 기록이지만, 그 안에는 이중환 자신의 정치·경제·사회·문화·지리에 대한 식견이 골고루 녹아 있다. 이런 이유 때문에 각 분야의 연구자들이 일찍부터 서로 다른 관점에서 이 저술을 연구해왔다. 일반적으로 이중환이 가진 실학자로서의 면모, 『택리지』에 들어 있는 실학적·인문지리적 요소들을 강조했다. 사회 신분적·경제적·지리적 측면은 그 중에서도 대표적으로 거론되는 것들이다.

무엇보다 사대부와 농공상의 차이를 부정한 부분이 연구자의 주목을 끌었던 것은 당연했다. 1960~1970년대의 연구들은 이중환이 『택리지』의 '사민총론'과 '총론'에서 사민평등관을 제시했던 것을 높이 평가했다. 그것은 지배 계급의 특권을 인정하지 않은 것이었으며, 인간 사회의 평등을 추구하는 의식작용에서 나온 것이었다고 한다.

이중환의 경제에 대한 구상은 '팔도총론', '복거총론'의 생리 항목 등에서 간접적으로 확인된다. 이중환은 경제 문제에 대해 농업 생산력의 향상과 상업적인 농업 경영, 농촌 경제의 안정을 바탕으로 선박에 의한 물자 유통과 대내외 교역을 통해 국가 경제를 발전시켜야 한다는 복안을 가지고 있었다.

『택리지』가 지리서 형식을 띠는 만큼 지리서로서의 실학적 측면도 간과할 수 없는 부분 가운데 하나이다. 첫째, 이중환은 서울에서 시작하는 위계적이고 행정적인 전통적 지리서의 체계에서 벗어나 생활권을 중심으로 지역을 설명하는 방식을 따랐다. '팔도총론'이 도별 체제이면서도 서울 경기의 순서를 따르지 않은 것, 도내에서 풍속이 같은 지역을 묶어서 서술한 것은 그런 인식이 반영된 결과이다. 그런 의미에서 산줄기는 동일한 생활권을 구분 짓는 기준선이었다. 동일한 생활권은 물론 물줄기를 따라 서로 형성되었다. 또 『택리지』의 산줄기체계는 『산경표』(山經表: 우리 나라 산맥을 백두산을 중심으로 표시한 분포도)의 그것과 여러 면에서 유사성을 보인다. 산은 물을 넘지 않는다는 이른바 산수분합(山水分合)의 원리는 『택리지』 저술 시점에서 널리 인정되었다. 이중환이 살 만한 곳의 조건으로 생리, 즉 경제적인 문제를 강조한 대목도 『택리지』가 한국의 취락 입지 모델을 연구한 실학적 인문지리서라는 평가를 가능하게 하는 근거이다.

또한 이중환은 인위적인 환경 파괴에 따른 생태계의 변화를 놓치지 않고 관찰했다. 강원도 지역의 인구 증가, 벌목으로 말미암은 임야의 황폐화, 토사의 침식과 한강 유입, 한강의 수면 상승을 논리적으로 연결 지어 설명하는 대목에서는 지리학자의 예리한 안목이 느껴진다.

한편에서는 적지 않은 연구들이 실학적 지리서로서의 한계를 여러 측면에서 지적하는 것도 사실이다. 풍수지리적 발상과 환경결정론적 시각, 특정 지역에 대한 편견, 사대부로서의 한계 등이 그것이다.

이중환은 곳곳에서 감여가(堪輿家), 즉 지관(地官)의 견해라면서 풍수지리적 자연관을 거리낌없이 드러냈다. 이런 측면 때문에 일반적으로는 이중환이 전통적 지리관을 완전히 벗어나지는 못한 것으로 평가한다. 그러나 이중환이 풍수지리적 표현들을 구사한 것은 당시 사람들의 흥미를 자극하면서, 동시에 역사책을 쓰겠다는 숨은 뜻을 겉으로 드러나지 않게 하기 위한 고도의 장치였다고 볼 수도 있다. 이중환이 풍수가의 주장을 부분적으로 받아들인 것은, 그들이 조선 시대에 지형을 가장 체계적으로 연구했기 때문이라는 주장도 있다. '복거총론' 지리조의 풍수적 내용들은 동기감응설(同氣感應說)에 입각한 음택풍수(陰宅風水: 묏자리의 길흉을 점쳐 판단하는 풍수)가 아니라 현대의 취락 입지 조건과 비슷한 배산임수(背山臨水)의 지형 조건에 가깝다는 것이다. 이런 입장에서 풍수지리적 사고 자체는 전근대적이지만, 이중환이 풍수적 사고의 한계에서 벗어나지 못했다고 보지는 않는다.

풍수지리적 지리관은 지리와 인사의 관계를 설정하는 지인상관론(地人相關論)으로도 표현되었다. 이를 두고 환경결정론적 시각이라고 비판하기도 한다. 그러나 『택리지』의 지인상관론은 인간을 자연의 일부로 보고 자연과의 조화를 추구한 것이므로 환경결정론이라고 재단해서는 안 된다는 반론도 있다. 환경결정론은 자연과 인간을 별개의 존재로 보고 그 상관관계를 설명하는 논리이기 때문에 지인상관론과는 그 전제가 다르다는 것이다.

또 이중환이 사대부로서의 한계를 곳곳에서 드러냈다고 보는 견해도 있다. 그가 찾던 '살 만한 곳'은 어디까지나 사대부의 주거지였으며, 그가 강조한 경제적 조건들은 민생을 염두에 둔 것이 아니었다는 것이다. 더욱이 그는 치우친 당론의 유해성에 대해 말하면서도 특정 지역의 인심을 혹평함으로써 또 다른 편견을 재생산하는 잘못을 저질렀다고 했다.

거론된 문제점들 가운데 어떤 것들은 이중환 자신의 한계이기도 하지만, 또 다른 것들은 동양사회의 전통적인 자연관과 관련되어 있다. 그러나 한계를 지적하는 견해들조차 『택리지』가 취락 입지론을 담은 훌륭한 인문지리서라는 사실을 근본적으로 부정하는 것은 아니다. 이밖에 『택리지』 '팔도총론'을 도별로 분석한 연구나 조경학계의 연구도 있다.

이중환과 『택리지』에 대한 심화된 연구와 다양한 분석은 1980년대 이후부터 시도되었다. 관련 기록을 조사하고 서문이나 발문을 쓴 인물들을 분석한 연구, 이중환의 생애를 복원하고 『택리지』가 당쟁의 산물이라는 점을 실증적으로 규명해낸 연구도 있었다. 그런가 하면, 다양한 필사본에 대한 서지적 검토도 있었다.

『택리지』 연구가 또 한 단계 발전할 수 있었던 것은 1991년에 열린 진단학회의 '한국 고전 연구 심포지엄'에서였다. 정치사, 경제사, 지리학 등 각 방면에서 『택리지』를 다학문적으로 분석한 것으로는 최초의 시도였던 셈이다. 이런 심층적인 연구들은 이중환과 『택리지』에 대한 좀더 풍부한 논의를 가능하게 한다. 이중환이 청남계(淸南系: 허목을 영수로 한 남인의 한 분파)의 정치적 입장을 유지했다는 사실이 해명되었는가 하면, 성리학자로서의 이중환, 역사서로서의 『택리지』라는 새로운 관점이 제시되기도 했다.

8. 무엇이 문제인가

『택리지』는 『팔역지』, 『사대부가거처』, 『복거설』, 『택승지』, 『동국산수록』, 『진유승람』, 『총화』, 『박종지』, 『구우지』, 『형가요람』, 『동악소관』 등 수많은 별칭으로 필사되어 읽혔다. 그런데 지금까지 『택리지』에 관해 연구한 것이 모두 광문회본 『택리지』를 기준으로 한 것이었다는 점에서는 전혀 예외가 없다. 왜 이런 현상이 생기는가. 그것은 이중환의 『택리지』와 최남선의 교열본 사이의 차이, 또는 그 간격을 전혀 의식하지 않았기 때문이다. 이중환이 직접 쓴 『택리지』, 이중환이 썼다고 전해지면서 필사되어 읽힌 당대의 『택리지』, 최남선이 교열한 『택리지』를 동일하게 보아왔던 것이다. 그러나 『택리지』는 인쇄되지 않은 책자가 서로 다른 이름을 가지면서 널리 읽혔으며, 최남선의 광문회본에 의해 단일화되었다는 점에서 비슷한 사례를 발견하기 힘든 독특한 책자이다. 그런 의미에서 이 셋은 서로 다른 맥락에서 이해된 책자로 볼 필요성이 있다.

최남선이 이중환의 모습을 적극적으로 숨기려 했던 것은 광문회본을 고서간행회본(古書刊行會本)과 비교 검토해보아도 선명하게 드러난다. 최남선의 입장에서 가장 눈에 거슬린 것은 이중환이 명나라를 황조(皇朝)라고 하고, 조공관계를 아무 거리낌 없이 써내려간 부분이었다. 최남선의 시각으로는 이것이야말로 사대주의적 발상이 아니었을까. 그는 이중환이 '황조'라고 표현한 것을 '명조'(明朝)로 고치고, 조선이 해로를 통해 명에 '조공'(朝貢)했다는 서술도 '통섭'(通涉)했다는 근대적 표현으로 바꾸었다.

물론 이중환이 사용한 조공, 황조 등의 표현은 근대적 의미의 지배 예속 관계가 아니라 조선 중화주의적인 의식을 표현한 것이었다. 그러나 최남선은 그것을 그렇게 이해하거나 받아들일 수 없었다. 최남선은 『택리지』를 교열한 것이 아니라, 다시 읽었다. 말하자면 최남선은 자신이 다시 읽은 『택리지』를 대중 앞에 내놓았던 것이다.

9. 어떻게 읽을 것인가.

최남선이 『택리지』를 읽는 방식을 이해하고 해명하는 것은 그 나름의 의미가 있는 일이다. 그러나 그것은 어디까지나 최남선을 이해하는 방법의 하나이다. 여기에서 중요한 것은 어떻게 이중환 자신의 문제의식, 그리고 『택리지』를 읽었던 당대인의 독법에 다가갈 수 있는가 하는 점이다. 최남선의 광문회본에 우선하는, 이중환 단계의 『택리지』와 당대에 읽었던 『택리지』로 돌아가기 위해서는 수많은 다른 이름으로 읽혀왔던 『택리지』 사본들에 대한 비교 검토가 필수적으로 요청된다.

『택리지』를 전혀 다른 시선으로 읽어 내려가는 과정에서 이중환이 얼마나 실학적인 사고방식을 소유했는지, 또 『택리지』가 어떤 측면에서 근대 인문지리학의 효시가 되는지를 새삼 말할 필요는 없다. 결론이 어떠하든 그 논리적 전제들을 확인하는 차원에서, 좀더 다른 문제들을 해명하는 것이 중요하지 않을까.

먼저, 광문회본의 어떤 요소들이 최남선 단계에 와서 확정되었는가를 확인할 필요가 있다. 예를 들면, 『택리지』를 사민총론·팔도총론·복거총론·총론으로 나누고, 복거총론을 지리·생리·인심·산수로 나누는 방식도 최남선 이후에 확정되었다. 물론 이런 분류 방식은 이중환 당대부터 있어왔지만, 당대의 모든 『택리지』가 그렇게 이해되었던 것은 아니라는 점에서 최남선의 『택리지』 읽기는 또 다른 중요한 의미를 지닌다.

특히 복거총론의 경우 지리·생리·인심·산수로 구분하지 않고 세목에 따라 다양하게 분류한 필사본들이 많고, 그것은 고서간행회본뿐만 아니라 일제 시기에 출판된 『조선팔도 비밀지지』유에까지 계승되었다. 문제는 그런 다양한 『택리지』 읽기의 전통이 조선 광문회본 이후에 사라졌다는 데 있다. 광문회본에 의해 정리되기 전의 다양한 『택리지』 읽기 방식을 계열화할 수도 있다. 손쉽게 생각할 수 있는 것은 열거된 제목별로 분류해보는 방식이다. 그러나 엄밀한 의미에서 같은 별칭을 가진 필사본들이 같은 내용으로 되어 있으리라는 것은 예단에 불과하다. 독법상 차이를 보이는 같은 별칭의 필사본과 『택리지』를 변형한 사본들을 통해 당대에 『택리지』를 얼마나 다양하게 읽었는지를 이해할 수 있다.

　여러 사본들에서 공유되는 내용들을 지도 위에서 읽어보는 것도 의미 있는 시도일 것이다. 잘 알려진 것처럼 『택리지』는 산수분합의 원리를 충실하게 따르는 저작이다. 지역에 관한 설명도 산수의 흐름에 따라 진행했다. 특히 이중환은 어느 지역을 설명할 때 설명의 출발점이 되는 산(물)줄기 하나를 설정하고, 그곳에서 여러 번 출발하는 논리적 구조를 선택했다. 그런 의미에서 그가 강조하고자 했던 그 맥락으로, 그 출발점과 도착점의 흐름을 지도를 따라가며 읽어내는 것은 『택리지』를 새롭게 읽는 또 하나의 방법이 될 것이다.

참고문헌

李佑成, 「조선 후기의 지리서 지도」, 『교양』 5, 1982.

_____, 『한국의 역사상』, 창작과 비평사, 1968.

노도양, 「이중환 택리지」, 『한국의 고전 백선』, 동아일보사, 1969.

金潤坤, 「이중환의 택리지」, 『실학 연구 입문』, 일조각, 1973.

유원동, 「청담 이중환」, 『한국 실학 개론』, 정음문화사, 1983.

李燦, 「택리지에 대한 지리학적 고찰」, 『애산학보』 3, 애산학회, 1984.

鄭杜熙, 「이중환」, 『한국사 시민강좌』 3, 일조각, 1997.

_____, 『조선 시대 인물의 재발견』, 일조각, 1988.

崔永俊, 「택리지—한국적 인문지리서」, 『진단학보』 69, 진단학회, 1990.

金德鉉, 「유교적 촌락 경관의 이해」, 『한국의 전통지리사상』, 민음사, 1991.

朴光用, 「이중환의 정치적 위치와 택리지 저술」, 『한국 고전 심포지엄』 3, 일조각, 1991.

吳星, 「택리지의 팔도총론과 생리조에 대한 고찰」, 『진단학보』 69, 진단학회, 1991.

_____, 『조선 후기 상업사 연구』, 2000.

朴光用, 「이중환」, 『한국의 역사가와 역사학 상』, 창작과비평사, 1994.

崔永俊, 「풍수와 택리지」, 『한국사 시민강좌』 14, 일조각, 1994.

楊普景, 「이중환과 택리지」, 『한국 지성과의 만남』, 부산대학교 출판부, 1998.

권정화, 「이중환의 국토 편력과 지리사상」, 『국토』 1999년 2월호, 국토연구원, 1999.

이희권, 「이중환의 전라도 인식 비판」, 『역사로 보는 전라도』, 신아출판사, 2001.

小石晶子, 「李重煥と擇里志」, 『朝鮮學報』 115, 朝鮮學會, 1985.

西川孝雄, 「擇里志の異名について—付文獻目錄」, 『韓』 103, 朝鮮學會, 1986.

63인의 역사학자가 쓴 한국사 인물 열전

영조 英祖

조선성리학의 의리론을 주도한 군사(君師)

정경희 서울대학교 규장각 책임연구원

들어가며

조선 왕조의 21대 군왕 영조(英祖, 1694~1776)는 탕평정치(蕩平政治)를 통해 강력한 군주상을 재정립하고 균역법(均役法) 등 수많은 개혁 정치를 시행함으로써 조선 후기 사회의 중흥의 터전을 닦은 성왕으로 평가된다. 더욱이 그의 지향은 손자인 정조(正祖, 1752~1800)에게로 계승, 탕평군주(蕩平君主) 영·정조가 재위했던 18세기는 조선 사회의 중흥기로 이해되고 있다. 본고에서는 영조를 조명하되, 특히 사상사적인 관점에서 영조가 국왕으로서 조선의 국가 이념인 성리학에 대해 어떠한 태도를 취하고 있었던가를 중심으로 살펴보고자 한다. 17세기 이후 조선성리학의 '의리론'(義理論) 노선은 노론의 주도로 조선 사상계의 주류가 되었는데, 국왕의 입장에 서 있었던 영조가 이를 어떻게 이해하고 대처해 나갔던가 하는 관점에서 영조의 생애를 살펴보고자 하는 것이다.

1. 17세기 후반~18세기 초반 조선 학계의 '의리론'과 국왕

성리학이 조선의 국가 이념으로 채택된 이후 그 위상에 대한 다양한 입장 차이는 있어왔으나 공식적인 국가 이념으로서의 지위에는 변함이 없었으며, 성리학에 대한 이해가 진전되면서 그 위상 또한 점차 높아져갔다. 성리학에 대한 이해가 진전된 결과 16세기 후반~17세기 초에는 학파의 분기가 있었는데, 여기에 양란(兩亂: 임진 및 호란)이라는 외부적인 충격이 가해지면서 성리학을 이해하는 방식의 차이는 더욱 심화되었다. 17세기 양란을 거치면서 조선 사회가 크게 변화했고, 이러한 변화에 따라 조선 지식인들의 성리학 이념에 대한 태도가 달라졌던 것이다. 그럼에도 불구하고 양란의 후유증 해결을 위해 성리학의 '의리론'이 갖는 효용성이 매우 컸던 때문에 조선 후기 성리학이 갖는 공식적인 위상은 오히려 더 높아졌다.

조선성리학의 '의리론'은 서인(西人)-노론(老論) 계열에 의해 '주자주의'(朱子主義)의 방식으로 주도되었는데 숙종(肅宗, 1661~1720) 치세 후반기 이래 조선의 국왕들도 '의리론'에 공감하면서 왕실이 이를 주도하려는 경향을 보였다. 숙종은 치세 내내 잦은 환국(換局), 일시적인 탕평(蕩平)의 시도 등 여러 가지 정치 운영 방식을 동원하여 왕정(王政)의 강화를 도모했으나 치세 후반기에 결국 노론이 주도한 의리론의 효용성을 인정하게 되었다.

특히 강력한 왕정을 지향한 탕평군주에게 의리론은 탕평의 관건으로 이해되었다. 숙종에 이어 본격적으로 탕평을 시행하고자 했던 영조에게는 신임의리론(辛壬義理論: 경종대 辛任獄事 당시 노론의 입장은 의리론에 충실한 것이었다는 입장)을 내세워 영조를 강박하려 드는 노론을 제압하는 것이 매우 중요했으므로 영조는 즉위 초부터 정치적·학문적으로 노론을 적극 견제했다. 이는 조선 후기 사회의 기본 노선이 된 의리론의 주도권을 둘러싼 노론과 국왕의 대립이기도 했다. 17세기 후반 이래 조선 왕실의 이러한 문제의식을 영조는 과연 어떠한 방식으로 이해하고 풀어 나갔을까?

63인의 역사학자가 쓴 한국사 인물 열전

2. 영조의 가계

영조의 이름은 금(昑), 자는 광숙(光叔)이며 부왕 숙종에게서 양성(養性)이라는 헌호(軒號)를 하사받았다. 숙종의 2남으로 어머니는 숙빈(淑嬪) 최(崔)씨이다. 숙종 치세 전반기 서·남인 간의 잦은 환국으로 정국이 어수선하던 시절인 1694년(숙종 20), 갑술환국(甲戌換局)으로 남인이 몰려나고 서인이 재집권하던 이해 9월 13일에 창덕궁(昌德宮) 보경당(寶慶堂)에서 탄생했으며, 1699년(숙종 25) 6세 되던 해에 연잉군(延礽君)에 봉해졌다. 영조의 사친(私親)인 숙빈 최씨는 미천한 궁녀 출신인 자신의 신분적 약점에서 아들을 보호하기 위해 연잉군을 노론 명문인 안동(安東) 김문(金門) 출신의 숙종 후궁 영빈(寧嬪) 김씨의 아들로 입계시켰다. 영빈은 숙종 전반기 대표적인 노론 대신인 김수항(金壽恒)의 형인 김수증(金壽增)의 손녀였다. 이러하였으므로 영조는 자신의 출신 문제에 매우 민감하게 반응했고 즉위 후에는 사친의 추숭(追崇)에 주력하게 되었다.

1721년(경종 1) 28세 되던 해 이복형인 경종(景宗)이 후사가 없자 왕세제(王世弟)로 책봉되었으며, 1724년(경종 4) 31세 되던 해 경종의 갑작스러운 사망으로 왕위에 올랐다. 20세가 되던 1704년(숙종 30)에 군수 서종제(徐宗悌)의 딸을 부인으로 맞아들였는데 첫번째 부인인 정성왕후(貞聖王后) 서씨이다. 이후 1757년(영조 33) 정성왕후의 사망으로 1759년(영조 35)에 김한구(金漢耉)의 딸을 계비로 맞았는데 두번째 부인인 정순왕후(貞純王后) 김씨이다.

영조는 많은 자녀를 두었는데, 아들로는 정빈(靖嬪) 이(李)씨 소생인 효장세자(孝章世子), 영빈(暎嬪) 이씨 소생인 사도세자(思悼世子)가 있었다. 효장세자는 1728년(영조 4)에 후손 없이 사망했고 사도세자는 1762년(영조 38) 영조에 의해 죽임을 당하였다. 영조는 조선의 국왕들 중 가장 오랜 기간인 52년간 재위한 후 1776년(영조 52)에 82세의 나이로 사망했는데,

사도세자의 아들이자 영조의 손자가 되는 정조가 그를 계승했다.

영조는 부친 숙종을 닮아 대단히 격하면서도 집요한 성격을 보였는데, 특히 목표한 바를 달성하기 위해서는 온갖 수단 방법을 동원하여 끝내 관철하고야 마는 강인함과 노련한 정치 감각을 갖추고 있었다. 이러한 성격으로 인해 국왕으로서는 탕평을 통해 왕권을 강화하고 많은 치적을 쌓을 수 있었지만, 개인적으로는 사람들을 포용하지 못하고 갈등하는 면모를 보이게 되었다. 이유야 많았겠지만 어쨌든 아들 사도세자를 뒤주 속에 가두어 죽인 사실은 정치판의 경쟁 논리로 휩쓸려드는 가운데 인간적인 삶의 모습들을 점차 상실해갔던 영조의 외로운 인생 노정을 단적으로 보여주고 있다.

3. 영조의 즉위 과정과 탕평

17세기 이래 진전되어가던 서(西)·남(南), 노(老)·소(少)의 사상적·정치적 입장 차이는 숙종대 환국 정치의 여파로 인해 심각한 당쟁(黨爭)으로 비화되었고, 급기야 일당(一黨)이 특정 왕위 계승자를 지지, 부호(扶護)하는 방식으로까지 전개되었다. 숙종의 아들인 세자(후의 경종)와 연잉군(후의 영조)은 그 와중에 휩쓸려 들게 되었다. 소론(少論)과 남인(南人)은 세자를, 노론(老論)은 영조를 지지한 것이다. 영조는 미천한 궁녀 출신인 숙빈 최씨의 아들이었으나 노론 명문가 출신의 영빈 김씨의 양자로 들어가면서 노론측의 지지를 받게 되었다.

왕위 계승자의 지명을 둘러싸고 갈등하는 상황에서 1720년(숙종 46) 숙종이 갑작스럽게 훙서(薨逝)하자 세자가 즉위하게 되었다. 경종의 즉위로 소론이 정국을 장악하자 노·소 당쟁은 극에 달해 1721년(경종 1)~1722년(경종 2)에는 신임옥사(辛壬獄事)로 노론 사대신(老論四大臣: 김창집·이이명·이건명·조태채)이 사망하는 지경에까지 이르렀다.

신임옥사로까지 상황이 나빠지게 된 데는 노·소의 사상적·정치적 입장

차이가 주요 배경으로 작용하고 있었지만, 정쟁의 구체적인 조건을 살펴보면 경종에게 후사가 없어 왕위 계승을 둘러싼 노·소 간의 쟁투가 가라앉지 못한 이유도 매우 컸다. 노론측은 경종에게 후사가 없음을 이유로 내세워 34세의 젊은 경종에게 이복동생인 연잉군을 왕세제(王世弟)로 책봉할 것을 요구하고 연이어 대리청정까지 요구하다가 사태를 주시하던 소론측의 반격을 받고 큰 피해를 입게 된 것이다.

신임옥사 때 왕세제가 노론측이 주도한 역모에 연루되었다는 이야기가 흘러나와 영조는 큰 곤궁을 겪었는데, 1724년(경종 4)에 경종이 갑작스럽게 훙서함으로써 가까스로 즉위할 수 있었다. 영조는 경종대 노·소 당쟁의 와중에서 목숨이 위태로운 지경에까지 몰린 경험이 있었고 또 즉위 초 경종의 죽음에 노론과 자신이 연루되었다는 여론으로 인해 심적으로 큰 부담을 안게 되었다. 1728년(영조 4) 경종의 죽음에 대한 의심을 버리지 못한 일부 소론과 남인이 일으킨 무신란(戊申亂)은 즉위 초 영조가 당면했던 정치적 곤경을 단적으로 보여주고 있다. 이러한 까닭에 영조는 왕세제 시절부터 국왕권의 확립과 정국의 안정을 간절히 염원했는데, 그 해결 방법으로 탕평에 착안했다.

왕세제 시절부터 영조를 도와 탕평을 기획했으며, 또 영조 즉위 후에도 영조에 적극 협력하고 영조 치세 전반기 탕평의 기초를 마련한 정치 세력은 조문명(趙文命)·조현명(趙顯命) 형제, 송인명(宋寅明), 이종성(李宗城) 등의 소론 완론(緩論) 계열이었다.

4. 왕세제 시절의 성학 연마와 '요순지치'(堯舜之治)

영조가 탕평에 대한 자신의 입장을 분명히 정리하고 실천하기 위해서는 그 기초 작업으로 자신의 사상적 입장을 정리하는 것이 우선적으로 필요했다. 학문과 정치가 긴밀하게 연결된 조선 사회의 특성상 노·소 당쟁의 근저에는 성리학 이념의 이해 방식을 둘러싼 입장 차이가 자리잡고 있었는데, 노·소 당쟁에 끌려가지 않고 국왕이 중심이 되는 정국을 이끌기 위해서는 국왕이 노·소의 사상적 지향을 잘 이해하고 나아가 이를 조정하거나 주도할 수 있어야 했다.

따라서 영조는 왕세제로 책봉되면서부터 본격적으로 스스로의 사상적 입장을 재정립하고자 했다. 물론 영조는 왕세제가 되기 이전 어린 시절부터 성리학 공부를 시작했다. 8세에 『효경』(孝經)을 시작으로 10세에 『동몽선습』(童蒙先習), 13세에는 『소학』(小學), 19세에 『대학』(大學) 등을 읽었는데, 이후 별다른 책자가 거론되지 않은 것으로 보아 큰 진전은 없었던 것 같다. 이는 "독서가 남들에 비해 늦어 남들이 『소학』을 읽을 때 『효경』을 읽었고 한창 공부할 나이에 단지 『소학』을 읽었다"는 회고에서도 짐작할 수 있다.

숙종 후반기 노론의 '주자주의' 방식에 따른 '의리론'이 조선성리학의 주류로 부상하던 시기에 입학(入學)한 영조가 이에 영향을 받지 않을 수는 없었다. 영조에게 『소학』을 가르친 스승은 곽시징(郭始徵), 『대학』을 가르친 스승은 이현익(李顯益)이었는데 이 중 이현익은 노론 송시열(宋時烈)의 적전(嫡傳)인 권상하(權尙夏)·김창흡(金昌翕)의 문인(門人)으로 숙종 말 호락논쟁(湖洛論爭) 때 호론(湖論)의 입장에서 인물성이론(人物性異論)을 주장한 인물이다. 영조가 정통 노론학자를 스승으로 두었음은 친노론적 가문 배경과 연결될 수 있을 것이다.

영조는 노론의 학풍으로 입학했고 또 그들의 도움으로 왕세제로 책봉되었지만 노론의 학풍을 묵수(墨守)하지는 않았다. 왕세제 시절 노·소 대립의 와중에서 목숨이 위태로운 지경에까지 몰린 경험이 있던 영조로서는 오로지 왕실의 입장에 선 탕평이 절실했고, 이러한 관점에서 노론의 학풍에 대해서도 그 당론(黨論)으로서의 측면을 분명히 인식했던 것이다.

영조는 28세 되던 해인 1721년(경종 1) 왕세제로 책봉되면서 서연(書筵: 조선 시대에 학자들이 왕세제에게 학문을 강론하던 일)을 통해 본격적으로 학문을 다시 시작하였다. 그간 공부의 기초가 제대로 닦이지 못했으므로 처음부터 다시 시작하여 『소학』을 읽고, 다음해 사서(四書)에 들어가 『대학』, 『논어』(論語)를 읽었다. 이때 왕세제는 노·소 당쟁의 와중에서 벼랑 끝에 몰린 상태로 조심스럽고 기민하게 처신하여, 보통 서연에서는 드문 석강(夕講)을 개최했으며 경종의 훙서 직후 인산(因山) 전에도 하루 세 번 경연을 열 정도로 열성이었다. 당쟁으로 인한 위기에서 스스로를 구제하며 나아가 조선 사회를 경신(更新)하기 위한 새로운 통치 방법 모색에 전력한 것이다. 이러한 왕세제에게 절대적인 영향을 미친 인물이 온건 소론 조문명·조현명 형제와 송인명 등이었다.

조문명, 송인명 등은 서연관(書筵官)으로 왕세제를 보좌했는데 군주로서의 자질 함양을 위한 강학(講學)과 심(心)의 수양을 강조했다. 심의 수양은 성리학적 성학(聖學: 군주학)에서 강학에 앞서 강조되었는데, 그 기준은 바로 요순(堯舜)의 심을 본받는 것이었다. 이렇게 주목된 '요순지치'는 영조 평생 학문의 중심축이자 탕평의 기준이 되었다.

'요순지치'는 원시 유교에서 성리학에 이르기까지 유교 일반에서 이상적 왕정(王政)을 서술적으로 표현하는 용어로 사용되었으나 어떠한 구체적인 정치체제를 지칭하는 것은 아니었다. 18세기 조선의 국왕 영조는 이를 학문과 정치의 중심축으로 설정했는데, 학문적인 면에서는 '강력한 왕정을 실현하기 위해 국왕이 성리학의 성선론(性善論)에 입각하여 요(堯)·순(舜)과 같은 마음을 갖추는 것'이라는 함의를, 정치적인 면에서는 '강력한 왕정', 곧 탕평정치라는 함의를 지닌 것이었다. 이처럼 영조가 강조한 '요순지치'는 성리학에서 술어적으로 사용되던 일상적인 용례와는 분명한 차이를 보였으므로 이를 영조의 학문과 정치 성향을 설명하기 위한 주요 개념으로 설정할 수 있다.

5. 영조 전반기 개혁 정치와 성학

즉위 초 영조에게는 영조를 즉위시킨 공로를 내세우며 영조를 강박하고 또 소론을 일시에 제압하려 드는 노론을 제어하는 것이 탕평의 급선무로 대두되었다. 또 경종의 죽음과 정권의 상실로 인한 피해의식을 갖고 있던 소론을 회유하여 탕평의 구도 속으로 끌어들이는 일도 중요했다. 이런 상황에서 1725년(영조 1)에 을사환국(乙巳換局, 노론 집권), 1727년(영조 3)에 정미환국(丁未換局, 소론 집권)이 일어났다. 정미환국 후 영조는 소론탕평파(少論蕩平派)의 도움으로 탕평의 기반을 확립했다.

정미환국 이후 영조 주도의 탕평이 시작되는 영조 16, 17년 즈음까지 탕평주인(蕩平主人) 역할을 한 소론탕평파는 영조가 그들의 도움 없이도 명실상부한 탕평군주로서 자립하게 한 최대의 공헌자들로서 정미환국 후 영조와 의기투합하여 영조대 통치 규모의 근간을 마련했다. 이 시기 소론탕평파의 주도로 이루어진 경장책(更張策)으로는 탕평을 위시하여 양역변통(良役變通), 관제(官制) 정비, 법제(法制) · 전례(典禮) 정비 등이 있다. 양역변통은 시종 조현명이 담당했는데, 대규모의 양정수괄(良丁收括) 사업 결과 1743년(영조 19)과 1748년(영조 24)에 『양역실총』(良役實總)이라는 1차 성과물을 거쳐 1750년(영조 26)에 균역법으로 매듭되었다. 관제 정비 역시 소론탕평파의 주도로 이루어졌는데, 유수원(柳壽垣)의 '관제서승도설'(官制序陞圖說)을 채택하여 1741년(영조 17) 이랑자대제(吏郞自代制)를 혁파하고 한림소시법(翰林召試法)을 시행했다. 법제 · 전례 정비 역시 이덕수(李德壽), 이종성 등 소론탕평파의 주도로 이루어졌다. 법제의 경우, 1743년에 『수교집록』(受敎輯錄)을 편찬한 뒤 1744년(영조 20)경 이를 발전시켜 『속대전』(續大典)을 편찬하여 조선 전기 이래의 『경국대전』(經國大典) 체제를 보완했다. 전례 방면에서도 1744년(영조 20) 『속오례의』(續五禮儀)를 편찬하여 『국조오례의』(國朝五禮儀) 체제를 보완했다.

이러한 경장책이 추진되던 장이 바로 경연(經筵)이었다. 영조의 성학 연마는 1727년(영조 3) 정미환국 이후 소론 완론, 곧 소론탕평파의 도움으로 본격화했다. 영조는 을사환국으로 경연이 일방적으로 노론 산림에 맡겨져 생긴 폐단을 절감했으므로 더 이상 산림에 의지하지 않고 자신과 소론탕평파가 주도하는 방식을 취했다. 윤봉구(尹鳳九) 등 노론 산림은 극력 배척되었으며 소론 산림 정제두(鄭齊斗), 양득중(梁得中), 심육(沈錥), 윤동수(尹東洙) 등은 노론 산림보다는 우대되었으나 역시 의례적인 처분일 뿐이었다. 실제 경연 활동은 소론탕평파 관료인 조문명·조현명 형제, 송인명, 이종성, 이덕수 등에 의해 주도되었다.

　소론탕평파 대부분은 조선성리학의 의리 학풍에서 출발하면서도 경장에 주력한 관료들로 학문적인 성향이 약했다. 따라서 굳이 '의리론' 만을 고집하지도 않아 경장이라는 초미의 과제에 도움이 되는 '공리론'(功利論)에도 관심을 기울이는 등 개방적인 성향을 보였다. 영조는 이들과 함께 경연을 주도하게 되자 더욱 열성적으로 경연에 임했다. 이에 따라 치세 전반기 영조의 학문 경향은 소론탕평파의 영향으로 성리학의 '의리론' 적인 기본 틀을 지키면서도 국왕으로서 '요순지치' 에 대한 추구를 강하게 반영, '공리론' 까지도 적절히 수용하는 경향을 보였다. 노론의 주자(朱子) 일변도의 '의리론' 적인 방식, 곧 '주자주의' 적인 방식에 비해 훨씬 유연한 이해였다.

6. 영조 후반기 성학의 변화

영조 치세 전반기 소론탕평파의 도움을 입어 탕평정국이 안정되고, 여러 경장책의 효과가 드러나는 등 정국이 장기적인 안정 국면으로 접어들게 되었다. 이에 따라 1744년(영조 20) 무렵부터 영조는 소론탕평파와의 공조에서 벗어나 자신이 중심에 선 득의(得意)의 탕평을 시작했다. 영조가 애초부터 기대했던 바, 명실상부하게 국왕이 중심이 되는 탕평을 위해서는 자신이 신임옥사에 관련되어 있다는 혐의에서 완전히 벗어나 국왕으로서 절대적 권위를 확립하는 것이 필수적으로 요구되었다.

영조는 치세 전반기에 소론탕평파를 기용하여 노론을 견제함으로써 강세의 노론을 억압하고 열세의 소론을 부양했다. 그럼에도 영조는 신임역옥(辛壬逆獄)을 뒤집어 노론과 자신의 무혐의를 인정하지 않을 수 없는 현실적인 조건에서 벗어날 수 없었고 결국 탕평정국이 안정되는 영조 20년 즈음에는 소론측의 반발을 누르고 신임역옥을 신임의리론으로 재판정했다.

신임의리론과 함께 시작된 영조 득의의 탕평으로 영조 치세 후반기 탕평의 축은 소론탕평파에서 노론탕평파(老論蕩平派)로 자연스럽게 옮겨가게 되었다. 영조 득의의 탕평이 신임의리론을 기반으로 하고 있다는 조건 때문에 영조 치세 후반기로 접어들면서 노론측의 우세는 더욱 분명해져갔다.

이러한 변화와 함께 영조의 학문 성향도 크게 변모했다. 이 시기 경연에서의 진강책자(進講冊子)는 치세 전반기와 거의 같으며 단지 몇 가지 책자만이 추가되었으나 무게중심은 크게 달라져 치세 후반기 영조의 성학관의 변화를 잘 보여주고 있다.

먼저 법연(法筵)과 강경(講經)의 경우, 영조 전반기 육경학(六經學) 중심에서 영조 후반기에는 『대학』·『중용』·『소학』 삼서(三書) 중심의 사서학(四書學)으로 변화가 두드러졌다. 성리학의 기본인 사서학을 통해 성리학 본연의 '의리론'이 더욱 강화되었던 것이다. '의리론'의 강화로 영조의 성리학 이해가 노론 학인(學人)의 그것과 같아지게 되었다고 생각할 수도 있지만 영조와 노론 학인의 성리학 이해에는 명백한 관점의 차이가 있었다.

영조는 성리학 이해에서 학인인 동시에 군왕인 자신의 특수한 입장을 반영하여, 성선론(性善論)에 바탕을 둔 수양론을 부각시킴으로써 그가 추구하던 '요순지치'의 이론적 근거를 끌어내고자 했다. 영조의 『대학』 이해는 주자를 따라 '명명덕'(明明德)과 '격물치지'(格物致知)를 중심에 두었으나 성선론에 초점을 맞춘 특징이 있다. 『중용』도 주자를 따라 '성·도·교'

(性·道·敎), '성'(誠) 등을 강조했으나 성선론에 초점을 맞추어 누구나 요·순이 될 수 있음을 강조했다. 『소학』 역시 주자에 따르되 성론(性論: 사람의 타고난 성품에 관한 논의)에 특히 주목했다.

법연 이외의 양대(兩對: 召對 및 夜對) 및 차대(次對)의 경우에도 경서류 (經書類) 중에서 육경류(六經類)의 비중이 낮아지고, 성리서(性理書) 계열의 경해류(經解類)가 중강(重講)되고, 강목체사서(綱目體史書)와 대명의리서 (對明義理書)를 중심으로 성리사학(性理史學)이 강화되며, 경세서류(經世 書類)의 비중이 약화되는 점 등은 이 시기의 주요한 변화로 지적할 수 있다. 법연과 강경에서와 마찬가지로 성리학의 '의리론'이 더욱 강화된 것이다.

요컨대 영조의 학문은 치세 전반기에는 '의리론'을 중심으로 '요순지 치'의 기준에 따라 '공리론'까지 절충하는 방식이었으나, 치세 후반기에 이르러서는 '의리론'으로 기울었다. 물론 치세 후반기에도 여전히 요순지 치를 기준으로 의리론을 이해하여 성선론에 바탕을 둔 수양론을 특히 부각 시키고 공리(功利) 성향의 비성리서(非性理書)까지도 진강(進講)하는 등 노론의 주자주의적인 의리론 노선과 완전히 일치하지 않는 면모가 분명 있었 다. 그러나 현상적으로는 의리론의 비중이 높아지면서 노론의 주자주의 방 식의 의리론에 크게 근접하게 되었다.

7. 영조의 존왕적 예학

영조는 요순지치를 기준으로 성리학의 의리론을 이해하여 노론의 주자주 의적인 의리론과는 다소 차이가 있는 인식을 보였는데, 예학면에서도 요순 지치 관점에 따른 존왕적(尊王的) 성향으로 노론측의 '주자예학'을 이해하 려 했다. 따라서 영조의 예학은 '주자예학'과 대별하여 '존왕적 예학'으로 이름될 수 있다.

원시 유교에서 성리학에 이르기까지 유학 일반에서 예(禮)는 매우 중시되었다. 특히 성리학의 경우 성(性)의 최고 덕목인 인(仁)의 사회적인 표현 방식인 의(義)의 구체적인 행위 절목(節目)으로서 예(禮)를 상정했고, 따라서 성리학의 의리론에서 예가 차지하는 위상은 매우 높았다. 조선 시대 성리학에 대한 이해가 심화, 조선화되면서 예에 대한 이해도 자연스럽게 깊어졌다. 조선의 건국과 함께 도입된 '성리예학'(性理禮學)에 대한 이해는 16세기 후반~17세기 초반에 '주자예학'(朱子禮學)에 대한 심화된 이해로 진전되었다.

17세기 후반 이래 조선성리학의 의리론 노선을 노론이 주자주의적인 방식으로 주도하게 되면서, 예학면에서도 노론측이 '주자예학'을 주도해 나갔다. 이때에 이르러 조선의 국왕들이 의리론을 스스로 주도하려는 경향을 보이기 시작했음은 상기한 바인데, 이와 짝하여 예학면에서도 노론의 주자예학에 끌려가지 않고 왕실이 오히려 예학을 주도하려는 경향이 나타났다. 영조의 경우 즉위 초부터 정치적·학문적으로 노론을 적극 견제하였음은 앞서 서술한 바인데, 이는 예학의 측면에서도 그러했다.

영조 초 노론들은 예학적인 면에서도 주자예학에 의거하여 경종대에 관철된 소론의 예설을 공척하고 노론의 오랜 당론이었던 예설들을 관철시키고자 했다. 그러나 영조는 이를 노론 산림에서 나온 당론으로 인식하고 수용하지 않았다. 대신 영조는 주자예학에 구애되지 않고 많은 신례(新禮)들을 창설했다. 숙종대까지만 하더라도 왕례(王禮) 운영에서는 국제(國制), 곧 『경국대전』과 『국조오례의』가 기준이 되었으나 영조는 애초부터 국제를 고집하지 않았다. 주자예학에 기초한 당시의 일반적인 예학 인식에 비추어 더 이상 국제라는 권위에만 기댈 수 없는 상황으로 변했기 때문이다. 이처럼 주자예학의 권위가 높아져 있는 상황에서도 영조는 주자예학을 기준 삼지 않았다. 조선은 성리학을 국가 이념으로 하여 건국되었음에도 불구하고 애초부터 그 적용 방식을 둘러싸고 왕실과 사대부 간의 입장 차이가 있었는데, 특히 예학의 경우 왕실은 주자예학을 사례(士禮)로 인식, 왕례와 사례는 구별되어야 한다는 생각을 건국 초부터 지속적으로 갖고 있었기 때문이다.

영조의 제례(制禮) 기준은 국제도 주자예학도 아닌 '존왕적' 인 것이었다. 영조의 존왕적인 예학 인식은 정통론(正統論)에 대한 영조의 이해 방식, 곧 '존왕적 계체론' (尊王的 繼體論)에서 잘 알 수 있다. 예학에서 정통론 인식이 차지하고 있는 비중을 생각해볼 때 영조의 '존왕적 계체론' 은 영조 예학의 가장 중요한 기준으로 영조에 의해서 창설된 허다한 신례(新禮)의 제례(制禮) 기준이자 영조에 의해 주도된 왕례 운영의 근간이었다. 이는 1752년(영조 28)의 장자삼년상제(長子三年喪制) 제정, 1757년(영조 33)의 영녕전(永寧殿) 축식(祝式) 개정(改正)에서 잘 알 수 있다.

조선 전기 사림들의 정통론 인식인 '계체론' 은 주자예학에 대한 이해가 진전되는 17세기를 거치면서 송시열·박세채(朴世采) 단계에 와서 한 단계 심화된다. 곧 기존의 '계체론' 은 '계체' 만을 중시하고 '윤서' (倫序)는 고려하지 않는 것이었는데, 이때에 이르러 '윤서' 까지 고려한 '계체론' , 곧 '윤서적 계체론' (倫序的 繼體論)으로 심화되었던 것이다.

영조대 장자삼년상제와 영녕전 축식 개정 논의에서 김재로(金在魯)로 대표되는 노론측에서는 주자예학의 윤서적 계체론에 따른 정통론 인식을 보였다. 그러나 영조는 '윤서' 는 무시하고 '계체' (=傳重)만을 극히 강조하는 방식으로 '계체론' 을 이해했고 이에 따라 장자삼년상제라는 신례를 제정하고 영녕전 축식을 개정했다. 영조가 '계체' 를 극히 강조한 것은 탕평군주의 '존왕적' 입장에 서서 정통론을 이해했기 때문인데, 이는 '존왕적 계체론' 으로 부를 수 있다.

영조의 존왕적 예학 경향은 정통론뿐 아니라 역대 시조(始祖)와 선조(先祖)에 대한 숭봉(崇奉), 선조 신원(伸寃) 등에서도 잘 알 수 있다. 역대 시조 숭봉의 경우 단군조선(檀君朝鮮)부터 고려에 이르기까지 역대 왕조의 시조묘(始祖墓)를 수리하고 사우(祠宇)를 건립하며 제사를 강화하는 방식으로 나타났다. 선조, 곧 조선조의 국왕·비빈(妃嬪)·대군(大君) 등에 대한 숭봉은 선왕(先王)과 관련한 저작물의 간행·보급, 사전(祀典)의 강화, 능묘 수개 (修改) 등의 방식으로 나타났다.

다음 선조 신원의 경우는 조선 전기 이래 사림들에 의해 지속적으로 거론되었는데 조선 후기 성리학의 의리론과 주자예학에 대한 이해가 심화되면서 주자예학을 전공한 서인–노론에 의해 주도되었다. 그러다가 숙종대부터는 국왕이 주도하게 되는 주목할 만한 변화가 나타나게 되었는데, 이는 당시 성리학의 의리론을 왕실이 주도하려 했던 분위기의 소산이었다. 영조 역시 이러한 경향을 이어 1739년(영조 15) 중종비(中宗妃) 신(愼)씨의 복위 (復位)를 주도했다.

이밖에도 영조의 존왕적 예학관을 단적으로 보여주는 사례로 영조가 사친인 숙빈 최씨의 추숭을 위해 마련한 궁원제(宮園制)를 들 수 있다. 영조는 사친의 미천한 출신 문제로 어린 시절 다른 여인의 양자가 되는 아픈 경험을 했고, 따라서 즉위 후 사친 추숭에 강한 의지를 보였다. 영조의 존왕적 예학관은 치세 전반기 노론의 주자예학에 대한 오랜 견제의 과정을 통해 형성되기 시작하여 치세 후반기 무렵에 더 선명하게 드러났다. 따라서 사친 추숭 문제에도 영조는 치세 전반기 주자예학의 윤서적 계체론을 의식하여 사친 추숭을 자제하다가 치세 후반기에 이르러 비로소 궁원제를 통해 사친 추숭을 완결지었다. 궁원제는 1753년(영조 29) 숙빈 최씨의 사당〔廟〕과 묘소〔墓〕를 궁(宮)과 원(園)으로 격상시킨 데서 비롯했고, 이 제도는 『궁원식례』(宮園式例)와 『궁원식례보편』(宮園式例補編)으로 정리되었다.

궁원제는 주자예학을 전적으로 부정하지 않으면서도 존왕적 예학의 입장을 십분 살려낸 타협적인 방식의 예제였다. 곧 영조는 궁원제를 종묘나 능(陵)보다는 한 단계 낮은 제도로 자리매김함으로써 윤서적 계체론의 대방(大方)은 지키는 한편으로 궁원제의 위격을 종묘에 버금갈 정도로 격상시키는 등 존왕적 계체론에 기초한 존왕적 예학 경향을 십분 반영했다.

요컨대 영조는 성리학의 의리론에 깊이 공감하면서도 국왕의 입장에서 노론측의 주자주의 방식의 의리론과는 다소 다른 인식을 보이고 있는데 예학면에서도 노론의 주자예학에 구애됨 없이 존왕적인 기준으로 왕례 운영을 주도했다. 조선 후기 국왕들은 숙종대까지만 하더라도 예제 운영에서 국제(國制)를 기준으로 삼았다. 그러나 주자예학의 비중이 점차 높아져가는 상황에서 영조는 더 이상 국제를 고집하기 어려워졌다. 이런 변화 속에 영조는 더 이상 국제를 고집하지도 노론의 주자예학을 따르지도 않는 새로운 존왕적인 방식을 제시했다. 18세기 이후 조선 왕실의 예학적 입장이 새로이 정립된 것이다. 영조의 '존왕적 예학'은 왕실을 중심으로 새로운 예학 경향으로 부각되었고, 또 조종전례(祖宗前例)라는 이름으로 후대까지 계승됨으로써 조선 후기 주자예학의 성격 변화를 유도한 점에서 예학적 의의를 높이 평가할 수 있다.

8. 군사(君師) 영조의 교화

영조의 학문은 치세 전반기 '의리론'을 중심으로 '공리론'에 대한 관심까지 절충했으나 치세 후반기에는 의리론으로 더욱 치우쳤다. 치세 후반기에 의리론에 더욱 공감하게 되면서 영조는 스스로 군사(君師)의 입장에서 교화를 펼치고자 했다.

영조는 즉위 이래 열성적으로 경연에 몰두하여 산림이 배제되고 관료학인이 중심이 된 경연에서 점차 경연관과 유신들을 압도했고, 영조 20년 즈음에는 경연을 주도하면서 군사의 자격으로 경연관 및 왕세자를 교육하기 시작했다. 치세 전반기에 쌓은 학문적 축적 위에서 치세 후반기에는 군사의 입장에서 교화를 펼친 것인데, 치세 후반기 『소학』·『대학』·『중용』 삼서를 중심으로 성리학의 의리론으로 경사되었던 영조의 성향은 결국 군사 역할 수행의 실질적 배경이 되고 있는 것이다.

군사 영조의 일차 교화 대상은 조관(朝官)과 그 모집단인 유생층(儒生層)

이었다. 조관의 경우는 기존의 문·무신 전강법(殿講法)을 대폭 강화하는 방식으로 재교육했다. 유생층 중에서는 특히 관·학(館·學) 유생, 곧 성균관(成均館) 유생과 사학(四學) 유생이 주요 대상이 되었다. 관·학을 진흥하고 관·학 유생에 대한 영향력을 강화하기 위해 영조는 유생전강(儒生殿講)의 강화, 원점제(圓點制)의 정비, 성균관 정원의 증설, 절제(節製: 성균관 유생에게 정기적으로 보게 한 시험) 응시의 자격을 제한하는 등의 방식으로 성균관 제도를 정비했는데 특히 유생전강 강화에 높은 비중을 두었다. 치세 후반기에는 별시(別試) 증설을 통해 유생층 전반을 대상으로 하여 군사로서의 위상을 강화하고자 했다.

영조는 또 자신의 경학 소양을 바탕으로 경학 진흥에도 주력했다. 특히 1759년(영조 35) 이후 치세 후반기에는 대·소과(大·小科) 이하 모든 과거 입격자들에게 친히 강경(講經)을 시험하여 이를 통과해야만 합격을 내리는 과강법(科講法)을 실시했다. 과강법을 통해 군사로서 인재 선발을 주도할 뿐 아니라 경학도 진흥하고자 했는데, 영조 후반기에는 이를 통한 경학 진흥의 효과가 적지 않았다.

군사 영조는 일차적인 교화 대상으로 조관을 비롯하여 관·학 유생 중심의 유생층을 설정했으나 궁극적으로 위로는 조관으로부터 아래로는 서민층에 이르기까지 백성 전체를 교화의 대상으로 인식하고 있었다. 영조는 전 조선민에 교화를 펴는 방법으로 가장 기초적인 성리서인 『소학』을 보급, 강조하는 방식을 취했다.

영조는 『소학』을 사대부층에 그치지 않고 민간까지 널리 보급, 강조함으로써 향촌 사회에 이르기까지 성리학의 의리론 이념을 심어주고자 했고, 그 결과 『소학』은 위로는 국왕에서 아래로는 서민에 이르기까지 가장 기본적인 성리서로서 중시되었다. 영조 개인적으로 치세 후반기에 이르러 『소학』·『대학』·『중용』 삼서를 중심으로 한 의리론으로 경도되었는데, 그 중에서도 가장 평이하고 기초적인 성리서인 『소학』을 대민 교화의 기본 책자로 삼은 것이다. 『소학』-『대학』 체제는 그 평이함과 명쾌함으로 인해 성리학의 기초가 되었지만 특히 영조대에는 군사의 주도로 『소학』이 민간까지 널리 보급·강조되었고 이로써 조선 사회에 성리학의 의리론은 더욱 깊숙이 뿌리내리게 되었다.

영조의 교화는 의리론의 이념 교육 형태로 나타났을 뿐 아니라 의리론 이념을 실천적으로 녹여낸 여러 애민 시책의 형태로도 드러났다. 물론 영조의 애민 시책은 치세 전·후반기를 막론한 것이었으나 특히 치세 후반기에 이르러 더욱 분명해져 일정한 경향성으로까지 드러나게 되었다. 이는 영조의 학문이 치세 후반기에 의리론으로 더욱 기울어지면서 의리론을 깊이 체득하고 이를 실천에 옮기려 한 것으로 설명될 수 있을 것이다.

치세 후반기 영조는 백성들의 사정을 직접 보고 듣기 위해 1749년(영조 25) 이후 수십 차례나 궁성을 나와 민정을 살펴보았으며 1773년(영조 49)에는 경희궁 건명문(建明門)에 신문고(申聞鼓)를 설치하여 민원을 해결하고자 했다. 1774년(영조 50)에는 노비 신공(身貢)을 전면 혁파했다. 영조는 치세 기간 내내 검약·절제하는 생활로 일관했는데, 특히 치세 후반기에는 여러 차례 금주령을 내리고 사치 풍조를 엄금하는 조처를 자주 내려 풍속을 단속했다. 청계천(淸溪川) 준설 공사는 영조의 애민 시책 중 가장 대표적인 것이다. 도성 한가운데를 흐르는 청계천이 홍수 때 자주 범람하자 1760년(영조 36)에 준천사(濬川司)를 설립하고 기금을 내어 하천을 준설하는 대역사를 진행했던 것이다.

치세 후반기 의리론적 소양을 바탕으로 교화에 치중한 영조의 태도는 이 시기에 쏟아져 나온 많은 어제서(御製書)들에서 잘 알 수 있다. 조선의 국왕들 중 영조처럼 많은 어제(御製)를 남긴 군주는 드물다. 영조는 정치적으로 득의의 탕평이 시작되고 사서·육경을 위시한 다양한 서적을 섭렵하여 학문적으로도 자신감을 얻기 시작하는 영조 20년을 즈음하여 어제서를 편찬하기 시작했다. 1745년(영조 21)의 『어제상훈』(御製常訓), 1746년(영조 22)

의 『어제자성편』(御製自省編), 1748년(영조 24)의 『어제심감』(御製心鑑),
1749년(영조 25)의 『어제정훈』(御製政訓), 1755년(영조 31)의 『어제대훈』
(御製大訓), 1756년(영조 32)의 『어제훈서』(御製訓書), 1762년(영조 38)의
『어제경세문답』(御製經世問答), 1763년(영조 39)의 『어제군감』(御製君鑑),
1764년(영조 40)의 『어제경세편』(御製警世編), 1764년(영조 40)의 『어제조
훈』(御製祖訓), 1764년(영조 40)의 『어제표의록』(御製表義錄), 1765년(영
조 41)의 『어제백행록』(御製百行錄), 1766년(영조 42)의 『어제소학지남』
(御製小學指南) 등이 그것이다. 영조는 그의 충실한 후계자인 정조와 함께
조선 시대 국왕들 가운데 가장 많은 저술을 남긴 국왕으로 손꼽히는데, 그
의 저술 대부분은 매우 쉽고 평이한 교화서류인 점이 특징이다.

영조는 치세 후반기 성리학의 의리론에 대한 폭넓은 소양을 토대로 군사
역할을 수행, 조선성리학의 의리론 노선을 주도하게 되었다. 17세기 숙종
후반기 이래 조선 왕실에서는 국왕이 성리학의 의리론 노선을 주도하려는
경향을 보이기 시작했는데, 결국 영조는 군사(君師) 역할로 그 돌파구를 찾
아냈던 것이다.

나오며

본고에서는 17세기 이후 조선 사상계의 주류가 되었던 성리학의 '의리론'
(義理論) 노선에 대한 국왕 영조의 대응이라는 관점으로 영조의 생애를 조
명했다. 학문과 정치가 긴밀하게 연결되어 있는 조선 왕조의 특성상 영조는
당시 조선 사회가 당면한 난제들을 풀기 위해 우선적으로 학문적 성찰을 시
작했다.

당시 조선 사상계의 주류는 노론이 주도한 의리론 노선이었으므로 영조
의 학문 역시 이를 출발점으로 했으며, 치세 기간 내내 학문의 성향이 적지
않게 바뀌었으나 의리론에 대한 기본 태도에는 변함이 없었다. 그러나 영조

는 성리학인이기에 앞서 무엇보다도 군왕의 입장에서 '요순지치'를 학문의 기준으로 삼았다.

영조의 학문은 대체로 치세 전반기에는 의리론을 중심으로 하면서도 요순지치의 기준에 따라 강력한 왕정의 기초로서 공리(功利)적인 관심까지도 절충하는 등 의리론에서 상대적으로 자유로운 경향을 보였다. 반면 치세 후반기로 가면서부터는 점점 더 의리론에 치중하는 경향을 보였다. 물론 치세 후반기 요순지치의 기준에 따라 요순지치의 이론적 기초로서 성선론(性善論)에 주목하며 공리 성향의 비성리서(非性理書)도 진강하는 등 노론측의 '주자주의'(朱子主義)적인 의리론 노선과 차이를 갖고 있었으나, 현상적으로는 의리론의 비중이 높아지면서 노론의 '주자주의' 방식의 '의리론'에 크게 근접하게 되었던 것이다.

영조 학문의 기준점이 되었던 요순지치는 예학면에도 그대로 적용되었다. 당시 조선의 예학은 노론에 의한 '주자예학'이 중심이 되고 있었는데, 영조는 이를 따르지 않고 국왕으로서의 요순지치 기준에 따라 '존왕적 예학' 경향을 보였다. 영조의 학문이 요순지치의 기준으로 성리학의 의리론 노선을 이해하고 있었던 점과 통하는 부분이다.

치세 후반기 의리론으로 경사되면서 영조는 이러한 소양을 바탕으로 조관(朝官)·유생층뿐 아니라 전 백성을 대상으로 군사 역할을 수행했다. 17세기 숙종 후반기 이래 노론을 대신하여 조선성리학의 의리론 노선을 주도하고자 했던 조선 왕실의 염원이 영조대에 이르러 성취된 것이다. 영조에 의해 개척된 군사로서의 역할은 후계자 정조에게 철저히 전수되었으니 국왕의 의리론 노선 주도는 18세기 조선 사상계의 특징으로 볼 수 있다.

참고문헌

・원자료

『英祖實錄』 『英祖莊祖文集』 『英祖文集補遺』

『御製常訓』 『御製自省編』 『御製心鑑』

『御製政訓』 『御製大訓』 『御製訓書』 『御製經世問答』

『御製君鑑』 『御製警世編』 『御製祖訓』

『御製表義錄』 『御製百行錄』 『御製小學指南』

・논저

권연웅, 『조선 영조대의 經筵』, 한일문화교류기금, 1988.

박광용, 「朝鮮 後期 '蕩平' 硏究」, 서울대학교 박사학위 논문, 1994.

_____, 『영조와 정조의 나라』, 푸른역사, 1998.

이덕일, 『사도세자의 고백』, 푸른역사, 1998.

이정민, 「英祖代 御製書 편찬의 의의」, 서울대학교 석사학위 논문, 2003.

정경희, 「肅宗代 蕩平論과 '蕩平'의 시도」, 『한국사론』 31, 서울대학교 인문대학 국사학과, 1993.

_____, 「肅宗 後半期 蕩平政局의 변화」, 『한국학보』 79, 일지사, 1995.

_____, 「英祖 前半期(1724~1748) 중앙 학계와 英祖의 性理學 이해」, 『한국사연구』 103, 한국사연구회, 1998.

_____, 「英祖 後半期(1749~1776) 經筵과 英祖의 義理論 강화」, 『역사학보』 162, 역사학회, 1999.

_____, 「君師 英祖의 性理學 진흥책」, 『한국학보』 97, 일지사, 1999.

_____, 「朝鮮前期 禮制・禮學 硏究」, 서울대학교 박사학위 논문, 2002.

_____, 「英祖의 禮學」, 『奎章閣』 25, 서울대학교 규장각, 2002.

정만조, 「영조대 초반의 蕩平策과 蕩平派의 활동」, 『진단학보』 56, 진단학회, 1983.

_____, 「영조대 중반의 정국과 蕩平策의 재정립」, 『역사학보』 111, 역사학회, 1986.

지두환, 「조선 후기 영조대 經筵 과목의 변천」, 『진단학보』 81, 진단학회, 1996.

신경준 申景濬
기술과 실용을 중시한 국학자

고동환 한국과학기술원 인문사회과학부 교수

머리말

여암(旅菴) 신경준(申景濬, 1712~1781)의 주된 활동 시기는 영조 치세 (1725~1776)와 일치한다. 신경준은 43세라는 늦은 나이에 과거에 급제해 관직에 진출했고 이후 59세 때 『동국문헌비고』(東國文獻備考)의 「여지고」 (輿地考)를 편찬한 공로로 당상관인 동부승지(同副承旨)로 승진했지만, 영 조가 "승지의 머리가 하얗고 나도 늙었으니, 우리의 만남이 이렇게 늦은 게 한스럽구나"라고 탄식할 정도로 영조에게서 상당한 지은(知恩)을 입고 국 가적 편찬 사업은 물론 우리 나라의 역사·지리·국어 연구 등 국학 분야에 서 큰 성과를 낸 학자였다.

신경준은 국학 분야 외에도 불교·도교 및 제자백가 사상에도 해박했고, 선박·수레·무기 등 각종 실용적인 기기에 대해서도 상당한 지식을 지닌 학 자였다.

그러므로 평생지기였던 이계(耳溪) 홍양호(洪良浩)는 그에 대해서 이교구류(二敎九流)*에 널리 능통한 학자라 했고, 영의정 홍봉한(洪鳳漢)은 경제지재(經濟之才)라 평가했다. 또 일제하 국학운동을 주도했던 정인보(鄭寅普) 선생은 "깊은 이치에서부터 미미한 것에 이르기까지 모두 통달했다"고 했으며, 오늘날에도 "국학 정신의 온상", "국토와 도로의 개념을 발견한 실학자"라고 높이 칭송받고 있다. 그의 학문은 사승관계가 없는 자득(自得) 학문이라는 점뿐만 아니라, 이단에 관용적이며 기술과 실용을 중시한다는 점에서 18세기 사상사에서 매우 중요한 위치를 점하고 있다.

1. 생애와 저작

1712년(숙종 38) 전라도 고창에서 태어난 신경준은 본관은 고령이며, 호는 여암, 자는 순민(舜民)이다. 그는 신숙주의 동생인 귀래정(歸來亭) 신말주(申末舟)의 10대손이다. 신말주가 형과 달리 단종을 쫓아내고 왕위에 오른 세조에 협조하지 않고 전라도 순창으로 내려와 거주한 이래, 순창은 신말주의 후손들이 대대로 살아가는 지역이 되었다. 말주 이래의 가계를 보면, 말주의 손자대에 와서 이계공(伊溪公) 공제(公濟)와 안협공(安峽公) 공섭(公涉) 계열로 분파되는데, 공제 계열은 순창에 세거(世居)했고, 공섭 계열은 서울에 진출해 소북(小北)의 명문 가문으로 행세했다.

신경준은 공제 계열의 장손으로 순창에 세거하는 집안을 대표하는 인물이지만 증조인 운(澐)이 공섭 계열에서 출계(出系: 양자로 가서 그 집의 대를 잇는 것)했기 때문에 그는 공제·공섭 이래로 서울과 순창으로 나누어졌던 귀래정 계열의 두 집안을 하나로 통합하는 위치에 있었다. 또한 족보상 조부인 선영(瑞泳)이 후사가 없이 죽자 사촌인 선부(善溥)의 아들 뢰(淶)를 양자로 받아들여 후사를 이었는데, 이 뢰의 큰아들이 신경준이다. 신경준에게 가장 큰 영향을 준 인물은 친조부 선부였다. 선부는 30세에 성균관 진사로 활약하다가 40세에 이르러 과거를 포기하고 1707년 순창으로 내려와 살았다. 선부의 학문은 실용·실험 중심으로 수차와 각종 기기에 대한 설계와 시험 제작까지도 직접 시행할 정도였다고 한다. 이러한 실용·실험 중심의 학풍은 손자인 신경준에게 그대로 영향을 미쳐 순창 출신임에도 그의 학문에는 서울 지역 학풍이 강하게 배어 있다고 평가된다.

신경준의 생애는 크게 수학기, 사환기로 나눌 수 있다. 그는 수학기에 동시대인과 다르게 한 곳에 오래 머물기보다는 전국 각지를 편력하는 삶을 살았다. 그는 8세 때 공부를 하기 위해 서울로 상경했다가 9세 때 스승을 따라 강화에서 3년간 수학했다. 그가 강화에서 누구에게 수학했는지는 확인하기 어렵지만, 강화는 소론계의 본거지로 양명학의 영향력이 강한 곳이었다. 강화 수학을 끝내고 12세 때 순창으로 돌아온 그는 이후 15년 동안 순창에 거주했는데, 18세 무렵까지는 주로 고체시(古體詩)인 당시(唐詩)를 배우고 즐겨 지었다. 그리고 20세 이후부터는 순창에 거주지를 두었지만 연속되는 상화(喪禍)로 여러 곳을 떠돌아다녔고, 23세 때는 온양을 여행하다 만난 소년에게 시작법(詩作法)을 가르칠 생각으로 『시칙』(詩則)을 저술하기도 했다. 또 26세 때인 1737년(영조 13)에 부친이 돌아가시자 그 이듬해에 식구들을 거느리고 경기도 소사(素沙)로 이주해 3년간 생활하면서 『소사문답』(素沙問答)을 저술했다. 30세인 1741년에는 직산으로 다시 이사해 3년간을 거주하면서 직산 일대의 산과 들, 하천에 대해 읊은 시와, 그 지역의 역사와 지명 유래 등을 종합적으로 고찰한 글 들을 모아 『직주기』(稷州記)를 저술했다. 그러다 33세 때인 1744년에 다시 고향인 순창으로 돌아와 서울에서 벼슬할 때까지 10년간 머물렀고, 이 기간에 지리산을 비롯한 전라도 일대를 주유(周遊)하며 불교계의 선승(禪僧)들과 긴밀한 교류를 갖는다.

신경준은 43세인 1754년(영조 30) 호남좌도 증광초시(增廣初試)에 1등으로 합격하는데, 이때 장시관(掌試官)이 바로 평생의 지기이며 후원자인

---

* 二敎란 노장사상과 불교사상을 일컬으며, 九流는 『漢書』 藝文志에서 분류한 전국 시대 아홉 개의 학파로, 儒家·道家·陰陽家·法家·名家·墨家·縱橫家·雜家·農家를 의미한다.

홍양호였다. 이렇게 초시에 합격한 신경준은 같은 해 서울에서 치른 증광문과(增廣文科)에 급제함으로써 본격적인 벼슬길에 진입하게 되고, 그의 나이 45세 때인 1756년에『강계고』(疆界考)를 완성함으로써 역사·지리의 전문가로 입지를 굳혔다. 그리고 46세에 휘릉별검(徽陵別檢)·성균전적(成均典籍)·병조랑(兵曹郎)·예조랑(禮曹郎)의 하급 관직을, 49세에 사간원 정언·이조랑(吏曹郎)·사헌부 장령을 지내고, 51세에 서산군수(瑞山郡守), 52세에 충청도사장시사(忠淸都事掌試士), 53세 때 장연현감(長淵縣監)을 역임했다.

서산군수 때에 큰 기근이 닥쳤는데 백성들에게 소금을 구워 다른 곳에 판매하게 해서 굶주린 백성을 구제하기도 했다. 이는 농업에서의 위기를 상업을 통해 극복하고자 하는 경세가(經世家)로서의 면모를 보여주는 것이었다. 또한 큰비가 내릴 조짐이 보이자 신경준은 여물기는 했지만 완전히 익지는 않은 벼를 베어내게 했는데, 사흘 뒤에 큰비가 내려 인근 지역은 큰 피해를 입었으나 서산 지역만은 무사했다. 이런 선정(善政)으로 인해 그가 서산군을 떠날 때 남녀노소들이 모두 칭송하며, 옷을 남겨주면 제사를 지내겠다 했으나 웃으면서 거절했다고 한다.

장연현감 자리에 있을 때 영조가 방백(方伯)에게 각 지역의 노래와 풍속, 그리고 민막(民瘼)을 주제로 해 민은시(民隱詩)를 지어 바치게 했다. 그러자 신경준은 「총서」(總敍)·「용정」(龍井)·「장산곶」(長山串)·「채복」(採鰒) 등 모두 10수를 지어 올렸는데, 영조는 이 시를 읽어보고 "모두 잘 지은 시이지만, 특히 마지막 「제당」(祭堂)이 가장 아름답다"고 평했다. 이때 지은 시들은 '민은시'라는 제목으로『여암유고』(旅菴遺稿) 첫머리에 실려 있다.

신경준은 54세에 사간원 헌납·사헌부 장령을 역임했고, 56세에는 사간원 사간으로 승진했다. 하지만 이때 간관(諫官)으로 왕의 승인이 없는 상태에서 도성 외부로 나갔다는 이유로 유배되었다가 풀려나기도 했다. 그리고 58세 때는 종부시정(宗簿寺正)으로 임명되어 강화의 선원각(璿源閣)을 수리했으며, 이를 마치고 낙향해 있을 때 영의정 홍봉한이 신경준을 '경제지재'(經濟之才)라고 평하면서 비국랑(備局郞)에 천거해 비변사의 낭청 자격으로『동국문헌비고』의「여지고」편찬에 착수한다. 이듬해인 1770년(영조 46)에『동국문헌비고』전편이 완성되자「여지고」편찬의 공로로 당상관인 통정대부의 품계로 특별히 승진해 동부승지에 발탁되었다. 그리고 같은 해「여지고」를 편찬할 때 작성한 초고를 바탕으로『도로고』(道路考)를 완성했는데, 우리 나라에서 펴낸 도로에 대한 최초의 연구서이다.

나이가 들어서는 주로 외직을 역임했는데, 60세 때인 1771년에는 북청부사, 62세 때에는 강계부사와 순천부사, 63세인 1774년에서 1775년까지는 제주목사를 지냈다. 이듬해인 1776년 영조가 승하하자 서울에서 3년간 상복을 입은 뒤에 68세 때인 1779년 26년간의 서울 생활을 청산하고 낙향하여 고향인 순창에서 2년여를 살다가 70세인 1781년(정조 5) 순창에서 숨을 거두었다.

예조판서 신헌구(申獻求)가 펴낸 신경준의 행장(行狀)에는 저서로『의표도』(儀表圖),『부앙도』(頫仰圖),『강계지』(疆界志),『산수경』(山水經),『도로고』,『일본증운』(日本證韻),『언서음해』(諺書音解),『오성운해』(五聲韻解),『소사문답』등이 있다고 기록되었다. 그밖에도 1910년 목판본으로 간행된『여암유고』에는「동음해」(東音解)·「사연고」(四沿考)·「병선제」(兵船製)·「거제책」(車制策)·「태정금인」(泰定琴引)·「해주시해」(海珠詩解)·「순원화훼잡설」(淳園花卉雜說) 등이 수록되었고, 1939년 정인보가 교주하여 활자본으로 발간한『여암전서』(旅菴全書)에는『여암유고』에 실린 것 외에도「강계고」(疆界考)·「산수고」(山水考)·「가람고」(伽藍考)·「군현지제」(郡縣之制)와「장자변해」(莊子辨解)·「수차도설」(水車圖說) 등이 실려 있다. 그 후 1976년 정구복(鄭求福) 교수의 해제와 함께 경인문화사에서 영인 간행된『여암전서』(旅菴全書) 1, 2권에는 1910년 목판본『여암유고』, 1939년 활자본『여암전서』를 합하고, 여기에서 빠진『도로고』,『훈민정음 운해』, 정인

보 선생의 유고인 『여암전서총서』(旅菴全書總叙), 후손인 신원식(申元植)이 편찬한 『연보』 등이 추가되었다.

　세 차례 간행된 문집 속에는 신경준의 저술이 아닌 것도 포함되어 있어 활용에 주의를 요한다. 일제하에 간행된 『여암전서』의 「군현지제」는 반계(磻溪) 유형원(柳馨遠)의 저술이며, 「장자변해」는 남당(南塘) 한원진(韓元震)의 저술이다. 또한 「수차도설」은 명나라 말기 서광계(徐光啓)가 편찬한 『농정전서』권19, 권20의 태서수법(泰西水法) 상·하를 그대로 전재한 것이다.

　신경준은 홍양호를 제외하고는 권세가와의 교유가 거의 없었다. 신경준은 자신보다 12년 아래였지만 당시 중앙의 핵심 관료로 영향력이 컸던 홍양호와는 밀접한 관계였다. 소론 명문이었던 홍양호는 신경준을 발탁하고 그의 후원자 역할을 자임했다고 보인다. 홍양호는 신경준이 죽은 뒤에 묘갈명(墓碣銘)을 썼을 뿐만 아니라, 『여암유고』에 「서문」을 쓰기도 했다. 신경준도 홍양호 소유의 누각인 겸산루(兼山樓)에 기(記)를 남겼다. 이런 연유로 신경준과 홍양호의 사상은 서로 통하는 바가 많았다. 예를 들면, 1756년 『강계고』가 완성된 이듬해에 홍양호가 영조에게 전국 지리지 편찬을 건의해 『여지도서』(輿地圖書)의 편찬 작업이 시작되었다. 신경준과의 밀접한 관계를 통해 본다면, 홍양호는 그의 『강계고』를 참고했음이 틀림없다. 또한 1783년(정조 7) 홍양호는 정조에게 "수레 사용으로 상품 유통이 원활해지고, 세곡 운송 등에서 말을 이용하는 것에 비해 열 배, 백 배의 이익을 가져다줄 것이며, 수레를 사용하면 나라와 백성과 군대가 모두 애쓰지 않아도 스스로 부강해진다"고 주장했다. 이런 주장은 『거제책』에서 신경준이 주장한 내용과 완전히 일치한다. 그밖에 그는 안정복, 풍고자(楓皐子) 유광익(柳光翼), 황윤석(黃胤錫) 등과도 역사와 지리 연구와 관련해서 밀접한 교류를 했다.

2. 이교구류(二敎九流)의 회통사상(會通思想)

신경준은 조선 시대의 주류 사상인 성리학 외에도 불교는 물론 도가, 음양가, 법가, 명가, 묵가, 종횡가, 잡가, 농가 등 다양한 분야에서 해박한 지식을 지닌 학자였다. 그는 성리학적 도그마에 매몰되지 않고 이단 사상들에 대해서도 자유로운 입장을 보인 사상가였다.

그는 불교, 특히 선종(禪宗)에 대한 이해가 깊었고 개별 승려와의 교류도 매우 각별했다. 그는 공(空)에 대해서 "하늘을 가리키며 태공(太空)하니, 하늘을 없다고 할 수 있겠는가? 물이 맑은 것을 공이라 하고 거울처럼 밝은 것도 공이라고 하는데, 물이 거울처럼 비친다고 없다고 할 수 있겠는가"라고 하여, 공의 개념을 비유비무(非有非無)라고 정확히 이해했다. 그의 공에 대한 이해는 다분히 존재론적인 것이었다. 그는 "북이나 비파 등이 오음(五音)을 내는 것은 그 중심이 비어 있기 때문이다. 북이나 비파는 그 중심이 비어 있는 것은 동일하지만 그 소리는 같지 않다. 불이 비어 있으면(火空) 밝으며, 물이 비어 있으면(水空) 맑고, 토목이 비어 있으면 부러진다"며, 빔〔空〕의 존재 형태에 따라 외형적으로 표현되는 형상은 각기 다르다고 설명하고 있는 것이다.

그의 불교에 대한 관심은 이러한 공에 대한 이해에 멈추는 것은 아니었다. 그는 전국에 흩어져 있는 사찰들의 위치를 일목요연하게 정리한 『가람고』(伽藍考)를 저술했고, 여러 곳의 사찰이나 암자의 기문(記文)을 작성했으며, 상월선사(霜月禪師)·용담선사(龍潭禪師)·추파대사(秋波大師)·서악선사(西岳禪師)·간선사(侃禪師) 등 선승들의 시문집에 서문을 쓰기도 했다. 특히 그는 서악선사와 상월선사의 시문집을 엮으려는 제자들에게 서문을 써주면서 "선가(禪家)에서는 모든 사물을 허망된 것으로 보며, 모든 상념을 끊고 공(空)으로 돌아가라는데도 왜 스승의 만음(漫吟)을 편(編)하여 문집을 만들려고 하는가"라며 오히려 선(禪)의 입장에서 선승의 제자들을 나무라기도 했다. 선사가 남긴 시나 글은 선의 관점에서 보면 선사의 기침(咳唾)이나 만음에 불과하다는 사실을 잘 알고 있었다는 얘기다. 이처럼 신경준은 불교에 우호적이었는데, 이것은 사실 집안의 전통이었다. 그의 집안에는 강천사(剛泉寺)라는 원찰(願刹)이 있었는데, 이 사찰은 원래 신경준의 10대조인 신말주의 부인 설(薛)씨가 1482년(성종 13) 「부도암중건권선문」(浮屠庵重建勸善文)을 지어 보시한 순창의 부도암(浮屠庵)이 개명한 사찰이다. 이렇듯 신경준의 집안은 10대에 걸쳐 불교계와 긴밀한 관련을 맺고 있었다.

신경준은 불교뿐만 아니라 도교에 대해서도 우호적이었다. 그에게 큰 영향을 미쳤던 친조부 선부는 호남 사람 권극중(權克中)이 쓴 도가 계열서 『참동계주해』(參同契註解)를 읽고 세상의 이치를 발견할 정도였다. 이런 영향 탓으로 신경준은 도가적 성향의 인물을 우호적으로 평가했다. 1731년의 기근으로 생활할 방도를 찾지 못하고 산에서 살면서 7개월간 소나무 잎과 느릅나무 즙만으로 연명한 순창 사람 조양복(趙陽復)에 대해, "생식(生食)하는 것은 구전지술(九轉之術)"이라 높이 평가하고 시를 지어주기도 했으며, 고향 사람 권숭덕(權崇德)이 은둔 생활을 하자 중화(中和)의 정(正)을 얻은 사람으로 높이 평가해 그 행적을 기술했다. 그는 이렇게 도가적 인물을 평가하면서, "특히 이런 사람들은 전라도 사람 중에 많고, 이들은 신비로운 조화술이나 명흑지묘(冥黑之妙)를 즐기므로 이들을 법도로 옭아매는 것은 불가능하다"며 도가적 인물을 성리학적 잣대로 비판하는 것은 바람직하지 않다고 말했다.

신경준은 불교와 도교에 관용적이었을 뿐만 아니라 이교구류와 같은 다양한 사상 조류에 대해서도 해박한 지식을 지니고 있었다. 이러한 지식을 토대로 서술한 책이 『소사문답』이다. 소사(素沙)는 흰 모래를 의미하며, 흰색은 빛에 의해 외형에 나타나는 색깔이고 모래는 흰색을 나타낼 수 있는 물체로, 그는 여기서 하나의 물건에 여러 가지 개념이 복합되어 있음을 착안하고 이 책을 저술했다. 오래 전 명가(名家)의 한 사람인 공손룡(公孫龍)도 "흰 말은 말이 아니다"(白馬非馬)라는 논리를 펼친 적이 있었다. 그는 말이라는 개념은 흰 말과 검은 말 등 말 전체를 지칭하는 전칭 개념(全稱概念)이고 흰 말이라 함은 말 가운데서 흰 말만을 지칭하는 특칭 개념(特稱概念)이기에, 특칭의 말은 전칭의 말이 아니라는 것이다. 이처럼 신경준의 흰 모래론 역시 명가와 같은 개념의 분석은 물론, 보다 깊이 파고들어 그 사물이 현상으로 나타나는 본질과 형색(形色)의 구조적인 연계관계까지 형이상학적인 면에서 탐구하고자 했다. 이 책은 만물의 형태와 색의 차이를 음양의 조화와 오행의 원리로 설명한 것으로, 명가(名家)·음양가(陰陽家)·병가(兵家)·술수가(術數家)·묵가(墨家)·도가(道家)·불가(佛家)·유가(儒家) 등 제자백가의 각 관점에서 현상을 살피는 논리를 전개하고 이를 하나하나 비판적으로 분석함으로써 현상과 본질의 차이를 논리적으로 명백하게 드러내려고 했다. 요컨대 사물의 존재를 인식하는 원리를 밝히고자 한 것으로, 이 책은 이교구류를 모두 아우르는 과학적·철학적 견해를 밝힌 논문인 셈이다.

『소사문답』에 대해 홍양호는 "모든 사물을 관조(觀照)한 뒤에 그 이치를 깨달은 과정을 적은 글"이라 평했으며, 1855년(철종 6) 남희채(南羲采)는 "『장자외편』(莊子外篇)에 수록된 「추수」(秋水)보다 기기(奇奇)하며, 양웅(楊雄)이 쓴 『태현경』(太玄經)보다 간간(簡簡)하며, 소옹(邵雍)의 『어초문답』(漁樵問答)보다 고고(古古)하니, 운(韻)과 격(格)이 뛰어나고 더욱 높다. 이것은 우주간에 드문 문자이다"라고 평했다. 또한 민태훈(閔泰勳)은 "여암의 문장은 옛날 장자(莊子)나 양주(楊朱)의 문장과 거의 비슷하다. 다만 『소사문답』 한 편은 장자와 양주를 다시 살려낸다고 해도 반드시 자기보다 (여암이) 낫다고 할 것이다"라 평가했을 정도로, 다른 책과 달리 매우 철학적이고 현학적인 내용을 담고 있다. 더욱이 실용적·실증적이라는 그의 평소 취향과는 전혀 성질을 달리하는 책이라 할 수 있으며, 30세 이전에 완성된 저술로, 젊었을 때 그가 성리학적 도그마에 매몰되지 않고 얼마나 자유분방한 사고를 지녔는가를 알려주는 저술이기도 하다.

이렇듯 어떤 도그마에도 종속되지 않은 자유로운 사상을 지녔던 신경준은 성리학 외의 다른 이단 사상에 대해서도 관용적이었다. 오히려 그는 벽이단(闢異端)을 엄수하는 성리학적 정통론에 대해 비판적인 견해를 보였다. 그는 유치경(柳稚敬)이 8년 넘게 공을 들여 구류백가어(九流百家語)를 엮어 만든 『사부절선』(四部節選)이라는 책의 서문에서, "성인의 도와 어긋나는 것이긴 하지만, 이단적인 제자백가 사상도 세상의 변화를 궁구하고 우리들의 지식을 넓히는 데 도움을 주는 것"이라며 그 효용을 인정했다. 그는 이 책을 다양한 학자들의 학설을 한 곳에 모아놓았기에 서적이 부족한 사람들에게 큰 도움을 주는 책이라고 평가하여, 벽이단이라는 교조적 입장보다 실용주의적 편의를 더 중시한 것이다. 물론 이런 그의 태도는 성리학이라는 선험적 진리에 교조적으로 의존하기보다 다양한 사상 조류를 회통하는 입장에 그가 서 있었기 때문에 가능한 것이었다. 제자백가 사상을 상호 비교하는 과정에서 유교사상 또한 상대화될 수밖에 없었던 것이다. 이러한 회통적 입장은 그의 학문을 기술 중시의 실용 학문으로 나아가게 하는 바탕이었다.

3. 기술 중심의 학문관

신경준은 특별한 사승관계가 확인되지 않은, 스스로 공부해 일가를 이룬 학자였다. 그는 '도재자득'(道在自得)이라 하여 학문의 진리는 스스로의 깊은 사색과 실험의 결과로 찾을 수 있다고 확신했다. 또한 그는 "대장부로 세상에 태어났으면 천하의 모든 일을 자신의 일로 삼아야 한다. 하나의 사물이나 일, 기예라도 통달하지 못하면 대장부로서 부끄러워해야 한다"(嘗曰大丈夫生斯世 天下事皆吾職 一物未格恥也 一藝不能病也)며, 자신의 학문이 격물(格物)에 그치지 않고 하찮은 기예(技藝)까지도 모두 능해야 한다고 주장했다. 그는 격물에서 물(物)이 의미하는 '일과 사물'의 차원을 뛰어넘어

기예의 차원까지도 포괄하는 치지(致知)의 경지, 즉 지식의 전체 체계를 확립하고자 했다. 그는 기술에 대한 완벽한 이해를 통해 격물에 이를 수 있으며, 이를 통해 비로소 궁리(窮理)라는 학문의 목적을 달성할 수 있다고 주장했다. 결국 그의 학문관은 다른 어떤 가치보다 기술을 중시하는 것이었다. 그가 『시칙』에서 시도 문장의 한 기예에 불과하다고 주장한 것도 이런 학문관에서 나온 것이며, 기예와 기술을 중시하는 것 또한 신경준의 학문을 특징짓는 중요한 요소였다.

또한 신경준은 명분과 허명보다 내용과 실질을 중시했다. 그의 이러한 생각은 그가 남긴 「무명」(無名)이라는 다음의 글에서 잘 드러난다.

> 동산의 꽃 중에 이름 없는 꽃이 많다. 무릇 사물이란 스스로 이름을 짓지 못하기 때문에 사람들이 이름을 지어주어야 한다. 아직 이름이 없다면 내가 이름을 지어줄 수 있지만, 반드시 이름을 지어야 할 필요가 있을까? 사람들이 사랑하는 것은 사물의 이름이라기보다는 이름 밖에 있는 그 무엇이다. 사람이 음식을 좋아하는 것은 이름이 좋기 때문이 아니며, 좋아하는 옷도 그 이름을 사랑하기 때문이 아니다. 맛있는 생선구이가 있다면 배불리 먹을 뿐, 어떤 고기인지 모른들 어떠랴. 가벼운 털옷이 있다면 그 옷을 입어 몸을 따뜻하게 할 뿐, 어떤 짐승의 가죽인지 모른들 또 어떠랴. 내가 본 꽃에 이미 사랑을 느꼈다면 그 꽃의 이름을 모른다고 해서 뭐가 문제가 될 것인가? 그 꽃에 대해 사랑을 느낄 수 있는 그 무엇이 없다면 아예 이름을 지을 필요조차 없겠으나, 그 꽃에서 사랑을 느낄 만한 것이 있어 이미 그 사랑을 내가 느꼈다면 구태여 이름을 지을 필요 또한 없지 않은가? (『旅菴遺稿』 권10, 雜著 4, 「淳園花卉雜說」)

그는 꽃에서 사랑을 느끼는 것(내용과 실질)이 중요하지, 그 이름은 몰라도 좋을 뿐더러 이미 사랑을 느꼈다면 그후에 군이 이름을 붙일 이유조차 없다고 했다.

이런 입장에서 신경준은 사장(詞章)에만 힘을 쏟고 명분을 중시하면서 명물도수(名物度數)의 학문을 하찮게 여기는 산림(山林)들을 비판하고, 정덕(正德)·이용(利用)·후생(厚生)도 모두 성인(聖人)의 학문이기 때문에 중시해야 한다고 주장했다. 그는 또 기술 중심의 학문관이 실현되기 위해서는 무엇보다 기술자들을 우대하는 사회가 정착되어야 한다는 사실을 깨닫고 『거제책』(車制策)에서는 사장 위주로만 인재를 등용하는 과거제를 개혁해, 명물도수지학과 기술에 능력이 있는 사람들도 등용할 수 있는 길을 새로 만들어야 한다고 주장했다. 이는 곧 선비들의 학문이 실제 생활에 도움이 될 수 있어야 한다는 주장이다.

4. 실용주의적 학문 추구

조선 후기에는 전국적 시장권이 형성되면서 상품 유통이 활성화되었다. 그러므로 도로의 중요성이 그 이전에 비해 훨씬 높아진 시기였다. 뿐만 아니라 이런 상품 유통의 활성화는 해안 지대에서 생산되는 다양한 산물의 유통을 촉진시킴으로써 섬을 비롯한 해안 지대의 경제적 가치 또한 대폭 증대되었다. 박제가(朴齊家)는 "서울과 원산을 오가는 북어상(北魚商)들이 사흘에 돌아오면 조금 남고, 닷새가 걸리면 본전이고, 열흘이 걸리면 크게 손해 본다"며, 빠른 길에 대한 정보가 장삿길의 성패를 좌우하는 요소라고 말했다. 신경준이 『도로고』와 『사연고』 등에서 해안 지역과 도로 교통에 대한 정보를 정리하고, 수레와 선박 등 운송 수단에 대한 개선책을 제시한 것도 이와 같은 사정에서 실용을 위한 학문의 일환으로 전개한 것이었다.

『도로고』는 어로(御路)와 서울에서부터 전국에 이르는 6대로, 팔도 각 읍의 경계에서 인근 감영과 서울까지의 거리, 백두산로, 바닷가 마을을 육로로 연결하는 도로인 해연로(海沿路), 역로(驛路)와 파발로(把撥路), 봉로(烽路), 그리고 사대교린 사행로 등 각각의 도로의 위치와 용도에 맞게 구분

63인의 역사학자가 쓴 한국사 인물 열전

하여 기록했다. 또한 해상 교통의 중요성을 반영해 조석(潮汐)·풍우(風雨) 현상과 더불어 각 읍별 장시(場市)와 그 개시일(開市日)을 수록했다. 이 책은 부록에 서양인들이 바닷물에서 식수를 얻는 「해중취청수방」(海中取淸水方)을 제시할 정도로 과학적인 운항 방법과 운항시 대처 요령을 기록함으로써 뱃사람들에게는 항해 기술서로서의 가치를 지니는 저술로도 평가되었다. 『사연고』는 압록강·두만강과 8도 해연로, 그리고 중국과 일본으로의 해로, 조석 간만 현상 등 바다를 낀 연안 지역의 교통로와 자연 현상을 정리한 글로, 『도로고』와 마찬가지로 연해 지역의 경제적 가치가 높아지는 현실에서 이를 활용하기 위한 자료로 정리되었다.

한편 신경준은 선박, 화기(火器), 수레, 수차(水車) 등 실용적인 기구에 대해 그림을 동원해 자세히 분석함과 동시에 올바른 활용법을 제시함으로써 과학·실증·실용 중심의 학문을 추구했다. 그가 43세 때 호남에서 치른 증광초시의 책제로 제출한 『거제책』에서 융차(戎車)·수차·승차(乘車)의 세 가지 수레를 잘 활용하면 군사상의 이익, 관개를 통한 가뭄 극복의 이익, 용이한 화물 운반의 이익을 얻을 수 있다고 주장했다. 우리 나라의 지형은 산지가 많아 수레를 활용해도 이익이 없다는 세론(世論)에 대해서 그는, 중국의 땅도 전부 평원이 아닌데도 수레가 다니지 못하는 곳이 없다며 우리 나라에서 수레를 이용할 수 없는 것은 지형 조건이 아니라 기술의 부족 때문이라고 지적했다. 그는 수레를 사용하기 위해서는 중국의 수레 제작법을 확실히 배워야 한다고 주장하면서도, "수레의 제도는 필히 땅의 지형에 따라 다르다. 마치 동해와 서해, 그리고 강화에서 사용하는 배가 다르듯이"라며, 중국의 수레를 그대로 모방하는 것보다 우리 지형에 맞게 제작해야 한다고 주장했다.

또한 그는 「논병선화차제비어지구」(論兵船火車諸備禦之具)라는 글을 통해, 우리 나라의 병선(兵船)·방패선(防牌船)·전선(戰船)·사후선(伺候船)·복물선(卜物船) 등에 대해 고찰한 뒤, 이들 선박이 평저선형(平底船型)

을 채택해온 것에 대해 비판하면서, 평면 저판(底板) 대신 곡면 저판을 채택하는 등 선체 구조를 첨저선형(尖底船型)으로 전환하고 이로써 배의 운항 속도를 향상시킬 수 있다고 주장했다. 그는 또 배의 형태는 앞이 무겁고 뒤가 가벼워야 하며, 앞이 낮고 뒤가 높은 형태로 개선되어야 빨리 달릴 수 있다고 했다. 이는 저항과 속도의 물리적 통찰을 기초로 선박 구조의 개선을 주장한 것이다. 신경준이 배의 속력을 향상시킬 수 있는 방안을 제안한 것은 운송 기간이 장삿길의 성패를 좌우했기 때문이다.

「화기화차지설」(火器火車之說)에서는 홍이포(洪夷砲)에 비해 무게가 훨씬 무거운 불랑기(佛狼機)를 쉽게 활용하려면 화차(火車)를 제작해 이용해야 한다고 주장하면서, 화차의 구조를 도면(火車之圖)으로 제시하기도 했다. 이와 더불어 그는 공주의 쌍수산성(雙樹山城)과 영남의 조령산성(鳥嶺山城)을 중요한 군사 요새로 개편하고, 각종 수공업 장인들을 각 읍에 거주하게 해 만일의 상황에 대비하도록 하면 유사시에 군비의 부족으로 곤란을 겪는 일이 없을 것이라고 주장했다. 그는 또 "한 나라의 장수가 되려는 사람은 우선 지리(地利)에 밝아야 한다"고 주장해, 그가 남긴 지리서들도 결국 지적 호기심의 차원이 아니라 국방상의 필요에서 추구된 것임을 짐작케 한다. 그의 관심은 실용적인 수차나 수레를 넘어 국방에까지 미치고 있었던 것이다. 그의 이러한 실용적 연구와 여러 제안들은 우리의 역사적 경험에 기초한 것이었기 때문에 상당한 설득력을 지닌 것이기도 했다.

5. 국학의 토대 확립―국사·국토·국어 연구

신경준은 북학사상이 개화되기 직전 명물도수학(名物度數學)을 본격적으로 열어갔던 학자였다. 그의 학문 형성에는 친조부 선부의 소북계(小北系) 가학(家學) 전통과 서울 학풍의 영향력이 매우 중요했다. 당시 서울의 학풍은 경제 문제에 관심을 가지면서 유교적 도그마에 매몰되지 않고 유불선을 동시에 포괄하려는 회통주의적 태도를 지니고 있었다. 이런 회통주의적 지식인들이 성리학 일변도의 사유체계에서 해방되면서, 17세기 이후 민족·민중 지향의 실학을 발생시키는 중요한 터전을 조성했다. 신경준도 이런 사상 조류의 영향을 받아 『강계지』, 『동국문헌비고』 「여지고」, 『산수고』, 『훈민정음운해』 등의 저술을 통해 국사·국토·국어 연구라는 국학(國學)의 토대를 확립했다.

『강계지』는 한백겸(韓百謙)의 『동국지리지』(東國地理志)와 유형원의 『여지고』(輿地考)에서 많은 영향을 받은 책이다. 이 책에서 그는 역사상 출현한 각 나라의 위치를 바로잡고 그 경계를 해명하는 한편, 지명의 상이(相異)를 밝혀 각 문헌 사이에 나타난 모순을 해소하고자 했다. 이를 수행하는 과정에서 그는 역사 연구 방법에서도 일정한 진전을 이루었다. 또 그는 각종 사서 기록과 금석문의 내용을 종합·비교하거나, 방언이나 음사(音似)나 이두(吏讀) 기록, 자연 지형과 지세, 인구수의 변동 등을 통해 지명의 의미를 파악하고 지역의 잘못된 점을 고쳐 새로 기록했는데, 그 방법으로 문헌 고증적 방법, 자연 지세와 인구 변동이라는 실증적 방법, 언어학적 방법 등을 동원해 고증을 시도했고, 여기에 안(按)이라 하여 자신의 견해를 함께 기록했다.

그는 『강계지』를 통해 고조선이 요동에서 대마도까지 포괄하는 큰 나라였음을 주장했는데, 이는 우리 강역이 한반도에 국한되지 않는다는 한백겸 이후의 역사지리 연구 성과를 계승한 것이었다. 또한 교화지주로 기자를 존경하고 숭배하던 것에서 벗어나 단군조선을 확고하게 최초의 왕조로 설정함으로써 민족 시조로서의 단군의 위치를 확고히 했다. 고조선 이후에도 한반도 북부와 만주에서는 고조선·고구려·발해가 건설되었고, 남부에서는 진국과 삼한을 거쳐 신라·백제·가야가 건설되었다고 파악해 북자북(北自北), 남자남(南自南)이라는 한백겸의 이해를 계승했다. 그리고 고려와 조선 시대에 대한 서술은 주로 북방 지역과 국경 문제에 초점을 맞추었다. 그는 특히 두만강·압록강 일대의 도로와 지리를 정리하고, 백두산 정계비의 건립 과정, 폐사군에 대한 논의, 안용복(安龍福)이 울릉도를 영토화하는 데 기여한 사실, 대마도가 원래 우리 땅이었다는 사실 등을 상세히 기록하고 있는데, 이는 영조대 이후 영토에 대한 관심이 고조되었다는 사실을 반영할 뿐만 아니라 국방이라는 실용적 필요에 의해 이 책이 편찬되었다는 사실을 알 수 있다.

영조의 명으로 만들어진 『동국문헌비고』 「여지고」는 신경준이 한백겸, 유형원, 이익 등 이전까지 저술된 역사와 지리에 관련된 저술들을 종합적으로 체계화하여 편찬한 것이다. 그러므로 「여지고」의 역사 인식은 『강계지』의 역사 인식을 바탕으로 다른 학설들을 수용한 것이었다. 그러나 「여지고」는 한백겸 이래의 역사 연구를 집대성했다는 의의를 지님에도 불구하고, 『요사』(遼史)·『대명일통지』(大明一統志)·『성경통지』(盛京統志) 등 거짓이 많은 청나라 사료를 이용한 것이 문제가 되어 그후에 안정복(安鼎福)·정약용(丁若鏞)·한진서(韓鎭書) 등에 의해 비판을 받았다. 안정복은 『동국문헌비고』가 졸속으로 편찬되었음을 비판했으며, 정약용·한진서는 국내 자료에 중점을 두고 상고사의 중심 무대를 반도 중심으로 환원시켰다. 그뒤 이만운(李萬運)의 『증정문헌비고』 「여지고」에서 안정복의 고증 내용을 대폭 수용했으며, 고종 때 장지연(張志淵)의 『증보문헌비고』 「여지고」에서는 정약용의 『강역고』의 역사 인식을 수용해 상고사의 중심 무대를 반도 중심으로 기술했다.

『산수고』는 우리 나라의 산과 하천을 각각 12개의 분합(分合)체계로 파악한, 한국적 지형학을 정리한 저술로 국토의 뼈대와 핏줄을 이루고 있는 산과 강을 체계적으로 정리한 최초의 지리서였다. 이 책에서는 특히 촌락과 도시가 위치한 지역을 산과 강의 측면에서 파악함으로써, 지질 중심의 근대적 자연 인식과는 다른 생활 중심의 전통적 자연 인식체계를 잘 보여준다.

1750년에 저술된 『훈민정음운해』는 『훈민정음해례본』이 발견되기 전까지 한글에 대한 유일한 연구서로 주목받았기 때문에 신경준이 역사지리학자로보다 국어학자로 널리 알려진 계기가 되기도 했다. 『훈민정음운해』는 비록 우리말 자체를 연구할 목적으로 시작된 것이 아니라 훈민정음을 한자음 표기에 적합하도록 정리하기 위해 만들어졌지만, 새로운 관점에서 국어를 분석했기에 그 의의가 크다. 특히 소리와 음소를 구분해 인식했다거나, 각 소리들의 지방적 차이를 분석하려 했다는 점, 그리고 『훈민정음해례본』에서는 자음의 순서를 간단한 글자에서부터 복잡한 글자 순서인 아(牙: 어금니)·설(舌: 혀)·순(脣: 입술)·치(齒: 잇소리)·후(喉: 목구멍)로 잡고 있지만, 『훈민정음운해』에서는 목구멍에서 시작해 바깥 쪽으로 차례대로 어금니, 혀, 이, 입술소리의 순서로 배열했다. 이렇게 조음체(調音體)운동의 정밀한 관찰을 통해 각 소리의 특징을 규정했다는 점에서 그의 국어 연구 또한 실용적·과학적 방법에 기초한 연구라고 평가할 수 있다.

이처럼 그의 역사·지리·언어 연구는 당시 학문이 유교 경전에 대한 부용(附庸)에서 벗어나 학문적 독립성을 확보하는 추세와 관련되어 있었다. 특히 이 시기 역사학은 경체사용(經體史用)이라는 유교적 전통의 학문에서 벗어나 문헌 고증적 방법이 확립되는 한편, 역사 동력으로 도덕이나 윤리가 아닌 지리·경제·풍토와 같은 부분을 중시했고, 이 속에서 과학적·민족적인 것을 추구하는 민족·실증 중심의 관점이 확립되었다. 이런 과학적·민족적 학풍을 충실히 수용하여 연구를 진행함으로써 국학의 토대를 구축한 이가 바로 신경준이었다.

맺음말

신경준은 43세에 과거에 급제한 뒤 26여 년간 관료로 일했던 관료 학자였다. 당대에서 오늘날에 이르기까지 그에 대한 공통된 평가는 당대의 모든 지식 분야에 대해 널리 해박하다는 의미로서 '엄박'(淹博)이라는 평가였다.

성리학과 같은 당시의 지배 이념보다는 이단 사상인 제자백가나 또는 실용적 방면에 상당한 식견과 안목을 갖추었음을 '엄박'이라는 용어로 표현한 것이다. 국학 개념이 성립되기 전 국어·국토·국사 연구도 이와 같은 '엄박'이라는 범주 안에 포괄되는 것이기도 했다. 그러나 신경준의 학문 성격을 드러내기에는 '엄박'이라는 표현만으로는 부족하다. 그는 사상과 학문관, 그리고 집중적으로 추구한 학문 분야에서 일관된 개성을 지니고 있던 학자였기 때문이다.

그는 명분과 형식을 중시하는 성리학적 교조주의에 비판적이었고, 이단적인 불교와 도가 사상은 물론 제자백가 사상도 세상의 이치를 이해하는 데 도움을 줄 수 있다고 긍정하는 사상을 지녔다. 뿐만 아니라 격물치지(格物致知)라는 유교적 진리 탐구의 방법(窮理)에서도, 기술에 대한 정확한 이해를 통해 치지(致知)에 도달할 수 있다고 믿는 기술 우위의 학문관을 지니고 있었다. 그러므로 기술자가 우대받는 사회를 만들기 위해 사장(詞章) 위주의 과거제를 개혁하여 기술자들을 등용할 수 있는 길을 새로 열어야 한다고 주장했던 것이다. 그가 기술 중심의 학문관에 기초해 전력한 학문은 수레, 화차, 선박, 수차 등의 연구에서 보듯이 기술 중심의 실용 학문이었다.

이런 기술 중심의 실용 학문과 더불어 신경준의 학문을 특징짓는 것은 국어·국토·국사 연구였다. 이는 당시 명물도수에 대한 관심을 고양시켰던 서울 지역의 학풍 속에서 배태되고 있던 민족·민중 지향의 학풍을 신경준이 계승한 것이었다. 또 신경준은 한백겸, 유형원 등의 역사·지리 연구를 계승함으로써 근대 이후 국학의 기초를 확립했다. 국학의 기초를 놓은 신경준의 사상은 국수주의와 같은 배타적·교조적 사상이 아니라 이교구류를 아우르는 회통사상이었다.

신경준의 후배인 담헌(湛軒) 홍대용(洪大容), 연암(燕巖) 박지원(朴趾源), 초정(楚亭) 박제가(朴齊家) 등이 사행(使行)의 일원으로 여러 차례 청나라를 방문하면서 청나라의 성숙한 문화 수준을 깨닫고, 청나라의 고증학을 수용함으로써 북학사상을 꽃피운 데 비해 신경준의 학문에서 청조 고증학의 영향은 그다지 크지 않았다. 물론 신경준도 외국 사행의 일원으로 참여하기를 희망했지만, 그런 기회가 주어지지는 않았다. 오히려 신경준의 학문에서 중국의 영향을 살필 수 있는 것은 고증학보다는 명말청초 서양 선교사의 영향하에서 중국으로 수입되었던 서양의 근대 기술인 태서수법(泰西水法)이었다. 그는 명말청초에 중국에서도 선진적인 기술로 받아들여지던 수차 등에 관한 기술에 깊은 관심을 보이면서 이를 조선에 적용시키려고 했다. 신경준이 제안했던 수레와 선박의 개선·활용론은 뒷날 박제가가 『북학의』(北學議)에서 제기하는 수레와 선박 개선론의 선구를 이루는 것이었다. 신경준의 경우 박제가처럼 적극적인 통상론은 보이지 않지만, 북학사상을 꽃피우기 전에 이런 사상적 전환을 앞서 성취해간 학자로 평가할 수 있을 것이다.

신경준의 학문은 당시의 지배 이념인 성리학의 굴레에서 벗어나 기술 혁신을 통해 사회 발전을 도모했다는 점에서 매우 중요한 의미를 지닌다. 그의 저술 대부분이 지리, 언어, 기기(機器) 등을 소재로 가치 중립적인 연구로 시종(始終)했다는 점에서 그를 정치와 분리된 학문을 추구해간 학자로 평가해도 되지 않을까 생각한다. 관료였기 때문에 사(士)로서의 책임의식에서 완전히 벗어나지는 못했지만, 그의 학문적 지향은 중세 학문의 본질인 치인지학(治人之學)으로서의 성격에서 벗어나고 있었던 것이다.

참고문헌

· 원자료

『旅菴遺稿』 『高靈申氏世譜』 『旅菴全書』 『頤齋亂藁』

· 논저

강신항, 「여암 신경준 —지리학, 문자(음운) 학자」, 『실학논총 —이을호 박사 정년기념논총』, 전남대학교, 1975.

_____, 「신경준 —국학 정신의 온상」, 『한국의 인간상』 4권, 신구문화사, 1965.

고영진, 「16세기 호남 사림의 활동과 학문」, 『남명학연구』 3(『조선 후기 사상사를 어떻게 볼 것인가』, 풀빛, 1999 재수록), 1993.

김석득, 「한국 三大韻書의 언어학사적 의의」, 『인문과학』 24·25집, 연세대학교 인문과학연구소, 1971.

_____, 「실학과 국어학의 전개 —최석정과 신경준과의 학문적 거리」, 『동방학지』 16, 연세대학교 동방학연구소, 1975.

김재근, 「여암의 병선론에 대하여」, 『학술원논문집』 21, 대한민국 학술원, 1982.

박인호, 「신경준」, 『한국의 역사가와 역사학』 상, 창작과비평사, 1994.

_____, 『조선 후기 역사지리학 연구』, 이회문화사, 1996.

서병국, 「훈민정음 해례본 이후의 이조 국어학사 시비」, 『경대논문집 인문사회』 9, 경북대학교, 1965.

신병주, 「17세기 전반 북인 관료의 사상」, 『역사와현실』 8, 한국역사연구회, 1992.

양보경, 「조선 시대의 자연 인식체계」, 『한국사시민강좌』 14, 일조각, 1994.

이강오, 「여암의 素沙問答」, 『여암 신경준 선생의 학문과 사상』, 옥천향토문화연구소, 1994.

이상태, 「신경준의 역사지리 인식 —강계지를 중심으로」, 『사학연구』 38, 1984.

이종범, 「신경준 —국토와 도로의 개념을 발견한 실학자」, 『역사비평』 62, 역사비평사, 2003.

정구복, 「해제」, 『여암전서』, 경인문화사, 1976.

정대림, 「신경준의 詩論 연구」, 『세종대논문집』 13, 1986.

한영우, 『역사학의 역사』, 지식산업사, 2002.

_____, 『조선 후기 사학사 연구』, 일지사, 1989.

_____, 「17세기 후반 18세기 초 홍만종의 회통사상과 역사의식」, 『한국문화』 12, 서울대학교 한국문화연구소, 1991.

_____, 「이수광의 학문과 사상」, 『한국문화』 13, 서울대학교 한국문화연구소, 1992.

서명응 徐命膺
영·정조대 학문 정책의 실무책임자

김문식 서울대학교 규장각 학예연구사

머리말

서명응(徐命膺, 1716~1787)은 18세기 소론계의 명가(名家)인 달성(達城) 서씨의 후예로 태어나 문·무반의 고위 관직을 두루 역임한 실무형 학자 관료이다. 그는 영조와 정조에게서 학문적 능력과 행정가의 자질을 인정받아 내외의 요직을 두루 역임했고, 영조 말년에서 정조 초반기에 전개한 국가의 편찬 사업에 적극적으로 참여했다. 특히 그는 1772년(영조 48)에 시강원 관리로 정조와 사제관계를 맺은 뒤 정조의 지속적인 신임을 받았으며, 정조가 규장각을 설립하고 그 제도를 정비해가는 과정에서 핵심적인 일을 담당했다.

정조가 서명응을 신임할 수 있었던 배경에는 동생 서명선(徐命善, 1728~1791)의 공로도 있었다. 서명선은 영조 말년의 혼란한 정국에서 세손(世孫) 정조를 보호해 국왕으로 옹립하는 데 결정적으로 기여한 인물로, 정조가 즉위한 뒤 영의정을 지냈다. 이러한 이유로 서명응·서명선 형제는 정조의 집권 초기에 고위 관료로 발탁되어 각각 학문과 정치 분야의 핵심 참모로 활동했다. 서명응 집안에 대한 정조의 신임은 그 다음 세대인 서호수(徐浩修, 1736~1799)·서형수(徐澄修, 1749~1824)에게로 이어졌고, 규장각 기구를 정비하거나 국왕의 어제(御製)를 편찬하는 사업에는 부자가 함께 참여했다.

또한 서명응은 수많은 저술을 남긴 대학자이기도 했다. 그는 정조의 검토를 받은 『보만재집』(保晚齋集)을 비롯해 『보만재사집』(保晚齋四集), 『보만재총서』(保晚齋叢書), 『보만재잉간』(保晚齋剩簡)을 문집으로 남겼다. 또 이와는 별도로 국가 편찬 사업에 참여해 저술한 것도 많았는데, 『어제훈서』(御製訓書), 『동국문헌비고』(東國文獻備考), 『명사강목』(明史綱目), 『규장각지』(奎章閣志), 『규장총목』(奎章總目)과 같은 책이 그러한 예에 속한다.

1. 생애와 활동

서명응은 1716년(숙종 42) 5월 2일, 서울 중부 경행방(慶幸坊)에서 태어났다. 아버지는 이조판서를 지낸 서종옥(徐宗玉, 1688~1745)이고, 어머니는 영조 때 우의정을 지낸 이집(李㙫, 1664~1733)의 딸이다. 서명응의 고조부인 서경주(徐景霌)는 정신옹주(선조의 둘째 딸)와 결혼하여 달성위(達城尉)로 봉해졌으며, 조부 서문유(徐文裕)는 사은부사로 청나라에 다녀와 형조판서와 예조판서를 역임했다. 이들은 서명응의 집안을 명가로 만드는 데 크게 기여했지만, 서명응이 태어나기 전에 사망해 그의 학문에 직접적인 영향을 끼치지는 못했다.

서명응에게 가장 큰 영향을 끼친 인물은 아버지 서종옥이다. 서종옥은 1725년(영조 1) 38세에 문과에 합격한 뒤 20여 년을 영조와 함께 보내면서 내직으로는 성균관 및 삼사(三司)의 고위직과 6조의 판서, 외직으로는 전라·함경·경기·평안 감사를 역임했다. 서명응은 아버지의 3년상이 끝난 직후에 세자 익위사의 관리로 발탁되는데, 이는 영조가 자신을 성실하게 보좌한 서종옥의 공로를 기억했다가 생원으로 있던 그의 아들을 특채한 것이다. 서명응이 문과에 급제한 것은 그로부터 7년이 지나서였지만, 그전에 이미 아버지의 후광으로 벼슬길이 열렸던 것이다. 훗날 서명응은 국가제도를 정비하거나 백성을 다스릴 때, 자신의 아버지가 생전에 사용하던 방법을 많이 원용(援用)했다. 영조는 이를 두고 "부친은 자식의 사업을 시작했고, 자식은 부친의 사업을 마무리했다"고 표현했다.

서명응의 생애는 성장기, 사환기(仕宦期), 은퇴기의 세 시기로 구분해볼 수 있다.

성장기는 서명응이 태어나 영조에게 하급 관리로 발탁되기 전의 시기를 말한다. 서울에서 태어난 서명응은 7세에 학문을 시작했고, 15세에 이정섭(李廷燮)의 딸과 결혼했다. 1725년 아버지가 문과 시험에 합격해 지방관으로 파견되자, 서명응은 아버지의 임지를 따라다니면서 학문을 연마했다. 이 시기에 그는 동생 서명선(徐命善), 서명성(徐命誠)와 함께 어울려 학문을 익혔다.

사환기는 1747년(영조 23) 정9품 관직인 세자 익위사의 세마에 임명되는 것으로 시작되었다. 그는 세자 익위사의 하급 관리로 동궁으로 있던 사도세자(思悼世子)를 보좌하다가, 얼마 뒤 경북 군위 의흥(義興)현감으로 나가 지방의 학정(學政: 교육 행정)을 크게 일으켰다. 의흥 향교(鄕校) 옆에 향숙(鄕塾) 15칸을 세우고, 중앙의 정당 건물에는 '빈흥'(賓興)이라는 간판을 달았으며, 건물 낙성식에 읍내 인사 300여 명을 초청해 향음주례(鄕飮酒禮: 온 고을 유생이 모여 鄕約을 읽고 술을 마시며 잔치하던 예절)를 거행했던 것이다. 자신이 담당한 기관의 학문을 크게 일으키는 서명응의 조치는 이후 성균관 대사성과 평안감사를 맡으면서도 나타났으며, 규장각의 제도를 정비하는 것으로 최종 마무리되었다.

서명응은 1754년 문과에 급제하면서 본격적으로 벼슬길에 들어선다. 이때 그는 39세였다. 문과에 급제한 직후 사간원 정언이 되었던 그는, 그해 7

월에 대리청정을 하던 사도세자에게 학문과 정치의 방략을 제시한 「진치법서」(進治法書)를 올렸다. 이 글은 1개의 강(綱)과 8개의 조목으로 구성되었는데, 기본 취지를 밝힌 강은 바로 "세자의 뜻을 크게 펼쳐라"(奮睿志)라는 것이었다. 8개 조목은 내용에 따라 체(體)·용(用)으로 구분되었는데, 전자는 강학을 밝혀라(明講學), 성실함에 힘써라(務誠實), 안일해지려는 욕구를 경계하라(戒逸慾), 간언을 받아들이는 길을 넓혀라(恢聽納)라는 4개 조목이었다. 그리고 후자는 국가 전례를 바로잡아라(正祀典), 학교를 일으켜라(興學校), 관리 선발제도를 고쳐라(改貢擧), 전쟁 능력을 키워라(壯武略)라는 4개 조목이었다. 서명응의 이러한 건의는 그 시대 정치의 핵심 사안을 잘 지적한 것으로, 훗날 『영조실록』에 그 전문(全文)이 수록될 정도로 좋은 평가를 받았다.

그뒤 서명응은 국가의 문운(文運)을 관장하는 관각(館閣)의 당하관을 거쳐 내직으로는 대사성, 예조·이조 참의, 좌승지, 대사헌, 도승지, 예조·형조 참판, 형조·예조·이조 판서, 대제학 등을 역임했고, 외직으로는 황해·경기 감사, 충청수사를 역임했다. 그는 중간에 조재호(趙載浩) 형제의 공격을 받아 한때 벼슬길에서 물러나기도 했지만, 그 기간은 길어야 몇 개월에 불과했다.

또한 1755~1756년에는 사은사의 서장관으로, 1769~1770년에는 동지정사로 중국을 방문해 절정기에 오른 청(淸)의 문물을 직접 확인할 기회를 가졌다. 특히 1769년의 여행에서 그는 『수리정온』(數理精蘊), 『대수표』(對數表), 『역상고성후편』(曆象考成後編)을 포함해 500여 권에 이르는 천문·역법 관련 서적을 구입했는데, 이는 그와 자식들의 학문에 큰 영향을 미쳤다. 당대의 천문학자 황윤석(黃胤錫)이 서명응의 집을 방문해 빌려간 책도 바로 그가 북경(北京)에서 구입해온 것이었다.

또 서명응은 1763년에 통신정사로 임명되어 일본을 방문할 예정이었지만, 영조의 심기를 건드려 종성으로 유배되는 바람에 조엄(趙曮)으로 교체되고 말았다. 이 시기에 서명응은 『천의소감』(闡義昭鑑), 『어제훈서』, 『동국문헌비고』 같은 영조 만년의 국가적 편찬 사업에 적극적으로 참여했고, 예조의 고위 관리로서 왕세자 입학의(入學儀)나 국왕의 친경의(親耕儀) 같은 국가 전례(典禮)들을 정리했다. 특히 『동국문헌비고』의 「악고」(樂考) 부분을 단독 집필했는데, 이는 뒤에 그가 국가 전례와 전례악을 정비할 수 있는 밑거름이 되었다.

서명응이 처음 정조를 만난 것은 1761년(영조 37) 성균관 대사성으로 있으면서 왕세손 정조의 성균관 입학식을 주관할 때였다. 그뒤 서명응은 영조가 왕세손을 교육하는 자리에 배석해 여러 번 정조를 가르친 적이 있었다. 그러나 정조와 본격적으로 만난 것은 1772년 3월 세손 우빈객으로 임명되어 왕세손 교육을 담당하면서부터였다. 서명응은 정조를 가르치기 위해 별도의 교재를 제작하기도 했는데, 『계몽도설』(啓蒙圖說)·『역학계몽집전』(易學啓蒙集箋)·『자치통감강목삼편』(資治通鑑綱目三編)·『주자회선』(朱子會選) 같은 책이 바로 그가 만든 정조의 교재였다. 이는 청년기 정조의 학문을 형성하는 데 큰 영향을 미쳤다. 또한 그는 남유용(南有容)이 편찬한 『명사정강』(明史正綱)을 수정하라는 영조의 명령을 받고 『명사강목』을 편찬해 올리기도 했다.

서명응이 고위 관료로 가장 빛나는 활동을 한 시기는 정조가 즉위한 후의 4년간이다. 정조는 즉위하자마자 창덕궁 후원에 규장각을 창설하고, 서명응을 규장각 제학으로 임명했다. 당시 서명응은 평안감사로 있으면서 규장각 제학을 겸직했는데, 정조는 지방관이 관문전(觀文殿)의 태학사(太學士)를 겸하기도 했던 송나라의 고사까지 원용해가면서 그를 발탁했다. 그뒤 서명응은 규장각의 최고 책임자로 창설 초기의 규장각 기구를 정비하고, 규장각에서 이루어진 국가적 편찬 사업을 주도했다. 그는 설립 초기 규장각의 운영 경비를 마련하기 위해 노력했고, 규장각 활자를 주조하고 교서관(校書館)을 합속(合屬)시켜 규장각에 출판 기능을 부가했으며, 규장각의 기구를 정비하면서 이를 규정한 『규장각지』를 편찬했다. 또한 그는 『영조실록』과 정조의 어제를 편찬하는 일에 관여하고, 국가 전례 및 전례악을 정비하고 악서(樂書)를 편찬했으며, 운서(韻書)를 정리하는 등 다양한 편찬 사업에 참여했다.

1779년 12월, 서명응은 정치적으로 결정적인 위기를 맞았다. 이보다 앞선 1777년에도 역모죄에 연루되어 감옥에서 사망한 홍계능(洪啓能)과 사전에 내통했다는 혐의를 받은 적이 있었다. 영조 만년에 홍계능과 이웃에 살면서 서로 왕래하고 자식 서형수를 홍계능에게 보내 가르침을 받도록 한 적이 있었는데, 홍계능과의 내통설은 이런 이유에서 생긴 것이었다. 하지만 이때 서명응은 정조가 즉위하는 데 일등 공신인 아우 서명선의 도움으로 위기에서 벗어날 수 있었다.

1779년 서명응은 당대의 집권자인 홍국영(洪國榮)과 심각하게 대립했으며, 조정에는 서명응·서명선 형제가 권력을 독점한다고 불평하는 사람이 늘어난 상황이었다. 임득호(林得浩)·이보행(李普行)·윤필동(尹弼東)·채제공(蔡濟恭)으로 이어지는 정치 공격이 해를 넘기고도 계속되었으며, 그 과정에서 서명응이 역적 홍계능과 결탁했고, 그 아들 서형수는 홍계능의 제자였다는 점이 다시 부각되었다. 결국 이 사건은 홍국영이 정계에서 축출되고, 서명응은 벼슬길에서 물러나는 것으로 마무리되었다. 1780년 3월 21일, 서명응은 인정전(仁政殿)에서 정조가 참석한 가운데 성대한 은퇴식을 치렀다.

서명응의 은퇴기는 벼슬길에서 물러나 자신이 평생 저술한 것들을 재정리하는 한편, 국가적 편찬 사업에도 꾸준히 참여한 시기이다. 정조는 먼저 은퇴한 서명응을 극진하게 예우했다. 1781년 정조는 서명응이 만절(晚節: 늦게까지 지키는 절개)을 잘 지켰다는 의미로 '보만'(保晚)이라는 호를 지어 주었는데, 이는 1772년 정후겸(鄭厚謙)의 위세를 꺾고 대제학에 오르지 못하도록 막은 것, 영조 말년에 아우 서명선과 함께 정조를 보호한 것, 1779년 홍국영의 세도를 꺾고 대제학이 되지 못하도록 한 것을 평가한다는 의미였다. 또한 정조는 1782년에 서명응의 후손들이 편집해서 올린 『보만재집』을 읽어보고 이를 기념하는 시를 지어주었는데, 이는 훗날 『보만재집』이 인쇄될 때 책의 맨 앞에 실렸다. 그 시의 내용은 다음과 같다.

비 지나간 염막에 남풍 솔솔 부는데	雨過簾幕午風徐
염계(恬溪)의 열 축의 글 한가롭게 펼쳐보네.	閒閱恬溪十軸書
깨달음은 대부분 삼역(三易)의 깊은 곳에서 나왔고	悟解多從三易邃
전례 법식에서는 아직도 사가(四佳: 徐居正)의 자취를 보겠다.	典刑猶見四佳餘
음양을 착종하여 마음속에 자못 깨달았고	陰陽綜錯心頗契
구름과 물 흘러가듯 바탕은 본디 텅 비었네.	雲水流行質本虛
보만당 집에서 초고를 일찌감치 구해보니	保晚堂中求草早
문원(文園: 司馬相如)과 지금의 이 일을 비교하면 어떨까?	文園當日較何如

서명응은 벼슬길에서 물러났다고 다른 공식 활동까지 모두 그만둔 것은 아니었다. 1781년 정조는 규장각 이문원에 행차하여 『근사록』(近思錄) 강회를 열었다. 규장각을 통해 인재를 본격적으로 양성하겠다는 신호탄이 되는 행사였다. 서명응은 이 행사에 원임제학(原任提學)의 자격으로 참여했다. 그리고 정조의 명을 따라 『국조시악』(國朝詩樂), 『시악화성』(詩樂和聲), 『천세력』(千歲曆), 『규장총목』을 편찬했고, 『국조보감』(國朝寶鑑)을 교정하는 일에도 참여했다.

그는 자신이 평생 저술한 것을 모아 『보만재총서』·『보만재잉간』으로 정리했고, 『홍범오전』(洪範五傳)을 새로 편집했다. 이 작업에는 그의 아들과 손자들이 참여해 정리 작업을 도왔다. 서명응은 70세가 되던 1785년 기로소(耆老所: 나이 많은 정2품 이상의 문신을 예우하기 위해 설치한 기구)에 들어갔고, 그 이듬해에는 부인 이씨가 73세로 사망했다. 그는 부인의 장례를 고향

장단에서 치른 다음 서울로 돌아와 거처했고, 1787년 12월 20일 서울에서 사망했다. 향년 72세였다. 그의 묘소는 장단 금릉리의 선산에 부인과 합장 묘로 조성되었다.

2. 네 종의 문집

서명응의 저작 가운데 가장 대표적인 것은 네 종의 문집인 『보만재집』, 『보만재사집』, 『보만재총서』, 『보만재잉간』이다. 이 가운데 앞의 2종은 시문집 과 저술을 합한 것이며, 나머지 2종은 저술만 수록한 것이다. 문집을 편집 하는 데 아들 서호수·서형수 형제와 손자 서유본(徐有本)·서유구(徐有榘) 형제가 참여했다.

『보만재사집』은 문집 가운데 먼저 만들어진 것으로 파악된다. 앞서 보았 듯이 1782년에 정조가 열람한 『보만재집』에는 시문만 있었는데, 이는 『보 만재사집』에서 시문만 골라 편집한 것으로 보이기 때문이다. 『보만재사집』 의 분량에 대해서는 64권이라는 설과 55권이라는 설이 있다. 64권은 서유 구가 언급하고 55권은 서형수가 언급했는데, 55권을 하도(河圖)의 55점 (點)에 대응시킨 후자의 설이 더 타당성이 있는 것으로 보인다. 선천역(先 天易)에 조예가 깊었던 서명응은 자신의 저술에도 역상(易象)을 반영해서 해석하는 경우가 많았기 때문이다. 하지만 현재 『보만재사집』의 실물을 확 인할 수 없으므로 단지 추정에 그칠 뿐이다.

『보만재사집』은 전집(前集)·후집(後集)·좌집(左集)·우집(右集)으로 구 분되었으며, 전집에는 1780년 벼슬길에서 물러나기 전에 작성한 시문이, 후집에는 벼슬길에서 물러난 뒤에 작성한 시문이 수록되었다. 좌집과 우집 에는 저술들이 포함되었는데, 좌집에는 『풍첨고』(風簷考)·『양곡지』(暘谷 志)·『월령의』(月令義)·『계몽통』(啓蒙通)·『여훈필』(爐熏筆)·『죽림화』(竹 林話)가, 우집에는 『종율전서』(鍾律全書)·『운서삼평』(韻瑞三秤)이 있었다고 전해진다.

『보만재집』 16권 8책은 1838년(헌종 4) 가을 규장각에서 취진자(聚珍字: 1815년 예조판서 남공철이 주조한 銅活字)로 간행한 것이다. 정조는 1787년 서명응이 사망한 직후에 그의 문집을 규장각에서 간행하도록 명령했고, 이에 서호수·서형수 등이 1782년에 정조에게 올렸던 원고를 증보했다. 이들의 작업은 『보만재사집』에서 추가로 글을 뽑는 것이었는데, 결국 시(詩) 2권, 소차(疏箚: 上疏와 간단한 서식의 상소문인 箚子), 서(書), 기(記) 등 14권을 합해 16권으로 편집했다. 그러나 이는 곧바로 간행되지 못하고 필사본의 상태로 있다가 1838년에 가서야 손자 서유구에 의해 인쇄되었다. 『보만재집』 제일 앞에는 정조가 문집을 열람하면서 지어주었던 시와 도서인(圖書印)을 함께 수록해 이 책이 정조의 명을 받들어 편찬한 것임을 강조했다.

『보만재총서』 60권 31책은 1783년에 서명응이 자신의 저술을 종합 정리한 것이다. 서명응은 평소 다양한 분야에 학문적인 관심을 두고 많은 저술을 남겼지만 이를 주위 사람들에게 보여주지는 않았는데, 벼슬길에서 물러난 뒤에 『보만재총서』로 정리했다. 서유구는 『보만재사집』이 내편(內編)이라면 『보만재총서』는 외편(外編)에 해당한다고 말했다. 1786년, 정조는 승지로 있던 서호수를 통해 『보만재총서』가 완성되었다는 소식을 듣고는 이를 빌려보았으며, "조선의 400년 역사 동안 이처럼 거편(鉅篇: 무게 있는 내용을 담은 저술)은 없었다"고 평가했다.

『보만재총서』에 대해서는 서명응 자신도 상당한 자부심을 느끼고 다음과 같이 말했다.

> 명나라에는 『한위총서』(漢魏叢書)·『당송총서』(唐宋叢書)·『격치총서』(格致叢書)가 있는데, 모두 여러 사람의 저술을 모아서 만든 것으로 한 사람의 말이 아니다. 한 사람의 말을 가지고 총서로 만든 것은 당나라 사람 육구몽(陸龜蒙: 天隨)의 『입택총서』(笠澤叢書)가 있을 뿐이다. 그러나 이는 시문뿐이요 저술

은 거의 없으니 어찌 '총서'라 하겠는가?

나는 어려서부터 육경(六經)의 본지, 하늘과 땅의 법칙, 예악(禮樂)·정법(政法)의 유래를 궁구했고, 이를 서술한 글들이 모여 저술이 되었다. 나이가 들어 여러 자식과 손자들을 시켜 이를 합치고 교정 대조해『보만재총서』를 만들었으니, '보만재'(保晚齋)란 우리 성상(正祖)께서 나에게 하사하신 호이다.

서명응은『보만재총서』가 여느 문집처럼 단순한 시문집이 아니라 경학과 사학, 천문, 지리 등 다양한 방면을 망라하는 종합 저술이며, 그래야만 '총서'라는 이름에 걸맞는 책이라고 생각했던 것이다.

『보만재총서』의 또 다른 특징은 문집의 체제를 경사자집(經史子集) 4부 체제로 했다는 점이다. 이는 기본적으로『한위총서』의 4부 체제인 경익(經翼)·별사(別史)·자여(子餘)·재적(載籍)을 원용한 것이지만, 서명응은 이를 선천(先天)의 사상(四象)과 연결시켜 특별한 의미를 부여했다. 이에 대해서는 뒤에서 기술하겠지만, 서명응은 자신의 학문적 토대를 선천학(先天學)에 두었다.『보만재총서』에는 총 13종의 저술이 수록되었는데, '경익'에는 『선천사연』(先天四演)·『상서일지』(尙書逸旨)·『시악묘계』(詩樂妙契)·『대학직지』(大學直指)·『중용경위』(中庸經緯)가 있고, '별사'에는『주사』(疇史)·『위사』(緯史)·『본사』(本史), '자여'에는『비례준』(髀禮準)·『선구제』(先句齊)·『원음약』(元音鑰)·『참동고』(參同攷), '재적'(집류)에는『고사십이집』(攷事十二集)이 있다.

『보만재잉간』 64권 25책은『보만재총서』를 편집하면서 빠뜨린 저술들을 다시 편집한 것이다. 서명응은 이를『보만재총서』를 마무리한 이듬해 (1784)에 정리했는데, 여기에 수록된 저술들은 한가한 시간에 재미로 편찬했거나 왕명으로 편찬했다가 미처 출판하지 못한 것들이라고 밝혔다. 서명응은『보만재잉간』역시 4부 체제로 분류했는데, 경간(經簡)에는『홍범오전』(洪範五傳)·『주역사전』(周易四箋), 별간(史簡)에는『자치통감강목삼

편』·『천공구지』(天工九志), 자간(子簡)에는 『아악도서』(雅樂圖書)·『운서
삼평』(韻書三秤)·『도덕지귀』(道德指歸)·『참동직전』(參同直詮), 집간(集
簡)에는 『국조시악』·『방언집석』(方言集釋)이 수록되었다.

그러나 현존하는 『보만재잉간』 필사본에는 수정된 문구가 많고 관련 기
록이 서로 어긋나는 것도 많은 것으로 미루어, 미처 정본(定本)을 만들지 못
한 채 계속 수정하는 상태로 있었던 것 같다. 현재 규장각에는 『홍범오전』,
『국조시악』, 『방언집석』, 『도덕지귀』의 완질(完帙)과 『자치통감강목삼편』
의 낙질(落帙)이 필사본으로 남아 있다. 최근에는 『아악도서』의 필사본이
일본 도호쿠(東北) 대학에 소장되어 있다고 알려지기도 했다.

3. 저술의 종류와 내용

서명응의 저술은 4종의 문집에 수록된 것만 합하더라도 총 20여 종, 160여
권을 헤아린다. 하지만 서명응은 영조 말기부터 정조 초기에 이르는 동안
국가 차원의 편찬 사업에 참여해 많은 저술을 편찬했기 때문에 그 분량이
크게 늘어난다. 다음에서는 서명응의 저술 가운데 현재 전해지는 것을 중심
으로 간략하게 소개하고자 하며, 저술을 소개하는 순서는 그가 사용했던 4
부 분류체제를 따랐다.

먼저, 경부(經部)에 관한 저술이다. 역학에 관한 저술에는 『역학계몽집
전』, 『계몽도설』, 『선천사연』 등이 있다. 『역학계몽집전』은 『역학계몽』의
주석서로, 명대(明代)에 나온 『역학계몽부주』와 조선 세조 때 지은 『역학계
몽요해』, 이황의 『계몽전의』(啓蒙傳疑)에 수록된 주석을 본문 아래에 일목
요연하게 편집해 학습하기 쉽도록 만든 책이다. 『계몽도설』은 『역학계몽』
의 도설(圖說)만 별도로 편집한 것으로, 『역학계몽집전』과 짝을 이루는 저
술이다. 『선천사연』은 복희(伏羲)의 선천사도(先天四圖)를 선천의 4도(道)
인 언(言)·상(象)·수(數)·의(意)로 해석한 책으로, 『보만재총서』에서 가장

대표적인 저술이다. 서명응은 자신의 학문적 토대를 선천학에 두었는데, 『선천사연』은 이를 밝히는 저술이기 때문이다.

『상서』에 관한 저술로는 『상서일지』와 『홍범오편』이 있다. 『상서일지』는 『상서』에 나오는 역상법(曆象法)의 제도적 실상과 「우공」(禹貢) 편의 지리(地理)적 실상을 밝히고, 「홍범」 편을 낙서(洛書)에 의거해 해석한 것이다. 『홍범오편』은 「홍범」에 관한 주석 다섯 가지를 편집한 것인데, 자신이 주석한 「서홍범편」(書洪範篇)을 제일 앞에 두고, 그 다음에 한나라 공안국(孔安國), 송나라 채침(蔡沈)·김이상(金履祥), 원나라 오징(吳澄)이 주석한 것을 별도의 권으로 편집했다. 서명응은 홍범을 낙서에서 나온 것으로 파악하는 가운데 공안국·채침의 주석은 낙서를 근거로 하지 않았고, 김이상·오징의 주석은 낙서를 근거로 했지만 미비한 점이 있으며 글자를 빠뜨리거나 경문(經文)의 순서를 바꾼 오류가 있다고 지적했다.

『시경』에 관한 저술에는 『시악묘계』가 있는데, 이는 『시경』의 풍(風)·아(雅)·송(頌)에 해당하는 시를 골라 설명하고, 국풍(國風)·소아(小雅)·대아(大雅)·주송(周頌)에서 시 한 편씩을 뽑아 그 악보를 정리한 책이다. 서명응은 이 책에서 "시 300편은 『시경』인 동시에 『악경』(樂經)이다"라는 독특한 주장을 했다.

사서(四書)에 관한 것으로는 『대학직지』와 『중용경위』가 있다. 서명응은 『대학직지』에서 『대학』을 심법(心法)의 책으로 규정하고 전문(全文)을 풀이했으며, 『중용경위』에서는 성(誠)·도(道)·교(教)를 중용의 경위(經緯)로 파악하고 이들의 상호 연관성을 중시했다.

다음으로 사부(史部)에서 대표적인 저술은 『자치통감강목삼편』이다. 이는 명나라의 역사서로, 주자가 편찬한 『자치통감강목』을 계승해 중국의 역사를 완성한다는 의미가 있는 저술이다. 이 책은 1773년에 『자치통감강목신편』(資治通鑑綱目新編)이라는 이름으로 1차 완성되었다가 1781년에 수정되었는데, 수정본의 가장 큰 변화는 명말 7년간의 역사를 추가한 것이다.

63인의 역사학자가 쓴 한국사 인물 열전

이는 명나라 역사의 마지막 순간까지 역사적 정통성을 부여하고, 그뒤의 정통성은 조선이 계승한 것으로 해석하기 위해서였다.

『기자외기』(箕子外紀)와 이를 수정한 『주사』는 모두 기자(箕子)에 관한 자료를 정리한 저술이다. 『기자외기』를 편찬할 무렵, 서명응은 평안감사로 평양에 있으면서 인근에 흩어진 기자의 유적을 복구하고, 평안도 지역의 문풍(文風)을 일으키는 일련의 조치를 취한 바 있었다. 이와 함께 서명응은 기자의 유적을 밝히려는 취지에서 기자에 관한 자료를 모으고, 자신이 작성한 「기자본기」(箕子本紀), 「서미자편」(書微子篇), 「서홍범편」(書洪範篇) 등을 합해 『기자외기』를 만들었다. 서명응은 이 책을 홍범 9주(洪範九疇)에 의거해 9개 분야로 분류 정리했으며, 다섯번째 범주에는 홍범을 배치해 홍범의 황극(皇極)이 중앙에 있으면서 상하의 4개 범주를 통제하도록 했다.

『위사』는 서명응이 제시한 범례를 따라 서유구가 편찬한 세계 지리서이다. 서명응은 선천과 『주비』(周髀)의 원리를 결합해 하나로 만들고, 중국과 서양의 지리서를 폭넓게 활용하면서 각국의 위치를 비정(比定)하고 그 풍속과 물산을 정리했다. 그는 이 책이 「우공」의 지리에 대해 학자들의 논란을 조목별로 정리했다는 점에서 '우공익'(禹貢翼)이라 부를 수도 있다고 했다.

『본사』 또한 서유구와 함께 편찬한 농서이다. 서명응은 농정(農政)이 천하의 대본(大本)이자 천지인(天地人)의 본(本)이므로, 농서의 이름을 '본사'(本史)라 했다. 또한 그는 기전체 사서의 체제를 따라 본문을 본기(本紀)·지(志)·세가(世家)·열전(列傳)으로 나누었는데, 본기에는 중요한 여덟 가지 곡식을, 지에는 농기구와 농사 기술을, 세가에는 채소와 과일을, 열전에는 목재와 약재에 관한 내용을 수록했다.

다음으로 자부(子部)에 관한 저술은 종류가 가장 많다. 『황극일원도』(皇極一元圖), 『천세력』, 『비례준』, 『선구제』는 모두 천문 역법(曆法)에 관한 저술이다. 이 가운데 『황극일원도』는 시헌력(時憲曆: 중국 명·청대에 쓰던 역법. 우리 나라는 1653년부터 사용)에 의거해 영조의 즉위년에서 120년간의 달력을 작성한 것이며, 『천세력』은 정조의 즉위년에서 110년간의 달력을 작성한 것이다. 또한 『비례준』은 『주례』의 천상(天象)과 『주비』의 천수(天數)를 합하고 이를 선천역으로 분석한 천문서이며, 『선구제』는 복희의 선천에 의거해 구고(勾股: 직각삼각형 모양의 토지를 측량하는 방법)와 칠정(七政) 운행의 계산법을 밝힌 천문서이다.

음악에 관한 저술에는 『국조악장』(國朝樂章), 『국조시악』, 『시악화성』, 『원음약』이 남아 있다. 『국조악장』은 조선 역대의 악장을 모아 편집한 책이고, 『국조시악』은 이를 개정한 책이다. 서명응은 『국조악장』에서 『열성지장』(列聖誌狀)이나 『악학궤범』(樂學軌範) 등에 보이는 악장을 뽑아 행사별로 정리했으나, 『국조시악』에서는 이를 5개 범주(雅樂, 俗樂, 唐樂, 鄕樂, 鐃歌樂)로 다시 분류하여 정리했다. 『시악화성』은 『국조시악』과 같은 시기에 편찬한 책으로, 아악의 성음(聲音)과 절주(節奏: 리듬)를 종합적으로 정리한 음악 이론서이며, 『원음약』은 이를 다시 정리한 책이다. 서명응은 세종 때 만든 아악은 삼대의 정악(正樂)이었지만, 성종 이후로는 아악과 속악(俗樂)이 혼동되어 내려왔다고 파악했다. 『시악화성』이나 『원음약』은 바로 삼대의 고악(古樂) 내지는 세종 때의 음악을 회복하기 위해 저술한 책이다.

『도덕지귀』는 노자(老子)의 『도덕경』(道德經)을 주석한 것이고, 『참동고』는 위백양(魏伯陽)의 『참동계』(參同契)를 주석한 것이다. 서명응은 노자의 학문을 유학에 가까운 것으로 평가하고, 공자나 맹자가 노자를 배척한 적이 없으며, 송대의 성리학자도 노자의 장점을 인정한 것으로 보았다. 이에 그는 『도덕경』을 도경(道經)과 덕경(德經)으로 구분하고, 그 원문에 일일이 주석을 달았다. 또한 『참동계』 역시 복희에서 공자까지 이어진 선천의 도를 잘 보존한 책으로 파악하고 이를 주석했으며, 책의 후반부에는 『참동계』에 관한 다른 학자들의 주석을 종합 정리했다.

마지막으로 집부(集部)에 관한 저술에는 『양한사명』(兩漢詞命)이 있다. 이 책은 한나라 때 만들어진 조제(詔制) 가운데 후세에 귀감이 될 문장을 뽑아서 편집한 것으로, 영조의 명을 받아 편찬했다. 서명응은 각 글 아래에 이를 작성한 한나라 황제의 인적 사항과 사적, 글을 쓴 시기와 배경을 밝히고, 어려운 자구에는 주석을 달아 읽는 사람이 참고할 수 있도록 배려했다.

『고사신서』(攷事新書)는 『고사촬요』(攷事撮要)의 개정판이다. 1554년(명종 9)에 간행된 『고사촬요』는 명나라와의 외교에 관한 것과 일상생활에 필요한 사항을 편집한 일종의 백과사전인데, 시간이 지날수록 수정이 필요했다. 이에 서명응은 『고사촬요』의 번잡한 것을 없애고 긴요한 것을 보충해 12분야 382항목으로 분류한 『고사신서』를 편찬했으며, 이는 활자로 간행되어 널리 보급되었다. 또한 『고사십이집』은 『고사신서』를 12분야 360항목으로 재정리한 것인데, 제목을 일률적으로 네 글자로 만들고 내용을 대폭 수정했다. 여기서 12와 360이라는 숫자는 1년 12개월 360일에 맞춘 것이다.

『방언집석』은 조선의 사신이 인근 국가를 방문했을 때 사용하는 단어를 중국어, 청어(淸語), 몽골어, 일본어로 번역한 어휘집이다. 서명응은 조선의 언문(한글)이 벌레 소리나 새소리까지 형용할 수 있는 우수한 언어임을 강조하고, 조선의 사신이 외국을 방문했을 때 참고할 수 있도록 이 책을 편찬했다. 본문에는 총 87종 5,006항목의 단어가 수록되었는데, 각 항목별로 한자와 그 한글 풀이를 수록하고, 그 아래에 4개국의 음을 다시 한글로 달아두었다.

지금까지 살펴본 서명응의 저술 중에는 가학(家學)으로 이루어진 것이 많다. 그의 문집은 아들인 서호수·서형수, 손자인 서유본·서유구가 공동으로 편집했고, 『천세력』은 아우 서명선과 함께 편찬한 것이다. 특히 손자인 서유구는 만년의 서명응과 함께 기거하면서 그의 저술을 정리하는 데 핵심적인 역할을 했다. 다양한 분야에 걸쳐 방대한 저술을 남겼던 서명응의 학문은 후손에게 이어져 서호수의 천문학, 서형수의 경학, 서유구의 농학을 형성하는 데 큰 영향을 주었다.

4. 사상적 특징

서명응은 학문의 목표를 선천학을 복원하는 데 두고, 이를 통해 삼대의 제도를 회복할 수 있다고 믿은 학자였다. 그는 하도(河圖: 복희가 黃河에서 얻은 그림)에서 기원한 복희의 선천역이 삼대를 거쳐 공자에게 이어졌으며, 이는 다시 은사(隱士)인 위백양, 진박(陳搏), 주렴계(周濂溪), 소옹(邵雍)을 거쳐 주자에게 이어진 것으로 보았다. 또한 그는 낙서(洛書)에서 기원한 우(禹)의 홍범학(洪範學)이 기자를 거쳐 주(周)의 무왕(武王)에게 전수되었고, 기자의 학문은 조선으로 전수되었다고 보았다.

그런데 서명응은 복희에서 삼대까지 완전한 모습으로 계승되었던 선천학이 공자 이후로는 분리되어 따로 전승됨으로써 완전한 모습을 잃은 것으로 파악했다. 먼저, 복희의 구고법에서 기원한 『주비』의 수법(數法)이 「우공」에서는 잘 나타났다가 주나라가 쇠퇴한 이후에는 선천학에서 분리되어 서양으로 전해졌으며, 명나라 말기에 서양 선교사에 의해 중국으로 되돌아온 것으로 보았다. 다음으로 공자가 『주역』의 「괘사전」을 통해 밝힌 선천사도(先天四圖)의 참모습은 위백양을 거쳐 진박에게 계승되었다가 송대의 주희까지 이어졌지만, 그 본래의 모습이 온전하게 전해지지는 못한 것으로 파악했다.

서명응은 공자 이후 분리된 상태로 동·서양에서 전래되어온 선천학을 결합시켜 삼대의 제도를 복원하는 것을 자신의 과업으로 생각하고, 왕성한 저술 활동을 벌였다. 먼저, 자신의 대표적 저술을 편집한 『보만재총서』를 역상(易象)으로 풀었다. 이 책을 4부 체제로 분류한 것은 복희의 선천사도를 형상화한 것이었다. 또한 선천학의 기본 원리를 해석한 『선천사연』을 태극(太極)에 비정하고, 경부에 수록된 『상서일지』·『시악묘계』·『대학직지』·『중용경위』를 양의(兩儀)와 사상(四象)에, 나머지 8종의 저술을 팔괘(八卦)에 비정한 것으로 해석했다. 다음으로 각 저술의 권수나 내용을 2, 4,

6, 12, 60으로 구분한 것은 양의(兩儀), 사상(四象), 육괘(六卦), 12월(月), 60
갑자(甲子) 또는 64괘(卦)에서 4괘를 뺀 숫자로 보아 모두 역상을 반영한 것
으로 해석했다.

또한 서명응은 선천학을 회복하기 위해 그것이 전승되는 과정에 있던 저
술들을 일일이 재검토했다. 『상서』를 통해 고대의 역상법과 「우공」 편에 적
용된 『주비』의 수법을 재발견했고, 「홍범」 편을 낙서에 의거해 새롭게 해석
했다. 또 공자의 「괘사전」을 재검토했으며, 선천학의 의미를 계승한 것으로
파악한 『도덕경』과 『참동계』에 새로운 주석을 달았다. 끝으로, 그는 서양에
서 전래된 천문학과 지리학의 정보를 대폭 수용하고, 이를 앞선 연구에 결
합시킨 저술을 편찬했다. 지리서인 『위사』와 천문학 서적인 『비례준』, 『선
구제』는 바로 그가 분리된 상태로 동·서양에 전승되어온 선천학을 결합시
켜 삼대의 제도를 복원했다고 파악한 결실이었다.

서명응은 선천학을 복원하는 과정에서 '서양 천문학의 중국 기원설'을
수용했다. 서양 천문학의 중국 기원설이란, 정밀한 수학에 바탕을 둔 서양
의 천문학과 역법은 바로 삼대 이후 중국에서 전해진 것인데, 서양 선교사
에 의해 중국으로 되돌아온 것이라는 해석이었다. 17세기 후반 매문정(梅
文鼎)을 비롯한 많은 중국학자들이 주장한 이 설은 그뒤 조선으로 흘러들어
와 많은 학자들이 여기에 동조했는데, 서명응도 그 가운데 한 사람이었다.

그러나 서명응은 여기서 한 걸음 더 나아가 조선 문물의 우수성을 강조
했다. 그가 조선 문물의 우수성을 주장할 수 있었던 근거는 기자의 홍범학
이 조선에서 면면히 계승되어왔기 때문이다. 서명응은 기자를 통해 무왕에
게 전해진 홍범학은 주공(周公)을 거쳐 『주례』(周禮)로 확정된 것으로 보았
다. 따라서 기자의 공적은 선천학을 후대에 전한 주(周)나라 문왕(文王)의
공적과 맞먹는데, 주공을 거쳐 공자가 집대성한 유학이란 바로 기자의 유학
이기도 했다. 이렇게 보면 조선은 기자 조선 이후 계속 유학의 정수를 계승
해온 문화국가였다.

서명응은 주자의 학문을 긍정했지만, 그 한계도 분명하게 지적했다. 그는 많은 저술을 통해 주자의 서술체제나 주석을 수용하고, 주자의 발언을 자기 입론(立論)의 근거로 제시하기도 했다. 하지만 그는 『주비』의 수법은 공자 이후 서양에서만 제대로 전승되었기 때문에 주자나 그 제자들이 삼대의 제도를 해석하는 데는 취약성이 있고, 송학(宋學)의 장점인 이학(理學)에 제도적인 측면을 보완하는 것이 절대 필요하다고 생각했다. 또한 송학에서도 정자(程子)에서 주자로 이어지는 성리학의 측면보다는 소옹에서 주자로 이어지는 상수학(象數學)의 측면을 강조해 그때까지의 학자들과는 다른 경향을 보였다.

결국 서명응은 삼대 이후 분리된 선천학을 완전히 복원할 수 있는 조선의 문화와 자신의 학문에 자신감을 가졌다. 그는 중화(中華)의 문물과 의관(衣冠)을 보존한 조선의 문화 수준과 중국의 선천학과 서양의 수법을 아우를 수 있는 자신의 학문을 중시했다. 그는 자신의 저술을 통해 삼대의 제도를 복원할 수 있다고 보았으며,『홍범오전』이나『참동고』에서 보듯 자신의 주석을 제일 앞에 배치했고, 그 다음에 역대의 성과를 배치함으로써 자기 학문에 대한 자신감을 보여주었다.

5. 앞으로의 과제

지금까지 서명응에 대한 연구는 몇 분야에서 산발적으로 이루어졌다. 초창기에는 『보만재총서』의 체제적 특징에 관한 연구가 나왔으며,『본사』를 중심으로 한 수리학(水利學),『비례준』과『선구제』를 중심으로 한 역학적 천문관, 그리고 각종 악서에 나타난 음악사상에 관한 연구가 많이 이루어졌다. 필자도 서명응을 연구하는 데 참여해 그의 저술을 전반적으로 정리하고,『기자외기』와『주사』에 나타난 기자 인식,『위사』에 나타난 세계 지리인식, 규장각 창설과 출판 활동에 관한 연구를 발표한 바 있다. 그러나 서명응이 남긴 방대한 저술을 감안한다면 지금까지 이루어진 연구는 매우 미흡하다.

서명응에 관한 연구는 먼저 그가 남긴 자료를 발굴하는 것에서 시작되어야 한다. 앞서 소개했지만 그의 저술 가운데 다수가 아직까지 발견되지 않은 상황이며, 특히 『보만재사집』은 전체가 나타나지 않고 있다. 그러나 최근에 소재가 확인된 『아악도서』의 예에서 보듯, 그의 저술이 완질이나 낙질본 형태로 남아 있을 가능성이 매우 높다. 특히 달성 서씨 집안에 전해지던 전적 가운데 다수가 일본으로 유입된 상황이므로, 국내뿐만 아니라 해외에 흩어져 있는 자료까지 찾아내려는 노력이 필요하다.

서명응에 관한 연구는 체계적으로 이루어져야 한다. 그의 저술 중에는 따로 분리되지 않고 상호 연관성을 가지고 연속적으로 이루어진 것이 많고, 또 학문적 근저에는 선천학이 일관되게 자리하고 있음은 앞서 살펴본 바와 같다. 또한 그의 저술에는 당대의 대표적 학자였던 후손들의 작업이 함께 반영되어 있으며, 그의 저술은 이들의 학문관을 형성하는 데 큰 영향을 끼쳤다는 점에서 서호수·서형수·서유본·서유구 등과 같은 인물들에 대한 연구가 함께 진행되어야 한다.

서명응의 저술은 영조대 후반과 정조대 초반의 학문 정책과 밀접한 관련을 갖는다는 점에서, 18세기라는 시대적 배경에 관한 연구도 필요하다. 특히 그는 정조가 규장각을 중심으로 전개했던 학문 정책에서 핵심 구실을 했기 때문에, 초기 규장각의 성격과 역할, 정조 시대 정책과의 관련성에 대한 연구가 함께 이루어져야 할 것이다.

참고문헌

• 원자료

『保晩齋集』

『保晩齋叢書』

『保晩齋剩簡』

『保晩齋年譜』

『弘齋全書』

『東國文獻備考』

• 논저

金文植,「徐命膺 著述의 種類와 特徵」,『韓國의 經學과 漢文學』, 태학사, 1996.

_____,「18세기 후반 徐命膺의 箕子 認識」,『韓國史學史研究』, 나남출판사, 1997.

_____,「徐命膺的 易學世界地理觀」,『國際儒學研究』5, 北京: 中國社會科學出版社, 1998.

_____,「徐命膺의 생애와 奎章閣 활동」,『정신문화연구』75, 한국정신문화연구원, 1999.

文重亮,「朝鮮 後期의 水利學」, 서울대학교 박사학위 논문, 1995.

_____,「18세기 朝鮮 水利學의 등장과 그 推移」,『韓國思想史學』9, 서문문화사, 1997.

박권수,「徐命膺(1716~1787)의 易學的 天文觀」,『한국과학사학회지』20-1, 한국과학사학
　　　회, 1998.

송지원,「徐命膺의 音樂관계 著述 研究」,『韓國音樂研究』27, 한국국악학회, 1999.

_____,「詩樂妙契를 통해 본 徐命膺의 詩樂論」,『韓國學報』100, 일지사, 2000.

_____,「佾舞 그 상징과 함의 ―서명응의 해석을 중심으로」,『문헌과 해석』11, 문헌과해석
　　　사, 2000.

송지원 외,『정조의 예술과 과학』, 태학사, 2000.

李林起,「保晩齋叢書에 나타난 徐命膺의 四分法始源論」,『書誌學研究』2, 서지학회, 1987.

任侑炅,「徐命膺의 保晩齋叢書에 대하여」,『書誌學報』9, 한국서지학회, 1993.

鄭萬祚,「正祖代 奎章總目의 編纂과 그 特徵」,『同大史學』1, 동덕여자대학교, 1995.

채제공 蔡濟恭

영조·정조 연간 실시된 탕평정국의 큰 기둥을 받친 남인 관료 정치가

박광용 가톨릭대학교 국사학전공 교수

1. 생애

채제공(蔡濟恭, 1720~1799)은 1720년(숙종 46) 4월 6일에 충청도 홍주에서 태어나 1799년(정조 23) 1월 18일 80세로 서울 미동(美洞)에서 세상을 떠났다. 본관은 평강(平康), 자는 백규(伯規), 호는 번암(樊巖) 또는 번옹(樊翁), 시호는 문숙(文肅)이다. 효종 연간 이조판서와 대제학을 역임한 채유후(蔡裕後)의 동생 채진후(蔡振後)의 5대손으로, 부친은 지중추부사를 역임한 채응일(蔡膺一)이고, 모친은 연안 이만성(李萬成)의 딸로 연원부원군 이광정(李光庭)의 5대손이다.

연대기 기록과 정범조(丁範祖)가 찬(撰)한 채제공의 신도비명(神道碑銘) 등을 살펴보면, 채제공은 1735년(영조 11) 15세에 이미 향시(鄕試)에 급제했고, 8년 뒤인 1743년 문과 정시에 병과로 급제해, 승문원 권지부정자에 임명되면서 관직 생활을 시작했다. 1748년에 역사 기록을 담당하는 청요직(淸要職)인 예문관 한림을 선발하는 한림회권(翰林會圈)이 있었는데, 당시

노론과 소론의 연립정권 상황에서 소수파 남인을 추천하는 관료는 없었다. 영조 초반 정국에서 남인은 국외자 혹은 나그네 신하 정도로 대접받았기 때문이다. 이때 탕평을 표방한 영조의 특명으로 채제공에게 권점(圈點) 두 개를 하사해 소시(召試)를 볼 수 있는 최종 후보자 자격을 얻었고, 소시에 통과해 사관(史官)으로 선발되었다. 이는 1728년 영조의 왕위 계승의 정통성을 부정하는 소론·남인 급진파의 반란인 무신난(戊申亂) 평정에 공을 세운 채제공의 스승 오광운(吳光運)의 정치적 기반을 유지, 계승시키려 한 영조의 배려였다. 훗날 소론 재상으로 탕평주인(蕩平主人)이라 불린 조현명(趙顯命)으로부터 북인 남태회(南泰會)와 함께 영조의 탕평정책 때문에 얻을 수 있었던 인재라는 평가를 받았다.

1753년에는 충청도 암행어사로 임명되어, 영조가 앞장서서 추진한 균역법의 실시 과정에서 야기된 폐단의 시정과 변방 대책을 진언(進言)했다. 1755년 소론 강경파를 제거하려는 나주괘서 사건(乙亥逆獄)이 일어났을 때는 문사랑(問事郎)으로 활약했고, 그 공로로 동부승지로 임명되었다. 이때 채제공은 죄인을 포도청으로 내려보내 지나친 형벌을 가해 억지 자백을 받아낸 뒤 처벌하는 것을 중지해야 한다고 진언함으로써, 그런 상황에서 "공이 아니면 누가 이런 진언을 하겠는가"라는 평가를 받기도 했다. 이후 이천 도호부사와 사간원 대사간을 거쳤고, 1758년 『열성지장』(列聖誌狀) 편찬에 참여한 공로로 국왕의 비서실장 격인 도승지에 임명되었다.

당시 채제공은 스승인 오광운을 이어서 청남(南人 淸論)정파를 이끌었는데, 소론 준론(峻論)정파의 지도자 이종성(李宗城)과 연대해 사도세자와 영조의 악화된 부자관계를 회복시키려 노력했다. 특히 그해에 세자를 폐위시키겠다는 비망기(備忘記)가 내려졌을 때는 도승지로서 죽음을 무릅쓰고 막아 이를 철회시켰다. 이 때문에 후일 영조는 왕세손인 정조에게 채제공을 지적해 "진실로 나의 사심 없는 신하이고 너의 충신이다"라고 말했다 한다. 이후 사간원 대사간, 사헌부 대사헌, 경기감사를 역임하던 중 1762년 모친상을 당해 관직에서 물러났다. 같은 해 윤5월에 결국 임오화변(壬午禍變: 사도세자의 죽음)이 일어났다. 1764년부터 다시 개성유수, 예문관 제학, 비변사 당상을 거쳐 안악군수로 재임하던 중 다시 부친상을 당해 관직에서 물러났다. 1767년부터 홍문관 제학·함경도 관찰사·한성판윤을, 1770년부터 병조·예조·호조 판서를 역임했고, 1772년 이후에는 왕세손의 보호를 담당하는 세손우빈객(世孫右賓客)과 국가 재정의 핵심 부서인 공시당상(貢市堂上)을 맡기도 했다. 당시 채제공은 홍봉한(洪鳳漢)을 중심으로 하는 외척당인 북당과, 김귀주(金龜柱)를 중심으로 하는 외척당인 남당 양쪽에서 모두 기피 인물로 지목됐을 정도로 이들과 대립관계에 있었다. 이는 그가 독자적으로 남인 청론 계열의 정치 의리를 실현하려고 노력했기 때문이다.

채제공은 또 1775년 평안도 관찰사로 재임할 때, 서자(庶子)의 지위를 높여주려는 서류통청(庶類通淸) 문제에 대해, 이는 국가가 법으로 규정한다고 풀릴 문제가 아니므로 일반 풍속에 맡겨두어야 한다는 상소를 올리기도 했다. 그가 이런 상소를 올린 것은 경상도 유생들의 의견을 정책에 반영하려 했던 것이었으나 이 때문에 그 자신은 서류 출신자들에게 구타를 당하기도 했다. 이후 내직(內職)으로 돌아온 뒤에 약방제조가 되어 국왕 영조의 병간호를 담당했는데, 당시 실록 사관은 다른 신하들이 나서면 윤허받지 못했던 일도 그가 나서면 윤허받는 경우가 많을 정도로 특별한 신임을 받았다고 기록하고 있다.

정조가 외척당의 방해를 물리치고 왕세손으로 대리청정을 한 뒤에는 호조판서·좌참찬으로 활약했고, 1776년 3월 영조가 승하하자 국장도감 제조에 임명되어 행장(行狀)·시장(諡狀) 및 어제(御製)·어필(御筆)을 편찬하는 작업에 참여했다.

정조 즉위 후, 영조 말년의 정치를 좌지우지한 노·소론 외척당과 김상로(金尙魯)·홍계희(洪啓禧) 계열 등 사도세자의 죽음에 책임이 있는 자들을 처단할 때, 채제공은 병조판서 겸 판의금부사로서 옥사를 처결했다. 또

1777년 가을에 홍계희 계열의 자객이 궁궐을 침범하는 급박한 상황이 벌어지자, 궁궐을 수비하는 수궁대장(守宮大將)을 한동안 맡기도 했다. 이는 그에 대한 정조의 신뢰가 어느 정도인지를 알 수 있는 대목이기도 하다.

채제공은 정조 즉위 직후부터 착수된 개혁 정책을 충실히 보좌했다. 우선 정조의 특명을 받아 시노비(寺奴婢)의 폐단을 교정하는 조목을 마련했고, 그 공로로 정1품 대광보국숭록대부(大匡輔國崇祿大夫)를 제수받았다. 이 시노비 조목은 국가가 노비를 찾아주는 노비추쇄관(奴婢推刷官)제도를 없애고 시노비의 수를 점진적으로 감소시킴으로써 결국 1801년(순조 1)의 시노비 해방을 가능하게 했다. 노비제의 폐지는 정조가 왕세손 때부터 구상했던 시책이었는데, 채제공이 정책에 반영시키는 실무 책임을 담당했던 것이다. 곧이어 정조 연간 개혁 정책의 산실인 규장각이 설치되자, 노론 청명당 계열의 지도자 김종수(金鍾秀)와 함께 규장각 제학에 임명되어 규장각 직제를 완성했다. 또 당시 청에 보낸 외교 문서 때문에 문제가 발생하자, 1778년 3월에는 이를 해결하려고 사은 겸 진주정사(謝恩兼陳奏正使)로 청나라에 다녀왔다. 채제공은 당시 132일간의 도정에서 느낀 소회를 적은 236수의 시를, 송시열(宋時烈) 이래 존주(尊周)·북벌(北伐)을 의미하는 유명한 문구를 그대로 따서 『함인록』(含忍錄)이라 명명했다. 그 전후 예문관 제학, 한성판윤, 강화유수를 역임하기도 했다.

1780년(정조 4) 정조 즉위 공신으로 전권을 휘두르던 홍국영(洪國榮)이 축출되고, 소론 준론 계열 출신으로 영조 말년 왕세손 대리청정에 공을 세운 서명선(徐命善)을 수상으로 하는 정권이 들어서자, 채제공은 3대 죄안이라는 명목으로 집중 공격을 받고, 그뒤 8년 가까이 정계에서 물러나 서울 근교 명덕산에서 은거 생활을 해야 했다. 홍국영과 특히 가까웠다는 것, 억울하게 죽은 사도세자의 복수를 해야 한다는 격한 주장을 하다 역적으로 처단된 인물들과 연결되어 있다는 것, 그들과 같은 흉언을 실제로 말했다는 것 등이 그의 3대 죄안이었다. 이 3대 죄안은 1786년 9월에 정조가 직접 그 근거가 전혀 없거나 부당함을 일일이 지적해 논의 자체를 중단시켰다. 이 시기를 기점으로, 영조 연간 남인 지도자에서 노론계와도 친밀했던 홍명보(洪明輔)를 잇는 홍수보(洪秀輔) 계열, 친우였던 목만중(睦萬中) 계열, 가까운 친척인 채홍리(蔡弘履) 계열이 청남(남인 청론) 정파에서 갈라져 나가 채제공을 공격하는 대열에 가담하였다.

1788년 국왕의 친필로 우의정에 특채되었는데 남인이 정승에 임명된 것은 1694년 갑술환국 이후 처음 있는 일이었다. 당시 정조는 "이 시기에 부른 뜻이 어찌 제멋대로이기 때문이겠는가. 지금은 불가불(不可不) 열로써 열을 다스려야 하는(以熱治熱) 시기이다. 내가 최근 깊이 준비하고 헤아려서 경을 한 점의 잘못도 없는 깨끗한 위치에 두었으니, 경 또한 그 노력에 보답하는 길을 생각하라"고 말했다. 이 이열치열이란 의리를 우선하는 강경파인 준론을 함께 써서 탕평을 추진하겠다는 뜻이었다. 따라서 정조 13년에는 서로 양극에 서 있는 채제공과 김종수를 수반으로 하는 정부를, 정조 19년부터는 채제공과 윤시동(尹蓍東)을 수반으로 하는 정부를 출범시켰다. 바로 정조가 처음부터 의중에 두었던 정치 원칙에 투철한 정파가 주도하는 탕평 국면이었다. 이때 채제공은 황극(皇極)을 세움으로써 영조 이래의 탕평책을 계속 추진할 것, 당론(黨論)을 없앨 것, 의리를 밝힐 것, 백성의 어려움을 근심할 것, 탐관오리를 징벌할 것, 국가 기강을 바로잡을 것 등 6조를 진언했고 이를 실천하려 노력했다.

1790년에는 좌의정이자 행정부 수상이 되었고, 그해 7월 그와 함께 우의정에 임명되었던 당시 노론 주류의 영수인 김종수가 모친상을 당해 물러나자, 이후 3년 동안 독상(獨相)으로 정사를 주도하기도 했다. 이 시기에 탕평책을 계속 추진하기 위한 장치로 이조전랑이 가졌던 동료 추천제(自代制) 및 당하관 독점 추천권(通淸權)을 다시 없애기도 했다. 또한 도성 안에서 물화를 독점 판매하려는 시전(市廛)의 물가 조작이 계속되자, 신해통공(辛亥通共) 정책을 실시해 국가의 필수품을 담당하는 육의전(六矣廛)을 제외한 모든 시전의 독점 판매권을 없애는 조치를 취하기도 했다. 이는 농민들의 생산물을 취급하는 일반인의 자유로운 상거래를 보장한 획기적인 조치였다. 정약용(丁若鏞)은 통공 정책 실시 이후 비로소 도성인들이 설 같은 대목에 물화를 쉽게 구할 수 있게 되었다고 기록하기도 했다. 한편 반대정파들의 역공도 있었는데 그 중 천주교 신봉자가 조상의 신주를 불태운 진산 사건(珍山事件)이 심각한 정치 문제가 되기도 했다.

1793년 영의정에 임명되었을 때는 전해 윤4월에 있었던 영남만인소(嶺南萬人疏)에서와 같이, 죄인으로 죽은 사도세자를 신원(伸寃)하기 위한 단호한 토역(討逆: 역적이나 반도를 공격해 없앰)을 함으로써 새로운 의리(壬午義理)를 세울 것을 주장했다. 이는 사도세자가 죽을 당시 정권을 전담했던 노론 당파에게 책임을 물어야 한다는 뜻이어서, 이후 벽파(僻派)로 불리는 노론 강경파의 집요한 공격을 야기했다. 이로 인한 심각한 대치 국면은 사도세자에 대한 처분을 후회하는 내용을 담은 영조 친필의 비밀 문서인 '금등'(金縢) 문서가 공개됨으로써 일단 해결되었다. 이 '금등' 문서는 사도세자의 모친인 정성왕후(貞聖王后) 신위(神位) 아래 감춰져 있었는데, 영조와 정조 그리고 당시 도승지였던 채제공만이 그 사실을 알고 있었다. 이 '금등' 사건은 정치적으로는 송시열의 효종 독대(獨對), 이이명(李頤命)의 숙종 독대와 같은 정치적 이벤트들과 동일하게, 다음 군주가 반드시 받들어야 할 나라 일의 큰 방향을 이전 군주가 대신 한 사람을 지목하여 위임해두었다는 정도의 위력을 지녔다. 당시 채제공의 가장 큰 정적(政敵)이었던 노론 벽파 지도자 김종수조차도 그를 비판하는 사람들에게 그가 견지해온 정치원칙인 의리와, 이제까지 쌓아온 국가 운영에 대한 경륜 자체는 높게 평가해야 한다고 말했을 정도다. 또 같은 해 12월에는 정조가 화성(華城: 수원성) 축성 사업에 대해, "사체(事體)가 중대해 대신이 전체를 규찰해야 하는데 이는 경(卿)이 아니면 다른 사람이 없다"며 그에게 총리대신의 책임을 맡겼다. 그는 이후 수원성 건설에 전력을 다했고, 수원의 가항(街巷)을 빗살

같이 늘어서게 하기 위해 상인 자본을 적극 유치하자는 건의를 하기도 했다. 수원성은 2년 뒤인 1795년 2월에 완공되었다. 1798년 전후부터는 벽파를 중심으로 한 반대정파가 다시 서학에 대한 공격을 강화하자, 그해 6월 나이가 많음을 이유로 사직했다. 그는 정조 연간에 『경종개수실록』(景宗改修實錄), 『영조실록』(英祖實錄), 『국조보감』(國朝寶鑑)의 편찬 작업에도 참여했다.

다음해 1월 채제공이 죽자, 정조는 그를 세상에 좀처럼 나기 어려운 뛰어난 인물이라는 뜻인 '간기인물'(間氣人物)이라 칭송했고, "나와 이 대신 사이에는 다른 사람은 알지 못하지만 홀로 아는 깊은 일치함(契合)이 있었다"며 한탄하기도 했다. 또 정조가 세상을 뜨기 몇 달 전인 1800년 5월에 있었던 오회연교(五晦筵敎)에서는 채제공을 우의정에 임명한 이후 비로소 자신이 기대했던 탕평이 시작되었다고도 했다. 그와 김종수·윤시동 3인이 바로 정조가 탕평 추진을 위해 특별히 선택한 인재들로, 정계를 은퇴할 정도의 시련을 통해 단련시킨 뒤에 비로소 국정을 위임하는 정국 운영 방식을 썼다는 사실을 밝힌 것이다. 채제공의 장례일인 1799년 3월 26일에는 정조가 친히 지은 제문이 내려졌고, 경상도 지역 10여 개 서원에서 적극 참여해 사림장(士林葬)으로 거행되었다. 그의 묘는 경기도 용인 북동쪽에 있다.

채제공의 친우 정범조는 그의 생애를 다음과 같이 평가했다.

공은 (남인이) 제대로 인정받지 못하여 관직에 끌어주지 않는 형세 속에서 몸을 일으켰으나 스스로 두 군주와 (힘을) 합쳤다. 온 조정에서 입 다물고 신음하면서도 말 못 하는 것을 깊이 알고 조정에서 이를 간쟁(諫爭)했으며, 권력을 잡은 신하가 세력을 믿고 사납게 화내도 아무도 건드리지 못하는 사태에 힘껏 대항해, 수많은 무리들이 시끄럽게 참소하는 속에서도 마침내 명절(名節)을 순정하게 지킬 수 있었다. (「神道碑銘」)

곧 소수파인 남인 정파에 속한 관료로서 서울에 근거를 둔 명문 양반이 아니었음에도 불구하고 '탕평'을 표방한 두 군주에게 신뢰를 받았고, 실권을 장악한 신하들에 대항해 의리를 주장하는 강경 정파의 지도자로서 명분과 절의를 지킨 정치가였다는 것이다.

이런 채재공의 친우로는 동문인 정범조·이헌경(李獻慶)과 신광수(申光洙)·정재원(丁載遠)·안정복(安鼎福) 등이 있고, 정치적 후계자로는 기호 지방의 이가환(李家煥)·최헌중(崔獻重)·정약용·이승훈(李承薰)·한치응(韓致應), 영남 지방의 유태좌(柳台佐)·유치명(柳致明) 등이 있었다. 이들은 대체로 정조 연간 정약용이 기록한 죽란시사(竹欄詩社)와 연결되는 관료들이다.

그가 죽은 지 3년 후인 1801년에는 벽파 정권이 그의 후계자 가운데 신유년에 국사범으로 처단된 서학 신봉자가 많다는 점, 청과 서양의 힘을 빌려 조선을 압박하려 기도한 황사영백서(黃嗣永帛書) 사건을 이유로 그의 관작(官爵)을 박탈하기도 했다. 그러나 1823년에 올려진 영남만인소가 받아들여져 다시 관작이 회복되었고, 순조 연간 유태좌가 충청남도 청양(靑陽)에 채재공의 영각(影閣)을 세웠으며, 1965년 충청남도 부여군 부여읍 관북리에 홍가신(洪可臣)·허목(許穆)과 채재공을 함께 모시는 도강영당(道江影堂)이 건립되었다.

저서로는 『번암집』(樊巖集) 59권이 전하는데, 이중 시(詩)는 19권이며 권수(卷首) 2권에는 정조가 내린 어찰(御札) 및 전교(傳敎) 들을 별도로 수록했다.

2. 활동 및 업적

(1) 정치사상과 정치 활동

채제공은 1722년경(경종 2) 다시금 청남(淸南)을 표방하면서 출발한 남인

정파의 정치적 입장을 이어받은 후계자였다. 청남 정파에 관한『동소만록』(桐巢漫錄)과『하려집』(下廬集)의 기사를 종합해보면, 당시 남인들은 3파로 분열되어 각각 문외파(門外派), 문내파(門內派), 과성파(跨城派: 중립파)로 갈라졌는데, 이 중 적극적으로 정계 진출을 시도한 문외파가 청남이었다. 청남파는 심단(沈檀)을 지도자로 하고 권이진(權以鎭)·이인복(李仁復)·이중환(李重煥)·오광운(吳光運)·강박(姜樸) 들을 주축으로 구성되었는데, 이들의 특징은 허목을 종주(宗主)로 하는 의리, 곧 사림정치의 원칙에 투철해야 한다는 청류(淸流) 또는 청론(淸論)의 기치를 분명하게 한 점이다. 곧 경신환국(庚申換局) 이전과 기사환국(己巳換局) 이후에 정권을 잡은 남인 집권층의 정치 원칙에 잘못된 점이 있었다고 반성하고, 이를 자신들의 정치 원칙과 구별함으로써 목(睦)씨·민(閔)씨·유(柳)씨로 대표되는 남인 3대 가문과 입장을 달리했다. 또한 허적(許積)과 윤휴(尹鑴)의 신원 운동도 청의(淸議)가 아니라고 배척했다.

청남 정파는 영조 연간에는 의리보다 조제(調劑)를 통한 조정의 평안을 우선하는 온건파인 완론(緩論) 정파가 주도하는 탕평을 비판했다. 그 대신 척리(戚里)와의 연결을 배제하는 것을 첫째가는 의리로 하는 등, 준엄한 의리를 우선하는 강경파인 준론(峻論) 정파가 주도하는 탕평을 추진할 것을 주장했다. 이 노선 때문에 온건파가 주도했던 영조 연간 탕평정국에서는 국외자 정도의 대접을 받았지만, 강경파가 주도했던 정조 연간 탕평정국에서는 그 일각을 받치는 정파로 성장했다. 의리를 강조하는 탕평의 바탕에 대해 영조 연간의 지도자였던 오광운은 "임금을 믿는다는 것은 하늘이 주신 이치이다"라고 했는데, 정조 연간의 지도자였던 채제공 역시 "충성과 효도라는 본성은 하늘이 고르게 나누어주었다"라고 했다. 본성과 하늘은 모두 이(理)이므로, 결국 주리설(主理說)에 입각할 때만이 군주에게 절대적인 신뢰를 두는 정치가 가능하다는 선언이었다. 이로써 왕권 강화를 통한 정치 개혁을 목표로 하는 탕평정국에 적극 참여했던 것이다.

채제공은 종조부 채명윤(蔡明胤), 백부 채팽윤(蔡彭胤)과 이수광(李睟光)의 6대손 이덕주(李德胄)로부터 문학을 배웠고, 오광운과 강박의 문하에서 정치적 경륜을 비롯한 학문을 수업했다. 이런 인연으로 오광운의 형 오필운(吳弼運)의 사위가 되었다. 오광운의 독자(獨子) 오대관(吳大觀)이 자녀 없이 일찍 죽었으므로 형의 손자인 숙(璹)이 후사를 이었다. 곧 채제공은 오광운이 닦아놓은 정치적 기반과 노선을 이어받은 청남 정파의 지도자였다.

청남의 정치 원칙은 숙종 초의 정치가이자 학자인 허목의 학통에서 비롯되었다. 번암 역시 "오도(吾道)가 끊어지지 않은 것은 마침 문정공(文正公)이 있어서였다"라며 허목을 높였고, 이황(李滉)→정구(鄭逑)→허목(許穆)→이익(李瀷)으로 이어지는 학통을 적통(嫡統)이라고 서술했다.

노·소론의 집중 공격을 받고 정계에서 물러나 있던 정조 6년경에도 고서(古書)인 육경(六經)을 읽고 홀로 서서 올바른 의리를 스스로 좋아해서 지키는 '자호자'(自好者)라는 자부심을 시로 표현했다. '자호자'는 독자적인 원칙을 알고 좋아해서 지켜 나가는 자로, 오늘날의 의미로는 집단적 생각에 소속되어야만 살아갈 수 있다고 여기는 상식주의자나 추수주의자가 아닌 사람들을 지칭한다고 하겠다. 그래서 정조 2년에는 "몸은 이미 서인·남인·노론·소론의 국면에서 벗어났다"고 읊기도 했다.

채제공은 정조 연간의 탕평정치를 상징할 정도의 핵심 인물이다. 정조 14년 좌의정으로 올린 상소에서, 군주가 자신에게 내린 교시는 "당(黨)을 없앨 것(袪黨), 탐관오리를 징치(懲治)할 것, 백성의 일에 마음을 다할 것"의 세 가지인데, 이 중 가장 급한 것은 당을 없애고 당의(黨議)를 타파하는 것이라고 했다. 붕당 타파를 첫째로 표방했던 것이다. 동시에 이런 당을 없애는 탕평의 실효는 백성의 일에 마음을 다하고 탐관오리를 징치하는 실제 사업으로 나타나야 한다는 것이다. 실사구시에 입각한 사업 추진으로 나타나는 탕평을 주창했던 영조 연간 소론 강경파의 입장을 수용한 셈이다. 그는 영조 연간의 '조제'(調劑)를 우선한 탕평 역시 당파 간의 살육전을 그치게 했다는 측면은 긍정적으로 평가하고 있었다.

"붕당을 타파한다"는 탕평책은 세 가지 목표를 가지고 있었다. 첫째 목표는 서로 원수가 되어 싸우는 붕당 간의 살육전을 그치게 하는 것이고, 둘째 목표는 붕당 간의 관직 배분을 통해서 문벌과 지역 간의 이해관계를 재조정하는 것이며, 셋째 목표는 붕당 간 정치 원칙(義理)의 대립 양상을 한 단계 높은 차원에서 절충하거나 재창조(調劑)할 수 있는 실력을 양성하는 것이다. 정조는 앞의 살육전을 그치게 하는 목표와 이해관계를 재조정하는 목표는 선왕인 영조 임금이 어느 정도 달성했다고 보고, 마지막 세번째 목표를 중심으로 정치 구도를 재조정했다. 그래서 정조는 정치적인 탕평과 사회적인 대동(大同)을 인간적 합리성인 도덕으로 받칠 수 있는 실력을 갖춘 학문 정치를 목표로 내세웠다.

채제공이 정조 연간 탕평정국을 적극 보좌했던 것은 붕당에 대한 부정적인 인식 때문이기도 했다. 그는 기자(箕子)의 정치 원칙인 홍범(洪範)을 따르는 건극(建極)의 정신이 정조에게 이어짐을 기리고 있었다. 이상적인 상고시대인 삼대(三代)부터 적용된 이 정신은 원래 조정의 사대부뿐만 아니라 일반 백성(民庶)에게까지 확대된다고 했다. 성인의 치세에서는 사대부도 하나의 백성이었는데, 홍범을 바탕으로 하는 정치 원칙이 무너지자 이익을 탐하는 붕당으로 갈라지게 되었다는 것이다. 그는 이런 세태를 이렇게 한탄했다.

후세는 그렇지 않았다. 싸우는 바가 부귀여서 사람이 바라서 몰두하는 바는 반드시 그 이익을 오로지 하려 함이었다. 자기에게 붙지 않는 사람은 비록 미소한 일작(一勺)일지라도 다른 사람에게 전해지기를 바라지 않았다. 여기에서 이른바 붕당(朋黨)이라는 이름으로 갈라지게 되었다. 한(漢)·당(唐)·송(宋)·명(明) 이래 그 마음에서 만들어져서 그 정치를 상하게 한 것은, 그 근심이 나눔(分)에 있었던 것이다. 하물며 사람이 한·당·송·명에 미치지 못하니 그 피해가 이보다 백 배나 있었음에랴. 윗사람이, 권력을 잡은 자가 그 이익을 오로지 하고 다른 사람과 같이 하지 않을 것을 걱정해 혹 고르게 하면, 속이고 숨김이 또한 많았다. (『樊巖集』, 「分湖亭記」)

그는 붕당이란 바로 부귀를 독점하려는 권신(權臣)이 이익을 제대로 나누지 않아서 발생했다고 보았는데 이는 윤선도(尹善道)에서 이익(李瀷)으로 이어지는 남인 계열의 오랜 붕당관이었다. '이익을 오로지 하는 권력을 장악한 자'는 채제공의 스승 오광운의 말로 바꾸면 관직을 오로지 하는 '세경'(世卿)이다. 하지만 여기서는 '세경'처럼 전통적인 명문 양반 벌열(閥閱)을 지칭한다기보다, 영조 연간의 세칭 탕평당 등 새로이 권력을 장악해 특권집단이 된 세가대족(世家大族)을 포함하는 더욱 넓은 범위의 권간(權奸)을 지칭한다.

채제공은 남인 중에서도 청남, 탁남이 갈라지듯 붕당 전체를 군자당, 소인당으로 가르는 것은 우리 현실에 맞지 않는 잘못된 견해라고 지적했다. 옛날의 당과 지금의 당은 다르다는 것이었다.

옛날에는 인심이 순박하고 커서 거짓이 쓰이지 않았으므로 군자와 소인은 혹백과 같이 쉽게 구별되었다. …… 어찌 천하의 인심은 기만할 수 없고 천하의 공의(公議)는 싸울 수 없다고 여기지 않았겠는가? 후세에는 그렇지 않았다. 군자가 소인을 가리켜 소인이라 하면 소인도 군자를 가리켜 소인이라 했는데, 게다가 그 무리의 많고 적음이나 위세의 강하고 약함이 혹은 두 배, 다섯 배, 혹은 열 배, 백 배인 경우도 있었으니, 누가 향기이고 누가 악취인지를 또한 어떤 사람이 구별할 수 있겠는가. …… 그렇다면 군자와 소인은 끝내 변별할 수 없이 끝나는가? 뒤에 있는 사람은 안목을 진실하게 하고 시비를 공변되게 할 따름이다. (『樊巖集』, 「南坡集序」)

앞의 글은 남인이 소수파로 전락했기 때문에 군자임을 인정받지 못했다

63인의 역사학자가 쓴 한국사 인물 열전

는 사실을 개탄해 쓴 것이었다. 그는 세상의 올바른 도리가 타락해버린 지금 할 일은, 우선 인심과 공의가 통할 수 있는 세상을 만들어야 하는 것이라고 했다. 준절(峻節)하게 시비를 가리는 공적인 안목을 지키는 방도뿐이라는 것이다. 그런데 이는 오광운이 공의 자체도 당론이라고 배척했던 영조 연간의 분위기와는 사뭇 다르다. 영조 연간에는 노·소론 중심으로 조제하는 탕평을 추진했으므로, 남인의 지도자였던 오광운은 나그네 신하 정도로 대접받으면서 악전고투했다. 반면에 정조 연간에는 의리를 중심으로 하는 탕평을 추진했으므로 남인은 탕평의 일각을 받치는 단계로까지 약진했다. 인심과 공의를 존중하는 군자변별론은 그래서 나타날 수 있었다.

한편 당론의 폐쇄성에 대한 반성은 정통 학문을 의미하는 사문(斯文)을 확대하자는 견해로 나타났다. 채제공이 정범조에게 보낸 서간을 보면, "사문이 좁아 나타나는 결과를, 오나라 또는 월나라처럼 가까운 지역에서 태어난 사람들이 천하의 명승지는 각각 오나라 또는 월나라보다 나은 곳이 없다고 생각하는 우물 안 개구리 같은 식견에 비유해서 비판했다. 우리 국가는 붕당이 나뉜 이래 이런 식으로 각 당파의 사문만을 배우고 절대시하는 분위기가 심해졌다"는 것이다. 그가 정조 4년경 노·소론의 집중 공격을 받고 정계에서 은퇴할 수밖에 없었을 때, 당쟁의 폐해를 한탄하면서 써보낸 편지 구절이다. 이 폐단에서 벗어나려면 견식을 넓히고 사문을 확대하는 길밖에 없다는 것이다. 이런 경향성 때문에 번암의 정치적 후계자 중 서양학까지도 학문의 근본으로 삼을 수 있다는 급진파가 나타날 수 있었다.

각 붕당에서 군자를 등용하자는 채제공의 주장은 인재 등용권을 비롯한 군주권을 높이는 데서 출발한다. 그는 "사람은 천지 사이에서 살면서 부자와 군신을 생각한다. 아버지가 아니면 어찌 태어났으며 임금이 아니면 어찌 사람이 되었겠는가"라고 했다. 그래서 정조와 대담하면서, 인군(人君)도 또한 하나의 천(天)으로서, 상천(上天)이 만물을 화육(化育)한다면 하천(下天)인 군주는 만물을 도용(陶鎔)한다고 진언하기도 했다. 이는 명분론의 강조와 연결되어, "부자와 군신과 주노(主奴)는 한가지이다"라는 데까지 이르고 있었다. 이는 국가의 기강을 특히 강조하는 입장과 연결된다.

채제공은 정조의 탕평 추진 방식을 긍정하면서, 특히 의리를 준절하게 지켜야 한다는 입장을 뚜렷이 했다. 정조 12년 윤시동(尹蓍東)이 남인을 "기사환국과 무신난을 도모한 세력 중에서 남은 무리들"이라고 비판하자 번암은 이는 사실이 아니라고 반박했다. 숙종 연간부터 탁남(濁南)은 이익을 탐하고 명의(名義)를 무시하는 무리들이었지만, 청남(淸南)은 경신환국·기사환국·무신란 전후 시기에 모두 이들 집권·주류 세력에 대항함으로써 의리를 지켰으므로 남인 전체를 죄인으로 몰아서는 안 된다는 것이다. 또 탁남의 지도자였던 허적의 복관(復官)을 반대해서 정조로부터 비난을 받기도 했다.

동시에 채제공은 정조의 뜻을 받아서 한 차원 높은 정치 의리를 세우려고 노력했다. 그는 우선 영조에 의해 노론이 옳다고 판결된 신임의리는 더 이상 문제 삼을 수 없는 지나간 일이라고 했다. 정조 12년 남인 조덕린(趙德隣)의 복관 추진을 계기로 청남의 의리에 대한 논쟁이 일어났다. 영조 즉위 직후에 처음으로 청남 의리를 앞세워서 준론 주도의 탕평을 건의했던 조덕린의 복관 건의는 청남정파로서는 당연한 것이었다. 그러나 윤시동을 비롯한 노론 강경파들은, "이는 남인이 신임의리를 부정하는 증거"라고 공격했다. 조덕린의 상소 중에 명(名)과 실(實)을 모두 갖추지 않으면 임금이 임금일 수 없다는 말이 무신년 역적의 단서였다는 것이다. 이때 채제공은 "이번 일을 처분하실 때도 선왕의 마음으로써 마음을 삼는다고 하교하셨는데, 어찌 신임대의리(辛壬大義理)에 조금이라도 소홀한 바가 있겠습니까"라고 했다. 남인으로서 영조와 노론의 신임의리 자체를 긍정했던 것이다. 이는 노론을 역적당으로, 노론의리를 역적의리로 파악해온 대다수의 재야 남인과는 다른 견해를 제시한 것이었다.

그러나 새로운 의리를 세우는 문제를 포기한 것은 아니었다. 채제공의 의도는 정조 16년의 영남만인소, 그리고 다음해 그가 올린 「화성유영사영의정소」(華城留營辭領議政疏)에서 잘 나타나 있다. 임오화변을 정치 문제화해서 임오의리(壬午義理)를 새로운 의리로 부각시켰다. 그는 앞의 상소문에서 이렇게 주장했다.

> 선대왕께서 깨달아 아셔서 이미 이와 같이 재삼 알리고 계시므로, 전하께서는 빨리 하늘이 내리는 토역(討逆)을 행하시어 (사도)세자께 씌워진 누명을 밝혀 깨끗이 하셔야 합니다. 비록 여러 현명한 이들에게 물어본다 해도 어찌 의혹이 있겠습니까. …… 이 큰 의리를 버리신다면 다시 어디에서부터 손을 쓰겠습니까.

여기에서 "사도세자에게 씌워진 모함을 깨끗이 씻어버려야 한다"는 주장은 노론이 을해옥사로 소론계 인물들을 거의 몰살시킬 때까지 계속 주장했던, "임금에게 씌워진 모함이 아직 깨끗이 씻어지지 않았다"는 표방을 그대로 떠올리게 하는 것이었다. 군주권 강화에 신임의리가 반드시 필요하다는 이 주장으로 해서 소론 명칭이 없어져버릴 상황에까지 이르렀던 것이다. 그런데 채제공이 다시 제기한 임오의리 문제는 사건 당시 정국을 주도했던 삼정승을 포함한 노론 전체가 이 의리에 소홀했기에 책임을 면하기 어렵다는 의미를 담고 있었다. 이는 곧 새로운 의리로 볼 때 토역의 대상인 것이다. 따라서 노론 강경파는 이를 당연히 임오의리로 신임의리를 뒤집어서, 결국 노론 집권 주류를 없애려는 기도라고 파악했다. 반면 대부분의 소론계와 노론 일각에서는 신임의리뿐 아니라 임오의리도 그만큼 중요하다고 인정하는 정파가 생겨났다. 이 정파들이 곧 '시파'(時派)였다.

사도세자에 대한 재평가를 통해 새로운 의리를 정립해야 한다는 채제공의 상소로 인해 일어난 파란은 정조가 직접 나서서 해결책을 찾을 수밖에 없었다. 정조는 상소의 본뜻이 임오의리를 천양(闡揚)하기 위해서 '하늘이 내리는 토역'을 시행하자는 데 있는 것이 아니라, 이제까지 정성왕후 신위 아래 숨겨져 있던 '금등' 문서를 공개하는 데 있다고 해석함으로써 해결했다. '금등'이란 『서경』(書經), 『주서』(周書)에서 따온 명칭이다. 주(周) 무왕(武王)의 죽음에 임박해서 주공(周公)을 대표로 한 삼공(公)이 무왕 대신 죽기를 하늘과 조상에 기원한 비밀 문서를 금으로 봉한 궤에 보관한 것이 '금등' 문서인데, 다음날 무왕이 죽자 주공이 죄인을 칭해 떠나갔다가 하늘의 뜻으로 '금등'이 공개되어 죄를 씻고 다시 돌아왔다는 내용이다. 따라서 '금등' 문서는 사도세자가 주공과 마찬가지로 군주이자 부친인 영조를 위해서 스스로 죄를 입었다고 영조가 판단했다는 사실을 확인해둔 비밀 문서였다는 의미이다. 곧 사도세자에 대한 처분을 후회하는 내용이 담긴 이 '금등' 문서를 보관했다는 사실은 영·정조와, '금등' 문서를 보관할 당시 도승지로서 참여했던 채제공만이 알고 있었다. 이로써 영조가 채제공을 신임했던 이유와 정조가 극진하게 대접했던 이유가 밝혀진 셈이었다. 당시 이 '금등' 사건은 정치적으로는 서인 송시열의 효종 독대, 노론 이이명의 숙종 독대와 같은 정치적 비중을 지닌 것으로 평가되었다.

이후 채제공은 영남사림에게 편지로 이 사실을 자세하게 알리면서 "세자의 누명이 이미 깨끗하게 밝혀졌고, 영조와 사도세자의 아름다운 덕도 함께 천양됨을 얻었다"고 했다. 영남사림이 이에 격동되어 다시 영남만인소를 올리려 하자 아직 시기가 아니라고 만류했다. 정조가 노론의 쓸데없는 의구심을 불러일으키지 않으려 했기 때문이다.

'금등'의 공개를 계기로 임오의리는 신임의리와 같은 비중을 차지하게 되었다. 채제공은 기사·신임 의리에 대한 남인의 집착을 임오의리로 전환시킴으로써, 영남사림의 보다 적극적인 정치 참여를 유도할 수 있었다. 이후 남인은 청남의 기치 아래 다시 결집했다. 그러나 노론 벽파는 이를 신임의리를 파기하겠다는 기도로 받아들였다. 그래서 정조가 세상을 뜬 직후 영조의 계비 정순왕후(貞純王后)와 연결된 노론 벽파의 대반격으로, 임오의리는 물론이고 의리를 앞세운 정조의 탕평 기반까지 모두 파괴되어버린 한 원인이 되었다.

청남 정파는 정조 연간에 정치체제에 대한 생각을 더욱 연구해 구체화했다. 그 대체(大體)는 영조 연간처럼 실제로 효과 있는 사업(實事求是)에 힘쓴 서한(西漢: 前漢)의 통치체제를 깊게 연구하여, 봉건제의 정신을 살리는 절충형 군현제를 조선 현실에 적용해보려는 노력에 있었다. 이는 청남 계열에서 나온 대실학자 성호 이익이 학문적으로 잘 체계화해 놓았기 때문이기도 하다.

채제공 역시 "요즘 사람들은 말만 했다 하면 삼대를 칭찬하고 한나라 이후는 멸시하지만 …… 신은 항상 서한이 최근고(最近古)로서 모든 일이 다 실제에 힘썼다(務實)고 평가합니다"라며 가장 본받을 만하다고 했다. 그는 조선의 국가체제는 삼대의 주(周)와 후세의 송(宋)을 본받고 있다고 말했다. 그러나 그것이 노론이 주장하는 남송(南宋) 체제 존중론은 아니었다. 오히려 남송은 세도가 망해가는 시기로, 그 문화도 문제가 있다고 파악했다. 그렇다고 해서 채제공이 정주학(程朱學)에 입각한 국가체제론에서 벗어난 것은 아니었다. 그가 구상했던 이상적인 정치의 방향은 정전제와 봉건제를 구현했다는 삼대(三代) 정치의 회복에 있었다. 하지만 삼대에서 실시했던 토지제도인 정전제(井田制)는 "백성들의 산물이 각각 같지 않고 전답은 각각 주인이 있는" 상황에서는 실시할 수 없다고 했다. 그렇다고 해서 토지제도의 대경장(大更張)이 필요 없다는 의견은 아니었다. 주자의 견해를 빌려 후일 더 절박하고 적절한 때가 오면 가능할 수 있음을 비치기도 했다.

곧 채제공은 정전제와 봉건제를 이상으로 인정하되, 시대에 따른 변화를 더 중요시하여 실제로 적용할 수 있는 방식을 탐구했다는 사실을 알 수 있다. 그래서인지 기본적인 모델은 성리학적 명분론과 북벌론이 표방되면서 받아들였던 남송을 택하지 않고, 강력한 왕권에 의한 통일국가체제였던 전한을 존중하고 있었다. 채제공이 삼대의 봉건제보다 전한의 절충적 체제인

군국제 규모에 집착했던 이유는 궁중·외척과 연결되어 특권적 권력을 유지하려는 집단의 폐해를 우려했기 때문이다. 곧 조선의 현실에서 왕실 외척 가문을 중심으로 성장한 노론 벌열 양반들이 자신의 정치적 입지를 특권화해가는 폐해를 우려했기 때문이다. 그래서 실력이 더 존중되는 관료제와, 관료 인사권과 군 통수권들을 기반으로 하는 왕권의 강화를 동시에 긍정하는 국가 사업들을 적극 추진했던 것이다. 곧 채제공의 탕평론은 벌열 양반이 지닌 특권을 제거한다는 데 목표를 두고 있었다. 그는 탕평은 원래 조정의 사대부뿐만 아니라 일반 백성에게까지 확대되는 것이며, 성인의 탕평정국 아래서는 사대부도 하나의 백성이라고까지 말했다. 이런 그의 생각은 정조와 다를 바 없었다. 정조는 "일상생활의 모든 일에는 각각 절로 그 가운데 올바름(中正)이 들어 있으니, 아주 높거나 멀리 있는 것이 아니다. 만일 이를 다른 데 걸어두고 찾으려 한다면 …… 찾을 수 없을 것이다"라면서 중용의 정신에 입각한 애민(愛民)의 실천을 내세웠다. 채제공 역시 일차적으로는 모든 일상생활 차원에서 올바른 생산을 지원하는 입장에 서서 백성의 일에 전력을 다한다는 정조의 단계적 탕평 추진을 적극 보좌했다.

이런 생각은 채제공이 자신의 시대가 상당한 경장이 필요한 시기로 생각한 데서 비롯된 것이기도 했다. 특히 그는 군주와 함께 경장을 도모했던 송(宋) 신종(神宗) 연간의 왕안석(王安石)을 경장에 실패했음에도 불구하고 대단히 높게 평가했다. 이는 정조의 의중과 정확하게 일치하는 것임을 정조 15년 4월 갑술의 실록 기사를 통해서 알 수 있다. 다음은 실록 기사를 축약한 것이다.

> 정조: 신종이 왕안석을 등용한 그 뜻을 보면 역시 큰 뜻을 품은 임금(有爲之主)이오.
> 이의봉: 신종이 큰 뜻을 품은 임금이라는 것은 옳지만 그에 맞지 않은 인물을 등용했습니다.

정조: 인품이야 진실로 현명함과 불초함이 있겠지만, 만일 그 세상에 필요한 재능에서라면 왕안석은 결코 사마광(司馬光)에 뒤지지 않을 것이오.

이의봉: 만일 사마광이 군주의 높임을 얻어 오래 정사를 행했다면 단지 소강(少康)의 정치 정도겠습니까? 또한 장차 삼대를 만회했을 것입니다.

채제공: 최근 유학자의 의견이 사마광과 왕안석은 비교해 말할 수 없다는 데 도달해 있으니 참으로 좁습니다. 신은, 사마광은 신법(新法)이 백성을 어지럽힌 마무리를 맡아서, 청렴한 관리가 탐학한 관리를 대신하는 것같이 쉽게 청명을 얻었다고 말하겠습니다. 그래서 천하가 오늘날까지 이를 칭찬하니 진실로 좋은 팔자입니다. 구법(舊法)을 변화시키는 것은 지극히 어렵고 신법을 파기하는 것은 아주 쉬우니, 어찌 재간이 왕안석보다 뛰어난 사람이 있겠습니까?

정조: 그렇소. 유신(儒臣)은 비록 송 신종이 그에 맞지 않은 사람을 등용했다고 하지만, 당시 천하의 시세는 커다란 쇄신을 할 수밖에 없었기에 뜻을 단단하게 차리고 다스리기를 도모하자 굳게 결정해 두 마음이 없었소. 나는 한(漢) 무제(武帝) 이후 오직 신종만이 자못 할 일을 해보려는 뜻이 있었다고 생각하오. …… 주자도 이미 왕안석을 훌륭한 신하로 인정했으니 어찌 좀체로 얻기 어려운 인재가 아니겠소.

그러나 채제공은 실제 정책을 담당했을 때는 제도 개혁보다는 운영 개선을 적극적으로 추진했다. 곧 채제공은 중간 수탈의 제거, 부가세 폐단 제거 등의 문제를 중점적으로 추진했는데, 특히 간악한 이서(吏胥)들을 잘 다스려 중간 수탈을 없앰으로써 백성을 안정시키고 국가의 재정 부족 상황을 타개하는 것이 급선무라고 생각했다. 중간 계층인 서얼 출신에 대한 대책도 국가 결정으로 밀고 나가는 급격한 경장보다는, 지방의 풍속은 풍속에 맡겨야 한다는 점진적인 입장을 취했다.

한편 채제공은 전통적인 농업우선정책을 지켰지만, 상업의 활성화가 국가 재정을 비롯한 서민 경제에 필요하다는 점을 인식했다. 그래서 수원성을 쌓는 동시에 대상인들의 투자를 촉진시켜 수원을 사람들이 살기 편한 대도회로 키워나가야 한다고 진언했다. 이밖에 인삼 재배의 권장과 은(銀)과 삼(蔘)을 통용할 것을 주장한 것은 국내 물자의 유통과 공무역의 활성화를 가져오기도 했다. 그가 수상으로 1791년 1월부터 적극적으로 추진한 신해통공(辛亥通共)정책은 육의전을 제외한 일반 시전이 전매하던 상품을 소상인이나 소상품 생산자도 자유롭게 판매할 수 있도록 한 조치로, 이미 잘 알려진 업적이다. 이때 그는 시전을 담당하는 평시서(平市署)를 없애, 재정권은 호조에 돌려주고 재판권은 한성부에 돌려줄 것을 건의하기도 했지만, 급격한 제도 개혁을 싫어한 정조의 반대로 실현되지는 못했다. 그러나 이런 정책들은 민산(民産)을 풍족하게 하고 상업을 활성화함으로써 시가를 번성하게 한다는 목표를 가진 것이었다. 결국 당시 일반 농민들의 잉여 생산물의 증대로 개방적인 유통-경제 구조가 확대되어, 그동안 양반 지주들의 생산만을 주로 취급하면서 성장해온 특권 상인의 폐쇄적이고 독점적인 유통을 타파하게 된 것이다.

(2) 이단에 대한 비판과 포용 – 불교와 서학

채제공은 그의 인척이나 정치적 후계자들이 많이 신봉했던 서학(천주학) 때문에, 사후 삭탈 관작을 당하기도 했다. 그러나 그는 서학을 이단 사상이라고 판단하고 있었다. 서학에 대한 그의 본격적인 문제 제기는 정조 12년 8월 정언 이경명(李景溟)이 서학을 나쁜 무리들과 연결된 요사스러운 학문이라고 비난한 상소가 있은 다음날에 있었다.

채제공은 당시 논의 과정에서 『천주실의』(天主實義)를 언급하면서 서학에 대해서 두 가지 비판을 했다. 첫째, 서학은 '무부무군'(無父無君)이어서 인간의 일상 윤리에 어긋난다는 것이었다. 둘째, 천당설이나 기적설은 개인의 사적인 이익 추구를 특징으로 하므로, 신이(神異)를 강조하는 등 이치에 맞지 않는 주장으로 이어져서 혹세무민(惑世誣民)의 우려가 있다는 것이었다. 결국 이것을 불교 중의 별파라고 결론지었다.

그와 동시에 '상제가 하늘과 땅 어디에서나 늘 좌우에서 인간을 굽어 살펴본다는 설'(上帝監臨陟降左右之說) 같은 좋은 면모도 있다는 견해도 피력하였다. 이는 대단히 주목되는 부분이다. 이런 견해를 피력하게 된 이유를 이해하기 위해서는, 먼저 그가 이단이라고 지적했던 불교에 대한 견해부터 살펴볼 필요가 있다.

불교에 대한 그의 글은 대체로 노년기에 승려들의 청탁으로 쓴 것이 대부분이다. 채제공은 불교가 윤리를 없애버리고 신이를 강조하는 점을 비판했다. 또 불교는 마음으로 마음을 보는 데만 힘쓰는 유심론(唯心論)이므로, 개인적 이익 추구를 우선하는 인심(人心)밖에 모르는 이기적인 경향을 지니고 있다고 지적했다. 곧 천심(天心, 道心)과 인심의 조화로 나타나는 수기치인(修己治人)의 원리, 곧 가족(親親)→인간공동체(仁民)→자연(愛物)으로 이어지면서 나아가는 덕치(德治)의 본뜻을 결코 깨달을 수 없다는 비판이었다. 동시에 불교에 좋은 측면도 잊지 않고 지적했다. 특히 부모의 은혜를 중요하게 본다든지, 마음을 다하여 받든다든지 하는 측면들을 칭찬했다. 그래서 불교도도 유교 정신과 통하려고 노력한다면 이단이라 해도 전혀 걱정할 필요가 없다고 말하기도 했다. 특히 부인 권씨는 불교에 독실했다. 채제공은 부인이 불교에 독실한 것에 반대하지 않았을 뿐 아니라, 오히려 여승을 포함한 승려들과의 친교를 소중하게 여기고 있었다.

채제공은 불교뿐 아니라 다른 이단 사상도 많이 수용하고 있었다. 정조와 같이 왕양명을 높게 평가해서, 그를 방손지(方遜志)와 함께 명(明)의 2대 문장가로 인정했다. 또 노자(老子)의 학문은 개인적 보신만을 꾀하는 이단이라고 비판하면서도, 이를 나라 다스리는 데 잘 써서 문치(文治)를 이룩했던 한 문제는 칭송했다. 민간신앙 가운데에서도 혹세무민의 성격이 강하다고 판단한 무격(巫覡)은 철저히 금압하려 했지만, 농사 및 수복(壽福)에 관계되는 풍신제(風神祭)나 영수성(靈壽星) 제사는 찬성하고 권장했다.

결국 채제공의 입장은, 가정이나 국가를 다스리는 데 좋은 영향을 줄 수 있는 사상이라면 이단이라도 잘 쓰기만 하면 된다는 것이었다. 서학에도 좋은 측면이 있다거나, 불교의 별파라는 지적은 이 사고방식을 그대로 적용한 것이라고 볼 수 있다.

따라서 그가 서학을 이단이라고 비판하면서도, 상제(上帝)가 하늘과 땅 어디에서나 늘 좌우에서 인간을 굽어 살펴본다는 설을 좋은 점이라고 말했던 것은, 이 설이 백성의 교화에 유익하며 나라를 다스리는 데 도움이 될 수도 있다고 판단했기 때문이라 해석된다. 이 교리는 서양의 절대주의 왕정 시대에는 군주절대권 강화의 근거였던 '왕권신수설'(王權神授說)에 사용되기도 했다. 당시 조선 왕조의 국왕의 권위는 하늘의 명을 받은 군주(受命之主)로서 백성의 교화를 책임지는 군주(敎化之主)라는 데 근거하고 있었다. 그러므로 이런 서학의 주장을 왕권신수설처럼 상천(上天)과 하천(下天)으로 나누어 해석하면, 그가 정조와 대담하면서 말했던, "인군(人君)도 또한 하나의 천(天)으로서 상천(上天)이 만물을 화육(化育)한다면 하천(下天)인 군주는 만물을 도용(陶鎔)한다"는 내용과 같아진다. 곧 군주의 권한 강화라는 측면에 도움이 될 수 있는 이론으로 판단한 것이다.

진산 사건 이후 채제공은 "서양학은 실로 불교 서적과 대동소이하다"고 지적하면서, 다른 사람들이 사학(邪學) 배척을 내세워서 서학 신봉자에게 반역죄를 적용하자는 주장을 당론(黨論)이며 이치에 맞지 않는 요구라고 배격해버렸다. 제사 폐지 문제도 결국은 천당·지옥설 때문이라고 파악했다. 이 설에는 본래 악을 없애고 선을 행한다는 좋은 지향이 있지만, 이에 미혹(迷惑)되어 믿는 것이 부모에게 무익하므로 제향이 불필요하다는 요사한 학설에 빠지게 되었고, 결국 부모 신주까지 불태우는 패륜에 이르렀다는 것이다.

정조는 채제공에게 서학 문제를 위임하면서, 이를 남인 내의 조제 문제로 국한시키겠다는 결정을 내렸다. 이는 노론정파가 사학 배척을 내세워 전면적으로 개입하려는 기미를 사전에 봉쇄하려는 의도이기도 했다. 그래서 "그 사람은 사람 되게 하고 그 책은 태워버린다"는 교화 우선 원칙을 적용하려 노력했다. 정범조는 당시 서학 관련자들에 대한 그의 자세를 "반드시 두루 보호하고 미봉함으로써 그 은혜와 정의(情誼)를 온전히 하려 한다"고 설명했다. 정조 연간의 서학 정책은 이단이라도 통치에 잘 쓰기만 하면 도움이 되므로 교화 우선 원칙을 사용해야 한다는 채제공의 은원관계를 재생산할 필요가 없다는 포용론이 반영된 결과이기도 했다.

(3) 청량(淸凉)으로 상징되는 청남계 조선중화주의 풍속시풍

채제공의 문학, 특히 시는 위로는 이수광의 둘째 아들로 대제학을 역임한 이민구(李敏求) 및 청남 학통을 출발시킨 허목을 이었고, 아래로는 다산 정약용으로 이어진다고 평가된다. 특히 풍속에 대한 시가 아주 많은데, 사대부 풍속보다는 농민을 포함한 서민과 여성의 처지에 관심이 많은 것이 특징이다. 이는 그에게 시를 가르친 스승 이덕주의 영향뿐 아니라, 백부 채팽윤 이래 사대부가 아닌 중간 계층인 이른바 위항시인(委巷詩人)들과 교유해온 집안의 학문적 분위기에서도 연유하고 있다. 이런 서민 생활에 주목하는 풍속시풍(詩風)은 그의 정치적 후계자인 이가환과 정약용 같은 남인 실학자에게도 그대로 이어졌다.

채제공의 정치적 입지를 잘 알게 해주는 시로는, 조선중화주의가 특징적으로 나타나는 『함인록』이 있다. 정조 2년 3월 17일부터 7월 2일까지 서울인 한성에서 청의 수도 연경까지 사신으로 여행하며 느낀 132일 동안의 소회를 읊은 시집으로 역시 풍속시풍의 성격이 강하다. 시 형식으로 연행(燕行)일기를 기록한 것이 특징으로, 송시열 이래 존명의리(尊明義理)·북벌론(北伐論)을 의미하는 문구를 따라서 236수의 시를 『함인록』이라고 명명했다. 이 사행의 정사는 채제공이었고, 부사는 정일상(鄭一祥), 서장관은 심념조(沈念祖)였다. 특히 수행원으로는 이후 북학파의 대가로 급성장한 이덕무(李德懋)와 박제가(朴齊家)가 참여했다. 이덕무는 이때 여행을 '연행기'로 기록해 문집에 남겨놓았는데, 당시 서장관이던 심념조와 함께 연경의 책방에서 명말 청초에 청에 대항해 지조를 지켰던 삼유로(三遺老)의 한 사람으로 지칭되는 경세학의 대가 고염무(顧炎武)의 문집을 비로소 구해서 검토할 수 있었다고 기록하고 있다. 당연히 채제공도 이를 보았을 것이다.

연행록은 병자호란 이후 소현세자와 봉림대군(훗날의 仁祖)이 1637년에서 1644년까지 청나라 수도 심양에 체류했던 사실을 기록해놓은 『심양일기』(瀋陽日記) 이후 계속되었다. 청에 사신으로 갔던 지식인들은 거기서의 관찰 기록을 기행문으로 남겨놓는 일을 중요하게 생각했다. 여기에는 청을 오랑캐(夷狄) 국가로 규정하고 오랑캐의 침략에 굴복할 수밖에 없었던 굴욕을 씻기 위해 복수를 실현하려는 자료의 하나로 기록한다는 서술 목적이 담겨 있다. 채제공 당시 연행록의 모범은 1712년(숙종 38) 노가재(老稼齋) 김창업(金昌業)이 쓴 일기 형식의 기록이었다. 이 『노가재연행기』는 송시열 이후 본격적으로 체계화된 조선중화주의의 입장에 서 있었다. 조선중화주의란 중국 문화를 출발시킨 삼대 시대 이후 전해 내려온 중국 문화의 전통을 지킬 수 있는 역사공동체는 이제 우리 조선밖에 없고, 따라서 중화 문화의 정통이 명나라에서부터 조선으로 왔다는 사고방식이었다. 곧 청나라의 압력과 청나라 문화에 대항하기 위해서는 우리 고유의 문화를 더욱 굳게 지켜야 한다는 인식이다. 그러나 1765년(영조 41) 홍대용(洪大容)의 『담헌연기』(湛軒燕記) 전후부터 조선 사회의 모순을 개혁하기 위해서는 청의 선진 문물을 수용해야 한다는 주장을 담은 북학파의 연행록이 나타난다. 이러한 것으로는 1780년(정조 4) 박지원(朴趾源)의 『열하일기』(熱河日記)가 가장 널리 알려져 있고, 채제공과 같이 연행했던 이덕무도 북학론의 입장에서 연행기를 썼다.

그런데 채제공의 연행시는 김창업 이후 조선중화주의를 남인 입장에서 취했으면서도 북학파의 입장을 일부 수용한 중간 단계의 저술이다. 이는 정조 즉위 전후부터 새롭게 표방한 조선중화주의 분위기 때문이기도 했다. 정조는 서학뿐 아니라 명나라 및 청나라의 소설류를 위시한 패관소품(稗官小品)을 좋아하는 풍조를 자기 자신도 모르는 주제에 설치고 나서는 격인 문화의 사치 풍조라고 생각했다. "우리 동국에서 태어난 이상, 마땅히 우리 동국의 본모습을 지켜야 한다"는 것이었다. 이는 그릇 같은 생활용품도 중국산만을 쓰려는 사치 풍조가 학문에도 번진 탓이라는 해석이기도 했다. 그래서 정조는 우선 조선의 자기 주체성을 뒷받침할 수 있는 전통 학문의 재확립을 바랐다. 그 올바른 전통 학문은 원시유학과 주자성리학을 의미했는데, 그는 이를 '정학'(正學)이라 불렀다. 그래서 조선이 곧 마지막 남은 중국적 문명국이라는 '조선중화주의'를 표방했고, 외부로부터 들어오는 경박한 풍조를 없애기 위해 진정한 실력을 갖추어 자기를 지킨다는 '내수외양론'(內修外攘論)을 제기했다. 이는 청나라의 중국인 통치가 성공적으로 안정되어 가는데다, 『사고전서』(四庫全書)의 편찬으로 표현되는 대대적인 중화 문화 정리 사업까지 펴는 현실에 대응하려면, 청을 제대로 알되 우선적으로 조선의 자기 정체성을 확립해야 한다는 선택이었다.

채제공이 사신으로 파견되었던 정조 2년은 바로 『사고전서』 편찬이 막바지 단계에 이르렀던 시기였다. 게다가 강남 지방에서 최후까지 저항하다 결국 청에 항복한 명의 구신 세력에 대한 평가 절하를 단행하면서, 이에 연결되는 세력에 대한 정치적 탄압이 행해졌던 시기이기도 했다. 채제공 역시 이런 상황들을 비판적으로 파악하는 남인계 조선중화주의의 입장에 서 있었다. 「대보단배제기」(大報壇陪祭記)에서는 이를 "우리 조선이 명나라를 사모하는 것은 효자가 부모를 사모하는 것과 같다"고 표현하기도 했다. 이는 전통 중화 문화에 대한 의리(尊周大義)를 강조하는 언급이기도 하지만, 동시에 중화 문화의 적통이 이제는 우리 조선으로 왔다는 점을 지적한 것이다. 채제공 역시 중국 전통 문화 가운데 육경고문을 바탕으로 한 원시유학과 주자성리학을 '정학'으로 받아들였다. 중국 전통 문화의 한 갈래인 노장

사상, 중국화한 불교사상, 명말 청초 유행했던 패관 소품 및 서양학들은 모두 이단 사상으로, 이기적이고 경박한 문화 풍조에 휩쓸린 때문이라고 판단했다. 이 때문에 청에 사신으로 가는 친우들에게도 청의 다양한 물화(物貨)를 비롯한 문화 규모를 생각하기 전에, 받아들이는 자세와 뜻을 먼저 바르게 할 것을 권유하고 있었다.

이런 채제공의 조선중화주의는 「황성을 출발하며」라는 시 등에서 특히 잘 나타나는데, 강대국인 청의 도회·시전·도로·교량·목축 등 규모가 크고 번화(繁華)함에 주목하면서도 답답했다는 느낌을 지우지 못한 반면, 소국(小國)이지만 조선 강역에서 나오는 청량(清凉)함에는 도저히 미치지 못하다는 지적들로 표현되어 있다(皇城只繁庶 泉濁黏如鰾 清凉我東國 勿謂疆域小). 물론 '청량'(清凉)은 '함원인통'(含怨忍痛) 같은 구절을 일반적으로 이해되는 '한'(恨)의 수준과는 전혀 다른 수준과 의미로써 실생활에 적용한 상징으로, 바로 「청량산 육육봉」이라는 시조를 남긴 퇴계로 상징되는 남인계 조선 성리학풍에 직결되는 표현이다. 그는 청나라가 중국의 풍속을 철저하게 금지하는 등 강력한 법령에 입각한 강압적 통치를 시행한 것은 중국인의 삶과 풍습뿐만 아니라 우리에게도 직접적으로 피해를 주었다며 비판적으로 적시(摘示)했다. 곧 청나라의 강압적인 대국주의(大國主義)를 비난하고 오랑캐의 문화라고 규정함으로써 사대(事大)의 대상에서 제외해버렸다. 사실 『맹자』(孟子) 「양혜왕」(梁惠王) 장구에 따르면, 사대는 대국주의의 강제에서 나오는 일방적인 것이 아니라 인(仁)과 지(智)를 바탕으로 하는 사소(事小)가 반드시 따라야 비로소 성립되는 상호적인 것이었다. 그래서 망해버렸지만 사대의 대상인 중화 문화(특히 禮樂과 衣冠)와 그 상징인 옛 성인(聖人) 및 명나라 황제·충신들에 대해서는 각별한 감회를 시로 남겼다. 반면에 청을 정통(正統) 국가가 아닌 참위(僭位)의 호로(胡虜) 국가로, 청 황제를 일개 '한추'(汗酋)로 파악했고, 청 문화와 기자조선 이래 우리의 고유한 문화 및 지금의 현실과 비교해보면서 한탄했던 것이다.

63인의 역사학자가 쓴 한국사 인물 열전

3. 연구 현황 및 평가

채제공 개인에 대한 본격적인 연구는 지금까지도 거의 없다. 하지만 채제공은 이미 1930년대 조선학 운동기에 정약용 사상을 뒷받침하는 남인 정치 세력의 지도자로 주목받아왔다. 이후 1970년대 초부터는 강만길 선생이 신해통공을 특권 상인인 시전 상인을 억누르고 도시 소상인들을 보호한 상업 정책의 큰 변화로 해석하고, 이를 시행한 정치 주체 세력으로서의 채제공을 높이 평가한 바 있다. 이후 김동철 등에 의해서 신해통공은 기본적으로 농민의 생산물을 적극 유통시키는 방향의 정책이라는 연구를 이어받는 업적들이 발표되었다. 한편 1973년 조광은 채제공이 서학을 불교와 같은 수준의 이단으로 보았다는 입장에서 연구했다. 1980년대에 들어와서 박광용은 영조·정조 연간의 탕평책하에서 남인 세력이 지니는 위치와 관련해 채제공의 정치 사상을 분석한 바 있다. 이후 부분적으로 채제공의 정책이나 사상을 다루는 연구는 있었지만, 채제공의 새로운 면모를 본격적으로 제기한 연구는 아직 없었다고 보아야 할 것이다. 앞으로 채제공에 대한 연구는 정조 연간의 '권도론'(權道論) 연구 등 조선 시대 정치사의 실사구시적 면모에 대한 관심이 높아질수록 더욱 주목받게 될 것이다.

참고문헌

· 원자료

『英祖實錄』 『正祖實錄』 『純祖實錄』

『承政院日記』 『日省錄』 『備邊司謄錄』

南夏正, 『桐巢漫錄』

蔡濟恭, 『樊巖集』

丁範祖, 『海左集』

李獻慶, 『艮翁集』

丁若鏞, 『與猶堂全書』

黃德吉, 『下廬集』

李在璣, 『訥庵記略』

· 논저

姜萬吉, 『朝鮮 後期 商業資本의 發達』, 高麗大學校 出版部, 1973.

金東哲, 「蔡濟恭의 經濟政策에 관한 考察 —특히 辛亥通共發賣論을 중심으로」, 『釜大史學』 4, 부산대학교 사학회, 1980.

朴光用, 「英·正祖代 南人 勢力의 政治的 위치와 西學政策」, 『한국교회사논문집』 II, 1985.

_____, 「正祖 연간 時僻薰 爭論에 대한 재검토」, 『韓國文化』 10, 1990.

_____, 「蕩平論과 政局의 變化」, 『韓國史論』 10, 서울대학교 국사학과, 1984.

박현모, 『정치가 정조』, 푸른역사, 2001.

趙珖, 「樊巖 蔡濟恭의 西學觀 硏究」, 『史叢』 17·18합집, 고려대학교 사학회, 1973.

최익한, 『실학파와 정다산』, 국립출판사, 1955.

『경기실학』(공저, 2000, 경기문화재단) 외 다수.

63인의 역사학자가 쓴 한국사 인물 열전

홍양호 洪良浩
18세기 후반의 참보수

강석화 경인교육대학교 사회교육과 조교수

1. 생애

홍양호(洪良浩, 1724~1802)는 18세기 후반 영·정조 시대 관각(館閣: 홍문관과 예문관)의 문장을 대표하는 인물이다. 본관은 풍산(豊山)이며 서울 훈도방(薰陶坊)의 진고개〔泥峴: 지금의 충무로 2가〕에서 태어났다. 처음 이름은 양한(良漢)이었으나 정조 초에 돌림자를 바꾸어 양호(良浩)로 개명하였다. 자는 한사(漢師)이며 만년에 우이동에 터잡고 살았기 때문에 호를 이계(耳溪)라 하였다.

대사헌 홍이상(洪履祥)의 6대손으로, 5대조 영(霙)은 예조참판이었고, 고조 영안위(永安尉) 주원(柱元)은 선조의 장녀 정명공주(貞明公主)의 부마였으며, 증조 만회(萬恢)는 장예원 판결사, 조부 중성(重聖)은 단양군수를 지냈다. 아버지 진보(鎭輔)는 관직에 오르지 못하고 39세의 나이로 세상을 떠났다. 어머니는 영조 때 영의정을 지낸 심수현(沈壽賢)의 딸이다. 집안의 정치적 성향은 소론이었고 명문으로 인정되는 가문이었으나, 10대 초에 조

홍양호 367

부와 부친이 잇따라 돌아가 가세가 급격히 기울었다. 홍양호는 주로 외가에서 성장하였으며 하곡(霞谷) 정제두(鄭齊斗)의 제자인 외숙 저촌(樗村) 심육(沈錥)에게 글을 배웠다. 이외에 특정한 스승을 모시거나 학파에 연관됨 없이 집안에서 독서하며 스스로 학문적 토대를 세웠다. 16세 되던 1739년(영조 15) 군수 동래 정씨 정석구(鄭錫耉)의 딸과 혼인하였으며 생계를 위해 가족 모두 충청도 덕산에 낙향하여 거주하기도 하였다.

1747년(영조 23) 24세의 나이로 진사가 되었고, 5년 후인 1752년(영조 28) 정시문과에 급제하였다. 홍양호는, 자신은 본래 과업(科業)에 뜻이 없었으나 집안이 빈한하고 어머니가 연로해 과거에 응하였다고 한다. 그러나 자기의 글이 한번 나타나자 성균관이 동요했다고 술회할 정도로 스스로의 학문적 역량에 대해 자부심을 가지고 있었다.

출신(出身) 후 관직 생활은 비교적 순탄한 편이었다. 예문관 검열을 거쳐 시강원 사서, 사헌부 지평, 홍문관 수찬 등을 지냈으며, 학문적 역량이 뛰어나고 박학하다 하여 영조의 총애를 받았다. 1755년(영조 31)에 소론인 윤지(尹志)가 노론을 비방하는 글을 나주 객사에 붙여놓은 이른바 나주괘서 사건에 연루되어 이조판서였던 외삼촌 심악(沈鐸)이 처형당하는 등 외가가 큰 타격을 입었다. 그 또한 연루될 가능성이 있었으나 그의 박식함을 높이 평가한 영의정 이천보(李天輔)와 영조의 각별한 배려로 정치적 위기를 면할 수 있었다. 1759년(영조 35)에 정조를 세손으로 옹립할 때 책례도감의 일을 수행한 공으로 통정대부가 되었고 승정원에서 활동하였다.

1757년(영조 33)에 홍문관에 재직하면서 삼국 시대 각국의 강역(疆域)을 표시하고 방위색으로 구분해 채색한 「삼국기지도」(三國基址圖)를 제작해 올렸으며, 정항령(鄭恒齡)이 백리척(百里尺)을 이용해 제작한 『동국대지도』(東國大地圖) 및 『팔도분도첩』(八道分圖牒)에 대해 보고했다. 영조가 백리척을 사용한 지도를 처음 보았다며 정확함을 높이 평가하고 홍문관과 비변사에 사본을 비치하라 명하자, 홍양호는 『여지승람』(輿地勝覽) 편찬 이후 전국적인 지리지가 만들어진 적이 없음을 아뢰고 홍문관에서 각 읍의 지리지를 모아서 전국 지리지를 편찬할 것을 강력히 건의했다. 1765년(영조 41)에 완성된 『여지도서』(輿地圖書)는 그의 제안에서 시작된 것이다.

홍양호는 주로 문한관(文翰官)으로 활동하면서도 외직에도 여러 차례 보임(補任)되었다. 1757년에는 한강어사와 제주도 독운어사로 파견되어 민폐와 지방 사정을 조사했고, 이듬해에는 경기어사로 임명되어 지방 수령들의 근무 실태를 조사하고 복명(復命)하여, 사단(社壇)의 신실(神室)을 보수하지 않은 수령들을 논죄하기도 했다. 이어서 강동현감으로 나가 주민들을 동원해 둑을 쌓고 나무를 심어 만류제(萬柳堤)를 수축(修築)했으며, 이후 외직에 보임될 때면 부임지마다 수리 시설 정비와 식목에 힘을 기울였다.

1759년(영조 35)에는 경주부윤이 되어 신라와 고려 시대의 비문을 수집해 정리했으며, 사서나 야사에 전해 내려오는 신라 금석문의 위치를 비정(比定)하고, 인각사비(麟角寺碑)와 무장사비(鍪藏寺碑) 등 신라 시대의 비석을 직접 발굴하기도 했다. 이듬해 홍주목사가 되었을 때는 본읍 주민과 인근 고을의 군정(軍丁) 수천 명을 동원해 합덕지(合德池)를 대대적으로 중수하였다.

1761년(영조 37)에 대사간이 되었으며 이듬해 장헌세자(莊獻世子: 사도세자)가 죽임을 당한 후 세자를 올바르게 인도하지 못했다는 이유로 한때 삭직당하였으나, 다시 사헌부 지평에 임명되었고 이후 승지와 도승지를 역임했다. 이즈음에는 서울 근교의 우이동에 새로운 거처를 마련하고 통신사(通信使) 일행에게 부탁해 일본에서 벗나무 묘목을 수입하여 심었다. 우이동의 전장은 그의 집안이 경화사족(京華士族)으로 자리잡게 되었음을 상징하는 것이었으며, 손자 홍경모(洪敬謨)대에 이르기까지 생활의 근거지가 되었다.

1763년(영조 39)에 호남 암행어사와 의주부윤을 지냈고 1770년(영조 46)에는 황해도 관찰사가 되었다. 황해감사 때에는 연안의 남대지(南大池)

를 준설(浚渫)하는 등 수리 시설을 정비했고, 각 읍의 원우(院宇)에 훈장을 두어 선비들에게 시서(詩書)와 육례(六禮)를 교육했다. 청인들이 배를 타고 와서 해삼과 전복을 몰래 채취하는 것을 막기 위해 장연에 수군영을 신설하고 군민들을 대상으로 무예 시험을 시행하여 군사를 확보했다. 1772년(영조 48)에 대사간이 되어 중앙에 돌아온 뒤에도 신설된 군영에 우후(虞侯)를 둘 것, 양전 시행 및 결세 조정, 개간지에 대한 3년간의 면세 규정 이행 등 민폐 시정책을 계속 건의했다.

1775년(영조 51)에는 세손이 대리서무를 시작하게 되자 도승지로서 정조를 충실히 보좌하였다. 그러나 정조의 등극 후 홍국영(洪國榮)이 실세로 급부상하자 그와 당색이 달랐던 홍양호는 곤란한 처지에 놓이게 되었다. 그는 사도세자의 죽음에 책임이 있는 화완옹주의 양자인 정후겸(鄭厚謙)과 사도세자의 장인이면서도 그의 죽음을 묵인한 홍봉한(洪鳳漢)의 당여라는 비판을 받았다. 홍양호는 자신이 이들과 무관하다고 역설하였고 형제들과 함께 돌림자를 바꾸어 초명이었던 양한(良漢)을 버리고 개명하였으나 비난 상소는 끊이지 않았다. 그러나 홍양호의 재능을 아꼈던 정조의 비호를 받아 처벌을 면하고 경흥부사로 좌천되는 데서 그쳤다.

경흥부사 재임 시절에 홍양호는 두문불출하고 독서에 전념하여 문자학 서적인 『육서경위』(六書經緯)와 사전류에 해당하는 『만물원시』(萬物原始)를 썼다. 이 시기는 홍양호에게 있어 정치적으로는 낙척불우한 시기였으나 동시에 자신의 학문을 재점검하고 새로운 온축을 이룰 수 있었던 때이기도 했다.

1780년(정조 4)에 홍국영이 몰락하자 홍양호는 중앙 정계에 복귀해 『영조실록』 편찬 당상관에 임명되었으며 이듬해에는 『국조보감』 찬집 당상이 되었다. 그는 이런 직책에 상당한 자부심을 가졌으며, 이후 「자서」(自序)를 비롯한 여러 글에서 '태사씨'(太史氏)나 '조선 태사'(朝鮮太史)라 자처했다.

1782년(정조 6)에는 동지정사 정재겸, 서장관 홍문영과 함께 동지부사로 연행하였다. 이때 청의 학자 대구형(戴衢亨)과 교유관계를 맺었으며, 귀국해 복명하면서 수레와 벽돌 제도 등 청의 실용 기술을 도입해야 한다는 상소를 올렸다. 1785년(정조 9)에는 형조판서가 되었고 이후 예조판서, 이조판서를 지냈으며 1790년(정조 14)에는 예문제학과 홍문제학을 겸하여 문형(文衡)의 지위에 올랐다.

중앙 관계와 학계에서 중요 인물로 활동하던 홍양호는 1791년(정조 15)에 평안도 관찰사로 부임하였다. 이때 이미 편집 작업을 마친 차천로(車天輅)의 『오산집』(五山集)을 간행했으며, 무열사(武烈祠)를 중수하여 임진왜란 때 참전한 명나라 장수 낙상지(駱尙之)를 배향(配享)하고 무과를 실시했다. 해안 방위에도 관심을 가져, 압록강 하구의 용천부 앞에 있는 신도(薪島)에 몰래 들어와 거주하며 고기잡이를 하던 청인들을 쫓아냈다. 또 수령들의 부정 행위를 막고 민생을 안정시키기 위해 수령들의 목민 지침서인 『목민대방』(牧民大方)을 간행해 각 읍에 나누어주었다.

1792년(정조 16)에 전황(錢荒)을 막기 위해 청전(淸錢)을 수입하려는 정책이 입안되자 이에 극력 반대하는 상소를 올렸다. 나라마다 화폐제도가 다른데 단지 전황이라는 한 가지 폐단을 막기 위해 중국 돈을 수입한다면 다른 폐단이 나타날 것이며, 이는 우리 나라의 빈약함을 보여주는 결과를 초래할 우려가 있다는 내용이었다. 또 상인들이나 역관들의 농간을 배운 변방 민들이 인삼 등 우리 나라 특산품을 몰래 청전과 바꾸면 청은 이익을 보고 우리 나라 물품은 중국으로 흘러가 큰 손해를 보게 될 것이라 했다. 그의 상소는 받아들여지지 않았으나 청에서 조선의 요청을 거부해 청전의 수입은 이루어지지 않았다. 실록의 졸기(卒記)에 기재될 만큼 청전 수입 반대 상소는 그의 식견을 보여주는 대표적인 글이었다.

홍양호는 평안감사를 지내는 동안 문예를 진흥시키고자 많은 노력을 기울였다. 평안도 지역을 궁마지향(弓馬之鄕)이라 칭하지만 풍속은 산천과 관련 있는 것이 아니라 정교(政敎)를 베푸는 데 달려 있다고 강조하면서, 평양은 단군(檀君)에서 기자(箕子)까지 문화의 중심지였음에도 불구하고 위만조선(衛滿朝鮮) 이래 무예를 숭상하고 상업의 이익을 중시하여 문교(文敎)가 시행되지 않음을 안타까워했다. 또 평안도가 변방 지역이어서 무예를 진작시킬 필요는 있으나 문무는 경위(經緯)의 관계이므로 먼저 충효의 예를 가르쳐야 무예를 장려하는 효과가 있을 것이라 했다. 그러나 이런 홍양호의 입장은 평안도 지역의 문풍(文風)을 억제하고 상무지향(尙武之鄕)으로 유지하려는 정조의 방침과 마찰을 빚어 어려움을 겪기도 했다. 정조는 홍양호를 평안감사로 보낼 때부터 무예를 진작시킬 방도를 강구하라고 지시하였으며, 그가 현지에서 문과 응제생(應製生)들을 시상하자고 건의하자 이를 묵살하고 오직 무과만을 실행하라 명하였다. 또한 무열사의 재임(齋任)으로 유생들을 임명하자는 제안 역시 받아들이지 않았고, 도리어 유생들에게서 무열사 중수 공사 비용을 거두어 체모를 손상시켰다고 책망했으며 지방 수령의 환곡 부정을 다스리지 못해 민요(民擾)를 유발시킨 책임을 물어 파직했다. 홍양호가 순조 초에 자신의 일생을 돌아보면서 작성한 「태사씨자서」(太史氏自序)에 평안감사 시절에 문예 부흥을 위해 노력한 내용은 없고 무예 진작과 무열사 중건에 힘썼다고만 서술한 것을 보면 그도 결국은 정조의 방침에 순응했다고 보인다.

1793년(정조 17)에 판의금부사가 되었고 다시 문형이 되었으며, 이듬해에 70세의 나이로 동지 겸 사은정사로 재차 연행하였다. 이때 연경(燕京) 학계의 최고 석학이자 『사고전서』(四庫全書) 편찬을 주도했던 기윤(紀昀)과 교유했다. 기윤은 홍양호가 임종할 때까지 각별한 사이를 유지했으며 훗날 문집을 간행할 때 「이계집서」를 써 보내주기도 했다. 홍양호는 기윤과 계속 서신을 주고받으면서 문학, 문자학, 금석학에 대한 중국의 동향과 자연과학에 대한 서구의 지식을 수용했고 그를 통해 한역된 서양의 과학기술 서적을 구입하기도 했다.

연경에서 돌아온 뒤 이조판서를 비롯한 주요 관직을 계속 거쳤고, 1799

년(정조 23)에는 왕실 사적의 내력과 조선 건국 시조들의 업적을 기록한
『흥왕조승』(興王肇乘)을 편찬했다. 그리고 1800년(정조 24)에 다시 문형에
임명되어 세자 책봉 반교문(頒敎文)을 지었으며 정조가 돌아가고 순조가
즉위하자 정조의 시장(諡狀), 순조 등극 반교문, 수렴청정 반교문 등을 제진
(製進)했다. 1802년(순조 2)에 실록 당상관으로 『정조실록』을 편찬하던 중
병이 위중하여 사직했으며 향년 79세로 생을 마쳤다. 시호는 문헌공(文獻
公)이며, 1843년(헌종 9)에 손자 홍경모가 『이계집』 34권 17책과 『이계외
집』 12권 5책을 간행했다.

2. 체용일치(體用一致)의 학문관

홍양호는 "학문의 근본은 경술(經術)이며 경술에는 체(體)와 용(用)이 있는
데 성리설은 체이고 정사(政事)는 용"이라 하여, 먼저 성리설을 공부해 본질
을 깨닫고 이를 토대로 실용 학문을 공부해야 한다는 체용일치(體用一致)
의 학문관을 내세웠다. 그는 육경(六經)을 중심으로 경학을 공부했으며 성
리설과 이기론은 물론, 금석학·문자학·역사학과 북학 이론에 이르기까지
두루 능했다. 그는 서법론에도 일가견이 있어 글씨는 마음을 드러내는 심획
(心劃)이고 군자와 소인의 차이가 드러나는 것이라며, 진당(晉唐)을 모범으
로 삼아야 한다고 했다. 이는 송설체(松雪體)와 한석봉(韓石峰)의 필법이
유행하던 기존의 흐름에서 벗어나 이들 서체의 근간을 이루고 있던 진당의
필법을 직접 접하여 원형을 학습하고자 했던 조선 후기 서예의 흐름에 부응
하는 것이었다. 그는 왕희지(王羲之)와 왕헌지(王獻之)의 글씨를 중시했고
이를 잘 구현한 백하(白下) 윤순(尹淳)을 서예의 모범으로 삼았다. 또 과거
우리 나라의 옛 묵적(墨跡)을 수집해 『대동고적』(大東古蹟), 『대동필종』(大
東筆宗), 『청구제영』(靑邱題詠) 등 서첩을 남겼다.
　그는 학문에서의 체용론을 다른 분야에서는 경위론(經緯論)으로 바꾸어

설명하기도 했다. 문무의 관계를 경위의 관계로 설정해 경에 해당하는 문의 진흥을 바탕으로 무예의 진작이 가능하다고 보았으며, 문장은 도(道)가 경이 되고 기(氣)가 위가 되어 서로 얽혀 자연스럽게 생성된 것이라는 문장론을 펴기도 했다. 목민론을 정립하면서도 백성을 다스리는 원칙에 해당하는 치(治)·양(養)·교(敎)의 삼경(三經)과, 실무 행정에 관한 이(吏)·호(戶)·예(禮)·병(兵)·형(刑)·공(工)의 육전(六典)을 구분하여 제시했다.

　　체용론에서나 경위론에서 홍양호가 더 중요하게 여긴 것은 '체'이자 '경'이었다. 실용 학문의 중요성을 인식하고 거기에서 누구 못지않은 업적과 저작을 남겼던 홍양호였지만 그가 정작 강조한 것은 학문과 사상의 기본을 세우는 것이었다. 홍양호의 학문관은 18세기 후반에 국왕이 중심이 되어 존주대의론(尊主大義論)을 비롯한 국가의 기존 이념과 사상 경향을 존중하고 정리하면서, 실학과 북학이라는 새로운 사상 동향을 수용하려 한 정조의 입장과 서로 통하는 것이었다. 평안도 지역에서 무예 진작을 추구하던 정조의 입장과 문예 진흥을 중시하는 홍양호의 입장이 마찰을 빚었음에도 불구하고 그가 정조대에 세 차례나 문형에 보임될 수 있었던 것은 기준을 세우는 것을 중요하게 여긴 그의 사상체계를 정조가 중시했기 때문이다.

3. 역사지리론

체용일치의 학문관을 견지하면서 실용 학문의 효용성 또한 높이 평가했던 홍양호는, 특히 역사와 지리, 제도 등 자기 문화의 정리에 적극적이었다. 그는 "아무리 성리학에 밝더라도 고금의 역사를 알지 못하고 제도의 변화에 능통하지 않으면 실제 정사를 행함에 있어 쓸모가 없는데, 조선의 유학자들은 성리설은 잘 알지만 역사와 제도에 대해 알지 못하는 경우가 많다"고 지적하고 우리 나라의 지리와 역사에 대해 관심을 가져야 한다고 역설했다.

　　그의 역사 인식론에 큰 영향을 준 인물은 여암(旅菴) 신경준(申景濬)이었다. 홍양호는 31세 되던 1754년(영조 30)에 호남좌도 경시관이 되어 향시를 주관했을 때 이에 응시한 신경준을 처음 대면했으며, 이후 역사지리와 기술학 분야에서 평생 깊은 교유관계를 유지했다. 신경준은 실용 학문에 박식한 인물로 이미 알려져 있었다. 당시 책제(策題)는 '거제'(車制)였는데 제출된 답지의 내용을 본 홍양호가 이름을 개봉하기도 전에 그것이 신경준의 것임을 알아볼 수 있었다고 할 정도였다. 홍양호가 영조에게 정항령의 『동국대지도』 및 『팔도분도』를 열람케 하고 『여지도서』의 제작을 건의한 것은 신경준의 영향을 받아 역사지리에 더욱 관심을 가졌기 때문이다. 홍양호의 적극적인 지원을 받은 신경준은 자신의 저술인 『강역지』를 바탕으로 『문헌비고』의 「여지고」 편찬을 담당했으며 『팔도지도』를 감수하는 등 많은 업적을 남길 수 있었다. 신경준은 역사적으로 연고권이 있는 우리의 고토를 회복해야 한다고 주장하면서 김종서(金宗瑞)의 활동을 실지(失地) 회복 차원에서 높이 평가했고, 1712년(숙종 38)의 백두산 정계(定界)로 말미암아 영토를 잃게 되었다고 비판했다. 신경준의 이러한 인식은 홍양호에게도 그대로 나타난다.

경흥부사 재직시 북관 지역의 실상을 직접 접하게 된 홍양호는 지리 및 역사에 대해 더 깊이 인식할 수 있었으며, 국경 문제의 내용과 유래, 강변 방어체제에 대해서도 새로운 관심을 갖게 되었다. 그는 『북새기략』(北塞記略), 『북새잡요』(北塞雜謠), 『삭방풍요』(朔方風謠), 『삭방풍토기』(朔方風土記) 등 일련의 저작을 통해 경흥을 비롯한 함경도 북부 지역의 역사와 지리, 언어와 풍속에 대한 풍부한 자료를 남겼다. 그의 저술은 단순한 일기체 기행문이 아니라 주제별로 내용을 재분류하여 정리한 것으로, 북관 지역의 사정을 이해하는 데 많은 도움이 된다. 특히 읍지류에 포함되기 어려운 함경도 사회의 구체적인 모습을 포괄적이고 일목요연하게 보여주었는데, 이는 내용뿐 아니라 체재나 수록 항목면에서도 이후 함경도 지역 관련 저술의 모범이 되었다.

홍양호는 체계적인 통사를 편찬한 일은 없으나 여러 글에서 우리 역사의 기본 흐름과 인식체계에 대해 논했다. 그는 조선은 중국보다 작은 나라이기는 하지만 만주족이 중원을 차지한 뒤에 중화 문화의 전통을 유일하게 유지하고 있고, 예의와 문교면에서는 가장 뛰어나다는 자부심을 가지고 있었다. 이런 관념은 18세기 지식인들의 공통적인 인식 태도였다. 그러나 그의 관념은 단순한 소중화(小中華) 관념에서 비롯된 것이 아니라 민족 문화에 대한 자부심에서 나온 것이다.

그는 단군의 고조선 건국이 우리 역사의 시발이라 하여 단군을 우리 민족의 시조로 확고히 인정했다. 그뒤를 기자가 이었으며 비록 찬탈이기는 하지만 위만이 다시 계승했다고 보았다. 위만조선 이후로는 삼한(三韓)과 구이(九夷)로 분열되었다가 삼국-통일신라-고려로 이어졌다고 보았다. 이는 단군-기자-위만-삼국으로 이어지는 체계를 중시하면서도 단군과 부여·고구려의 계승관계를 아울러 강조한 수산(修山) 이종휘(李種徽)의 정통론을 받아들인 것이다. 삼국 가운데서는 고구려를 가장 중시했는데, 단군의 문화 전통이 부여를 거쳐 고구려로 연결됨을 강조하고 고구려의 구강역에 대한 애착심을 보이면서 지리 고증의 중요성을 역설했다. 단군이 건국한 시기는 중국 요임금 시대이며 기자의 시대 역시 주 무왕대에 해당한다고 강조하여 오랜 역사와 발달한 문화에 대한 자부심을 동시에 드러냈다. 고려 시대에 대해서는 예교가 일어나지 않고 윤기가 밝혀지지 않았다 하여 비판적인 입장을 취했다.

홍양호는 역사지리면에서 신경준과 마찬가지로 윤관(尹瓘)과 김종서의 활동을 높이 평가하고 백두산 정계로 말미암아 우리의 영토를 스스로 위축시켰다고 애석해했다. 그는 두만강에서 1천여 리를 더 나아가 백두산에서 흑룡강으로 이어지는 선에 국경을 설정해야 한다고 했다. 고려 때 윤관이 비를 세웠다고 알려진 선춘령이 두만강 이북 700리에 있으므로 여기까지 조선의 강역이 되어야 한다는 주장은 이전에도 제기된 바 있으나, 홍양호는 북방 지역에 대한 지리 정보를 바탕으로 막연한 추론을 극복하고 흑룡강이라는 구체적인 경계를 설정한 것이다.

홍양호는 역대 애국 명장들의 전기를 모아 『해동명장전』(海東名將傳)을 지었는데, 이 책은 1794년(정조 18)경에 완성되었다고 추정된다. 서문에서 그는 "국난을 당했을 때 조국을 수호한 뛰어난 장수의 분전(奮戰) 기록을 후세에 널리 전하여 모범을 삼기 위해 이 책을 편찬했다"고 하였다. 또한 삼국 시대에는 김유신이나 을지문덕 같은 명장이 있었고 고려 시대에도 강감찬과 김방경이 있어 한치의 땅도 빼앗기지 않았는데, 조선은 강토가 고려와 같고 인구도 줄지 않았는데 전쟁이 일어날 때마다 제대로 대응하지 못하고 임진·병자의 참혹한 병화를 입게 된 것은 문치에만 주력하여 무력이 약해졌기 때문이라고 비판했다. 그러므로 무비(武備)를 강화하고 문무의 조화를 이루기 위해서는 먼저 역대 명장의 공적을 잘 알아야 한다는 것이다. 이 책은 관찬 사료의 기사를 모아 기전체 열전 형식으로 편집했는데, 흑치상지나 최영 등 명분을 강조하는 기존의 인식체계와 어긋나는 인물도 포함되었다. 이는 국난을 극복한 애국심과 무공을 가장 중시했기 때문이다. 홍양호가 『해동명장전』을 지은 동기는 내외 주요 관직을 거치고 두 차례 연행하면서 북방 영토와 국가 주권 수호에 대해 새롭게 인식했기 때문이라고 할 수 있다. 또한 평안도 관찰사 시절에 문예 진흥을 꾀하다 무예 진작을 강조하는 정조의 방침과 마찰을 빚었던 자신의 입장을 철회하고 무예를 강조하게 되었음을 우회적으로 변명하는 의미도 있었던 것으로 보인다.

홍양호는 『영조실록』(英祖實錄) 편찬에 참여한 이래 주로 『국조보감』(國朝寶鑑)·『갱장록』(羹墻錄)·『동문휘고』(同文彙考) 등 각종 관찬 사서의 찬집을 주관했는데, 이 서적들은 모두 역대 국왕의 위업을 찬양하고 전장제도(典章制度)를 정리한 것이다. 또 만년에는 함경도 지역에 있는 왕실 관련 사적과 위치, 관련 사실들을 기록한 『흥왕조승』을 편찬했는데, 이 책은 『용비어천가』,『고려사』,『여지승람』,『북도능전지』(北道陵殿誌),『송경지』(松京

誌)와 개국 초기의 문집들에 수록된 조선 건국 시조들의 사적을 모은 것이었다. 정조에게 이 책을 진헌하는 자리에서 홍양호는 문형이라는 직책은 과거 태사(太史)에 해당하기 때문에 왕업에 대한 책을 지었다고 아뢰었고, 정조 또한 홍양호가 태사의 직분을 수행했다고 칭찬하였다. 장구한 역사와 광대한 영토, 부국강병을 기원하면서 동시에 국왕의 권위를 강조한 홍양호의 역사 인식체계는 국왕의 위상을 높이려는 정조의 방침에도 부응했던 것이다.

4. 북학 수용론

홍양호는 중국을 통해 이용후생에 도움이 되는 신기술을 적극적으로 도입하여 상공업을 진흥시키고 국부를 증진시키려 노력했다. 그의 주장은 1782년(정조 6) 연행 후 올린 6개조의 상소에 잘 나타나 있다. 이는 수레제도의 정비, 벽돌 사용, 나귀와 양의 목축, 구리 그릇의 사용 금지, 모자 착용 금지, 중국어 교육 등에 관한 것인데, 이 글은 그의 사상뿐 아니라 18세기 후반에 여러 학자들이 제기했던 북학론의 핵심이 집약되어 있는 것이라 할 수 있다.

수레제도 정비론은 청에서 발달된 수레 제작 기술을 배워 활용하자는 제안이다. 조선은 길이 험해 수레를 사용하기 어렵다고 하지만, 중국의 촉도(蜀道)나 청석령(靑石嶺), 마천령(摩天嶺)은 조선의 동선령보다 길이 더 험하지만 수레가 거침없이 다니므로 도로가 험하다는 변명은 옳지 않으며, 관민이 합심하여 도로와 교량을 정비해야 한다고 했다. 또 혹자는 우마가 부족하여 수레를 적극 보급하기 어렵다고 하지만, 이는 목양(牧養)의 방법이 잘못되었기 때문이며, 적절한 사육법을 도입하면 우마를 충분히 공급할 수 있다고 보았다. 그는 수레 사용의 효과로 상품 유통이 원활해져 상업이 진흥되며, 부세(府稅)를 바칠 때나 사행이 오갈 때 운송비가 절약되고 운송용으로 사용하지 않는 말을 전마(戰馬)로 활용할 수 있어 무위(武威)가 강성해질 것이라 했다.

18세기 후반 조선은 상업이 발달하고 유통량이 늘어나 수레를 사용할 필요성이 커지고 있는 상황이었다. 실제로 함경도 함흥이나 원산, 경상도 안동 등 수레를 많이 사용하는 지역도 있었다. 그러나 지방마다 제작 방식이 다르고 엉성하여 먼 곳까지 끌고 다닐 수 없었다. 이 문제를 해결하기 위해서는 청에서 수레 제작 기술을 도입해야 한다는 것이다. 먼저 각 군문(軍門)과 평안·황해 감영, 병영 및 의주에서 장인들을 청에 보내 수레 제작 기술을 배워오게 하고, 시제품(試製品)을 여러 대 만들어 사용하여 편리함을 널리 알린다면 각 관청과 부민들이 본받아 제작할 것이고, 또 전국으로 전파될 것이라 했다.

그는 운송용 수레뿐만 아니라 수차제도도 도입하자고 제안했다. 수차로 논에 물을 대면 가뭄에도 걱정이 없으며 개간지도 확대할 수 있다는 것이다.

벽돌 제작 기술 도입론은 청에서 벽돌 굽는 법을 배워 성벽을 쌓거나 가옥을 건축할 때 석재 대신 벽돌을 사용하자는 제안이다. 홍양호는 중국을 방문하기 전부터 벽돌의 효용성과 벽돌 굽는 가마의 제작법에 대해 깊은 관심을 가졌다. 또 중국 방문 중에는 벽돌로 된 고대의 산성이 그대로 남아 있는 것을 보고 벽돌의 견고함을 재확인했으며, 벽돌과 돌을 비교해보고 벽돌 사용의 효용성과 경제성을 뚜렷이 인식했다. 그는 축성할 때 돌은 너무 단단해 갈아서 서로 맞추기 어렵고 생김새도 제각기 달라 비바람이나 총탄, 대포의 충격을 받아 하나가 허물어지면 성 전체가 흔들리는 단점이 있으나, 규격화된 벽돌은 대량 생산이 가능하고 어떤 형태로도 쌓기 쉬운 장점이 있으며, 서로 잘 맞물리도록 쌓고 틈 사이에 진흙과 석회를 넣어 접착시키면 돌과 같이 견고할 뿐 아니라 매끄러워 타고 넘을 수 없다고 했다. 아울러 벽돌 제작 기술은 기와를 굽는 것과 별 차이가 없어 곧바로 사용할 수 있을 것이라고 주장했다. 벽돌 사용을 보급하기 위해 궁성부터 벽돌로 개축하고 변방의 각 성들을 개·수축하면 민간에서도 이를 따라하게 될 것이니 주거 환경이 크게 개선될 수 있다고 하였다. 또한 목재 건물의 단점인 도둑과 화재의 근심에서 벗어날 수 있다고 했다.

　벽돌 사용을 주장한 것은 홍양호뿐 아니라 18세기 후반 북학파들의 공통된 견해였다. 정조가 수원에 화성을 축조하면서 성문이나 성가퀴, 각종 시설물에 벽돌을 사용한 것은 이런 분위기를 반영한 것이었다.

　나귀와 양을 기르자는 것은 우마의 소모를 방지하기 위한 제안이었다. 소와 말은 농경이나 운송에 가장 적합하지만 번식시키기가 쉽지 않다는 단점이 있었다. 더욱이 손님 접대나 군사 호궤(犒饋), 제사 음식을 위해 우마를 함부로 도살하는 폐단마저 있으니 이를 금하고 아울러 노새와 나귀, 양을 길러 보완해야 한다는 것이다. 나귀는 길들이기 쉽고 값이 싸며 노새는 나귀보다 건강하므로 이들을 많이 기르면 승용에도 적합하고 무거운 짐을 싣거나 수레를 끌게 할 수도 있다고 했다. 양은 번식이 쉽고 제례용으로 사용하면 소의 소비를 줄일 수 있어 농경에 필요한 축력이 확보될 것이라 하였다. 특히 양은 가죽, 털, 내장, 뿔 등 버릴 것이 없으므로 적극 보급해야 한다고 했다. 이 가축들을 기르기 위한 방법으로 중국에서 종자가 될 만한 나귀와 양을 많이 사와 목장에서 방목하고 숫자가 늘면 민간에 분급(分給)하자고 제안했다. 나귀와 노새가 널리 퍼지고 수레제도를 아울러 시행하면 상인들의 이익이 커지고 소와 말이 번성할 것이니 이것이야말로 백성들을 부유하게 하고 군사력을 키우는 방도가 된다는 것이다.

　구리 그릇의 사용을 금해야 한다는 주장은 동전 주조에 필요한 구리를 확보해 화폐를 활발히 유통시키려는 방안이다. 구리는 일본에서 수입하는 귀한 자원임에도 불구하고 대부분 관가나 민간에서 사용하는 그릇 제작에 소모되어 정작 동전 주조용 구리는 부족해 전황이 일어날 지경이라 했다. 그는 제기와 악기 외에는 동제품 사용을 금하고 자기나 목기를 사용하도록 하며, 민간의 동기를 거두어 구리를 확보하고 동전을 주조해 상업을 진흥시키자고 했다.

　모자 사용을 금지하자는 제안은 무역 역조를 개선하기 위한 방안이었다.

홍양호는 무역이란 두 나라가 각기 가지고 있는 것을 가지고 있지 않은 물품으로 바꾸어 서로 이득이 되고 편함을 도모하는 것인데, 대청 무역에서 조선은 일방적으로 손실을 입고 있다고 했다. 일본 은을 이용해 중국 제품을 수입할 때는 큰 손해를 보지 않았으나, 일본 은 수입이 끊어져 국내 광산에서 산출되는 은을 중국에 보내면서도 긴요하지 않은 사치품을 구입하고 있어 국부 유출이 심각하다는 것이다. 모자는 대표적인 사치품인데 이는 국내에서도 얼마든지 대용품을 제작해 사용할 수 있는 방한구이므로 수입을 금하고 그 대신 말이나 나귀 등 이용후생에 필요한 물품을 수입해야 한다고 역설했다. 그러나 역관들에게 모자의 수입과 독점 판매권을 허용하고 사행 비용을 부담시키고 있던 당시의 현실을 무시할 수 없었으므로 홍양호는 비변사에서 변통 방안을 강구할 것을 촉구했다.

끝으로 홍양호는 외국어 교육을 더욱 철저히 시행해야 한다고 강조했다. 이전에는 사대부들도 중국어를 익혀 역관들의 도움 없이도 중국인들과 대화가 가능했으나, 점차 교육이 부실해져 사신들은 중국어를 전혀 알아듣지 못하고 역관들조차 일상 회화만 가능한 수준이 되어, 외교 문제가 일어날 경우 대응 능력이 전혀 없다는 것이다. 또 조선과 몽골의 거리가 멀지 않아 위급한 상황이 발생할 우려가 있는데도 소홀히 취급하고 있다고 비판하며 몽골어 교육도 강화해야 한다고 역설했다.

홍양호가 제기한 북학론 가운데 수레와 벽돌 기술의 도입, 노새와 양의 목축, 외국어 교육 강화론은 비변사의 검토를 거쳐 정부의 정책으로 수용되었으나 그 효과는 크지 않았다고 보인다. 구리 그릇의 사용을 금하자는 제안은 민간의 소란을 야기할 우려가 있고 모자를 금하면 사행의 공용 비용을 마련할 길이 없다는 이유로 기각되었다. 그의 제안을 끝까지 실현시킬 수 있는 여건은 충분하지 않았던 것이다.

5. 관방체제 정비론

홍양호는 고대 국가의 구강역을 회복하고 흑룡강까지 영토를 확보해야 한다는 적극적인 영토의식을 가졌지만 북벌을 주창하거나 군사력 강화를 위해 특별한 정책을 제시한 것은 아니었다. 그러나 영토 보전과 관방체제 정비를 위한 현실적인 대책은 다양하게 건의하고 꾸준히 추진했다.

함경도 지역에 대해서는 먼저 압록강변 폐사군 일대의 후주(厚州) 지역에 진(鎭)을 세울 것을 제안했다. 이곳은 압록강에서 함흥까지 통하는 길의 초입에 해당하는데, 외적이 침입할 경우 함흥까지 쉽게 함락될 우려가 있으므로 진이나 읍을 설치하여 방비를 강화해야 한다는 것이다. 또 이 길목과 이어지는 개마고원의 장진에도 방영(防營)을 두자고 했다.

홍양호의 견해는 압록강과 두만강 일대에 개간지가 확대되고 인구가 늘어나던 18세기 후반의 개발 추세를 적극적으로 인정하고 지원하려는 것이었다. 그의 주장이 바로 수용되지는 않았으나 논의 끝에 1787년(정조 11)에 장진도호부가 세워졌으며, 후주 지역에도 1796년(정조 20)에 진이 설치되었고 1823년(순조 23)에 후주진은 도호부로 승격되었다.

변경 방위를 중시했던 홍양호는 함경도 종성에 있는 북병영(北兵營) 행영(行營)을 폐지하자는 주장에 대해 강력히 반대했다. 조선 후기에 북병사(北兵使)는 하절기에는 경성의 본영에 주재하고 결빙기에는 종성의 행영에 머물면서 야인들의 침입에 대비했다. 그러나 군민들의 고통이 심하고 외적이 침범할 가능성도 희박하므로 이 규정을 폐지하고 북평사(北評事)가 행영의 일을 주관하거나 종성부사가 방어사를 겸하도록 하자는 의견이 여러 차례 제기되었다. 이에 대해 홍양호는 별도의 방영을 설치하여 외적에 대한 대비책을 마련하기 전에 북병사의 행영 이주 규정이나 행영 자체를 폐지해서는 안 된다며 반대했다. 그는 민폐 이정도 중요하지만 그보다는 관방(關防) 대책을 우선해야 한다고 생각했다.

또 그는 유사시 필요한 무력을 확보하기 위해 조총 훈련을 강화하자고 건의했다. 범월(犯越) 사건이 자주 일어나 외교 문제가 발생할 우려가 있다는 이유로 민간의 조총 사용을 엄격히 금하고 군사 훈련에서도 사격 훈련을 하지 않는 것이 당시의 상황이었다. 그러나 화포는 조선의 장기(長技)이므로 유사시에 대비해 평시에도 사용을 허락하고 실제 사격 연습을 실시해야 한다는 것이다.

압록강과 두만강 강변에 나무를 심는 것도 홍양호가 중요하게 생각한 과제였다. 두 강은 유속이 빠르고 강물의 흐름이 자주 바뀌어 침식 현상이 심하게 나타나는데, 강변 부근에서 땔감을 얻을 수 없는 주민들이 마구 나무를 베어냈다. 이 때문에 강안이 무너져 강역이 바뀌고 유사시 장애물조차 없으므로 이를 방지하기 위해 나무를 심고 둑을 쌓아야 한다는 것이다.

평안도 관방을 위해서는 파수를 강화해 범월을 철저히 단속할 것을 강조했다. 이는 사냥이나 채삼을 위해 월강한 주민들이 청 관헌에게 체포되어 외교적 마찰이 일어나는 것을 막기 위한 조치였다.

홍양호는 평안감사 재직시 압록강 하구의 신도에 은거하면서 고기잡이하던 청인들을 수색해 축출하고, 사정을 알고도 방치했던 수령과 진장(鎭將)을 문책했다. 신도는 요동 지역에 가까운 곳이어서 청인들의 침범이 잦았다. 따라서 조선은 18세기 중엽부터 군사들을 동원해 이곳에 잠입한 청인들을 몰아냈으나 1년에 한 차례씩만 수색하도록 한 규정 때문에 완전히 축출하기는 어려웠다. 그는 이 규정을 바꾸어 수시로 들어가 수색하고 청인들을 적발할 수 있도록 하자고 건의해 허락을 받았다.

황해도 관찰사 재임중에는 장연에 방영을 신설하고 수군을 배치해 훈련시켰다. 장연은 백령도·대청도·소청도와 가까운 곳이고 중국 배들이 들어오면 제일 먼저 이르는 곳이어서, 청인들의 어선이 수십 척씩 떼지어 몰려와 남획하고 주민들에게 해를 끼치는 일이 많았다. 장연 방영 설치 문제는 홍양호가 처음 제안한 것은 아니었으나 지역 사정을 철저히 조사하고 정돈

된 장계(狀啓)를 올렸으므로 이곳에 방어영을 두어 민간의 피해를 막을 수 있게 된 것이다. 또 황해 수영에 우후를 설치해 군사 훈련과 대비 태세에 만전을 기할 것을 건의해 실행시켰다.

홍양호는 도로 방비에도 관심을 가져 평안도에서 서울로 통하는 요충지인 극성에 성을 쌓아 관방을 강화하고 각 읍의 산성에 곡물과 군기를 비축해 방비가 소홀함이 없도록 했다. 비축 물자에도 세심한 주의를 기울여, 산성에 비축해두는 침장(沈醬)은 수년이 지나면 먹을 수 없으므로 소금을 저장해두자고 제안하였고, 실제 황해도의 산성에는 소금을 많이 비축했다.

6. 민생 안정론과 『목민대방』

홍양호는 어사나 지방관으로 파견되었을 때 현지 주민들의 폐막(弊瘼)을 철저히 조사하고 민생 안정을 위한 각종 대책을 건의하고 추진했다. 한강어사로 나가서는 관리의 부정과 창고에 보관된 곡물의 허실에 대해 보고하고 한강변에 이주해 사는 경기도 각 읍 출신 유민들을 한성부 호적에 편입시켜 관리하도록 했다. 또한 용산창 촌민들의 불균등한 요역 부담을 바로잡을 것, 서강 무쇠막리 장인들의 과도한 국역을 덜어줄 것, 아전들이 쌀값 등귀(騰貴)를 방지한다는 명목으로 강변 주민들을 수탈하는 폐단을 시정할 것 등을 건의했다. 제주도 독운어사로 파견되었을 때는 곡물을 적기에 이송해 기근이 든 제주를 구제했으며, 호남 지역의 배들을 징발해 제주도 진휼곡을 운송하는 것은 폐단이 크므로 제주도의 배를 이용해 운송할 것, 나리포창을 비롯한 연해 지역의 창고를 증설하고 여러 지역을 유기적으로 연결해 서로 진휼이 가능하도록 할 것 등을 청했다. 또 호남 각 지역의 민폐에 대한 상세한 보고서를 올리고 시정을 건의했다.

전국 각 역의 폐단에 대해서도 관심을 가져 청마(淸馬)를 사들여 역마로 사용하자고 건의했다. 당시 역마는 토산마로만 쓰도록 규정되어 있었으나 말의 수가 턱없이 부족했다. 이 때문에 역마가 폐사할 경우 이를 보충하기 어려워 역민들의 부담이 컸으므로 이를 덜어주기 위한 것이었다. 또 이 제안은 이미 수입된 청마가 많이 사용되던 현실을 반영한 것이기도 했다.

경주부윤에 보임되었을 때는 주민들의 상호 부조에 대한 규정들을 보다 체계화하고, 의식 절차에 대해 설명한 『향약절중』(鄕約折中)을 지어 주민들에게 보였고, 평안감사 재임시에는 우수한 지방 통치 사례를 뽑아 분야별로 정리하고 자신의 외직 경험을 더해 수령들의 목민 지침서인 『목민대방』을 만들어 도하 수령들에게 배포했다. 『목민대방』의 편찬 및 배포는 1792년 (정조 16)에 일어난 철산 부사 및 아전들의 환곡 횡령 사건 때문에 정조의 질책을 받은 일이 계기가 되었다.

홍양호의 목민관이 잘 나타나 있는 『목민대방』은 편제(篇題)와 육전지속 (六典之屬), 십오상련지제(什伍相聯之制)로 구성되었다. 편제는 목민의 기본 이념을 제시한 부분이며 육전지속은 수령이 지녀야 할 마음가짐과 실제 업무의 집행 방법, 성공 사례 등을 54조로 나누어 서술한 것이다. 십오상련 지제에서는 오가작통(五家作統)의 방식과 통수·이감·이정·기찰장·풍헌 등 향임들의 업무에 대해 설명했다.

그는, 목민관은 다스림의 근본이 되는 치(治)·양(養)·교(敎) 삼경과, 실용 도구에 해당하는 이(吏)·호(戶)·예(禮)·병(兵)·형(刑)·공(工)의 육전을 잘 알아야 한다고 했다. 치는 근본을 세우고 기강을 보이며 권선징악하는 것이고, 양은 백성들의 삶을 윤택하게 하는 것이며, 교는 모범을 보여 풍속을 바꾸는 것이다. 특히 기강을 세우지 않으면 혼란이 초래되어 민생 안정이 불가능해지고 예교를 시행할 수 없으므로 다스림이 가장 중요하다고 했다. 목민에서는 민의 생활 안정과 교화의 시행이 중요한 요건이지만 기강을 세우고 권선징악하는 통치 이념의 정립이 우선적으로 필요하다고 본 것이다.

실무 지침인 육전은 분야별로 치·양·교에 해당한다고 설명했다. 이·병·형전은 다스리는 데 쓰이고 호·공전은 민생에 관한 규정이며 예전은 사회 기강을 바로잡는 도구라는 것이다.

「이전지속」에서는 먼저 한 읍을 맡게 된 수령은 읍세와 주민들의 습속, 아전들의 성향 등을 참작해 엄격하게 다스릴 것인지 온후하게 대할 것인지 하는 통치 방식을 결정해야 한다고 했다. 이어서 수령 자신의 행실을 바르게 하고 철저하게 공사를 구분해 모범을 보일 것, 아전과 향임들의 업무를 명확하게 정할 것, 적재적소에 인재를 골라 쓸 것, 이서(吏胥)들에게 정확한 계산법을 교육해 실수가 없도록 할 것, 노역을 고르게 할 것, 기존 관행을 잘 살필 것, 때때로 검열해 부정을 방지할 것 등 실제 통치 방안을 구체적으로 제시했다.

「병전지속」은 군사 업무와 경찰 사무로 구분된다. 군사 업무는 전시에 대비해 성과 참호를 수축할 것, 성내의 리(里)와 방(坊)에 성지 정비의 책임을 부과할 것, 여건에 적합한 축성 방법을 택할 것 등을 제시했고, 그밖에 봉수 관리, 무예 시험, 군기 수리, 전마 양육, 수레 마련 방안 등에 대해서도 상세히 서술했다. 경찰 업무는 성문 개폐와 통금, 관부와 창고의 순라, 주야간 경계, 영애(嶺隘) 지역의 벌목 금지 등에 관한 것이다.

「형전지속」에서 가장 중시한 것은 공정한 소송의 진행이었다. 소송 사건이 있으면 당사자를 즉시 관청으로 불러 지체 없이 진행하고 진 사람이 승복할 수 있도록 해야 한다고 했다. 이를 위해 수령은 법조문의 내용은 물론 법을 제정한 근본 취지와 의미를 깨닫기 위해 항상 노력해야 한다고 강조했다.

「호전지속」과 「공전지속」은 부세 징수와 환곡 운영 및 이용후생 방안에 대한 부분이다. 부세 징수에 대해 홍양호는 민생 안정과 국가 경영이 상치되기 때문에 지나치게 후하면 나라가 곤란해지고 지나치게 박하면 민생이 불편해진다고 했다. 그러므로 향촌의 사정을 헤아려 주민들과 수납 시기를 미리 약정하고 거두어 불만을 최소화하는 방안을 제시했다. 군역의 폐단을 시정하기 위해서는 제도 자체의 개혁보다는 피역배(避役輩)들을 다스리는 것을 우선시했다.

환곡 운영에 따르는 각종 불법에 대해 그는 다소 온건한 모습을 보인다. 모곡이나 간색미, 낙정미 등 아전들이 차지하는 몫은 명분과 실제가 다르지만 이미 굳어진 관례이므로, 지나친 남징은 막아야 하지만 어느 정도까지는 눈감아주어야 한다고 했다. 이것은 이서들의 고정적인 수입원이 없는 현실 상황을 고려한 것이라 할 수 있다.

이용후생을 통한 백성의 생활 안정을 위해 홍양호가 제시한 방안은 서로 농우를 빌려주어 시기를 놓치지 않도록 할 것, 우마의 번식에 힘쓰게 할 것, 장인들의 부담을 덜어주어 생업에 전념할 수 있도록 할 것 등이었다. 아울러 객사를 비롯한 관아 건물을 자주 보수하고 산림 자원을 보호하여 백성들의 수입을 늘려주고, 도로와 교량 등 상업과 물품 유통에 도움이 되는 사회간접자본을 잘 관리해야 한다고 했다.

「예전지속」은 목민의 마지막 단계인 교민에 해당하는데, 장유의 엄격한 구분과 신분에 따른 차별 준수, 효자와 열녀 등 향촌사회의 모범 사례에 대한 포상과 격려, 각종 제향의 올바른 이행을 특히 중시했다. 또 서적을 보급하고 강시(講試)를 자주 시행해 문교가 이루어지도록 해야 한다고 강조했다.

홍양호의 목민론은 부세체계나 사회제도에 대한 근본 개혁을 지향하는 것은 아니었으며 기존 질서와 제도에 입각해 주민들의 부담을 재조정하고 경제력을 증진시키려는 것이었다. 수령들을 통제하는 관찰사의 입장에서 『목민대방』을 저술했기 때문에 적극적인 민생 안정책이나 풍속 교화 방안보다는, 향촌사회의 기강 확립과 주민에 대한 통제 강화를 중시했다고도 볼 수 있다. 그러나 그보다는 홍양호의 기본적인 사상체계가 근본을 먼저 확립하고 그 바탕 위에서 실용 분야를 발전시켜야 한다고 생각했기 때문이었다.

7. 연구 경향 및 향후 과제

홍양호가 주로 활동했던 18세기 후반은 경제 발전과 사회 변화의 방향이 다방면에서 모색되던 시기였다. 정치적으로 국왕 중심의 탕평정국이 정착되어가고 있었으나 군신간, 신료들간에 대립과 긴장관계가 여전히 유지되고 있었다. 사상적으로도 사회체제의 근본 개혁을 강조하는 실학사상과 더불어 현실적인 상공업 진흥 및 부국강병을 추구하는 북학사상이 대두되어 새로운 조류를 이루고 있었다. 홍양호는 이런 시기에 관각의 학문을 대표하는 문장가로 전통적 학문과 사상의 기본 틀을 견지하면서 민폐 시정과 민생 안정, 국리 민복을 위한 다양한 방법을 모색하고 실천했던 학자였다.

홍양호에 대한 연구는 지금까지 주로 문학과 사학 분야에서 이루어졌다. 문학 분야에서는 서예 및 금석학에 대한 관심, 문학관과 문장론, 북변 지역을 주제로 한 시문의 의미 등에 대한 연구가 있으며, 생애와 교유관계, 시론과 인간관에 대해 체계적이고 집중적으로 조명한 연구 성과도 있다. 북한에서도 「유민원」(流民怨)이나 『북새잡요』 등의 시문이 봉건사회 말기의 현실을 사실적으로 반영했다는 점을 높이 평가했다. 이에 비해 사학 분야에서는 『목민대방』의 내용 분석, 역사 인식체계와 『해동명장전』, 북학사상과 국방론에 대한 단편적인 연구가 있었을 뿐, 그의 사상체계 전반에 대해 종합적으로 검토한 연구는 아직 나오지 않았다.

홍양호는 체용론과 경위론에 입각해 학문적 토대를 먼저 구축했으며 학문과 문장의 본원에 대한 관심을 유지했다. 따라서 세 차례나 문형에 임명되어 공식적인 문장을 담당할 수 있었다. 손자 홍경모의 부탁으로 홍양호의 행장을 쓴 경산(經山) 정원용(鄭元容)은 그를 평하여 "육경에 학문의 바탕을 두고 제자백가를 섭렵해 자신의 학문적 기틀을 세워 스스로 일가를 이루었고 당대의 스승이 되었다"고 했다.

홍양호의 학문 태도는 아무리 뛰어난 선현의 업적이라도 묵수(墨守)하는 것을 꺼리고 어느 학파보다 위기지학(爲己之學)을 강조했던 강화학파의 학풍과 깊은 연관성이 있다. 그는 정제두의 문집 간행을 주도했던 외숙 심육을 스승으로 모시고 학문의 길에 들어섰으며, 문자학과 이용 후생의 학문을 중시했던 이광려(李匡呂)나 고문의 대가로 인정되던 신대우(申大羽)와 밀접하게 교유했다. 이 관계는 후대에도 이어져 홍양호의 6대손 홍승헌(洪承憲)과 정제두의 7대손 정원하(鄭元夏)·이건승(李建昇)·이건방(李建芳)의 교유 및 만주 망명으로 계승되었다. 이로 미루어볼 때 홍양호의 학풍과 강화학은 밀접한 관련이 있으리라 추정해볼 수 있다. 그러나 아직 명확하게 규명된 것은 아니어서 앞으로의 연구 과제라 할 수 있다.

또한 홍양호의 학문은 원칙론에 그치지 않고 관리로서의 실제 경험과 결합되어 실용 학문에 관한 많은 저술을 남기는 바탕이 되었다. 당시의 현실과 사회·경제적 변화 상황에 대해 폭넓게 이해하고 현실의 문제점을 정확하게 직시하고 개선했다는 점에서 그는 18세기 후반의 대표적 실학자였다고 할 수 있다.

지금까지 18세기 후반 사상사에 대한 연구는 이익과 박지원 등 재야에서 새로운 학문 경향을 제시하려 했던 몇몇 학자들에게 집중되어 있었다. 이 시기에 문형의 자리에 있으면서 중앙 학계를 공식적으로 대표했던 홍양호의 사상을 탐구하는 것은 그동안의 연구 경향의 편향성을 바로잡고 당시 사상계의 지향점을 이해하는 데에도 도움이 될 것이다.

참고문헌

鄭元容,「判中樞府事 兼 吏曹判書 洪公 良浩 墓誌銘」,『經山集』권17.

김영주,「이계 홍양호의 목민사상: 그의 목민대방을 중심으로」,『숙대사론』11·12 합집, 숙명
여자대학교 사학과, 1982.

성범중,「이계 홍양호의 문학관과 문학 활동」,『한국문화연구』 2, 경기대학교 한국문화연구
소, 1985.

최신호,「이계 홍양호의 문학론에 있어서의 道氣의 문제」,『한국한문학연구』 12, 한국한문학
회, 1989.

서인원,「이계 홍양호의 북학론」,『실학사상연구』 2, 무악실학회, 1991.

_____,「이계 홍양호의 국방론」,『소헌 남도영 박사 고희기념 역사학논총』, 민족문화사,
1993.

_____,「이계 홍양호의 역사 인식」,『동국사학』 29, 동국사학회, 1995.

김성규,「경세정운도설에 대한 홍양호의 서평」,『문헌과해석』 3, 태학사, 1998.

진재교,『이계 홍양호 문학 연구』, 성균관대학교 출판부, 1999.

63인의 역사학자가 쓴 한국사 인물 열전

서호수 徐浩修
천문학과 농학을 겸전한 전문가

염정섭 서울대학교 규장각 책임연구원

1. 서호수의 가계

서호수(徐浩修, 1736~1799)의 간략한 생애를 아들인 서유구(徐有榘, 1764~1845)가 남긴 「본생선고문민공묘표」(本生先考文敏公墓表)를 중심으로 살펴보면 다음과 같다. 그는 1736년(영조 12) 9월 25일에 태어났는데, 본관은 달성(達城)이고 자는 양직(養直)이며, 아호(雅號)는 현재까지 알려진 것이 없다. 서호수는 우참찬 문유(文裕)의 증손으로, 할아버지는 호조판서를 지낸 종옥(宗玉)이고, 생부(生父)는 판중추부사(判中樞府事)를 지낸 문정공(文靖公) 명응(命膺, 1716~1787)이다. 어머니는 전주(全州) 이씨로 저촌(樗村) 정섭(廷燮)의 딸이다. 이러한 소론(少論)의 명문 집안에서 태어난 서호수는 일찍 세상을 떠난 백부 명익(命翼)에게 입양되었다.

서호수는 같은 나이인 이이장(李彛章)의 딸 한산(韓山) 이씨와 결혼하여 4남 2녀를 두었다. 첫째가 유본(有本)이고, 둘째는 유구(有榘), 셋째는 유락(有樂), 넷째는 유비(有棐)이다. 첫째 딸은 정경우(鄭耕愚)에게 출가했고,

둘째 딸은 윤욱열(尹郁烈)에게 출가했으며, 둘째 아들 유구는 서호수의 생부인 서명응의 뒤를 이었던 철수(澈修)의 아들로 다시 출계(出系: 양자로 가서 그 집의 대를 이음)되었다.

서호수는 64세 되던 해인 1799년(정조 23) 1월 10일 갑작스럽게 세상을 떠났고, 선대의 묘소가 모여 있던 장단(長湍) 백학산(白鶴山) 서쪽 금릉리(金陵里)에 묻혔다. 이후 순조대인 1805년 1월 문민(文敏)이라는 시호(諡號)를 받았다가, 할아버지 종옥의 시호와 같다고 하여 몇 개월 뒤인 5월 정헌(靖憲)으로 고쳤다.

서호수의 가계를 『만성대동보』(萬姓大同譜)에서 뽑아내어 간략하게 정리하면 다음과 같다.

서호수의 가계도

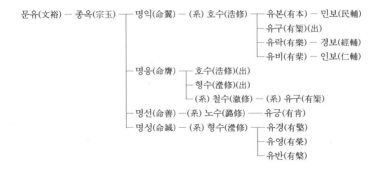

서호수의 가계에서 선대와 후대에 이름이 널리 알려진 유력한 몇몇 인물을 찾아볼 수 있다. 친부(親父)인 서명응뿐만 아니라 숙부인 서명선(徐命善, 1728~1791) 모두 소론으로 조정에서 현달(顯達)한 인물이었다.

먼저, 생부인 서명응은 17세기 이후 중국을 거쳐 조선에 들어온 서양 천문학을 비롯한 천문학 지식 전반을 깊이 있게 이해했던 인물로, 『보만재총서』(保晩齋叢書, 1783년)라는 방대한 양의 총서를 남겼다. 서명응은 천문학을 비롯하여 역학(易學), 농학(農學), 음악 등 당대의 여러 학문 분야에 대한 해박한 지식과 견문을 바탕으로, 이름 그대로 총서라고 칭할 만한 최초의 책을 펴냈던 인물이다.

숙부인 서명선은 정조가 세손(世孫)일 때 대리청정(代理聽政)을 관철시키는 데 큰 공을 세웠다. 당시 대리청정을 반대하던 홍인한(洪麟漢), 정후겸(鄭厚謙) 등을 역적으로 사사(賜死)한 일은 나중에 『명의록』(明義錄, 1777년)으로 정리되었는데, 여기에 정조를 옹위(擁衛)한 홍국영(洪國榮), 정민시(鄭民始)를 비롯하여 서명선의 충절은 선양(宣揚)되어 있다. 그는 뒤에 정조대에 중용되어 삼정승 자리를 모두 거친 다음 영의정에 이르렀다.

서호수의 아래 항렬로 내려가면, 먼저 『임원경제지』(林園經濟志)를 지은 둘째 아들 서유구가 있다. 서유구가 지은 『임원경제지』는 일상생활을 비롯하여 농업 기술에 관한 자세한 내용을 정리한 책이다. 그는 아버지인 서호수와 할아버지인 서명응에게서 이어받은 농법(農法)에 대한 관심을 집대성하여, 농업 경제와 일상생활에 관한 종합 백과사전 격인 『임원경제지』를 편찬했다.

서호수의 며느리인 빙허각(憑虛閣) 이씨도 이채로운 인물이다. 빙허각 이씨는 본관이 전주(全州)이며 창수(昌壽)의 딸인데, 1773년 15세 때 세 살 연하인 서호수의 큰아들 서유본(徐有本)과 결혼했다. 이씨는 조선 후기 사대부 집안의 여성이 일상생활에서 활용할 수 있는 모든 사항을 체계적으로 기록한 『규합총서』(閨閣叢書)를 편찬했다. 대체로 총서류는 18·19세기에 가장 활발하게 저작되었는데, 그 가운데 『규합총서』는 많은 여성 독자층을 형성하면서 구한 말까지 면면히 필사되어왔고, 다양한 형태로 변화 수용되었다. 『규합총서』는 여성들에게 가정 생활의 지침서와 같은 역할을 했다. 이 책은 본래 『빙허각전서』(憑虛閣全書)에 수록되어 주로 달성 서씨 집안의 부녀자들에게 필사되며 유전한 것으로 보인다.

서호수의 어린 시절에 대한 기록은 거의 알려진 것이 없다. 서유구가 지은 「본생선고문민공묘표」에도 특별한 언급이 없다. 그러므로 어렸을 때 배운 학문에 대해서도 살필 만한 것이 없다. 또한 특별한 사승(師承) 관계를 맺은 인물도 찾아보기 어렵다. 다만, 생부의 각별한 가르침이 있지 않았을까 추정된다. 서호수는 수학하는 과정에서 생부의 학문적인 축적과 더불어 학문 태도에 커다란 영향을 받았을 것이다. 나중에 살펴보겠지만, 실제로 서호수는 아버지의 영향을 받아 천문학과 농학 분야에서 뚜렷한 발자취를 남겼다.

2. 사환(仕宦) 활동

서호수의 생애에서 본격적인 활동을 펼친 사환(仕宦)의 이모저모를 살펴보자. 수학(修學)에 몰두하던 서호수는 21세 되던 1756년(영조 32) 생원시(生員試)에 응시해 합격하면서 관직에 접근했다. 이후부터 그의 생애에 대해 『조선왕조실록』(朝鮮王朝實錄)을 중심으로 약간의 기록을 찾아볼 수 있다.

1761년 칠석제(七夕製: 칠월 칠석에 행하던 과거)에 급제한 서호수는 1764년 원점(圓點: 성균관 유생이 식당에 출입하여 얻은 출석 점수)을 받은 유생들에게 제술(製述: 詩, 賦, 表 등의 문장을 짓는 것)과 강경(講經: 經書 가운데 몇 구절을 외우고 풀이하는 것)을 시험했을 때 제술로 급제하여 전시(殿試: 文科의 경우 初試와 覆試를 거쳐 선발된 33인을 임금이 친히 시험하여 급제 순위를 매기던 과거)에 나갈 자격을 얻었다. 이때 그 당시까지 문란했던 과거시험 규칙이 정리되어 반제(泮製: 성균관 유생만 응시하던 과거)에서는 초시(初試)에 해당하는 강경을 먼저 하고, 이어서 복시(覆試)에 해당하는 제술을 시험하도록 했다.

다음해인 1765년(영조 41) 식년(式年) 문과에서 다시 장원을 함으로써, 특별히 사간원(司諫院) 정언(正言)에 발탁되었다. 그뒤 사헌부(司憲府) 지평(持平)에 임명되면서 본격적인 관료의 길에 들어섰다. 그러나 곧이어 언론 활동을 하다가 귀양가 있던 황최언(黃最彦)을 구원하려고 간언한 것 때문에 영조의 노여움을 사서 해남(海南)으로 유배되었다. 이후 1766년 홍문관(弘文館) 부교리에 특채되었는데, 이때 그의 생부 명응이 부제학에 있어 상피(相避)해야 하기 때문에 부교리에 나갈 수 없었으나, 왕명으로 특별히 임명되었다. 곧이어 수찬(修撰)으로 승진했다. 당시 영조의 총애를 받던 화완옹주(和緩翁主)의 양자 정후겸이 부수찬이었는데, 사이가 그다지 원만하지는 못했다.

1767년(영조 43) 전주에 큰 화재가 발생했을 때 전주선유어사(全州宣諭御史)가 되어 백성을 선유(宣諭: 임금의 가르침을 널리 백성들에게 알리는 일)하는 책무를 수행했다. 얼마 뒤 아버지 서명응의 처신 문제로 사이가 좋지 않았던 사헌부 지평 조창규(趙昌逵)의 탄핵을 받기도 했다. 하지만 영조의 배려로 오히려 사간원 헌납으로 승진했다. 이어서 홍문관 응교, 세자 시강원(侍講院) 보덕, 승지(承旨) 등을 역임했는데, 특히 3년에 걸쳐 승지 직을 맡으면서 국왕을 충실히 보좌했다. 1768년(영조 44) 호남어사에서 돌아와 복명(復命: 결과 보고)하면서 "저치미(儲置米: 稅穀 가운데 지방 관아에 비축해 두는 쌀)를 운용할 때 묵은 것을 쓰고 햇것은 축적하는 법을 신칙(申飭: 단단히 타일러 경계하는 것)할 것"을 청하기도 했다.

서호수는 수령이나 감사 자리에는 거의 나가지 않았다. 『조선왕조실록』에 따르면, 수원부사로 재직하던 1773년(영조 49)에 호남어사 서계(書啓: 임금의 명을 받아 처리한 일에 대한 결과를 보고하던 문서)에서 가장 치적(治績)이 높은 것으로 평가되어 말을 하사받기도 했다. 이외에는 전라도 관찰사, 강화유수, 함경도 관찰사를 잠시 동안 역임했을 뿐이다.

영조 말기에는 춘방(春坊: 세자 시강원의 별칭), 승정원(承政院), 사헌부, 사간원의 직임을 역임하면서 영조와 세손(世孫: 正祖)을 가까운 곳에서 보필했다. 그리고 세손이 대리청정할 때는 승지로서 자주 입대(入對: 궁중에 들어가 임금을 뵈는 것)하여 두터운 신임을 받으며 중요한 정사를 더불어 의논했다. 1776년 정조가 즉위하자 도승지(都承旨)에 임명됨으로써 왕의 측근이 되었다. 정조가 세손으로 동궁(東宮)에 있을 때 밀접한 거리에서 시종하던 빈료(賓僚)로, 결과적으로 정조가 즉위하는 데 공로를 세웠다고 할 수 있다. 또한 중부(仲父) 서명선이 정조가 왕위를 계승하는 데 크나큰 공을 세운 것도 서호수의 관력(官歷)에 영향을 주었을 것이다.

서호수는 정조대에 들어서서 두 차례의 연행(燕行)을 통해 서적을 수입하는 등 청나라 문화를 도입하는 데 일익을 담당했는데, 이는 정조의 내밀한 목표를 충실하게 수행한 것이라고 할 수 있다. 그리고 관직에서도 대사성(大司成), 대사헌(大司憲) 등을 역임하고, 특히 규장각(奎章閣) 직제학(直提學)을 지냈으며, 이조·형조·병조·예조 등의 판서를 두루 역임했다.

또한 정조가 즉위하여 청나라에서 이를 승인하자, 진하겸사은사(進賀兼謝恩使)의 부사(副使)로 청나라에 다녀왔다. 서호수의 생애와 관력에서 빼놓을 수 없는 것이 바로 두 차례에 걸친 연행인데, 이것이 첫번째 연행이었다. 정사(正使) 이은(李溵), 서장관(書狀官) 오대익(吳大益)과 함께 청나라에 다녀왔다. 이때 중국에서 편찬 중이던 『사고전서』(四庫全書)를 구해오라는 정조의 명을 받았지만 구하는 것에 실패하고, 결국 『고금도서집성』(古今圖書集成) 총502함(函), 5,022권을 은(銀) 2,150냥을 주고 사서 1777년(정조 원년) 2월에 돌아왔다.

1776년 장악원(掌樂院) 제조(提調) 자리에 있던 서호수는 장헌세자(莊獻世子: 훗날의 사도세자)와 그의 비 헌경왕후(獻敬王后)를 모신 사당인 경모궁(景慕宮)에서 사용할 악기 제조를 요청했다. 당시 만들어진 악기에 맞춘 제례악(祭禮樂)을 경모궁제례악(景慕宮祭禮樂)이라고 부르는데, 종묘제례악의 축소형이라고 한다.

1779년(정조 3)에는 함경도 관찰사가 되었으나, 생부 서명응이 비리 혐의로 탄핵받으면서 그에 연루되어 체직(遞職)되었다. 이 사건으로 당시 영의정이었던 숙부 서명선도 사임했다. 그러나 곧 규장각 직제학에 복직되었고, 당시 영의정이던 김상철(金尙喆)의 후원에 힘입어 마침내 형조판서에 임명되었다.

1781년에는 이문원(摛文院: 규장각 外閣)을 예전의 도총부(都摠府) 자리에 이설(移設)한 다음, 정조가 각신(閣臣: 규장각의 관원)들과 함께 『근사록』(近思錄)을 강론할 때 원임(原任: 전에 그 벼슬자리에 있던 관원) 각신 자격으로 참여하기도 했다. 이때의 강의 내용은 김재찬(金載瓚)이 왕명을 받아 『친림이문원강의』(親臨摛文院講義)라는 책으로 정리했는데, 현재 서울대학교 규장각(청구기호, 奎1402)에 소장되어 있다.

같은 해 3월 강화도 행궁(行宮: 임금이 거둥할 때 머무는 별궁) 자리에 외규장각(外奎章閣)을 설립할 때는 강화유수로서 이 작업을 맡아서 수행했다. 서호수는 왕명을 받아 행궁 동쪽, 장녕전(長寧殿) 서쪽 사이에 있던 연초헌(燕超軒)을 헐고 새로 건물을 지어 강화부 내책고(內冊庫)의 책들을 모두 이곳으로 옮기고, 또 서울 궁성에서 의궤(儀軌: 나라에 큰일이 있을 때 후세를 위해 그 일의 경과나 경비 등을 자세히 적은 책)와 옥책(玉冊: 왕이나 왕비의 존호를 올릴 때 頌德文을 새긴 簡冊) 등을 다수 옮겨왔다. 서호수는 이어서 예조판서·이조판서·병조판서를 역임하고, 1785년 한성부(漢城府) 판윤(判尹)으로서 한성부의 행정을 주관했다.

이 무렵 남인(南人)으로 우의정 자리에 있던 채제공(蔡濟恭)과 소론의 명문이던 그의 집안의 갈등으로 한때 휴직했다가, 1790년(정조 14)에 다시 진하겸사은부사로 청나라에 사행(使行)했다. 두번째에 해당하는 이 사행은 청나라 건륭제(乾隆帝)의 팔순을 기념하는 만수절(萬壽節)을 축하하기 위한 것이었다. 이때 남긴 여행 일기가 『연행기』(燕行紀) 4권 2책(서울대학교 규장각 소장)이다.

『연행기』에 따르면 서호수는 연경(燕京)에서 『십삼경주소』(十三經註疏), 『주역절중』(周易折中), 『시서휘찬』(詩書彙纂), 『대청회전』(大淸會典), 『성경통지』(盛京通志) 등은 구매했으나 『황청해국방략』(皇淸海國方略)은 구하지 못했다고 한다.

1791년(정조 15)에는 관상감(觀象監: 천문, 지리학, 曆數, 기후, 관측 등의 사무를 맡아보던 관청) 제조로 있으면서 천문역산(天文曆算) 활동의 대대적인 정비를 이끌었다. 이때 서호수는 인조 때 김육(金堉)이 사용하자고 주장한 시헌력(時憲曆: 서양 신부 아담 샬 등이 서양 역법을 기초로 편찬한 淸의 曆法)을 도입하기 위해 청나라에 가는 사신에게 이에 소용되는 의기(儀器)를 구입해오게 할 것을 주장했으나 실현되지 못했다.

　　서호수는 60세 되던 해인 1795년 삼상(三相: 삼정승)의 후보에 올랐으나 이루지 못했고, 다시 1798년 우의정의 물망에 올랐으나 이 또한 좌절되었다. 끝내 삼상의 자리에는 오르지 못한 채 이조판서에 그치고 말았다.

　　앞에서 살펴본 바와 같이 서호수는 전체적으로 순탄한 관직 생활을 했다. 명문가에서 태어나 뛰어난 학문적 업적을 남긴 생부의 뒤를 이어 관직에 수월하게 나갈 수 있었다. 따라서 변변한 외직(外職) 경험도 없이 주로 중앙 조정에서 관직 생활을 역임한 것은 당연한 일이라고 할 수 있다. 게다가 정조와 동궁 시절부터 맺은 인연은 규장각을 중심으로 정조가 추진하는 각종 편찬 사업에 중추적인 역할을 할 수 있는 기반이 되었다.

3. 문헌 편찬

서호수의 생애 가운데 관직 수행에서 벗어난 특별한 활동은 문헌 편찬과 관련된 행적에서 찾아볼 수 있다. 서호수가 사환에 머물던 영·정조 시대에 활발했던 문헌 편찬 사업에서 그의 행적들이 많이 보인다.

　　서호수는 관직에 들어선 지 얼마 지나지 않은 초임 시절부터 문헌을 편찬하는 일에 깊이 관여했다. 그 첫걸음은 바로 1770년(영조 46)에 간행된 『동국문헌비고』(東國文獻備考) 편찬 사업에 참여한 일이었다. 1769년에 왕명으로 시작된 '문헌비고' 편찬 사업은 홍봉한, 서명응, 채제공 등이 주도해나갔다. 이 편찬 사업에 서호수도 참여해 반년여 만에 상위(象緯), 여지

(興地), 예(禮), 악(樂), 병(兵), 형(刑), 전부(田賦), 시적(市糴), 선거(選擧), 재용(財用), 호구(戶口), 학교(學校), 직관(職官) 등 총 13고(攷) 100권으로 완성했고, 1770년 8월에 인쇄되었다. 서호수가 참여한 이 편찬 사업에 아버지인 서명응도 같이 참여한 사실이 이채롭다.

서호수는 1776년 3월 영조가 세상을 떠난 뒤에 『영종대왕실록』(英宗大王實錄: 영조실록) 편찬 사업에 참여했다. 1778년(정조 2) 2월에 영종실록청(英宗實錄廳)을 설치하고 편찬에 착수해 3년 6개월 만인 1781년 7월에 완성된 『영종대왕실록』은 이후 오대사고(五大史庫)에 보관되었다. 이때 서호수는 친부(親父) 서명응, 숙부 서명선 등과 더불어 실록청에 소속되어 있었는데, 각방(各房) 당상(堂上)의 일원으로 편찬 사업에 참여했다.

서호수가 정조대의 문헌 편찬 사업에 본격적으로 참여한 것은 규장각 직제학 자리를 맡으면서부터였다. 그는 1776년(정조 즉위년) 첫번째 연행에서 돌아온 뒤 대사성, 대사헌 등 청관직(淸官職: 홍문관의 벼슬아치를 일컫던 말)을 거쳐 당대 문화 사업의 핵심 기관이던 규장각의 직제학이 되었다. 이후부터 서호수는 규장각의 여러 편찬 사업에서 주도적인 역할을 했다.

먼저, 조선 역대 국왕의 치적 가운데 모범이 될 만한 사실을 수록한 편년체의 역사책 『국조보감』(國朝寶鑑)에서 봉모당(奉謨堂: 규장각의 역대 선왕의 유품을 보관하던 전각)에 봉안할 어제(御製: 왕이 직접 지은 詩文)를 고출(考出)하는 작업을 수행했다. 그리고 1780년 정조의 손때가 그대로 묻은 『어정송사전』(御定宋史筌) 편찬 작업에 참여해 그 내용을 교열했다. 『어정송사전』은 정조가 직접 중국 송(宋)나라의 역사를 본기(本紀) 8권, 지(志) 47권, 세가(世家) 2권, 열전(列傳) 91권으로 엮어 편찬한 사서(史書)이다. 정조는 이전까지의 송사(宋史)가 여러 번 개찬(改撰)되는 과정을 겪어 다른 사서에 비해 번잡하고 이해하기 곤란할 뿐만 아니라, 필삭(筆削)의 근거가 없다고 보았다. 그리하여 동궁에 있으면서 송사를 반복해서 읽어가는 가운데 직접 필삭을 가해 즉위한 후에 이 책을 완성했다. 이렇듯 이 책은 정조의 역사 인식을 그대로 담은 사서라고 할 수 있다. 서호수가 『어정송사전』 교열에 참여한 것은 그가 정조의 의중을 제대로 이해할 수 있는 인물이었기 때문이라고 볼 수 있다.

한편, 서호수는 문헌 편찬의 기본이 되는 활자 주조에도 크게 기여했다. 1782년(정조 6) 평안도 관찰사로 재직할 때, 정조의 명을 받아 숙종대의 문신 한구(韓構)의 글씨를 대본으로 활자 8만여 자를 평안 감영에서 주조했다. 이때 주조한 활자를 '재주한구자'(再鑄韓構字)라고 부르는데, 앞서 숙종 때 만든 한구자(韓構字)를 다시 주조한 것이었다. 한구자는 숙종 초에 김석주(金錫冑)가 한구에게 자본(字本)을 쓰게 해서 만든 활자였는데, 대략 1679년(숙종 5) 이전에 만들어 사용해왔었다. 한구자는 독특한 소형(小型) 필서체였다.

규장각을 중심으로 서호수가 실행한 문헌 편찬 활동 가운데 가장 주목할 만한 것은 규장각에 소장된 서책 목록인 『규장총목』(奎章總目)과 정조의 문집인 『홍재전서』(弘齋全書)를 편찬한 일이라고 할 수 있다. 먼저, 규장각 서책 목록인 『규장총목』 편찬에 대해 살펴본다.

규장각은 사실 정조가 즉위한 1776년 3월 11일 창덕궁 후원에 설립되었다. 역대 국왕의 시문, 친필 서화(書畵), 고명(顧命: 임금이 유언으로 뒷일을 부탁하는 것), 유교(遺敎), 선보(璿譜: 왕실의 족보), 보감(寶鑑) 등을 보관하고 관리하던 곳이었으며, 직제(職制)를 갖춘 독립된 기구로 도서관과 연구 기관의 기능을 갖추고 있었다. 규장각은 도서를 보관할 수 있는 부속 건물로 서고(西庫)와 열고관(閱古觀)을 두었는데, 열고관의 도서가 늘어남에 따라 다시 개유와(皆有窩)라는 서고를 증축했다. 규장각을 설치할 당시의 장서는 약 3만 권에 달했다고 한다. 이러한 장서를 중국본(華本)과 한국본(東本)으로 나누고, 중국본은 규장각의 서남쪽에 세워졌던 열고관과 개유와에 보관했으며, 한국본은 열고관의 북쪽 서고에 보관했다.

1779년 이후 규장각에 소장된 모든 서적에 대한 기초 조사 정리 작업이 이루어졌다. 각신 등의 노력으로 1781년 2월에 이 작업이 일단 마무리되자, 정조는 원임 규장각 제학 서명응에게 『규장총목』 편찬을 명했다. 그러나 당시 서명응은 이미 치사(致仕: 나이가 많아 벼슬을 사양하고 물러남)하고 저술 활동에만 몰두하고 있었다. 때문에 이 책은 실제로는 서명응의 아들인 서호수의 노력으로 1781년(정조 5) 6월에 완성되었다.

『규장총목』은 『열고관서목』(閱古觀書目) 6권 및 『서서서목』(西序書目) 2권의 합본에, 같은 해 7월 개유와에 소장된 서적을 추가로 정리해서 편찬한 『개유와서목』(皆有窩書目) 4권 3책을 더한 것이다. 이는 조선 왕조의 도서 목록 가운데 가장 규모가 큰 것이며, 이 책의 분류법은 전통적으로 고서(古書)를 경(經)·사(史)·자(子)·집(集) 4부(部)로 나누는 4부 분류법의 표본을 따른 것이다. 즉, 송대의 경사자집 4부 45류로 전개된 『숭문총목』(崇文總目)의 분류법을 참작하여 지나치게 세분된 것은 합치고, 합친 것은 세분해 규장각의 장서 구성에 알맞게 4부 34류로 분류한 것이다. 이와 같이 『규장총목』은 1781년 당시 규장각의 중국본 소장 내력을 밝히는 동시에, 4부법에 의한 우리 나라 최초의 해제(解題) 목록인 점에서 한국 서지목록학 사상 최고의 위치를 차지한다.

다음으로 서호수는 정조의 문집인 『홍재전서』 편찬의 기초 작업을 담당했다. 이에 『홍재전서』의 기초가 된 『어제춘저록』(御製春邸錄)의 간행을 주관하기도 했다. 서호수는 1798년 이만수(李晩秀), 김조순(金祖淳), 이존수(李存秀) 등과 함께 선사(繕寫: 문서를 수집해서 잘못을 바로잡고 부족한 점을 보충하여 淨書함)하는 작업을 감독하다가 일을 마치지 못한 채 1799년 1월 세상을 떠났다. 뒤이어 서영보(徐榮輔), 정대용(鄭大容), 심상규(沈象奎), 김근순(金近淳) 등이 교정 작업을 분담했고, 1799년 12월 어제(御製)의 선사본(繕寫本)이 마무리되었다. 세자로 있을 때부터 1799년(정조 23)까지의 어제를 4집(集)으로 나누고 30목(目)으로 분류 정리했는데, 그 내용을 보면 시(詩) 5편(編)·서(書) 1편·서인(序引) 4편·기(記) 3편·비(碑) 3편·지(誌)

1편·행록(行錄) 1편·행장(行狀) 1편·제문(祭文) 8편·윤음(綸音: 임금의 말씀) 4편·교(敎) 7편·돈유(敦諭: 임금이 신하를 타이른 말) 3편·유서(諭書) 3편·봉서(封書) 3편·비(批) 5편·판(判) 3편·책문(策問) 5편·설(說) 1편·논(論) 1편·찬(贊) 2편·잠(箴) 1편·명(銘) 4편·송(頌) 1편·잡저(雜著) 7편·강의(講義) 56편·유의 평례(類義評例:『大學類義』 편집 원칙과 선별 기준을 놓고 정조와 신하들이 벌인 논의) 2편·고식(故寔: 1794년에 선발된 초계문신들과 『대학』 등에 대해 토론한 내용) 6편·심리록(審理錄: 살인 사건을 비롯한 각종 형사 사건에 대한 정조의 검토 기록) 25편·일득록(日得錄) 19편·군서 표기(群書標記: 정조대에 간행 또는 필사된 서적을 해제한 도서 목록) 5편 등 모두 191편이었다.

서호수는 생부인 서명응의 시문(詩文)을 모아『보만재집』(保晩齋集)을 편찬하는 데 일익을 담당했다. 서명응의 방대한 저술 가운데 일부를 1787년(정조 11) 아우인 서형수(徐澄修), 아들 서유구와 더불어 편집했다. 그뒤 1822년(순조 22)에 서유구가 취진자본(聚珍字本)으로 간행한『보만재집』이 지금 서울대학교 규장각에 소장되어 있다.

끝으로 서호수 본인의 저작 가운데 뒤에 언급할 농학과 천문학에 관련된 것 외에 당대의 문화적인 분위기를 엿볼 수 있는 책이『연행기』라는 사행(使行) 일기이다. 서호수가 1790년(정조 14) 청나라 건륭황제의 만수절에 진하정사(進賀正使) 황인점(黃仁點)과 더불어 부사로 다녀오면서 지은 사행록이 바로『연행기』이다. 그런데 서울대학교 규장각에 소장되어 있는 4책 분량의『열하기유』(熱河紀遊)가『연행기』의 원본으로 추정된다. 『연행기』에는 서호수가 5월 27일 경성을 출발해 7월 15일과 25일에 각각 열하(熱河)와 북경(北京)에 도착한 다음, 10월 22일 귀환할 때까지 경험한 중요한 사건, 대담, 견문 들을 수록했다. 대략 경성 출발에서 열하 도착까지의 기록, 열하 출발에서 북경 원명원(圓明圓: 청나라 황제의 궁궐) 도착까지의 기록 등 여정에 대한 것이 담겨 있고, 여기에 조선의 역사와 관련된 만주 일대의 주요 지명·연혁·지리적 위치를 집중적으로 고증해서 수록했다. 또한 성책(城柵)·관방(關防) 제도와 군대 배치 상황에도 깊은 관심을 보였으며, 아울러 인접한 강대 부족인 몽골의 풍속과 산물도 채록(採錄)했다. 그밖에 황제의 전교(傳敎)나 지방관의 공문 같은 외교 문서를 수록했으며, 안남(安南: 현재의 베트남)·대만·일본과의 외교 문제도 다루었다. 또 몽골, 회자(回子), 청해(靑海), 서장(西藏) 각 부(部)의 위치 및 연혁을 조사했고, 하늘·땅 같은 토번어(吐蕃語)의 음과 뜻을 채록하기도 했다.

서호수는 『연행기』를 쓰기 15년 전에 이미 연행한 경험(1776년)이 있었는데, 이때 태화전 조참(朝參: 한 달에 네 번씩 백관이 正殿에 모여 임금에게 문안을 드리고 정사를 아뢰던 일)에서 청나라 문인 이조원(李調元)을 만나 친숙하게 지냈다. 당시 이조원에게 받았던 시구를 기억해서 『연행기』에 소개하기도 했다. 이조원은 1734년(雍正 12)에 태어나서 1802년(嘉慶 7)에 세상을 떠났는데, 호를 우촌(雨村) 또는 동산(童山)이라고 했으며 건륭연간에 여러 관직에 있다가 건륭 50년에 고향인 사천(四川)으로 낙향해서 생활했던 인물이다. 서호수는 이조원과 시문을 주고받았는데, 이때 북경에서 같은 외교적인 목적으로 청나라에 온 안남국(安南國)의 이부상서 반휘익(潘輝益), 공부상서 무휘진(武輝瑨)과 시를 화답하기도 했다. 또한 1776년 동행했던 유금(柳琴)과 더불어 이조원과 시문을 교환하면서 친숙함을 더하기도 했다.

서유구가 지은 「본생선고문민공묘표」에는 서호수가 『혼개통헌집전』(渾蓋通憲集箋), 『수리정온보해』(數理精蘊補解), 『율려통의』(律呂通義) 등의 책을 지은 것으로 적혀 있는데, 이 책들은 전해지지 않는다. 하지만 책명을 통해 내용을 짐작해볼 수 있는데, 먼저 『혼개통헌집전』은 해시계의 일종인 혼개일구(渾蓋日晷)에 관한 여러 가지 설명을 모은 책으로 보인다. 혼개일구는 명나라의 이지조(李之藻)가 찬수(撰修)한 『혼개통헌도설』(渾蓋通憲圖說)에 근거한 해시계로 알려져 있다. 이지조는 개천설(蓋天說: 동양의 대표적인 우주구조론으로, 하늘은 우산 모양의 둥근 뚜껑으로 이루어져 있고, 땅은 평평하다는 주장)이 곧 혼천설(渾天說: 하늘이 땅을 둘러싸서 마치 새알의 껍질이 노른자위를 싸고 있는 것과 같다는 우주관)이라고 주장한 학자인데, 혼개일구는 그의 주장과 원리를 바탕으로 제작된 것이었다. 서호수는 이지조의 『혼개통헌도설』에 관련된 천문 역산의 원리를 한데 모아 자신의 입장에 따라 정리해서 『혼개통헌집전』이라는 책을 지었던 것으로 보인다.

다음으로 『수리정온보해』는 1723년경 청나라 강희제(康熙帝)의 칙령에 따라 만들어진 수학 총서인 『수리정온』을 보충해서 해설한 책으로 보인다. 『수리정온』은 총 53권으로, 전통적인 중국 수학과 유럽 수학이 공존하는 형식으로 이루어진 청대 수학의 결정판으로 알려져 있다. 따라서 서호수가 지었다는 『수리정온보해』의 내용은 『수리정온』의 이러한 수학적 공존을 조리 있게 해명한 책으로 추정된다.

마지막으로 서호수가 지은 책이라고 알려진 것이 『율려통의』이다. 이 책도 지금 전하지 않는 것으로 보인다. 다만, 책명에서 유추할 수 있는 책의 내용은 아무래도 중국의 대표적인 수학서이자 음악 이론서로 알려진 『율려정의』(律呂正義)와 관련이 있을 것으로 생각된다. 『율려정의』는 1713년 청나라 강희제의 칙명에 따라 예수회 선교사인 이탈리아인 페드리니(德理格)와 포르투갈인 페레이라(徐日昇)가 저술한 책이다. 상편 2권의 「정률심음」(正律審音)에서는 중국의 악률(樂律)을 논술했고, 하편 2권의 「화성정악」(和聲定樂)에서는 악기의 음률을, 속편 1권의 「협균도곡」(協均度曲)에서는 서양의 악부와 음악 이론을 논한 책이다.

이상에서 살펴본 서호수의 문헌 편찬 활동은, 규장각을 중심으로 많은 책의 편찬 사업을 이끌어 나갔던 것과 자신의 저서 편찬으로 이루어졌다. 특히 어제를 편찬하고 교열하는 데 중심적인 역할을 수행하여, 아들인 서유구의 표현에 따르면 서호수가 물러난 뒤에 어제를 편교(編校)할 사람이 없었다는 평가를 받았을 정도였다고 한다. 또한 그가 편찬한 천문 등에 관련된 서책이 이름만 전하고 책 자체는 인멸되어 전하지 않지만, 당대의 천문 역산 전문가로서의 면모를 확인할 수 있다.

4. 천문학 연구

서호수는 관료로 중앙 정계에서 큰 활약을 했다. 이와 더불어 두 분야에서 학문적인 업적을 뚜렷하게 남겨놓았다. 현재까지 진척된 서호수에 대한 연구도 천문학과 농학 분야에서 몇몇 성과가 나온 상황이다. 다만, 서호수만 홀로 다루는 연구 성과라기보다는 조선 후기의 천문학 또는 천문 활동의 흐름 속에서 서호수를 살펴보거나, 농학 또는 농서(農書)를 정리하는 과정에서 서호수를 꼽아보는 연구라고 할 수 있다. 다음에는 서호수의 학문적인 업적을 지금까지의 연구 성과를 중심으로 살펴본다.

서호수는 여러 분야의 학문에 능통했는데, 특히 천문학에서 조선의 최정예 전문가로 인정받았다. 그는 정조가 중국의 선진적인 학술 서적들을 수입하며 서양의 과학을 활발하게 수행해나갈 때 그 한복판에 있었다.

서호수가 천문학에 조예가 깊어진 데에는 그의 아버지인 서명응의 영향이 컸던 것으로 보인다. 실제로 영조대에 서호수가 측후관(測候官)으로 일할 때, 영조는 성체(星體)에 대해서는 서호수에게 물어보고, 금성(金星)에 대해서는 서명응에게 질의(質疑)하여 서계(書啓)하도록 명하기도 했다.

서호수의 천문학 연구는 크게 두 가지 활동으로 이루어졌다. 하나는 조정에서 정조대를 중심으로 펼친 천문 역산 연구를 주도적으로 정비한 것이고, 다른 하나는 이러한 정비 작업 과정에서 실행한 천문학 관련 서책을 편찬 간행한 것이다.

먼저, 서호수는 오랫동안 관상감 제조로 있으면서 정조대의 천문 역산을 주도적으로 정비해나갔다. 그 가운데 하나가 1777년(정조 1) 관상감 제조로서 감관 이덕성(李德星) 등과 함께 규정각(揆政閣)의 혼천의(渾天儀)를 중수한 것이다.

또한 1791년에는 전국 8도의 감영에서 북극 고도와 동서 편도(偏度)를 산정해내기도 했다. 이 값은 바로 전국의 팔도에서 각기 다른 주야(晝夜) 시각과 절기(節氣)의 조만(早晩)을 계산하는 데 필요한 기초적인 수치였다. 그전까지 조선에서 간행되던 역서는 오로지 한양의 북극 고도와 북경에서부터의 편동도만 수록되어 있어, 한양의 일출 일몰 시각과 절기의 시각을 추산할 수 있을 뿐 한양 이외 지역의 시각은 계산할 수가 없었다. 이를 두고 조선의 역서는 경기 지방 이내의 역법일 뿐 팔도에 통용되는 역법은 아니라는 반성의 목소리가 나왔다. 이에 다음해 1792년(정조 16)부터는 산정된 북극 고도와 편도를 가지고 각 지역의 주야 시각과 절기 시각을 계산해 그 값을 역서에 포함시켜 인쇄하도록 결정했다.

이때 산정한 전국 8도의 북극 고도와 편도 수치는 실측에 의해 얻은 값이 아니라 계산에 의한 것이었다. 비변사(備邊司)에 소장되어 있던 〈팔도여도〉(八道輿圖)를 가지고 직선 거리 200리당 1도로 환산하여, 한양의 북극 고도 37도 39분 15초와 북경에서부터의 편동도 10도 30분에 가감해서 산정했다. 그런데 〈팔도여도〉에 그려진 거리의 수치로 북극 고도를 산출하는 것은 부정확했다. 서호수는 "우리 나라는 보척(步尺)이 정확하지 않으므로 진실로 의기(儀器)로써 실측하지 않는다면 이차(里差)의 비례를 가지고 그 값을 결정하기는 어렵다"고 지적했다. 그런데도 전국 팔도의 북극 고도와 편도를 실측하지 않고 오직 〈팔도여도〉의 이차 비례에 근거해서 산정한 것은, 실측을 통한 천문 역산의 발전이라는 의도보다는 청나라의 역서 못지않은 내용과 수준을 갖춘 역서를 펴내고자 하는 정조의 의지를 반영한 것이었다고 할 수 있겠다.

서호수는 이때(1791년) 관상감의 제조로, 인조 때 김육이 주장한 바 있는 시헌력을 사용하기 위해 청나라에 가는 사신에게 이에 소용되는 의기를 구입해야 한다고 주장했으나 실현되지 못했다.

두번째로 서호수의 천문학 연구 활동은 본격적인 천문 관련 서책을 편찬하고 간행하는 것으로 나타났다. 그 가운데 가장 특기할 만한 것이 바로 『국조역상고』의 편찬이라고 할 수 있다. 서호수는 관상감의 제조로 있을 때 여러 책에 흩어져 있던 조선 왕조의 역상(曆象) 관련 기록을 종합·수집·정리해서 그 대요(大要)를 밝힌 『국조역상고』라는 책을 편찬했다. 그는 당시 역관(曆官)으로 있던 성주덕(成周悳)과 김영(金泳) 두 사람에게 역대의 천문역상에 관한 기록을 수집하여 분류, 정리하게 했다. 『서운관지』(書雲觀志)가 주로 관측 방법과 제도를 서술한 데 비해, 『국조역상고』는 역법의 연혁과 이론을 서술했으며, 역법의 실제 운용에 필요한 표가 수록되어 있다. 이 책을 편찬 간행함으로써 조선 왕조를 개창한 이래 천문 역산에 대한 종합적인 검토와 분석이 마무리되었다고 할 수 있다. 또한 1798년 관상감에서 『칠정보법』(七政步法)이라는 역서(曆書)를 편찬할 때, 이를 주도하기도 했다. 이 책은 시헌력에 의한 역계산(曆計算) 방법을 간략하게 정리, 기술한 것이다.

　서호수는 18세기 후반 양반 관료로는 천문 역산 분야의 최고 전문가였다. 또 1791년 관상감의 운영체계를 대대적으로 정비한 인물이기도 했다. 국왕 정조는 관상감에서 조선력과 청력의 차이를 밝혀내지 못한 것을 기회로, 특지(特旨)로 서호수를 관상감 제조에 임명하고 천문 역법 이론과 계산법 등을 정비하도록 명한 듯하다. 정조대에 들어와서도 그러한 서양 과학을 수용하는 모습과 성격은 크게 달라지지 않았다고 할 수 있다. 그러나 표준 시간 체계를 정비한 것, 전국 팔도의 북극 고도를 산정한 것, 관상감 운영과 제도를 대대적으로 정비한 것 등에서 알 수 있듯이, 시대적 변화를 반영하는 주목할 만한 천문 역산상의 성과를 얻기도 했다. 또한 정조 말기에 이르러서는 농학, 역산학, 명과학(命課學: 운명이나 길흉 등에 대한 학문) 분야 같은 여러 과학 분야에서 중국 수준에 버금가는 책(大典)들을 편찬함으로써 각 과학 분야의 지식들을 집대성하려 하기도 했다. 이러한 과정에 서호수가 천문 전문 관료로서 적극 참여했다.

5. 농학 연구

서호수는 농학 분야에서 『해동농서』(海東農書)라는 농서를 편찬해 당대까지의 농업 기술을 정리했고, 특히 수리학(水利學)에서는 조선 수리학이 나아갈 길을 보여주었다. 그는 아버지인 서명응의 뒤를 이어 농학 분야에서도 괄목할 만한 업적을 남겼다. 1783년 이조판서로 재직할 때 가뭄을 극복하기 위해 용미차(龍尾車)를 비롯한 수차(水車)를 제조하여 사용할 것을 상소하기도 했다. 이때 명나라의 각신 서광계(徐光啓)가 쓴 『농정전서』(農政全書)의 내용에서 용미차의 공용(功用) 부분을 인용했다. 그는 『해동농서』를 1798년 11월에 반포된 정조의 『권농정구농서윤음』(勸農政求農書綸音)에 호응하여 지어 올렸다. 이 책을 통해 생부인 서명응이 『고사신서』(攷事新書) 농포문(農圃門)을 편찬한 것의 뒤를 이어 농학 가문으로 성장하는 데 일익을 담당했다. 서호수는 중국과 우리 나라는 기후, 풍토, 관습이 다르므로 그 농학을 수용해 우리 농업을 개량하려 할 때는 우리 농업에 적합한 것만을 받아들여야 한다는 입장을 보였다.

현전하는 『해동농서』 판본은 두 가지가 있다. 하나는 8권으로 구성된 초고본으로 성균관대학교 소장본(성대 稀C6A-9, 『農書』 9)이고, 다른 하나는 4권으로 이루어진 목판본으로 일본 오사카 부립도서관 소장본(『農書』 10, 日本大阪府立圖書館 44506)이다. 후자는 전자에서 3권까지를 수록하고, 거기에다 전제(田制)·수리(水利)·농기(農器)의 조목을 보충한 것으로 둘 사이에는 차이가 있다. 이 책은 우리 나라 농학의 전통 위에서 우리의 자연 조건을 반영하고 중국의 농업 기술까지도 수용해, 전제·수리·농기에 관한 문제들을 포함하는 새로운 농학의 체계화를 기도한 것이다. 서호수가 강조한 우리 농업의 특별한 여건을 다른 농서와는 달리 특별하게 붙어 있는 『해동농서』 「범례」(凡例)에서 찾아볼 수 있다. 여기에 농서를 편찬하는 여러 기준을 제시했는데, 특히 품종에 대해서 "오곡(五穀)의 종(種)에는 각지의 토의(土宜:

작물 성장에 적당한 토질과 기후 등 지역 조건)가 있고, 전작(田作)의 농구(農具)에는 각지의 속상(俗尙: 당시의 풍속에서 백성들이 숭상하고 좋아하는 일)이 있다"고 설명했다. 각 작물의 품종에는 각지의 여건에 따라 적합한 것이 있고, 농사를 짓는 농기구에도 각 지역마다 특별히 많이 사용하는 것이 정해져 있다는 말이다.

이와 같이 서호수는 중국과는 다른 조선의 특색을 농업 기술 측면에서 충분히 감안했다. 사실 '해동농서'라는 이름 자체가 이러한 의식의 산물이었다. 그리하여 "토의가 존재하고 속상에 구애받아 오곡의 명색(名色)과 전작의 기계(器械)에서 전제(田制)·수리(水利)에 이르기까지 또한 본래 동국(東國)의 소용(所用)이 있다. …… 이 책은 동국의 농서를 기본으로 삼고 중국의 고방(古方)을 참고하여 이름하기를 『해동농서』라고 이른다"라고 서술하기에 이르렀다. 정리하면 서호수는 조선의 특유한 농업 기술의 존재를 지목했는데, 첫째 오곡의 특유한 품종이 있고, 둘째는 농기구의 특색 있는 발전이며, 셋째는 전제와 수리에서의 특징이었다. 이와 같이 서호수는 우리 농학을 기본으로 삼고 중국의 농서에서 우리 실정에 적합하다고 생각되는 것만 선별적으로 수용하여 『해동농서』의 체계를 세웠다.

서호수가 수립한 수리학에서도 앞에서 지적한 특징을 살펴볼 수 있다. 『해동농서』 수리편(水利篇)의 내용은 수리 총론(水利總論), 피호(陂湖), 장천(障川), 축안(築岸)으로 구성되었다. 여기에 측량지세법(測量地勢法)과 용미차제(龍尾車制)가 부록으로 첨부되어 있다. 이러한 서술 내용은 대부분 명나라 서광계의 『농정전서』에서 발췌 인용한 것이지만, 서호수가 정리한 수리학 체계를 잘 보여준다고 할 수 있다.

피호 조항에서는 하천수 이외의 둑을 쌓아 가두어놓은 물을 관개(灌漑)에 활용하는 방안을 설명했고, 장천 조항은 소규모 하천수나 계곡수를 관개에 활용하는 방안을 적었다. 그리고 축안 조항에서는 둑이나 제방을 쌓은 방법을 설명했다. 이러한 서호수의 수리학에 대한 정리는 박지원(朴趾源)

이 『과농소초』(課農小抄)에 『왕정농서』와 『농정전서』의 관련 기록을 원전 그대로 옮겨놓은 것에 비해, 조선에서 활용하면 좋을 것으로 판단되는 내용을 취사 선택해서 재편집한 것이다. 또한 정밀한 측량 기구를 사용해야 하는 정교한 수리 기술을 담고 있다는 점에서도 서호수가 수리학을 깊이 이해했다는 사실을 알 수 있다. 이는 생부인 서명응의 학풍을 이어받아 『농정전서』 수리편에 담긴 정밀한 기하학에 기반을 둔 수리 기술을 수용한 것이라고 할 수 있다.

서호수가 이어받은 농학은 그의 아들 서유구에게 이어졌다. 서유구는 1790년(정조 14) 증광문과에 병과(丙科)로 급제한 후 내외의 여러 관직을 역임했다. 특히 1834년(순조 34) 호남 순찰사로 노령(蘆嶺) 남북(南北)을 돌아보면서 감저(甘藷), 즉 고구마 재배를 통해 구황(救荒)할 것을 과제로 삼았다. 그리하여 그때까지 알려진 감저 재배법을 종합 정리하여 『종저보』(種藷譜)를 저술했다.

서유구는 지방관으로 경험한 농정(農政)의 실제 모습과 농법(農法)의 현실에 근거하여 『행포지』(杏蒲志)를 비롯한 많은 농법 관련 서책들을 편찬했고, 그런 결과물이 방대한 분량의 『임원경제지』이다. 경사자집의 각부에서 총 821종의 서적을 참고하고 인용해서 완성한 책이다.

정조대 중앙 정계에서 활약하며 관료로서 영달(榮達)하고, 천문학과 농학 분야에서 눈에 띄는 업적을 남긴 서호수에 대한 연구는 아직까지도 극히 미진한 형편이다. 그런 가운데 다만 서호수의 연행(燕行)과 연관된 몇몇 연구가 제출되어 있다. 이러한 상황이 나타난 중요한 이유는 서호수가 남긴 시구(詩句)와 소차(疏箚: 上疏와 箚子) 등의 문장(文章)이 제대로 정리되어 전해지지 않기 때문이라고 할 수 있다. 그렇지만 농학이나 천문학 분야에서 정조대의 변동 양상 또는 정비 과정을 서호수가 이끌어나갔다는 점은 너무나 분명하다. 따라서 이들 분야를 중심으로 서호수에 대한 연구가 더욱 진척될 것으로 기대한다.

참고문헌

· 원자료

『英祖實錄』 『正祖實錄』 『日省錄』

『萬姓大同譜』 『大丘徐氏世譜』

서유구,『楓石全集』, 韓國文集叢刊, 288

＿＿＿,『林園經濟志』

서호수,『海東農書』

＿＿＿,『燕行紀』

徐浩修·成周·惠金泳,『國朝曆象考』

· 논저

朴現圭,「조선 柳琴 徐浩修와 청조 李調元과의 交遊 詩文」,『韓國漢詩研究』7, 韓國漢詩學會,
　　　　太學社, 1999.

문중양,『조선 후기 水利學과 水利 담론』, 집문당, 2000.

＿＿＿,「18세기 후반 조선 과학 기술의 추이와 성격」,『역사와 현실』40, 한국역사연구회,
　　　　2000.

염정섭,『조선 시대 농법 발달 연구』, 태학사, 2000.

林基中,「한·중 외교 문학 연구」,『동악어문논집』31, 동악어문학회, 1996.

정조 正祖

조선의 문예부흥을 이룩한 학자 군주

정옥자 서울대학교 국사학과 교수

도론

조선 왕조는 문치주의(文治主義) 국가로 최고통치자인 왕에게도 학문 연마와 인격 수양이 강도 높게 요구되었다. 세자 때는 서연(書筵), 왕이 되어서는 경연(經筵)을 통하여 이상적인 통치자가 되려는 노력을 게을리 해서는 아니 되었다. 신하들로부터 제왕학(帝王學), 즉 성학(聖學)을 교육받는 일은 왕의 자질을 함양하기 위한 의무사항이었고, 이에 소홀한 왕은 반정의 대상이 되기도 했다. 그 결과 학문적 능력과 군주의 자질을 겸비한 이상적인 제왕들이 출현하기에 이르렀으니, 17세기 후반부터 거의 연속적으로 배출된 숙종(肅宗), 영조(英祖), 정조(正祖)의 세 영주(英主)가 그들이다. 조선 왕조가 건국 초부터 왕의 자질을 함양하기 위해 끊임없이 지도자 교육을 강화해온 결과 이상적인 학자군주들이 탄생한 것이다.

더욱이 17세기 중반 중국에서 명·청이 교체되어 세계 질서가 변화하는 전환기에 처하여 조선은 멸망한 명나라를 계승하는 정통 문화국가라는 자부심을 키우면서 양란의 후유증을 극복하고 18세기에 이르러서는 '내 문화가 최고'라는 문화 자존의식을 고양하여 조선 고유 문화를 창달했다. 이들이야말로 이러한 문예부흥의 견인차 역할을 담당한 국가 최고지도자들로 조선 문화의 황금기를 이루어냈던 것이다.

정조(正祖, 1752~1800)는 조선 사회의 전환기에 기존의 질서를 유지하면서 변화하는 사회적 요구에 부응해야 하는 이중의 과제를 떠안게 되었다. 정조는 이러한 시대적 과제를 효과적으로 해결하기 위해 기존의 정부기관 외에 별도로 규장각(奎章閣)이라는 새로운 기구를 설립하고 새로운 시대사상으로 부상한 북학사상을 적극 수용했다. 그는 전 시대에 이룩한 문화 중심국의 자부심을 지키는 한편, 선진 문명을 일구어내고 있던 청나라의 문물을 도입하여 상호 보완하는 방식으로 자신에게 주어진 과업을 성공적으로 수행해 나갔다.

그가 탁월한 추진력을 갖추고 시대적 과제를 수행할 수 있었던 동인(動人)은 당대의 어느 학자와 비교하더라도 손색이 없는 학문적 소양을 갖추고 있었던 점을 들 수 있다. 조선의 문치주의는 이 시대에 와서 활짝 꽃피면서 인문적 소양과 학문적 능력을 갖추지 않고는 제왕으로서 자격 미달자로 낙인찍혀 신하들을 설득할 수도 없거니와 존경을 받을 수 없는 지적 풍토가 마련되어 있었기 때문이다.

그는 스스로를 임금이면서 스승이라고 여겨 '군사'(君師)로 자부하면서 신하들을 독려하고 스스로 모범을 보여 교화를 통한 국가 기강의 확립에 전력투구했다. 국가 최고통치자로서 사회체제를 지켜야 하는 보수적 입장에도 불구하고 변화에도 적극 대응하여 새 시대에 맞는 지배 논리를 창출하고 이를 구체적인 정치 현실에서 하나하나 풀어갔던 것이다.

1. 정조의 생애

(1) 정조의 성장기

정조의 휘는 산(祘), 자는 형운(亨運), 호는 홍재(弘齋), 영조의 손자로 1752년(영조 28) 9월 22일 축시에 창경궁 경춘전(景春殿)에서 사도세자와 풍산홍씨 혜빈(惠嬪: 혜경궁) 사이에 탄생했다. 11세 때 아버지 사도세자가 참화를 당한 뒤 왕세손으로 동궁에 책봉되고, 1775년(영조 51)부터 대리청정하다가 다음해인 1776년 25세에 영조의 뒤를 이어 진종(眞宗: 효장세자로 요절함)의 후사로 즉위했다. 24년간 왕위에 재임하다가 1800년(정조 24) 6월 22일 창경궁 정침인 영춘헌(迎春軒)에서 49세로 승하했다. 그의 생애는 왕위에 오르기까지 전반부를 성장기(1752~1776)로, 왕위에 올라 정치의 주역을 했던 후반부를 활동기(1776~1800)로 크게 양분해볼 수 있다.

먼저 성장기에 대하여 살펴보면, 1762년 11세 되던 해에 일어난 임오화변(壬午禍變)을 기점으로 전기와 후기로 나누어볼 수 있다. 이 사건으로 아버지 사도세자가 죽음을 당한 후 정조의 삶은 이미 어린이의 그것이 아니었다. 아버지의 처절한 죽음은 그의 인생의 전기가 되었고, 그를 조숙하게 했으며 학문에만 전념하는 계기가 되었다.

그렇지 않아도 그는 어려서부터 범상치 않은 모습을 보였다고 한다. 전통 시대 지도자 대부분이 그러했듯이 정조도 탄생신화를 갖고 있다. 그의 태몽은 아버지인 사도세자가 꾸었는데 용이 여의주를 안고 침상으로 들어왔다고 한다. 이에 꿈속에서 본 대로 하얀 비단에 용을 그려 벽에 걸어두었는데, 탄생하기 하루 전에 큰비가 내리고 뇌성이 일면서 구름이 자욱해지더니 몇십 마리의 용이 하늘로 올라가, 그것을 본 도성 사람들이 모두 이상하게 여겼다 한다.

급기야 왕이 탄생했는데 울음소리가 큰 쇠북 소리처럼 우렁차고 우뚝한 콧날에 두 눈이 깊고 영채가 있었고 용을 닮은 얼굴에 의젓한 태도가 장성한 성인 같았다고 한다. 영조가 와 보고 이마와 뒤통수가 자신을 닮았다고 하며 그날로 원손으로 삼았다고 한다. 백일이 안 되어 서고 일 년도 못 되어 걷고 말도 배우기 전에 문자를 좋아하고 효자도(孝子圖)나 성적도(聖蹟圖) 같은 그림 보기를 즐겼으며 공자처럼 제물 차리는 시늉을 했다고 한다. 첫돌에 돌상 위의 수많은 장난감들은 거들떠보지도 않고 맨 먼저 붓과 먹을 만지고 책을 펴들고 앉아 읽는 시늉을 했다 한다.

글씨 쓰기를 좋아하여 두 살 때 이미 글자 모양을 만들었고 서너너덧 살에는 이미 필획이 이루어졌다. 네댓 살에는 이미 한글을 터득하여 어른처럼 편지를 써내려갈 정도였다고 한다. 대여섯 살 때 쓴 글씨로 병풍을 만들어 가진 사람이 있을 정도였다. 그 이후로는 일취월장하여 스스로 연마했다.

1755년 4살이 되던 해 봄에『소학』을 배우기 시작했는데 강을 끝내고도 책을 손에서 놓지 않았다 한다. 그때부터 지혜와 생각하는 바가 날로 발전했으며 날이 밝기도 전에 자리에서 일어나 세수하고 머리 빗고 독서에 들어갔으며, 혜경궁이 너무 지나치지 않은가 염려되어 일찍 일어나지 말라고 타이르자 그때부터 남이 모르게 등불을 가리고 세수했다고 한다.

1759년 8세에 왕세손에 책봉되고 1761년 10세에 학궁(學宮)에 들어갔고 경현당(景賢堂)에서 관례를 행했다. 이해에 영조를 모시고 운종가(雲從街)에 행차하여 세손으로서 사민(士民)들을 만나보았는데 환궁하여 영조가 묻기를 "오늘 많은 사람들이 구경나왔는데 그들이 너에게 기대하는 것이 무엇인가?" 하고 물으니, 정조는 "신이 선하기를 바라고 있습니다" 대답했다. 다시 묻기를 "선하기가 그리 쉬운 일이냐?" 하니 "예, 쉽다고 생각합니다" 했다. 이에 옆에 있던 유선(諭善) 서지수(徐志修)가 "쉽다고 생각되어야 비로소 용감하게 전진할 수 있는 것입니다" 아뢰니 영조가 크게 기뻐했다는 일화도 있다.

1762년 11세에 되던 해 2월 청원부원군 김시묵의 딸 청풍 김씨와 가례를 올렸다. 가례를 올린 지 석 달 후인 5월 그의 생부 사도세자가 뒤주에 갇혀

비명에 가는 끔찍한 사건이 일어났다. 뒤주 속에 갇혀 죽어가는 아버지의 구명을 위하여 11세의 어린 소년은 대신들의 옷자락을 부여잡고 "아비를 살려 달라"고 울부짖으며 매달렸다. 호랑이 같은 할아버지 영조에게는 감히 울며 호소하지도 못하는 상황이었다. '임오화변'(壬午禍變)으로 불리는 이 사건은 그의 뇌리에 영원히 각인되어 평생 잊을 수도, 잊어서도 안 되는 상처를 안겨주었다.

후계자에 대하여 높은 기대치를 갖고 있던 조선 왕조의 전성기에, 그러한 사회 분위기와 부왕의 기대에 부응하지 못하고 이른바 스캔들이 생길 빌미를 만들었던 사도세자에게 일차적인 책임이 있지만, 영조의 불 같은 성격과 탕평정책이 시행되고 있었음에도 불구하고 당파적 입장이 작용하여 일어난 비극이었다.

아버지를 비명에 잃은 이 사건은 정조대왕이 일생 동안 안고 갈 고통이자 풀어야 할 일대 숙제였다. 그가 왕위에 올라 행한 여러 가지 치적들을 살펴보면 이 사건과 어떤 형태로든지 관련된 것들이 많음을 확인할 수 있다. 이후 그의 삶은 고난과 인내의 연속이었으니 오로지 학문에 전념하는 것으로 자신의 입지를 지켜 나갔다.

왕위에 오른 후 "새벽닭이 울 때까지 잠자리에 들지 못했다"는 그의 술회는 그간의 사정을 대변해준다. 암살의 위협 속에서 자신을 지키는 길은 밤 새워 독서하고 새벽 인기척이 시작된 후에야 잠을 청하는 방법이 최상이었을 것이다. 왕위 계승자로서 자질 함양도 겸하여 주변에 과시하는 방법일 수도 있었을 것이다.

1763년 12세 봄에 찬선(贊善) 송명흠(宋明欽)이 맹자의 근본 취지를 묻자 왕은 "인욕(人欲)을 싹트지 못하게 하고 천리(天理)를 간직하는 것입니다" 했고, 다시 무엇에 뜻을 세웠는지 입지(立志)를 묻자 "원하는 바는 요순을 배우는 것입니다" 했다. 이에 송명흠이 물러나와 "총명 영특하고 슬기로운 상지(上智)의 자질로서 이 나라의 복이다"라고 평했다는 일화도 있다.

1765년 14세 겨울 왕이 큰 병을 앓았다. 영조는 걱정 끝에 바로 옆 건물로 옮겨서 서연 날이 되면 친히 소대(召對)하고 그 소리를 듣도록 했다. 그리고는 세손이 좋아하는지를 좌우에 물었는데 좋아한다고 하면 영조 역시 기뻐하면서 "세손의 마음가짐이 강하여 앓으면서 신음 소리도 내지 않는다"고 칭찬했다. 이미 영조의 나이 72세로 아들을 잃고 어린 손자에게 모든 기대를 걸고 있는데 그 손자가 큰 병이 났으니 노심초사하는 모습이 역력하다.

다음해(1766년)엔 영조가 병환으로 위중했다. 이에 정조는 그 갚음이라도 하듯이 밤낮으로 시탕하여 한시도 곁을 떠나지 않고 시종 부축했다. 환후가 말끔히 낫자 모두 효성의 소치라고 칭송했다. 이후 모든 조신들이 입시(入侍)할 때 왕이 꼭 곁에서 모셨다.

그로부터 영조는 노환으로 정양을 요하는 일이 잦았는데 왕이 낮에는 곁에서 떠나지 않고 병환이 조금 덜하면 서연을 열었다. 밤에는 영조가 깊이 잠든 후에야 파루가 너덧 번 친 후에 물러갔고 돌아가서도 촛불을 밝히고 책상 앞에서 독서하면서 옷을 벗는 일이 없이 대기 상태로 살았다. 영조는 앉고 누울 때 좌우를 물리치고 "동궁은 어디 있느냐? 내 몸에는 내 손자만큼 맞는 사람이 없다"고 하며 그를 찾았다.

그의 효성은 영조나 사도세자에겐 말할 것도 없었지만, 할머니인 정순왕후에게도 다름이 없었다. 음식이나 탕약은 물론 일상생활에 편리할 만한 물건을 모두 갖추도록 했고 그녀가 즐기는 것이면 무엇이든 손수 들고 와 권했다고 정순왕후 자신이 뒤에 회고했다.

아버지 사도세자가 죽은 후 경희궁에서 영조를 모시고 있으면서 낮이면 어좌를 떠나지 않고 밤이면 사도세자의 생모인 선희궁 영빈 이씨의 슬픔을 위로하기 위하여 그곳에 가 침식을 같이했다. 영빈의 병이 위독하자 정성을 다해 간호했고 급기야 상을 당하자 사도세자의 상사에 못지않게 슬퍼했다. 그때 창덕궁에 있던 어머니 혜경궁이 슬픔에 겨워 자주 앓아눕자 자신도 침식을 폐하고 날마다 새벽이면 친히 쓴 편지(手書)를 올려 안녕하다는 소식을 듣고서야 비로소 수저를 들 정도였다.

1772년 영조의 연세 높은 것을 들어 신하들이 유양(揄揚: 끌어올림, 찬양함)의 예를 거행할 것을 청하자 영조는 극구 겸양하여 허락하지 않았는데, 왕이 간곡한 상소를 올려 청하자 영조는 "이 한 모퉁이 작은 나라에서 할아비는 손자를 의지하고 손자는 할아비를 의지하고 있는데 너의 글월을 보고 내 어찌 감동하지 않겠느냐?" 하고 뜻을 굽혀 따랐다.

정조는 네댓 살 때부터 늘 꿇어앉기를 좋아하여 무릎 닿은 곳이 언제나 먼저 떨어졌는데 여덟아홉 살이 되자 더욱 태도가 장중해지고 별로 말이 없었다. 왕이 고요히 앉아 있는 것을 보고 영조가 "네 학문이 이제 자리가 잡혔는가 보다" 하고 경연하는 신하에게 "세손의 성품이 보통 사람과는 아주 달라서 법도를 이탈하려는 생각이 조금도 없다. 금원(禁苑)에 꽃이 필 때도 나를 따라서가 아니고는 한 번도 구경 나가는 일이 없고, 날마다 독서가 일인데 그러려고 노력해서 그렇게 되는 것이 아니다"라 하여 그의 타고난 천품을 높이 평가했다.

또한 타고난 성품이 검소하여 그릇도 조각한 것을 쓰지 않았고 옷은 세탁한 것을 입었으며 거친 베 요를 편안히 여겼다. 화사한 의복이나 기름진 음식을 가까이하지 않았다. 겨울이면 곤룡포 외에 굵은 무명옷을 즐겨 입었으며 기워서 입기까지 했고, 여름옷은 자주 빨기 때문에 해진 것도 그냥 입었고 반찬 역시 세 가지를 넘지 않았다.

평소에 즐기는 것이라고는 없이 한미한 선비같이 했다. 기거하던 집도 몇 칸짜리에 단청을 하지 않고 수리도 하지 않았다. "나라에 대하여 부지런하고 집에 있어서는 검소하다"는 경전의 뜻을 실천했다. 남면(南面)의 자리를 즐거워하지 않고 왕위를 신짝을 벗어던지듯이 버리고 싶어하는 개연한 생각을 갖고 있었다.

아침마다 자리에서 일어나면 의관을 정제하고 북극성을 우러러보고 아무리 더울 때라도 일단 누우면 문을 닫고 감히 하늘을 대면하지 않기를 40

63인의 역사학자가 쓴 한국사 인물 열전

년을 한결같이 했다 한다. 『시경』에 이른바 "조심조심 조심스런 마음으로 하늘을 잘 섬긴다"는 사실을 실천했다는 평을 들었다.

모든 일을 반드시 옳은 방향으로 처리하여 그의 교화가 미치지 않는 곳이 없었으니, 궁궐 안이 엄숙하고 질서 정연하면서도 화기가 넘쳐흘러 각기 자기 도리를 다했다. 성품이 활달하여 겉과 속이 따로 없고 시원시원하여 사람을 대할 때 말 못할 것이 없었다. "왕이 가는 길에 편당(偏黨)도 없고 치우침도 없다"는 말이 그에게 꼭 들어맞았다.

1775년 대리청정을 할 즈음엔 그의 외종조인 홍인한(洪麟漢)과 고종사촌인 정후겸(鄭厚謙)의 방해 공작으로 고통받았지만 추호도 동요하지 않고 의연하게 대처했다. 그는 척리(戚里: 외척)들이 국정에 간섭하는 폐습을 싫어했으므로 경계를 늦추지 않았다. 그들의 온갖 권모술수에도 미리 알고 임기응변으로 대처하며 흔들리지 않았고 무슨 일이 있든 표면에 내놓지 않고 아무 일도 없는 듯 태연했다. 12월 참판 서명선(徐命善)이 상소하여 대리청정을 막아온 홍인한의 처벌을 논하자 일촉즉발의 상황은 반전되어 대리청정의 명이 있자 세 번 상소하여 사양했다.

영조가 비답하여 "명분이 바르고 말도 사리에 맞아 나라가 안정을 찾는 길이니 나로서는 다행한 일이요, 너로서는 어버이에게 영화를 바치는 일이니 소홀함 없이 우리 삼백 년 종국(宗國)을 잘 이끌어가도록 하라" 했다. 이에 경현당에서 대리청정 하례식이 있었다. 왕은 곤복(袞服) 차림으로 조참(朝參) 후 백관으로부터 하례를 받고 진찬(進饌)에서 구작례(九爵禮)를 행했으며 신하들은 천세(千歲)를 불렀다. 이어 진전(眞殿: 정조가 후사를 이은 큰아버지 眞宗을 모신 전각)과 태묘(太廟: 종묘)를 배알하고 궁묘(宮廟)에 두루 절을 올렸으며 모든 일은 반드시 대조(大朝: 영조)에 품신하고 감히 전결하는 일이 없었다.

또 궁관(宮官)에게 이르기를 "궁관이 비록 사관을 겸하고 있지만 간격 없이 왕을 계도하는 것이 맡은 바 직분일진대 서연에 도움 되는 것과 경종이 되는 글이나 국사에 관계되는 정령(政令)의 득실에 대해서 그때 그때 의견을 개진하여 나의 부족한 점을 도우라"고 당부했다.

1776년 2월에 아버지 사도세자의 수은묘(垂恩廟)를 배알하고 영조에게 상소하여 사도세자에게 내린 영조의 처분에 대하여 정당성을 인정하면서 사건의 전말이 『승정원일기』에 소상하게 기록되어 있어 사람들이 그것을 보고 왈가왈부 말이 많다고 하고 "만일 신이 애통해하는 것이 전하께서 내리신 처분과 상치되는 점이 있다고 여긴다면 그것은 그렇지 않습니다. 전하께서 하신 일은 공정한 천리에 의하여 하신 일이요, 신이 애통해하는 것은 어쩔 수 없는 인정인 것이므로 아울러 행하여도 방해가 되지 않을 것입니다" 했다. 사도세자의 죽음은 공적 기준인 천리(天理)의 문제지만, 자신이 아버지의 죽음을 슬퍼하는 것은 인정(人情)의 측면이라는 점을 강조한 것이다.

정조는 이 상소를 직접 써서 궁관을 통하여 승지에게 전하게 하고 자신은 백포(白袍) 흑대(黑帶) 차림으로 존현각(尊賢閣) 뜰에 엎드려 처분을 기다렸다. 상소를 본 영조는 "이 상소의 내용을 들으니 슬프고 측은하여 내 마음 무어라 말할 수 없구나" 하며 눈물을 흘리니 여러 신하들도 따라 울었다. 그리고는 1757년부터 1762년까지의 『승정원일기』의 내용 중 차마 듣지 못할 말들을 실록의 예에 따라 차일암(遮日巖)에 가서 세초(洗草)하도록 명했다. 그리고 정조로 하여금 수은묘에 제사 지내도록 했다. 이에 영조는 집경당(集慶堂)에서 세초에 관한 진하(進賀)를 거행한 후 유서와 친필로 쓴 '효손'(孝孫) 두 글자로 은인(銀印)을 주조하여 뜰에서 친히 전해주었다. 그때부터 유서와 은인을 언제나 대가(大駕) 앞에 진열했으니 산개(傘蓋)보다 앞에 하여 영조의 정조에 대한 신표가 되었던 것이다. 정순대비는 정조 사후 내린 행록에서,

경모궁(景慕宮)에 대해서는 너무나 슬픈 생각이 천지에 사무쳐 높이 받드는

63인의 역사학자가 쓴 한국사 인물 열전

의식이나 제사하는 절차를 정성껏 예에 맞게 다하고 털끝만큼도 유감없이 처리했지만, 지극한 원통이 늘 마음에 있어 20여 년을 왕위에 있으면서도 임금으로서 즐거움을 느끼지 못한 채 늘 궁인(窮人)처럼 여겼다. 평소에는 말로 표현하지 못하고 제삿날이면 한스럽고 슬픈 마음을 억누르려 애쓰는 기색이 표정에 나타나 해가 갈수록 더했으므로 나 역시 마음이 상하여 차마 볼 수가 없었다. 그러나 그렇게 지극한 효심을 가지고도 감히 영묘(영조)의 뜻을 어기려 하지 않았으니 뿌리가 둘일 수 없는 왕실의 의리를 금석같이 끝까지 지켰다. 그것이야말로 최고의 인이요, 더할 수 없는 의로서 훌륭한 덕인 것이다.

하여 할아버지 영조에 대한 의리를 지키면서 아버지인 사도세자에게 효성을 다한 정조의 균형 잡힌 처사를 칭찬했다.

(2) 정조의 통치기

1776년 3월 병자일에 영조가 승하했다. 83세로 재위 52년이었다. 대신 이하 여러 신하들이 왕위를 이을 것을 청했지만 왕은 곡만 하고 허락하지 않았다. 여러 날을 두고 정청(庭請)했지만 그 말만 나오면 곡부터 하고 듣지 않다가 성복(成服) 일에 와서야 마지못해 따르면서, 어쩔 수 없어 왕위에는 오르지만 길복(吉服)인 면복(冕服)을 입고 예를 행하는 일에 거부감을 보이면서 상복을 고집했다. 신하들이 옛 예법과 국자제도를 들어 강력히 청하니 왕은 울면서 면복을 갖추고 유교(遺敎)와 대보(大寶)를 빈전의 문 밖에서 받고 숭정문(崇政門)에서 즉위했다.

왕비를 왕대비로, 혜빈을 혜경궁으로 높이고 빈을 왕비로 책봉했다. 영조의 유지에 따라 효장세자를 진종으로, 효순비를 효순왕후로 추숭(追崇)했고 능을 영릉(永陵)이라 했으니 정조는 진종을 계승했다. 이어서 생부인 사도세자에게 장헌(莊獻)이라는 존호를 추상(追上)했고 호칭은 황숙부(皇叔父)로 하여 자신을 종자(從子)로 썼다. 나아가 수은묘를 영우원(永祐園)

으로, 사당을 경모궁(景慕宮)으로 했다.

정조는 김상로(金尙魯) 등 아버지의 원수를 역률로 다스림과 동시에 사도세자를 빌미 삼아 공을 세우려는 자들도 영조의 역신으로 처벌했다. 또한 자신의 역적들인 홍인한과 정후겸 및 그 연루자들도 차례로 단호하게 처단했다. 가을에 대고(大誥)를 내려 "이번 역적들은 대부분 고가대족(古家大族)이기에 인척이나 친구들도 그 기미에 물들거나 그들의 논의에 현혹된 자들이 많을 것이지만, 그들 모두를 불문에 부쳐서 유신(維新)의 교화를 따르도록 한 것이다"라고 공표했다. 자신의 정치를 '유신'으로 천명하고 그 경과를 책으로 편찬해 『명의록』(明義錄)이라 하여 다음해인 1777년에 간행했다.

정조 생애의 후반부는 1776년 25세의 청년으로 왕위에 올라 1800년 49세로 승하하기까지이다. 정조는 왕위에 오르자 "선왕의 뜻을 계승하여 정사를 펴 나가겠다"는 계지술사(繼志述事)와 "유학을 존숭하고 도학을 중히 하겠다"는 숭유중도(崇儒重道)의 두 가지 시정 포부를 밝혔다. 전자인 '계지술사'가 정치적 지향이라면 후자인 '숭유중도'는 조선 왕조의 이념적 지표를 재확인하는 것이었다.

그는 '계지술사'의 명분으로 숙종 때 소각(小閣)으로 설치된 규장각을 정치문화기구로 개편하고 취약한 정치적 기반을 다져 나갔다. 기존의 승정원·홍문관·예문관·사간원·종부시의 기능을 규장각에 병합, 권력을 일원화하여 장악했다. 규장각은 집권 초기의 권력 지도가 정리되고 친정체제를 구축하면서 문화 정책 추진의 견인차가 되었다.

조선의 제도가 송나라 제도를 그대로 준용하고 있으면서도 송나라의 용도각(龍圖閣)이나 천장각(天章閣)같이 어제(御題)를 모셔두는 곳이 없다고 하면서 세조와 숙종 때 규장각이라는 명칭만 있었고 제대로 설립하지 못했는데 드디어 후원에 규장각을 지어 여섯 명의 각신(閣臣)을 차출하도록 했다. 직책은 제학·직제학·직각·대교이니, 제학(提學)은 문형(文衡)이나 양관(兩館)의 제학을 지낸 사람으로, 직제학(直提學)은 부제학을 지낸 사람으로, 직각(直閣)은 응교 또는 이조낭관을 역임한 사람으로, 대교(待敎)는 한림권점(翰林圈點)을 받은 사람으로 임명하도록 했다.

정조 자신이 '우문일념'(右文一念)이라고 표현했듯이 규장각은 문화정치에 대한 그의 일관된 의지를 실현하기 위한 기구였다. 신하들과 더불어 학문을 토론하고 문화 정책의 기획안을 검토했을 뿐만 아니라 옛것을 본받아 새로운 것을 창조하려는 '법고창신'(法古創新)의 시대적 과제를 해결하기 위하여 서적의 정리와 간행을 주도했다. 또한 그러한 문화 정책을 담당할 인재를 키우기 위하여 규장각에 초계문신(抄啓文臣)제도를 설치·시행하여 37세 이하의 젊은 문신들을 재교육했다.

그러나 규장각이 명실 공히 문화정책기구로 기능하게 된 것은 5년 후인 1781년부터이니 그 이전까지는 정적을 타도하고 인재를 모으는 준비기로 볼 수 있다. 1785년 경호부대로 조직한 장용위(壯勇衛)를 1793년에는 장용영(壯勇營)으로 확대·개편함으로써 문(文)과 무(武)의 친위부대가 확립되었던 것이다.

그가 1789년부터 아버지 사도세자의 복권을 시작한 것을 보면 그의 권력 기반이 그 즈음에 확립된 것으로 보인다. 이후 아버지의 능침(陵寢)을 수원에 옮기고 그곳에 신도시를 건설하는 일에 골몰했다. 그것이 1796년까지이다. 그때부터 사상적 정리기에 돌입하여 『존주휘편』(尊周彙編)을 정리·간행하고 『대보단향사절목』(大報壇享祀節目)을 만드는 등 기존의 국가 대의를 재정리하고 자신의 문집인 『홍재전서』(弘齋全書)도 편집하기 시작했다.

1796년 45세 장년의 학자군주 정조는 측근의 신하 김조순(金祖淳)에게 다음과 같이 심회를 토로했다.

나는 왕 노릇 하기를 즐기지 않았다. 오늘의 조정 신하들은 내 마음을 알아야 한다. 나는 왕위에 오른 직후부터 하루가 지나면 마음속으로 스스로 말하기를 '오늘 하루가 지났구나!' 하고 이틀이 지나면 역시 그렇게 여기며 하루 이틀

살얼음 밟듯이 20여 년이 되었다.

고 고백한 데서 확인할 수 있듯이, 최고통치자의 자리는 누리고 즐기는 자리가 아니라 힘겹고 고달픈 자리라는 것이 전통 시대 왕들의 일반적 인식이었지만 그 중에서도 정조가 대표적이다.

정조는 11세의 나이에 아버지 사도세자의 죽음으로 인생의 쓴맛을 맛보고 조숙하여 고독한 청소년기를 오로지 학문에 전념하는 것으로 극복했다. 끊임없는 암살 위협 속에서 새벽닭이 울 때까지 옷을 벗지 않고 공부함으로써 신변 안전과 학문 도야를 함께 이루어낸 집념과 의지의 인물이었다.

> 매양 눈 오는 밤이면 초 한 자루 살 돈도 없어 달빛에 비추고 언 붓을 입김으로 녹이며 공부하는 한사(寒士: 한미한 선비)와 궁유(窮儒: 가난한 유생)를 생각하고는 스스로를 일깨웠다.

고 고백했듯이 그의 학구 생활은 고행에 가까운 것이었다. 치인(治人)을 위하여 철저한 수기(修己)의 단계를 거쳤던 것이다. 왕이 되고 나서도, "내가 일찍이 독서하다가 밤중에 이르러 신기(神氣)가 흐트러지고 졸음이 오려하는데 홀연히 들려오는 닭 우는 소리에 졸음은 사라지고 청명(淸明)함이 되살아나 본심(本心)을 되찾았다"고 자신의 경험담을 들려주며 야연(夜筵: 밤에 열린 경연)에 참가하여 졸음을 참고 있는 근신(近臣)들을 독려했다.

조선 시대 왕은 정기적으로 경연에 참여하여 신하들로부터 재교육을 받아야 할 의무가 있었다. 왕이 왕답기 위한 자질 함양은 물론, 나태하고 자만하기 쉬운 최고권력자의 자세를 새롭게 가다듬는 계기를 마련하기 위해서였다. 정조는 역대 어느 왕보다 경연에 적극적이었고 때로는 솔선하여 경연을 소집하고 야연까지 열어, 신하들에게 강의를 듣는 것이 아니라 자신이 신하들을 가르쳤다.

63인의 역사학자가 쓴 한국사 인물 열전

정조대는 상공업이 발달하고 외래의 학문과 종교가 지식인 사회에 변화 요인을 가중시키고 있는 전환기이기도 했다. 조선 고유 문화가 만개한 정점에서 점차 조락의 조짐이 보이면서 새로운 진보주의운동인 북학운동이 일어나고 있었다. 병자호란 이래 문화적으로 조선보다 열등하다고 인식되고 토벌해서 복수해야 할 대상으로 여기던 청나라의 신흥 문화에 대한 재인식이 요구되었던 것이다.

정조는 이러한 시대 사조에 탄력적으로 대응하여 북학사상을 규장각에서 수용했다. 당대 북학의 종장인 박지원(朴趾源, 1737~1805)의 제자들인 박제가(朴齊家, 1750~1805)·이덕무(李德懋, 1741~1793)·유득공(柳得恭, 1748~1807) 등을 규장각에 특채했던 것이다. 이들은 새로운 시대 사상인 북학사상으로 무장한 당대의 신지식인이었지만 양반의 첩자인 서얼(庶孽)이라는 신분적 한계에 묶여 있었다. 정조는 서얼층의 신분 상승운동에 부응하여 사회적 요구를 충족시키고 신사상인 북학을 수용하는 이중 효과를 기대하여 이들을, 직급은 낮으나 실무직인 검서관직을 규장각에 신설하여 임용했던 것이다. 정조는 이들에게 "박제가 자네 이름의 '제' 자는 무슨 '쩨' 자며, 이덕무 자네의 '덕' 자는 무슨 '덩' 자며, 유득공 자네의 '공' 자는 무슨 '꽁' 자인가?" 하며 우스갯소리를 했다는 일화가 있어 그의 소탈함과 유머감각을 엿볼 수 있다.

그러나 최고통치자로서 정조는 기존의 체제를 유지하고 변화하는 시대상황에 적극적으로 대응하기 위하여 스스로 엄격하고자 노력하는 모습을 보여주었다. 날마다 반성하려는 뜻에서 규장각의 신하들로 하여금 기록하게 했다는 『일득록』(日得錄)이라는 어록에 그러한 고민이 여실하게 엿보인다.

그 하나의 예를 들자면 중국 책에 대한 수입 금지 조치이다. 이미 규장각에서 찍어낸 서책(書冊)이 종이의 질이나 글자의 크기와 아름다움 등 모든 면에서 중국 책보다 우수한데 오로지 와간(臥看), 즉 누워서 보는 데 편하다는 이유로 작은 사이즈의 중국 책을 사들이는 것은 국고의 낭비일 뿐더러 성인의 말씀을 누워서 읽는 나태함만 조장하게 되니 역작용만 일으킨다고 비판했던 것이다. 조선 문화에 대한 자부심과 규장각을 통한 학술 진흥 정책에 대한 자신감에서 그러한 정책이 가능했던 것이다.

그는 아버지 사도세자의 복권과 어머니 혜경궁 홍씨에 대한 효도를 수원에 신도시를 건설하는 것으로 완수했다. 장헌세자로 추존한 아버지의 묘를 이장하여 수원 남쪽 화산(華山) 아래에 현륭원(뒤에 융릉으로 승격)을 조성하고 어머니의 회갑연을 수원행궁에서 열었다. 권신(權臣)들의 뿌리가 강고한 서울에서 벗어나 신도시 수원을 중심으로 한 새로운 정치적 구상을 갖고 있었던 것이다.

왕의 말을 '교'(敎: 가르침)로 표현한 데서 단적으로 나타나듯이, 왕은 통치자일 뿐만 아니라 몸소 실천하여 모범을 보임으로써 큰 스승이 되어야 하는 것이 조선 시대였다. 조선 왕조가 성리학 이념을 채택하고 '우문정치'(右文政治)로 표현되는 문화정치를 표방한 지 400년 만에 명실이 부합하는 전형적인 학자군주가 탄생했던 것이다.

그는 조선 시대 27명의 왕 가운데 유일하게 문집을 출판한 왕이 되었다. 180권 100책 10갑에 달하는 그의 문집이 『홍재전서』로 간행되었던 것이다. 이러한 학문적 토대가 있었기에 그는 스스로 임금이자 스승인 군사(君師)로 자부하고 신하들을 영도할 수 있었다. 학문을 숭상하는 시대에 탁월한 학문적 능력으로 군사의 위상을 확보하여 문화국가를 통치한 것이다.

2. 정조의 사상적 지향(朝鮮中華思想−北學思想)

조선 전기가 외래 사상인 성리학과 중국 문화를 수용하여 이해해가는 과정이었다면, 조선 후기는 조선 고유 문화를 창달하고 조선이 당시의 세계에서 가장 우월한 문화를 향유하고 있다는 조선중화사상(朝鮮中華思想)을 시대정신으로 성립시켰다. 조선·중국·일본의 동양 삼국이 장기간 평화기를 구축하여 안정된 국제 정세에 힘입어 성리학적 이상국가 건설에 몰두할 수 있었던 것이다.

16세기 말의 왜란과 17세기 초의 병자호란으로 남·북의 오랑캐로 여기던 일본과 청에 의해 두 번의 전란을 겪은 조선 후기 사회는 전란의 후유증을 극복하고 국가를 재건해야 하는 시대적 과제에 직면했다. 1623년 인조반정인이 연합한 사림 정권은 순수 성리학 이념을 추구하여 이상주의적 성향이 강했다. 특히 1637년 소위 '정축(丁丑)의 하성(下城)'으로 국체의 상징이던 왕 인조가 삼전도(三田渡)에 내려와 청 태종에게 항복한 일은 조선 후기 사회가 극복해내야 할 숙제였다.

이에 문화국가 조선은 일본에 패배하지도 않았고 청나라에 심복하지도 않는다는 의식을 고취시킬 필요에서 국가 지도 이념으로 창안된 논리가 존주론과 북벌론이었다. 화이론(華夷論)에서 화론(華論)이 중화 문화 보존논리인 존주론(尊周論)으로, 이론(夷論)이 이적인 오랑캐에 대한 배척논리인 북벌론(北伐論)으로 전개되었던 것이다.

북벌론은 청나라에 대한 복수론이다. 동북아시아의 안정된 국제 질서를 무력으로 와해시킨 청나라를 쳐서 복수하여 치욕을 씻고자 하는 복수 설치의 국민 정서를 대변하여 상처받은 국민의 자부심을 회복하려는 목적의식에서 나온 것이다. 호란 때 화친을 반대하던 척화론(斥和論)을 계승한 노선이며 척화론→북벌론은 당시대의 국론이자 국가 대의였던 것이다.

1644년 명나라가 망하고 청나라가 건국되자 조선은 임진왜란 때 파병하여 조선을 도운 명의 은혜, 즉 '재조지은'(再造之恩)에 대한 보답으로 명나라에 의리를 지켜야 한다는 대명의리론을 제기했다. 대청복수론과 맞물린 논리였다. 국가간에도 의리와 명분을 지켜야 한다는 당시대의 성리학적 세계관의 표출이었다. 명나라가 청에 의해 멸망했으므로 조선의 복수는 명을 위한 것이기도 했다.

따라서 임진왜란과 병자호란의 양란에 희생된 전사자나 충신·열사·의

인은 조선이라는 단일국가뿐만 아니라 중화 문화체제의 수호에 공이 있는 사람으로 인식되었던 것이다. 남천(南遷)하여 명맥을 유지하던 남명(南明)이 1662년 멸절되자 조선은 명에 대한 의리를 지켜야 한다는 논리를 더욱 강화했다. 그 이론적 근거 틀이 존주론이었다.

존주론은 주(周)나라를 존중해야 한다는 공자의 춘추대의(春秋大義)다. 존왕양이(尊王攘夷: 王道를 존중하고 夷狄을 물리친다) 또는 존화양이(尊華攘夷: 中華를 존중하고 夷狄을 물리친다)로 전환되기도 했지만, 존주양이(尊周攘夷: 周室을 존중하고 夷狄을 물리친다)가 주된 표현이었다. 주자가 『논어집주』(論語集註)의 「헌문편」(憲問篇)에서 이른바, "광정(匡正)이란 주실을 존중하고 이적을 배척하여 모두 천하를 바르게 하는 것이다"(匡正也 尊周室攘夷狄 皆所以正天下也)라는 말을 이론적 근거로 하고 있다. 천하를 광정하는 일은 정통인 주나라를 높이고 이적을 물리쳐 평화적인 국제 질서를 회복하는 데 있다는 것이다. 여기에서 주나라는 중화 문화 담지자로서 상징적인 것이므로 그 정통성을 보유한 중화의 실체는 시대에 따라 바뀌는 것이다.

남·북의 이적으로 여기던 왜와 여진에 의한 양란으로 동아 문화 질서가 파괴된 상황은 당대인에게 천하대란으로 인식되었고, 주나라와 같은 상징성을 갖고 있던 명나라가 멸망했다는 것은 중화 문화 질서의 붕괴를 의미하는 것이었다. 이에 조선이 그 후계자로서 중화 문화를 부흥하고 수호해야 할 의무와 사명을 가졌다고 생각했다. 명의 적통이라는 의식은 명이 수호한 중화 문화를 계승한다는 정통의식에서 출발했고 그것은 명나라에 대한 의리를 지키고 확인하는 작업으로 나타났다. 국가간에도 의리를 지켜야 한다는 국제 윤리의 제고는 국제 사회에서 조선의 도덕적 입지를 강화하는 방법이기도 했다.

17세기 조선 사회가 차용한 존주론은 그 존중 대상을 주→명→조선으로 전환시킴으로써 조선이 곧 중화라는 조선중화주의를 성립시켰다. 이전의 소중화의식이 조선중화사상으로 일보 진전했던 것이다. 이제 존주론에

63인의 역사학자가 쓴 한국사 인물 열전

서 주는 조선이므로 존주론은 조선 문화의 수호 또는 발전 논리가 되어 조선 문화 자존의식으로 꽃피었다. 이에 조선은 명실 공히 변방의식을 탈피하여 문화 중심 국가라는 자부심으로 조선의 고유 문화 창달에 성공했다.

구체적으로 1704년에는 창덕궁 서북쪽 경내에 대보단(大報壇)을 창설, 명나라의 세 황제(태조·신종·의종)를 제향(祭享)하고 그 평화적 중화 문화 질서를 수호한 충신·열사 들을 배향(配享)하는 것으로 나타났다.

(1) 대명의리론의 정리와 대보단 향사 인물의 선정

2세기에 걸친 국가 대의로 양란의 극복 논리가 되었던 북벌론과 존주론은 18세기 말 북학사상이 시대 사상으로 부상하면서 시대 정신으로서의 의미를 상실하고 퇴색하기 시작했다. 농경 사회에서 근대 상공업 사회로 변화하는 조선 사회의 군주로서 정조는 규장각을 통해 변화 논리인 북학사상을 수용하면서 지나간 시대의 논리들을 정리해 1796년(정조 20)에 『존주휘편』과 『황단배향제신목록』의 편찬에 착수하였다. 이러한 작업을 서두르게 된 원인은 변화하는 조선 사회의 변신을 위해서는 우선적으로 조선의 정체성을 다지고 재천명할 필요성이 제기되었기 때문이다. 이 두 책의 내용은 같은 이념성을 갖고 있었지만 그 편찬 목적은 약간의 차별성이 있었다.

『존주휘편』은 정조의 어명으로 양란 이후 대명·대청 관계 기록을 총정리한 책이다. 18세기 말 시점에서 볼 때 조선 문화 수호 논리로 확대된 존주론의 위상이 시의성을 잃은 북벌론보다 앞섰던 것이다. 조선 후기의 시대정신이던 존주론과 북벌론의 정리·청산이라는 차원에서 국왕인 정조 자신이 진두지휘했던 것이다.

중화 문화 수호논리인 존주론에 입각해볼 때, 그 체제를 지키기 위해 희생되었거나 공을 세운 사람은 조선의 충신·열사이자 명의 배신(陪臣)이라 인식되었다. 따라서 양란의 전사자, 자결자 등 전쟁 당사자뿐만 아니라 조선 후기 재건 과정에서 두 이념을 제창하고 옹호한 17세기 인물들도 모두 현창

(顯彰)·추모의 대상이 되었다. 이들에 대한 추모사업은 조선 왕조가 유지되는 한 계속되어야 했으며 당시대인의 가문의식과도 연관되어 있었다.

임진왜란 때 참전한 장군이나 군인들의 후손 중 조선에 망명한 사람들을 국가적으로 예우하고 명의 유민을 '향화인'(向化人)이라 하여 국가에서 적합한 수용조치를 했다. 양란의 전적지나 충신·열사의 연고지인 전국 방방곡곡에 국가 차원에서, 또는 지방 유생들의 발의로 사우(祠宇)가 설치되어 그들을 제향함으로써 추모사업은 전국적으로 확산되었다. 교육기관으로 출발한 서원은 숙종 때에 제사 기능이 강화되어 관련 인물들을 배향하는 조치가 행해졌다. 조선 전기부터의 여러 사안 중 성리학적 기준에 미흡했던 일들을 총정리하고 서원·사우가 전성기를 이룬 것도 숙종대였다.

영조대에 이르러서는 이들을 대보단(大報壇)에 배향하는 조치로 이어졌다. 1757년(영조 33)은 1637년 병자호란의 패배로부터 2주갑(周甲)인 120년이 되는 해였다. 이해에 대보단에 양란의 충신·열사·의인(義人)을 배향하고 그 자손들을 제사에 참여시키는 조치를 했다. 1764년(영조 40)은 명이 망한 지 2주갑이 되는 해인데 이를 기하여 충량과(忠良科)라는 특별 과거시험을 실시해, 그 자손들을 문과와 무과로 나누어 시험을 치르게 하여 급제시켰다. 대보단에 배향되는 것은 국가적 숭모사업의 대상이 된다는 의미이므로 가문의 영광이었고 그 자손들에겐 충량과라는 과거시험으로 영달의 길을 터놓았던 것이다.

이들에 대한 정밀한 기록이 『황단배향제신목록』이다. 이 목록은 1796년(정조 20) 『존주휘편』과 함께 정리 작업이 시작되었다. 여기에는 공로에 대한 세밀한 분석과 행적에 대한 설명이 간결하게 정리되어 있다. 내용으로 보아 양란의 공로자 중 누락된 사람을 정조 때까지 계속 증거 수집과 함께 발굴하고 있었음을 알 수 있다. 또한 17세기 북벌론과 존주론을 제창하고 실천한 당사자들까지 포함되어 있다.

그들 모두가 역사의 무대에서 사라진 18세기 전반 숙종 후반기·영조대부터 본격적인 현창 작업을 벌이기 시작하여 1796년(정조20) 18세기 말 『존주휘편』과 『황단배향제신목록』으로 총정리되었지만, 전자가 북벌론과 존주론의 총정리를 통한 대미(大尾)의 뜻이 있었음에 반해, 후자는 추모사업의 범위 확정을 통해 잊지 않겠다는 '불망지의'(不忘之意)의 천명과 충의의 강조에 목적이 있었다.

(2) 북학사상의 수용

조선 후기 사회는 17세기에 양란의 후유증을 극복했다. 산림들이 주도하는 붕당정치를 통한 상호 비판과 감시하에 명분 사회를 이룩함으로써 깨끗하고 원칙이 통하는 정치 풍토를 이룩했다. 명나라가 멸망한 국제 질서에서 문화적으로 선진인 조선이 중심 국가라는 조선중화사상을 형성하여 국제적 위상을 높이고 국민의 자부심을 회복하는 기제로 삼았다. 이에 조선 문화가 세계 제일이라는 문화자존의식이 국민의식으로 자리했다. 이와 같이 자기 정체성을 다진 결과, 18세기에 이르면 국가체제는 새로이 정비되고 조선 고유 문화인 진경 문화를 이루어냈다.

그러나 달도 차면 이울고 꽃도 만개하면 시들기 시작하는 법, 정조대에 이르면 새로운 변화의 물결이 밀려오면서 조선의 시대 정신이던 조선중화주의에 수정을 가하지 않을 수 없는 상황에 처한다. 그것은 외부적으로는 청나라의 건륭(乾隆) 문화의 영향이고, 내부적으로는 조선이 농경 사회에서 상공업 사회로 전환되는 사회적 변혁기에 처했기 때문이다.

이에 청나라의 선진 문명을 적극 도입하자는 북학운동이 일어나게 되었다. 이는 호란 후 1세기 반에 걸쳐 조선이 내부 결속력을 다지며 정체성 확립에 성공했으나 더 이상 자존의식에 안주해서는 낙후될 염려가 있다는 집권층 내부 젊은이들의 반성 위에 제기된 신문명 도입운동이었다. 이들은 부조(父祖)들이 신봉하던 북벌론을 폐기 처분하고 정반대의 논리인 북학론을 제기함으로써 조선 사회의 변화를 예고했다.

홍대용(洪大容)과 박지원에 의하여 제기된 북학론은 노론의 핵심가문 출신으로 인성(人性: 사람의 본성)과 물성(物性: 사물의 본성)에 대한 정밀한 이론화 작업 과정에서 파생한 호락(湖洛) 논쟁 중 낙론(洛論)의 사상적 입장을 계승했다. 이들은 인성과 물성이 기본적으로 같다는 인물성동론(人物性同論)의 입장에서 사물을 이해했으므로, 조상이 야만으로 여기어 물(物)에 범주화시켰던 청에 대한 편견에서 벗어날 수 있었다.

이러한 사상적 토대를 갖고 있던 노론 자제들이 군관(軍官)으로 연행사(燕行使)를 수행하여 북경에 가서 사고전서(四庫全書) 간행 등 대대적인 문화 사업을 추진하면서 문화국가로 탈바꿈하던 청의 발전상을 목격하자, 조선의 낙후성을 예감하고 과감한 자기 변신의 필요성을 절감하게 된 것이다. 이에 청은 토벌의 대상이 아니라 배워야 할 대상이라는 사고의 대전환을 통해 선진 문화 수용 논리를 형성시켰던 것이다.

북학론은 박지원의 서얼 출신 제자들인 이덕무, 유득공, 박제가 등 사검서(四檢書)에 의하여 규장각에 수용되기에 이른다. 검서관은 규장각의 도서출판 업무의 실무직으로, 정조가 서얼이라는 이들의 신분적 한계성을 고려해 이들을 특채하기 위하여 신설한 관직이었다. 정조는 조선 사회의 기존 가치는 체(體)로서 지키되 변화에 조응하기 위하여 새로운 학문으로 젊은 이들 사이에 확산되고 있던 북학을 용(用)으로서 규장각에 수용할 필요가 있었다. 아울러 탕평책에 편승한 서얼들의 신분 상승운동인 서얼통청(庶孼通淸)운동이라는 사회적 요청에 부응해야 하는 통치자로서의 고민도 함께 해결하고자 했다.

북학운동은 박지원의 양반 출신 제자들인 이서구(李書九)·남공철(南公轍) 등에 의하여 규장각을 중심으로 확고하게 뿌리를 내리고, 18세기 청의 선진 문물 수용론에서 19세기에 이르면 청의 시대 학문인 고증학을 적극적으로 받아들여 김정희(金正喜)는 한학(漢學)과 송학(宋學)은 분리하여 할 수 없다는 한송불분론(漢宋不分論)을 제창하기에 이른다. 한나라 때의 시대학인 훈고학을 청나라가 계승하여 고증학으로 발전시키고 있으므로 한학이란 고증학을 일컫는 것이고, 송학이란 조선이 송나라 때의 성리학을 자기화하여 조선성리학으로 심화시켰으므로 조선성리학을 말한다. 따라서 조선이 지켜온 성리학적 의리·도덕 등 인간학의 발전적 계승 위에 외래의 신학문으로서 방법론적 성격을 갖는 고증학을 함께 하여 상호 보완해야 한다는 절충론인 셈이다.

외래 문화 수용 논리인 북학사상은 기존의 조선중화사상의 시대적 한계에 대한 보완 논리로서, 18세기 후반 정조의 규장각을 통하여 체제 내에 수용되어 19세기에는 시대 사상으로 기능하면서 중인 계층에 확산되고 19세기 후반에 이르면 그 수용 통로를 중국에서 일본 및 서양으로 바꾸면서 개화사상으로 변화해갔다. 그 결과 청나라 대중문화의 범람으로 인한 조선 사회의 세속화 현상을 초래하고 진경 문화를 해체하는 역작용도 함께 했다.

3. 왕권 강화를 위한 장치

정조는 자신의 정치적 입지에 대하여 조선 후기 정치사에 대한 명증한 역사 인식을 갖고 있었다. 인조 시대에는 인조반정을 주도한 반정공신들이 훈척(勳戚)이 되어 정권을 잡았고 여기에서 비롯된 여러 가지 폐단을 극복하고자 효종이 왕위에 오르자 초야에서 학행에 전념하던 산림(山林), 즉 독서지사(讀書之士)를 등용하여 세도(世道)를 위임하게 되었다는 것이다. 이는 인조반정 후 정국을 주도하게 된 서인 계열이 공서(功西)와 청서(淸西)로 노선 분립하여 인조대에는 반정공신이 주축이 된 공서가 정권을 잡을 수밖에 없는 상황에서, 그들의 월권 행위나 특권의식, 귀족화에 대하여 집권층 내의 견제 세력은 의리와 명분을 밝혀 시비를 분명히 하려는 청론(淸論)을 주도하고 있던 청서파였다.

이 청서 계열은 광해군(光海君)을 폐위하는 반정에 직접 가담하지 않은 이들로, 신하로서 임금을 내쫓았다는 혐의를 받지 않았으니 말하자면 손에 피를 묻히지 않아서 의리 명분에 투철할 수 있었다. 이들은 반정으로 공을 세우고 이를 빌미로 권력을 장악하여 훈척이 되어 급속도로 변질해가는 공서 계열과는 차별성을 내세우게 된 것이다. 이들의 뒤에는 산림들이 포진하고 있어서 그러한 비판의식이 가능했던 것이다.

효종이 왕위에 오르면서 바로 이들 청서 계열을 정치 일선에 등용한 것이며 그 핵심인 산림에게 세도를 위촉한 것이다. 산림의 등용이라는 차원에서 당색을 초월하여 서인 산림과 남인 산림을 모두 초치(招致)했다. 이는 공서 계열의 전횡을 견제하기 위한 최고통치자로서의 선택이었을 뿐만 아니라, 양란의 후유증을 극복하기 위하여 국가의 기본 방향을 설정하고 국가 지도 이념을 창출하는 청사진을 만들기 위한 원려심모(遠慮深謀)의 결과였다.

이 사림정치는 국가 비상 시국을 타개하는 데 있어 중요한 시대적 역할을 수행했지만 거기에도 문호(門戶)를 표방하는 폐단이 생겼다는 것이 정조의 비판이다. 이는 붕당 간의 대립을 말하는 것으로, 인조반정(1623년) 후의 서인과 남인의 대립 구도와, 1683년 서인이 노론과 소론으로 분립하여 각기 문호를 표방하면서 정쟁이 가열되어 붕당 간의 잦은 정권 교체라는 환국(換局)이 계속되면서 당쟁의 극성기를 표출하여 붕당정치의 한계 상황까지 간 정치 현상을 지적한 것이다.

산림정치가 폐단을 야기한 후 왕실과 연결된 척신(戚臣)들이 세도를 맡아 권력을 행사하게 되자 그 폐해는 더욱 가중되어 정조 자신이 즉위할 즈음에는 대대적인 결단을 요구하고 있는 상황이었다는 것이다. 이는 숙종비인 명성왕후 김씨의 친정인 청풍 김씨를 대표한 김석주(金錫胄)의 권력 남용과, 영조대 효장세자(眞宗)의 처가인 풍양 조씨의 조문명(趙文命)·조현명(趙顯命) 형제의 탕평대신으로서의 권력 장악, 영조의 계비인 정순왕후의 친정인 경주 김씨를 대변한 김구주(金龜柱), 자신의 외가인 풍산 홍씨의 외종조 홍인한(洪麟漢), 외조 홍봉한(洪鳳漢) 등에 이르기까지, 외척이 세도를 행함으로써 빚어진 여러 가지 부작용에 대한 정조의 상황 인식이었다.

정조 자신은 세손 시절부터 척리(戚里: 외척)를 배척하고 사대부를 정치 주체로 하려는 의지를 다지고 있었으므로 즉위하자마자 규장각을 설립하고 사대부를 각신(閣臣)으로 삼아 정치를 보좌하게 조치했다고 했다. 그러나 20여 년이 경과한 정조 말(1797년)에 이르면 규장각 각신들이 중심이 된 근신(近臣) 세도가 생겨나 또 하나의 폐단인 '귀근지폐'(貴近之弊)로 인하여 근심거리가 되고 있다는 것이다.

그가 즉위 초부터 외척과 환관을 정치에서 배제하고 사대부를 적극 등용하여 조정과 규장각에 포진시키고 융숭한 예우를 하며 울타리로 삼으려던 그의 포석이 시간이 경과함에 따라 또 다른 형태의 세도로 변질되고 있는 현실에 대한 우려였다. 이러한 정치사적 인식은 정조 자신이 추구한 왕권 강화라는 시각에서 정리된 것이다.

정조의 왕권 강화는 할아버지인 영조의 탕평정책을 계승하는 것으로 기본을 삼았다. 더하여 기존의 정부기구에서 자신의 권력 기반이 될 만한 기능을 모두 포함할 수 있는 연구소이자 친위기구인 규장각을 설치하여 자신만의 권력 기반으로 삼았다. 또한 친위부대인 장용영을 설치하여 군사력을 장악하여 나갔고, 화성이라는 신도시를 건설하여 새로운 지역적 기반을 마련하면서 아버지인 사도세자의 복권을 통하여 자신의 정통성을 확고히 했다.

(1) 탕평정책(蕩平政策)의 계승

정조는 즉위 초에 '계지술사'(繼志述事)·'숭유중도'(崇儒重道)라는 정치지표를 내걸고 왕권 강화와 왕조의 부흥을 위한 여러 가지 대응책을 마련하기에 이른다. 그는 스스로 '우문일념'(右文一念)으로 표현한 바와 같이 문치에 주력하여 여러 가지 문화 정책을 추진하는데, 그 정책을 효과적으로 수행하기 위하여 규장각을 설치하여 핵심기관으로 삼는다.

그가 문화 정책을 표방하게 된 동기는 우선 그의 학자적 소양에서 연유했다고 생각되지만, 보다 근본적인 요인은 역대로 '우문'을 기본 정책으로 삼아온 조선 왕조의 기본 정책에 입각한 것이다. 선왕의 뜻을 계승하여 정사를 펴 나가겠다는 '계지술사'의 명분에 맞으며, 한편으로는 자신이 처한 정치적 상황에 유연하게 대처하는 돌파구의 마련이 규장각이라는 제도적 장치로 나타난 것이었다.

우선 정조는 규장각의 여러 사업을 추진해가면서 선왕인 숙종·영조에 걸쳐 제기되어온 문풍(文風) 내지 문체(文體) 문제를 표면화시켜 반정(反正)의 기치를 선명하게 드러냈다. 이러한 조치는 무엇보다도 우선하여 문풍이야말로 정치 현실을 극명하게 반영해준다는 동양 전래의 고전적인 발상에서 출발한 것이다.

이미 즉위 초에 "문체의 성쇠흥체(盛衰興替)는 정치와 통한다"고 하고, "문체와 세도의 오융(汚隆)은 일치하므로 그 글로써 그 세태를 알 수 있다"고 하는가 하면, "옛사람은 문장의 성쇠로써 치교(治敎)의 오융을 점쳤는데 근래 문체가 날로 위미(萎靡)하니 걱정이 아닐 수 없다"고 한 말 등은 모두 그러한 생각을 표현한 것이었다. 이러한 생각은 정조의 사상에 있어 기본 구조를 이루어, 이후에 규장각을 통하여 추진된 모든 문화 정책에는 이러한 사고가 바탕에 깔렸다. 1792년에 단행된 문체반정 정책은 그러한 지향성과 탕평정책의 일환으로 추진된 것이다.

문체반정(文體反正)은 타락해가는 문체를 순정한 문체로 바르게 되돌려 놓겠다는 것으로, 노론 벽파 계열인 박지원 일파의 신체문(新體文)을 겨냥하고 있지만, 당론과 밀접한 관련을 맺으며 전개되었다. 정조가 북학파 계열의 문체가 명말청초부터 유행하기 시작한 패관소설(稗官小說)의 영향으로 순수성을 잃고 있다는 비판을 가하고 그들에게 반성문을 요구하는 것으로 문체반정은 시작되었다. 그 와중에 소론으로 부교리 이동직(李東稷)이 남인인 이가환(李家煥)의 문체도 문제가 있다고 지적하고 나오자 정조는 자신의 진의를 드러내는 발언을 함으로써 문체반정의 근본적인 목적이 사색(四色)을 타파하는 탕평에 있다는 사실이 분명해지고, 정조가 문풍의 진작과 탕평이라는 두 마리의 토끼를 잡기 위하여 문체반정을 추진하게 된 경위가 밝혀졌다.

　노론 전권체제가 굳어지고 있던 정치 상황에서 영조를 계승하여 왕위에 오른 정조는 즉위 초부터 붕당 간의 상호 견제체제를 유지하면서 의리와 명분을 새롭게 하는 탕평책을 추진했다. 당론을 끝까지 지키려는 노론 벽파(僻派)를 회유하여 자신의 정치 노선을 지지하는 시파(時派) 중심의 정계 구도로 재편하려는 정조의 의도가 노론 벽파의 완강한 저항에 부딪치자 문체반정책을 들고 나온 것이다. 문체 내지 문풍이라는 당의를 입혀 어려운 정치 문제를 풀어가려는 정조의 고난도 정치 술수였다. 그 결과 노론계의 많은 인물들을 시파로 전향시켜 정조의 지지 기반이 확대되었다.

(2) 규장각의 설치

규장각은 세조 때에 이미 양성지(梁誠之)에 의하여 '어제존각지소'(御製尊閣之所)로 그 설치가 제창되었으나 시행되지 못했다가 숙종 때에 이르러 비로소 종정시(宗正寺)에 소각(小閣)을 따로 세워 '규장각'이라 쓴 숙종의 친필 편액을 받아 걸고 역대 왕들의 어제·어서를 봉안하는 장소로 삼았다. 이후 유명무실한 존재였던 규장각을 정조에 이르러 '계지술사'의 명분 아래 그의 세력 기반 내지 문화 정책의 추진 기관으로 재구성한 것이다.

　따라서 규장각은 그 기능이나 성격이 정치 정세에 따라, 또는 상황 변동에 의해 조금씩 변질되며 그 조직이나 제도도 몇 번에 걸쳐 정비된다. 홍문관에서 관장하던 경연의 임무를 이관받아 정조가 주체가 되는 학문 토론의 장을 마련하는가 하면, 비서실의 기능과 문한(文翰: 왕의 글인 교서·유서를 짓는 임무)의 기능, 사관과 시관의 역할, 정책 입안은 물론 정책 개발을 위한 참고 도서를 수집하여 소장하고 서적 간행까지 했다. 그러나 가장 중요한 것은 규장각 관리인 각신을 청직(淸職: 글 쓰는 것을 주 업무로 하는 文翰官)으로 격상시켜 친위 세력을 형성한 것이다.

규장각은 이러한 기능 외에 젊은 관료들을 재교육시키는 공무원 교육원의 역할로 정조의 친위 세력 형성에 중요한 몫을 했다. 이른바 초계문신이라 하여 37세 이하의 연소한 문신을 선발해 일정 기간 교육시키는 문신 재교육의 기능도 함께 갖고 있었다. 이는 규장각 내각의 실천 목표인 "위로는 선왕의 뜻을 받들고 아래로는 인재를 양성한다"에서 인재 양성의 구체적 장치인바, 조선 전기의 사가독서제(賜家讀書制)와 독서당제도(讀書堂制度)를 계승한 것이다.

초계문신제도는 1781년(정조 5)에 시작되어 1800년 정조의 졸년까지 20년 동안 열 번 선발했는데, 연인원은 138명에 이르고 규장각에서 위탁교육을 했지만 이들을 선발한 주체는 의정부의 삼정승이다. 이들은 정조의 문화 정책 수행에서 중요한 역할을 했고 그후 공경대부(公卿大夫)의 대부분이 초계문신 출신이었다는 점으로 미루어볼 때, 인재 양성의 목적은 성취되었고 정조의 친위 세력으로서도 일정한 몫을 했다고 평가된다.

(3) 장용영의 설치

정조의 왕권 강화를 위한 장치로서 빼놓을 수 없는 핵심기관이 1785년(정조 9) 정조의 경호부대로 시작된 장용위를 모태로 하여 1793년(정조 17)에 규모를 대폭 확대하여 설치한 장용영이다. 그는 문반의 핵심 관료군을 규장각에 모아 두뇌집단으로 삼고, 권력 유지의 근간이라 할 수 있는 군대를 장용영으로 개편하여 친위부대를 만들었던 것이다.

조선 후기 5군영이 각 붕당과 긴밀하게 연계하여 정치 군대로 변질되고 군영이 정치 자금의 다크호스 역할까지 하던 상황에서 군제 개혁은 필연적인 것이었다. 또한 양란 후 2세기에 걸쳐 평화기가 계속되고 문치주의가 극성기에 이르러 조선 후기 사회가 전반적으로 문약해지는 데 대한 경각심을 고취시킬 필요성이 제기되고 있던 것도 장용영을 강화하는 계기로 작용했다. 장용영은 내영(內營)과 외영(外營)으로 구성되었다. 내영은 서울의 본영으로 지휘관은 장용사 또는 장용영 대장이라 불렀다. 규모는 이전의 마보군(馬步軍) 3초(哨)에서 5사(司) 25초로 확대되고 도제조아문이 되었다. 외영은 화성에 두어 5천 명의 병마를 주둔시켰다. 다음 단계로 주변의 용인, 안산, 진위, 시흥, 과천 등 다섯 읍의 군대 1만 3천여 명을 외영에 소속시켜 지역 공동방위군인 협수군(協守軍)부대를 조직했다. 이로써 정조는 문무 핵심 친위기구를 조직하여 왕권을 강화하고 권력 기반을 확고히 했다.

(4) 화성 신도시 건설

화성(華城)이라는 신도시 건설은 정조의 왕권 강화와 밀접한 연관을 갖고 있다. 정조는 비명에 죽은 아버지인 사도세자를 복권하여 자신의 정통성과 위엄을 세우기 위해 아버지의 능침인 현륭원(顯隆園)을 수원 남쪽의 화산으로 이장하고 그 수호 도시로서 화산 북쪽의 팔달산 아래에 신도시 화성을 건설할 필요가 있었다. 나아가 조선이 중화라는 문화적 자부심을 기저로 한 동아시아의 문화 중심국의 기치를 드높이기 위해서도 중화(中華)의 도성인 화성의 존재가 필요했다.

화성 건설은 1794년(정조 18) 봄에 착수, 2년 반이 걸려 1796년(정조 20) 가을에 완성되었다. 건설 비용은 86만 냥이었다. 북학사상의 영향으로 도입하기 시작한 신기술을 응용하여 벽돌을 만들고 거중기를 비롯한 건축 도구들을 제작하여 사용한 점도 특기할 일이다. 양주 배봉산에 있던 아버지의 무덤을 화산으로 옮기고 현륭원이라 한 것이 1789년으로 이때에 이미 수원을 건설하려는 기획을 갖고 있었다. 정조는 수원을 유수부(留守府)로 승격시키고 이름을 화성으로 고쳤을 뿐만 아니라 자신의 사유 재산인 내탕금(內帑金)을 투자하여 직할시로 삼아서 현륭원의 관리와 수원 행차 때 드는 비용을 충당하도록 했다.

우선 화성 주변에 대대적인 수리시설을 갖추고 국영 농장인 둔전(屯田)

을 두었다. 북쪽의 만석거(萬石渠: 일왕저수지)와 대유둔(大有屯) 농장, 서쪽의 축만제(祝萬堤: 서호)와 서둔(西屯) 농장, 남쪽의 만년제(晚年堤), 안양의 만안제(萬安堤) 등 인공 저수지와 국영 농장을 건설했다. 수원이 농업 도시로 발전한 기반은 이때 다져진 것이다. 주민들의 부역과 세금을 면제하고 상공업에 종사하던 지방민들에게도 혜택을 주어, 화성은 농업을 중심으로 상공업도 발달하여 윤택하고 살기 좋은 신도시로 부상했다.

4. 새로운 사회경제정책

(1) 서얼허통정책

조선 사회의 서얼은 신분상 특수한 존재였다. 이들은 아버지는 양반이고 어머니는 양인이나 천인의 첩이었기 때문에 신분적으로 불안정한 한계인들이었다. 이들은 『경국대전』의 「한품서용」(限品敍用)조에 의하여 일정한 품계 이상으로 승진할 수 없는 법에 묶였고 기술직을 세습하는 것으로 규정되었다. 따라서 기술직 중인과 서얼은 중서인(中庶人)으로 병칭되는 경우가 많았다. 조선 전기에는 서얼로 고위직에 진출하는 경우도 드물지 않았지만, 성리학 이념이 구체적으로 사회 현실에 구현된 조선 후기에 이르면 이들은 성리학적 정통론에 입각하고 양반 계층의 무한한 증가를 억제하기 위한 자기 도태 작업의 일환으로 한계인으로 전락했다.

이렇게 진행된 서얼에 대한 사회적 억제는 영조가 왕위에 올라 탕평책을 표방하면서 사회 문제로 부상했다. 탕평책이 사회 모든 구성원에게 공평한 기회를 주는 기회균등주의였으므로 서얼들도 이에 편승한 신분 상승운동을 일으키게 된 것이다. 더구나 영조가 왕실의 서얼로 양첩(良妾)도 아닌 천첩(賤妾) 서얼 출신이었기에 이들에 대한 영조의 각별한 동정심이 바탕에 깔렸던 것이다.

이들 서얼의 주장은 청직의 벼슬길에 통하게 해달라는 통청(通淸)운동이었다. 그들의 구호는 첫째, 사대부와 똑같이 벼슬길을 열어 달라. 둘째, 『경국대전』의 규정대로 승계(承繼: 호주권과 재산권의 상속)하게 해달라. 셋째, 아버지를 아버지라 부르고 형을 형이라 부르게 해달라는 것이었지만, 주요 골자는 사대부들의 전유물인 청직에 채용해 달라는 것이었다.

그러나 강고한 사회적 관습은 왕으로서도 어찌할 수 없어서 체제 순응적이고 학문적 성취로 이름이 있던 성대중(成大中) 등 10여 인을 대직(臺職: 사헌부와 사간원의 직책)에 발령하는 것으로 상징성을 살렸을 뿐, 통청을 위한 제도적 장치는 마련하지 못했다. 다만 "현명한 사람을 세우는 데는 일정한 방침이 없고 오로지 재주만 있으면 이를 쓴다"(立賢無方 惟才是用)는 원론만 재확인했다.

정조는 이러한 영조의 뜻을 받들어 왕위에 오른 이듬해인 정유년에 서얼허통을 위한 절목(節目)을 만들었다. 정조는 즉위하자마자 선왕의 유업인 이 문제가 유명무실하게 되었다고 통탄하고 계제(階梯)를 만들라고 하명했다. 그 결과 1777년 3월에 이루어진 정유절목의 내용은 다음과 같다.

모두 아홉 조항인데 1조에서 5조까지는 문관·음관(蔭官)·무관의 서얼 채용 상한선과 허통의 한계선을 세분화한 시행 규정으로 한품 서용을 당대의 실정에 맞게 세목화한 것이다. 6조는 서얼 중의 유일(遺逸)에 대한 배려이며, 9조는 문벌을 기정 사실로 받아들이되 서얼 본가의 문벌에 따라 차등을 두도록 하는 조치이다. 8조는 서얼이 강성해져 적통을 넘보는 등 명분의 괴란을 막으려는 조치이며, 9조는 지방 서얼에 대한 배려이나 이로 인한 명분의 해이를 우려하여 고심한 흔적이 엿보인다.

절목이 반포된 후 서얼에 대한 거부감이 오히려 커지고 있다는 상소가 올라오고 실제 절목대로 시행되지 않는 현실에 대하여 정조는 "위쪽에서는 그들과 함께하려 들지 않고 아래쪽은 그들 자신이 받아들이지 않아 양쪽 모두에 속하지 못하고 중간에 웅크리고 있어서 궁지에 몰린 사람같이 돌아갈 곳이 없으니 이야말로 화합을 깨는 일단이다"라고 한탄하고 정유절목을 준수하라고 전조(銓曹: 인사권이 있는 이조와 병조)에 촉구했다. 이러한 정조의 노력에도 불구하고 허통조치는 답보 상태를 면치 못하고 간혹 통청된 경우도 '가짜 지평'(假持平), '가짜 장령'(假掌令) 등의 이름을 붙여 구별하여 정조의 노여움을 불러일으켰다.

정조는 1792년 문체반정 때에도 속칭 일명(一名)으로 불리는 서얼들이 재주와 뜻이 있어도 그것을 펴볼 수 없어 천리 밖의 풍속을 사모하다가 체제 부정적인 『수호전』 등의 소설이나 읽으면서 우스갯소리나 하며 시간을 낭비하니 사회 문제가 되므로 자신이 이들에 대하여 각별히 신경을 쓰게 된 것이라 토로하고 규장각의 검서관에 이들 서얼을 등용한 것도 이러한 맥락에서 배려한 것임을 밝혔다.

정조의 신분 정책은 노비제 개혁에서도 나타났다. 1778년 2월 노비의 생사에 따른 명단을 작성하는 등 노비 문제만 전담하던 추쇄관(推刷官)의 농간이 심해지고 있는 문제점을 해결하기 위하여 추쇄관제도를 아예 혁파하고 수령으로 하여금 직접 노비 명단을 관리하도록 했다.

또한 하늘은 인재를 신분에 따라 내는 것이 아니며 평소의 지론인 '불불기성 각적기기'(不拂其性 各適其器)라는 인재 등용의 원칙에 입각한 것으로 궁극적으로는 탕평에 목적이 있음을 밝혔다. 정조는 다음해(1793년)에 "요즈음 서얼 허통 문제가 순조롭게 이루어지고 있다"고 만족감을 나타낸 것으로 보아, 정유절목에 규정된 내용이 이행되고 있었다고 보인다.

그러나 서얼들이 기대한 목적과는 거리가 멀어 정조 사후 지속적으로 문제점이 제기되어 1823년(순조 23)의 계미절목(癸未節目)에서 수정되고 점차 진전되어갔다. 결국 정조에 의하여 서얼의 신분적 한계 상황이 해결의 실마리를 찾았던 것이다.

(2) 신해통공정책

이는 1791년(정조 15, 辛亥) 남인 출신 좌의정으로 독상(獨相) 자리에 있던 채제공(蔡濟恭)에 의하여 단행된 상업개혁 자율화정책을 말한다. 조선은 중앙 집권적인 국가로 경제 정책도 국가 기획으로 이루어져 사회주의와 비슷한 체제였다. 따라서 상업 활동도 국가에서 지정받은 시전(市廛) 상인들에 국한시키고 이들에게 독점권을 주어 그에 상응하는 부역과 조세를 감당하게 했다. 그러나 조선 후기의 사회·경제적 변화는 기존의 상업 정책에 대한 재검토를 필요로 하게 했다.

기본적으로 농업 사회였던 조선의 농업 생산력은 개량된 농법인 이앙법(移秧法)의 보급과 광작의 증가로 향상되고 있었고 대동법(大同法)의 시행으로 독점적인 도매상인 도고(都賈) 상인이 증가 일로에 있었다. 이러한 상업 세력의 성장으로 국가로부터 사상(私商) 활동을 금지할 수 있는 권리, 즉 금난전권(禁亂廛權)을 위임받아 독점 판매의 혜택을 누리고 있던 시전 상인들의 특권을 더 이상 유지시켜줄 수 없는 상황이 전개되었다.

더구나 이들 특권 상인들은 당시의 세도가인 노론 벌열과 정경 유착하여 정치 자금의 공급원이 되고 있었으므로 남인 재상 채제공은 이를 타파하는 데 앞장서서 육주비전(六注比廛)을 제외한 나머지 시전 상인의 금난전권을 철폐하여 개인적 상업 행위를 보장해주었다. 비단·무명·명주·종이·모시·어물을 팔던 육주비전은 16세기 말에 서울의 상권을 장악하여 조선 후기에 수공업자들을 지배하면서 대자본을 움직여 사상들과 경쟁하며 도고 활동을 했다.

그러나 상업 활동의 전반적인 활성화에 힘입어 상업자율화정책인 신해통공정책이 발효되자 사상들은 육주비전의 취급 품목이 아닌 상품을 자유롭게 판매하면서 시전 이외의 새로운 상권이 형성되었으니, 동대문시장의 전신이라 할 수 있는 배오개〔梨峴〕시장과 남대문 밖 서울역 부근의 칠패(七牌)시장, 종로 부근의 종루 등이 생겨나 3대 상가를 이루어 일반 국민을 대상으로 국산품과 수입품을 다양하게 취급하면서 서울은 국제적인 상업도시로 전환되어 번영을 구가했다.

이러한 상업자율화정책은 국가 기획으로 운영되던 기타 사업의 민영화
정책과도 같은 맥락에서 이해된다. 예컨대 의료 부문도 18세기에 이르면
개인의 의료 행위로 전환시키는 추세여서 개인적으로 의료업을 직업으로
하는 이들이 많이 늘어나고 있었고, 그림도 공무원 화가들인 화원이 국가
행사를 그리던 공무 수행 차원의 행위와 사대부 화가들이 교양과 취미로 그
리던 행위 등이 화단의 주류 흐름이었는데, 이에서 탈피하여 그림 그리기를
생업으로 삼아 그림을 팔아 생활하는 직업 화가군이 존재하게 되었다. 이는
국민 생활이 향상되어 의료와 그림에 대한 사회적 수요가 증가했다는 징표
이기도 하다.

　　이는 통치자들이 사회 변화에 탄력적으로 대응한 결과이며 기간 산업은
국가의 기획과 관리에 두되, 세부 산업은 시대의 변화에 조응하여 자율화와
개방화를 허용함으로써 조선 왕조는 스스로의 껍질을 깨는 작업을 도모하
고 있었다. 오늘날의 독법으로 말하자면 사회주의의 장점과 자본주의의 장
점을 아울러 살리려는 노력의 일환으로 평가할 수 있겠다.

참고문헌

· 1차 사료
『正祖實錄』 『承政院日記』 『日省錄』 『弘齋全書』 등

· 단행본
정옥자, 『조선 후기 문화운동사』, 일조각, 1988.
_____, 『조선 후기 지성사』, 일지사, 1991.
_____, 『조선 후기 조선중화사상 연구』, 일지사, 1998.

_____,『정조의 수상록 일득록 연구』, 일지사, 2000.

_____,『정조의 문예사상과 규장각』, 효형출판, 2001.

_____,『정조시대의 사상과 문화』, 돌베개, 1999.

유봉학,『꿈의 문화유산 화성』, 신구문화사, 1996.

_____,『정조대왕의 꿈』, 신구문화사, 2001.

박광용,『영조와 정조의 나라』, 푸른역사, 1998.

김성윤,『조선 후기 탕평정치 연구』, 지식산업사, 1998.

정옥자 외,『정조시대의 사상과 문화』, 돌베개, 1999.

한영우,『정조의 화성 행차 그 8일』, 효형출판, 1999.

김문식,『정조의 경학과 주자학』, 문헌과해석사, 2000.

임미선 외,『정조대의 예술과 과학』, 문헌과해석사, 2000.

최홍규,『정조의 화성 건설』, 일지사, 2001.

박현모,『정치가 정조』, 푸른역사, 2001.

김동욱,『수원화성』, 돌베개, 2002.

· 논문

정옥자,「규장각 초계문신 연구」,『규장각』 4, 서울대학교 규장각, 1981.

배우성,「정조 연간 무반 군영 대장과 군영 정책」,『한국사론』 24, 1991.

이태진,「정조: 유교적 절대 계몽 군주」,『한국사 시민강좌』 13, 일조각, 1993.

염정섭,「정조 후반 水利시설의 축조와 둔전 경영」,『한국학보』 82, 일지사, 1996.

박광용,「정조대 탕평정책과 왕권체제의 확립」,『한국사』 32, 국사편찬위원회, 1997.

한상권,「영조·정조의 새로운 상업관과 서울 상업 정책」,『서울상업사』, 태학사, 2000.

정경희,「정조의 의리론에 대하여―사도세자 문제를 중심으로」,『한국학보』 110, 일지사, 2003.

이서구 李書九
비운의 사림청론 정치가

유봉학 한신대학교 국사학과 교수

1. 외척세도(外戚勢道)에 맞선 정치가

경기도 영평(永平: 현재의 포천군 이동면)의 은거지에서 72세의 노(老)정치가
는 꺼져가는 자신의 운명을 예감하며 마지막 힘을 다해 순조(純祖)께 올리
는 「유소」(遺疏)를 작성했다.

> 신(臣)은 나쁜 질병으로 여러 달 동안 고생하여 실낱같이 남은 목숨이 조석 사
> 이에 끊어지려 합니다. 그러나 나라를 근심하는 일념이 간절하여 비록 어려운
> 중이지만 차마 아뢰지 않을 수 없어서 죽음을 앞둔 마지막 글을 감히 올리는
> 바입니다.
> 엎드려 원하옵건대 전하께서는 뜻을 굳게 가지고 분발하시어 정치에 더욱 힘
> 쓰소서. 어진 선비를 널리 선발하시어 왕세자를 올바로 이끌어가시기 바랍니
> 다. 궁실과 정부의 기강을 바로 세워 재정을 절제하셔서 백성들의 부담을 덜
> 어주시옵소서. 또한 서울과 지방을 하나로 살피셔서 인재들을 두루 등용하심

으로써 민심을 수습하시기 바랍니다. 무릇 이 네 가지를 깊이 살펴서 잘 실행해가신다면 국가의 모든 일들을 제대로 해나갈 수 있을 것입니다.

원컨대 전하께서 부족한 저의 말을 받아들여주신다면 저는 죽더라도 제대로 눈을 감을 수가 있겠습니다. 제 정신이 혼미하고 기운이 막혀 글이 되지 못하므로 종이를 놓고 그 앞에서 눈물만 흘리며 애통한 마음으로 삼가 소(疏)를 올려 아뢰는 바입니다. (『純祖實錄』)

숨을 거두는 그 순간까지도 척재(惕齋) 이서구(李書九, 1754~1825)는 나라를 걱정했다. 당시는 안동 김씨와 풍양 조씨를 위시한 외척과 서울의 일부 경화거족(京華巨族)들이 정권을 전단(專斷)하는 세도정치(勢道政治)가 행해지던 때였다. 세도정치는 본질적으로 과두(寡頭) 독재체제였기에 왕권은 제 역할을 못하고 인재의 폭넓은 진출길도 막혀 있었다. 외척세도하에서 더욱 심화된 경(京)·향(鄉)의 분기(分岐) 현상, 국가 재정의 방만한 운영과 민(民)에 대한 가렴주구(苛斂誅求), 그리고 그에 따른 민심의 이반, 이런 문제들에 대해 척재는 간략하지만 간곡하게 대책을 개진했다. 그는 무엇보다도 국왕의 분발을 당부하면서 재정 운용과 인사 정책의 혁신을 통해 국가적 위기를 타개해 나갈 것을 요청하였고 왕세자의 올바른 인도에 미래의 희망을 걸고 있었다.

가슴속에 품어온 절실한 문제들을 짧지만 완곡히 개진함으로써「유소」를 마무리한 척재는 기진하여 자리에 누웠다. 이윽고 자제들에게 어려서부터 즐겨 읽던 『초사』(楚辭)를 낭송하도록 명한 후 그 소리를 들으며 평온하게, 실로 파란만장하고도 한많은 삶을 마감했다. 때는 1825년(순조 25) 9월 29일, 1805년 이래 20년을 은거하던 경기도 영평의 향저(鄉邸)에서였다.

그의 서거 소식은 바로 서울에 알려졌고 그로부터 며칠 후 조정에 척재의「유소」가 올라왔다. 이 소식을 접한 순조는 "문학(文學)과 정사(政事)의 능력을 이 대신처럼 갖춘 사람을 어디서 구해오리오. 내가 반드시 한번 등용하려고 고심한 것도 이제 허사가 되었다"고 애석해하면서 심심한 조의를 표하였다.

척재의 「유소」와 이런 순조의 애도사(哀悼辭)는 그로부터 10년 후 순조 사후(1835년) 편찬된 『순조실록』(純祖實錄)에 상세히 실렸다. 그러나 『순조실록』이 편찬되던 시기에는 세도정권이 이른바 신의학 옥사(愼宜學獄事, 1829년, 순조 29)를 계기로 척재를 벽파(僻派)의 핵심인물로 단죄하고 추탈관작(追奪官爵)이라는 정치적 매장 조치를 내린 뒤였으므로, 순조의 언급에 덧붙여진 척재에 대한 사관(史官)의 평가는 냉혹했다. 사관은 당시의 정치적 상황 속에서 척재의 삶과 정치 행로를 바라보면서 다음과 같은 논평(卒記)을 덧붙였다.

이서구는 종실(宗室) 낭선군(朗善君) 이우(李俁)의 후손이다. 젊어서는 서유린(徐有隣) 형제와 잘 지냈는데, 을묘년(1795년, 정조 19) 국세(局勢)가 일변하기에 이르러 지론(持論)이 사뭇 달라졌으니, 그 본말을 아는 자들은 그의 빗나간 성품을 의심했다. 경신년(1800년, 정조 24) 5월 그믐날 정조의 연교(五晦筵敎) 후에 곧 한 소장(疏章)을 올려 품고 있는 뜻을 언뜻 보이니, 온 세상이 놀라고 의심했다. 병인년(1806년, 순조 6)의 정치적 격변(丙寅更化) 이후 조정 의논이 용납하지 않아 향리로 물러가 은거하게 되었고, 오랜 세월이 지난 후 방폐된 상황에서 일으켜세워 정승으로 임명했으나(1824년, 순조 24) 한사코 사양하여 나오지 않았다.

대개 그의 문학은 잘 정련(精鍊)되어 있었고 경학은 범위가 넓고도 고아(古雅)했으며 행정 사무도 두루 잘 처리했다. 재주와 견식이 모두 뛰어났으며 더구나 청렴한 것으로도 이름이 나서 백성들의 기대(民望)를 모으고 있었다. 그러므로 임금(순조)께서는 그에게 가해진 정치적 처벌을 벗겨내어 등용하고자 하셨다. 하지만 남을 업수이 여기고 그 스스로 잘난 척해 남을 인정하지 않았으니 이것이 그가 끝내 실패한 이유이다.

이렇듯 사관은 이서구의 삶과 정치 행로를 이례적으로 상세히 소개하면서도 그의 실패를 당연시하는 냉담한 결론을 내렸다. 하지만 호평과 악평이 뒤섞여 종잡기 어려운 사관의 평가 태도는 곧 척재의 삶과 정치 행로가 얼마나 기구하고 심상치 않았는지를 암시하고 있다.

생전과 사후, 거듭 역적으로 몰려 단죄된 척재의 정치 행로에서 사관이 부각시킨 사실은 정조대 후반, 시파(時派)의 핵심이었던 서유린과의 대립(1795년), 그리고 정조 서거 직전 이른바 오회연교(五晦筵敎)가 나왔을 때(1800년) 보인 의심스런 태도, 순조대 이후 김달순(金達淳) 옥사(獄事)로 야기된 병인경화(丙寅更化, 1806년)와 벽파의 몰락, 이로 인한 척재의 숙청과 은거, 이후 거의 20년 만의 복권과 우의정 제수(1824년) 등이었다. 이런 사실들을 제시함으로써 사관은 정조와 대립했던 벽파의 핵심 인물로 척재의 정치적 위상을 부각시켰다. 그리고는 이 때문에 척재가 순조대 이후 정계에서 축출되었으며 뒤늦게 출사의 기회가 주어졌음에도 나오지 않다가 서거한 것으로 설명하는 등, 정치가로서의 그의 삶을 실패한 것으로 규정했다.

그러나 이런 사관의 정리에는 적어도 몇 가지의 중요한 사실이 왜곡되거나 누락되어 있었다. 1829년의 추탈관작 조치를 정당화하기 위한, 어쩌면 의도적인 이 왜곡과 누락이야말로 『순조실록』이 편찬되던 시기 외척세도정권이 척재를 바라본 시각을 반영한 것이었고, 이는 오늘까지도 척재의 삶에 대한 가장 유력한 평가 방식으로 지속되어왔다.

우선, 1795년 서유린과의 대립을 가져왔다는 것은 시파였던 정동준(鄭東浚)이 정조의 측근 심복으로 활약하다가 숙청된 사건을 말한다. 정조는 1804년 갑자년(甲子年)에 왕세자가 15세 성년(成年)이 되면 왕위를 물려주고 상왕(上王)으로서 수원에 내려가 은거할 구상을 가지고 있었다. 이를 위해 1794년부터 10년 계획으로 화성(華城) 신도시를 건설하면서 정조는 정동준을 측근심복으로 키웠다. 당시 여론은 막후에서 실권을 행사하던 정동준을 '귀근'(貴近), 곧 특권 세력이라고 공격함으로써 정동준을 정계에서 축출하고 정조와 그를 지원한 일부 시파 관료들에게 타격을 가했다. 서유린을 위시한 정조 측근의 시파들은 이 사건을 계기로 정조의 의리탕평론(義理蕩平論)에 반대하던 벽파 정치 세력과 본격적으로 대립하게 되었고, 훗날 이 사건에서 벽파의 역할을 부각시키게 된다.

그러나 이때는 물론이고 1800년 정조가 오회연교를 내렸을 때 그에 대해 밝힌 척재의 비판적 입장은 사림청론(士林淸論)의 오랜 정치적 입장에서 일관된 주장을 편 것이었을 뿐, 벽파로서의 주장은 아니었다. 어떤 특권 세력의 양성도, 그리고 그들의 정치 간여도 반대한다는 그의 입장은 순조대 이후 외척이 특권 세력으로서 정치에 개입하고 시파와 벽파가 그들을 따라 이합집산하던 세도정치에 대해서도 비판적이었다. 그는 우의정이던 서용보(徐龍輔)와 함께 엄정한 중립적 입장(中立之論)을 견지하고 있었다.

그러므로 척재가 실각하여 은거하게 되는 계기도 벽파 정치 세력이 시파에 의해 일망타진되었던 1806년의 병인경화가 아니었다. 순조 즉위 이래 경주 김씨, 반남 박씨, 안동 김씨 등 세 외척의 정치 간여가 본격화되는 가운데 이조, 호조 등의 판서직을 역임하며 때때로 외척세도가들과 대립했던 그는 병인경화 이전에 이미 숙청된 상태였다. 그는 권유(權裕)가 김조순(金祖淳)의 딸과 순조의 대혼(大婚)을 비방하는 상소를 올렸다가 처단되자 그 배후로 의심받아 탄핵을 받기도 했고, 순조가 성년이 되어 정순왕후(貞純王后)의 수렴청정이 끝났음에도 여전히 외척의 정치 간여가 계속되는 상황에 대해 비판적이었던 까닭에 어려운 처지에 놓였다. 이로써 1804년 5월에는 외직(外職)인 평안감사로 내몰렸고, 이듬해 1805년 윤6월에는 결국 여기서도 물러나 중앙 정계에서 축출되기에 이르렀다.

척재는 또 순조 초 신유사옥(辛酉邪獄)이 일어났을 때 지의금부사(知義禁府事)로서 서학(西學) 추국(推鞫)에 참여해 시파와 신서파(信西派) 남인들을 처벌하는 데 참여하고, 호조판서로서 벽파의 영수인 영의정 심환지(沈煥之)의 지원을 받아 장용영(壯勇營) 혁파 등 시책을 주도한 것 때문에 벽파라는 의심을 받았다. 그러나 그는 추국 과정에서 죄인들의 억울한 상황을 조사해 벌을 감해주자는 '평반지론'(平反之論)을 주장해 정약용(丁若鏞), 이기양(李基讓) 등이 극형을 모면케 하였다. 이런 정황은 척재 자신의 기록은 물론 정약용이 쓴 「자찬묘지명」(自撰墓誌銘)에도 명백히 나온다. 장용영 혁파 역시 벽파의 사주에 의한 것이 아니라 그의 오랜 지론에 따른 것이었다고 밝히고 있지만 그에게 씌워진 벽파의 굴레는 강고한 것이었다.

병인경화 이후 안동 김씨와 반남 박씨가 연대한 시파 세도정권이 서자 그는 "심환지와 몸은 다르지만 속마음은 같다"(異身同腸)고 비난받으며 벽파로 몰리고 심지어는 생명의 위협을 받기도 했다. 그는 외척들에 대한 비타협적 태도 때문에 외척들의 반감을 샀을 뿐만 아니라 정조의 유지(遺旨)를 내세워 정권을 공고히 해가던 시파 외척세도정권으로부터 비난을 받았다. 그들은 정조에게조차 완강히 맞섰던 척재의 청론적 입장을 벽파와 동일시하면서 외척세도에 대한 비판을 잠재우려 했고 이런 입장에 서서 사관은 그의 실각마저 병인경화 이후 벽파의 몰락과 함께 이루어진 일인 양 사실과 달리 기록했던 것이다.

더욱이 사관은 1820년에 척재가 67세의 나이로 호남감사가 되어 정계에 복귀했던 것도 국왕 또는 세도정권의 은혜인 양 설명했는데 이 또한 실상과는 동떨어진 것이었다. 40세의 나이로 역임했던 호남감사직에 그가 27년 후 노년이 되어 다시 나가게 되었던 것은 호남 지방의 연이은 흉년으로 위기에 처했던 세도정권의 강권에 의해서였다. 외척세도에 반대하다 축출된 그는 이후 세도정권하에서는 어떤 직위로도 출사하기를 거부했다. 1818년 9월 그를 복권시킨 세도정권은 형조판서를 위시해 여러 벼슬을 내렸지만 그는 나가지 않았다. 그러자 그들은 1820년 3월 호남(湖南)의 심각한 위기를 해결하고자 이미 정조대로부터 호남 문제 전문가로 명망이 높았던 그에게 호남감사의 벼슬을 내렸다. 그러나 그가 이를 완강히 거부하자 다급한 나머지 그에게 전라도 삼례로의 유배를 명했고 이마저 거부할 수 없어 죄인으로서 이곳에 이른 그에게 정부는 다시 호남감사 직첩(職牒)을 내렸던 것이다.

유배 가는 길에 민의 참상을 접했던 그는 어쩔 수 없이 호남감사에 취임해 2년간 호남을 안정시키는 임무를 수행하게 된다. 이 기간에 남긴 그의 치적은 놀라운 것이어서 세도정권에게나 백성들에게 깊은 인상을 남겼다. 임기를 마치자 곧바로 향리로 돌아가버린 그에게 세도정권은 우의정의 직첩을 내렸으며, 그를 향한 민중들의 기대는 설화 속의 '이인'(異人) 또는 '초인적'(超人的) 인물상으로 응결되어 인구에 회자되기에 이른다.

그는 사림청론의 정치적 입장을 견지함으로써 정조 사후 전개된 외척세도정치에 저항했고 그에게 백성들의 여망(民望)이 쏠리자 결과적으로는 그 때문에 정치적 탄압의 희생자가 되기에 이르렀다. 엄연한 여론의 향배 때문에 사관은 순조의 애도사를 그대로 받아들여 척재의 뛰어난 학문과 행정 능력을 소개하고 그에 대한 여론의 광범위한 지지를 전했다. 그러면서도 사관은 당시의 정치적 상황을 반영해 척재의 정치 노선과 정치적 사건을 일부 왜곡하면서 그의 삶에 대해 부정적 평가를 내리고 그가 실패한 원인을 비타협적이었던 그의 성품 탓으로 돌리는, 얼핏 납득하기 어려운 설명을 덧붙이게 된 것이다.

결국 척재가 견지했던 사림청론의 정치적 입장은 이런 정황 속에서 벽파의 입장으로 호도되었고, 생전의 오랜 방폐와 사후의 정치적 매장 조치는 정당화되었다. 신의학 옥사 이후 외척세도에 대한 비판을 봉쇄하기 위해 척재에게 추탈관작이란 철퇴가 가해지고 청론까지도 벽파로 치부해버리면서 특권 세력의 정치 간여를 반대하는 사림청론의 정치적 입장도 점차 잊혀졌다. 외척세도정권이 그에게 씌운 벽파의 굴레와,『순조실록』에 실린 이런 류의 평가는 그의 삶과 정치 행로를 평가하는 가장 유력한 견해가 되었다. 이는 60년 안동 김씨 세도가 끝난 뒤로도 10년 홍선대원군(興宣大院君) 세도, 그리고 그 이후 명성황후(明成皇后)와 여흥(驪興) 민(閔)씨 일가의 세도에 이르기까지 오랫동안 척족세도가 지속되었기 때문이다. 사림청론의 상징적 인물로서 외척세도정권에 의해 살아서는 물론이고 사후 다시 철저히 매장됨으로써 지금껏 그 실체가 왜곡되어온 비운(悲運)의 정치가, 그가 바로 척재 이서구였다.

2. 여론의 기대를 걸머진 지도자

우현좌척론(右賢左戚論)을 견지하며 외척세도를 비판하고 사림정치(士林政治)를 복원하고자 한 척재의 정치적 지향은 당시의 억눌린 정치 상황 속에서 이채로웠고 그 영향력 또한 매우 컸다. 사후에까지 다시 그를 매장해야 할 만큼 세도정권은 척재에게 쏠린 여론의 향배를 예의주시하고 그의 정치적 입장이 계승되는 것을 차단하려 했다. 왕권의 회복을 희망하던 순조는 그를 등용하려는 뜻을 품었지만 그가 은거지에서 쓸쓸한 죽음을 맞을 때까지도 실천에 옮기지 못해, 사후 애석해하며 자신의 나약함을 절감할 뿐이었다.

외척세도를 반대하며 의연히 은거의 길을 선택한 그는 외척세도정치에 실망했던 당시 여론의 광범위한 지지를 받고 있었다. 그러나 현실 정치 속에서 그는 실패했고 이는 억눌린 백성들 가슴속의 한으로 남아 오늘날까지도 널리 전승되는 민중설화 속의 이야기들로 정착되었다. 비극적 상황과 비운의 삶, 이 때문에 그는 백성들의 뇌리에 '이인'(異人)으로 각인되었고 다음과 같은 호남 지역의 설화 속에서 오히려 새 시대의 희망으로 살아남아 있었다.

전라도 무장현(현재 고창군) 선운사(禪雲寺) 도솔암 남쪽 수십 보(步)쯤 되는 곳에 50여 장(丈)이나 되는 층암 절벽이 있고 그 절벽 바위 전면에는 큰 불상 하나가 새겨져 있다. 전설에 의하면 그 석불은 지금으로부터 3천 년 전에 살았던 검당선사의 진상(眞像)이라고 하는데 그 석불의 배꼽 속에는 신기한 비결

(秘訣)이 들어있다고 하며 그 비결이 나오는 날은 한양(漢陽)이 다된다(망한다)는 말이 자자하였다.

그 증거로는 지금부터 130년 전 전라감사로 살러 온 이서구라고 하는 이가 도임한 후 며칠 만에 망기(望氣: 기운을 보고 조짐을 알아냄)를 하고 남쪽으로 내려가 선운사에 이르러 도솔암에 있는 석불의 배꼽을 떼고 그 비결을 내어보다가 그때 마침 뇌성벽력이 일어나므로 그 비결책을 못다 보고 도로 봉해두었다고 하며, 그 비결의 첫머리에 씌어 있으되 '전라감사(全羅監事) 이서구(李書九) 개탁(開坼)'이라고 한 글자만을 보고 말았다고 하는데 그뒤로도 여러 사람이 열어보고자 하였으나 벽력(벼락)이 무서워서 못한다고 말하는 것이었다.

어느 날 손화중(孫化中) 접중(接中)에서는 선운사 석불 비결의 이야기가 나왔다. 그 비결을 내어보았으면 좋기는 하겠으나 벽력이 또 일어나면 걱정이라고 하였다. 그 좌중에 오하영이라고 하는 도인(道人)이 말하되 "그 비결을 꼭 보아야 할 것 같으면 벽력이라고 하는 것은 걱정할 것이 없는 것이다. 나는 들으니 그러한 중대한 것을 봉할 때는 벽력살(霹靂殺)이라는 것을 넣어 택일하여 봉하면 후인이 함부로 열어보지 못하게 되는 것이라 하는 말을 들었다. 내 생각에는 지금 열어 보아도 아무 일 없으리라고 본다. 이서구가 열어볼 때에 이미 벽력이 일어나 없어졌는지라 어떠한 벽력이 또다시 나올 것인가? 또는 때가 되면 열어보게 되나니 여러분은 그것을 염려하지 말고 다만 열어볼 준비만을 하는 것이 좋다." …… 석불의 배꼽을 도끼로 부수고 그 속에 있는 것을 꺼내었다. (吳知泳,『東學史』,「石佛秘訣」)

난세(亂世)의 희망을 찾고 있던 전라도 백성들의 간절한 염원이 이들 야담에 소상히 드러나 있다. 한양으로부터의 세도정치의 폭정 아래 신음하던 호남 농민들은 한양, 곧 조선의 멸망을 기대하면서 척재와 같은 뛰어난 인물을 그 선봉으로 내세우기에 이르렀다. 야담 속에서나마 이들은 훗날 갑오년(1894년) 동학농민항쟁을 통해 자신들의 희망을 직접 표출하기까지 그 조짐을 엿보아 벽력살을 없애는 선구적 역할을 한 인물로 척재를 지목했던 것이다.

그러나 척재에게 희망을 걸었던 호남의 백성들은 이때는 '벼락' 때문에 그 희망을 실현하지 못했다고 한다. 호남 백성들의 기대를 업은 채 중앙 정치무대로 돌아간 척재가 오히려 세도정권에 의해 매장당하고 백성들의 희망을 이루어내지 못함으로써 척재는 백성들의 설화 속에 이런 식의 선구적 인물로 자취를 남기게 되었다. 초인적 지도자였던 척재가 비결을 확보하는 데 실패함으로써 한양에서의 폭정은 계속될 수밖에 없었다는 것이고, 다음 시기에 가서 민중들은 전봉준(全琫準), 손화중 등을 필두로 직접 떨쳐일어나기에 이른다는 것이다. 이처럼 야담은 사전에 벽력살을 제거한 척재의 선구적 역할로 손쉽게 비결을 확보하게 된 동학농민군에 의해 호남 백성들이 희망을 이루는 계기를 맞게 된다는 내용을 담고 있다.

척재에 대한 여론의 기대는 이 정도로 컸다. 이는 호조판서로서 발휘한 뛰어난 실무적 능력과 지방관으로서 드러냈다는 그의 놀라운 치적에 근거한 것이었고 그가 지닌 비상한 능력 때문이라고 이해되었다. 그의 행정 실무 능력(吏才)이 역대 제일이라는 것은 당대의 관료와 서리(胥吏)들 사이에서도 정평이 나 있었다.

> 대산(臺山) 김매순(金邁淳)이 항상 말하기를, 척재의 행정 실무 능력은 서애(西厓) 유성룡(柳成龍)에 비해도 오히려 더 낫다고 했다. …… 호조의 늙은 서리들 또한 말하기를, 우리들이 재상(宰相) 거공(鉅公)으로서 호조판서가 되신 분들을 많이 겪어보았지만 문서와 장부를 환히 꿰뚫어서 마치 신경쓰지 않는 듯하면서도 손바닥을 가리키듯이 분명히 알고 계신 분은 오직 영평의 이정승(이서구) 한 사람뿐이었다고들 했다. (洪翰周, 『智水拈筆』, 「惕齋吏才」)

이런 그의 능력에 대해서는 정약용도 『목민심서』(牧民心書)에서 평안감사로서의 치적을 예로 들어 찬탄할 정도였다. 특히 그가 호남감사로 있을 때 남긴 뛰어난 치적과 당시 미래를 예견했다는 실제 사례들은 다음과 같은 설화를 통해서 두고두고 인구에 회자되었다.

이서구는 미래의 일을 알고 있는 경우가 많았다. 순조 때에 그가 다시 전라도 관찰사로 부임해 오래 쌓였던 폐단을 바로잡으니 전라도의 백성들이 편안함을 얻었다. 임기가 차서 돌아갈 때 호적 문서를 거두어 여러 서리들에게 나누어주며 그 문서를 베끼도록 해서 창고 하나를 마련해 따로 보관하도록 했다. 얼마 후 호적고가 불에 타버리자 다른 장부들은 모두 없어져버렸지만 오직 따로 베껴놓은 호적만은 아무 탈 없이 보존될 수 있었다. (『大東奇聞』, 「李書九別謄戶籍」)

척재의 초인적 능력에 대한 여론의 추앙과 기대는 외척세도에 대한 척재의 정치적 입장과 연관된 또 다른 형태의 설화를 낳았다. 안동 김씨 세도가의 첩이었던 나합(羅閤)의 출생을 예견했다는 다음 이야기는 훗날 외척세도에 대한 비판 여론이 척재에 대한 기대와 연결되어 나타난 것으로 이해된다.

이서구가 전라감사로 있을 때 하루는 천강성이 나주 지방에 떨어지는 것을 보게 되었다. 그가 감영의 서리를 불러 이르되 "네가 나주(羅州) 아무개 사람의 집에 가면 그 집 아낙네가 아이를 낳았을 것이다. 만약 아들을 낳았거든 반드시 죽여버릴 것이요, 딸을 낳았거든 죽이지 말고 돌아오라"고 했다. 감영의 서리가 돌아와 아뢰기를 "과연 딸을 낳았더이다" 하니, 이서구가 말하기를, "만약 아들이었다면 반드시 나라를 어지럽혔을 것이나 한갓 계집아이라면 어찌 그렇게 하겠느냐. 그러나 반드시 권귀(權貴)의 첩(妾)이 되어 세도가 한때 온 나라를 기울게 할 것"이라고 했다. 그후에 과연 하옥(荷屋) 김상국(金相國: 안동 김씨 세도가 金佐根)의 첩이 되니 이 여인이 바로 나합이었다. (上同)

여론은 야담 속에서나마 외척세도의 폐해를 제거해 나라를 구원할 수 있는 통찰력을 가진 인물로 척재를 상정했다. 하지만 결국 희망은 이루어지지 못했고 잘못되어간 현실에 대한 안타까움이 이런 이야기 속에 배어난다.

척재에 대한 여론의 기대는 정조 임금에 대한 기대와도 연결되었다. 암담한 현실이 백성들로 하여금 '남조선'(南朝鮮)과 같은 새로운 세상을 찾도록 만들었고, 이런 문제의 해결은 정조와 척재에 의해 가능하다고 비춰졌다. 따라서 백성들의 상상 속에서나마 이미 서거한 이전의 성군(聖君)과 그들이 직접 겪어본 경이로운 능력의 '이인' 이 설화 속에 함께 등장하게 되었다.

> 남조선이란 남해 가운데 제주도 밖에 있는 지역이다. …… 연일(延日) 정(鄭)씨들의 후예가 들어가 살면서 무리를 모아 큰 일을 경영하니 이는 바로 훗날 계룡산(鷄龍山)으로 도읍을 옮길 징조라고들 했다. 이 일은 이미 백여 년 전부터 있었는데 정조는 매번 이 때문에 걱정하셨다. 상국(相國) 이서구는 이인(異人)이었는데 임금께서는 그가 식견이 많다는 것을 알고 이 일을 탐지시키고자 특별히 호남감사로 임명하셨다. …… 이서구가 부임하고 나서 감영의 한 귀머거리를 불러 밀지를 써주었다. …… 그 귀머거리가 돌아와 정탐한 내용을 글로 아뢰고 난 후 사또 생전에 다른 염려는 없을 듯하다고 했다. 공은 나도 그러리라 짐작하고 있었다고 했다. (『溪鴨漫錄』)

야담 속에서 척재는 자신을 신임한 정조를 도와 국가적 환란을 사전에 기찰(譏察)해 대책을 마련하는 임무를 수행했다. 여론은 이미 역사 속에서 검증된 훌륭한 임금과 유능한 신하, 이 두 사람이 힘을 모음으로써 어떤 난국이라도 타개할 수 있으리라는 희망을 표명했다.

그러나 두 살 차이의 동년배로 동일한 시대상을 호흡하며 임금과 신하로 만났던 이 두 사람이 여론의 기대처럼 그렇게 한마음 한뜻이기만 한 것은 아니었다. 척재는 집권 후반 들어 정조가 왕권 강화에 집착해 측근 세력(이른바 貴近)을 키우려 들자 사림청론의 입장을 내세워 그를 비판했고 군주에게까지도 고언(苦言)을 불사했다. 그의 불굴의 태도와 그에게 쏠린 여론 때문에 정조는 간혹 척재에게 경원(敬遠)하는 태도를 보이게 되었고 두 사람 사이에 정치적 지향이나 사상적 경향에서 넘어설 수 없는 간극(間隙)은 집권 후반기로 갈수록 더욱 커졌다.

박지원 문하의 북학론자이자 청론(淸論)의 관료학자로서 척재의 사상적 지향점과 정치적 행로는 일관된 것이었기에 정조대 후반 들어 '만천명월주인' (萬川明月主人: 군주는 만 갈래 개천을 비추는 밝은 달과 같은 존재라면서 정조가 자신의 절대적 지위를 강조해 지은 칭호)을 자처하며 왕권 강화를 추구하던 군주의 입장과 점차 어긋나면서 갈등을 빚기에 이른다. 하지만 이는 다양성을 포용하던 개명한 군주와 변화를 추구하던 유능한 신하가 어울린 태평 시대 정치 상황의 한 측면일 뿐이었다. 정조 사후 세도정치의 파행적 정치 상황에 대해 여론은 앞시대와 같은 군신(君臣)의 출현을 대망하기에 이르렀고, 이들 군신이 힘을 합쳐 시대적 난제를 헤쳐갔던 과거의 상황은 새 시대의 희망으로 떠올라 이런 야담으로 정착되기에 이르렀다.

3. 북학(北學)과 청론(淸論)을 주도한 관료학자

외척세도의 암담한 현실에서 여론이 이상적인 시대로 생각했던 것은 정조 시대였다. 정조 시대는 척재와 같은 초인적 능력의 '이인' 들이 국왕의 신임을 받아 뜻을 펼 수 있는 시기였다. 실제로 정조 시대는 뛰어난 학자군주의 지도력과 휘하의 수많은 인재들의 능력이 조화를 이루면서 혁신의 가능성을 내보인 시기였다.

갖은 어려움 속에 등극한 정조는 사도세자의 죽음을 초래한 영조대의 여러 폐단을 척결하면서 정치 혁신을 도모했다. 선왕의 탕평정치를 계승하되 사림청론의 '우현좌척론' 을 정치적 지침으로 내세워 척족 등 특권 세력을 물리치고 청론의 사류(士類)를 대거 등용했으며 사림정치를 복원해가고자 했다. 학문정치(學問政治)를 추구했던 정조는 규장각(奎章閣)을 세우고 초계문신(抄啓文臣) 제도를 운영해 휘하에 여러 신진 관료학자들을 거느렸다.

이들 가운데 특히 두각을 드러냈던 사람들은 서울의 도시적 분위기를 호흡하며 성장했던 경화사족(京華士族) 출신의 학자들이었다. 박지원(朴趾源)과 홍대용(洪大容)을 중심으로 한 이덕무(李德懋)·박제가(朴齊家)·유득공(柳得恭)·이서구·김조순(金祖淳)·남공철(南公轍)·심상규(沈象奎) 등 노론 계열 지식인과, 서명응(徐命膺)·홍양호(洪良浩)·서호수(徐浩修)·서형수(徐瀅修)·서유구(徐有榘)·이만수(李晩秀)·서영보(徐榮輔)·이상황(李相璜) 등 소론 계열 지식인, 그리고 채제공(蔡濟恭)·강세황(姜世晃)과 휘하의 이가환(李家煥)·정약용 등 남인과 소북 계열 지식인들은 정조의 후원을 받으며 조정에 나아가 그들의 학문을 펴고 이념을 실현할 기회를 맞이했다.

이들은 조선 정통 성리학을 기본 교양으로 하면서도 여기서 한 걸음 더 나아가 청나라를 통해 북학과 서학까지도 수용하려 했다. 이런 학문적·사상적 개방성은 청나라와 일본을 잇는 국제적 교류와 사회경제적 발전의 중심에 서 있었던 서울의 개방적 분위기 속에서 배태되어 나왔다. 경화사족 일각의 진보적 지식인 사이에서는 당색이나 계층을 뛰어넘는 개방적 교류를 통해, 변화하던 시대상을 직시하며 나름의 사상적 공감대를 형성했다.

정조 역시 이런 분위기에 공감하며 즉위 후 이들을 적극 수용했다. 학문정치의 중심 기구였던 규장각에 명문(名門) 경화거족 출신 학자들을 각신(閣臣)으로 기용하고 초계문신으로 선발했으며, 특별히 검서관(檢書官)직을 신설해 중서(中庶)층의 학자들도 포용하는 획기적 방안을 마련했던 것은 정조가 이런 시대적 흐름에 주목하고 있었음을 보여준다.

척재 역시 경화거족 출신이자 청론사류의 일원으로서 성장해 정조대의 사림정치와 학문정치 중흥의 분위기를 타고 정계에 진출했다. 1754년(영조 30) 9월 14일 서울에서 태어난 그는 선조(宣祖)의 열두번째 왕자인 인흥군

(仁興君)의 6대 종손으로 당대의 명필이자 금석학의 대가였던 낭선군(인홍군의 아들) 이후의 가학(家學)을 계승했다. 어린 시절 외삼촌 신간(申暕)과 숙조(叔祖) 이언묵(李彦默)에게서 학문의 기초를 닦고 경화학계 내의 선진적 문풍과 학풍도 받아들였다. 또 가전(家傳)의 서고(書庫)인 '만고장'(萬古藏)에는 중국을 다녀온 선조들이 누대에 걸쳐 수집해놓은 방대한 장서가 소장되어 있어 폭넓은 독서를 할 수 있었고, 이를 토대로 시문(詩文)·금석(金石)·육서지학(六書之學)과 예학(禮學) 등 '전문지학'(專門之學)을 연구했다.

그는 15세에 평산(平山) 신(申)씨 집안으로 장가 들었는데, 장인인 신경한(申景翰)은 앞시대 조선의 문원(文苑)을 주도했던 대문장가 상촌(象村) 신흠(申欽)의 5대손이자 대제학(大提學) 호곡(壺谷) 남용익(南龍翼)의 손자 사위였다. 이로써 그는 문학으로 이름났던 처가를 매개로 호곡 이후 문명(文名)을 드날리던 남유용(南有容), 남공철의 의령 남씨 집안과도 깊은 관계를 가지게 되었다.

한편 그는 어린 시절 이웃에 살던 이덕무의 지도를 받기도 했는데, 대문을 마주했던 연암 박지원의 집에 자연스레 드나들며 그 문하에서 학문과 문학을 익히고 여러 경화사족 학자들과 교류하면서 '예악형정'(禮樂刑政)과 '경제실용'(經濟實用)의 학문을 익혔다. 당시 노론 명사로 서울의 문단과 예원을 이끌던 김용겸(金用謙)을 빈객(賓客)으로 모시고 관례(冠禮)를 올렸던 그는 선배인 홍대용, 정철조(鄭喆祚)를 비롯해 박제가, 유득공 등과도 교류하면서 진보적 학풍을 접하고 '이용후생 경제명물지학'(利用厚生 經濟名物之學), 곧 실용적 학문의 연구와 토론에 참여하면서 그 이해를 심화시켰다. 또한 박지원이 제기한 '법고창신'(法古創新)의 시문론에 공감하면서 이른바 '조선풍'(朝鮮風)의 창작 활동에 참여하고 '신시'(新詩) '신문'(新文) 운동에 적극 참여했던 것도 이때였다.

서울 어디서나 잘 보이던 13층의 대리석 석탑, 곧 '백탑'(白塔: 오늘날 서

63인의 역사학자가 쓴 한국사 인물 열전

울 종로의 탑골공원 원각사13층탑)은 그들 교유의 한 상징이었다. 이 부근에 모여살면서 수시로 모이던 연암일파의 경화사족 학자들은 백탑 부근에서 맺은 그들의 아름다운 관계(淸緣)를 증거하는 동인시문집인『백탑청연집』(白塔淸緣集)을 내놓기에 이른다. 이덕무, 박제가, 유득공과 함께 척재는 청조에서 신운설(神韻說)에 입각한 시풍을 들여와 조선 시단에 적극적으로 소개했으며,『한객건연집』(韓客巾衍集)을 엮어서 이른바 '사가시인'(四家詩人)으로 청조 문단에까지 이름을 날리기도 했다.

그는 타고난 문벌과 재능도 남달랐지만 무엇보다 학문과 문예에서 발군의 능력을 발휘함으로써 일찍부터 주변의 기대를 받았다. 뿐만 아니라 박지원이 가장 촉망했던 제자인 그는 뛰어난 감수성으로 청신한 북학적 시문풍을 이루어내어 16세의 나이에『녹천관집』(綠天館集)이라는 시문집을 엮어냈고 약관의 시절부터 문명(文名)을 떨치게 되었다. 21세의 비교적 이른 나이로 과거에 급제했지만 부친의 피화(被禍)와 홍국영(洪國榮)의 전횡으로 말미암아 몇 년 동안 침체의 시기를 겪었던 그는 청론사류가 대거 등용되는 정조대의 정치 상황에 편승해 31세부터 본격적으로 벼슬길에 나가게 되었다.

그는 영·정조대 문운(文運)의 융흥(隆興)에 따라 대대적으로 벌어지던 서적 편찬 사업에도 참여했다. 당시 노론 계열 학자들이 주도하던 송시열(宋時烈)의『송자대전』(宋子大全) 교정 사업에도 참여했으며, 정조의 지시에 따라『규장전운』(奎章全韻)과『여지고』(輿地考),『장릉지』(莊陵誌),『동문휘고』(同文彙考),『춘추』(春秋) 등의 교정에도 참여했다. 특히 대외관계의 변화에 따른 대명의리론(大明義理論) 등 대외명분론의 정리 작업에서는 성해응(成海應)과 함께『존주휘편』(尊周彙編)의 편찬을 주관하기도 했다. 전통 사상과 북학 등 새로운 사상이 갈등하는 가운데 대명의리론과 북벌대의론 등 전통적 대외명분론을 전진적 방향에서 재정리할 수 있는 사람은 신구의 흐름을 공유하는 사람이라야 했고, 그런 면에서 그는 정조에게 적임자로 인정받아 이 사업을 주관하게 되었던 것이다.

이처럼 척재의 학문과 문학은 전통적 토대 위에 청조로부터 새로운 흐름을 수용하며 '창신'(創新)적 경향을 드러냈다. 특히 가학을 계승해 '전문지학'을 추구했던 그는 청조 고증학까지도 자연스럽게 이해하면서 전통주자학을 넘어 더욱 폭넓고 새로운 학문의 세계로 발을 내딛었다. 이와 함께 그는 청조에서 새로운 시문풍을 적극 수용함으로써 '신학'(新學)과 '신문'(新文)을 선도하는 위치에 서 있었다.

이는 당시의 일반적 흐름과 상충되기도 했고 나아가 후원자였던 정조의 지향성과도 갈등을 빚는 경우가 있었다. 그러므로 정조가 일부 남인 학자들의 서학 경도와 함께 노론·소론 학자들의 북학적 시문풍을 문제삼으며 순정(醇正)한 시문풍으로의 회귀, 곧 문체반정(文體反正)을 요구했을 때 그 역시 견책의 대상이 되기에 이르렀다.

그러나 이런 상황에서 그의 대응은 남달랐다. 김조순, 남공철, 심상규 등 동료 대부분이 '순정고문'(醇正古文)을 강조하는 정조의 문체반정책에 순응해 반성하는 태도를 보이고 '자송문'(自訟文), 곧 반성문을 써냈지만 그는 박지원과 함께 끝까지 자송문 제출을 거부했다. 오히려 그는 '대책'(對策)을 올려 정조의 문체책을 비판하는 기개를 보였다.

가만히 살펴건대 대저 근래의 문풍(文風)에는 가히 근심할 것이 두 가지가 있고 근심하지 않아도 될 것 또한 두 가지가 있습니다. 문장의 기상이 쇠약한 것은 딱히 걱정할 필요가 없고 오히려 기록해야 할 사실이 제대로 기록되지 못하는 것이 근심스러운 점입니다. 또한 문풍이 유약한 점은 걱정할 필요가 없으나 문장에서 의리(義理)가 제대로 드러나지 못하는 점은 우려할 만한 일이라 하겠습니다. …… 문체(文體)의 높고 낮은 수준은 오로지 세도(世道: 세상을 이끄는 도리)가 훌륭한가 아닌가 하는 상황에 달려 있습니다. 그러나 (반대로) 세도의 훌륭하고 나쁜 상황이 문체의 높고 낮은 수준에 연계되는 것은 아닙니다. 그러므로 오늘 전하께서 마땅히 근심하셔야 할 것은 여기 이 세도의 상황에 있는 것이지 저 문체의 상황이 아닙니다. …… 저는 어리석어 죽을 죄를 지었습니다만, 원컨대 전하께서는 이 시대의 문사(文士)들을 책망치 마시고 먼저 스스로를 돌이켜 생각해보시기를 바랍니다.

　그는 국왕의 문풍 주도의 한계를 지적하면서 문체는 세도에 좌우되는 것이라 갈파하고 정조의 문체반정책을 비판했다. 군주는 신료들의 문체를 바로잡으려 들기 전에 세도를 바로잡기 위해 선정(善政)을 베푸는 데 더욱 노력해야 한다는 점을 충고했던 것이다. 청론사류의 오랜 지론인 사림정치론에 충실했기에 척재는 이처럼 군주에게 순응하기보다는 그 충실한 비판자가 되고자 했다. 정조와 그의 학문정치를 지지했지만 정조의 문화정책이 지식인들의 학문과 문화예술 그리고 사상의 굴레가 되는 것에 대해 그는 극력 반대 의사를 표명했다.

　척재는 사림청론의 입장을 견지하면서 정조의 왕권이 절대화되고 국왕 측근에 특권 세력이 등장하는 것도 경계했다. 정조가 측근에 홍국영, 정동준과 같은 특권 세력을 키우고자 했을 때 그는 가차 없는 비판을 제기했다. 정조대 말년에 정조의 총애를 받았던 윤행임(尹行恁)에 대해 비판적 태도를 보였던 것도 마찬가지 이유에서였다.

　집권 후반기에 정조가 스스로 '군사' (君師), 곧 임금이자 스승을 자처하면서 '교속' (矯俗)을 내세워 신료들의 일방적 순응을 요구하자 그는 이런 군주의 태도에 대해서도 비판적이었다. 더구나 집권 초의 '우현좌척론'을 회의하는 태도를 보이던 정조가 탕평정치의 원리를 거스르면서까지 자의적 인사를 단행하고 자신의 조치를 정당화하는 오회연교를 내리자 그는 신료 중 유일하게 그를 반박하는 강경한 상소를 올렸던 것이다.

　따라서 그는 이런 강직한 태도 때문에 정조에게 꼭 필요한 인재이면서도 때로는 경원의 대상이었다. 정조는 "규장각 각신(閣臣)이 아니면서도 각신보다 더 낫다"고 하는 외부의 여론을 알고 있었지만, 그를 승지로 기용하는

데 머물고 끝까지 최측근인 규장각 각신으로는 임용하지 않았다. 다만 박지원의 문하에서 경제지학(經濟之學)을 연구한 경력과 뛰어난 능력, 그리고 여론을 감안해 행정의 요직에 그를 중용했다.

그는 40세의 젊은 나이에 호남감사가 되었고, 이후 비변사(備邊司) 호남 구관당상이 되어 호남 문제 전문가로 활동했다. 정조 21년 이후로는 정조에게서 비변사의 실무를 거의 위임받아 처결했고, 정조 사후에는 호조판서를 세 차례 지내며 난마(亂麻)와 같이 얽힌 국가 재정을 정비하는 일을 전담했다. 순조 초년 단행된 내시노비(內寺奴婢)와 장용영의 혁파는 외척들의 복잡한 이해관계에 얽매이지 않고 그들의 간섭을 배제하면서 척재가 실무를 맡아 완수한 대표적인 사업이었다.

그는 공적 국가 기구들이 기능을 회복해야 한다고 생각했고 그런 면에서 그밖의 특권적 기구를 용납하려 하지 않았다. 탕평책으로 왕권을 강화시켜 가는 가운데 극도로 팽창된 내수사(內需司)의 재용을 과감히 줄이고자 했던 그는 궁인(宮人)과 궁방전(宮房田)의 감축은 물론 궁극적으로는 내수사의 혁파까지도 의도했다. 궁방전과 내수사의 재용 등 왕실 관할의 재정을 축소하고 호조(戶曹)를 통해 정부의 일원적 재정 운용을 도모함으로써 국가 재정 확충을 추진했던 것이다.

공적으로 쓰여야 할 국가 재정이 그 어떤 식으로도 사사로운 용도로 전용될 수 없다는 원칙론에서 그는 장용영의 혁파도 불가피한 것으로 보았다. 장용영은 기존 군영을 통합하는 방식으로 최대의 군영으로 등장했지만 정조가 '갑자년(甲子年, 1804년) 구상'을 구체화해가면서 전위(傳位) 후를 대비한 정조 직속 군영으로서의 성격도 가지게 되었다. 1804년 왕위를 물려주고 수원으로 내려간다는 계획에 따라 정조는 상왕(上王)으로서의 역할에 대비해 수원의 장용영에 막대한 재용과 군사력을 비축했다. 따라서 척재는 순조 초 호조판서가 되자 선배들 이래 오랜 숙원사업이었던 내시노비 혁파를 단행하면서 그로 인한 재정의 부족을 장용영에 비축된 재원으로 충당하기 위해 장용영 혁파를 단행하게 된다.

척재의 이런 시도들이 순조 초 외척들의 대립과 간정하에서 순탄하게 진행될 수는 없었다. 정조 사후 어린 순조가 등극하고 정순왕후가 대리청정을 하면서 정순왕후의 경주 김씨 외척이 주도권을 쥔 가운데 반남 박씨, 안동 김씨의 세 외척이 각기 정치에 개입하게 되었기 때문이다. 척재는 이를 '삼척정립'(三戚鼎立)이라 표현했다. 이런 상황에서는 정조 초년 이래 정조와 청론사류들에 의해 표방되었던 '우현좌척론'이 방기될 수밖에 없었고 세 외척은 특권 세력으로서 각기 전횡을 자행하게 되었다. 이들은 국가의 공적인 영역에 개입해 관료체제를 교란하거나 간정과 이권 침탈을 통해 사적 이익을 추구하는 경우가 많았다.

이런 가운데 실무관료로서 척재는 외척들의 사사로운 이해관계 때문에 공적인 국가사를 그르칠 수 없다는 입장을 강고히 견지했다. 그는 척족에게는 척족으로서의 본분이 있고 자신에게는 사림관료로서의 본분이 있다고 하면서 때로는 외척들과의 대립도 불사하며 소신에 따라 정책을 추진했다.

그는 경주 김씨 척족의 김관주(金觀柱)에게 각기 본분을 지킬 것(各守本分)을 요구하고, 김관주가 지방 재정과 관련해 새로운 정책의 시행을 주장했을 때 법이 없는 것이 아니라 있는 법을 시행하지 않는 데 문제가 있다고 반박하면서 자신의 소신을 내세웠다. 장용영을 혁파함으로써 장차 장용영 제조인 김조순 등 시파의 세력이 약화되고 결과적으로 이 일이 벽파의 의도에 부합하리란 점을 알고 있었지만, 그럼에도 불구하고 방만한 국가 재정의 정리가 시급하다는 자신의 소신과 원칙론에 따라 혁파를 강행했다. 동래부사로 있던 김관주를 내직으로 발탁하려는 시도에 우현좌척론을 들어 반대하고, 반남 박씨의 박종경이 과거(科擧) 부정을 저지르고 요직을 차지하고자 하는 것에 대해서도 그는 비판적 입장을 표출했다.

그러나 외척세도 아래 특권 세력들의 전횡에 대해 언제나 단호한 입장을 취했던 결과는 그의 정치적 실각을 앞당기는 것으로 나타났다. 1802년 겨울, 경주 김씨와 반남 박씨 외척들과 연결되었던 역관(譯官)들이 대왜(對倭) 인삼무역 이권을 놓고 각기 불법을 자행하면서 분란을 야기하자 그가 단호한 조치를 취했던 것은 그 분명한 사례였다. 이 사건의 추이는 외척들이 각종 이권에 개입해 불법을 자행하던 실상을 보여주고 그에 대해 척재가 어떻게 대응했으며 당시의 정치 상황에서 그 결과가 어떤 식으로 나타났는지를 보여준다.

당시 호조판서로서 그는 역관들을 엄히 처단하고 무역 질서를 바로잡고자 했는데, 이 조치에 대해 역관 배후의 후원자였던 두 외척은 각기 척재에게 부당한 압력을 가해왔다. 그러나 척재의 강경한 입장으로 이것이 통하지 않자, 안동 김씨의 김조순까지 동원해 관대한 처벌을 요청했다고 한다. 모든 외척들이 어떤 식으로든 이권 확보에 매달리는 상황에서 그는 '민국'(民國)을 위한다는 원칙적 입장을 굽히지 않았다. 그 결과 이 사건 이후 한 달도 못 되어 그는 이조판서로 전보되는데, 세간에는 외척들과 맞서다가 호조판서가 밀려났다는 소문이 났다고 한다.

순조 초년 외척의 정치 간여로 인한 정치 상황의 혼탁은 이 정도였다. 외척을 배후에 둔 역관들의 이권 다툼이 호조판서를 밀어낼 수도 있었던 정치 현실은 조선의 전통적 사림정치 질서가 정조 사후 어떻게 붕괴해갔는가를 보여주는 실제적 사례이다. 실무관료로서 척재는 자신의 권한 내에서 불법과 비리에 저항했지만, 외척들의 과두독재체제는 이제 사림 일반이 침묵하는 가운데 어떤 견제도 없이 전횡을 일삼고 있었다. 조선의 공적 질서는 위기에 처했고 '민국'은 이렇게 무너져내렸다.

이 시기 척재는 우의정 서용보와 함께 어떤 외척의 편도 들지 않는다고 해서 '중립지설'(中立之說)을 표방한다고 세상에 알려졌으며, 청론사류의 오랜 정치적 지향인 우현좌척론을 고수했던 까닭에 정책 집행 과정에서 외척들과 자주 충돌했다. 정조대 이래 청론사류가 시파·벽파로 나뉘어 대립하게 되고, 이제 벽파는 경주 김씨와 연대하고 일부 벽파 인사와 시파는 반남 박씨와 안동 김씨 두 외척과 각기 줄을 대며 분열하고 있었다. 이런 가운데 척족 간정의 배제를 추구했던 척재의 청론적 입장은 모든 외척들로부터 의심받으며 고립무원의 상황에 봉착했다. 그는 실무관료로서 힘을 다해 분투했지만 1년여 후에는 외직(外職)으로 밀려났고 결국 이듬해 1805년에는 정계에서 완전히 축출되기에 이른다.

하지만 그가 실각했다고 해서 그에 대한 탄압이 다 끝난 것은 아니었다. 영평의 향저에서 은거했지만 청론의 상징적 인물이었던 그는 외척 등 적대 세력들로부터 벽파로 매도되면서 계속 탄핵을 당하고 심지어는 생명의 위협까지도 받고 있었다. 특히 그와의 충돌로 원한을 품었던 반남 박씨 척족의 박종경(朴宗慶)은 1806년 병인경화로 벽파가 일망타진되던 와중에 여기에 척재를 얽어넣어 죽이고자 했다. 그러나 이렇게 할 경우 반척족적 입장 때문에 척재를 죽였다는 비판이 박종경에게 집중될 것이라고 이병모(李秉模)가 경고함으로써 척재는 목숨을 건질 수 있었다.

하지만 안동 김씨와 반남 박씨가 연립해 경주 김씨와 벽파를 완전히 몰아낸 병인경화 이후 김씨와 박씨의 척족세도는 더욱 안정된 기반을 구축했으므로 이 가운데 척재의 목숨은 더욱 위태로웠다.

그의 명성은 뛰어난 행정 능력 외에 사림정치와 청론의 원칙론을 확고히 견지함으로써 이미 정조 때부터 구축된 것이었다. 정조대 후반 이후 정조가 '군사' (君師)론과 '만천명월주인' 론을 내세우며 일방적으로 왕권 강화를 추구하고, 집권 초의 우현좌척론에 회의를 표하면서 간혹 특권 세력을 키우려 시도할 때 그는 이를 강력히 비판했다. 정조에 대해서도 직접적 비판을 불사하는 강직한 성품과, 정조조차도 함부로 할 수 없었던 그의 확고한 정치적 입장 때문에 그는 언제나 정계에서 주목의 대상이었다.

그럼에도 정조는 관료학자로서 그의 뛰어난 학예 실력과 행정의 치적 때문에 그를 요직에 기용해 능력을 발휘할 수 있도록 했다. 그러나 외척세도 정권은 달랐다. 그의 능력에도 불구하고 강경한 청론적 입장 때문에 정권은 그를 축출했다. "하고픈 말을 못하는 것이 평생의 한"이라고 당시 지식인들이 개탄하던 억압적 정치 상황에서 그 역시 세상을 등진 채 조용히 향리에 은거하며 오랜 세월 하고픈 말을 가슴속에 쓸어담고만 있었다.

그는 이런 억압적 상황이 적어도 30년 또는 50년 정도 지속될 것으로 보았던 것 같다. 자신이 경험한 정치적 상황과 하고픈 말을 비밀리에 낱낱이 기록해 남기며, 그는 이 내용들이 '시휘'(時諱: 그 시대에 금지된 언행)에 걸릴 것을 우려했다. 『척재자술』(惕齋自述)과 『척재병거록』(惕齋屛居錄)이란 제목으로 묶인 생생한 기록 속에서 그는 후손들에게 30년 또는 50년 뒤, 상황이 호전될 때까지 이 기록을 공개하지 말라고 당부했다.

실제 그에 대한 정치적 탄압은 그가 죽은 후 더 심하게 닥쳐왔다. 그러나 이런 속에서도 그의 저술은 은밀히 보존되었다. 그리고 우연이었을까, 그의 예측이 들어맞아 실각한 해(1805년)로부터 정확히 50년 되던 1854년(철종 5), 척재가 서거한 지 30년 만에 복권의 계기를 맞았다. 철종을 즉위시킨 후 정국 운영에 완전한 자신감을 가지게 된 안동 김씨 세도정권은 일부 벽파 인사에 대한 탄핵을 철회했고 그 일환으로 그도 복권이 되었던 것이다.

하지만 척족세도가 계속되던 상황이었으므로 그가 남긴 기록들은 이 이후로도 세상에 공개되지 못했다. 정조대 이후의 정치 상황과 지식계의 동향을 생생하게 보여주는 이들 자료는 세도정치의 종식과 조선 왕조의 붕괴에 이르기까지 문중에 그대로 보존되다가 국망(國亡) 이후 영락한 후손들의 손을 떠나게 되었고, 아직도 본격 정리나 공간(公刊)의 기회를 맞지 못한 채 곳곳에 흩어져 있는 실정이다. 그의 저술들은 현재까지 파악된 것만도 16권 8책의 『척재집』(惕齋集) 등 총 17종 29책에 달하는 방대한 양이다.

그의 완전한 복권은 1870년 흥선대원군 세도기에 가서 벽파에 대한 금제(禁制)를 모두 풀어버리던 대대적 사면(赦免)과 함께 이루어졌다. 그에게 '문간'(文簡)이란 시호가 내려지고 안동 김씨의 재상 김병학(金炳學)이 시장(諡狀)을 썼으며 그의 신도비명(神道碑銘)은 신응조(申應朝)가 짓고 박규

수(朴珪壽: 척재의 스승인 연암 박지원의 손자)가 썼다. 게다가 추탈됐던 관작까지 회복되어 완전한 복권이 되었지만 그의 정치론까지 복권된 것은 아니었다. 오랜 세월 속에 이미 후손들은 몰락해 가세는 기울었고 외척세도정권이 씌운 벽파라는 굴레는 벗겨지지 못했다. 이후로도 한말까지 여흥 민씨 척족세도가 계속되는 와중에서 그가 대표하던 청론적 지향은 결국 되살아나지 못한 채 역사의 뒤안길로 사라져갔다.

4. 사후의 정치적 매장과 그 상흔(傷痕)

척재는 중앙 정치무대에 있을 때는 물론이고, 정계에서 숙청된 후 은거할 때에도 외척세도가에게는 언제나 경계의 대상이었다. 외척세도가 폐해를 남기고 민중에 대한 수탈이 가중될수록 척재의 '이인'으로서의 면모는 민중들의 입에서 입으로 전해져 확산되었고 외척세도를 비판하는 정치적 움직임도 척재의 주장을 되새기면서 간헐적으로 제기되었다. 척재에 대한 여론의 기대(民望)가 컸던 만큼 1805년의 정치적 실각과 이후 장기간의 은거에도 불구하고 그의 정치적 역할이 완전히 끝난 것은 아니었다. 그는 외척세도를 비판하는 사림정치론의 한 상징적 인물로 남았고, 바로 이 때문에 그는 외척세도정권으로부터 사후 추탈관작이라는 가혹한 징벌을 당하기에 이른다.

　1829년의 신의학 옥사를 계기로 외척세도정권이 가한 냉혹한 조치는 그에게 '벽파'의 굴레를 씌우고 우현좌척의 사림정치론 자체를 벽파의 주장과 동일시함으로써 다시는 이를 제기할 수 없도록 만든 치밀한 계산의 결과였다. 그리고 이 고도의 계산으로 척재와 그의 사림정치론에 철퇴를 가한 가해자들은 다름 아닌, 이제는 외척세도가로 전신한 김조순과 남공철 등 젊은 시절 이래의 벗과 동료 들이었다. 특히 척재가 "그의 마음을 아는 자로 나만한 사람이 없다"(「思潁亭記」)고 자부할 정도로 친밀했던 남공철과는 누가 먼저 죽든지 서로의 묘비명을 쓰기로 생전에 약속했고, 이에 따라 척재의 비문(「右議政惕齋李公墓碣銘」)을 남공철이 썼을 정도였다. 그러나 바로 이런 지기(知己)에 의해, 그것도 사후에 탄핵을 받아 매장당함으로써 척재의 비운은 너무나 처절한 것이 되고 말았다.

세도정국 속에서 초래된 청론사류의 분열이란 이렇듯 냉혹했다. 경화거족 명문가의 자제로서 박지원 문하에서 어울리며 학문을 하고, 청론사류로서 정조의 지우(知遇)를 받아 함께 조정에 진출했던 이들은 이제 외척세도정치가 전개되는 가운데 전혀 다른 입장으로 분열하고 있었다.

정조에 의해 외척으로 선택된 김조순은 비록 순조 초년 경주 김씨와 벽파의 견제를 받았지만 어려움 속에서 순조와의 대혼(大婚)을 성사시키고 시파 세력을 결집해 1806년 병인경화를 주도했다. 그는 벽파를 일망타진하고 실권을 장악해 가장 강력한 외척세도가가 되었으며 60년 안동 김씨 외척세도의 기틀을 놓기에 이른다. 이런 가운데 남공철은 영의정을 다섯 번이나 역임하면서 김조순, 심상규(노론)와 이만수, 서영보(소론) 등과 함께 '천생오태사'(天生五太史)라 불리며 안동 김씨 세도정권의 핵심 세력을 형성했다. 스스로 외척세도가였거나 세도정치의 핵심이 되어 처지가 달라진 이들은 정조대 청론사류로서의 입장에서 벗어나게 된다. 이들은 더이상 사림정치를 실현하고자 하지 않았고 이제 우현좌척론을 반체제적인 위험한 주장으로 경계하면서 과거 그들 스스로 내세우던 청론을 벽파와 동일시하며 탄압했다.

그래서 이들은 1829년 신의학이 상소를 통해 척재와 그의 청론적 입장을 제기하자 이를 세도정치 체제에 대한 도전으로 간주하고 그에 쐐기를 박고자 이미 고인이 된 척재를 벽파로 몰아 다시 희생시키기에 이른다. 이렇듯 암울한 정치 현실 속에서 여론의 기대가 컸기에 그만큼 많은 견제를 받았던 그의 삶은 사후 더 큰 탄압을 받게 되었다. 더구나 이미 유명을 달리했던 그에게 가해진 가혹한 조치가 다른 사람도 아닌 제일의 지기(知己), 남공철에 의해 주도되었다는 사실에서 그의 기구한 운명과 인간적 불행을 절감하게 된다.

정치인으로서의 비운에, 지기의 배반이라는 인간적 불행이 중첩됨으로써 그가 받은 타격은 더욱 컸다. 그를 가장 잘 아는 당대의 지도적 인물들에 의해 그에게 벽파란 굴레가 거듭 씌워졌으므로 이러한 평가는 지금껏 그대로 지속되어왔다. 벽파로 낙인찍은 세도정권의 평가는 그에 대한 가장 유력한 역사적 평가가 되어버린 것이다. 이런 가운데 그가 당한 인간적 배반의 상처는 잊혀진 듯하지만 아직도 그의 유택(幽宅)에는 그 상흔(傷痕)이 지워지지 않고 있다.

척재의 무덤은 춘천 산외면 오금리(현재의 춘성군 남면 박암리), 홍천강 짙푸른 물줄기가 내려다보이는 언덕에 자리잡고 있다. 원래 아버지 이원(李遠, 1723~1770)의 묘소는 인홍군과 낭선군이 묻힌 영평의 선영에 있었다. 그러나 척재는 1800년 4월 부친의 묘소를 이곳으로 옮겼고 그도 이곳 아버지 유택 아래 잠들었다. 현재 이곳은 못된 이들이 들어와 분묘를 지키던 석양(石羊) 2구를 파내 훔쳐가면서 생긴 구덩이로 어수선한데다, 근래 발굴해 세운 비석이 앞뒤가 바뀐 채 거꾸로 서 있는 등 어설픈 상황 속에 있다.

이 비석은 척재가 서거하자 당시 영의정이었던 남공철이 비문을 지었고 이듬해(1826년)에 한용구(韓用龜)가 쓰고 유한지(兪漢芝)가 전액(篆額)을 올려 세운 것이다. 그러나 1829년 척재가 남공철이 주도한 탄핵으로 추탈 관작의 참화를 당하자 이 비석은 후손들에 의해 쓰러뜨려져 땅속에 묻혔다. 하지만 근래에 와서는 이런 기구한 내용을 전혀 모르는 후손들에 의해 백수십 년 만에 이 비석이 땅속에서 발굴되어 앞뒤마저 뒤바뀐 채 척재의 유택 앞에 다시 서게 되었다. 순조대 이후 야기된 정치적 분열과 갈등, 척재 사후의 파란은 이처럼 오늘 척재의 유택에 깊은 상흔을 남겨놓은 것이다.

이런 상흔은 척재의 삶과 함께 탕평정치에서 세도정치로의 변화, 나아가 사림정치와 청론의 붕괴라고 하는 순조대 이후 조선 정치의 거대한 변화 과정과 그 속에서 야기된 정치적 분열과 갈등을 상징적으로 보여준다. 정조 시대 문운의 융흥을 정조와 함께 이끌었던 청론사류 지식인들은 격변하는 시대상 속에 정신적 공감대를 상실하면서 그들 간의 분열을 거쳐 스스로 해체되는 길로 나아갔다. 이와 함께 영·정조대의 탕평정치, 나아가 조선 후기의 사림정치체제가 무너졌던 것이다.

그러나 이런 역사적 전환의 실상은 오늘날 왜곡되거나 많은 부분이 공백으로 남아 있다. 200년 전과 오늘의 시대 사이에는 많은 사회적 혼란과 역사적 단절이 있었기 때문이다. 사림청론의 상징적 인물이며 새 시대를 전망하던 북학사상의 선구자, 그리고 여론의 기대를 한 몸에 걸머졌던 뛰어난 관료학자는 보수적 사상의 벽파 정치인으로 매도되며 생전과 사후 거듭 매장되어버렸고, 역사의 단절 속에 진정한 복권의 기회를 가지지 못했다. 사림청론의 일관된 입장을 고집했던 그는 정조 사후 왕권이 약화되고 특권 세력이 정권을 장악한 외척세도정국하에서 오히려 실각이라는 쓰라린 실패를 맛보았고 망각의 늪 속으로 사라져갔다.

그러므로 격동의 시대를 맞아 외로이 몸부림쳤던 척재의 정치 행로와 사상적 지향을 찾아내어 재조명하는 오늘의 작업은 지난 200년의 시간 속에 묻혀버린 한 정치가를 발굴해 그의 실패에 역사적 의미를 부여하는 것 이상의 가치를 지닌다. 정조 시대부터 순조 시대에 걸쳐 학문과 문학 그리고 정치 활동으로 뚜렷한 족적을 남겼던 척재 이서구의 행적에는 정조 시대 이후 진행된 찬란했던 문운(文運)의 성격과 그 조락(凋落), 그리고 조선 사림정치의 비극적 운명이 단적으로 드러나 있다. 자료의 숲 속에 숨어 있었던 역사적 단편들의 발견을 통해 우리는 역사 왜곡과 단절의 일면을 확연히 인식하게 된다. 그리고 이런 역사의 재인식을 통해 오늘과 맞닿아 있는 역사적 전환기의 상황을 좀더 올바로 이해하고 오늘 우리의 방향성을 정확히 설정하는 데 한 걸음 더 다가서게 될 것이다.

참고 문헌

• 원자료

『純祖實錄』, 國史編纂委員會 影印本

『弘齋全書』, 藏書閣 影印本

『大東奇聞』, 景文社 影印本

『燕巖集』, 景仁文化社 影印本

• 기타 이서구의 저작(1~16: 규장각 소장, 17: 국립중앙도서관 소장)

1. 『惕齋集』16권 부록 합 8책, 奎章閣 도서번호 古 3428-252.

2. 『惕齋集』3권 2책, 古 3447-28.

3. 『薑山初集』4권 1책, 奎 7488.

4. 『薑山初集』4권 1책, 古 3447-24.

5. 『薑山初集』2책, 古 3447-29.

6. 『惕齋書牘』1책, 古 3438-8.

7. 『惕齋讀詩記』1책, 古 1324-2.

8. 『課講講義』1책, 奎 12232.

9. 『薑山筆豸』1책, 일사 古 920.051-y63g.

10. 『惕齋屛居錄』1책, 古 0320-9.

11. 『惕齋先生行錄摭遺』2책, 古 4655-37.

12. 『惕齋自述』1책, 古 0320-8.

13. 『惕齋先生行狀』1책, 古 4655-9.

14. 『塔左從政志』1책, 古 4254-8.

15. 『丙戌記事』1책, 古 4254-9.

16. 『惕齋相公從政隨錄』3책, 古 4254-10.

17. 『丁未問答錄』1책, 國立中央圖書館 도서번호 한 51-233.

李庚秀, 「漢詩 四家의 淸代詩 受容 硏究」, 서울대학교 문학박사 학위논문, 1993.

金柄珉, 『朝鮮 中世期 北學派 文學 硏究』, 목원대학교 출판부, 1992.

金王奎, 「惕齋 李書九의 詩世界 ―표현 수사의 특성을 중심으로」, 『漢文學論集』 7, 단국한문
학회, 1989.

金允朝, 「薑山 李書九의 生涯와 文學」, 성균관대학교 문학박사 학위논문, 1991.

_____, 「李書九의 학문경향과 경학관」, 『한국한문학연구』 17, 1994.

_____, 「李書九 관계 설화의 양상과 의미」, 『語文學』 63, 한국어문학회, 1998.

_____, 「薑山 李書九論」, 『조선후기 한시작가론』 2, 1998.

_____, 「薑山 李書九의 생애와 문학」, 성균관대학교 대학원 문학박사 학위논문, 1999.

_____, 「李書九 散文 연구 ―새로 발견된 작품을 중심으로」, 『語文學』 76, 한국어문학회, 2002.

南在澈, 「薑山 李書九 詩에 있어서 '眞實'의 문제」, 『韓國漢詩研究』 5, 한국한시학회, 1997.

_____, 「四家의 交遊 樣相과 그 詩의 연구 ―薑山 李書九를 중심으로」, 『淵民學志』 7, 1999.

송기숙, 「한국설화에 나타난 민중혁명사상 ―선운사 미륵비결 설화와 동학농민전쟁의 민중적 전개」, 『우리 시대 민족운동의 과제』, 한길사, 1986.

宋寯鎬, 「朝鮮朝 後期 四家詩에 있어서 實學思想의 檢討」, 『淵民 李家源先生 七秩頌壽紀念論叢』, 1987.

安大會, 「白塔詩派의 研究」, 연세대학교 문학석사 학위논문, 1987.

유봉학, 「惕齋 李書九의 學問과 政治的 志向」, 『韓國文化』 12, 서울대학교 韓國文化研究所, 1991(『燕巖一派 北學思想 研究』, 일지사 1995, 재수록.)

_____, 『정조대왕의 꿈』, 신구문화사, 2001.

兪賢淑, 「李書九의 詩世界」, 『睡蓮語文論集』 13, 부산여자대학교 국어국문학과, 1986(『한국의 한문학』 3, 민음사 1991, 재수록.)

尹基洪, 「朴趾源과 後期四家의 文學思想研究」, 연세대학교 문학박사 학위논문, 1988.

鄭良婉, 『朝鮮後期 漢詩 研究』, 성신여자대학교 출판부, 1983.

鄭雨峰, 「李書九論」, 『朝鮮後期 漢文學 作家論』, 집문당, 1994.

崔三龍, 「李書九의 人物과 說話에 대한 研究」, 『釋山 韓鍾萬 博士 華甲紀念 韓國思想史』, 원광대학교 출판국, 1991.

63인의 역사학자가 쓴 한국사 인물 열전

유신환 兪莘煥

산림(山林)을 벗어나고자 했던 산림학자

노대환 동양대학교 교양학부 교수

1. 19세기 전반기 지식인 유신환

유신환(兪莘煥, 1801~1859)은 일반인에게는 물론 한국사 연구자들에게도 생소한 인물이다. 하지만 그는 19세기 전반 홍직필(洪直弼) 중심의 매산(梅山)학파, 이항로(李恒老) 중심의 화서(華西)학파와 함께 기호(畿湖)학계를 이끌었던 꽤 명망이 있던 지식인이다.

유신환이 살았던 19세기 전반기는 조선 사회에 위기의 그림자가 짙게 드리워지던 시기였다. 국내적으로는 기존의 봉건적 질서가 와해되면서 각종 문제가 표출되었고 대외적으로는 서양 세력이 접근해 통상을 요구하여 조야를 긴장시켰다. 새로운 변화에 기민하고 적절하게 대응해야 할 정치 세력은 파행적인 정치 운영 행태를 보이며 문제를 오히려 증폭시켰다. 유신환은 이러한 국내외적인 모순이 격화되던 세도정치기에 활동했던 지식인이다.

생몰 연대에서 볼 수 있듯 그의 일생은 세도정치기와 거의 일치한다. 파행으로 치닫는 정치 운영과 서양 세력의 접근에 따른 대외적 불안, 국내외

유신환 475

의 위기에 제대로 대응하지 못하는 당국자들의 모습은 차라리 외면하고 싶은 것들이었는지 모른다. 실제로 많은 지식인들은 현실을 외면한 채 은둔의 삶을 택하기도 했다. 그렇지만 유신환은 한순간도 현실을 회피하지 않고, 당면한 문제의 해결 방안을 찾는 데 매달렸다. 정치적 실천을 다른 무엇보다 중시했던 그는 젊은 시절에는 정계로 진출하기 위해 애썼으며 정계 진출이 좌절된 뒤에는 후학을 양성해 그들을 정계에 진출시킴으로써 자신의 꿈을 대신 이루고자 했다. 이 때문에 명리(名利)를 쫓는다는 비아냥을 받기도 했지만 그의 신념은 흔들리지 않았다. 다행히 기대대로 그의 문인(門人)들은 대부분 정계에 진출했으며 그 가운데 몇몇은 국정을 결정하는 중요한 지위에 올라 활약했다. 그런 점에서 유신환은 19세기 사상계의 동향과 변화 과정을 살피는 데 시사하는 바가 큰 인물이다.

유신환에 대한 연구는 김용섭이 농업사적 관심에서 유신환과 그의 문인 서응순(徐應淳), 김윤식(金允植)의 삼정(三政)개혁론을 비교 고찰하면서 시작되었다. 김용섭은 유신환의 개혁론을 농민 경제의 균산화(均産化)를 지향하는 것으로 정의한 뒤 서응순은 스승의 그러한 개혁론을 철저하게 계승했던 반면, 김윤식은 스승이나 실학파의 경제사상·농업론과는 상반되는 방향으로 나아가 개화파 농업론의 전형(典型)을 창출한 것으로 파악했다.

한편 정민은 문학사적 관심에서 유신환과 문인들의 고문론(古文論)에 대해 면밀하게 고찰했다. 그는 유신환의 고문론이 전에 막연히 도문합일(道文合一)을 말하던 데서 인문입도(因文入道)라는 구체적인 원칙에 따른 논리를 제시해 문(文)과 도(道)의 시대 정신의 측면에서 드러나는 필연적 관계에 대해 인식의 진전을 보여주었다는 점에 의의가 있으며, 이후 문인 서응순과 김윤식 등에 의해 폭이 확장되면서 개화기 문학의 대단원을 장식했다고 높이 평가했다. 또 이들의 문학은 문학 자체에 그치지 않고 삶과 일치했다는 점에서 선인들의 문학 정신을 엿볼 수 있다고 덧붙였다.

공교롭게도 1993년에는 유신환에 대한 3편의 논문이 연달아 나왔다. 필자는 유신환과 그 문인들의 학문과 삼정개혁론, 대외 인식 등을 검토했다. 결론은 유신환이 이념적으로 균산화를 지향했지만 현실적으로는 조세개혁론을 지지한 것으로 보았고, 문인들은 스승의 개혁론이 갖는 그러한 이중적 성격 때문에 토지개혁론과 조세개혁론 두 계열로 분화된 것으로 파악했다.

필자의 연구는 유신환의 문인들 가운데 동도서기론적(東道西器論的) 경향을 보이는 인물이 많다는 점에 착안하여 성리학 사상이 어떻게 동도서기론으로 연결되는가를 살피는 것이 목적이었지만, 그 목적을 달성하기에는 한계가 많았다. 한편 같은 시기에 이상일은 군역개혁론과 서얼허통론(庶孽許通論)을 중심으로 유신환의 사상을 고찰해 19세기 중엽의 사회상을 살피고, 개항기 온건개화론의 사상적 기반을 해명하는 데 일조했다. 또 1983년 아세아문화사에서 간행된 『유신환전집』(兪莘煥全集)의 해제를 통해 간략하게 유신환의 전모를 소개한 바 있던 권오영은 그간 별로 논의되지 않았던 유신환의 경학관(經學觀)을 집중적으로 조명했다. 그는 유신환의 학통과 학풍 그리고 성리학 사상에는 당시 다른 골수 성리학파들과는 달리 진보적 색채가 있었으며, 이러한 배경에서 온건개화론자들이 양산될 수 있었다고 결론지었다. 3편 모두 동도서기론이나 온건개화론 형성의 연원을 밝히는 작업의 하나로 유신환과 그의 문인들에게 접근했음을 볼 수 있다.

개략적인 연구사 검토만으로도 유신환은 낮은 대중적 인지도와는 달리 19세기 사상계에서 결코 가볍지 않은 비중을 차지하는 인물임을 확인할 수 있다. 유신환은 19세기 전반의 정통 성리학계가 당시의 대내외적 위기에 어떻게 대응해 나갔으며, 또 19세기 후반기에 들면서 어떻게 변화해갔는가를 살피는 데 시사하는 바가 많은 인물이다. 그러면 이제까지의 연구 성과를 바탕으로 유신환과 그의 문인들의 사상과 활동 등에 대해 살펴보기로 한다.

2. 생애와 학문

유신환의 본관은 기계(杞溪), 자는 경형(景衡), 호는 봉서(鳳棲)다. 젊어서 파주 봉서산 아래에 거주하였던 연유로 봉서라는 호를 갖게 되었다. 봉서는 1801년 서울 장흥방(長興坊)에서 아버지 복원재(復元齋) 유성주(兪星柱, 1760~1837)와 어머니 전주 유씨(柳氏) 사이의 셋째 아들로 출생했다.

봉서 가문은 꽤 명망이 있는 집안이었다. 6대조는 유비(兪棐)인데 유비의 형은 조선 후기의 저명한 학자이자 문신인 유계(兪棨, 1607~1664)였다.* 직계가 아님에도 불구하고 유계를 거론하는 이유는 그가 봉서 가문의 학풍 형성 과정에 많은 영향을 끼친 인물이기 때문이다. 유계의 영향력은 유신환이 자기 가문의 문학(文學)이 가학(家學)에 기초를 두고 있으며, 유계가 바로 그 시조라고 밝혔던 데서 단적으로 드러난다. 유계에게서 발원한 문학이 어떤 성격의 것이지 확실히 할 수는 없지만 정치적 실천으로 대표되는 경세학풍(經世學風)과 관련 있는 것으로 짐작된다.

유계는 예론에 밝아 『가례원류』(家禮源流)를 편찬하기도 했지만, 그가 가장 중시한 것은 정치적 실천이었다. 유계가 선배 학자들 가운데 이이(李珥)를 제일 높이 평가한 이유도 바로 사환(仕宦)을 통해 학문을 정치적으로 표출했다는 점 때문이었다. 이런 성향을 지닌 유계는 정계에 있는 동안 호포법(戶布法)을 비롯한 여러 가지 개혁을 주장했으며, 이로 인해 17세기 당시 서인들에게 진보적인 변통주의자(變通主義者)로 평가받았다.

유계의 영향을 받아서인지 실제로 봉서 가문은 적극적인 출사(出仕)를 통한 정치적 실천과 경세학을 중시하는 가풍을 견지했다. 특히 증조부 유언술(兪彦述, 1703~1773)은 1749년에 청을 다녀온 뒤 『연행잡지』(燕行雜識)를 저술하여 조선에도 중국의 선진 제도와 과학기술을 수용할 것을 주장한 북학론자였다. 때문에 봉서 가문과 친밀했던 홍한주(洪翰周) 같은 인물은 봉서 가문의 학풍에 대해 "유언술 이래 유신환에 이르기까지 경학(經學)

63인의 역사학자가 쓴 한국사 인물 열전

에 통달하고 고학(古學)을 배워 성력(星曆)·산수(算數)·병서(兵書)를 섭렵하지 않음이 없었다"**라고 평하기도 하였다.

경세학풍을 중시하고 적극적인 정치적 출사를 도모했던 봉서 가문은 5대조 유명일(兪命一, 1639~1690)과 증조부 유언술이 문과에 급제하면서 전성기를 누렸다. 유명일은 송시열(宋時烈)을 아버지처럼 섬겼다고 할 만큼 철저한 노론으로, 정계에 진출한 뒤에는 남인 거두 박태유(朴泰維)와 홍수주(洪需疇)를 논핵하는 등 남인 타도의 선봉에 섰다. 그 때문에 봉서 가문은 노론 내에서도 무시 못 할 비중을 차지했다. 그런 가운데 유명일의 아들 유복기(兪復基)가 무리를 모아 간사한 계책을 도모했다는 남인의 탄핵을 받는 등 정치적 분란에 휩싸이기도 했다.

봉서 가문의 가세는 조부 유한순(兪漢純)이 과거에 급제하지 못하면서 조금씩 기울기 시작했다. 부친 유성주는 위축되는 가세를 일으키려는 듯 생원·진사시 초시(初試)에 다섯 차례나 합격하면서 출사 의지를 불태웠지만 끝내 문과에 급제하지는 못했다. 시험에 계속 실패한데다가 19세기에 들어 세도 정국이 전개되자 결국 그는 출사를 포기하고 학자의 삶을 선택했다. 그는 노론 산림(山林)학자 오희상(吳熙常)을 비롯해 민치복(閔致福), 김조순(金祖淳), 홍석주(洪奭周), 박종경(朴宗慶) 등과 두루 교류했다. 하지만 김조순이 높은 지위에 오르자 교류하지 않았다거나 김조순, 박종경 가문과 사돈 맺기를 거부했다는 데서 볼 수 있듯 재야 학인으로서의 자세를 확고히 했다.

* 『萬姓大同譜』에 의거하여 그의 가계를 살펴보면 다음과 같다.

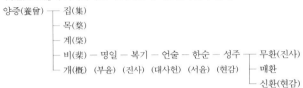

** 홍한주, 『智水拈筆』권8.

서울 산림학계에 포함된 유성주는 19세기 초반 초미의 문제였던 천주교의 폐단을 방지하는 데 주력하며 척사론(斥邪論)을 주도하였다. 서양 서적이라면 비록 수학·농정·의약에 관계된 것이라도 전혀 보지 않았으며 서양 물건은 절대로 집에 두지 않았고, 자식들에게도 그렇게 하도록 늘 경계했을 정도로 철저히 척사론적 태도로 일관했다. 또 양명학을 서학(西學)의 소굴로 여겨 양명학 배척에도 누구보다 적극적이었다. 그렇다고 유성주가 보수적 학풍만을 고집했던 것은 아니다. 이는 호서 산림 송환기(宋煥箕)의 문인인 하백원(河百源)이 유성주에게 편지를 보내, 공리공담(空理空談)에 치우친 당시의 학풍을 신랄하게 비판하며 의견을 구했던 데서 짐작할 수 있다.

유계 이래의 학풍을 가전(家傳)하던 명문가에서 출생한 유신환은 5세부터 자기보다 23세 많은 맏형 유무환(兪茂煥, 1778~1815)에게서 학문을 배웠다. 유무환은 가학의 전통을 그대로 이어받아 경술(經術)에도 뛰어났으며, 유용지학(有用之學)을 좋아하여 산학(算學)·성경(星經)·지리(地理)·농정학(農政學) 등에도 해박한 지식을 가지고 있던 인물이다. 유신환은 의심스럽고 어려운 것이 있으면 반드시 작은 책자에 기록하여 그 뜻을 터득하고야 말 정도로 열심히 학문을 닦았다. 그 결과 경사(經史)를 비롯해 율력(律曆)과 산수(算數)에 이르기까지 통하지 않는 것이 없었다고 한다. 정치적 출사를 중시하는 가학의 영향을 받은 유신환은 일찍부터 과거를 대비한 공부를 했는데, 특히 책(策)에 뛰어난 자질을 보였다.

1816년(순조 16) 정시(庭試) 초시(初試)에 합격해 순조롭게 출발하는 듯했으나 행운은 더 이상 찾아오지 않았다. 1826년 별시(別試) 회시(會試)에 낙방하자 1828년부터 부친의 명으로 오희상과 홍석주을 찾아가 학문을 전수받기 시작했다. 유성주는 재상 가문의 자제라는 이유로 평소 오희상과 상종을 꺼렸지만 그의 품성만큼은 크게 인정하던 터였으며, 홍석주는 맏형 유무환과 절친한 친구였다. 한편 유신환의 명성을 듣고 교유를 청한 김매순(金邁淳)·홍직필과도 종유(從遊)했는데, 이러한 과정에서 그의 학문세계가 정립되었다.

유신환의 학문은 흔히 공자 문하의 사과(四科)로 표현되는 덕행(德行), 언어(言語), 정사(政事), 문학(文學)의 겸비를 특징으로 한다. 그는 학문이 일단 자기 자신을 완성시키고 이를 자신 외의 부분까지 확대시킴으로써 완성된다고 보았다. 자기 자신을 완성하는 것이 덕행이며, 그런 점에서 덕행은 학문의 기본이 된다. 유신환에게 덕행의 바탕이 된 것은 주자학(朱子學)으로, 그는 주자가 만세(萬世) 학자의 준적(準的)이라고 할 정도로 주자를 존숭했다. 그러나 교조적으로 주자학을 신봉했던 것은 아니고 오히려 주자학에만 치중하는 학풍을 비판하며 그것을 극복하려고 했다. 그러한 견해에서 한학가(漢學家)의 업적을 비판적으로 수용하고, 이단으로 배척받던 불교와 도교의 개념을 빌려 성리학의 명제를 밝히려고 노력하는 등 개방적인 태도를 보였다.

덕행이 자기 완성의 측면이라면 그것을 외부로 확대하기 위한 방법이 언어·정사·문학이다. 즉 내면의 덕을 언어로 표현하고, 정사로 실행하며, 문학으로 전해야 하는 것이다. 그런데 유신환은 이 가운데 가장 효력이 큰 것을 문학으로 보았다. 언어로 나타내는 것은 효력의 범위가 좁고, 정사로 실행하는 것은 당대에 끝나버리지만, 문학은 그렇지 않아 효력이 언어나 정사보다 크다는 것이다. 유신환은 덕을 정치적으로 실천하고 글로 표현하는 것을 목적으로 삼았던 것이다.

정치적 실천을 중시했던 만큼 1835년(헌종 1) 조정에서 선비를 선발하려고 하자, 종숙부 유병주(兪秉柱)로부터 시험에 나올 만한 것을 예습 받는 등 철저히 준비했다. 하지만 이런 노력에도 불구하고 과거에 급제하지는 못했으며, 1844년 경행(經行)으로 박기수(朴岐壽)의 추천을 받아 선공감(繕工監) 감역(監役)에 제수되어 비로소 관직에 오를 수 있었다. 그뒤 여러 벼슬을 거쳐 전의현감(全義縣監)을 끝으로 관력을 마감했다. 강렬한 출세 의지에 비해 관직 경력은 보잘것없었다. 그가 실제로 자신의 경륜을 시험할 기회를 잡은 것은 전의현감이 되면서부터였지만 이사(吏事)에 익숙하지 못해 별다른 성과를 거두지는 못했다. 1850년 감찰사의 모함을 받아 홍천으로 유배되었다가 2년 뒤에 풀려난 다음에는 벼슬을 단념하고 후진을 양성하는 데 힘을 쏟았다.

3. 현실 인식

(1) 사회개혁론

유신환은 당시 사회 문제 가운데 폐악이 심해 가장 시급히 개혁해야 할 대상으로 군정징색(軍丁徵索)과 서얼금고(庶孼禁錮) 두 가지를 지적했다. 이 두 가지는 중국에도 없고 조선에만 존재하는 고질병으로 반드시 개혁해야 한다는 것이다.

　군정 개혁에 관해서는 군역제 문란의 원인이 5영(五營) 설치에 따른 수포제(收布制) 확대에 있는 것으로 파악했다. 그는 병사들에게 군포를 걷는 방식에 대해 대단히 비판적이었다. 또 군정 개혁책으로 마련된 균역법(均役法)에 대해서도 오히려 실시 전보다 폐해만 더 키웠다고 부정적으로 평가했다. 균역법 실시 전에는 양군(良軍)이 50만 명 정도였지만 지금은 군인이라고 이름 붙인 자가 날로 늘어 양군 외에 또 50만 명이나 되어 세 부담이 커졌다고 지적했다. 그리하여 위에서 걷는 것은 1인당 2냥이지만 실제로 내는 사람은 많게는 10냥 적어도 5~6냥을 내고 있으며, 위에서 걷는 것은 1년에 1번이지만 아래에서는 심지어 4~5번까지 낸다는 것이다. 이렇게 군역의 부담이 커지자 백성들은 역촌(驛村), 목장(牧場), 서원(書院) 등에 투탁(投託)하거나 공신의 후예를 자처하는 등의 방법을 써서 군적에서 이탈하여 지금 양군은 지극히 가난한 사람들뿐이어서 난을 일으키고 싶은 자가 반은 될 것이라 했다.

　유신환은 이렇게 문란한 군역제를 개혁하는 방법에 대해서는 호포제(戶

布制)와 결포제(結布制) 두 가지 방법을 비교하면서 결포제 시행을 적극 주장했다. 그는 결포제의 장점을 호포론과 비교해 다음과 같이 설명한다.

> 결포인즉 호포제와 달라 땅이 많은 자는 많이 내고 적은 자는 적게 내며, 땅이 없는 자는 내지 않는다. 부의 정도가 10이면 내는 것도 10에 상응하고, 100인즉 100에 상응하니 어찌 불균(不均)의 근심이 있겠는가?*

결포제가 가장 현실적이고 합리적인 방안이 될 것으로 기대했던 그는 호포제 실시는 가능하지만 결포제는 불가하다는 세간의 인식에 대해 반박했다. 그에 따르면 세간의 그러한 평가는 영조대에 호포와 결포의 시행 여부를 물었을 때 많은 사람들이 호포제를 찬성한 것에 기인하는데, 당시 호포법의 실시 의견이 우세했던 이유는 자문에 응했던 사람들이 모두 조신(朝臣)이거나 자기 땅을 가진 사람들이었기 때문이며, 만일 벼슬을 하지 않는 선비나 땅이 없는 백성들에게 물어보았더라면 결과는 달랐을 것이라고 했다.

그의 군정 개혁론은 수포가 폐지됨으로써 군포라는 이름 자체가 없어지고 군포가 전세(田稅)화되는 형태를 띠고 있다. 그런 점에서 유신환의 결포론은 이전에 논의되던 결포론과는 차이가 있다. 전의 결포론은 양역(良役)에서의 수포를 전폐하고, 이를 전결(田結)에서의 출포(出布)로 대체한다는 면보다는 감필(減疋)로 농민의 부담을 반감하고 그 대신 감필에 따른 부족 경비를 충당하는 방법으로 출포케 하는 것이었기 때문이다. 한편 수포 방법은 포(布)와 미(米)를 전(錢)으로 바꾸어 부과할 것을 주장했다. 조세의 금납화는 조선 후기 이래 부분적으로 시행되어왔지만, 그의 결포론은 전면적인 금납 실시를 주장함으로써 당시 화폐경제의 발달에 조응하는 개혁 성격을 띠는 것이었다.

* 유신환, 『봉서집』 권5, 「論軍丁徵索之弊」.

서얼금고는 조선 초기 서선(徐選)이 서얼 정도전(鄭道傳)에게 개인적으로 보복하기 위해 서얼을 홍문관 벼슬아치인 청관(淸官)에 등용하지 말도록 요청한 데서 발단이 되었고, 강희맹(姜希孟)이 이를 『경국대전』(經國大典)에 올림으로써 굳어졌다고 그 연원을 설명했다. 서얼금고가 전혀 역사적 정당성이 없는 제도임을 지적한 것이다. 유신환은 일찍부터 서얼 문제에 큰 관심을 갖고 있던 부친의 논설을 인용해 서자(庶子)냐 적자(嫡子)냐 하는 것은 한 집안에서 따지는 문제일 뿐 국가의 인재 선발 기준이 될 수는 없다고 했다. 즉 국가에서는 어진 이를 선발하는 것이 중요하며 그 어진 이가 서자냐 적자냐를 따져서는 안 된다는 것이다. 그리고 만일 서얼금고법을 폐지하면 명분이 무너져 국가를 다스릴 수 없을 것이라는 견해에 대해 서얼금고법이야말로 명분을 무너뜨리는 요소라고 지적하면서 반박했다. 서얼이 청요직(淸要職: 사헌부·사간원·홍문관의 삼사와 이조전랑 등의 주요 관직)에 오르지 못하게 되자 적자들이 서얼을 경시하고 야박하게 대했으며, 궁지에 몰린 서얼은 자포자기의 심정으로 적자를 능멸하며 서로 반목하는 지경에 이르렀다는 설명이다. 서얼금고가 적서 간의 명분이 정해지지 않는 중요한 원인이며, 따라서 서얼에 대한 관용이 오히려 명분을 바로 세우는 데도 도움이 될 것이라는 설명이다.

그는 서얼허통을 위한 구체적인 방법으로 서얼선거법(庶孼選擧法)을 제시했다. 3년에 한 번씩 경서에 밝고 행실이 바른 서얼 1명을 공경(公卿: 삼정승과 육조의 판서, 좌우 참찬, 한성판윤의 아홉 벼슬아치)들이 합의해 정한 뒤, 그 집안의 종자(宗子)에게 물어 좋다고 하면 선발하여 선사(選士)로 부르고 그 서얼은 사대부와 똑같이 대우한다는 것이다. 만일 선사가 과거에 급제하면 청요직에도 임명해야 하며 등과하지 못한다면 그의 자손에게 기회를 주는데, 그때 역시 종가의 의견을 따라야 한다고 했다. 이렇게 10년 정도를 시험해본 뒤 서얼 인재들이 육성되면 그때 선사의 수를 늘릴 것도 제안했다.

유신환의 서얼선거법은 적서의 구분을 인정한다는 점에서는 보수적 성격을 다분히 지니고 있다. 특히 종자가 서얼의 선사 진출을 결정하는 최종 판단자라는 점은 문제가 아닐 수 없다. 유신환은 이렇게 되면 서얼이 감히 적자를 능멸하지 못해 적서의 명분이 바로 설 것으로 예상했지만, 서얼이 사회적 약자의 처지에 머물 수밖에 없는 것은 분명하다. 정통 유학자의 한계를 완전히 극복하기 어려웠던 것으로 보인다. 그럼에도 불구하고 서얼 문제의 근본적인 원인이 서얼금고에 있다는 점을 명확히 했으며, 서얼선거법은 능력 있는 인재 선발이 최우선 목적이었다는 점은 평가받을 만하다.

(2) 대외 인식과 국방론

유신환이 활동한 19세기 전반은 서양 열강의 침탈로 중국 중심의 동아시아 국제 질서가 서서히 해체되는 시기였다. 1840년의 제1차 중·영전쟁(아편전쟁)은 서양 침탈의 신호탄이었다. 이 전쟁에서 청이 영국에 패함으로써 동아시아는 미래를 점칠 수 없는 상황으로 빠져들었다. 중국은 물론이고 주변국 지식인들은 정신적으로 큰 혼란에 휩싸였다. 한때 조선에 치욕을 안겨주었던 청의 패배는 조선 지식인들에게 통쾌한 것일 수도 있었다. 하지만 청을 굴복시킨 상대가 또 다른 오랑캐 서양국이라는 사실에 혼란스러울 수밖에 없었다. 유신환은 그러한 혼란을 겪던 대표적인 지식인 가운데 한 사람이었다.

유신환의 청에 대한 인식은 제1차 중·영전쟁을 기점으로 확연하게 달라지는데, 인식의 변화를 살피기 위해 먼저 중·영전쟁 발발 전의 인식부터 알아보기로 한다. 유신환은 청에 대해 기본적으로 비우호적이었다. 청은 이미 중국의 실(實)이 없고 또 중국의 명(名)도 없는 국가로 인식했고, 화(華)와 이(夷)는 결코 섞일 수 없으며 청의 추장(酋長)이 중국의 정통이 될 수 없다고 단정했다. 그렇다고 유신환이 완고한 화이론자(華夷論者)는 아니었다. 그는 요(堯)의 옷을 입고 요의 말을 외우며 요의 행실을 행한다면 정통으로 인정할 수 있다고 하여, 화와 이는 문화적 능력에 따라 규정되는 가변적 실체임을 명확히 했다. 화와 이 자체는 결코 섞일 수 없지만, 이가 화의 범주에 진입할 수 있는 통로는 열어놓았던 것이다. 하지만 청은 이러한 기준으로 볼 때 화의 자격을 갖추지 못한 국가였다.

이미 두 차례의 침략 전력이 있던데다가 아직 오랑캐국의 외피를 벗지 못했으므로 청은 여전히 주의 깊게 관찰해야 할 대상이었다. 청에 관한 정보 수집에 누구보다 적극적이었던 유신환은 청이 안으로는 청주(淸主)가 연로하고 태자에게 기이한 질병이 있어 왕위가 끊어질 지경이며, 밖으로는 회회(回回: 아라비아)와 달단(韃靼: 타타르) 무리들과 계속 전쟁중이어서 존망을 알 수 없는 위험한 상태에 처한 것으로 파악했다. 청에 반감을 지니고 있던 유신환에게 청의 멸망은 중화의 회복 가능성을 의미하는 것이었다. 그래서 청이 망하면 하늘이 진인(眞人)으로 하여금 천하를 다시 화의 세계로 돌려놓을 것이라고 기대했으며, 그러한 때가 오면 고려가 명(明)에 그랬던 것처럼 조선은 새로운 중화국가에 귀속해야 할 것이라고 주장하기도 했다. 하지만 진인이 나타나리라는 보장은 없으며, 진인이 나타나지 않으면 자칫 혼란만 더해질 뿐이었다.

청이 망해서 본거지인 만주로 돌아가게 되면 조선에 길을 빌려달라든가 재물을 내놓으라든가 하는 등의 요구를 할 것이며, 회회와 달단과 계속 전쟁을 벌이면 과거의 예처럼 조선에 군량과 군사 등을 요구할 것이기 때문이다. 그럴 경우 비록 청의 세력이 약해졌다고 해도 조선이 대적하기는 힘들어 그들의 요구를 들어줄 수밖에 없는데, 과연 조선이 그 부담을 견딜 수 있을지 우려했다. 결국 유신환은 "청인이 망해도 역시 우리의 걱정이요, 망하지 않아도 걱정"이라며 답답한 심정을 피력했다. 제1차 중·영전쟁이 일어나기 전까지, 유신환에게 청은 조선에 해를 끼칠 가능성이 충분한 나라라고 인식될 뿐이었다.

하지만 1840년 제1차 중·영전쟁에서 영국이 승리해 청을 점령했다는 소식을 접하면서 유신환의 인식은 전과는 사뭇 다른 모습으로 나타나고 있었

63인의 역사학자가 쓴 한국사 인물 열전

다. 유신환은 1840년 10월 이전에 사행사를 통해 영국이 마카오를 거점으로 절강성(浙江城)과 강소성(江蘇城) 사이 지역을 점거하고 있으며, 청에서 이들을 막기 위해 관동병(關東兵) 수만 명을 보냈지만 상대가 되지 못한다는 등, 이 전쟁에 관한 소식을 듣고 있었다. 스승 홍석주와 김매순이 중앙에서 활동하고 있었고 그외 중앙 정계의 인물과도 교유하고 있었으므로 청의 정황과 관련된 정보는 어렵지 않게 접할 수 있었던 것으로 보인다.

전쟁 소식을 접한 유신환은 영국이 점령한 강소와 절강 지역이 청의 주요한 수세지(收稅地)라는 점 때문에 청의 상황이 더욱 위급한 것으로 판단했다. 중국 부세(賦稅)의 10분의 9가 동남 지역에서 나오고 동남 지역 부세의 10분의 9는 이 두 지역에서 나오는데, 교묘한 기계제도를 보유한 영국이 풍부한 재원까지 얻게 된다면 도저히 그 예봉을 꺾을 수 없다고 생각했다. 그는 천하의 최정예병이라고 생각해왔던 관동병의 패배 소식에 상당한 충격을 받았으며, 조선도 청과 같은 처지로 전락하지 않을까 우려했다. 이제 그의 관심은 서양 세력이 조선에 어떤 영향을 미칠 것인가 하는 점에 모아졌다. 유신환은 만일 서양이 청을 완전 복속시킬 경우, 청이 자신들의 근거지로 옮겨가게 되어 그 파장이 조선에 직접 미칠 것이며, 청을 점령하지 못하면 대신 조선에 세력을 뻗칠 것으로 예상했다. 이래저래 조선은 서양의 영향권에서 벗어날 수 없다고 본 것이다. 그는 중국의 정해현(定海縣)에서부터 한반도에 이르는 해로를 서양의 가상 침투로로 가정했을 만큼 서양의 위협을 심각하게 받아들이고 있었다. 1841년 1월에 영국이 실제 주산군도(舟山群島)에 상륙해 정해를 점령했으므로 위기감은 더욱 증폭되었을 것으로 보인다.

서양 세력의 동향을 주시하고 있던 유신환은 조선과 청이 공동 운명 관계에 놓인 것으로 파악했다. "중국이 평안하면 조선 역시 평안하며 중국이 불안하면 동방 역시 불안하니, 청인의 치란흥폐(治亂興廢)는 우리가 반드시 알아야 할 바이다"라는 표현은 조선과 청의 공동 운명 관계를 말한 것으로, 청의 멸망과 진인의 출현을 기대하던 전과는 전혀 다른 모습이다. 오랑캐 국가임에도 불구하고 청에게 서양 세력의 조선 접근을 차단하는 방어벽으로서의 역할을 기대할 수밖에 없다는 데 유신환의 고민이 있었다.* 이런 고민은 일차적으로 국방력의 강화를 통해 해결될 수 있는 것이다.

「책문」(策問) 가운데 국방에 관한 것이 포함되어 있는 것을 보면 유신환도 국방책에 대해 많이 고민했던 것을 알 수 있다. 이 책문은 청과 일본을 가상 적국으로 삼아 대비책을 개진한 것이지만 서양에 대한 대비책도 여기에서 크게 벗어나지는 않을 것으로 생각된다. 그의 국방론은 주요한 예상 기습로를 방어하는 데 초점이 맞추어져 있었다. 청과 일본이 가상 적국으로 상정되었으므로 예상 기습로는 압록강과 두만강의 국경 지역과 해안의 주요 정박 가능 지역이 설정되었다. 또 만일의 사태에 대비해 강화도나 남한산성 등 피난처의 장단점도 분석되었다. 유신환의 국방책은 중요 지역을 거점으로 방어하고, 거점이 붕괴되면 피난처에 들어가 장기전에 돌입하는 전통적인 방식이었으며, 그 점에서는 다른 척사론자들과 크게 다르지 않다. 하지만 척사론자들이 위기의식을 느끼며 방어 대책을 건의한 것은 대부분 제2차 중·영전쟁(애로호 사건) 또는 병인양요(1866년)를 겪으면서부터였다. 유신환처럼 일찍부터 대외 정세를 주의 깊게 관찰하고 국방책 마련에 고심한 경우는 흔치 않다. 유신환의 대외 인식과 국방론을 높이 평가할 수 있는 이유는 여기에 있다.

4. 유신환 학파의 형성과 활동

전의현감에 임명되어 뒤늦게나마 자신의 경륜을 시험할 기회를 얻은 유신환은 의욕적으로 정사에 임했다. 남전향약(藍田鄕約)을 채택해 시행했으며 황구첨정(黃口簽丁), 백골징포(白骨徵布) 등의 민폐를 없애고 유학의 학풍을 일으키는 데도 전력을 다했다. 하지만 그의 지방관 활동은 1850년 감찰사의 모함을 받아 홍천으로 유배되는 바람에 3년 만에 막을 내리고 말았다. 이 일과 관련해 이사(吏事)에 익숙하지 못해 낭패를 보았다는 기록이 있는 것을 보면, 서리 문제가 발단이 되었던 것이 아닌가 생각된다. 이론과 실제의 차이를 톡톡히 경험한 셈이다.

지방관 생활은 실망스럽게 끝났지만 그렇다고 정치적 실천에 대한 의지마저 꺾인 것은 아니었다. 정사에 참여할 길이 막힌 그가 택한 방법은 후학 양성이었다. 적극적으로 문인을 양성하고 그들을 정계에 진출시킴으로써, 간접적으로나마 자신의 정치적 경륜을 실천하고자 했던 것이다. 문인 김윤식은 스승의 그러한 모습을 다음과 같이 전하고 있다.

> 선생이 살던 때를 돌아보면 어떤 때였는가? 정치의 기강은 해이했고 난의 징조가 싹터 세상이 장차 수화지중(水火之中)으로 빠지려 하였다. 선생은 힘으로는 세상을 구하기 부족하고 또 차마 앉아서 볼 수는 없어서 영재를 조정에 모아 퇴폐(頹廢)한 기강을 만회하고 국가가 기울어지는 것을 붙들려 하였다.**

출사가 어려울 것으로 판단했던 때문인지 유신환은 전의현감으로 나가기 10여 년 전부터 서울 사직동 아래에 문회당(文會堂)이라는 학당을 세워 놓고 후학들을 지도하고 있었다. 문회당은 『논어』 「안연편」의 "이문회우(以文會友) 이우보인(以友輔仁)"이라는 글귀에서 따온 것으로, 이름에서도 학당을 세운 의도가 잘 드러난다. 유신환은 38세 때부터 임종하기 전까지 벼슬했던 때를 제외하고는 항상 이곳에서 강학(講學)했다. 강한 정치적 지향성 때문에 유신환은 주변의 비난을 받기도 했지만 동시에 추종자도 많았

---

* 유신환 문인들 가운데에는 김윤식, 남정철을 비롯해 親淸 성향을 띤 인물들이 많았는데, 이들의 친청적 태도도 유신환이 지니고 있던 그러한 고민과 관련 있는 것으로 보인다.
** 유신환, 『봉서집』 권8, 「鳳棲先生文集跋」.

다. 유신환의 경세책(經世策)은 지식인들 사이에 널리 퍼질 정도로 인기가 있었다고 한다. 그 한 예를 김병욱(金炳昱)*이라는 지식인의 문집에 「논군정징색지폐」(論軍丁徵索之弊), 「논서얼금고지폐」(論庶孼禁錮之弊), 「복사군의」(復四郡議) 등 유신환의 글 세 편이 김병욱의 것으로 잘못 실린 데서 살필 수 있다. 유신환의 시무책(時務策)은 당시 지식인들 사이에 꽤 알려져 있었기 때문에 김병욱도 옮겨 적어놓았던 것인데, 문집 간행 과정에서 김병욱의 글로 오인되어 실린 것으로 추정된다. 잘못 편입되긴 했지만 김병욱이 그 글을 베껴놓았던 것은 그만큼 유신환의 시무책에 공감했기 때문일 것이다. 문회당에는 이렇게 그의 사상에 공감하던 많은 지식인들이 모여들었는데 윤병정(尹秉鼎), 윤병익(尹秉益), 박홍수(朴洪壽), 이응진(李應辰), 김낙현(金洛鉉), 민영목(閔泳穆), 민태호(閔台鎬), 민규호(閔奎鎬), 윤치조(尹致祖), 윤치담(尹致聃), 김만식(金晩植), 김광식(金光植), 김윤식(金允植), 서응순(徐應淳), 한장석(韓章錫), 남정철(南庭哲), 유만주(兪萬柱) 등이 대표적인 인물이었다. 산림학자 홍직필에게도 사사받은 적이 있던 이응진과 김낙현을 비롯해 서얼 출신 유만주, 여흥(驪興) 민씨의 핵심이었던 민태호와 민규호 등에 이르기까지 다양한 인물들이 포진하고 있었다.

　관료 양성을 목표로 삼았던 유신환에게서 사사받았던 만큼, 문인들 역시 출사에 대해 대단히 적극적이었다. 문인들의 출사 인식은 곳곳에서 드러난다. 서응순은 한때 임헌회(任憲晦) 문하의 신기선(申箕善)과 출사 논쟁을 벌인 일이 있었는데, 과거를 보아서는 안 된다는 신기선의 견해에 대해 스스로 과거인(科擧人)임을 자처하면서 군신의 대륜(大倫)과 경제의 대사를 도모하기 위해서는 오히려 과거를 보아야 한다고 반박했다. 과업(科業)은 이학(理學)과 병행할 수 있다고 출사를 긍정했던 김낙현은 국가의 위난 앞에서 한가롭게 '신불출(身不出) 언불출(言不出)'의 계율을 지킬 수는 없다며, 관직을 맡지 않았던 때에도 시무책을 올렸다. 윤치조·윤치담 형제는 세상을 경영할 마음 때문에 30여 년 동안 서울을 떠나지 못했다고 한다. 한장

　63인의 역사학자가 쓴 한국사 인물 열전

석이나 김윤식은 과거제에 비판적이어서 향공제(鄉貢制) 실시를 주장하기도 했지만, 1872년과 1874년 각각 과거에 급제해 정계에 진출했다. 유신환 학파의 이러한 정치적 지향성은 과거에 불응하는 것이 가장 좋은 방법이라고 하면서 은둔으로 일관했던 임헌회 계열이나, 역시 출사에는 부정적이었던 이항로(李恒老) 계열과는 큰 차이를 보이는 것이었다.

적극적으로 출사를 도모했던 유신환의 문인들은 출사 과정에서 서응순과 윤치조가 영의정 김병학(金炳學)에 의해 동시에 천거를 받았고 한장석과 김윤식, 남정철이 관직 진출에 특혜를 받는 등 상당히 유리한 처지였음을 볼 수 있다. 이는 오희상의 사위가 민비(閔妃)의 부친 민치록(閔致祿)이었고 유신환의 문하에 민태호와 민규호 같은 민씨 세력의 핵심 인사들이 포진해 있었으며, 봉서 가문은 당시의 거족(巨族)인 반남(潘南) 박씨, 안동(安洞) 김씨 계열과도 관계가 있었기 때문으로 보인다. 민태호가 세도를 잡자 동문들을 모아 비밀리에 상찬계(相贊禊)를 조직해 그들을 등용시켰다는 기록은 그러한 정황을 잘 보여준다.** 이런 이유로 유신환의 문인들은 대부분 과거나 천거를 통해 관직에 진출할 수 있었다.

유신환 학파의 정치적 지향성은 학문에서는 경세학의 강조로 나타나고 있다. 이들의 경세학은 사(士) 일반의 자세에 대한 비판에서 출발했다. 지금의 군자들은 상달(上達)만 말하고 하학(下學)은 버려둔다는 김광식의 지적에서 나타나듯, 비판의 초점은 학문의 무실성(無實性), 사의 유식(遊食) 등에 모아졌다. 본래 유신환이 가장 중요하게 여겼던 것이 시무학(時務學)이었던 만큼 문인들에게도 시무는 학자들의 필수적인 임무 가운데 하나로 인식되었다. 반면 이기론(理氣論)에는 크게 의미를 부여하지 않았다. 이응진, 윤치담이 김평묵(金平默)과 명덕주리주기논쟁(明德主理主氣論爭)을 벌이

* 김병욱 역시 성리학을 기본으로 하면서도 경세학을 중시해 1880년대에 들어서는 동도서기론을 주장하는 단계로 나아갔던 인물이다.
** 「朝鮮高官 盛衰記, 半島 天地를 흔들던 閔氏 三家의 今昔」, 『별건곤』 63, 1933. 5. 1.

고,* 김낙현이 김평묵 및 전우(田愚)와 사상 토론을 벌일 정도였다. "인사(人事)를 가지고 성도(性道)를 밝힐 수는 있어도, 성도를 가지고 인사를 밝힐 수는 없다"라는 서응순의 언급에서처럼 이기 문제는 부차적인 요소로 자리매김되고 있었다.

문인들의 경세적 관심은 다양한 방면에 걸쳐 있었는데, 핵심은 삼정(三政) 개혁이었다. 먼저 유신환이 전정 개혁에서 농민 경제의 균산화를 이상적으로 보면서도 그것의 실현 가능성에 대해서는 애매한 태도를 취했기 때문인지, 문인들은 토지개혁론을 지지하는 쪽과 조세개혁론을 지지하는 쪽으로 나뉘었다. 서응순과 한장석 등이 정전제(井田制)를 모범으로 삼아 전제를 개혁하려 했던 반면, 김윤식과 윤병정 등은 정전제 실현은 불가능하다고 보아 조세 개혁을 지지했다. 굳이 따지자면 조세개혁론 쪽이 약간 우세했다고 할 수 있는데, 조세개혁론은 전정의 방전제(方田制), 군정의 결포론(結布論) 등으로 정리되었다. 특히 토지에 세금을 부과해 조세의 공평성을 기한다는 목적에서 나온 결포론은 조세개혁론의 입장이 잘 반영된 것이었다. 세금의 토지 집중 현상인 도결(都結)은 조선 후기의 중세적 신분제 해체, 상품 유통 및 화폐경제 발달이라는 사회·경제적 발전의 여러 성과가 담겨 있는 것으로 평가되고 있다. 도결이 당시 사회·경제적 발전의 성과를 담고 있는 것으로 평가된다면 그에 조응해 나타난 결포론 역시 진보적인 것으로 볼 수 있다. 다만 결포론이 긍정적인 의미를 갖기 위해서는 전세가 전호들에게 전가되지 않도록 하는 장치가 필요한데, 아쉽게도 문인들은 이 점에 대해서는 별로 고려하지 않았다.

문인들에게는 대외 정세 역시 중요한 관심사였다. 심상치 않은 중국의 상황도 문제였지만** 특히 서양 세력의 접근에 대한 대책 마련에 부심했다. 신미양요(1871년)를 통해 서양 세력의 위협을 인식했던 이응진은 8가지의 구체적인 이유를 들어 미국과의 화약(和約)을 반대하고 나섰다. 화약을 하면 미국인들이 무력을 믿고 내지로 진출하게 될 것, 무역을 할 경우 물산이

63인의 역사학자가 쓴 한국사 인물 열전

풍부하지 않은 조선은 이익을 모두 빼앗겨 재정이 고갈될 것, 영국·러시아·프랑스 등이 조선을 노리고 있는 상황에서 화약을 하면 그들과의 화약도 거절할 수 없을 것이라는 점 등을 중요한 이유로 지적했다.

서양과의 화약을 거절한다면 정면 승부는 뻔히 예상되는 것이었으므로 시급히 국방책이 마련되어야 했다. 이응진은 서울 주변의 수원, 남양, 안산, 인천, 부평, 통진(김포)의 6곳의 해로 요충지를 거점으로 설정한 뒤 이곳에 대진(大鎭)을 설치하고 전함을 많이 축조하여 수전(水戰)에 익숙하게 할 것을 주장했다.

김윤식에게도 국방은 중요한 관심사였다. 그는 궁극적으로는 둔전(屯田)을 통한 점차적인 양병책(養兵策)을 구상했으나 그것이 당장의 급무는 아니라고 보았다. 둔전을 통한 양병은 장기적인 대책이어서 당시와 같은 급박한 상황에서 시행하기는 부적절하다고 생각했던 것으로 보인다. 이러한 상황에서 김윤식이 가장 역점을 둔 것은 새로운 무기 개발 사업이었다. 서양이 강한 것은 바로 간단하면서도 정교한 무기 때문이므로 그에 대적하기 위해서는 정교한 무기가 필요하다고 본 것이다. 그리하여 무기를 개발하기 위해서 기술자를 널리 고용하고, 이들로 하여금 『해국도지』(海國圖誌)에 의거해 대포와 수뢰거(水雷車) 등의 각종 무기를 모방해 제조토록 하고자 했다. 그리고 방어 거점은 이응진과 마찬가지로 갑곶진, 통진, 양화진과 같은 한강 일대의 경강 주변 지역이 선정되었다.

이응진과 김윤식 등의 국방책은 대원군 집정기에 대원군의 양이정책(攘夷政策)과 맞물려 국가 정책에 반영될 수 있는 가능성이 큰 것이었다. 전함과 수뢰포 등의 개발 사업이 추진되었던 것은 국방 문제에 관심을 집중했던

---

* 이들 사이의 명덕주리주기논쟁에 대해서는 장지연, 『朝鮮儒敎淵源』 제39절, 「京嘉兩派分裂」 참조.
** 서응순과 한장석은 청조 학술을 통해 청의 약화상을 간파했으며, 김낙현은 대만 등지에서 반란이 발생하던 상황을 주목했다.

이러한 지식인들의 활동과 무관하지 않을 것이다.

5. 연구의 심화를 위해

유신환은 19세기 전반의 정통 유학계에서 특이한 위치를 차지하는 인물이었다. 그는 주자 성리학을 존숭하면서도 경세학을 중시해 성리학이 관념적 산물로 빠지는 것을 철저히 경계했다. 특히 정치적 실천을 매우 중요하게 여겨 학문적 이상을 현실에서 구현하는 것을 최종 목표로 삼았다. 불행하게도 자신의 정치적 경륜을 제대로 시험해볼 기회를 얻지 못했지만 후학을 양성해 자신이 원하는 바를 대신 이루고자 할 정도로 학문의 실천에 투철했다.

유신환의 문하에는 그의 사상에 공감하는 많은 후학들이 모여들었으며, 이들은 하나의 학파를 형성했다. 이들 대부분은 스승의 가르침대로 적극적인 출사를 도모해 19세기 후반 정계에서 많은 활동을 했다. 물론 이들 문인들의 학문 성향이 같았던 것은 아니지만 김윤식을 비롯해 동도서기적 성향을 보인 인물이 많았던 점이 주목된다. 유신환은 서양의 과학기술에는 전혀 관심이 없었지만 그의 문인들 단계에 이르러서는 경세학의 범위에 포함하게 된 것이라고 할 수 있다. 결국 성리학의 핵심인 의리지학(義理之學) 또는 성명지학(性命之學)의 가치는 평가하면서도 경세학을 강조하는 학문 성향이 온건개화론 또는 동도서기론으로 표출된 것으로 추정할 수 있다. 그런 점에서 유신환 학파는 19세기 전반의 경세론이 19세기 후반에 들어 전개되는 양상을 잘 보여준다.

그간의 연구로 유신환 학파에 관한 대체적인 윤곽은 파악할 수 있게 되었지만 새롭게 규명해야 할 부분도 적지 않다. 사실 유신환을 주목한 대부분의 연구자들이 관심을 갖는 온건개화론의 연원 문제만 해도 아직 설득력 있게 설명할 수 있는 단계에 와 있지 못하다. 유신환이 서양 과학기술에 전혀 관심이 없었던 데 반해 그의 문인들은 지대한 관심을 보였다면 이는 경세학의 확대라는 관점에서 해석할 수도 있지만, 한편으로는 사상의 단절로 보아야 하는 것이 아닌가 하는 의문도 당장 제기될 수 있다. 이렇게 본질적인 부분을 해명하지 못한 상태이므로 유신환에 대한 연구는 이제 시작에 지나지 않는다고 하는 편이 옳다. 그러면 연구의 심화를 위해 앞으로 어떤 부분에 초점을 맞춰야 할까. 크게 두 가지만 제시하기로 한다.

먼저 유신환 문인들의 사상과 정계에서 벌인 활동에 대한 연구가 진행되어야 한다. 계속 언급했듯 유신환 아래에는 다양한 사상적 경향을 지닌 문인들이 있었으며 이들 가운데 많은 이들이 19세기 후반 정계에서 중요한 활동을 했다. 문인 대부분은 그들 개개인을 연구하는 것만으로도 의미가 적지 않은 인물들이다. 그럼에도 불구하고 현재 김윤식을 제외하고는 거의 행적이 밝혀지지 않은 상태다. 자료의 부족 때문이라면 문제가 다르겠지만 문집이 남아 있는 인물이 상당히 많다. 따라서 조금만 관심을 기울인다면 문인 개개인에 대한 연구가 가능하며, 그런 바탕에서 유신환의 사상이 문인들에게 어떻게 계승되는가 하는 점이 분명하게 드러날 것이다. 이는 19세기 사상사의 전개 과정을 살피는 데 핵심적인 과제이다.

유신환 학파의 모습이 좀더 분명히 드러난다면 기호학계의 핵심을 차지했던 홍직필 중심의 매산학파와 이항로 중심의 화서학파 등과의 비교 연구가 진행되어야 한다. 물론 이를 위해서는 매산학파 또는 화서학파에 대한 연구 자체도 진척되어야 한다. 화서학파에 대해서는 그래도 연구 성과가 꽤 많이 축적되어 있지만 매산학파에 대한 연구는 거의 이루어지지 않은 상황이므로, 특히 매산학파에 대한 연구가 선행되어야 한다. 이들 학파들과 비교 연구를 함으로써 정통 성리학계가 분화해가는 양상을 확인할 수 있을 것이다.

유신환 학파에 대한 관심이 제고되어 19세기 사상사 이해의 폭이 보다 넓어지기를 기대해본다.

참고문헌

· 원자료

『영조실록』 『정조실록』 『순조실록』 『고종실록』

김낙현, 『溪雲遺稿』

김매순, 『臺山集』

김윤식, 『雲養集』·『續雲養集』

서응순, 『絅堂遺稿』

신기선, 『陽園遺集』

오희상, 『老洲集』

유만주, 『白蕈先生詩抄』

유신환, 『鳳棲集』

윤병정, 『巴江遺稿』

이응진, 『素山文集抄稿』

이항노, 『華西集』

임헌회, 『鼓山集』

장지연, 『朝鮮儒敎淵源』

한장석, 『眉山集』

홍석주, 『淵泉集』

홍직필, 『梅山集』

홍한주, 『智水拈筆』

· 논문

권오영, 「兪莘煥의 經學觀과 性理學思想」, 『청계사학』 10, 청계사학회, 1993.

김용섭, 「甲申·光武 改革期 開化派의 農業論」, 『증보판 한국 근대농업사 연구』, 일조각, 1984.

노대환, 「19세기 중엽 兪莘煥 學派의 學風과 現實對應論」, 『한국학보』 72, 일지사, 1993.

이상일, 「鳳棲 兪莘煥 硏究」, 『소헌 남도영 박사 고희기념 역사학논총』, 태학사, 1993.

정민, 「운양 김윤식의 시논고」, 『한양어문』 5, 한국언어문화학회, 1987.

_____, 「雲養 金允植의 文論攷」, 『한국학논집』 12, 한양대학교 한국학연구소, 1987.

_____, 「絅堂 徐應淳의 古文觀」, 『한국학논집』 13, 한양대학교 한국학연구소, 1988.

_____, 「鳳棲 兪莘煥의 古文觀」, 『한국학논집』 14, 한양대학교 한국학연구소, 1988.

63인의 역사학자가 쓴 한국사 인물 열전

최진식, 「金允植의 自强論 硏究」, 『대구사학』 25, 대구사학회, 1984.

한영우, 「17세기 중엽 西人의 歷史 敍述 ─兪棨의 麗史提綱」, 『불교와 제과학』, 동국대학교
　　　출판부, 1987.

고영진 광주대학교 관광학부 교수

『역사 속의 역사 읽기』,『조선시대사상사를 어떻게 볼 것인가』(공저),「포스트모던시대의 근대 전환기 인식과 근현대사 교과서의 역사서술」

신병주 서울대학교 규장각 학예연구사

『고전소설 속 역사여행』(공저),『남명학파와 화담학파 연구』,『66세의 영조 15세 신부를 맞이하다』

김항수 동덕여자대학교 인문학부 교수

「16세기 사림의 성리학 이해」,「선조 초년의 신구갈등과 정국동향」,「16세기 후반 사림의 경세론」

김호 서울대학교 규장각 책임연구원

『허준의 동의보감 연구』,『신주무원록』

김돈 서울산업대학교 교양학부 교수

『조선전기 군신권력관계연구』,『뿌리깊은 한국사 샘이깊은 이야기』,「중종대 '작서의 변'과 정치적 음모의 성격」

정재훈 서울대학교 규장각 책임연구원

『朝鮮前期儒教政治思想硏究』,『朝鮮前期『大學』의 이해와 聖學論』

노영구 서울대학교 한국문화연구소 책임연구원

「조선후기 短兵 戰術의 추이와 武藝圖譜通誌의 성격」,「18세기 騎兵 강화와 지방 武士層의 동향」,「朝鮮後期 兵書와 戰法의 연구」

한명기 명지대학교 사학과 조교수

『임진왜란과 한중 관계』,『광해군』,「丙子胡亂 패전의 정치적 파장」

정연식 서울여자대학교 역사학과 교수

『일상으로 본 조선시대 이야기』1·2, 「조선 후기 역총의 운영과 양역변통」

지두환 국민대학교 국사학과 교수

『朝鮮時代 思想史의 再照明』, 『韓國思想史』

허흥식 한국정신문화연구원 한국학대학원 교수

『고려과거제도사연구』, 『고려사회사연구』, 『고려불교사연구』, 『고려로 옮긴 인도의 등불』

배우성 서울시립대학교 국사학과 교수

『조선후기 국토관과 천하관의 변화』, 『우리 옛지도와 그 아름다움』(공저)

정경희 서울대학교 규장각 책임연구원

『朝鮮前期 禮制·禮學 硏究』, 「英祖의 禮學」, 「正祖의 義理論에 대하여 —思悼世子 문제를 중심으로」

고동환 한국과학기술원 인문사회과학부 교수

『조선후기 서울상업발달사연구』, 「조선후기 시전(市廛)의 구조와 기능」

김문식 서울대학교 규장각 학예연구사

『朝鮮後期經學思想硏究』, 『정조의 경학과 주자학』, 『조선의 왕세자 교육』

박광용 가톨릭대학교 국사학전공 교수

『朝鮮後期 '蕩平' 硏究』, 『영조와 정조의 나라』, 『朝鮮時代 硏究史』(공저)

강석화 경인교육대학교 사회교육과 조교수

『조선후기 함경도와 북방영토의식』, 「1712년의 朝·淸 定界와 18세기 朝鮮의 北方經營」, 「19세기 경화사족 홍경모의 생애와 사상」

염정섭 서울대학교 규장각 책임연구원

『조선시대 농법 발달 연구』, 「규장각 소장 18세기 문집자료의 특색과 활용」

정옥자 서울대학교 국사학과 교수

『정조의 수상록 일득록 연구』, 『정조의 문예사상과 규장각』, 『정조시대의 사상과 문화』

유봉학 한신대학교 국사학과 교수

『연암일파북학사상 연구』, 『조선후기 학계와 지식인』, 『정조대왕의 꿈』

노대환 동양대학교 교양학부 교수

『고전소설 속 역사여행』(공저), 『정조시대의 사상과 문화』(공저), 「19세기 동도서기론의 형성과정 연구」